Encore Tricolore 4

nouvelle édition

Teacher's Book

Heather Mascie-Taylor and Sylvia Honnor

ICT Consultant: Terry Atkinson

Published in 2001 by:
Nelson Thornes Ltd
Delta Place
27 Bath Road
CHELTENHAM
GL53 7TH
United Kingdom

03 04 05 / 10 9 8 7 6 5

A catalogue record for this book is available from the British Library

ISBN 0 17 440345 3

Page make-up by TechSet

Printed and bound in Great Britain by Antony Rowe

Acknowledgements

The authors and publisher would like to thank the following people for their contribution to this book:
Terry Atkinson for writing the ICT sections
Tasha Goddard and Michael Spencer for editing the materials

CONTENTS

Section 1

Section 2

Introduction

Encore Tricolore nouvelle édition builds on the proven strengths and approach of ***Tricolore*** and ***Encore Tricolore*** and incorporates new features to bring it into line with current teaching and examination requirements.

Stage 4 of the new edition is a self-contained and comprehensive two-year course which prepares students for GCSE and Standard Grade examinations and reflects the requirements of the awarding bodies for England, Wales, Scotland and Northern Ireland.

The course provides a wealth of resources to assist teachers and meet the needs of a wide range of students, with plenty of material to stretch even the most able.

It features:

- carefully-planned development of all four language skills;
- a systematic approach to grammar progression, with clear explanations and extensive practice;
- user-friendly reference sections including topic-based vocabulary and grammar reference sections and a French–English glossary;
- differentiation, which is integral to the course (see especially the notes below about *Au choix*);
- training in study skills and learning strategies;
- detailed guidance on using ICT to support language teaching, including tips on using the Internet for access to useful resources;
- integrated assessment at the end of each unit, based on the types of tasks which students are likely to meet in public examinations;
- a sense of progress with on-going statements of achievement after each area of work and in the end of unit summaries;
- individual practice in listening and pronunciation (linking sound with spelling etc.), featured especially on a Student CD.

Components

1 Students' Book

This is the main teaching tool of the course and includes:

- **10 units**

Every unit is divided into clearly-labelled areas, each ending with a 'Now you can' statement for easy reference and to give a sense of progress and achievement.

Most areas include practice in all four skills, *Lexiques* listing relevant vocabulary and *Dossier-langue*, a grammar explanation section. The *Sommaire* at the end of the unit sets out clearly what has been taught in the unit.

French is used for rubrics, which are modelled closely on those used by the main awarding bodies, but English is used for grammar explanation.

The *vous* form is used for rubrics and general instructions, but *tu* is used where it seems more natural, e.g. in many pairwork and other oral activities and in letter writing.

- **Au choix**

This contains further practice material for each unit and is especially designed to assist with differentiation. It is divided into three sections: support (blue), general (purple) and extension (red). Clear guidance about using these tasks is given in Section 2 of the Teacher's Book.

Some teachers may wish to use the *Au choix* tasks at a later point for consolidation or revision or for use in cover lessons. To help with this, there is a summary of the *Au choix* tasks at the beginning of the teaching notes for each unit with relevant page references.

- **Travaillez à deux**

These two pages give the second part of the information gap activities which feature in various units and the solutions to the general knowledge quizzes and *Jeu-test* items.

- **La grammaire**

A grammar reference section sets out the main grammatical points of the course and is closely linked with the principal syllabuses and examination specifications. Tenses taught and practised in ***Encore Tricolore 4*** are the present, perfect, imperfect, future, conditional and pluperfect.

- **Les verbes**

This table of regular and irregular verbs covers the following tenses: present, perfect, imperfect and future.

- **Vocabulaire par thèmes**

This contains lists of general words and expressions as well as vocabulary arranged in topic areas. The vocabulary topics are listed with the units in which they appear. Words listed in the *Lexiques* are not usually repeated here, but each topic list includes references to the relevant *Lexiques* in the units.

- **Glossaire**

A French–English glossary is included at the end of the Student's Book, based on the language taught or used in the ***Encore Tricolore 4*** materials and also including any additional vocabulary listed for foundation and higher tiers at GCSE and Standard Grade.

2 Teacher's Book

The Teacher's Book provides detailed guidance on using the materials. It has two sections:

Section 1
This outlines the principal features and contents of ***Encore Tricolore 4*** and includes reference lists of copymasters and recorded items.

There are also sections on ICT (with a comprehensive list of useful websites) and on games and activities for language learning and practice.

Section 2
This gives detailed unit by unit suggestions for teaching with the materials. Each unit begins with a table, setting out clearly the language and topics included in the unit. This is followed by the teaching suggestions; solutions are provided for almost all activities and there is a complete transcript of all the recorded items.

At the end of Section 2, there is a short section on general language-learning skills. This covers pronunciation, understanding rubrics and instructions, ICT and general vocabulary, spelling patterns in French and English, using cognates, prefixes and suffixes to help understanding, and general tips for learning vocabulary, skimming and scanning and writing French.

Symbols used

SB 56	Students' Book page number
1	Task number
1	*Au choix* task number
CM 2/4	Copymaster number (unit/number)
TB 30	Teacher's Book page number
1/18	Recorded item (CD number/track)
SCD 1/18	(Student CD number/track)
	Transcript
	Pairwork or groupwork activity. Information gap activities are split between the unit where they occur and *Travaillez à deux* pages (SB 239–240).
	ICT activity

3 CDs

The recorded material for ***Encore Tricolore 4*** is available on ten CDs. See TB 6–7 for a full list of all recorded items.

There is a wide range of listening material for each unit, and also listening sections for each of the assessment tests.

There are also two separate Student CD duplicating masters with accompanying copymasters designed for students to use for individual practice in listening and pronunciation.

The pronunciation material (*Comment ça se dit?*) is described at the end of Section 2 (see TB 268) and this can be used by students working individually or for class use in a multi-media lab at any appropriate point in the course.

The independent listening material (*Tu comprends?*) is linked to each unit and is described in the final area of each unit.

Class CD 1

Tracks 1–23: *Unité 1*

Tracks 24–33: *Unité 2*

Class CD 2

Tracks 1–17: *Unité 2*

Tracks 18–34: *Unité 3*

Class CD 3

Tracks 1–16: *Unité 3*

Tracks 17–34: *Unité 4*

Class CD 4

Tracks 1–6: *Unité 4*

Tracks 7–31: *Unité 5*

Tracks 32–35: *Unité 6*

Class CD 5

Tracks 1–22: *Unité 6*

Tracks 23–31: *Unité 7*

Class CD 6

Tracks 1–14: *Unité 7*

Tracks 15–32: *Unité 8*

Class CD 7

Tracks 1–11: *Unité 8*

Tracks 12–32: *Unité 9*

Class CD 8

Tracks 1–8: *Unité 9*

Tracks 9–36: *Unité 10*

Student CD 1 (for independent study)

Tracks 1–10: *Comment ça se dit?*

Tracks 11–26: *Tu comprends? (Unités 1–4)*

Student CD 2 (for independent study)

Tracks 1–23: *Tu comprends? (Unités 5–10)*

4 Copymasters

The copymasters provide a wide range of material for practice in all four skills. Many are self-contained and suitable for independent work by students in cover lessons or for homework. Some worksheets are designed to be expendable, e.g. those containing crosswords or listening grids for completion by students. See the introduction to each unit for a list of copymasters.

- **Comment ça se dit?**

These worksheets provide practice in pronunciation and linking sounds with the written word and are linked to the Student CD. Teacher's notes are included at the end of Section 2 (TB 268).

- **General language-learning skills**

These worksheets cover understanding rubrics and instructions, ICT and general vocabulary, spelling patterns in French and English, using cognates, prefixes and suffixes and general tips for revision and tests. They can be used at any appropriate point in the course. Teacher's notes are included at the end of Section 2 (TB 268).

- **Presse-Jeunesse**

There is a *Presse-Jeunesse* copymaster for each of the first eight units, though they could also be used elsewhere in the course as appropriate. Their main purpose is to provide extra reading for pleasure, but most also include one or more fairly easy tasks. Taken together, these reading sheets give good coverage of a range of topics and include a wide variety of items, so an alternative way of using them would be to be print them out and make them into a short reader. Teacher's notes for these copymasters are included in each unit.

- **Word games and crosswords**

Each unit contains one or more worksheets which provide practice of core vocabulary, often in the form of a crossword or word games.

- **Tu comprends?**

Self-instructional listening tasks, with accompanying Student CD, provide useful material for homework or for students working independently in class.

- **Assessment**

The students' sheets for the end of unit assessment tests, *Épreuves*, are provided on copymasters. These are designed for assessment, but could also be used for extra practice in all language skills.

- **Listening grids**

In some units, there are listening grids for students to complete which are linked to recorded items on CD.

- **Visuals and texts for OHTs**

Some worksheets provide suitable visuals (e.g. town plan, human body) or texts (letters, reading texts etc.) which can be used to make OHTs for language practice.

Many teachers find the overhead projector a versatile resource for class language work. The teacher can slowly reveal part of the visual or conceal parts. Parts of a text can be obscured or highlighted to focus on specific points.

List of recorded items

Class CD 1

Unité 1

SB 7 (2)	*Deux interviews*
SB 210 (2)	*Deux jeunes Québécoises*
SB 9 (2)	*Encore des questions!*
SB 12 (3)	*Tu aimes les fêtes en famille?*
SB 13 (5)	*Des conversations à la poste*
SB 13 (6)	*Téléphoner en France*
SB 14 (1)	*La vie familiale*
SB 14 (2)	*On discute de la vie familiale*
SB 15 (4)	*Alice répond*
SB 18 (6)	*Mon jour favori*
TB (Area 5)	*Charlotte parle de son jour favori*
SB 240	*Êtes-vous chouette ou alouette? (Solution)*
SB 19 (9)	*Depuis quand?*
SB 20 (1)	*Défilé de mode*
SB 22 (3)	*Cherchons animateur/animatrice*
SB 24 (1)	*Tu fais quelque chose ce soir?*
CM 1/7	*Débrouille-toi!*
CM 1/10	*Épreuve: Écouter* *(A1) Les animaux à la maison* *(A2) Questions et réponses* *(A3) Des interviews*
CM 1/11	*(B1) Les photos de Christophe* *(B2) Élodie et ses parents* *(B3) La famille et les amis*

Unité 2

SB 27 (1)	*Le savez-vous?*
SB 27 (3)	*Les villes de France: un jeu*
SB 29 (6)	*Ma ville*
SB 29 (9)	*Les villes et l'environnement*
SB 30 (1)	*Des touristes en ville*
SB 33 (2)	*Une visite à Disneyland Paris*
CM 2/5	*Vol à la banque*
SB 36 (3)	*Un bon week-end*
SB 212 (3)	*On parle du week-end dernier*
SB 37 (2)	*Au téléphone*

Class CD 2

SB 39 (6)	*On arrive à Marne-la-Vallée*
SB 41 (2)	*Pour ou contre la vie à la campagne?*
CM 2/7	*On parle de la campagne*
SB 213 (2)	*La vie d'un vétérinaire*
CM 2/8	*Loco-service*
SB 42 (2)	*On cherche un studio*
SB 43 (5)	*Une maison, un appartement*
SB 44 (1)	*Chez moi*
SB 44 (3)	*On fait l'inventaire*
SB 46 (1)	*Notre environnement*
SB 47 (4)	*Un jeu sur l'environnement*
CM 2/12	*Épreuve: Écouter* *(A1) Dans la rue* *(A2) Dans la cuisine* *(A3) Suivez le guide*
CM 2/13	*(B1) La ville ou la campagne* *(B2) On parle de la maison* *(B3) La nature et nous*

Unité 3

SB 49 (2)	*Comment aimez-vous voyager?*
SB 50 (5)	*Le jeu des transports*
SB 215 (1)	*Problèmes de transport*
SB 51 (2)	*Bien arrivé!*
CM 3/3	*Avez-vous fait bon voyage?*
SB 53 (3)	*Infos routières*
SB 54 (4)	*À la station-service*
SB 55 (7)	*En panne!*
SB 55 (9)	*On est tombés en panne*
SB 56 (1)	*Qu'est-ce qui a changé?*
SB 57 (4)	*Ma vie a changé*
SB 58 (1)	*On prend la voiture?*
SB 59 (5)	*La crise de la circulation*
SB 59 (6)	*On change de sens à Strasbourg*
SB 60 (3)	*Les touristes à Paris*
SB 61 (6)	*Des conversations*
SB 215 (5)	*À l'office de tourisme*

Class CD 3

SB 63 (3)	*À la gare*
SB 64 (1)	*Vacances à vélo*
SB 66 (8)	*En ville*
SB 67 (1)	*Départ en avion*
TB (Area 10)	*On confirme l'heure*
SB 68 (3)	*À l'aéroport*
CM 3/8	*La vie d'une hôtesse de l'air ou d'un steward*
CM 3/8	*Avez-vous peur en avion?*
CM 3/10	*Épreuve: Écouter* *(A1) Comment va-t-on voyager?* *(A2) À la gare routière*
CM 3/11	*(A3) Montréal ou la France?* *(A4) Un message enregistré*
CM 3/12	*(B1) On va au concert* *(B2) On prend le train*
CM 3/13	*(B3) Est-ce qu'elle a son permis?* *(B4) Tu voyages comment?*

Unité 4

SB 70 (2)	*Qui parle?*
SB 72 (7)	*La vie à l'avenir*
CM 4/1	*On parle des projets d'avenir*
SB 74 (3)	*Des projets*
SB 76 (4)	*Arrivée en France*
SB 77 (9)	*Je vous présente …*
CM 4/3	*Tu as bien compris?*
SB 78 (1)	*La télévision en France*
SB 78 (3)	*On peut regarder la télé?*
SB 80 (1)	*Au cours du séjour*
SB 219 (5)	*Mon séjour en Angleterre*
SB 83 (3)	*Qui dit ça?*
SB 83 (5)	*Une enquête*
SB 83 (6)	*On discute des tâches ménagères*
SB 84 (3)	*On prend les détails*
SB 86 (1)	*Qu'est-ce qu'on a trouvé?*
SB 87 (4)	*On se déguise*
SB 88 (2)	*On dit 'merci'*

Class CD 4

CM 4/12	*Épreuve: Écouter* *(A1) Qu'est-ce qu'on va faire?* *(A2) Qu'est-ce que tu vas prendre?* *(A3) Au bureau des objets trouvés*
CM 4/13	*(B1) Christophe est en Suisse* *(B2) Tu aides à la maison?*
CM 4/14	*(B3) Vacances en Angleterre*

Unité 5

SB 90 (1)	*Mathieu: Montréal, Québec*
SB 91 (2)	*Charlotte: Paris, France*
SB 91 (3)	*Giliane: Fort de France, Martinique*
SB 94 (2)	*Un emploi du temps*
CM 5/2	*Voici votre emploi du temps*
SB 95 (5)	*Notre collège*
SB 97 (2)	*Pourquoi pas?*
SB 98 (1)	*On compare les systèmes scolaires*
SB 222 (1)	*L'année prochaine ou l'année dernière?*
SB 100 (1)	*Le week-end dernier*
SB 102 (1)	*On va en ville*
SB 103 (4)	*Une semaine fantastique*
CM 5/6	*On parle du shopping*
SB 104 (1)	*En ville*
SB 105 (5)	*Au magasin de sport*
SB 106 (1)	*On achète des vêtements*
SB 107 (5)	*Quel est le problème?*
SB 108 (1)	*On parle de la mode*
SB 109 (4)	*On a fait des achats*
CM 5/11	*Épreuve: Écouter* *(A1) C'est quelle matière?* *(A2) Qu'est-ce qu'ils achètent?* *(A3) On fait des courses*
CM 5/12	*(B1) La vie de tous les jours* *(B2) Voici le problème* *(B3) À mon avis*

Unité 6

SB 110 (1)	*Quel est votre repas préferé?*
SB 223 (2)	*À table*
SB 113 (2)	*Des plats de chez nous*
SB 115 (4)	*Ce matin*

Class CD 5

SB 116 (7)	*Oui ou non au végétarisme?*
SB 117 (1)	*On fait les courses*
SB 118 (5)	*Au supermarché Villeneuve*
SB 119 (6)	*Chez le charcutier*
SB 121 (4)	*Passé ou futur?*
SB 122 (2)	*Qu'est-ce qu'ils ont commandé?*
SB 123 (3)	*On prend un verre*
SB 124 (2)	*C'est qui?*
SB 125 (1)	*Dix conseils pour les étrangers!*
SB 125 (2)	*Quatre restaurants*
SB 126 (3)	*Pour réserver une table*
SB 127 (4)	*Vous avez choisi?*
SB 128 (5)	*Au Restaurant du Château*
SB 128 (6)	*Il y a un problème*
SB 225 (3)	*Au téléphone*
CM 6/12	*Épreuve: Écouter* *(A1) À l'épicerie* *(A2) En promotion cette semaine* *(A3) Au café* *(A4) En Angleterre, on mange comme ça*
CM 6/13	*(B1) On fait des courses* *(B2) On fait des réservations*
CM 6/14	*(B3) Une interview avec Bernard*

Unité 7

SB 130 (1)	*Les jeunes et les loisirs*
SB 131 (4)	*Pourquoi utilisez-vous Internet?*
SB 134 (3)	*Vous écoutez la radio?*
SB 134 (5)	*La publicité*
SB 136 (5)	*Une interview avec une championne*
SB 227 (4)	*On parle du sport*
SB 138 (2)	*Une interview*
SB 139 (4)	*Des livres de tous les genres*
SB 228 (1)	*Un livre que j'ai lu*

Class CD 6

SB 140 (1)	*Jules Verne*
SB 142 (2)	*C'est pour un renseignement*
SB 143 (4)	*Que faire?*
SB 144 (5)	*Excusez-moi!*
SB 146 (3)	*On décrit des films*
SB 149 (3)	*Le week-end dernier*
SB 228 (4)	*Des parcs d'attractions*
CM 7/10	*Épreuve: Écouter* *(A1) Une semaine pleine d'activités* *(A2) Quels loisirs?*

	(A3) On parle du cinéma
CM 7/11	*(B1) Si on sortait?*
	(B2) Le week-end d'Anaïs
CM 7/12	*(B3) La presse, c'est mon travail*
	(B4) On s'excuse

Unité 8

SB 150 (1)	*Pourquoi partir en vacances?*
SB 151 (3)	*On parle des vacances*
SB 152 (1)	*Vous partez en vacances?*
SB 153 (7)	*Des vacances de rêve*
SB 155 (1)	*À l'office de tourisme*
SB 156 (5)	*Des idées loisirs*
SB 158 (2)	*On téléphone à l'hôtel*
SB 158 (3)	*Pour trouver l'hôtel*
SB 159 (6)	*À la réception d'un hôtel*
	a Des questions
	b Des problèmes
SB 160 (1)	*La météo*
SB 160 (3)	*On parle du temps*
SB 231 (1)	*Des prévisions météorologiques*
SB 163 (2)	*De quand parle-t-on?*
SB 231 (2)	*Un nouvel hôtel*
SB 164 (1)	*Aimez-vous faire du camping?*
SB 165 (6)	*On arrive au camping*
SB 166 (2)	*À l'auberge de jeunesse*

Class CD 7

SB 166 (4)	*On loue des vélos*
SB 168 (1)	*Des vacances récentes*
SB 229 (5)	*Avez-vous passé de bonnes vacances?*
SB 169 (3)	*C'était comment, les vacances?*
CM 8/10	*Épreuve: Écouter*
	(A1) Quel camping?
	(A2) À l'office de tourisme
	(A3) Météo
	(A4) Souvenirs de vacances
CM 8/11	*(B1) Un message enregistré*
	(B2) Luc parle de ses vacances
	(B3) Vélos à louer

Unité 9

SB 171 (2)	*Les problèmes de l'été*
SB 173 (2)	*Chez le pharmacien*
SB 175 (1)	*Une machine magnifique!*
SB 176 (2)	*Sur l'ordinateur*
SB 176 (4)	*J'ai mal partout!*
SB 178 (1)	*Ça s'est passé comment?*
SB 179 (1)	*Allô, les secours*
SB 180 (6)	*Vous êtes journaliste*
SB 234 (5)	*Des messages téléphoniques*
SB 181 (2)	*C'est quand, votre rendez-vous?*
SB 181 (3)	*Mal aux dents*
SB 182 (4)	*Dans le cabinet du médecin*
SB 183 (7)	*Le sida*
SB 184 (2)	*Ça va ou ça va pas?*
SB 185 (6)	*Le stress*
SB 186 (1)	*On parle du tabac*
CM 9/6	*Comment cesser de fumer?*
SB 186 (4)	*L'alcool*
SB 187 (6)	*Il n'y a pas de drogués heureux*
SB 188 (1)	*Pour avoir la forme*
SB 189 (1)	*Médecins Sans Frontières*

Class CD 8

CM 9/8	*Épreuve: Écouter*
	(A1) À la pharmacie
	(A2) Ça fait mal!
CM 9/9	*(A3) Qu'est-ce qui ne va pas?*
	(A4) Pour avoir la forme
CM 9/10	*(B1) Ça s'est passé comment?*
	(B2) Des patients
	(B3) Attention sur les routes!
	(B4) La vie des jeunes

Unité 10

SB 190 (2)	*À mon avis*
SB 191 (6)	*Une interview avec Pierre*
TB (Area 1)	*On parle des examens et après*
SB 193 (3)	*Les examens et moi*
SB 195 (3)	*Mon stage en entreprise*
SB 196 (1)	*Douze raisons pour choisir un métier*
SB 196 (3)	*Je voudrais faire ça*
SB 197 (6)	*J'ai suivi vos conseils*
SB 199 (4)	*C'est comme ça, le travail*
SB 199 (5)	*Mon ami fait ça*
SB 200 (2)	*Il y a beaucoup à faire*
SB 201 (4)	*Le téléphone sonne*
CM 10/7	*Je peux lui laisser un message?*
SB 201 (5)	*Le télétravail*
SB 202 (2)	*Sondage: des petits emplois*
SB 237 (4)	*Pour gagner de l'argent*
SB 204 (3)	*Des petits emplois*
SB 205 (5)	*Une interview!*
SB 206 (1)	*Si c'était possible …*
TB (Area 10)	*On parle de l'avenir*
CM 10/9	*Épreuve: Écouter*
	(A1) C'est quel métier?
	(A2) Sondage: votre argent de poche
	(A3) On cherche des employés
	(A4) Je fais mon stage en entreprise
CM 10/10	*(B1) Claire Dunoir parle de son métier*
	(B2) On parle de l'avenir
	(B3) Des problèmes
CM 10/11	*(B4) Que feriez-vous si … ?*

Student CD 1

Comment ça se dit?

CM G1	*Comment ça se dit? (1)*
	(1) L'alphabet
	(2) Les accents
	(3) Et après?
	(4) Les sites Internet
	(5) Un peu de géographie
	(6) La liaison
	(7) Stress
CM G2	*Comment ça se dit? (2)*
	Les voyelles
	Nasal vowels
CM G3	*Comment ça se dit? (3)*
	Les consonnes

Tu comprends?

CM 1/8	*Tu comprends?*
	(1) Comment ça s'écrit?
	(2) C'est quelle image?
	(3) Mes préférences
	(4) Des conversations
CM 2/10	*Tu comprends?*
	(1) En ville
	(2) Un appartement de vacances
	(3) Un parc d'attractions
	(4) Trois questions sur l'environnement
CM 3/9	*Tu comprends?*
	(1) À quelle heure?
	(2) Un accident de la route
	(3) Un voyage scolaire
	(4) Les transports en commun
CM 4/10	*Tu comprends?*
	(1) Au camp
	(2) En famille
	(3) Au bureau des objets trouvés
	(4) Des projets pour le week-end

Student CD 2

CM 5/9	*Tu comprends?*
	(1) En promotion spéciale
	(2) Une journée scolaire
	(3) Il y a un problème
	(4) On parle du collège
CM 6/10	*Tu comprends?*
	(1) Qu'est-ce qu'on achète?
	(2) Un pique-nique
	(3) Il y a une erreur
	(4) Des conversations
CM 7/8	*Tu comprends?*
	(1) Un stage d'activités
	(2) On va au cinéma?
	(3) Des projets pour le week-end
	(4) On parle des loisirs
CM 8/8	*Tu comprends?*
	(1) La météo
	(2) On téléphone à l'hôtel
	(3) Des vacances récentes
	(4) Les vacances en questions
CM 9/7	*Tu comprends?*
	(1) Il y a un problème
	(2) Chez le médecin
	(3) On parle de la santé
CM 10/8	*Tu comprends?*
	(1) C'est quel métier?
	(2) Mon emploi pour les vacances
	(3) Sondage: Ton argent de poche – tu en fais quoi?
	(4) Des conversations – projets pour l'avenir

Planning the course

1 Plan of *Encore Tricolore 4*

Unité 1	Jeunes sans frontières
Topics	• talking about yourself and your family (personal details, hobbies, etc.) • exchanging letters with a French-speaking penfriend • sending greetings and messages • finding out about posting letters and cards • exchanging telephone numbers • discussing family life in France and at home • talking about everyday life • describing someone's physical appearance and personality • making arrangements to meet and go out
Grammar	• asking and answering questions • prepositions with towns and countries (*à, en*, etc.) • the present tense • the present tense with *depuis* and *ça fait … que* • adjectives (physical description, character, position of)

Unité 2	En ville et à la campagne
Topics	• talking about towns, neighbourhood and region • giving and seeking directions to places in town • describing a visit to a theme park • talking about past events • giving and exchanging opinions about living in the countryside • describing accommodation (type of housing, location, rooms, etc.) • talking about environmental issues
Grammar	• using the perfect tense with *avoir* and *être* • asking questions in the perfect tense • negative expressions (*ne … pas, plus, jamais, rien, personne*, etc.) • direct object pronouns (*le, la, l', les*) • using *ne … que*

Unité 3	Bon voyage!
Topics	• talking about different forms of transport • describing an event in the past (journey, situation, etc.) • understanding traffic and road information (breakdowns, delays, etc.) • talking about travel issues in cities and public transport • giving and seeking information about rail travel • describing an accident • talking about air travel
Grammar	• the imperfect tense (formation and usage) • the pronoun *y* • the perfect and imperfect tenses

Unité 4	Un séjour en France
Topics	• talking about future plans (holidays, weekend, etc.) • preparing for an exchange with a French family • giving and exchanging opinions about TV programmes and personalities • making comparisons between home country and France • talking about household tasks • reporting and describing lost property items • expressing possession • thanking someone for their hospitality
Grammar	• talking about future plans • the future tense (*le futur simple*) • *si* + present tense + future tense • formal and informal language • emphatic pronouns (*moi, toi, lui*, etc.) • possessive pronouns (*mon, ma, mes*, etc.) • *c'est* (+ noun) *de* (+ name), *c'est à moi*, etc.

Unité 5	Une semaine typique
Topics	• talking about daily routine • giving and exchanging opinions about school life • saying what must and mustn't be done (including school rules, etc.) • describing what you did at the weekend • planning a shopping trip and changing money • shopping for clothes, souvenirs, etc. • describing faulty goods and obtaining a refund, etc. • exchanging opinions about fashion trends
Grammar	• reflexive verbs (present tense) • saying what has to be done (*devoir, il faut*, etc. + infinitive) • reflexive verbs (perfect tense) • 'this' and 'that' (*ce/cet/cette/ces*) • 'this one' and 'that one' (*celui-ci, celui-là*, etc.) • 'what' and 'which' (*quel, lequel*, etc.)

Unité 6	Bon appétit!
Topics	• talking about meals and eating habits • discussing healthy eating • shopping for food • exchanging opinions about jobs in the food industry • ordering and paying for drinks and snacks in a café • exchanging opinions on fast food • choosing a restaurant and ordering a meal • dealing with problems when buying drinks or meals • expressing opinions about picnics
Grammar	• the pronoun *en* • *venir de, aller* + infinitive (present tense) • indirect and direct object pronouns (*me, te, lui, leur*, etc.)

Unité 7	Ça m'intéresse
Topics	• talking about leisure activities (hobbies, using the Internet, etc.) • exchanging opinions about music and listening to the radio • talking about sport and sporting events • discussing reading and describing a book • talking about newspapers and magazines • finding out what's on • making arrangements to go out (accepting, refusing, etc.) • apologising and making excuses • exchanging opinions about films • describing an event or performance in the past
Grammar	• *jouer à* and *jouer de* • *faire* + *du/de la …*, etc • adverbs • the pluperfect tense • the comparative (*plus, moins, aussi … que*) • the superlative (*le plus …*, etc.)

Unité 8	Nouveaux horizons
Topics	• exchanging opinions about different types of holiday • describing an ideal holiday or weekend • finding out information at the tourist office • booking in at a hotel and describing and understanding problems • understanding and describing weather conditions • exchanging opinions about camping and booking into a campsite • finding out information about youth hostels and hiring things (bikes, etc.) • describing a holiday in the past
Grammar	• the future tense (*le futur simple*) • the conditional tense • talking about the future, the present and the past • *après avoir/être* + past participle

Unité 9	À votre santé *
Topics	• talking about common holiday ailments • asking a chemist about treatment • describing parts of the body and a pain or injury • describing an accident and understanding warning signs • going to the dentist's and doctor's • talking about personal feelings and problems • talking about smoking and addiction issues • comparing healthy and unhealthy lifestyles • learning about world organisations and charities
Grammar	• expressions with *avoir (avoir mal à, avoir besoin de,* etc.) • *qui* and *que* • reflexive verbs with parts of the body (*se faire mal à …,* etc.) • *en* + present participle

Unité 10	Projets d'avenir *
Topics	• talking about exams, revision and future plans • describing work experience • exchanging opinions about further education and careers • talking about different aspects of a job • working in an office (taking messages, etc.) • talking about pocket money and weekend jobs • applying for a holiday job • describing what you would ideally like to do
Grammar	• the future tense (*le futur simple*) • expressing intention (*je vais, j'ai l'intention de*, etc. + infinitive) • using two verbs together (verb + infinitive, verb + *à* + infinitive, verb + *de* + infinitive) • asking and advising (*conseiller à … de*, etc. + infinitive) • the conditional tense (formation and usage)

* Some teachers may prefer to reverse the teaching order of *Unités 9* and *10*.

2 Covering the National Curriculum

Developing knowledge, skills and understanding

1 Acquiring knowledge and understanding of the target language *Pupils should be taught:*	***Encore Tricolore 4 nouvelle édition***
a *the principles and interrelationship of sounds and writing in the target language*	*Comment ça se dit?* (CM G/1–G/3) Understanding and pronouncing words in French
b *the grammar of the target language and how to apply it*	A major feature of the course. Grammar is explained in *Dossier-langue* sections of the Students' Book and presented and practised extensively.
c *how to express themselves using a range of vocabulary and structures.*	A major feature of the course.
2 Developing language skills *Pupils should be taught:*	
a *how to listen carefully for gist and detail*	A major feature of the course with regular practice tasks for class and individual work.
b *correct pronunciation and intonation*	*Comment ça se dit?* (CM G/1–G/3)
c *how to ask and answer questions*	Taught and practised throughout the course, with numerous pairwork activities practising questions and answers in all tenses. Assessed in the *Parler* test at the end of each unit.
d *how to initiate and develop conversations*	Many activities practise this, e.g. *Inventez des conversations*.
e *how to vary the target language to suit context, audience and purpose*	Practised through various speaking and writing tasks.
f *how to adapt language they already know for different contexts*	General language and expressions are recycled in different contexts.
g *strategies for dealing with the unpredictable [for example, unfamiliar language, unexpected responses]*	General language-learning skills (TB 268, CM G/7–G/9, G/11)
h *techniques for skimming and for scanning written texts for information, including those from ICT-based sources*	General language-learning skills (TB 268, CM G/11)
i *how to summarise and report the main points of spoken or written texts, using notes where appropriate*	Various writing tasks based on listening and reading texts.
j *how to redraft their writing to improve its accuracy and presentation, including the use of ICT.*	Suggestions in the Teacher's Book for using ICT for preparing letters, messages, brochures etc.
3 Developing language-learning skills *Pupils should be taught:*	
a *techniques for memorising words, phrases and short extracts*	Grouping words into topics (*Lexiques and Vocabulaire par thèmes*), colour-coding genders, identifying word endings of nouns to indicate gender, memory games. Tips for tests, Revising vocabulary (CM G/11).
b *how to use context and other clues to interpret meaning [for example, by identifying the grammatical function of unfamiliar words or similarities with words they know]*	General language-learning skills (TB 268, CM G/7–G/9, G/11)
c *to use their knowledge of English or another language when learning the target language*	General language-learning skills (TB 268, CM G/8–G/9)
d *how to use dictionaries and other reference materials appropriately and effectively*	Reference material for grammar and vocabulary provided in the Students' Book and referred to throughout the course.
e *how to develop their independence in learning and using the target language.*	Many tasks are self-instructional, e.g. in *Au choix* and on copymasters. *Tu comprends?* is a series of listening tasks with a student CD for independent use. Lists of rubrics and instructions (CM G/4) and for using ICT equipment (CM G/5) are provided on copymaster.

4 Developing cultural awareness *Pupils should be taught about different countries and cultures by:*	***Encore Tricolore 4 nouvelle édition***
a *working with authentic materials in the target language, including some from ICT-based sources [for example, handwritten texts, newspapers, magazines, books, video, satellite television, texts from the Internet]*	Authentic printed materials used in the Students' Book. Suggestions for Internet sites given in the Teacher's Book. *Presse-Jeunesse* copymasters include slightly adapted articles from French magazines for young people.
b *communicating with native speakers [for example, in person, by correspondence]*	Suggestions in Teacher's Book for forming class links and video-conferencing. Many tasks involve writing e-mails, postcards and letters.
c *considering their own culture and comparing it with the cultures of the countries and communities where the target language is spoken*	Comparisons between French and British culture made throughout, but especially in *Unité* 4.
d *considering the experiences and perspectives of people in these countries and communities.*	Recordings, letters, articles etc. from people from different French-speaking countries and communities.
5 Breadth of study *During Key Stages 3 and 4, pupils should be taught the knowledge, skills and understanding through:*	
a *communicating in the target language in pairs and groups, and with their teacher*	A major feature of the course, with detailed suggestions in the Teacher's Book and Students' Book.
b *using everyday classroom events as an opportunity for spontaneous speech*	Suggestions in the Teacher's Book.
c *expressing and discussing personal feelings and opinions*	Expressing preferences and giving opinions and reasons are included in all units.
d *producing and responding to different types of spoken and written language, including texts produced using ICT*	A major feature of the course, with detailed suggestions in the Teacher's Book and Students' Book.
e *using a range of resources, including ICT, for accessing and communicating information*	Suggestions in the Teacher's Book and Students' Book for useful resources, including Internet sites.
f *using the target language creatively and imaginatively*	*Dossier personnel* and *À vous!* sections in the Students' Book encourage students to personalise and vary language learnt.
g *listening, reading or viewing for personal interest and enjoyment, as well as for information*	Recorded material includes interviews, news items, radio quiz shows, discussions etc. *Presse-Jeunesse* copymasters and general articles provide material for reading for pleasure.
h *using the target language for real purposes [for example, by sending and receiving messages by telephone, letter, fax or e-mail]*	Tasks in the Students' Book for writing letters, messages and e-mails in most units.
i *working in a variety of contexts, including everyday activities, personal and social life, the world around us, the world of work and the international world.*	***Encore Tricolore 4*** covers all contexts listed.

General teaching approach

1 Developing language skills

- **Listening**

Training in careful listening for detail and for gist is a key feature of the course.

There are no 'paused' recordings, as it is left to the teacher's discretion to decide the number of times the recording is played and when there should be pauses.

The class CDs provide a great variety of recorded material, including interviews, news items, radio quiz games, scripted and unscripted conversations and discussions on a range of topics, etc.

The full text of all recorded items appears in Section 2 of the Teacher's Book.

In addition there are two Student CDs which contain further material which can be used by students working independently. These contain:

– *Comment ça se dit?* – a short section, with accompanying copymasters (CM G/1–G/3), that covers the main features of French pronunciation and the interrelationship between sounds and writing.

– *Tu comprends?* – for each unit, there is a sequence of three or four listening tasks with an accompanying copymaster. In some cases, these also provide a model conversation to help students prepare for the conversation and discussion section of the unit *Parler* test.

- **Speaking**

The emphasis throughout the course is on correct pronunciation and intonation, asking and answering questions, initiating and developing conversations, giving and seeking opinions and reasons, varying language to reflect different views for different contexts and to cope with unprepared situations. There is a range of speaking tasks in each unit, such as *Inventez des conversations*, where students use the framework of a basic conversation and introduce variations, and *À vous!*, where students adapt language to reflect their personal views and circumstances. In addition, there is a full speaking test at the end of each unit to assess transactional and general speaking skills. These *Parler* tests can also be used for extra practice of speaking by students working in pairs or with the teacher.

- **Reading**

There is a wide range of reading material in the Students' Book, such as general interest articles, letters, leaflets, interviews, TV and film reviews, quizzes, a series of *Forums* adapted from Internet discussion groups, etc. Some of the material is original and some consists of extracts from authentic sources, such as French teenage magazines, newspapers and websites.

There is a variety of reading tasks, including cloze tests, multiple-choice, summarising, completing sentences, matching questions and answers, *vrai/faux* statements and questions in English. The *Lire* tests at the end of each unit also use a range of different testing techniques.

Reading strategies and tips for skimming and scanning and dealing with unfamiliar language are suggested in the section on general language-learning skills (see TB 268 and CM G/7–G/9, G/11).

In addition to the material in each core unit, there are several optional reading items in *Au choix* and on copymasters. In particular, there is a series of copymasters, entitled *Presse-Jeunesse*. These cover a range of topics and are designed for reading for pleasure.

- **Writing**

Writing is covered through a variety of activities, ranging from basic structured tasks such as writing lists, completing forms and texts, to more open-ended activities, such as writing messages, e-mails, postcards, letters and short articles.

Students are encouraged to use word-processing software and to consult reference materials to check and improve their work.

- **Understanding and application of grammar**

Grammar is a central feature of ***Encore Tricolore***. Throughout the course, new grammatical structures are introduced through listening and reading activities. Students are encouraged to work out rules for themselves before referring to the English explanation, in the *Dossier-Langue* sections. When new grammar points have been introduced and explained, they are systematically practised through a range of receptive and productive tasks. Students can then apply their knowledge of grammar to vary and adapt language to new situations. There is a full grammar reference section at the back of the Students' Book and students are encouraged to make up their own computer-generated verb tables.

- **Examination Grammar in Action**

Grammar in Action is a series of workbooks designed to accompany each stage of ***Encore Tricolore***. At Stage 4, students use *Examination Grammar in Action*, which includes all the grammar required for public examination and provides extensive practice. The book can be used both independently and with ***Encore Tricolore 4***.

2 Developing language-learning skills

There are 12 copymasters, with accompanying teacher's notes (TB 268), that cover general language-learning skills. These include pronunciation, understanding rubrics and instructions, ICT and general vocabulary, spelling patterns in French and English, using cognates, prefixes and suffixes to help understanding, and general tips for learning vocabulary, skimming and scanning and writing French.

The Students' Book includes a detailed grammar section, reference lists of topic vocabulary and a French–English glossary. Students are encouraged to make effective use of these and other reference materials throughout the course.

Many tasks, especially those in *Au choix* and on copymaster, are designed so that they can be used by students working alone, thereby encouraging independence and autonomous learning.

3 Developing cultural awareness

The cultural background of French-speaking countries is reflected in the authentic materials presented in the Students' Book. Some of these have been based on Internet sources and there are also references to relevant Internet sites in the teacher's notes for each unit.

Students are encouraged to form personal contacts with native speakers through sending e-mails, letters, postcards, etc. Comparisons are made between French and British culture, notably in *Unité 4*, where some teenagers give their impressions of each country.

4 The wider curriculum

Every attempt has been made to select material which is imaginative, informative and likely to appeal to students. This includes articles about current issues, such as the environment, health, smoking, alcohol, AIDS, the work of charities such as *Médecins Sans Frontières*, life in different countries, articles and discussion about everyday life such as sport, music, art, life in town and country, taking a driving test, TV, fashion, career plans, etc. It is hoped that the diversity of the material presented will stimulate interest and contribute to the broader education of the student.

Differentiation

1 Support and extension material

Encore Tricolore 4 contains material for most of the ability range. All the core teaching items are in the main Students' Book units, but tasks for support and extension are linked to many of these activities and are set out in *Au choix* or on copymasters.

2 Au choix

This section of the Students' Book provides teachers and students with **support** (more practice at an easier level), **general** (more practice at the same level) and **extension** (harder items). Students can work on most of these tasks independently.

3 Copymasters

Some of these are for consolidation and several have an incline of difficulty, to allow even the less able students to try harder items if they wish.

4 Differentiation by task

This can be done using *Au choix*. Some students can work on an extension task while others do a support task. Usually this range of options is indicated in the teacher's notes.

5 Differentiation by outcome

Some tasks, especially the open-ended ones such as *À vous!*, can be carried out at various levels according to the ability of the student. For example, to offer more support for the less able, the item could be developed as a class activity and the text built up on the board to be copied down. In other cases, gap-filling tasks can be made easier by giving students options to choose from, which can be written on the board in jumbled order and copied.

Assessment

To assist teachers and students, assessment materials are an integral part of ***Encore Tricolore 4***. Most of the questions in the unit tests are based on those set in public examinations. Similarly, the rubrics used are typical of the ones used in public examinations. Examples have been included with each test item, wherever possible.

For each unit there are *Épreuves* on copymasters for all four skills. Teacher's notes, transcripts and a suggested marking scheme are given at the end of each unit.

1 Aims

The main aim of each unit test is to assess students' mastery of the language of that particular unit, but tasks might include some of the other language taught in the course so far. The vocabulary and structures used are also in line with the lists supplied by the awarding bodies.

The unit tests have several functions:

- they provide consolidation, bringing together the language taught in the different areas;
- they are diagnostic, highlighting strengths and weaknesses, so that teachers can see what has been well learnt and where extra practice or explanation is needed;
- they familiarise students with the rubrics and types of task used in public examinations;
- they act as motivation, giving students a sense of achievement and progress;
- they are intended as a flexible resource for the teacher to use either selectively or in their entirety and they can serve, if preferred, as revision or practice items rather than as testing material;
- they provide a bank of testing material, from which teachers can pick and mix in order to prepare cumulative tests of several units.

2 Écouter

In each listening test there are two parts:

- part 1 consists of tasks at foundation level and foundation/higher level (25 marks);
- part 2 consists of tasks at foundation/higher and higher level (25 marks).

Teachers choose which part is more appropriate for their students, but the questions are different for each part, including the foundation/higher sections, so teachers can, if they wish, use both parts.

Each test consists of a range of recorded items, such as instructions, announcements, telephone messages, short news items, advertisements, descriptions and dialogues of varying length, interviews and discussions. At foundation level most items use only familiar language, whilst at higher level, some unfamiliar language is used.

The recordings are not paused and the items are not repeated. The teacher will be required to stop the recording at appropriate points to allow students time to write their answers.

Students are required to listen for main points and to extract details and points of view. At higher level, they also need to recognise opinions, attitudes and personal feelings and draw conclusions.

Comprehension is tested by a range of question types, such as multiple-choice, matching words and visuals, grid completion, note-taking, questions in French and in English. Where a response is required in French, the mark should be awarded provided the information required is communicated. Students should not be penalised for language errors.

3 Parler

In each speaking test there are two copymasters of role play tasks and one copymaster of questions for general conversation and discussion.

It is unlikely that time will be available for teachers to give all students an individual speaking test after each unit, so these materials can be adapted and used on a flexible basis, for instance, tasks can be selected from different unit tests to be used for a cumulative test after two or more units. The role play tasks have a suggested script so that they can also be used for practice by students working in pairs.

Role play

Each copymaster contains two tasks:

- part 1: Task A + Task B1;
- part 2: Task B2 + Task C.

Task A is a foundation level task with cues in English and some visuals, practising simple transactional language.

Task B is a foundation/higher level task with cues in English and some visuals and with one unpredictable element.

Task C is a higher level task with cues in French and two unpredictable elements.

Conversation and discussion

The teacher's notes and copymaster contain a list of conversation questions. The teacher can select from these for a speaking test or can distribute the list to students for revision and practice. If several units are tested together, students could do two conversations:

- conversation 1: chosen by the student and prepared in advance (as required by many GCSE speaking examinations);
- conversation 2: chosen at random by the teacher.

The speaking test is marked out of 50 and then divided by two to give a final mark out of 25 for speaking (in line with the other skills).

4 Lire

In each reading test there are two parts:

- part 1 consists of tasks at foundation level and foundation/higher level (25 marks);
- part 2 consists of tasks at foundation/higher and higher level (25 marks).

Teachers choose which part is more appropriate for their students, but the questions are different for each part, including the foundation/higher sections, so teachers can, if they wish, use both parts.

Each test consists of a range of items, e.g. signs, public notices, instructions, advertisements, extracts from brochures and guides, letters, faxes, e-mails, postcards, short newspaper and magazine articles and extracts from websites and includes, for most units, reference to past, present and future events and some unfamiliar language.

Students are required to read and note main points and some details and opinions. At higher level, they also need to identify points of view, show some understanding of unfamiliar language, recognise attitudes and personal feelings and draw conclusions.

Comprehension is tested by a range of question types, such as multiple-choice, matching words and visuals, grid completion, note-taking and summarising, cloze tests, questions in French and in English. Where a response is required in French, the mark should be awarded provided the information required is communicated. Students should not be penalised for language errors.

5 Écrire

In each writing test there are five tasks:

1 a list or form-filling task, marked for communication only. Inaccurate spelling should not be penalised;
2 a sentence-completion task testing grammatical knowledge (mainly verbs) and vocabulary. It is marked for communication and accuracy;
3 a short message;
4 a letter in response to a letter in French or other written stimuli. Students are encouraged to use a range of tenses and to express opinions;
5 (optional higher level) a longer letter or an article in which students have to use a range of tenses, give different opinions and/or reasons.

For foundation level, students do tasks 1–4. For higher level, they do tasks 4 and 5.

In the early units it may not be appropriate to set task 5 without further guidance. This can be done in class or with additional support or the task can be kept until later in the course for use in a cumulative test.

The complete test is marked out of 50 and this can be divided by two to give a final mark of 25 for writing.

As with the other skills, items can be used selectively and combined with other unit test items, if preferred.

Using Information and Communication Technology (ICT)

1 Introduction

ICT has been fully integrated into ***Encore Tricolore 4***. Each unit contains specific suggestions for incorporating ICT into the learning process. Some of the activities suggested are ones in which ICT is used as a tool to support the learning of French, e.g.

- text manipulation activities such as gap-filling or sentence reconstruction;
- extensive use of the Internet for research, reading and on-line practice activities;
- use of word processing, e.g. for writing frames.

There are genuinely communicative activities based on the use of ICT as a communications medium, e.g.

- World Wide Web activities in which students can learn about aspects of life and culture in French speaking countries from authentic materials;
- communicating with other learners and native speakers via e-mail;
- live interaction with a correspondent via a video conference link.

Whenever ICT is advocated, care has been taken to design activities which genuinely add something to the learning process that could not be achieved without the technology – it's not just ICT for the sake of it!

2 ICT and the National Curriculum

The integrated approach to ICT is fully in line with the National Curriculum for Modern Foreign Languages in England and Wales and with similar requirements elsewhere. Through this integrated approach students will benefit to the full from frequent opportunities to use technology, as prescribed by the National Curriculum. The table below sets out some of the key skills, as listed in the Programme of Study, that can be developed through using ICT:

Acquiring knowledge of language • *the grammar of the target language and how to apply it*	• using interactive exercises to study language patterns • using text manipulation to encourage thinking about language patterns
Developing language skills • *listening skills* • *adapting language for use in different contexts* • *skimming and scanning written texts for information*	• using multi-media software for listening practice • using word processing to present language in revised format • reading web pages on the Internet
Developing language-learning skills • *using dictionaries and other reference materials*	• using electronic dictionaries and glossaries and using the Internet as a language corpus
Developing cultural awareness • *having contact with native speakers* • *working with authentic materials to develop cultural awareness*	• sending and receiving e-mail • reading web pages on the Internet • reading e-mails
Learning activities • *using language for real purposes*	• sending and receiving e-mail • taking part in an on-line discussion forum

There is also a requirement in all subjects to develop ICT skills. In the next table, these requirements are listed in column one with suggested MFL activities in column two:

Students should be given opportunities to apply and develop their ICT capability through the use of ICT tools to support their learning in all subjects. Students should be given opportunities to support their work by being taught to:		
a	*find things out from a variety of sources, selecting and synthesising the information to meet their needs and developing an ability to question its accuracy, bias and plausibility*	• reading web pages on the Internet • using electronic dictionaries and glossaries and using the Internet as a corpus of language
b	*develop their ideas using ICT tools to amend and refine their work and enhance its quality and accuracy*	• using word processing including spell-checking and thesaurus
c	*exchange and share information, both directly and through electronic media*	• sending and receiving e-mail • taking part in an on-line discussion forum
d	*review, modify and evaluate their work, reflecting critically on its quality, as it progresses.*	• developing writing skills through use of writing frames • redrafting from feedback provided on screen by teachers

3 Key ICT uses

E-mail

E-mail provides the opportunity to communicate with native speakers. There are a host of tasks that can be used with e-mail. Tasks that could be covered include:

- reading an e-mail in French from a correspondent in the link school;
- replying to an e-mail;
- writing an e-mail message and sending it to a correspondent.

With growing confidence, e-mail can be used with attachments. This allows a file to be sent along with an e-mail. The file might be a database file, a word file, a digital photograph or any other file which is attached to the e-mail and sent with it. Students could then send to and receive from exchange partners all sorts of electronic resources. The classroom survey in electronic form gains in purpose if it is to be sent to a partner and if the partner will also be sending one from France, Belgium or wherever.

Word processing

There are many uses for word processing in languages lessons including:

- structured writing using a writing frame;
- correcting and re-drafting a word-processed text from feedback provided on screen by the teacher;
- creative writing – framework poems, poems made out of a list of words supplied by the teacher, captions for interesting images, simple narratives, comic strips, treasure hunts;
- descriptive writing – postcards, letters, shopping lists, menus.
- compiling sample questions from the GCSE oral conversation topics – students can then develop their own personalised answers.

Spell checking and a thesaurus can be useful tools. Check with the ICT co-ordinator that these are installed for foreign languages, if available.

On screen marking

If students produce written work using a word processor, it can be submitted and marked electronically. This has some advantages and disadvantages over printing and marking in red ink.

Advantages:

- students will readily redraft their work in light of the comments/corrections;
- no paper needed;
- automated corrections facility can make it easy to enter often repeated comments;

Disadvantages

- a new set of techniques to be learned;
- initially slower than marking by hand;

- marking policies were developed for hand marking, not electronic.

The procedure for on screen marking varies according to the word-processing package and version available. For *Microsoft® Word* (*Office 2000* version) the following facilities are available:

- Track changes – when switched on, any corrections made by the teacher are displayed in a different print colour. The changes can be found quickly and accepted or rejected by the student. Switch on/off track changes from the Revisions toolbar.
- Insert comment – highlight a word or phrase and then insert a comment. Comments can be found quickly by students and deleted after suitable redrafting. Again, use the Revisions toolbar to insert a comment, find a comment or delete a comment.
- Autotext – use to automate a frequently made comment, e.g. sp (spelling). You can of course use Autotext for longer phrases.

Text manipulation

Good language practice can be provided with text-manipulation software, e.g. *Fun with Texts*. Students can work on ready-made texts which are commercially available or the teacher can develop texts themselves, thereby ensuring that the level and the language are relevant to the class. Texts can be copied and pasted from a web page to *Fun with Texts* – check on copyright but this should not be any more of a problem than photocopying a magazine article.

Text manipulation can help develop grammatical awareness, comprehension and spelling. If the text used is a model text, e.g. a letter, work on it gives excellent practice prior to proceeding to writing an original or personalised version of the model.

The best known and most widely available program is *Fun with Texts* but there are other such programs commercially available. There are also free programs that can be downloaded from the Internet and some schools have developed their own software. Most programs allow the teacher to set up a text by typing it in. There are then a number of activities that students can do with that text such as a cloze exercise where students have to fill in the missing word or a line re-ordering exercise where students have to put the jumbled lines of the text back into the right sequence. All of these tasks are variations of pencil and paper exercises but they do have certain added elements such as instant feedback on whether something is right or wrong, a scoring facility and a help facility. The software is easy to use and can be adapted to almost any content so you could develop text manipulation exercises for all units. Some ready-made texts have been devised and can be purchased from software suppliers or downloaded from the Internet.

Word-processing software can also be used to develop text-manipulation activities such as sentence re-ordering or cloze. The word processor will not correct the students' work automatically but may be preferable in that it allows for more open-ended or creative activities.

Interactive web exercises

Some websites offer on-line learning materials developed by language teachers. Many of these have been developed using the *Hot Potatoes* software which is available free of charge from the University of Victoria, Canada: http://web.uvic.ca/hrd/halfbaked

You can download the program from their website and then develop your own activities or you can direct your pupils to sites made by other languages teachers – the *Hot Potatoes* site has a list of these. Any of the *Trouvez les paires* exercises could be used as language content to develop interactive exercises using software such as *Hot Potatoes (JMatch)*. There are various other exercise types in *Hot Potatoes*. The exercises are produced as interactive web pages. They can be put onto the school's website so that the pupils can attempt them during lessons or at other times when they may have access to the Internet. They can also be put onto the school Intranet or network. Advice on all of this must be sought from the local ICT co-ordinator.

There are various websites that allow you to create an interactive exercise from within the site itself with no need to download or upload anything. These are simple to use although not as powerful or as flexible as *Hot Potatoes*. A good example is *Quia*: www.quia.com, a free website on which you can create simple interactive exercises.

Some pilot *Hot Potatoes* exercises linked to ***Encore Tricolore*** can be accessed via Terry Atkinson's website: http://www.atkinsonconsulting.co.uk

Desktop publishing

Many schools have publishing software that allows the user to lay out text and images. If your students have been taught how to use this software in their ICT lessons they will be able to make things in French such as: a tourist brochure, an invitation to a party, posters, menus and signs.

Presentation

The computer makes a very powerful presentation tool that can be used to present new vocabulary, grammar points, dialogues and simple picture stories. It can also be used by students to support simple oral presentations. The basic equipment needed for this includes a computer (laptop or desktop machine) and a projection device: the computer can be linked to a data projector if the school has one. Alternatively, computers can be connected up to television sets – this requires a large screen television and a television adaptor. Finally, some classrooms are being equipped with electronic whiteboards that produce a large screen display and are also interactive. Students could present posters, survey charts, web search findings etc. and give an oral commentary in the target language. This can provide excellent practice for the GCSE oral examination presentation.

Any software can be used to give presentations or demonstrations but there is also specialist presentation software such as *Microsoft® PowerPoint* or *Hyperstudio* which allow you to develop effective slide shows. These programs are relatively easy to use and can give stunning effects. They encourage minimal use of text on screen but incorporate graphics and animations, all of which provides support for oral presentations.

Internet/World Wide Web

If students have access to the World Wide Web via the Internet they may like to consult relevant web pages to support their learning about aspects of French life and culture. They will not understand all of the information given but will be able to work out the gist of sections, particularly where they are interested in the topic and where lively presentation and good use of graphics aid comprehension and boost motivation.

There are many possible ways to use the Internet, such as searching for information, reading for pleasure, doing practice activities, producing a web page for the class, using sites which support the production of teaching materials, e.g. wordsearches, crosswords, text and images.

The Internet can also be used to check the meaning or common usage of words and phrases. To do this, type a word or phrase into the search engine (e.g. www.google.fr or www.voila.fr) and a list of occurrences will be produced that can be used to check usage, spelling, meaning in context, gender, etc.

On-line discussions

A discussion forum allows participants to carry on discussions via messages which are sent in and displayed on a web page. Many students will already be familiar with this facility which is also known as chat or chat rooms. French chat rooms might be a useful resource for students to access, provided they have the language and that the subject matter is acceptable. Initially, it might be better to set up a closed forum for your class or school, possibly in collaboration with a partner school. The forum can then be used to discuss the topics of each unit in ***Encore Tricolore 4*** and suggestions are given for this where relevant in the individual units. A good example would be TV as covered in *Unité 4*. In this unit there is a simulated discussion forum in the course book giving good models for the messages which the class might then adapt for their own forum.

To set up an on-line discussion forum you may wish first to consult your ICT co-ordinator. However, he or she may not be able to advise on a target language based discussion forum. You can set one of these up yourself using a French search engine, for example www.yahoo.fr – this has a section called *Yahoo Clubs* which makes it easy to set up the forum. There is also *le guide du tchatcheur* and *le lexique de la tchatche* which can be downloaded and used to teach relevant target language. Each student will need an e-mail address – these can also be obtained freely via *Yahoo France*. Again, check with the ICT co-ordinator on school policy.

Some schools have and all schools will soon have Virtual Learning Environments (VLEs) or Managed Learning Environments (MLEs). These do offer forums (perhaps called discussion boards, bulletin boards or chat rooms) and many other useful language-learning facilities such as interactive exercises, polls, quizzes, multi-media, easy to edit personal web pages for students and teachers, etc. However, the interface is almost always in English. If your school is using a VLE such as think.com, blackboard etc., you may have to sacrifice the French interface for ease of access and student familiarity.

On-line sondages

There are many French *sondage* sites. Some have interesting links to *sondages* that you might want to use for a learning activity but you could also set up an on-line *sondage* for your students or encourage them to set up their own. If you type in *sondages* into a French search engine such as www.voila.fr, you will soon find sites such as http://web.sondage-gratuit.com/. A sample poll on fashion was set up using this software and can be accessed via Terry Atkinson's website: atkinsonconsulting.co.uk.

Writing frames

These can be used to structure students' writing. Many teachers report that extended writing required at this level is one of the greatest challenges. Ideas for using writing frames are given in the specific ICT activities of several units. A writing frame can be created quite simply using word processing.

Here is an example based on writing about an ideal holiday which uses a set of prompts from the Students' Book (SB 154):

Les vacances idéales de … (nom)

1 *Si vous aviez beaucoup d'argent, où voudriez-vous aller et pourquoi?*

Exemple: *Je voudrais aller au Québec pour découvrir la nature, les forêts, les lacs et parce que je n'aime pas les grandes villes.*

Destination	***Pourquoi***
L'Égypte	*pour voir les Pyramides, pour faire une croisière sur le Nil, pour visiter les monuments historiques*
New York *(aux États-Unis)*	*pour voir la Statue de la Liberté, pour faire des achats, pour visiter les musées*
Le Kenya	*pour faire un safari, pour voir des animaux sauvages, pour faire des photo*

2 *Je voyagerais … (comment?) … (avec qui?)*

3 *Je resterais … (où?) … (pour combien de temps?)*

4 *Quel temps ferait-il?*

5 *Tu ferais quoi exactement? / Comment seraient les vacances?*

The prompts are given in italics and there is a blank box in which students complete their text. Varying levels of support can be provided, if needed. The frame could be printed although students will probably find it more user friendly to work directly on screen. They can simply edit the frame file and may subsequently delete the prompts to leave a completed piece of text. It is possible to provide more sophisticated writing frames using drop-down menus to give lists of words or phrases that could be included or with clip art to guide writing. Commercially produced writing frame software may soon become available although at the time of writing, the only one known was for Key Stage 3: *French Frames for Writing – Creative and Imaginative Writing (Age 11-14)* by Julie Adams (Publisher: Folens ISBN 1841638773).

It should be noted that there is much more benefit in using a computer to draft and redraft work than there is in writing by hand and then transcribing to computer.

4 Copyright issues

The issue of copyright in dealing with electronic materials should be regarded in the same way as for any other published materials. Legally obtained clip-art images can be used for making teaching and learning materials. Web pages are often copyright free but it is important to consider the source of the web page – does the web page developer own the copyright on the material on the page? Some images on the Web may be copyrighted but many are not. However, the images may have been placed on the Web without the copyright holder's permission. It is hard to give clear advice. For those who wish to make absolutely certain of this issue, there is usually a contact e-mail address on web pages which could be used to seek permission. Having said all of this, much on the Web is freely copiable and this is often stated. It will sometimes be a question of judgement. If the image is to be used solely in your own school for educational purposes, then it is unlikely to infringe copyright. This area is a difficult one and teachers must follow their own judgement or be advised by head teachers or ICT managers.

5 Classroom organisation

There are three main ways in which ICT can be an integral part of your French lessons:

1 **Access to a computer room, with about 15 computers, ie roughly one computer between two students**

The computers will probably be linked to the school network and possibly also to the Internet. It is often useful to ask students to work together in pairs and some of the best learning occurs as a result of collaboration and discussion. Sometimes, you will want your students to work individually, e.g. when writing a self-description. In that case, it may be possible for half the class to work on computer and the other half to do related work.

2 **A small number of computers available in the modern languages area which may or may not be linked to the school network/Internet**

Much more flexible use of ICT is possible if computers are available in this way. This facility is useful to provide:

- differentiated work for individuals and small groups, e.g. vocabulary building using a CD-ROM for students who have missed work or fallen behind;
- an ICT activity as part of a carousel of other activities that students work through in groups;
- part of a jigsaw of activities in which students collect information from different sources, print, listening, ICT and then collate this in groups.

It is very useful to have someone to provide support for students if they are using the computers outside of the teaching room. This could be provided by a sixth former, an Foreign Language Assistant (FLA) or a student teacher. It is important that students have had an introduction to the program that they are to use and some hands-on experience. Alternatively, distribute computer literate students across the groups so that there is always at least one person in each group who can provide help if necessary.

3 A single computer in the ML classroom, possibly to the school network and to the Internet
This can be very useful if there is some facility for projection or large-screen display. The teacher can use the computer for presentations or demonstrations. Students can use the computer to support them in giving a simple oral presentation. Even with one computer, it is possible for students to work in pairs on an activity at the computer and for each pair to have completed the activity over the course of two or three lessons.

6 How to enter accents

Students will need to know how to enter accents in the various programs that they use – word processing, e-mail, text manipulation, desktop publishing, presentation, web pages etc. These are summarised on CM G/13.

7 Useful websites

French search engines *(Des moteurs de recherche)*
There are many search engines, so it is best to choose one that students are familiar with. There are French versions of the common ones, e.g.
www.yahoo.fr
www.altavista.fr
www.google.fr

There are also French search engines, e.g.
www.voila.fr
www.lycos.fr

Many have useful junior sections, e.g.
http://fr.dir.yahoo.com/Societe/Groupes_et_communautes/Enfants/
http://espace.junior.voila.fr/
www.lycos.fr/dir/Loisirs/Jeux_et_concours/Pour_enfants/

General interest sites for young people and discussion groups
Okapi (11–15) The teenage magazine, *Okapi*, has a discussion section on various topics.
www.okapi.bayardpresse.fr

Phosphore (15–25) This excellent website has sections on leisure and culture, everyday life, education and work, current affairs, as well as a range of *forums* on different topics.
www.phosphore.com

Premiers pas sur Internet (designed for a younger age group) has discussions and contributions from young people from French-speaking countries.
www.momes.net

A general interest site covering a range of topics:
www.apreslecole.fr

General information about France
French government information, statistics etc.
www.diplomatie.gouv.fr/

France @ la carte – general information about aspects of French life from French Embassy, UK.
www.francealacarte.org.uk/

Zipzap France – general information about France.
www.zipzapfrance.com/index2.html

Ministry of Culture and Communication
www.culture.fr/

Ministry of Education
www.education.gouv.fr/

Ministry of Youth and Sports
www.jeunesse-sports.gouv.fr

La France Outre-mer (les DOM TOM)
www.outre-mer.gouv.fr

French Tourist Information
Maison de la France
www.franceguide.com

Tourist offices
www.tourisme.ont.asso.fr

General tourist information
www.tourisme.gouv.fr

Theme parks
Disneyland, Paris http://2000.disneylandparis.com/
Parc Astérix www.parcasterix.fr/
Futuroscope www.futuroscope.fr/

Paris
Hôtel de ville www.paris-france.org

Office de tourisme et des congrès, Paris
www.paris-touristoffice.com

Pariscope – the weekly entertainment guide.
www.pariscope.fr/

Information and links to other sites.
www.paris.org/

La Tour Eiffel
www.tour-eiffel.fr

Le Stade de France – information and statistics.
www.stadefrance.com

Aquaboulevard – a large aquatic park in Paris.
www.aquaboulevard.com/aqua/virtual.html

Paris transport www.ratp.fr

Some museums
Le Louvre www.louvre.fr

La Cité des Sciences, La Villette, Paris
www.cite-sciences.fr/

La Cité de l'espace, Toulouse
www.cite-espace.com

Other national tourist offices
Belgium
www.office-de-tourisme.com/html/belgique.htm
Switzerland www.swisstourisminfo.com
Quebec www.bonjourquebec.com/
Morocco www.tourisme-marocain.com/
Senegal www.primature.sn

French press
- **National newspapers**

Le monde www.lemonde.fr
Libération www.liberation.fr
Le Figaro www.lefigaro.fr

- **Regional newspapers**

Ouest-France www.france-ouest.tm.fr
Les dernières nouvelles d'Alsace www.dna.fr/dna/
Le progrès www.leprogres.fr/
La voix du nord www.lavoixdunord.fr/
Sud-ouest www.sudouest.com/
La dépêche www.ladepeche.com/depeche.asp
Le Parisien www.manchette.com/parisien/
Nice Matin www.nicematin.fr
Sections for young people
www.leprogres.fr/Enfant/index.html

- **Magazines and weeklies**

L'Équipe
www.madmedia.fr/manchette-sports/index1.html
Paris Match www.parismatch.com

Le Point www.lepoint.fr

Le Nouvel Observateur
http://quotidien.nouvelobs.com/

French TV and radio

TF1 www.tf1.fr
France 2 www.france2.fr/
France 3 www.france3.fr/
Section for younger viewers
http://jeunesse.francetv.fr
Canal plus www.canalplus.fr/
La cinquième www.lacinquieme.fr/
Arte www.arte.fr/
Ina www.ina.fr/
M6 www.m6.fr/
TV5 www.tv5.org
Radio France (France Inter, France Culture etc.)
www.radio-france.fr
RTL www.rtl.fr
Europe 1 www.europe1.fr

TV magazines

Télé 7 jours www.tele7jours.com/index.phtml
Télérama www.telerama.fr

Revision and homework sites in the UK

www.homeworkhigh.com
www.bbc.co.uk/education/schools/revision/
www.learn.co.uk/

Educational press

Times Educational Supplement.
www.tes.co.uk

The Guardian Education Weekly
http://education.guardian.co.uk/egweekly

Language teaching

Association for Language Learning (ALL)
www.languagelearn.co.uk

Centre for Information on Language Teaching (CILT)
www.cilt.org.uk

Lingu@net www.linguanet.org.uk

Exchanges

Central Bureau for International Education and Training
www.centralbureau.org.uk
www.wotw.org.uk

ICT organisations

BECTA www.becta.org.uk

Modern Foreign Languages and Information Technology Project (MFLIT)
www.vtc.ngfl.gov.uk/resource/cits/mfl

The Microelectronics in Education Unit in Wales (MEU)
www.meucymru.co.uk

Scottish Council for Educational Technology (SCET)
www.scet.com

Education in England

Department for Education and Skills
www.dfes.gov.uk

National Curriculum
www.nc.uk.net

Qualifications and Curriculum Authority (QCA)
www.qca.org.uk

Education in Wales

Currciulum and Assessment Authority for Wales
www.accac.org.uk

Education in Scotland

Scottish Qualifications Authority
www.sqa.org.uk

Scottish virtual teacher's centre
www.svtc.org.uk

Learning and Teaching Scotland
www.ltscotland.com

Education in Northern Ireland

Northern Ireland Council for the Curriculum, Examinations and Assessment
www.ccea.org.uk

Virtual greetings cards

There is a category of virtual greeting card sites on *Yahoo*:
http://fr.dir.yahoo.com/Divertissement/Cartes_virtuelles/

For websites for virtual postcards, type *cartes virtuelles* in the search box for Yahoo France.

Games and activities for language learning

1 Games for vocabulary practice

A variety of quick games and activities can be regularly used to help students to learn and practise each new topic as presented in a *Lexique*, e.g. *On fait des listes* (see note below), *Loto*, Countdown (*Les mots et les chiffres*). The latter can be based on the well-known television programme, also available as a board game. For a simpler version, use small squares of paper each with a letter of the alphabet on it (use two sets together to make the game easier). The letters are placed face downwards and each competitor selects a pre-determined number of letters (say, fifteen) and tries, in one minute, to make as many as possible of the words in the *Lexique*. A point is awarded for each letter used in a word and a bonus mark of two is given for any completed word of five or more letters.

Ça me fait penser à ...

Someone starts by saying any French word, preferably a noun, then points to someone else. This person must say the first French word which comes into their head, then point to another student. Anyone who cannot think of a word in ten seconds, or who suggests something which is in no way connected to the previous word, is out. After a few minutes, the teacher could stop the game and ask the class to write down as many as possible of the words mentioned. Make sure students include the article.

A typical chain might be: *un chien, un chat, un animal, la ferme, un fermier, la campagne, la ville, l'hôtel, un gîte, la France, l'Angleterre, Londres, Paris, la Tour Eiffel* etc.

Les mots interdits

The teacher or a student chooses a common word and then asks the others questions. Nobody except the questioner may say the forbidden word. The questioner goes on asking questions until someone makes a mistake. This person loses a point and becomes the questioner. (*Oui* or *non* alone does not constitute an answer.) Everyone starts with five points and the person with the most left at the end of the game is the winner. This could be played as a team game in groups.

Expliquez le mot

This is a more difficult version of *Les mots interdits*. Prepare beforehand some slips of paper on each of which is written a word, likely to be known by most players, preferably one from the *Lexique* currently being learnt. Nouns, adjectives or infinitives of verbs are best, e.g. *cinéma, pauvre, gagner*.

The slips of paper are folded so that the word is not visible. Players are divided into teams or groups. A person from each group in turn picks a slip of paper and, in one minute, must explain the word on it to the rest of their team without saying the actual word, e.g.

télévision – On la regarde. Il y en a dans presque chaque maison. Il y a quelquefois des émissions de musique 'pop'. Il y a plusieurs chaînes etc.

If someone in the team guesses the word before the minute is up, the speaker picks another word to explain. A point is awarded for each word correctly guessed. The points for each team are totalled when all players have had a turn.

Trouvez-moi six mots!
At odd moments, ask students to think of groups of words, e.g. six fruits, six sports, six European countries.

A comme abricot, B comme betterave
With *Lexiques* containing a lot of nouns, students can work in groups to see how many letters of the alphabet they can match with a word from the list. The *Vocabulaire par thèmes* section could also be consulted for this activity.

Trouvez le contraire
This activity will really only work well with *Lexiques* containing adjectives, adverbs or verbs but it could also be used for practice in using the dictionary. Students could start from the *Lexique* and try to find the opposites (or synonyms) for as many of the words as possible in a given time.

DIY word games
Students can use a particular *Lexique* as a basis for making up their own word games to set to others, e.g. Wordsearch (*Les mots mêlés*), Odd word out (*Chasse à l'intrus*), or an acrostic (*une acrostiche*) which is easier to make up than a crossword.

Brainstorming and cumulative games can also be used to check or practise the vocabulary of a *Lexique*.

Le jeu des vingt questions
A students chooses a noun, from a given topic area to limit the range of possibilities. Other students ask questions in order to establish the noun chosen, and the one guessing it scores points according to the number of questions needed, e.g. three points for ten questions, two points for fifteen questions and one point for twenty.

***Le jeu du pendu* (Hangman)**
Words chosen should be limited to a specific topic area or *Lexique*. Students should use the French alphabet when guessing the letters which make up the word.

***Touché-coulé* (Battleships)**
This well-known game, best played in pairs, can be adapted to practise various language items. In its simplest form, students are given the area of vocabulary to be practised, e.g. a verb paradigm, leisure activities, means of transport, household items. Each person writes down any three of the vocabulary items then in turn tries to guess one item that their partner has written. If they guess correctly their partner must cross the item out. The first one to eliminate the other person's items has won.

More complicated versions, nearer to the original, involve writing the items in a particular place on squared paper so that each player says to their opponent, e.g. A3: tu as les douches? Similarly a map of Europe, a plan of a town, a room, a house or a school could be used.

***On fait des listes* (Numbered lists)**
This can be played in several ways:

1. Each student writes a numbered list of words to be learnt, the French words on one side of the paper and their English equivalents on the other. Pairs then test each other, one looking at the French side of the sheet and the other at the English. If one student doesn't know the answer, the other tells her/him the number.
2. Students try to catch each other out by saying a number the other one doesn't know. This can also be played by two pairs competing against each other.
3. ***Les mots contre la montre***
   The game is played as above, but against the clock (use a stopwatch if possible). Each partner in turn has to identify ten items from numbers given by their partner, in as short a time as possible.

2 Games for practising verbs

The following games relate to both oral and written work.

Expanding a framework
This is a similar, but slightly simpler activity. A series of short, simple sentences or phrases are written on the board and expanded by suggestions from the class, e.g.

L'astronaute a mangé
Il est sorti
Il est descendu
Soudain il a vu
Il a décidé de
À sa grande surprise

Students suggest expressions to say when this took place, to describe the astronaut, what he ate and said, where he landed, what he did next etc. until the story is complete. As a follow-up, the verb or other parts can be rubbed off the board and the whole story written from memory, or students can write their own story from the initial framework.

If students are slow to suggest phrases, they can be prompted by questions, e.g.

Qu'est qu'il a mangé?
D'où est-il sorti?
Comment? – avec difficulté, très vite etc.
Qu'est-ce qu'il a fait, après avoir vu le martien?

Complete the sentence
The teacher or a student begins a statement with a 'past' expression of time and a subject, e.g.

Hier, mon père ...
L'année dernière, ils ...
Samedi soir, je ...

This person then points to another student, who has to complete the sentence using a verb in the perfect tense and, if wished, additional words, e.g.

Hier, mon père est allé à la gare.
L'année dernière, ils ont gagné le match.
Samedi soir, je suis allé(e) au cinéma.

Students could be given a time limit, for example, thirty seconds, in which to do this. They could be given two minutes' thinking time beforehand in which to jot down possible verbs.

The same game can be played using future time expressions for practice of the future tense. In each case, students lose a point if they use a verb already used previously.

Then and now
This is a simple game to practise the present and perfect tenses. The teacher or a student says any part of a verb in one of these tenses, then points to another student, who must immediately say the same verb in the other tense, e.g.

Je danse. J'ai dansé.
Elle a vu le match. Elle voit le match.

No repetition is allowed.

C'était comme ça?
A group of students act a short scene, e.g. in a café or shop, at a railway station, information office or school. The rest of the class should try to remember who did what. Afterwards the teacher asks questions, e.g. to practise past tenses and several persons of the verb:

Teacher: *Le monsieur/La dame dans le sketch, qu'est-ce qu'il/elle a mangé/portait?*
Student: *Il/Elle a mangé une glace/portait un jean?*
Teacher: (to relevant student) *Est-ce que tu as mangé une glace/portais un jean?*
Student: *Oui/Non, j'ai mangé ... /je portais ...*

unité 1 Jeunes sans frontières

Area	Topics	Grammar	Vocabulary
1.1 *Nous les jeunes*	Exchanging general information about yourself and your family (name, age, nationality, likes and dislikes) Revision of alphabet and numbers	Using prepositions	Countries and nationalities (SB 7)
1.2 *Questions et réponses*	Asking and answering questions about people's family, pets, hobbies Discussing likes and dislikes	Asking and answering questions	Question words (SB 8)
1.3 *Une lettre … à la poste*	Exchanging letters with a pen friend Festivals and greetings Telephoning to and from France Exchanging telephone numbers	Prepositions with towns and countries	Festivals and greetings (SB 12) Telephoning in France (SB 13)
1.4 *La vie familiale*	Understanding information and opinions about family life in France Talking and writing about yourself and your family	Using the present tense	The family (SB 14)
1.5 *La vie de tous les jours*	Exchanging information about everyday life and your favourite day	*depuis, ça fait …* *que* + present tense	
1.6 *Pour faire une description*	Describing people's physical appearance and clothing	Agreement of adjectives	Clothes (SB 20)
1.7 *On est comme ça*	Exchanging information and opinions about people's character and personality	Position of adjectives	Describing character (SB 23)
1.8 *On pourrait peut-être se revoir*	Making arrangements to meet or go out Accepting or declining invitations		Arranging to meet (SB 24)
1.9 Further activities and consolidation			See also *Vocabulaire par thèmes* (SB 267)

Students' Book SB 6–25, Au choix SB 208–210
Class CD 1, Student CD 1

Examination Grammar in Action
pages 4–9, 16–18

Copymasters

1/1	*Voici la carte* [visual] (TB 21)
1/2	*Quatre profils* [reading, writing, speaking] (TB 24)
1/3	*Jeux de mots* [writing] (TB 25)
1/4	*On écrit des lettres* [writing] (TB 26)
1/5	*Les événements de famille* [reading, writing] (TB 26)
1/6	*La vie quotidienne* [reading, writing] (TB 31)
1/7	*Débrouille-toi!* [listening] (TB 36)
1/8	*Tu comprends?* [independent listening] (TB 37)
1/9	*Presse-Jeunesse: Ados-Vacances* [reading] (TB 38)
1/10–11	*Épreuve: Écouter* (TB 38)
1/12–14	*Épreuve: Parler* (TB 40)
1/15–19	*Épreuve: Lire* (TB 41)
1/20–21	*Épreuve: Écrire* (TB 41)

Au choix (SB 208–210)

Support

1 *Mon rêve* (TB 22)
2 *Les animaux – questions et réponses* (TB 23)
3 *Chasse à l'intrus* (TB 33)
4 *Quatre personnes* (TB 33)

General

1 *Xavier parle de son jour favori* (TB 30)
2 *Faites des descriptions* (TB 35)
3 *Mes amis* (TB 35)
4 *Des messages* (TB 36)

Extension

1 *Il y a des avantages* (TB 20)
2 *Deux jeunes Québécoises* (TB 22)
3 *Les animaux et vous* (TB 24)
4 *C'est quoi en français?* (TB 29)
5 *Toi et tes amis* (TB 35)

Useful websites

Information about **Céline Dion**:
www.celine-dion.net/
Information about other **international celebrities**:
www.actustar.com
For details about **footballers**, see *Unité 7*, TB 166.
This site gives the words of many **songs** plus biographical details about famous **French singers**:
www.paroles.net/

Travel
This is an excellent personal website, which describes a **trip to Senegal** by two Belgian families. Different pages present the members of the two families and the diary of two journeys to Senegal and one visit by a Senegalese person to Belgium.
www.multimania.com/laurele/

French telephone directory:
http://wga.pagesjaunes.fr/pb.cgi

Animals
The home page of a Quebec site with links to sites in English and French about **animals**:
www.ivic.qc.ca/jeunes/animaux.html
Photos showing the **life of a puppy** from birth to two months:
www.ivic.qc.ca/jeunes/chien.html

For details of **virtual greetings cards**, see TB 17.

Area 1
Nous les jeunes
Exhanging general information about yourself and your family (name, age, nationality, likes and dislikes)
Revision of alphabet and numbers
SB 6–7, 1–4
Au choix SB 208, 1, SB 210, 1–2
CM 1/1, G/1–G/3
SCD 1/1–7, CD 1/1–1/2
Examination Grammar in Action, page 18

Jeunes sans frontières

PRESENTATION

Begin with some oral revision of personal details – name, age and address – perhaps turning this into a chain question sequence. Go quickly through the French alphabet and ask students to spell names of their family and home town or village. This revision could be extended to include days, dates and birthdays.

Next, ask students to look at the advertising leaflet for the course, *Jeunes sans frontières*, explaining the meaning of *stage* and asking them to work out the meaning of *stagiaire*. Ask them to read the leaflet, perhaps in pairs. Encourage them to read fairly rapidly, making reasonable guesses where possible and asking about or looking up only key words.

Ask questions about the photos, bringing in some of the family and personal vocabulary, e.g.

Cette fille s'appelle comment?
Elle a des frères et sœurs?
Est-ce qu'elle est l'aînée de la famille?
Elle est de quelle nationalité?

Use questions to highlight some of the key vocabulary and to revise ways of asking for meaning, e.g.

Comment dit-on 'eldest' en français?
Le mot 'veuve', qu'est-ce que ça veut dire? Cherche dans la liste à la page 14.

With able students, ask some more searching questions, e.g.

Quels sont les buts du stage?
Qu'est-ce qu'on va faire au stage?
Pourquoi ce garçon vient-il au stage?

SB 6 READING

1 C'est qui?

In this task, students have to identify the young people described. Answers could be checked orally.

Solution:

1	*Sophie*	**6**	*Damien*	**11**	*Damien*
2	*Leila*	**7**	*Sophie*	**12**	*Leila*
3	*Nicolas*	**8**	*Nicolas*	**13**	*Damien*
4	*Leila*	**9**	*Sophie*	**14**	*Sophie*
5	*Damien*	**10**	*Leila*		

As follow-up, students could make up some *vrai ou faux* statements based on the four *témoignages*, perhaps working orally in pairs or writing down three or four statements each, to be exchanged with someone else.

Au choix SB 210 EXTENSION READING

1 Il y a des avantages

This task is directly based on the leaflet about the *stage* (SB 6). Students select the sentences that describe good features of this *stage*.

Solution: 1, 2, 3, 5, 7, 9, 10

SB 7, 1/1 LISTENING WRITING

2 Deux interviews

Students look at the *Fiches d'identité* to see what information is required, then listen to the recording and write down, in their exercise books, the details needed to complete the *fiches*. This item would be ideal for use with individual listening facilities.

Solution:

Card 1
1 *Weinitz*
2 *Jacob*
3 *16 ans*
4 *1er mai*
5 *français*
6 Manchester
7 *2 frères, 19 et 14 ans*
8 *musique, théâtre, sport*
9 *violence*
10 *roller, football*
11 *rouge*
12 *visiter Israël, faire partie d'un orchestre célèbre et international*

Card 2
1 *Johannessen*
2 *Elsa*
3 *17 ans*
4 *30 juillet*
5 *norvégienne*
6 *Bergen*
7 *2 frères, Johann 19 ans et Erik 15 ans*
8 *cuisiner, écouter des CDs*
9 *la pluie*
10 *basket, ski*
11 *bleu*
12 *parler plusieurs langues, avoir des amis dans beaucoup de pays*

Deux interviews

1 – Salut! Est-ce que tu t'appelles Jacob?
– Oui, c'est ça, Jacob Weinitz.
– Jacob … euh … Weinitz, ça s'écrit comment?
– W-E-I-N-I-T-Z.
– Merci. Et tu as quel âge?
– Seize ans, et ma date de naissance est le premier mai.
– Seize ans … le premier mai. Et ta nationalité?
– Je suis français.
– Alors, tu habites en France?
– Non, parce que ma mère est professeur à l'université de Manchester en Angleterre, donc nous habitons à Manchester.
– Alors, domicile: Manchester. Es-tu enfant unique?
– Non, j'ai deux frères, dix-neuf ans et quatorze ans, mais mon père est décédé.
– Et tes loisirs, Jacob, quels sont tes loisirs préférés?

- J'adore la musique et je joue de la flûte et du piano. Puis j'aime le théâtre aussi. En plus, j'aime le sport – je fais du roller et je joue au football avec un de mes frères.
- Et est-ce qu'il y a des choses que tu n'aimes pas?
- Oui. Je déteste la violence. Je n'aime pas les films et les émissions où il y a beaucoup de violence. Il y en a trop!
- Dis-moi, Jacob, quelle est ta couleur favorite?
- Je ne sais pas, vraiment – le rouge, peut-être. Oui, le rouge.
- Tu as un rêve? C'est quoi, ton rêve?
- Mon premier rêve est de visiter l'Israël, parce que je suis juif. Mon autre rêve est de faire partie d'un orchestre célèbre et international.

2 – Salut. Tu t'appelles Elsa Johannessen, non? Johannessen, comment ça s'écrit?
- J-O-H-A-N-N-E-S-S-E-N.
- Et quel âge as-tu, Elsa?
- J'ai dix-sept ans. Mon anniversaire est le trente juillet.
- Dix-sept ans ... le trente juillet. Et tu es norvégienne, non?
- Oui oui, je suis norvégienne, je viens de la Norvège, mais ma mère est française.
- Et tu habites à Bergen?
- C'est ça.
- Alors, domicile: B–E–R–G–E–N – Bergen. Puis, la famille ... combien de frères et sœurs as-tu?
- J'ai deux frères, Johann qui a dix-neuf ans et Erik, quinze ans. Je n'ai pas de sœurs.
- Johann, c'est J–O–H–A–N–N, non?
- Bien sûr.
- Et qu'est-ce que tu aimes comme loisirs?
- J'adore cuisiner, puis ... euh ... écouter des CDs, ça aussi.
- Il y a des choses que tu détestes?
- Euh, oui, je déteste la pluie. Quand il pleut, je ne sors pas, si possible.
- Tu aimes le sport?
- Oui, un peu. Je joue au basket et j'aime aussi le ski, en hiver.
- Quelle est ta couleur favorite?
- Ma couleur favorite – c'est le bleu.
- Et quels sont tes rêves, Elsa?
- Alors, mon rêve, c'est de parler plusieurs langues et puis d'avoir des amis dans beaucoup de pays.
- C'est un beau rêve!

SB 7, **SPEAKING**

3 Deux interviews à faire

Students work in pairs, one acting as interviewer and the other answering for Valérie or Yves. Their attention could be drawn to the box containing possible questions.

SB 7 **WRITING**

4 À vous!

Students now use the information previously noted down to write a description of Elsa or Jacob.

SB 7 **VOCABULARY**

Lexique: Les pays, Les nationalités

This *Lexique* could be used to break up the work on interviews or at any stage in the area. Remind students about the use of capital letters for the country and the inhabitant, but small letters for nationality and language. For practice, ask some questions, e.g.

De quelle nationalité est Elsa/Yves/Valérie?
Et toi, de quelle nationalité es-tu?
Quelles langues est-ce qu'on parle en Australie/Écosse/Allemagne/au Québec, etc.
Est-ce que tu parles allemand/français/anglais?

Ask students to set each other words to spell, e.g. *L'Angleterre, ça s'écrit comment?*

CM 1/1 **SPEAKING WRITING**

Voici la carte

Further practice of the countries listed in the *Lexique* could be based on this copymaster which could be made into an OHT. This could be used initially for oral question and answer work, e.g.

Numéro 1, c'est quel pays?
Montrez-moi l'Angleterre.
L'Irlande, c'est où?

Students could then complete the written task either from memory or referring to the *Lexique* (SB 7).

Solution: *l'Afrique* – **18**, *l'Allemagne* – **12**, *l'Angleterre* – **4**, *l'Asie* – **24**, *l'Autriche* – **13**, *la Belgique* – **9**, *le Canada* – **21**, *le Danemark* – **7**, *l'Écosse* – **2**, *l'Espagne* – **15**, *les États-Unis* – **23**, *la France* – **11**, *l'Inde* – **25**, *l'Irlande* – **1**, *l'Italie* – **17**, *le Luxembourg* – **10** , *le Maroc* – **19**, *la Norvège* – **6**, *le Portugal* – **16**, *le Pakistan* – **26**, *les Pays-Bas* – **8**, *le pays de Galles* – **3**, *le Québec* – **22**, *le Sénégal* – **20**, *la Suède* – **5**, *la Suisse* – **14**

PRACTICE

ID cards

For practice, students could make their own ID cards with details of themselves or of a friend. These can be produced using word processing or DTP (e.g. *Microsoft® Publisher*). Use a scanner or digital camera if available to add the photographs. Completed cards can be laminated and used in role plays.

CM G/1–G/3, SCD 1/1–1/10 **LISTENING SPEAKING**

Comment ça se dit?

This would be one of several possible times during the unit to do one or more of CM G/1–G/3 which practise understanding and pronouncing French (see TB 268).

EXAMINATION GRAMMAR IN ACTION, PAGE 18

Using prepositions

The second column of this page provides further practice of prepositions and countries, if necessary.

SB 7, **WRITING**

Dossier personnel

To complete work on Area 1, students should now write the first part of a Dossier personnel, to be expanded as the unit goes on and to be added to in later units. For the least able students, each section could be in the form of a series of short sentences but, for the most able, a fairly full account should be produced. The dossier should be kept, preferably on computer, and should later prove useful for revision purposes.

To provide some differentiation, able students could be asked to prepare the dossier in advance, perhaps for homework, and then do it completely from memory. The least able could refer to the Fiches d'Identité or be given further help with suggested or incomplete answers on the board or on OHTs.

To help with the section on Mon rêve, the teacher could write the following outline on the board:

Mon rêve est...
de visiter...
de voyager à/en...
de faire la connaissance de...
d'apprendre à...
de voir...
de retourner en...

Alternatively, students could do the following:

Au choix SB 208 **SUPPORT WRITING**

1 Mon rêve

Students choose any five sentences and complete them to describe some of their 'dreams'.

Follow-up:

Au choix SB 210, 1/2

2 Deux jeunes Québécoises

EXTENSION LISTENING

The most able students could listen to this extract. It is from an unscripted recording by Tuyen Vo and Émilie Saulmier-Talbot, two nineteen year-old students from the Petit Séminaire in Quebec. They could note down as much information as possible about the two girls, or could be asked to answer specific questions about their nationality, the languages they speak, where they have lived previously, how long they have lived in Quebec, etc. They could then do the vrai ou faux? activity.

Solution: **1V, 2V, 3V, 4F, 5F, 6V, 7V, 8F, 9F, 10F**

As an alternative, the following vrai ou faux? task could be set:

Écrivez V (vrai) ou F (faux) ou P (pas mentionné).

1 Les deux filles sont nées au Canada.
2 Tuyen Vo a appris l'anglais en Australie.
3 Elle habite à Québec depuis l'âge de treize ans, seulement.
4 Elle parle trois langues.
5 Son père est professeur.
6 Il y a beaucoup de touristes à Québec.
7 Émilie a le même âge que Tuyen.
8 Elle ne parle pas anglais à la maison.
9 Elle parle trois langues.
10 Elle n'a pas aimé son année en Allemagne.

Solution: **1F, 2V, 3F, 4V, 5P, 6V, 7V, 8F, 9F, 10P**

Deux jeunes Québecoises

– Bonjour, mon nom est Tuyen Vo et je suis vietnamienne d'origine. Euh ... je suis née au Vietnam et j'ai vécu trois années dans ce pays-là, après ... euh, on est parti de, de Vietnam et ma mère et moi, nous avons habité trois années en Australie, et puis c'est là que j'ai commencé à connaître la langue anglaise. Après ça, à l'âge de six ans, je suis venue à Québec au Canada et ... euh ... jusqu'à présent, j'ai vécu treize années à Québec, donc j'ai dix-neuf ans présentement. Dans la maison ... euh ... chez moi, vu que je suis vietnamienne, on parle seulement que le vietnamien à la maison. Par contre, lorsque je sors de la maison, mais on le ... j'ai pas le choix, je parle le français avec mes amis, mais comme je connais un peu l'anglais, je peux me débrouiller avec des visiteurs ... euh ... parce qu'à Québec c'est, vu que c'est une ville touristique, on a plein, plein de visiteurs à longueur d'année qui viennent pour toutes les activités qu'on, qu'on leur offre, qu'on offre à la population, puis qu'on offre aux visiteurs également.

– Je m'appelle Émilie Saulmier-Talbot et puis ... euh ... j'ai dix-neuf ans. Je suis née à Ottawa, la capitale ... euh ... du Canada, mon pays, mais j'habite à Québec depuis que j'ai deux ans. Chez moi, on parle anglais et français. J'ai fait mon primaire à l'école anglaise ... euh ... près de Québec et puis ... euh ... j'ai fait mon secondaire en français et puis je continue mes études en français. Euh ... j'ai aussi passé une année en Allemagne, dans un échange étudiant, donc je parle aussi allemand.

Area 2
Questions et réponses
Asking and answering questions about people's family, pets and hobbies
Discussing likes and dislikes
SB 8–11, 1–7
Au choix SB 208, 2, SB 210, 3
CM 1/2, 1/3
CD 1/3
Examination Grammar in Action, pages 8 and 9

SB 8 **GRAMMAR**

Dossier-langue
Des questions

Ask students first to look at the five different questions the 'alien' is being asked. The different types of question are then explained and students apply this knowledge in the activity that follows.

SB 8, **SPEAKING**

1 Posez des questions

Students work in pairs. One asks a question, the other answers it, then rephrases the question, by referring to the alternatives set out in the *Lexique* or *Dossier-langue*. As there are six questions in each of the three groups, this activity could also be used as a dice game.

SB 8 **VOCABULARY**

Lexique: Des mots interrogatifs

Go through the list with the class, asking students to repeat the question words and reminding them of the four forms of *quel*. Ask them to see how many questions they can think of which incorporate one or more of these words. For extra practice, if needed, this could be used as a brainstorming activity or a group competition. Groups have five minutes to see how many questions they can write down that include at least one of the question words. As an alternative, each group could be allocated only two or three of the words (make sure that each group has at least one of the commonest words).

SB 9, 1/3 **WRITING LISTENING**

2 Encore des questions!

In part **a**, students complete ten questions that they might want to ask French-speaking visitors to their school. Part answers are given to a few of the questions, as clues to which question word is missing.

In part **b**, students can check the question words they chose by listening to the interview with Alexandre, a French visitor to a school in Quebec. They also write down Alexandre's answer to eight of the questions.

Solution:

a
1. *Comment t'appelles-tu?*
2. *Quel âge as-tu?*
3. *D'où viens-tu?*
4. *Tu es de quelle nationalité?*
5. *Est-ce que tu parles anglais?*
6. *Combien de frères et sœurs as-tu?*
7. *Comment s'appellent-ils?*
8. *Vous restez ici jusqu'à quand?*
9. *Pourquoi êtes-vous ici?*
10. *Que penses-tu de notre collège?*

b
1. *Alexandre Michelin*
2. *16 ans et demi*
3. *Trouville*
4. *français*
5. *oui*
6. *un frère et une sœur*
7. *Jean-Luc et Lucie*
8. *samedi prochain*

Encore des questions!

– Comment t'appelles-tu?
– Alexandre, Alexandre Michelin.
– Ça s'écrit comment?
– A–L–E–X–A–N–D–R–E M–I–C–H–E–L–I–N.
– Quel âge as-tu?
– J'ai seize ans ... euh ... seize ans et demi.
– D'où viens-tu?
– Je viens de Trouville. Trouville, c'est au bord de la mer, au nord de la France.
– Tu es de quelle nationalité?
– Ben, je suis français!
– Est-ce que tu parles anglais?
– Alors, l'anglais ... euh ... c'est très difficile. Oui oui, un peu, en effet!
– Combien de frères et sœurs as-tu?
– Deux, j'en ai deux, un frère et une sœur.
– Comment s'appellent-ils?
– Alors mon frère, mon frère s'appelle Jean-Luc ... euh ... Jean-Luc, puis ma sœur s'appelle Lucie. Ça s'écrit L-U-C-I-E.
– Vous restez ici jusqu'à quand?
– Jusqu'à quand? Alors, jusqu'à samedi ... euh ... samedi prochain.
– Pourquoi êtes-vous ici? C'est un échange scolaire?
– Oui oui, c'est ça, un échange scolaire.
– Que penses-tu de notre collège?
– Il n'est pas mal, enfin, pas mal du tout.
– C'est très intéressant! Merci, Alexandre.

SB 9 **EXPLANATION**

Dossier-langue Une question très utile

This explains the question pattern, *Qu'est-ce que tu aimes comme...?* Students often find this pattern useful but frequently confuse it with other structures, especially questions beginning with *Est-ce que....* Students could practise some questions and answers of this kind to check that the meaning of the question, as well as the rule about the definite article, have been understood.

SB 9 **WRITING SPEAKING**

3 Qu'est-ce que tu aimes comme...?

Students prepare five questions, as suggested. Check at least some of these orally and, where necessary, revise the vocabulary areas listed (food and drink, etc.). Students could also answer the questions, but replying to questions is dealt with more fully on the next double page.

For practice, students could be given the following task in pairs:

Maintenant, choisissez deux de ces questions et posez-les à six personnes différentes. Est-ce qu'il y a deux personnes ou plus qui donnent les mêmes réponses?

More able students could also be taught that this standard question form can be used with different verbs, e.g. *avoir*, *faire* (+ sports or lessons), *mettre* (+ clothes), *acheter* (+ provisions), and they could make up and ask questions to illustrate this.

Les animaux **DIFFERENTIATION**

For more work on animals, students could do one or both of the following activities:

Au choix SB 208 **SUPPORT READING**

2 Les animaux – questions et réponses

a Students match up the French and English versions of the questions.

Solution: 1g, 2h, 3b, 4c, 5e, 6f, 7a, 8d

b Students now match up the questions and answers.

Solution: aD, bG, cF, dC, eH, fE, gA, hB

Au choix SB 210 **EXTENSION READING**

3 Les animaux et vous

Students read the e-mail messages and then decide which of the writers matches each of the numbered statements.

Solution: 1L, 2M, 3M, 4R, 5M, 6R, 7L, 8R, 9R, 10L

SB 9, **WRITING**

Dossier personnel

As part of their personal file, students write their own preferences for some of the suggested items.

SB 10 **GRAMMAR**

Dossier-langue Answering questions

This provides some reminders about answering questions and leads in to task 4 *Qu'est-ce qu'on répond?* Emphasis is put on changing the person of the verb in replies and on answering in the same tense as the question.

SB 10, **READING PRACTICE**

4 Qu'est-ce qu'on répond?

This is closely linked with the *Dossier-langue*. Students match up the questions and answers and could refer to the *Dossier-langue*, noticing how the points it makes are illustrated in the activity.

Solution: 1b, d; 2a, c; 3g, h; 4f, i; 5j, l; 6e, k

Students could also build up their own lists of questions, perhaps on classroom posters or in their electronic phrase books, for ongoing reference. Other questions they might like or need to ask someone they meet could be suggested and added to the lists.

SB 10, 239, **SPEAKING**

5 L'interviewer, c'est vous!

In this information-gap activity, students should first draw a chart based on the one on SB 10, but with just the titles for each column. Then each person in turn asks their partner questions to obtain the information needed to complete their chart. This could be preceded by some practice of spelling out proper names, especially those including accented letters or cedillas.

As a follow-up, some students could make up details of two more young people and ask each other questions to fill in the descriptions of these.

Follow-up

This activity could be used to provide extra practice in questions and answers. It could be done as a group or class game.

Write a list of numbered words or sketches indicating various subjects, e.g.

1	*la famille*	**5**	*les repas*
2	*le collège*	**6**	*les vêtements*
3	*la maison*	**7**	*les animaux*
4	*les loisirs*	**8**	*le week-end*

Then write the numbers on separate pieces of paper. Students pick out a number and, in turn, ask someone else any question linked with that subject.

SB 11 **READING SPEAKING WRITING**

6 Céline Dion – superstar

Students read the article then do the two activities:

Une interview avec Céline Dion

a Des réponses
Students read the answers given by Céline and suggest probable questions. The corrected versions of these questions could be used to practise the interview in pairs, with one person acting as the star.

Possible solution:

1 *Où êtes-vous née?*
2 *Avez-vous des frères ou sœurs?*
3 *Est-ce que votre famille aime la musique?*
4 *Est-ce que vous chantez en français et en anglais?*
5 *Quelle est votre chanson favorite?*
6 *Êtes-vous souvent fatiguée?*

b Céline Dion – en bref
Students complete any five of the suggested beginnings of sentences in order to write a short description of the singer.

PRACTICE

Céline Dion

Various websites in French could be visited. Find these using a French search engine. Other French entertainers could also be found. Some sites have sound clips of music and www.tf1.fr has the top ten pop videos. On the day it was checked for this book it also had a list of 80s videos which included Céline Dion (click on the section headed *Vidéos*).

CM 1/2 **READING WRITING SPEAKING**

Quatre profils

Students read the four *profils* and answer the questions.

Solutions:

1 C'est qui?
1 FS, 2 AF, 3 JG, 4 FS, 5 AF, 6 FS, 7 AF, 8 JG, 9 AF, 10 RB

2 Répondez aux questions
1 *Il a 19 ans.*
2 *Il est né en avril.*
3 *Elle a 18 ans.*
4 *Elle est fille unique.*
5 *Ils sont français.*
6 *Ils habitent en France.*
7 *(La couleur la plus populaire est) le vert.*

8 *Depuis cinq ans.*
9 *Il joue aux échecs et il fait la cuisine.*
10 *Parce qu'elle est vétérinaire (et elle a deux enfants).*

For further practice, students could use the profiles for oral work in pairs. Each person chooses one of the four people. They then take turns to ask each other questions, to be answered in the third person, e.g.

Quel âge a-t-il/elle?
Son anniversaire, c'est quand? etc.

(*Profils* 1 and 2 are easier than 3 and 4, as the latter give scope for the harder questions, e.g. *Depuis quand?* and *Pourquoi?*)

Follow-up activities

CM 1/3 — WRITING

Jeux de mots

This copymaster provides extra practice of the vocabulary relating to animals and family members. If preferred, it could be used in Area 4, in conjunction with the *Lexique* (SB 14).

Solutions:

1 Ma famille
1 *tante*, **2** *oncle*, **3** *mère*, **4** *grand-père*, **5** *grand-mère*, **6** *neveu*, **7** *jumelles*, **8** *moi*

2 Chasse à l'intrus
1 *ami*, **2** *enfant*, **3** *tante*, **4** *l'Europe*, **5** *perroquet*, **6** *pays*, **7** *beau-frère*, **8** *la Belgique*

3 Les mots mêlés

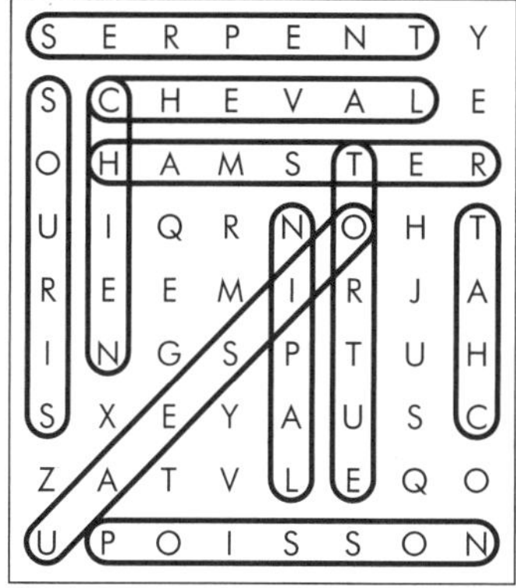

4 Ce sont les voyelles qui manquent
1 *une femme* – woman/wife
2 *un frère* – brother
3 *une nièce* – niece
4 *une veuve* – widow
5 *une mère* – mother
6 *une belle-fille* – daughter-in-law
7 *les beaux-parents* – parents-in-law
8 *une demi-sœur* – half-sister
9 *un neveu* – nephew
10 *un fiancé* – fiancé

Je vous présente — SPEAKING, WRITING

Students prepare six to eight questions at home, ready to conduct an interview, either with someone from another class or someone from their own class who they do not know much about. Pairs of students could then interview each other to find out six things they did not know already, jotting down answers to form a 'mini-profile'. Each person then presents the other to the class, remembering to use the third person of the verb, e.g.

Je vous présente... (name)
Il a ... ans.
Il habite à ...
Il aime ...
Il n'aime pas..., etc.

Alternatively, this could be recorded, as if it were the introduction of a visitor or panellist on a radio programme.

Je voudrais demander — SPEAKING

Students work in groups to think of questions they would really like to ask if they had a chance to meet a famous person, living or dead.

Vos papiers, s'il vous plaît! — SPEAKING, WRITING

Students each write down a list of true or imaginary personal details, which act as their identity papers. They then work in pairs, giving their papers to the 'official' when they are requested to do so. The student acting as the official then questions the other person, who has to answer from memory. If students answer the questions correctly they gain a point, but the official should try to catch them out, e.g.

Vous êtes allemand, non?
Votre anniversaire est le dix-neuf février, non?

If he succeeds, he gains a point.

EXAMINATION GRAMMAR IN ACTION, PAGES 8 AND 9

Using the present tense

For further practice of asking and answering questions, students could use these pages.

> **Area 3**
> ***Une lettre ... à la poste***
> **Exchanging letters with a pen friend**
> **Festivals and greetings**
> **Telephoning to and from France**
> **Exchanging telephone numbers**
>
> **SB 12–13, 1–7**
> **CM 1/4, 1/5**
> **CD 1/4–1/6**

SB 12 — READING, WRITING

1 Une lettre de Roselyne

Students read the introductory note, then the letter from Roselyne. Students could work in pairs, and should look up anything they do not understand. Some oral questions about Roselyne could follow, or students could make up *vrai ou faux?* statements about the information in the letter and ask other students to solve them, before going on to the activities that follow.

Solution:

a Students list the questions Roselyne asks in her letter. These are:
Est-ce que tu as des frères et sœurs?
As-tu des animaux à la maison?
Et tes parents, qu'est-ce qu'ils font dans la vie?

Qu'est-ce que tu aimes comme sport et comme musique?
Tu as un rêve, toi?

b Students have to find and correct the discrepancies between Chloë's and Roselyne's information.

Solution:

1. *Elle a* ***15*** *ans et son anniversaire est le 5* ***octobre****.*
2. *Elle a* ***un demi-frère*** *qui s'appelle* ***Antoine****.*
3. *Elle a un* ***chat*** *et deux oiseaux.*
4. *Elle aime le sport, surtout le roller et* ***la natation****, et elle aime aussi* ***la musique pop et le jazz****.*
5. ***Sa belle-mère*** *travaille dans un magasin de chaussures, mais Roselyne rêve d'être* ***vétérinaire****.*

SB 12, — WRITING

Dossier personnel

It is suggested that the first letter to a pen friend is kept as part of the *Dossier personnel*. Students can use Roselyne's letter as a model for their own and include some of the questions she asks (as listed in part **a**).

There are plenty of advertisements for pen friends on the Internet, e.g. in *Premiers pas sur Internet* (www.momes.net). Students could look up some of these and perhaps choose one and write a reply.

CM 1/4 — WRITING

On écrit des lettres

This copymaster can be used now and/or later and is intended for further practice but also can be filed as a useful reference document. It includes hints for writing informal letters, lists of beginnings and endings and some graded tasks closely linked with current examination questions.

SB 12

Lexique: Fêtes et expressions de politesse — VOCABULARY

This *Lexique* is to be used with the activities that follow.

SB 12, — SPEAKING WRITING

2 Des e-mails à écrire

Start by asking some questions about the dates of students' birthdays and *fêtes* and also about festivals such as Christmas and Easter. Ask the students to select the appropriate greeting from the *Lexique*.

For further oral practice, this could be used as the basis of a team game. Someone makes a statement, such as *Tiens, c'est le jour de Noël!* or *J'ai gagné un prix/réussi dans mon examen*. Another person or team must then respond with the correct greeting. Students then go on to write an e-mail for each of the situations listed.

Solution:

a *Joyeux Noël à toute la famille!*
b *Bonne année!*
c *Bon anniversaire!*
d *Bonne fête, Marie!*
e *Bonne chance!*
f *Félicitations!*

PRACTICE

Using e-mail

One way of using e-mail would be to register your students with a free e-mail provider in a francophone country, e.g. *Yahoo France*, but do check school policy on e-mail for students. They then have to work in a French interface to send their e-mails. If the teacher also registers, then students could be asked to send their messages to that address and a reply in French could be arranged.

CM 1/5 — READING WRITING

Les événements de famille

This gives more practice of dates and family events and of messages and greetings.

Solutions:

1. **Comprenez-vous le carnet du jour?**
   1V, **2V**, **3PM**, **4F** *(Isabelle est la mère de Mélanie.)*, **5F** *(Sophie est l'aînée.)*, **6V**, **7F** *(Il est mort le 20 août.)*, **8PM**, **9V**, **10F** *(Non, c'est sa femme qui a écrit l'annonce.)*
2. **Cartes de vœux**
   a *M. et Mme Masson*, **b** *le Docteur et Mme Debreu*, **c** *Isabelle Michelin*, **d** *Mme Gérard Vincent*, **e** *Mme Robert Michelin*, **f** *Agnès Legrand*

SB 12, 1/4 — LISTENING

3 Tu aimes les fêtes en famille?

Students listen to this discussion about family celebrations and match the speakers with the opinions listed.

Solution: **1c, 2b, 3e, 4d, 5a, 6f**

Tu aimes les fêtes en famille?

– Est-ce que tu aimes les fêtes de famille, Christophe?
– Ça dépend. Quelquefois, ça va, si c'est chez nous, par exemple. On mange bien et je peux toujours m'échapper dans ma chambre! Mais toi, Claire, tu aimes les fêtes, non?
– Bien sûr! Pour moi, les fêtes en famille sont toujours agréables, surtout à Noël. On revoit toute la famille, surtout mes cousins qui habitent loin de chez nous. Et toi, Jean, qu'est-ce que tu en penses?
– Ça m'étonne, en effet – voilà quelqu'un qui adore les fêtes en famille! Pour moi, c'est toujours un vrai désastre! C'est pareil pour toi, Sandrine?
– Ah oui! Pour moi, souvent les repas de fête durent trop longtemps. On mange trop, on boit trop et finalement, on dort! Et toi, Lucie, tu trouves ça aussi?
– Ben, non. Pour moi, les fêtes sont toujours très amusantes. Avec mes parents, on rigole beaucoup et tout le monde est heureux. Mais toi, Marc, tu trouves tout ennuyeux!
– Oui, tu as raison. En effet, pour moi, les fêtes, c'est ennuyeux. Les fêtes sont plutôt pour les adultes, elles ne sont pas intéressantes pour les jeunes.

SB 13 — READING

Point-info: À la poste

This is one of a series that provides snippets of relevant background information. Students read it and look up or ask about anything they do not understand. Students with pen friends might be able to bring along some French stamps and any stamp collectors might like to know that great interest is shown in 'first day covers' in France and most recent sets of special issues of stamps are available at a special counter in main post offices.

SB 13, — SPEAKING

4 On achète un timbre

Students read the short introduction, then practise the basic dialogue in pairs and make up similar dialogues using the options given. If preferred, the abler students could omit this task and go straight on to task 5, which is more detailed.

SB 13 — GRAMMAR

Dossier-langue
Prepositions with towns and countries

Use this to remind students of the rule about prepositions with the names of towns and countries.

SB 13, 1/5, — LISTENING WRITING SPEAKING

5 Des conversations à la poste

a Students listen to the conversations and note down what each person buys and sends, the destination and the price. (They could begin by drawing a grid and then filling in the details of the first conversation with the teacher as an example.)

Less able students could give the answers orally or in English.

b Students now make up longer conversations in pairs, perhaps including some of the extra expressions from the *Lexique* (SB 13). They could also bring in new countries from *Vocabulaire par thèmes* (SB 262).

Des conversations à la poste

1 – Bonjour, Madame.
– Bonjour, Monsieur. Deux timbres à 46 cents, s'il vous plaît.
– Voilà. C'est tout?
– Non. Je voudrais envoyer ce paquet en Écosse, s'il vous plaît.
– Bon. Je vais le peser. Ça fait 1,60 euro.
– Merci.
– Alors, deux timbres à 46 cents, ça fait 92 cents, et 1,60 euro, ça fait 2,52 euros en tout.
– 2,52 euros. Voilà.
– Merci, Madame.

2 – Un timbre pour le Canada, c'est combien?
– Pour une lettre?
– Oui, pour une lettre par avion.
– Ça vous fait 67 cents.
– Alors deux timbres à 67 cents, s'il vous plaît.
– Deux timbres à 67 cents, ça fait 1,34 euro en tout.

3 – Je voudrais envoyer ces trois lettres aux États-Unis par avion, s'il vous plaît.
– Alors, 1,98 euro pour chaque lettre.
– Bon, alors trois timbres à 1,98 euro.
– Ça vous fait 5,94 euros, Mademoiselle.
– 5,94 euros. Voilà. Elles arriveront quand?
– Vendredi ou samedi, Mademoiselle. Ça va assez vite.

4 – Je voudrais une télécarte, s'il vous plaît, et un timbre pour le pays de Galles.
– Une télécarte avec combien d'unités, cinquante ou cent vingt?
– Cinquante unités.
– C'est ça. Bon, une télécarte à 7,50 euros et un timbre à 46 cents. C'est 7,96 euros en tout.
– Merci, Monsieur.

SB 13

Point-info: Pour téléphoner à l'étranger ou de l'étranger

This information panel is about how to phone to and from France, and should prove useful when used in conjunction with the next two activities.

SB 13, 1/6 — LISTENING

6 Téléphoner en France

This item practises telephoning in France and from France and understanding phone numbers said in the French way, i.e. in pairs of numbers.

Téléphoner en France

1 – C'est quoi, ton numéro de téléphone?
– C'est le 02 40 61 05 37.
– 02 40 61 05 37?
– Oui. C'est ça

2 – Tu me donnes le numéro de téléphone du médecin, s'il te plaît?
– Alors, c'est le 04 42 69 74 15.
– 04 42 69 74 15. Merci.

3 – Qu'est-ce qu'il faut faire pour appeler le collège?
– Il faut faire le 01 53 27 08 39.
– 01 53 27 08 39. D'accord.

4 – Comment il faut faire pour appeler papa à Édimbourg?
– Alors, il faut faire le 00 44 131 229 11 27.
– Le 00 44 131 229 11 27. D'accord

SB 13, — SPEAKING

7 Notez ce numéro

Students work in pairs, each choosing two phone numbers to dictate to their partner.

Area 4
La vie familiale
Understanding information and opinions about family life in France
Talking and writing about yourself and your family

SB 14–15, 1–5

Au choix SB 210, 4

CM 1/3

CD 1/7–1/9

Begin with some oral revision of family vocabulary and perhaps use CM 1/3, if not used previously.

SB 14 — **PRESENTATION VOCABULARY**

Lexique: La famille

This contains family vocabulary.

SB 14, 1/7 — **READING LISTENING**

1 La vie familiale

This item presents pairs of contrasting views, covering issues often featured in teenage magazines for this age group. With able students, the views expressed could form the basis of group or class discussion.

a Students read the text and match up the contrasting pairs.

b They now listen to the recording to check their answers.

Solution: 1d, 2a, 3b, 4c, 5f, 6g, 7e

La vie familiale

1 – À notre âge, les amis, c'est plus important que la famille. Si j'ai un problème, j'en parle à mes copains, pas à mes parents.
– Je ne suis pas d'accord! Les copains, c'est très bien, mais si on a vraiment des problèmes, c'est la famille qui compte.

2 – Je m'entends très bien avec mes parents, je peux leur parler de tout, ou presque!
– Tu as de la chance! Moi, par contre, j'ai un gros problème de communication avec mes parents. Ils ne veulent pas du tout écouter mon point de vue.

3 – Quand on est fils unique, on se sent seul quelquefois, mais il y a quand même des avantages!
– À mon avis, il n'y a pas beaucoup d'avantages! Moi, je suis fille unique et je me sens trop seule!

4 – Les familles nombreuses, c'est super! On ne se sent jamais seul et on s'amuse beaucoup.
– Oh, là, là! Les familles nombreuses, c'est affreux! On n'est jamais seul, on n'a pas de vie privée et il y a toujours trop de bruit.

5 – Avoir un frère ou une sœur plus âgés, c'est bien, mais un petit frère ou une petite sœur, c'est embêtant. Ils sont toujours trop gâtés.
– Un frère ou une sœur plus jeune, ça va, mais un grand frère ou une grande sœur, c'est vraiment embêtant!

6 – Je préfère que mes parents me donnent chaque semaine ou chaque mois une somme fixe d'argent de poche.
– Moi, mes parents ne me donnent pas d'argent régulièrement. Ils m'en donnent quand j'en ai besoin. C'est mieux comme ça.

7 – À partir de l'âge de douze ans, il faut avoir le droit de s'habiller comme on veut, même quand on sort avec ses parents.
– Moi, je pense que quand on sort avec ses parents, il faut mettre les vêtements qu'ils préfèrent. Après tout, ce sont eux qui les achètent!

SB 14, 1/8 — **LISTENING**

2 On discute de la vie familiale

Students write down the names of the four young people on the broadcast (Élodie, Charles, Alexis and Emmanuel), and then listen to the recording and note down which opinions each speaker chooses and which is most often mentioned. If preferred, the speakers could be allocated to specific students, with the less able listening for Élodie and Emmanuel and the ablest for Alexis. Students should be told that the first speaker who introduces the discussion is Élodie.

Solution:

Élodie: 2, B
Charles: 2
Alexis: 4, 5, 2
Emmanuel: 6, 7
L'avis le plus populaire: 2

On discute de la vie familiale

– Salut! Bonjour! Bienvenue à cette édition de l'émission 'Le pour et le contre'. Aujourd'hui, on parle de la vie familiale. Tout le monde a lu la sélection des idées envoyées par nos auditeurs?

– Oui, oui, bien sûr.

– Bon, alors ... euh ... maintenant, nous allons dire quels sont, selon nous, les avis les plus vrais ou les plus populaires. Entendu?

– Oui, oui, d'accord.

– Je commence. Alors pour moi, pas de problème! Le plus vrai, c'est le numéro 2, oui, le 2, parce que je m'entends très bien avec mes parents, et puis B: je suis enfant unique et je n'aime pas ça! Charles, à toi maintenant.

– Alors moi, je vis avec ma mère – ma mère et mon petit frère. Mais pour moi, je trouve que le numéro 2 est bien vrai, parce que je m'entends très bien avec ma mère. Et en plus, le week-end, le week-end quand nous sortons avec mon père, ben, on s'amuse bien et nous nous entendons très bien.

– Merci, Charles. Puis ... euh ... Alexia, qu'est-ce que tu penses, toi?

– Pour moi, il y a beaucoup de choses vraies. Je suis membre d'une famille nombreuse et je trouve cela super, alors, le numéro 4. Puis ... euh ... je suis la cadette et j'aime bien avoir des frères et des sœurs aînés, donc ... euh ... le 5, oui, le 5, et en plus, ma famille ... ma famille est très importante pour moi, donc le numéro 2.

– Merci, Alexia. Puis Emmanuel, à toi enfin.

– Alors moi, il est surtout question d'argent ... euh ... je n'ai jamais assez d'argent, donc le numéro 6. Oui, de l'argent de poche régulier, c'est important, ça, et puis les vêtements, ça aussi. Je veux absolument m'habiller comme je veux, donc le numéro 7 aussi pour moi.

– Et voilà! Ça y est! Voici nos avis. Maintenant, à vous! Au revoir, et à la semaine prochaine!

Follow-up

À votre avis: Able students could choose the pair of statements that interest them most and, with the help of the *Lexique* and of opinions already expressed, discuss these contrasting views.

Alternatively, the views could be used as the basis of a group or class *sondage*.

SB 15 **READING**

3 Chère Alice

Nos lecteurs et lectrices nous écrivent

The magazine article featuring letters to Alice, and the task, *C'est l'avis de qui?*, are part of the same activity. The magazine article could be split up, with groups of three pairs of students working on one letter per pair and then pooling their findings. Students should be encouraged to look up or ask about any words or expressions they do not understand and then list them and learn at least some of them by heart.

C'est l'avis de qui?

Students read the six statements and match up each of the three speakers with two of the statements.

Solution: ***Noémie*** E, D, ***Linda*** A, C, ***Christophe*** B, F

Au choix SB 210 **EXTENSION READING**

4 C'est quoi en français

This 'find the French' activity is linked with *Chère Alice* and is suitable for able students.

Solution: **1** *Les parents s'inquiètent trop,* **2** *ils ont raison,* **3** *Je ne vois ma mère que très rarement,* **4** *Tu as de la chance!,* **5** *un tas de dangers,* **6** *dire la vérité,* **7** *à mon sujet,* **8** *ils n'ont pas le temps de s'occuper de moi,* **9** *ma mère veut tout savoir,* **10** *j'en ai trop*

SB 15, 1/9, **LISTENING SPEAKING**

4 Alice répond

Alice comments on some of the replies. Students take notes and complete the summary of her views. (This item would be ideal for use with individual listening equipment.) Students could also listen to see which of the three letter-writers she seems to agree with most (Linda). Some able students might be able to follow this with a short discussion of their own views. (This item has been used by some teachers with *Fun with Texts*.) The words in bold type in the transcript are those to be written into the summary by students.

Alice répond

Salut! C'est Alice au micro. D'abord, merci pour toutes vos lettres. Je crois toujours que **les parents s'inquiètent un peu trop**, mais il est vrai **qu'il y a beaucoup de dangers pour les jeunes aujourd'hui**. En effet, comme on vit ensemble, il faut **essayer de s'entendre** et de ne pas **mentir** et, comme le dit ma correspondante de **Grenoble**, les parents **ont des droits aussi!**

SB 15 **WRITING**

5 À vous!

Students write their own short reply to Alice about whether parents worry too much. They could use some of the opinions from the activities on SB 14 to help them with this.

SB 15, **WRITING SPEAKING**

Dossier personnel

Une description de ma famille: This is the final item in the family section and should be completed by everyone. It could be done briefly, or students who prefer to could make up a fuller presentation, illustrated with photos or drawings of their families. Students should ideally use a computer to produce their description.

A writing frame could be used with this activity. See Section 1 (TB 15) for details.

Area 5
La vie de tous les jours
Exchanging information about everyday life and your favourite day
Using *depuis, ça fait ... que* + present tense

SB 16–19, 1–10
Au choix SB 209, 1
CM 1/6
CD 1/10–1/13
Examination Grammar in Action, pages 4–7

SB 16–17 **READING**

1 Le jour que je préfère

When students have read the introductory note, check that they understand that this is a school magazine article by a boy of about their own age. Students could be encouraged to read quickly through the story of Tristan's day, getting the gist of the article, then go through it again, paying more attention to detail, looking up or asking about anything they do not understand. Remind them of the meaning of *banlieue* and explain about the *Quartier Latin* if necessary.

There are a lot of verbs in the present tense in the description and also some examples of *depuis* and *ça fait ... que* + present tense, and attention will be drawn to these in the *Dossier-langue* on page 19 and in the follow-up activities.

SB 17 READING WRITING

2 Résumé

Students first select the statements not based on the text (2 and 9) and then put the others into chronological order. For the less able, the item could be done as a class activity.

Solution: **1, 12, 7, 4, 10, 6, 11, 8, 3, 5**

SB 17 SPEAKING/WRITING

3 Trouvez les contraires

This activity and the next are intended to give some help with consolidation and gradual enlargement of vocabulary. They are suitable for written work with abler students, or could be used for group or pair-work or in a team competition against the clock. To help less able students, the first letter of the answer could be given, e.g. **1** le j... **2** la b...

Solution: **1** le jour, **2** la banlieue, **3** difficile, **4** vieille, **5** en hiver, **6** en automne, **7** souvent, toujours, **8** tôt, **9** souvent, **10** près de, **11** vite, **12** bonjour, **13** s'il fait beau, **14** s'il fait froid, **15** on a soif, **16** nous avons faim, **17** on achète, **18** j'adore ça, **19** je me lève, **20** ils s'entendent bien

For extra practice for more able students, point out that different categories of expressions have been used and ask them to identify some (1 and 2 nouns, 3 and 4 adjectives, 5–10 time and place, 13–16 unusual uses of faire and avoir, and 17–20 verbs in the present tense).

SB 17 SPEAKING/WRITING

4 Trouvez les synonymes

As with the previous activity, this is intended to consolidate and enlarge vocabulary.

Any expressions new to students should be written down and learnt by heart as appropriate.

Solution: **1** le jour que je préfère, **2** d'habitude, **3** tout près de, **4** nous sommes en congé, **5** une bande de copains, **6** au moins trois ans, **7** tôt, **8** nous avons faim, **9** pas mal d'argent, **10** des personnes ... que nous connaissons depuis longtemps, **11** ça fait au moins trois ans qu'on le connaît, **12** pour rentrer chez nous

PRACTICE

Interactive exercises

Interactive exercises (e.g. Hot Potatoes) could be developed from Trouvez les contraires and Trouvez les synonymes.

SB 17 READING WRITING SPEAKING

5 En groupes

Students can now work in groups or individually, making up some vrai ou faux? statements based on the article.

SB 18 GRAMMAR

Dossier-langue
The present tense

This reminder about the present tense could be accompanied by some oral or written revision. It includes searching for examples in Tristan's account of his day. Students should be encouraged to consolidate this by consulting Les verbes (SB 257).

SB 18, 1/10 LISTENING

6 Mon jour favori

Students should first look at the words in the box, which contains parts of verbs in the present tense. They can then listen to the recording straight away to fill in the gaps or make some guesses first about what goes where, using the recorded interview to check their ideas and fill in any remaining answers.

Solution: **1c, 2f, 3a, 4d, 5e, 6b, 7g, 8h**

Mon jour favori

– Alors Élodie, tu as écrit ton article?
– Oui oui, c'est fini.
– Et quel est le jour que tu préfères?
– Ben, le jour que je préfère, c'est le dimanche, parce que je ne vais pas au collège, et en plus, parce que j'adore le déjeuner du dimanche, surtout lorsque mes grands-parents viennent: alors on mange bien!
– Et qu'est-ce que tu fais le dimanche?
– Le dimanche matin, je me lève assez tard, j'aime regarder la télé au lit, si je n'ai pas trop de devoirs, et puis le soir, ça dépend ... quelquefois, je sors ou quelquefois, j'écoute des disques.
– Je vois! Le dimanche est une bonne journée pour toi, Élodie!

AU CHOIX SB 209 GENERAL WRITING

1 Xavier parle de son jour favori

For further practice along similar lines, students can complete this summary of Xavier's favourite day by putting the verbs into the correct form of the present tense.

Solution: **1** est, **2** va, **3** travaillent, **4** reste, **5** écoute, **6** suis, **7** veux, **8** ai, **9** apprends, **10** dors

1/11 LISTENING

Charlotte parle de son jour favori

For extra practice, students could now listen to this unscripted recording. As it is very clear and includes much of the language used in the previous items, this might provide an ideal opportunity for the more able students to try to take down as much as possible of what Charlotte says, perhaps working as a group and each concentrating on one or two sentences.

Other students could just listen for interest and see how many facts they can jot down or, for more guided listening, you could write on the board some sentences for completion, e.g.

Son jour favori est ...
Elle fait ses devoirs le ...
Le samedi, ses cours commencent à ... et finissent à ...
Après les cours, Charlotte a une répétition de ...
Le samedi après-midi, elle ...
Quelquefois, elle va à ... ou ...
Le soir, il y a souvent ...

Charlotte parle de son jour favori

Maintenant, je vais parler de mon jour favori. Alors mon jour favori dans la semaine, c'est le samedi ... euh ... je me débrouille toujours pour faire ... euh ... mon travail ... euh ... de l'école le vendredi soir et, comme ça, le samedi, j'ai, j'ai plus rien à faire.
Ce qui est bien le samedi, c'est que je commence les cours tard, à dix heures, et j'ai pas beaucoup de cours, je finis à midi. Euh ... j'ai une répétition de théâtre samedi après-midi, donc c'est, c'est très amusant, très bien. Et ... euh ... une fois que j'ai fini les cours, je rentre à la maison, c'est, c'est assez tranquille. Euh ... je mange et ... euh ... alors, le samedi après-midi je vais souvent faire des courses avec mes, mes copines, ou ... euh ... on va à la patinoire ou on va au cinéma. C'est, c'est souvent très bien et le soir ... euh ... j'ai très souvent des fêtes ... euh ... j'ai des amis qui fêtent leur anniversaire, ou des fêtes comme ça, et c'est, c'est vraiment le, le meilleur jour où je m'amuse vraiment le plus dans la semaine.

SB 18, **WRITING**

7 Un jour que je n'aime pas

This item is similar to the previous ones, but this time describes a day that the writer does not like. Students supply the correct forms of the verbs to complete the article.

A writing frame could be used with this activity. See Section 1 (TB 15) for details.

Solution: **1** réveille, **2** vais, **3** suis, **4** lève, **5** est, **6** dois, **7** frappe, **8** commence, **9** lave, **10** habille, **11** ai, **12** finis, **13** arrive, **14** fâche, **15** vient

CM 1/6 **READING WRITING**

La vie quotidienne

This contains practice of verbs and other vocabulary linked with daily life.

Solutions:

1 Des conversations

A **1** habitez, **2** habitons, **3** passons, **4** trouves, **5** aime, **6** parles, **7** apprends, **8** travaille, **9** gagne

B **1** attends, **2** attend, **3** prend, **4** descendons, **5** rends

C **1** choisis, **2** finis, **3** finit, **4** finissent, **5** choisissons

2 Mots croisés

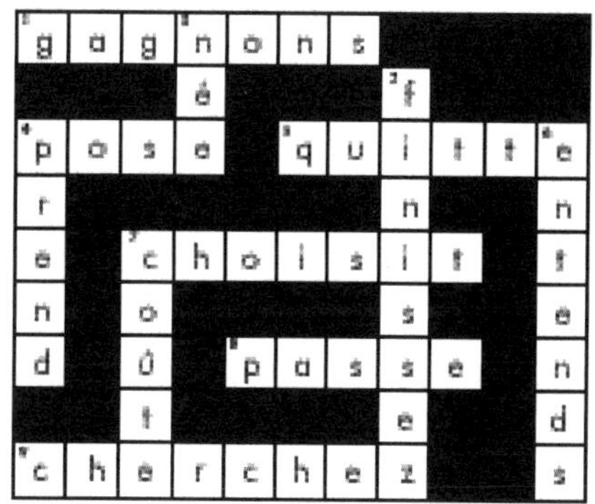

SB 18, **WRITING**

Dossier personnel

To complete this section of work, students write an article about their favourite or least favourite day, using expressions from this and the previous two pages to help them. Where possible, they should use a computer to produce their article.

SB 19, 1/12 **READING**
Au choix SB 240 **SPEAKING**

8 Êtes-vous chouette ou alouette?

This short Jeu-test is partly for fun, but also to present examples of depuis/ça fait... que in action. Students could work on it individually or compare notes with a friend. To find out whether they are larks or owls, they can listen to the recorded solution or look at the printed version on SB 240.

Êtes-vous chouette ou alouette?

Solution

1 Si vous avez choisi surtout la lettre 'a', vous êtes une alouette. Par exemple, vous vous couchez tôt le soir, avant dix heures, et le matin, vous vous levez de bonne heure et vous commencez tout de suite à travailler. Même le dimanche matin, vous ne restez pas au lit.

2 Si vous avez choisi surtout la lettre 'c', vous êtes une chouette. Le soir, vous ne vous couchez pas avant minuit et le matin, vous vous réveillez avec difficulté. Pour vous, le week-end est idéal. Vous passez la nuit à vous amuser et le dimanche matin, vous dormez jusqu'à midi.

3 Si vous avez choisi surtout la lettre 'b' ou si vous avez une bonne sélection de lettres, vous êtes dans la moyenne – donc, pas de problèmes!

SB 19 **GRAMMAR**

Dossier-langue
A special use of the present tense

This explains the use of the present tense with depuis/ça fait... que. Students could look back at the Jeu-test and see how many examples they can find of these constructions in use.

SB 19,  1/13 **LISTENING WRITING**

9 Depuis quand?

This item gives practice in using *depuis/ça fait... que*. Students listen to the recording and complete the sentences with Jérémie's replies. This item would be ideal for use with individual listening facilities.

Solution: **1** *sept ans,* **2** *depuis quatre ans,* **3** *depuis trois ans et demi, depuis deux ans et demi,* **4** *depuis deux ans,* **5** *depuis un an*

Depuis quand?

- Salut, Jérémie. Je peux te poser des questions pour mon reportage?
- Bien sûr. Vas-y!
- Merci. D'abord, ça fait longtemps que tu habites cette ville?
- Oui, assez longtemps ... euh ... voyons, oui, ça fait sept ans que j'habite Bruxelles.
- Et depuis quand vas-tu à ce collège?
- Je vais à ce collège depuis quatre ans.
- Ah bon, et depuis combien de temps apprends-tu une langue étrangère?
- Ben, j'apprends l'anglais depuis trois ans et demi et l'allemand depuis deux ans et demi.
- Ah oui, comme moi, en effet! Et comme sport, qu'est-ce que tu fais à ton collège, et depuis quand fais-tu ce sport? Moi, je joue au foot, et depuis l'âge de treize ans, je joue au basket.
- Moi aussi, je joue au foot, et depuis deux ans, je joue au hockey aussi.
- As-tu un correspondant dans un autre pays?
- Bien sûr, mais c'est une correspondante, en effet, une correspondante anglaise.
- Ah bon! Ça fait longtemps que tu lui écris?
- Ça fait un an. Je lui écris depuis l'échange scolaire de l'année dernière.

SB 19, **SPEAKING/WRITING**

10 À vous!

a Students work in pairs, one asking the questions from *Depuis quand?* and the other answering (about themselves). They should change over at the end so that they both have a turn.

b In this section, students write down some or all of their answers and could include these in their *Dossier personnel*.

EXAMINATION GRAMMAR IN ACTION, PAGES 4–7

Using the present tense

These pages provide further practice of the present tense.

Area 6
Pour faire une description
Describing people's physical appearance and clothing
SB 20–21, 1–4
Au choix SB 208, 3–4
CD 1/14
Examination Grammar in Action, pages 16–17

SB 20, 1/14 **LISTENING**

1 Défilé de mode

Students look at the pictures of six young people then listen to the recording and identify each of them.
NB the models are not described in the same order as they are shown in the illustration.

Able students should note down as much detail as they can about what each person is wearing. They can then use this information to help them with SB 21, *Activité* 2.

Solution: The models in the order of the recorded commentary are: **3C** (*Marie-Christine*), **2F** (*Jean-Pierre*), **5E** (*Magali*), **6B** (*Philippe*), **1A** (*Sophie*), **4D** (*Louis-Martin*)

Défilé de mode

- Bonsoir, tout le monde! Bienvenue à notre défilé de mode. Voici d'abord Marie-Christine.
- Elle porte une jolie jupe rayée orange, violette et turquoise et avec ça, elle a un haut très chic, en soie unie, couleur rouge foncé.
- Ensuite, voici Jean-Pierre.
- Il a des vêtements très décontractés, un T-shirt jaune avec un logo et un pantalon turquoise. Avec ça, il porte des baskets blanches et turquoises.
- Après Jean-Pierre, il y a Magali.
- Elle est très à la mode avec son pantalon et sa petite jupe assortie. Elle a un haut fleuri, orange, violet et blanc et elle porte plusieurs colliers, des bracelets et des boucles d'oreille. Évidemment, elle aime les bijoux! Elle a un petit foulard autour de la tête et elle porte aux pieds des sandales à hauts talons ... Merci, Magali.
- Le garçon suivant, c'est Philippe. Il a un blouson et un pantalon assortis, mais d'un style décontracté. Ils sont de couleur verte, un vert pas très vif, mais sa chemise est très colorée, orange et turquoise, encore une fois, et rose aussi. À ne pas manquer! Il porte des lunettes de soleil – il est optimiste!
- Et maintenant, bonjour à Sophie.
- Sophie a un chapeau et des chaussures noirs. Elle porte un short multicolore très intéressant et un sweatshirt violet très élégant.
- Et voici notre dernier mannequin. C'est Louis-Martin.
- Il est très 'cool' dans son pantalon blanc et sa chemise verte à manches courtes. Ses chaussures sont vertes aussi. Lui aussi, il aime les bijoux. Il a une chaîne autour du cou et une boucle d'oreille à l'oreille droite.
- Et voilà, c'est tout.
- Un grand merci à tout le monde!

SB 20 VOCABULARY

Lexique: Les vêtements/Les bijoux

This list is very full and should therefore be split up. Various activities should also be introduced to help students learn the words. For example making up word searches to set each other or Brainstorming:

Students work in groups to see how many words in a given category they can write down in five minutes, e.g. *Les vêtements d'homme/les vêtements de femme,* perhaps competing to see which group gets the most. They could do this either referring to the *Lexique* or learning the words in the *Lexique* first then trying to do the brainstorming from memory.

Au choix SB 208 SUPPORT PRACTICE

3 Chasse à l'intrus!

For extra practice of clothing vocabulary, students could do this simple 'odd one out' activity. They could then make up more of their own for others to solve.

Solution: **1** *une chaussette,* **2** *une robe,* **3** *des gants,* **4** *un maillot de bain,* **5** *une moustache,* **6** *un gros pull,* **7** *coton*

SB 21, SPEAKING WRITING

2 À vous!

a Students take it in turn to describe one of the models and the other one has to guess which it is.

b A similar task is done in writing. Students exchange their written descriptions with others who have to identify the models described.

To expand this activity and to lead in to the *Dossier personnel* that follows, students could also include descriptions of the faces, colour of hair and eyes, etc.

SB 21 GRAMMAR

Dossier-langue Adjectives (1)

This is a reminder of the basic patterns for adjective agreement. Students should be encouraged to look up and learn any common irregular adjectives as they come across them.

Examination Grammar in Action, pages 16–17

Using adjectives

These pages provide further practice of adjectives.

Follow-up: Les couleurs

Students will probably know most colours by now, but could look them up in *Vocabulaire par thèmes,* SB 263 and learn by heart any that are new to them.

SB 21, SPEAKING WRITING

Dossier personnel

Start with some oral work, revising how to describe hair and eye colour and ask questions, e.g. *De quelle couleur sont tes yeux?* Then ask students to prepare a short description of themselves for their *Dossier personnel.* For the last part of this, *Les vêtements,* they should complete the sentences begun for them. However, this task is open ended so that able students should write in more detail about their favourite clothes, preferably using new vocabulary. They can also say what they wear on a wider range of occasions.

Au choix SB 208 SUPPORT WRITING

4 Quatre personnes

For further practice of describing physical appearance, students could do this task, in which they complete the descriptions of the four people shown in the picture.

Solution:

1 *grande, mince, longs, blonds*
2 *grand, noirs, frisés*
3 *grande, mince, raides, lunettes*
4 *grand, mince, moyenne, barbe, gris, porte*

WRITING

Caractéristiques physiques

Students could write their own description using a writing frame. See Section 1 (TB 15) for details.

SB 21, DICTIONARY SKILLS WRITING

3 C'est utile, le dictionnaire!

This short item is aimed at encouraging dictionary skills and increasing interest in language and idiomatic expressions. Students can choose which words they look up. Their information could be pooled and perhaps written on a class poster that could be added to from time to time.

An ongoing activity could involve trying to find a new colour expression to add to the list as part of each homework for a few weeks.

The writing activity suggested here could be omitted by the least able or done as a group activity with the sentences pooled and the best ones written on the board.

Some of the expressions included here might require explanation, e.g. *un examen blanc* (a mock examination), *passer une nuit blanche* (to have a sleepless night), *la liste rouge* ('ex-directory' telephone numbers)

Some students could use a web search for the phrases instead of a dictionary and then see if they could determine the meaning of the phrase from the results. For example, students could use www.google.fr and just type into the search box the phrase to be looked up, putting it into inverted commas (this ensures that only pages with the exact phrase are found). A test produced the following number of hits:

Phrase	Number of pages found
un examen blanc	132
passer une nuit blanche	272
laisser un blanc	96

SB 21 **WRITING SPEAKING**

4 Les couleurs reflètent-elles votre caractère?

This activity leads in to the next page. Students should put the colours in order of preference, perhaps comparing lists with those of other classmates, before turning to the rest of the item on the next page.

Area 7
On est comme ça
Exchanging information and opinions about people's character and personality
SB 22–23, 1–4
Au choix SB 209 2–3, SB 210, 5
CD 1/15

SB 22 **READING SPEAKING**

1 Le test-couleurs

Besides being a source of fun, this item is the bridge between physical descriptions and adjectives describing character. The students can read through the colour definitions and either work out their own character analysis, based on their list of colour choices or work in pairs, giving an analysis of each other as indicated by the lists of preferences.

SB 22 **GRAMMAR**

Dossier-langue Adjectives (2)

This provides a brief reminder of adjectival agreement, followed by a task in which students supply the feminine of some irregular adjectives.

SB 22 **SPEAKING OR WRITING**

2 Selon le test-couleurs ...

Students work out their character more fully, according to the *Test-couleurs*, and say whether they agree with it or not. They could write down this description and include it in their *Dossier personnel*.

SB 22, 1/15, **READING WRITING LISTENING**

3 Cherchons animateur/animatrice

Students first read the job advert. They could briefly discuss what characteristics would be needed for this job, e.g. *Pour cet emploi, on a besoin d'une personne gentille, patiente, mais forte.*

a Students write a character sketch of the four candidates, based on the *jeu-test*. Different groups could be allocated one candidate only and the descriptions could then be pooled.

b The class then discuss the four candidates in the light of the descriptions and vote for the person they think should get the job.

c Now they listen to the recording to find out who is actually appointed (Nicolas Gaudin).

Cherchons animateur/animatrice

– Alors Mesdames et Messieurs, nous avons choisi quatre personnes et maintenant, il faut en choisir une seule ... mais qui?
– À mon avis, Sébastien Lamartine n'est pas le candidat idéal. Je crois qu'il est un peu obstiné et même un peu égoïste.
– Oui oui, je suis d'accord. Moi, je préfère l'autre jeune homme: Nicolas Gaudin. Il est très enthousiaste et très sociable.
– C'est vrai. Pour les hommes, je préfère Nicolas aussi, mais personnellement, je préfère une des femmes: Claire Dubœuf. Je la trouve très calme et gentille.
– Oui oui, moi aussi, j'aime Claire Dubœuf, mais elle est un peu trop sensible, n'est-ce pas?
– C'est possible, mais elle est positive et optimiste et très responsable.
– Et l'autre femme? Que pensez-vous d'elle?
– Florence Gravier? Ah non. Elle est très gentille, mais elle est trop timide.
– Oui, oui.
– C'est vrai.
– Bon, alors c'est entre Claire Dubœuf et Nicolas Gaudin, c'est ça? On doit choisir entre ces deux.
– Je vote pour Nicolas Gaudin. Les jeunes aiment les gens enthousiastes et optimistes comme lui.
– Pour moi, c'est toujours Claire Dubœuf. Nicolas est un peu impatient à mon avis, tandis que Claire a l'air très patiente, très adulte.
– Oui, mais elle est un peu ennuyeuse quand même! Moi, je vote pour Nicolas, même s'il est un peu impatient. Pour un animateur de jeunes handicapés, l'enthousiasme est important.
– Donc, deux voix pour Nicolas Gaudin et une voix pour Claire Dubœuf.
– Et vous-même?
– Bon, alors moi, je ne vote pas.
– Mais pourquoi?
– Eh bien, maintenant, je peux vous dire un secret: c'est que moi, je suis l'oncle de Nicolas et je suis très content que vous ayez choisi mon neveu pour cet emploi.

SB 23 **VOCABULARY**

Lexique: Pour décrire le caractère de quelqu'un

This list contains all the adjectives needed for the activities on these two pages. Students should refer to the list as they go along, then check their knowledge at the end, learning by heart any words they do not know by then in the ways suggested on TB 17–18.

SB 23 GRAMMAR

Dossier-langue
The position of adjectives

This draws attention to the position of adjectives and should mostly be revision. It could form the basis of a brainstorming session in which groups of students are allocated types of adjectives, e.g. nationalities or irregular adjectives, and have to list as many as possible in five minutes. The irregular adjectives could then be written on the board and used for a version of *Effacez!* in which each team in turn can rub off a word if they can correctly spell the feminine and plural forms.

The last part of the *Dossier-langue* deals with adjectives whose meaning changes if they are in a different position. Some of these are used in the exercises, so attention could be drawn to them in use, but otherwise this rather specialised point could be covered just by the abler students. In this case, the most useful type of practice would probably be a 'Find the French' exercise, in which you give the students phrases to translate, e.g.

my dear friend;
an expensive car;
a clean T-shirt;
this ancient town is the former capital of the region.

SB 23 WRITING

4 Ajoutez des adjectifs!

Students complete the sentences with adjectives from the box. Their choice will often be governed by the position of the blank to be filled.

Solution:

1 *allemande, anglaise/française*
2 four out of the following: *amusant(e), généreux(euse), gentil(le), honnête, intéressant(e), loyal(e), sensible, sympathique*
3 several solutions possible: *égoïste, impatiente, méchante; gentille, sympathique, sensible*
4 *fantastique, bon, vieux, célèbre, français*
5 *portable, propre/nouveau, aînée*

SB 23, WRITING

Dossier personnel

To complete work on this area, students write a description, either of themselves or of a famous person they admire. The following *Au choix* activities could be used in conjunction with this or for further practice.

Au choix SB 209 GENERAL WRITING/SPEAKING

2 Faites des descriptions

a Students write a description of themselves, describing both their appearance and character.

b Students choose two of the other people listed and describe them, following the example and suggestions.

A writing frame could be used with this activity. See Section 1 (TB 15) for details.

Au choix SB 209 GENERAL WRITING/SPEAKING

3 Mes amis

These questions are similar to those commonly asked in the oral exam. Oral or written answers could be given.

Au choix SB 210 EXTENSION WRITRING/SPEAKING

5 Toi et tes amis

This activity is similar to the one above, but contains more questions of the type used in higher-level exams.

Area 8
On pourrait peut-être se revoir
Making arrangements to meet and go out
Accepting or declining invitations

SB 24–25, 1–6
Au choix SB 209, 4
CM 1/7
CD 1/16–1/17

SB 24, 1/16 READING SPEAKING LISTENING

1 Tu fais quelque chose ce soir?

Students look at the speech bubbles and try to match up the invitations with the replies. They then listen to the recording to see which replies are actually given and who therefore goes out with whom.

Solution: 1c, 2b, 3d, 4a

Tu fais quelque chose ce soir?

1 – Tu fais quelque chose ce soir? Il y a une boum au club des jeunes. On y va?
– Euh ... ce soir? Non, désolée. Ce soir, je vais au cinéma avec Paul.

2 – Est-ce que tu es libre samedi? On pourrait peut-être faire un pique-nique à la campagne, s'il fait beau.
– Un pique-nique? Oui, bonne idée!

3 – Tu veux prendre quelque chose à boire? Il y a un café là-bas.
– Oui, je veux bien. Il fait tellement chaud!

4 – Tu aimes le jazz? Ily a un grand concert en plein air vendredi après-midi. Tu veux y aller?
– Oui, mais j'y vais déjà ... avec quelqu'un d'autre. Merci quand même.

SB 24 VOCABULARY

Lexique: On veut se revoir

Students should now look at the lists of words and expressions and do some oral practice using questions and answers, as well as word-games in the usual way. They will also need to refer to this *Lexique* for the next task.

SB 24, **SPEAKING**

2 Inventez des conversations

Students work in pairs to make up conversations based on those in task 1 and using some of the beginnings of sentences supplied. Students might find it useful to start creating a list of suitable beginnings to sentences, which can be used in various contexts. They could then add to this as they go on.

SB 24, **WRITING**

3 Écrivez un e-mail

Students choose three of the destinations from the list and compose e-mails inviting each other to these events. They exchange e-mails with a friend who decides which one, if any, interests them and writes an appropriate reply.

SB 24, **SPEAKING**

4 On échange des détails

Students work in pairs asking and answering questions based on the expression in the *Lexique*. This consolidating item ensures that students can ask for and supply details of their name, address and phone number, as well as spell their names in French. Most of this has already been introduced earlier in the unit, but *Tes coordonnées* and *Tu vas me passer un coup de fil?* may need to be explained.

Follow-up

For extra practice, students could now do one of the following:

Au choix SB 209 **GENERAL READING WRITING**

4 Des messages

This productive activity involves reading messages and invitations and writing replies. It is more suitable for able students; however, less able students could do the first two and perhaps the other two with some help.

CM 1/7, 1/17 **LISTENING**

Débrouille-toi!

This item should be useful for general consolidation, especially if students are able to use individual listening or recording equipment. Students should first read the sheet and think about what they will say, making notes if necessary. They can then work with the recording, supplying their own part of the conversation as appropriate.

If suitable listening equipment is not available, students can work in pairs, taking turns to read the text supplied or to fill in the other parts. Some of these dialogues could be recorded. Students should change roles for each section.

Débrouille-toi!

A

– Salut! C'est Jean-Luc à l'appareil. Écoute, tu es libre ce soir?
– ...
– Formidable! C'est mon anniversaire et j'organise une boum avec des copains. Tu vas venir, n'est-ce pas?
– ...
– Excellent. Eh bien, si tu viens à partir de vingt heures.
– ...
– Mon adresse, c'est 19, rue du château. Allez, au revoir, et à ce soir.

B

1 – Tu viens d'où en Angleterre ... de Londres?
– ...
– Tu parles bien français. Tu l'apprends au collège?
– ...
– Tu viens souvent en France?
– ...
– Tu restes encore combien de temps?
– ...

2 – ...
– Je ne sais pas. Elle est comment?

3 – ...
– Je suis allemande.

4 – Tu es libre, demain? On pourrait peut-être se revoir?
– ...

5 – ...
– Il est comment, ton manteau?

6 – Au revoir. Dis, tu peux me donner ton adresse en Angleterre?
– ...

SB 25 **READING WRITING**

5 Le courrier des lecteurs

Students read the letters and answer the questions in English.

Possible solution:

A **1** Her supposedly best friend is going out with her ex-boyfriend and she's not sure what to do.
2 Her friends say they could all three remain friends.
B **3** Swimming and walking in the country.
4 She has sent him e-mails.
5 She doesn't have his number.
6 Keep sending him e-mails or forget him.
C **7** Any three details: brown hair, light brown eyes, about 1.70m tall, green trousers, white shirt.
8 She hopes someone will show him her letter and get him to phone her.

SB 25, **WRITING**

6 Écrivez une lettre

Students write their own letter to Martine on similar lines, looking back, if necessary, to the section on descriptions in Area 6. Students could write their letter using a computer – or even as an e-mail.

SB 25 **SUMMARY**

Sommaire

This provides a summary of the main grammar and vocabulary of this unit.

Area 9
Further activities and consolidation

CM 1/8–1/21
CD 1/18–1/23
Student CD 1/11–1/14

CM 1/8, SCD 1/11–1/14

INDEPENDENT LISTENING

Tu comprends?

Students could do any or all of the four items on the worksheet – now or later as revision.

1 Comment ça s'écrit?

Students listen and write down the details.

Solution: **1** *Marchadier*, **2** *Adeline*, **3** *Ulysse*, **4** *Saint-Lucien; France*, **5** *04 49 63 81 27*

Comment ça s'écrit?

Écoutez et écrivez les détails.

Ex. Ma correspondante s'appelle, Vanessa. Ça s'écrit V–A–N–E–S–S–A.

1 Son nom de famille est Marchadier. Ça s'écrit M–A–R–C–H–A–D–I–E–R.

2 Sa sœur s'appelle Adeline – c'est A–D–E–L–I–N–E.

3 Son frère s'appelle Ulysse. Ça s'écrit U–L–Y–deux S–E.

4 Ils habitent à Saint-Lucien. C'est un village dans le sud de la France. Ça s'écrit S–A–I–N–T - L–U–C–I–E–N.

5 Son numéro de téléphone est le 04–49–63–81–27.

2 C'est quelle image?

Students listen to the conversations and write the correct letter for each picture.

Solution: 1D, 2A, 3F, 4E, 5C

C'est quelle image?

Écoutez et écrivez la bonne lettre (A–G).

Ex. J'ai les cheveux noirs, longs et raides et je porte des lunettes.

1 J'ai les cheveux courts. Ils sont blonds et frisés et je n'ai pas de lunettes.

2 Mon frère est assez mince et il n'est pas grand. Il a les cheveux blonds.

3 J'ai les cheveux en queue de cheval et je suis grand. Aujourd'hui, je porte mes lunettes de soleil.

4 Voici ma correspondante, Jamilla. Elle a les cheveux noirs et bouclés et je trouve qu'elle est très jolie. Pourtant, elle dit qu'elle doit faire plus d'exercice parce qu'elle croit qu'elle est trop grosse.

5 Voici mon ami, Nicolas. Il a les yeux marron et les cheveux châtains. Il aime mettre son T-shirt bleu clair avec le logo de son club de rugby. Il adore le rugby!

3 Mes préférences

Students listen to the interviews and complete the grid with the correct letters.

Solution:

	Vêtement	**Couleur**	**Activité**
Exemple: Christelle	*A*	*bleu*	*I*
1 Djamel	*B*	*vert*	*F*
2 Jasmine	*D A C*	*noir et blanc*	*G L*
3 Jean-Marc	*E*	*noir, violet*	*H M*

Mes préférences

Écoutez ces jeunes et complétez la grille.

Exemple: Christelle

– Ce soir, je suis au club des jeunes à Saint-Lucien et on discute des préférences des jeunes d'aujourd'hui. Christelle d'abord. Quels sont tes vêtements favoris?
– Comme vêtements, j'aime surtout être en jean.
– Et ta couleur préférée?
– C'est le bleu. J'ai les yeux bleus et j'aime les vêtements bleus aussi.
– Et qu'est-ce tu fais comme loisirs?
– Je fais toutes sortes de choses, mais j'aime surtout aller au cinéma.

...

– Merci. Maintenant, je vais parler à Djamel. Quels sont tes vêtements et ta couleur préférés?
– Alors moi, j'aime mettre un short et un T-shirt, s'il fait assez chaud, et comme couleur, j'aime le vert.
– Et ton passe-temps favori, c'est quoi?
– J'adore le sport, je joue au rugby et au basket – je suis très sportif.

...

– Je vais poser des questions maintenant à Jasmine. Qu'est-ce que tu aimes comme vêtements, Jasmine?
– Dans la semaine, je mets mon jean et mon sweat avec le logo de mon groupe préféré. Pour sortir le vendredi soir, je m'habille un peu. Je mets ma jupe longue et ma veste.
– Et comme couleurs, qu'est-ce que tu aimes?
– Comme couleurs, j'aime le noir et le blanc. Je n'aime pas tellement les couleurs vives.
– Quels sont tes loisirs favoris, Jasmine?
– Comme loisirs, j'aime surtout la musique et la lecture. Ma mère dit que j'achète trop de livres et de magazines!

...

– Pour terminer, je vais parler à Jean-Marc. Dis-moi tes préférences, Jean-Marc.
– Comme vêtements, j'aime être en baskets et porter un pantalon décontracté – mais je n'aime pas beaucoup mettre un jean. C'est démodé, à mon avis!
– Et comme couleur, tu aimes ...?
– Le noir, surtout le noir, et quelquefois, le violet. J'ai un T-shirt violet que j'aime bien.
– Et comme activités, tu fais quoi?

– Un peu de tout, mais j'aime surtout les jeux-vidéo et je fais aussi la cuisine. J'adore cuisiner et je prépare toutes sortes de plats pour ma famille.
– Un grand merci à tout le monde et bon appétit à la famille de Jean-Marc!

4 Des conversations

The questions and answers in these two conversations provide good practice for the *Écouter* and *Parler* sections of the assessment tests for this unit. Students listen to them and tick the correct answers. They could use the corrected versions later as scripts to practise conversations in pairs. It will probably be best to concentrate on just one of the two conversation topics at a time.

Solution:

1 – Toi et ta famille: 1A, 2C, 3A, C, 4B, 5A
2 – Tes passe-temps: 1B, 2C, 3A 4A, A, 5C, 6B

Des conversations

Écoutez les conversations et cochez les bonnes cases. Il y a deux conversations.

1 Toi et ta famille
– Quel âge as-tu, Thomas?
– J'ai seize ans.
– C'est quand, ton anniversaire?
– C'est le dix-neuf janvier.
– Tu as des frères et sœurs?
– J'ai une sœur et un frère.
– Tu t'entends bien avec ta famille?
– Je m'entends bien avec mes parents, mais pas tellement avec mon frère. On se dispute assez souvent.
– Est-ce que tu as un animal à la maison?
– Oui, j'ai un lapin qui s'appelle Dodu.
– Tes animaux préférés sont quoi?
– Mes animaux préférés sont les chats.

2 Tes passe-temps
– Salut, Sophie. Je peux te poser des questions?
– Bien sûr!
– Qu'est-ce que tu fais comme sports?
– Je fais de la natation – j'aime bien ça.
– Quels sont tes loisirs favoris?
– J'aime faire du dessin et de la peinture et je joue du violon dans un orchestre.
– Quel est ton jour préféré?
– C'est le samedi.
– Le week-end, qu'est-ce que tu fais, normalement?
– Le samedi, je vais en ville avec mes amis. Le dimanche je me repose.
– Le week-end dernier, qu'est-ce que tu as fait avec tes amis ou ta famille?
– Le samedi, je suis allée en ville avec ma meilleure amie. Le dimanche, je suis allée chez mes grands-parents.

CM 1/9 READING WRITING

Presse-Jeunesse: Ados-Vacances

This optional copymaster is mainly for reading for pleasure, but contains a few short tasks. It is linked with several topics from this unit, i.e. Europe and other countries, relations with others, colours.

Quiz – Vacances en Europe

Students work quickly through this short quiz, then check their answers.

Jeu-test: Les vacances en groupe, c'est pour vous?

Students could work through this alone, writing A or B for each question, or could do it in pairs as an oral activity, reading the solution at the end.

La couleur dans votre vie

Students read the information about colours then match each title to the correct paragraph.

Épreuve – Unité 1

These worksheets can be used for an informal test of listening, speaking, reading and writing or for extra practice, as required. For general notes on administering the *Épreuves*, see TB 11–12.

CM 1/10–1/11, 1/18–1/23 LISTENING

Épreuve: Écouter

Partie A

1 Les animaux à la maison F

Students listen to three statements about pets and answer questions in English.

Solution: **1** three, **2** black and white [1], **3** fish, **4** sweet/cute, **5** lives in small flat, **6** amusing, **7** *either* sleeps in the day *or* noisy at night [7 marks]

Les animaux à la maison

Some young French people are talking about their pets. Listen to what they say and answer the questions in English.
– Je m'appelle Patrick et j'adore les chats. À la maison, j'ai un grand chat noir et blanc et deux autres chats noirs qui sont très petits.
– Je m'appelle Élise. J'ai deux cochons d'Inde et des poissons très jolis. Les poissons habitent dans la maison, mais les cochons d'Inde habitent dans le jardin. Ils sont très mignons.
– Moi, je m'appelle Marc. Comme on habite dans un appartement, je ne peux pas avoir un chien, mais j'ai un hamster. Il est très amusant. Le seul inconvénient, c'est qu'il dort beaucoup pendant la journée et la nuit, il fait beaucoup de bruit.

2 Questions et réponses F

Students look at the list of replies to common questions, then listen to the questions and, each time, write down the letter for the appropriate reply. The questions include very easy ones and others, which often present problems, such as *Est-ce que/Qu'est-ce que ...?*

Although the questions are separate, they are loosely grouped to form a sequence of things that one might ask a new acquaintance.

Solution: **1I, 2G, 3F, 4A, 5C, 6H, 7E, 8B** [8 marks]

Questions et réponses

Écoutez et pour chaque question et à chaque fois, trouvez la bonne réponse.

Ex. Question: Comment t'appelles-tu?
1 Quel âge as-tu?
2 Il a quel âge, ton frère?
3 Est-ce que ta sœur travaille?
4 Et toi, qu'est-ce que tu voudrais faire dans la vie?
5 Quelles langues parles-tu?
6 Depuis quand apprends-tu le français?
7 Est-ce que tu aimes le sport?
8 Qu'est-ce que tu aimes comme sport?

3 Des interviews F/H

Students first listen to the example and check the answers in the grid. They then listen to the other two interviews and complete the grid.

Solution:

prénom	nom	âge	anniversaire	frères et sœurs	passetemps
(Ex.) Caroline	*Saumier*	*16*	*6 juin*	*1F 0S*	*musique*
Patrick	*Fardeau*	*18*	*31 janvier*	*2F 1S*	*sport*
Angèle	*Malladon*	*15*	*5 mai*	*0F 0S*	*cinéma*

[10 marks]
[Total for Part A: 25 marks]

Des interviews

Écoutez et complétez la grille.

1 – Salut!
– Salut!
– Comment t'appelles-tu?
– Je m'appelle Caroline Saumier.
– Saumier, ça s'écrit comment?
– S–A–U–M–I–E–R.
– Et quel âge as-tu?
– J'ai seize ans.
– Ton anniversaire, c'est quand?
– Le six juin.
– As-tu des frères ou des sœurs?
– Oui, j'ai un frère, Frédéric, mais je n'ai pas de sœurs.
– Et quel est ton passe-temps préféré?
– Ben, la musique – j'adore la musique.

2 – Bonjour!
– Bonjour!
– Comment t'appelles-tu?
– Je m'appelle Patrick Fardeau.
– Fardeau, ça s'écrit comment?
– F–A–R–D–E–A–U.
– Et quel âge as-tu?
– J'ai dix-huit ans.
– Ton anniversaire, c'est quand?
– C'est le trente et un janvier.
– As-tu des frères ou des sœurs?
– Oui, j'ai deux frères et une sœur. Elle s'appelle Isabelle
– Et quel est ton passe-temps préféré?
– Le sport – je suis très sportif.

3 – Bonjour!
– Bonjour!
– Comment t'appelles-tu?
– Je m'appelle Angèle Malladon.
– Malladon, ça s'écrit comment?
– M–A–L–L–A–D–O–N.
– Et tu as quel âge, Angèle?
– Quinze ans, presque seize ans.
– Quinze ans, alors, et ton anniversaire, c'est quand?
– Le cinq mai.
– Ah, oui – c'est bientôt, en effet. Dis-moi Angèle, as-tu des frères ou des sœurs?
– Non, non. Je suis fille unique.
– Et ton passe-temps préféré, qu'est-ce que c'est?
– Le cinéma – j'adore le cinéma. C'est mon passe-temps favori.

Partie B

1 Les photos de Christophe F/H

Students listen to the conversation and write in the letters representing the correct words to complete each sentence. This item tests understanding of continuous conversation using familiar vocabulary.

Solution: 1A, 2HI, 3G, 4E, 5K, 6B, 7J, 8C, 9D
[10 marks]

Les photos de Christophe

Écoutez et remplissez les blancs avec les bons mots dans la case.

– Salut, Christophe! Tu as les photos de tes vacances chez ton correspondant?
– Oui, les voilà. Voilà mon corres, Nicolas, c'est le garçon avec le T-shirt vert et la casquette bleu marine. L'autre garçon, avec les cheveux blonds et frisés, c'est son frère aîné, qui s'appelle Étienne. Il a dix-huit ans.
– Ils ont l'air sympa, tous les deux. Et ces deux filles, qui sont-elles?
– La fille assez grande avec les yeux bleus, c'est Laura, la sœur de Nicolas. Ils sont jumeaux, tu sais.
– Ah oui, ils se ressemblent un peu. Et l'autre fille, c'est qui? Celle qui porte des lunettes de soleil et la jupe multicolore.
– Ça, c'est Sandrine, une amie de Laura – et de moi aussi. Elle est jolie, non?

2 Élodie et ses parents H

Students listen to this conversation between Élodie and her friend and answer questions in English.

Solution: **1** wears a very short skirt [1], **2** nice/kind to them [1], **3** mobile phone [1], **4** wears ear-ring, wears black leather, spends a lot of time playing on Play Station [any 2], **5** ridiculous/silly [1], **6** talk to her Dad [1]
[7 marks]

Élodie et ses parents

Élodie is talking with her friend. Listen to their conversation and reply to the questions in English.

– Dis-moi, Élodie, est-ce que tu t'entends bien avec tes parents?
– Ça dépend. Normalement, je m'entends bien avec ma mère, sauf au sujet de mes vêtements. Si je sors avec une jupe qu'elle trouve trop courte,

elle s'énerve! À part ça, tout va bien. Elle est gentille avec mes copains et elle me paie les frais de mon téléphone portable – enfin, la plupart!
– Avec mon père, au contraire, je me dispute assez souvent avec lui, surtout au sujet de Kémi.
– Mais il est très sympa, Kémi.
– Bien sûr, mais il a une boucle d'oreille, il s'habille en cuir noir et il passe des heures à jouer sur sa Play-Station, donc mon père m'a dit de ne plus sortir avec lui.
– C'est ridicule ça! Qu'est-ce que tu vas faire?
– C'est embêtant, mais mon frère Jean-Luc aime bien Kémi et je crois qu'il va essayer d'en parler à mon père.

3 La famille et les amis H

Students listen to the three speakers discussing the relative importance of family and friends.

They first do the *vrai ou faux?* task (**a**) and then a further task (**b**) in which they match three out of four statements with each speaker.

Solution:

a 1V, 2V, 3PM, 4V, 5F [5 marks]
b *Alain* **B**, *Sandrine* **D**, *Magali* **A** [3 marks]
[Total for Part B: 25 marks]

La famille et les amis

Écoutez Alain, Sandrine et Magali. Il y a deux parties.

a *Lisez les phrases et écrivez* **V** *(vrai),* **F** *(faux) ou* **PM** *(pas mentionné) dans la grille.*

b *Pour chaque personne, choisissez la bonne phrase.*

– Alain, est-ce que les amis sont très importants pour toi?
– Ben oui, assez importants. Mais comme je m'entends très bien avec ma famille – et que je sors souvent avec mes deux frères, ben, je suis rarement seul.
– Et pour vous, les filles, c'est la même chose? La famille est plus importante que les copains? Qu'en penses-tu Sandrine?
– Pour moi, non – pas du tout. La famille, je l'apprécie quoi! Mais sans mes copains je ne saurais pas quoi faire, surtout le week-end. Et puis le soir. Je téléphone à mes amis, on bavarde, on discute de nos problèmes, on se raconte les petits incidents au lycée – je ne pourrais pas parler de tout ça avec ma famille!
– Et toi, Magali, tu es d'accord?
– Alors pour moi, l'essentiel, c'est d'avoir au moins une bonne amie qui est sûre de rester loyale. Comme ma famille habite toujours en Guadeloupe, je serais seule sans Marie-Claire – c'est mon amie que je connais depuis mon arrivée en France. En effet, une vraie amie, c'est comme un membre de la famille.

CM 1/12–1/14 **SPEAKING**

Épreuve: Parler

The speaking test contains two elements: two role play tasks (using either CM 1/12 or CM 1/13) and a conversation (CM 1/14).

The role play tasks have a suggested script which is given on *Carte B* so the role play dialogues can be used for practice in pairs, as an alternative to assessment.

Suggested marking scheme:

Each **role play** task is marked on a scale of 1–10 using the following criteria.

9–10	Conveys all information required (including unpredictable elements if applicable) Interacts well No prompting required
7–8	Conveys most information Little or no prompting
5–6	Conveys half the required information Little prompting necessary
3–4	Conveys less than half the required information Some prompting
1–2	Conveys only one piece of relevant information Very hesitant, reliant on prompting
0	No effective communication

The **conversation** is marked on a global basis for communication and content (maximum 10 marks) and quality of language (maximum 10 marks).

A further 10 marks are given for intonation, pronunciation and general accuracy based on **performance** throughout the speaking test.

This gives a total of 50 marks (role play tasks: 10 + 10; conversation: 10 + 10; general performance: 10). This overall mark is then divided by two to give a final mark out of 25 for speaking.

CM 1/12 **SPEAKING**

Épreuve: Parler – Role play (1)

A1 Au bureau de poste F

This task has cues in English and some visuals to give ideas.

B1 En France F/H

This task has cues in English and includes one unpredictable element.

CM 1/13 **SPEAKING**

Épreuve: Parler – Role play (2)

B2 On va se revoir F/H

This task has cues in English and some visuals and includes one unpredictable element.

C1 À la fête H

This task has cues in French and two unpredictable elements.

CM 1/14 SPEAKING

Épreuve: Parler – Conversation and discussion

The list of questions could be given to students before the test and they could be asked to select and prepare one topic in advance. The test should include questions on this topic and one other topic chosen at random. Students should be given an opportunity to answer using a range of tenses and to give opinions and reasons.

CM 1/15–1/19 READING

Épreuve: Lire

Partie A

1 Vous faites votre valise F

Students match the pictures of clothes with their description.

Solution: **1D, 2A, 3E, 4C, 5F** [5 marks]

2 Lisa se présente F

Students read Lisa's personal details and, each time, tick the correct box of three options.

Solution: **1A, 2C, 3B, 4B, 5A, 6B, 7B** [7 marks]

3 C'est quel pays? F/H

Students read the descriptions and match them with the correct countries.

Solution: **1B, 2A, 3C, 4D, 5F** [5 marks]

4 Échanges F/H

Students read the four letters, then match one or more of the names to the descriptions.

Solution: **1** *Maguy et Awa*, **2** *Jennifer, Laurent, Claire* (any 2), **3** *Jennifer, Maguy, Awa, Claire* (any 2), **4** *Claire*, **5** *Maguy, Awa*, **6** *Laurent* [8 marks]
[Total for Part A: 25 marks]

Partie B

1 Profil d'un jeune chanteur F/H

Students read the article about a young pop star and choose the correct ending for each of the sentences that follow.

Solution: **1B, 2A, 3C, 4C, 5B, 6B, 7A, 8B** [8 marks]

2 Séjours linguistiques H

Students read the articles and complete the sentences below with letters from the box.

Solution: **1B, 2H, 3A, 4E, 5I, 6G, 7F** [7 marks]

3 Christophe apprend à conduire H

Students read the article and reply to the questions **in French** (not in complete sentences).

Solution: **1** *mai*, **2** *18 ans*, **3** *ils manquent d'enthousiasme/pas enthousiastes*, **4** *impatient*, **5** *inquiète*, **6** *paresseux/arrogant* [2 marks], **7** *patiente*, **8** *travaille à Paris/rentre tard*, **9** *laver la voiture* [10]
[Total for Part B: 25 marks]

CM 1/20–1/21 WRITING

Épreuve: Écrire

It is suggested that students do either tasks 1–4 or tasks 4 and 5 to obtain a mark out of 50. This can be divided by two to give a total mark of 25 for writing.

It may not be appropriate to set task 5 at this point in the course. It could be used for practice, with additional help, or it could be set as an assessment task later in the course.

1 Questionnaire F

Students complete a form giving personal information and likes and dislikes. It should be marked for communication only and inaccurate spelling should not be penalised, as long as the message is intelligible. [10 marks]

2 Des phrases F

This task tests grammatical knowledge (present tense of common verbs) and some vocabulary. It should be marked for communication and accuracy.

Solution: **1** *est*, **2** *fait*, **3** *jouons*, **4** *habite*, **5** *adore*, **6** *va, chien*, **7** *mets, un sweat (sweat-shirt)*, **8** *regarde* [10 marks]

3 Une description F/H

Students write a short description giving the details listed.

Marking scheme:
Communication and completion of task requirements: 6
Quality of language: 4
[Total: 10 marks]

4 On répond à Dominique F/H

Students write a letter of about 70–80 words in response to a letter in French. They should use a range of tenses and express opinions.

Marking scheme:
Communication and content: 10
Quality of language: 10
[Total: 20 marks]

5 Une lettre H

Students write a longer letter of about 120–140 words and reply to the questions listed, requiring the use of different tenses and some opinions.

Marking scheme:
Communication and content: 10
Quality of language: 10
Accuracy: 10
[Total: 30 marks]

Encore Tricolore 4
nouvelle édition

unité 2 En ville et à la campagne

Area	Topics	Grammar	Vocabulary
2.1 *En ville*	Giving and seeking descriptions of towns, neighbourhood and region (mentioning location, character, amenities, features of interest)		Country and region (SB 27 In town and nearby (SB 28, 29)
2.2 *Toutes directions*	Understanding, seeking and giving directions to places in towns, etc.		Directions (SB 30–31)
2.3 *Au parc d'attractions*	Exchanging information and opinions about a particular tourist attraction	Perfect tense with *avoir*	
2.4 *Qu'est-ce qu'on a fait?*	Giving and seeking information about past events	Perfect tense with *avoir* and *être*	
2.5 *Non, non et non!*	Understanding and using negative expressions	Negatives: *ne … pas, ne … plus, ne … jamais, ne … rien, ne … personne*	Negative expressions (SB 38)
2.6 *À la campagne*	Expressing, seeking and explaining views and opinions about living in the countryside		In the country (SB 41)
2.7 *Le logement*	Exchanging information about accommodation (type of housing, location, rooms, etc.)		Accommodation (SB 43)
2.8 *À la maison*	Giving and seeking information about house contents and features of the home	*ne … que* Direct object pronouns (*le, la, les*)	Furniture and fittings (SB 44) Kitchen utensils (SB 44)
2.9 *Notre planète*	Exchanging information and opinions about environmental issues and measures taken to protect the environment		The environment (SB 46)
2.10 Further activities and consolidation			See also *Vocabulaire par thèmes* (SB 267)

Students' Book 26–47, Au choix 211–213
Class CD 1–2, **Student CD 1**

Examination Grammar in Action
pages 21, 22, 26, 27, 29

Copymasters

2/1 *Mots croisés – en ville* [vocabulary practice] (TB 45)
2/2 *En ville* [visual] (TB 47)
2/3 *Un emploi pour les vacances* [grammar] (TB 49)
2/4 *Des touristes à Paris* [grammar] (TB 50)
2/5 *Vol à la banque* [listening, reading] (TB 50)
2/6 *Accident de rivière* [grammar] (TB 51)
2/7 *La vie à la campagne* [listening, reading] (TB 54)
2/8 *À la maison* [listening, vocabulary practice] (TB 56)
2/9 *L'esprit négatif* [grammar] (TB 53, 61)
2/10 *Tu comprends?* [independent listening] (TB 61)
2/11 *Presse-Jeunesse: L'environnement* [reading] (TB 62)
2/12–13 *Épreuve: Écouter* (TB 63)
2/14–16 *Épreuve: Parler* (TB 64)
2/17–20 *Épreuve: Lire* (TB 65)
2/21–22 *Épreuve: Écrire* (TB 66)

Au choix (SB 211–213)

Support

1 *Lyon, une ville importante* (TB 44)
2 *Des directions* (TB 47)
3 *Au parc d'attractions* (TB 48)
4 *Une carte postale de Disneyland* (TB 49)
5 *Voyage de retour* (TB 49)
6 *Chasse à l'intrus* (TB 61)

General

1 *Les départements de France* (TB 43)
2 *Carte d'identité d'une ville* (TB 45)
3 *On parle du week-end dernier* (TB 51)
4 *Le cambriolage* (TB 58)
5 *À vous!* (TB 61)

Extension

1 *C'est impossible!* (TB 53)
2 *La vie d'un vétérinaire* (TB 55)
3 *Quatre gestes pour l'environnement* (TB 60)
4 *L'environnement – une responsabilité de tous* (TB 60)
5 *À vous!* (TB 61)

Useful websites

For **tourist information** about *France* and *La France outre-mer*, see TB 16.

Towns and cities in France
Many local tourist offices can be found by typing the name of the town in the following address:
www.mairie-town.fr (e.g. www.mairie-bordeaux.fr)

Disneyland Paris
http://2000.disneylandparis.com/

Parc Astérix
www.parcasterix.fr/

For **tourist sites in Paris**, see TB 16.

Institut Français de l'environnemnt
This includes a useful online quiz about different aspects of the **environment** such as air quality, waste management, water, noise, transport, genetically modified food (GMO), etc.
www.ifen.fr/jeu_ifen/3info.htm

Area 1
En ville
Giving and seeking descriptions of towns, neighbourhood and region (mentioning location, character, amenities, features of interest, etc.)
SB 26–29, 1–9
Au choix SB 211, 1 212, 1–2
CM 2/1
CD 1/24–1/27

SB 26 **SPEAKING**

Map of France

Use this to talk briefly about France and to revise points of the compass, rivers, mountains, bordering countries, seas, etc. The figures after each town indicate the distance from Paris. All distances in France are measured from *le point zéro* in front of Notre Dame cathedral in Paris. A plaque indicates the exact spot. The figures can be used to revise asking about distance. Talk about different aspects of the country and ask some questions, e.g.

- *La France est un pays très varié. Beaucoup de touristes la visitent chaque année. Et beaucoup de Français préfèrent passer leurs vacances dans une autre région de France que d'aller à l'étranger.*
- *En France, on trouve de tout: des villes importantes, comme Paris, Lyon, Marseille, Strasbourg, Nice. Nice, c'est à quelle distance de Paris?*
- *Il y a de grands fleuves, comme la Loire, la Garonne, la Seine et le Rhône.*
- *Il y a des montagnes, comme les Alpes, les Pyrénées et les Vosges où l'on peut pratiquer des sports d'hiver.*
- *La France a six côtés. Voilà pourquoi on l'appelle quelquefois 'L'Hexagone'. Trois côtés de la France sont bordés par la mer. Comment s'appellent les trois mers?*
- *Les trois autres côtés forment des frontières avec d'autres pays. Comment s'appellent les pays qui ont une frontière commune avec la France?*

SB 27, 🎧 1/24 **READING LISTENING**

1 Le savez-vous?

Students choose the correct answer to each question and then listen to the answers.

Solution: **1**c **2**b **3**a **4**b **5**c

The solution is also given on SB 240.

🎧 Le savez-vous?

- Bonjour et bienvenue à notre jeu sur la France. Aujourd'hui, il y a cinq questions et il faut choisir la bonne réponse à chaque fois.
- Première question: la France est la première destination touristique du monde. Chaque année, il y a environ combien de visiteurs? a) 10 millions, b) 30 millions, c) 60 millions.
- La réponse correcte est c. Il y a soixante millions de touristes qui visitent la France chaque année. Oui, le tourisme est très important pour la France.
- Deuxième question: en raison de sa forme, on appelle la France a) le pentagone, b) l'hexagone, c) l'ovale.
- Ça, c'est plus facile. La bonne réponse est b – l'hexagone.
- Maintenant, la question numéro trois: Le fleuve qui divise le nord du sud de la France s'appelle a) la Loire, b) le Rhin, c) le Rhône.
- Et la réponse correcte, c'est a. C'est la Loire qui sépare le nord du sud de la France.
- Question quatre: Les plus hautes montagnes de France (et d'Europe) sont a) les Pyrénées, b) les Alpes, c) les Vosges.
- La bonne réponse est b – les Alpes.
- Et maintenant, la dernière question: la France a presque la même population que le Royaume-Uni, mais c'est un pays a) plus petit, b) aussi grand, c) presque deux fois plus grand.
- Et la réponse correcte, c'est c. Oui, la France, c'est un grand pays – c'est comme ça qu'on a de la place pour tous ces touristes.
- Et voilà, c'est la fin de notre émission. Merci et au revoir.

Au choix SB 212 **GENERAL READING**

1 Les départements de France

Introduce this item by saying: *La France est divisée en 22 régions et 95 départements.* An understanding of the system of *départements* and *régions* is useful for visitors to France as local tourist information (hotels, campsites, etc.) is often grouped in this way. Students read the information and select the correct word for each gap.

Solution: **1** *département,* **2** *fleuve,* **3** *montagnes,* **4** *mer,* **5** *code postal*

SB 27 **VOCABULARY**

Lexique: Le pays, la région

This list of vocabulary covers location and geographical features. For practice, ask students to give an example that corresponds with a definition, e.g.

Donnez-moi un exemple d'une ville dans le nord/le sud de la France/d'un fleuve, des montagnes, d'une mer.

The river Loire is usually considered to be the dividing point between north and south.

SB 27 **READING**

2 Six villes

Students read six descriptions of different towns and identify them from the details of location.

Solution: **1** *Strasbourg,* **2** *Calais,* **3** *Annecy,* **4** *Lyon,* **5** *Bordeaux,* **6** *Marseille*

SB 27, 🎧 1/25 **LISTENING READING**

3 Les villes de France: un jeu

In this radio quiz game two participants talk about a town in France. After hearing each contestant, students should read the sentences and decide which relate to the town just described. There is some overlap, so some sentences apply to both towns.

Solution: **Strasbourg** 1, 2, 4, 6, 7, 8, 9
Lyon 1, 2, 3, 5, 6, 9, 10

Les villes de France: un jeu

– Alors, notre prochaine concurrente est …
– Agnès Schieber.
– D'où venez-vous, Agnès?
– Moi, je suis de Strasbourg.
– Ah, Strasbourg, c'est dans l'est de la France, non?
– Oui, c'est vrai.
– Et vous habitez en ville ou dans la banlieue?
– Dans la banlieue.
– Eh bien, pour la finale, vous allez parler de Strasbourg?
– Oui.
– Bon, allez-y.
– Alors, Strasbourg, c'est une grande ville avec environ 250 000 habitants. C'est situé sur un fleuve, le Rhin. C'est une ville universitaire, alors il y a beaucoup d'étudiants dans la ville et la ville est très animée. Elle est située dans l'est de la France, près de la frontière allemande. À Strasbourg, il y a une très belle cathédrale qui date du douzième siècle. On peut accéder à une plate-forme sur le toit de la cathédrale et de là, on a une vue superbe sur la ville et les environs. Dans la cathédrale, il y a une horloge astronomique et ça, c'est très intéressant à voir à midi, quand ça sonne. Bon … alors, à Strasbourg, il y a beaucoup de musées: il y en a un, un musée d'art moderne, qui est très bien, puis … euh …. ah oui, il y a un grand parc qui s'appelle l'Orangerie, ça, c'est très bien, car en été, il y a souvent des expositions et des concerts en plein air dans ce parc. Et puis … bon, pour sortir le soir, il y a des cinémas, des bars, des discothèques et …
– Ça y est. Je dois vous arrêter là. Merci, Agnès. Et Strasbourg vous plaît?
– Ah oui, ça me plaît beaucoup.
– Bon, merci.
– Et maintenant, à notre prochain concurrent qui est …
– Jean Perey.
– Et d'où venez-vous, Jean?
– Moi, je suis de Lyon.
– Ah Lyon, c'est une grande ville, non?
– Oui, c'est vrai.
– Et vous habitez en ville ou dans la banlieue?
– Dans la banlieue.
– Eh bien, pour la finale, vous allez parler de Lyon ou d'une autre ville?
– De Lyon.
– Très bien. Vous êtes prêt?
– Oui.
– Bon, allez-y.
– Alors, Lyon, c'est la deuxième ville de France et une très grande ville qui se trouve dans le sud de la France. Ce sont les Romains qui ont fondé la ville et on peut toujours voir des ruines romaines sur une colline dans la ville. C'est une ville universitaire: il y a trois universités et c'est une ville internationale … euh … c'est situé sur un fleuve, enfin deux fleuves: le Rhône et la Saône. Quoi d'autre? Ah oui, il y a un métro, ça, c'est très bien pour circuler en ville, puis il y a beaucoup de musées et il y a un grand centre commercial qui s'appelle La Part-Dieu où il y a des magasins, un auditorium, la bibliothèque municipale, des salles de cinéma, etc. Alors pour sortir, il y a des bars, des cafés, des cinémas et des discothèques. Et bon, dans le vieux quartier, il y a des petits restaurants très sympas qui s'appellent des bouchons, un bouchon comme dans une bouteille de vin. Bon, alors je pense que cela s'appelle comme ça, parce que … euh … autrefois, on consommait beaucoup de vin dans ces petits restaurants et alors on a gardé ça comme surnom.
– Ça y est. Vous pouvez vous arrêter. Merci, Jean.
– Eh bien, maintenant, on a entendu tous les concurrents de notre concours 'Bon week-end en ville' et le jury a décidé que le gagnant, ou plutôt la gagnante, est … Agnès Schieber, qui a parlé de Strasbourg. Félicitations, Agnès. Alors, vous avez gagné un week-end pour deux personnes dans une ville française de votre choix. Quelle ville allez-vous choisir?
– Euh … c'est merveilleux! Euh … j'aimerais visiter Lyon. Oui, je crois que je vais choisir Lyon.

SB 28 **READING**

4 Un dépliant sur Lyon

Talk about the photos of Lyon to make sure that students understand what they show, e.g.

Voici des photos de Lyon. Sur la photo A, on voit un concert dans une église. Lyon est un grand centre culturel avec des théâtres, un opéra, une maison de la danse et des musées.

Sur la photo B, on voit un restaurant. On trouve beaucoup de petits restaurants à Lyon, surtout dans le vieux quartier.

La photo C montre une rue piétonne. À Lyon, comme dans beaucoup de villes, il y a des rues piétonnes. Qu'est-ce que c'est, une rue piétonne? C'est une rue réservée aux personnes à pied, où il n'y a pas de voitures.

La photo D montre des ruines romaines.

Sur la photo E, on voit le centre commercial de la Part Dieu. Qu'est-ce qu'on trouve dans un centre commercial? Des magasins surtout, et quelquefois des banques, des salles de cinéma, etc.

Et la photo F montre un moyen de transport à Lyon. Qu'est-ce que c'est? C'est le tramway.

Solution: **1**D **2**C **3**A **4**F **5**E **6**B

For further oral practice ask some *Oui ou non?* or *Vrai ou faux?* questions, e.g.
– *Lyon, c'est une ville canadienne?*
– *C'est dans le sud de la France?*
– *C'est au bord de la mer?*

Au choix SB 211 **SUPPORT PRACTICE**

1 Lyon, une ville importante

Students have to complete each sentence to build up a description of Lyon.

Solutions: **1** *grande, importante*, **2** *ruines*, **3** *rues*, **4** *musées, théâtres, cinémas*, **5** *complexe sportif, patinoire, piscine*, **6** *métro*, **7** *centre commercial*, **8** *bibliothèque*, **9** *restaurants*

SB 28, **WRITING**

5 Un dépliant touristique

This provides guidelines for students to write a simple tourist leaflet about Lyon.

This could be done using word processing or publishing software – some programs offer a pre-formatted template for a brochure. Students could collect text and images from websites.

SB 28–29 **VOCABULARY**

Lexique: En ville et à proximité

This lists the core vocabulary practised in this area and in Area 2 and can be referred to at appropriate points. Various vocabulary games can be played, such as Hangman (in pairs), Brainstorming (in pairs, groups or as a class), 'Make your own word search', Countdown, *Un mot qui commence par ..., En ordre alphabétique, Trouve le contraire, etc.* (See TB 17–18 for details.)

CM 2/1 **VOCABULARY PRACTICE**

Mots croisés – en ville

This provides practice of the main vocabulary and can be used at any appropriate point.

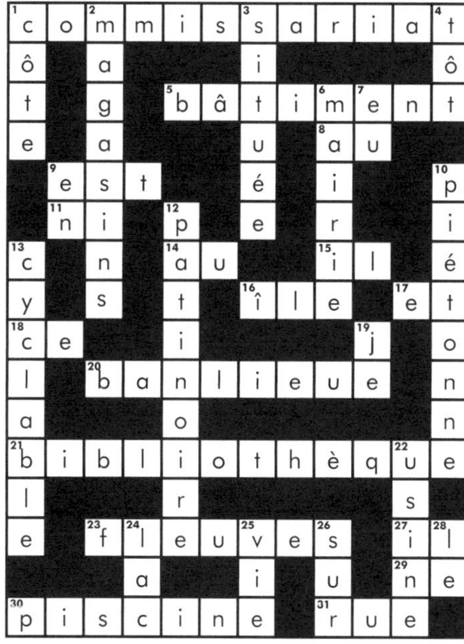

SB 29, 1/26 **LISTENING READING**

6 Ma ville

Students listen to the recording and note down the missing words. The conversation provides a model for *Activité 8*.

Solution: **1** *Calais*, **2** *moyenne*, **3** *habitants*, **4** *nord*, **5** *mer*, **6** *trois*, **7** *En ville*, **8** *le port*, **9** *un musée*, **10** *magasins*

Ma ville?

– Où habitez-vous?
– J'habite à Calais.
– C'est une grande ville?
– Non, c'est une ville moyenne avec environ soixante mille habitants.
– C'est où exactement?
– C'est dans le nord de la France. C'est au bord de la mer.
– Ça fait longtemps que vous habitez là?
– Mmm – depuis trois ans
– Vous habitez en ville ou dans la banlieue?
– En ville, dans un appartement.
– Qu'est-ce qu'il y a comme distractions?
– Il y a le port, il y a un musée et des cinémas.
– Et dans la région?
– Il y a le Tunnel sous la Manche. Il y a un grand centre commercial avec beaucoup de magasins qui s'appelle La Cité d'Europe.

SB 29 **READING**

7 On parle de Cheltenham?

Students read a letter that includes a description of this English town and then choose the correct statements. The letter provides a model for student's own letters.

Solution: **1, 3, 5**

AU CHOIX SB 212 **GENERAL READING**

2 Carte d'identité d'une ville

This task provides additional reading practice and preparation for a description of the student's own town.

Solution: **1** *le sud-est*, **2** *Alpes*,**3** *touristique*, **4** *piscines*, **5** *stations*, **6** *montagne*, **7** *habiter*, **8** *froid*

SB 29, , **SPEAKING WRITING**

8 À vous!

a Students work in pairs asking and answering questions about their local town.

b Students write a short description or a letter about their own town and region. This can be filed in their *Dossier personnel*.

SB 29, 1/27 **LISTENING READING**

9 Les villes et l'environnement

This introduces the topic of the environment, which is briefly featured in several areas and covered more fully in Area 9. Go through the list of initiatives, explaining any difficulties and discussing with students which initiatives are carried out locally, e.g.

– *Les pistes cyclables, est-ce qu'on a créé des pistes pour des cyclistes ici? Vous le savez?*
– *Oui, je crois que oui, il y a des pistes cyclables, donc on va noter 1.*
– *Et le tramway? Est-ce que nous avons un tramway? Non, nous n'avons pas de tramway. etc*

Able students could comment on the importance of each initiative, e.g. *Je trouve ça très important, etc.* Students then listen to the interview about *La Rochelle* and note which of the initiatives listed are mentioned.

Solution: **8, 5, 3, 4**

Les villes et l'environnement

– Bonjour, Madame. À La Rochelle, vous avez fait beaucoup pour la protection de l'environnement. Pouvez-vous nous en parler un peu?
– Oui, bien sûr. Bon, on a commencé avec les analyses de la qualité de l'air. Il y a trente ans environ, on était très concerné par la pollution de l'industrie chimique ici. On était concerné aussi par la pollution des voitures. Donc, on a commencé à faire des analyses de l'air et puis de l'eau aussi.
– Et qu'est-ce que vous avez fait ensuite?
– Bon, comme vous le savez, La Rochelle est une ville historique avec de petites rues très étroites. Donc, pour sauvegarder le centre-ville, on a décidé de le transformer en zone piétonne.
– Alors, vous avez transformé le centre-ville en zone piétonne?
– Oui, ça se fait un peu partout maintenant, mais La Rochelle était la première ville à faire ça. Puis ... ah oui, on a lancé l'opération 'Vélo municipal gratuit'. On a mis des vélos jaunes à la disposition du public. L'objectif était d'encourager des gens à laisser leur véhicule sur les parkings et à prendre un vélo pour circuler en ville.
– Et ça a marché?
– Mm, oui et non. On a dû modifier un peu le système, mais ça existe toujours et il y a des vélos municipaux que les habitants et les touristes peuvent utiliser gratuitement.
– Et quant au recyclage, par exemple du verre et du papier, vous avez des centres de recyclage, j'imagine?
– Ah oui, le recyclage du verre, du papier et des plastiques, on a fait tout ça depuis longtemps.

Area 2
Toutes directions
Understanding, seeking and giving directions to places in towns

SB 30–31, 1–5
Au choix SB 211 2
CM 2/2
CD 1/28

SB 30, 1/28 **LISTENING**

1 Des touristes en ville

Revise *tout droit, à gauche* and *à droite* by walking around the classroom in different directions or drawing lines or arrows on the board to illustrate the meanings. Then check that students recognise the symbols used.

These represent: **A** *la gare* **B** *un parking* **C** *une église* **D** *un hôpital* **E** *une piscine* **F** *un supermarché* **G** *le camping* **H** *l'auberge de jeunesse.*

They should then listen to the recording and find out the destination, the direction and the distance given. This can be varied according to ability level; some students could find out all three items, others only one or two.

Solution:

	destination	direction	distance
1	E	↑	*à 5 minutes*
2	C	↑	*100m*
3	F	←	*à 5 minutes*
4	D	↑ →	*500m*
5	A	↑	*à 10 minutes*
6	H	←	*à 15 minutes*
7	G	→	*2km*
8	B	→	*500m*

Des touristes en ville

1 – Pour aller à la piscine, s'il vous plaît?
– Continuez tout droit jusqu'au carrefour et vous la verrez. C'est au coin de la rue.
– Merci. C'est loin?
– Non, c'est à cinq minutes d'ici.

2 – Pour aller à l'église Saint-Jean, s'il vous plaît?
– Continuez tout droit jusqu'aux feux. C'est au bout de la rue.
– Merci. C'est loin?
– Non, c'est tout près, à cent mètres.

3 – Pardon, Madame, est-ce qu'il y a un supermarché près d'ici?
– Oui, il y a un supermarché rue Levert. Prenez la première rue à gauche et c'est au bout.
– Très bien. Alors la première rue à gauche. C'est loin?
– Non, à cinq minutes environ.

4 – Pardon Monsieur, est-ce que l'hôpital est près d'ici?
– Euh ... l'hôpital, voyons ... ah oui, ce n'est pas loin. Continuez tout droit, traversez le pont et vous verrez l'hôpital sur votre droite. C'est à cinq cents mètres environ.

5 – Pour aller à la gare, s'il vous plaît?
– Continuez tout droit, tout droit jusqu'au rond-point et vous verrez la gare.
– Je continue tout droit jusqu'au rond-point. Merci. C'est loin?
– Non, c'est à dix minutes d'ici.

6 – Pour aller à l'auberge de jeunesse, s'il vous plaît?
– Prenez la rue à gauche au coin de la rue.
– Bon, je prends la rue à gauche. Et puis, c'est loin?
– C'est à quinze minutes environ.

7 – Pardon, Madame, est-ce que le camping est près d'ici?
– Non, c'est assez loin. C'est à deux kilomètres environ. Vous êtes à pied?
– Oui.
– Bon, il faut descendre la rue à droite jusqu'au bout. Puis là, c'est un peu compliqué. Il faut demander à quelqu'un d'autre. Mais d'ici, vous prenez la rue à droite.
– Alors, pour commencer, nous prenons la rue à droite.

8 – Pardon, Madame, est-ce qu'il y a un parking près d'ici?
– Oui, il y a un parking, place de l'Hôtel de ville. Prenez la deuxième rue à droite et c'est au bout de la rue.
– Très bien. Alors la deuxième rue à droite. C'est loin?
– C'est à cinq cents mètres environ.

SB 30, 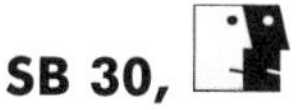 **VOCABULARY**

Lexique: C'est quelle direction?

Encourage students to practise some of the expressions orally. This could be done in pairs or as a chain question game: one student asks for directions and the next gives any sensible direction, then asks someone else for directions, e.g.

- *Pour aller au commissariat, s'il vous plaît?*
- *Continuez tout droit, jusqu'au carrefour.*
- *Est-ce qu'il y a un parking près d'ici, s'il vous plaît?*

Students should continue as long as possible without repeating identical directions.

Au choix SB 211 **SUPPORT**

2 Des directions

This provides extra practice, if needed, in asking for directions to places in a town. Check that the symbols are understood.

Solution:

1 *Pour aller à la patinoire, s'il vous plaît?*
2 *Pour aller à la station-service, s'il vous plaît?*
3 *Pour aller à la gare, s'il vous plaît?*
4 *Pour aller à la gare routière, s'il vous plaît?*
5 *Pour aller à la mairie/l'hôtel de ville, s'il vous plaît?*
6 *Pour aller au stade, s'il vous plaît?*
7 *Pour aller au centre-ville, s'il vous plaît?*
8 *Pour aller au musée, s'il vous plaît?*

SB 30, **SPEAKING**

2 Inventez des conversations

Working in pairs, students practise making up simple dialogues based on the cues given and referring to the Lexique. The more able students could make up a longer dialogue without cues.

SB 30 and SB 239,  **SPEAKING**

3 Le jeu des bâtiments

Revise the prepositions *à côté de*, *entre* and *en face de* by referring to where individual students are sitting, where items in the classroom are, or by drawing a simple diagram on the board. In this pair-work task, one student has a partially completed plan, showing only four buildings; the other has a complete plan and has to describe the location of the other buildings, by referring to the four buildings shown on both plans.

SB 31 **READING SPEAKING**

4 Ça mène où?

First, use the visual for revision of places and directions, e.g.

- *Qu'est-ce qu'il y a dans la ville?*
- *(Il y a un château, une piscine, un marché, etc.)*
- *Où est-ce qu'on peut loger? (Il y a l'hôtel du Lac, un camping et une auberge de jeunesse.)*
- *La gare routière, c'est où exactement?*
- *(C'est près de la rivière.)*
- *Est-ce qu'il y a une banque dans la ville?*
- *(Oui, entre le pizzeria et la pharmacie.)*

Then students read the written directions and find out where they lead. All directions start from the railway station. For support, the destinations could be written in jumbled order on the board.

Solution: **1** *le musée*, **2** *le collège*, **3** *le marché*, **4** *le château*, **5** *la gare routière*, **6** *la banque*

SB 31, **SPEAKING**

5 Quelle destination?

Students work in pairs to give and follow directions to places on the town plan.

SB 31 **VOCABULARY**

Lexique

This lists the main prepositions used in this area.

CM 2/2 **VISUAL SPEAKING**

En ville

The town plan can be used to make an OHT for additional oral work on directions and places in a town. Read out (or have an able student read out) directions to a place or a route, and then get students to draw the route on the plan.

Area 3
Au parc d'attractions
Exchanging information and opinions about a particular tourist attraction
Using the perfect tense with *avoir*
SB 32–34, 1–4
Au choix SB 211 3–4
CM 2/3
CD 1/29
Examination Grammar in Action, pages 21 and 22

INTRODUCTION

Begin with a general discussion about theme parks, asking who has visited one in this country or in France. It might be interesting to see which has been visited by the most students, e.g.

- *Un parc d'attractions, qu'est-ce que c'est? Qui peut me donner un exemple d'un parc d'attractions en Grande Bretagne/en France/aux États-Unis?*
- *(En Grande-Bretagne, il y a Alton Towers, Thorpe Park, Chessington World of Adventures, etc.)*
- *(Et en France, il y a Disneyland Paris, le Parc Astérix, le Futuroscope, etc.)*
- *Qui a visité un parc d'attractions? Lequel? Combien de personnes ont visité... ? C'était bien?*
- *(Moi aussi, j'ai visité... et j'ai trouvé que c'était...)*
- *(Moi, je n'ai jamais visité de parc d'attractions!)*

SB 32 **READING**

Disneyland Paris

This presents some general information about the construction of Disneyland Paris and the choice of site. During the construction of the site, there was a great impact on the economy of the area, with the setting up of local branches of companies involved in associated business activities, such as costume makers, estate agencies, construction firms, etc. The building site was the largest in Europe, after the Channel Tunnel.

SB 32 **READING**

1 Vous avez compris?

Students should read the article and answer the multiple-choice questions that follow.

Solution: 1a, 2b, 3c, 4c

Talk briefly about the photos and read the captions. The photos are also linked to the following listening activity.

SB 33, 1/29 **LISTENING**

2 Une visite à Disneyland Paris

For differentiation, there are three graded tasks linked to this recording. Direct students to use one or more of them according to their ability:

a Students listen to the recording and list the letter for each photo as it is mentioned.

Solution: **D, B, G, E, F, A, C**

b Students read the sentences and decide which correspond to the recording.

Solution: **1, 4, 6, 9, 10, 11, 12**

c Students correct the mistakes in each sentence.

Solution:

1 *Sophie et Guillaume ont visité Disneyland Paris en France.*
2 *Ils ont pris le RER.*
3 *Ils ont commencé leur visite à Discoveryland.*
4 *Comme déjeuner, ils ont mangé un hamburger et des frites.*
5 *Ils ont regardé la parade Disney.*
6 *Guillaume n'a rien acheté.*

Une visite à Disneyland Paris

– Alors, vous êtes allés à Disneyland Paris. Comment avez-vous trouvé ça?
– C'était génial.
– Oui, c'était vraiment très bien.
– Vous y êtes allés en voiture?
– Non, on a pris le RER. C'est direct jusqu'à Marne-la-Vallée et c'est très rapide.
– Et alors, qu'est-ce que vous avez fait au parc?
– Un peu de tout. On a commencé à Discoveryland. On a fait un voyage dans l'espace avec Star Tours.
– C'était bien, mais j'avais mal au cœur après.
– Et ensuite?
– Alors, on a visité le labyrinthe d'Alice.
– Ah oui, ça, c'était super. Il y avait plein de fausses pistes.
– Et puis, après, nous avons pris le train fou à Big Thunder Mountain.
– Et on a visité le Manoir Hanté. Ça, c'était bien.
– Oui.
– Vous avez déjeuné au parc?
– Oui, on a mangé un burger et des frites.
– Et l'après-midi, qu'est-ce que vous avez fait?
– On a regardé la parade Disney. C'était vraiment bien, avec des chars énormes et tous les personnages de Disney.
– Et après, nous avons visité les autres attractions, par exemple les pirates des Caraïbes ...
– Et la cabane des Robinson aussi.
– Qu'est-ce que c'est?
– C'est une cabane construite dans un arbre, un arbre artificiel, bien sûr. Il faut grimper dans l'arbre pour arriver à la cabane.
– Oui ... enfin, moi, je n'ai pas beaucoup aimé ça. C'était bien fait, d'accord, mais il n'y avait rien à faire. On a visité la cabane, on l'a regardée, puis on est redescendu.
– Vous avez acheté quelque chose en souvenir?
– Moi, je n'ai rien acheté.
– Moi, j'ai acheté des oreilles de Mickey!
– Et enfin, qu'est-ce que vous avez pensé du parc? Qu'est-ce que vous avez surtout aimé?
– Moi, j'ai tout aimé, surtout Star Tours.
– Moi aussi, j'ai trouvé que tout était très bien fait. Mais je n'avais pas beaucoup d'argent et les souvenirs et tout, c'était un peu cher pour moi. En tout cas, je n'ai pas trop aimé les magasins: j'ai préféré les attractions. Les attractions étaient fantastiques!

SB 33 **GRAMMAR**

Dossier-langue
The perfect tense (verbs with *avoir*)

Before students look at the summary, check what they can remember about the formation of the perfect tense of verbs with *avoir* and write the key points on the board.

SB 34 **PRACTICE**

3 Une visite au parc Astérix

Students complete the letter with the correct past participle of regular and irregular verbs with *avoir*.

Solution: **1** *nous avons visité*, **2** *j'ai lu*, **3** *nous avons pris*, **4** *on a commencé*, **5** *on a visité*, **6** *nous avons regardé*, **7** *nous avons mangé*, **8** *j'ai pris*, **9** *nous avons passé*, **10** *j'ai acheté*

Au choix SB 211 **SUPPORT READING**

3 Au parc d'attractions

In this reading task, students match up the correct response to each question.

Solution: **1**D **2**A **3**F **4**B **5**G **6**C **7**E

SB 34, **SPEAKING**

4 Une visite à un parc d'attractions

Students first answer for Sophie, then work in pairs to make up conversations using the same or similar questions. This could also be done as a *dialogue à conséquences* if wished.

Une visite virtuelle 

Students could look at the websites of a *parc d'attractions*, e.g. Futuroscope (see TB 16), make a virtual visit and then describe it to a partner.

Au choix SB 211 **SUPPORT**

4 Une carte postale de Disneyland

Students choose the correct verb and write down the past participle to complete the postcard. Check that they all remember the past participle of *prendre* and *faire* beforehand. Using this postcard as a model, students could be encouraged to write a similar letter or postcard from a different theme park, perhaps building up a suitable description on the board.

Solution: **1** *passé*, **2** *fait*, **3** *visité*, **4** *pris*, **5** *mangé*, **6** *regardé*, **7** *acheté*

CM 2/3 **GRAMMAR**

Un emploi pour les vacances

This provides further practice of using the perfect tense with *avoir* and regular and irregular past participles.

Solutions:

Vendeur de glaces
1 *décidé*, **2** *répondu*, **3** *trouvé*, **4** *commencé*, **5** *vendu*, **6** *choisi*, **7** *préféré*, **8** *goûté*, **9** *gagné*, **10** *aimé*

Qu'est-ce qu'ils ont fait?
1. *Marie a fait du babysitting.*
2. *Claude et Pierre ont travaillé dans un fast-food.*
3. *Sophie et Anne ont vendu des glaces.*
4. *Paul a cueilli des fruits.*
5. *Laurence et Sébastien ont fait du jardinage.*
6. *Luc a livré des pizzas.*
7. *Nicole a travaillé comme caissière.*
8. *Claire et Mathieu ont vendu des plantes.*

Conversations au téléphone

Solution:
1. *tu as fait, j'ai regardé, j'ai écouté, j'ai lu, tu as vu, je ne l'ai pas vu*
2. *vous avez dîné, j'ai pris, mon mari a choisi, vous avez bu, on a choisi*
3. *les Duval ont réussi, ils ont eu, ils ont écrit, ils n'ont rien reçu*
4. *j'ai essayé, j'ai dû, j'ai vu, il m'a dit*

Exam Grammar in Action, pages 21–22

Using the perfect tense (with *avoir*)

This provides further practice of the perfect tense with *avoir*, if needed.

Area 4
Qu'est-ce qu'on a fait?
Giving and seeking information about past events using the perfect tense with *avoir* and *être*

SB 35–36 1–5
Au choix SB 211 5 212 3
CM 2/4, 2/5, 2/6
CD 1/30–1/32
Examination Grammar in Action, pages 23–25 and 28

The perfect tense of reflexive verbs is covered in *Unité 4* and not in this unit.

SB 35 **PRESENTATION**

1 Cartes postales de Paris

This presents examples of the perfect tense with *être*. Students should read the postcards and then do one or both of the activities.

Solutions:

a Vrai ou faux?
1 F **2** V **3** F **4** V **5** F **6** F **7** F **8** V

b Au téléphone
The questions present different forms of the perfect tense with *être*. Short answers could be given, e.g. either *oui* or *non* or a phrase taken from one of the postcards.

SB 35 **GRAMMAR**

Dossier-langue
The perfect tense (verbs with *être*)

Check what students remember about the perfect tense of verbs with *être* and note the key points on the board. Remind students of the mnemonic, 'Mrs van de Tramp', and ask them to work out the verb indicated by each letter.

Differentiation

SB 35 **PRACTICE**

2 Voyage de retour

This task provides practice in using the correct form of the perfect tense with *être*.

Solution: **1** *Nous sommes partis*, **2** *Nous sommes allés*, **3** *Nous sommes arrivés*, **4** *Nous sommes montés*, **5** *Le train est parti*, **6** *Le train est tombé*, **7** *Nous sommes restés*, **8** *le train est reparti*, **9** *Il est arrivé*, **10** *nous sommes descendus*

5 Au choix SB 211 **SUPPORT PRACTICE**

Voyage de retour

This is an alternative task on the same theme, in which students have to select the correct past participle from three alternatives.

CM 2/4 **GRAMMAR**

Des touristes à Paris

For more practice in using the perfect tense with être, students can use this worksheet.

Solution:

1 Karl Beckbauer
1 *Karl est allé,* **2** *Il est parti, il est allé,* **3** *l'autobus est arrivé, Karl est monté,* **4** *l'autobus est arrivé, Karl est descendu,* **5** *Il est entré,* **6** *Il est resté,* **7** *Il est sorti, il est rentré*

2 Christine Ford
1 *Christine est allée,* **2** *Elle est partie,* **3** *Elle est allée,* **4** *Elle est montée, elle est descendue,* **5** *elle est montée,* **6** *Elle est restée,* **7** *elle est redescendue, elle est entrée,* **8** *elle est allée,* **9** *Elle est rentrée*

3 M. et Mme Murray
1 *M. et Mme Murray sont allés,* **2** *Ils sont partis,* **3** *Ils sont allés,* **4** *Ils sont montés, ils sont descendus,* **5** *Ils sont sortis, ils sont allés,* **6** *l'autobus est arrivé, M. et Mme Murray sont montés,* **7** *Ils sont descendus,* **8** *Ils y sont restés,* **9** *ils sont sortis, ils sont rentrés*

Christine Ford est rentrée à seize heures.
M et Mme Murray sont rentrés à dix-sept heures.
Karl Beckbauer est rentré à dix-huit heures trente.

4 Et vous?
This is an open-ended task.

CM 2/5, 1/30 **READING LISTENING WRITING**

Vol à la banque

This is an optional task involving different skills. Students first read the account of an attempted bank robbery and answer the questions in English.

Next they listen to the recorded interviews and complete the details for each suspect.

Students then consider the details and decide who the two main suspects are and finally listen to the conclusion to find out who has been accused. (Luc Dupont and Monique Laroche)

Vol à la banque

Au commissariat

1 – Bon, votre nom, s'il vous plaît?
– Luc Dupont.
– Est-ce que vous êtes sorti, samedi soir?
– Oui, je suis allé au restaurant.
– Alors, vous êtes sorti vers quelle heure?
– Vers sept heures, je crois.
– Et vous êtes allé dans quel restaurant?
– Euh ... 'Le Lapin Vert'.
– Et vous êtes resté là jusqu'à quand?
– Euh ... environ dix heures et demie. Oui, on a très bien mangé.
– Et ensuite, qu'est-ce que vous avez fait?
– Eh bien, ensuite, je suis rentré ... oui, vers onze heures.
– Alors, vous êtes sorti vers sept heures, vous êtes allé au restaurant 'Le Lapin Vert', vous êtes resté là jusqu'à dix heures et demie. Ensuite, vous êtes rentré vers onze heures. C'est bien ça?
– Oui, c'est ça.
– Merci, Monsieur Dupont.

2 – Bon, votre nom, s'il vous plaît?
– Monique Laroche.
– Est-ce que vous êtes sortie, samedi soir?
– Oui, je suis allée au cinéma.
– Alors, vous êtes sortie vers quelle heure?
– C'était juste avant huit heures.
– Et vous êtes allée dans quel cinéma?
– Au cinéma Gaumont, aux Champs-Elysées.
– Et qu'est-ce que vous avez vu comme film?
– 'Le monde des robots'.
– Alors ensuite?
– Eh bien, ensuite, je suis rentrée ... oui, vers onze heures et demie.
– Alors, vous êtes sortie vers huit heures, vous êtes allée au cinéma et vous êtes rentrée à onze heures et demie. C'est bien ça?
– Oui, c'est ça.
– Merci, Madame Laroche.

3 – Bon, votre nom, s'il vous plaît?
– Pierre Roland.
– Est-ce que vous êtes sorti, samedi soir?
– Oui, je suis allé au restaurant.
– Alors, vous êtes sorti vers quelle heure?
– Vers sept heures et demie, je crois.
– Et vous êtes allé dans quel restaurant?
– Euh ... 'Le Perroquet Rouge'.
– Et vous êtes resté là jusqu'à quand?
– Euh ... environ dix heures. Oui, on a très bien mangé.
– Et ensuite, qu'est-ce que vous avez fait?
– Je suis allé au cinéma.
– Où exactement?
– Au cinéma Gaumont, aux Champs-Elysées.
– Et qu'est-ce que vous avez vu comme film?
– 'Le monde des robots' ... oui, c'est très intéressant. Je m'intéresse beaucoup à ça.
– Et ensuite?
– Eh bien, ensuite, je suis rentré ... oui, vers une heure du matin.
– Alors, vous êtes sorti vers sept heures et demie, vous êtes allé au restaurant 'Le Perroquet Rouge', vous êtes resté là jusqu'à dix heures. Ensuite, vous êtes allé au cinéma et vous êtes rentré à une heure du matin. C'est bien ça?
– Oui, c'est ça.
– Merci, Monsieur Roland.

Vol à la banque: la conclusion

– Dans la camionnette, on a trouvé deux indices importants: le reçu du restaurant 'Le Lapin Vert' et aussi le billet du cinéma Gaumont. Personne n'est allé au restaurant et au cinéma ce soir-là, donc il est probable qu'il y a eu deux voleurs.
Le détective a téléphoné au cinéma Gaumont pour demander l'heure des séances du film 'Le monde des robots'. Il a découvert que la séance de 20h05 finissait à 22h05. Quand on a posé des questions au garçon de café au Lapin Vert, il a dit qu'en sortant du restaurant, Luc Dupont est monté dans une camionnette, conduite par une jeune femme. Selon la description, c'était Monique Laroche. C'est pourquoi Luc Dupont et Monique Laroche ont été accusés du délit.

SB 36, 1/31 **LISTENING**

3 Un bon week-end

Students should read the list of questions, then listen to the recorded conversation and note down which questions are asked. The recording also gives an example of the sort of conversation that students should make up when they do the pair-work activity, *Le week-end dernier.*

Solution: **1, 3, 6, 7, 8, 10**

Un bon week-end

- Tu as passé un bon week-end?
- Oui. Je suis allé à Lyon.
- Ah bon. Et comment as-tu voyagé?
- En voiture.
- Et où as-tu logé?
- À l'auberge de jeunesse.
- Qu'est-ce que tu as fait à Lyon?
- J'ai joué au tennis dans un tournoi. J'ai joué dans quatre matchs et j'en ai gagné deux.
- Oui, c'est pas mal, ça. Est-ce que tu es sorti le soir?
- Oui, je suis allé en discothèque.
- Tu es rentré à quelle heure, dimanche?
- Je suis rentré à la maison dans l'après-midi, vers seize heures.

SB 36, 1/31 **PRACTICE**

4 Le week-end de Mathieu

Students should complete the résumé of Mathieu's weekend and listen again to check their answers.

Solution: **1** *Lyon*, **2** *tennis*, **3** *en voiture*, **4** *à l'auberge de jeunesse*, **5** *quatre*, **6** *deux*, **7** *en discothèque*, **8** *seize*

SB 36 **GRAMMAR**

Dossier-langue
Questions in the perfect tense

This summarises the different ways in which questions can be asked in the perfect tense.

SB 36 AND SB 239,  **SPEAKING**

5 Le week-end dernier

In pairs, students practise talking about the weekend, as detailed in their books. For a simpler task, use cues 1–3 only. Able students can write their own cues for a similar conversation, if preferred.

SB 36, **WRITING**

Dossier personnel

Students write a brief description (real or imaginary) of an interesting day or weekend. They could do this using a computer.

CM 2/6 **PRACTICE**

Accident de rivière

This short story provides graded practice in using a mixture of verbs that take *avoir* and *être*. Task A provides practice in choosing the correct auxiliary verb; task B in using the correct past participle, and task C in using the correct form of the perfect tense.

Solution:

1 **1** *est*, **2** *sommes*, **3** *a*, **4** *a*, **5** *ai*, **6** *ai*, **7** *ai*, **8** *sommes*

2 **1** *arrivés*, **2** *pris*, **3** *crié*, **4** *pensé*, **5** *joué*, **6** *mangé*, **7** *mangé*, **8** *eu*, **9** *commencé*, **10** *pu*

3 **1** *j'ai entendu*, **2** *Il est tombé*, **3** *Je n'ai pas fait*, *j'ai continué*, **4** *Deux pêcheurs sont arrivés*, **5** *Ils ont sauté*, **6** *Claude est sorti*, **7** *Les deux pêcheurs sont repartis*, **8** *Claude est revenu*, *il a dit*, **9** *nous sommes rentrés*, **10** *Claude est parti*

EXAMINATION GRAMMAR IN ACTION, PAGES 23–25

Using the perfect tense (with *avoir* and *être*)

This provides further practice of the perfect tense, if needed.

AU CHOIX SB 212, 1/32 **GENERAL LISTENING**

3 On parle du week-end dernier

In this unscripted recording, two teenagers, Céline and Juliette, talk about what they did last weekend. When they have listened to it, students should match up the two halves of the sentences to give a short account of each girl's weekend.

Solution: **1**f **2**d **3**a **4**g **5**b **6**e **7**c

On parle du week-end dernier

- Alors moi, mon week-end dernier, ben, il s'est passé de cette façon. Le samedi matin, j'ai fait mes devoirs, comme d'habitude. À midi, on est allé manger dans un petit self, pas loin de chez moi. L'après-midi, je suis allée en ville, je suis allée voir un film avec des amis et le soir, ben, je me suis préparée pour aller en boîte. Euh ... à onze heures, on y est allé, on a dansé, on a rencontré des nouvelles personnes jusqu'à quatre heures du matin. Puis là, je suis revenue chez moi, exténuée. Je me suis mise au lit et me suis endormie tout de suite. Le lendemain matin, je me suis réveillée à une heure et demie, enfin c'était plutôt l'après-midi, et puis, ben, j'ai traîné toute la journée sans rien faire.

- Euh ... samedi, j'ai dû me lever pour ... euh ... pour faire mes devoirs, parce que j'étais obligée et puis ... euh ... l'après-midi, avec ma sœur, nous sommes allées au cinéma ... euh ... où on a vu comme film Highlander 3. Euh ... c'était pas mal, mais par rapport au premier Highlander, c'était moins bien. Euh ... par contre, le dimanche, j'ai passé l'après-midi chez, chez une amie pour ... euh ... pour prendre des nouvelles d'une copine qui ... euh ... qui s'est fait opérer récemment, mais qui est peut-être gravement malade.

Area 5
Non, non et non!
Understanding and using negative expressions (*ne ... pas/plus/jamais/rien/personne*)

SB 37–39 1–7
Au choix SB 213 1
CM 2/9
CD 1/33–2/1
Examination Grammar in Action, pages 26 and 27

SB 37 PRESENTATION

1 Ça ne va pas!

This presents examples of the most common negative expressions. Students match up the answers with the questions.

Solution: 1G 2B 3E 4F 5C 6A 7D

SB 37 GRAMMAR

Dossier-langue
Negative expressions

Ask students for different examples of negative expressions and write these on the board. They can then read the explanation.

SB 37, 1/33 LISTENING

2 Au téléphone

Students listen to the telephone conversation and then match up the reasons with the questions.

Solution: 1e 2c 3d 4b 5a

Au téléphone

– Allô.
– Bonjour Claudine, c'est tante Marie à l'appareil. Comment ça va?
– Bonjour. Ça va, merci.
– Tu passes de bonnes vacances?
– Bof! On ne fait pas grand-chose.
– Non? Tu ne t'amuses pas bien?
– Non, franchement non.
– Qu'est-ce que tu as fait hier?
– Bof! Rien de spécial.
– Tu n'as pas joué au tennis?
– Non, je n'aime plus le tennis.
– Alors, tu es allée à la piscine, peut-être?
– Non, je ne vais jamais à la piscine pendant les vacances. Il y a trop de monde.
– Tu n'as pas vu tes amis?
– Non, je n'ai vu personne: tout le monde est parti en vacances, sauf moi.
– Pourquoi n'es-tu pas allée en ville, alors?
– Je ne voulais pas. Il ne faisait pas beau.
– Alors, ma pauvre, si tu t'ennuies à la maison, pourquoi pas venir chez moi et passer quelques jours à la campagne? Ça t'intéresse?
– Oui, pourquoi pas?

SB 38 PRACTICE

3 Le repas du soir

Students select *plus*, *rien* or *personne* to complete the conversation.

Solution: **1** *Non, je n'ai presque rien fait.* **2** *Non, il n'y avait personne au bureau.* **3** *Non, il n'y avait plus de pain au supermarché.* **4** *Merci, je n'en veux plus.* **5** *Je n'ai rien fait de spécial.* **6** *il n'y avait personne à la maison.* **7** *Désolé, il n'en reste plus.* **8** *ça ne fait rien*

SB 38 PRACTICE

4 Ça veut dire quoi?

Check that students understand the meaning of the sentences first. Then get them to decide which of the two sentences that follow is closest in meaning.

Solution: 1a 2a 3b 4a 5a 6b

SB 38 VOCABULARY

Lexique: Negative expressions

Able students could perhaps make up conversations and/or cartoons using some of the negative expressions listed.

SB 39 and SB 239, SPEAKING

5 Des provisions pour un pique-nique

In this pair-work task, one partner has details of items needed for a picnic and the other of what there is in the pantry. As a result of questions and answers (using *il n'y en a plus*), both students should list the items needed.

Solution: *du fromage, des poires, des bananes, des tomates, des oranges, du pain, du jambon, des pommes*

SB 39, 2/1 LISTENING READING

6 On arrive à Marne-la-Vallée

When students have listened to the conversation between Jean-Pierre and Madame Bertrand, check that they have understood the main points with a few *vrai ou faux* statements, e.g.

– *Jean-Pierre va travailler au parc Astérix.*
– *Il vient d'arriver chez Madame Bertrand.*
– *Il n'a jamais mangé d'asperges.*
– *Il n'a pas encore visité Disneyland Paris.*
– *Madame Bertrand adore les parcs d'attractions.*
– *Jean-Pierre connaît déjà des personnes qui travaillent au parc.*
– *Il a renversé son verre.*
– *Il ne boit pas de café le soir.*

They then read the sentences and choose the phrase that most appropriately follows each one. They could check their answers by listening to the recording again.

Solution: 1e 2c 3f 4g 5b 6a 7h 8i 9d

On arrive à Marne-la-Vallée

– Bonjour, Jean-Pierre. Entrez, entrez.
– Bonjour, Madame.
– Voici votre chambre. Je vous laisse vous installer. On va manger tout de suite. Ça va?
– Oui, ça va.
– Bon, on va manger maintenant. Comme hors-d'œuvre, il y a des asperges.
– Ah ça, je n'en ai jamais mangé.
– Vous ne connaissez pas ça? Mais c'est très bon. Vous allez voir.
– Oui, c'est délicieux.
– Alors, vous commencez votre travail demain, non?
– Oui.
– Vous avez déjà visité le parc?
– Non, pas encore. Et vous? Vous aimez les parcs d'attraction?
– Ah, non. Les parcs d'attractions, ça ne me dit rien. Je n'aime pas beaucoup ce genre de choses. Prenez encore des légumes, si vous voulez.
– Merci. C'était très bon, mais je n'en veux plus.
– Et vous connaissez déjà des gens qui travaillent au parc?
– Non, je ne connais personne.
– Et la ville de Paris? Vous la connaissez un peu?
– Non, pas du tout. Je n'y suis jamais allé .... mais j'ai l'intention d'y aller pendant mes jours de congé.
– Ah oui. Il faut. C'est une très belle ville.
– Oh, excusez-moi. J'ai renversé mon verre.
– Ne vous inquiétez pas, ce n'est pas grave. Vous prenez un café?
– Non merci. Je ne bois pas de café le soir. Bon, je vous remercie, Madame. J'ai très bien mangé.
– Il n'y a pas de quoi.

SB 39,

7 Des questions

Students could practise this task in pairs. It involves answering questions without using *oui* or *non*. Able students could make up more questions.

AU CHOIX SB 213 — **EXTENSION READING**

1 C'est impossible!

Students read a pair of negative sentences and decide whether they are possible or impossible.

Solution: **1** ✗ **2** ✓ **3** ✗ **4** ✓ **5** ✗ **6** ✗ **7** ✓ **8** ✗

CM 2/9

L'esprit négatif — GRAMMAR

This worksheet provides material for teaching and practising some additional negative expressions for optional use later in the unit or in the course. See TB 61.

EXAMINATION GRAMMAR IN ACTION, PAGES 26–27

Using the negative (in present and perfect tense)

This provides further practice of negatives, if required.

Area 6
À la campagne
Giving, seeking and explaining views and opinions about living in the countryside

SB 40–41 1–4
Au choix SB 213 2
CM 2/7
CD 2/2–2/4

SB 40 — **READING**

1 La ville et la campagne

These letters to a fictitious teenage magazine provide the starting point for a discussion about the pros and cons of living in the country and present some useful language for expressing opinions. For differentiation, students can do one or all of the tasks depending on ability.

a Corrigez les erreurs
Students just work on one or two of the letters (those of François or Nicole) and correct incorrect statements based on the factual content of each letter.

Solution:

François
1 *Il habite dans une ferme, près de* ***Poitiers****.*
2 *Il est assez content de vivre* ***à la campagne****.*
3 *Dans sa ferme, il y a* ***des chèvres, des lapins, des poules, des canards*** *et des cochons.*
4 *Il trouve que les gens sont plus pressés* ***en ville****.*
5 *La vie est plus* ***détendue*** *à la campagne.*

Nicole
1 *On peut se baigner* ***dans la rivière****.*
2 *On peut* ***aller à la pêche, faire des randonnées et faire un pique-nique dans les champs****.*
3 *En été, Nicole aide à cueillir* ***des fruits****.*
4 *Elle aime circuler* ***en mobylette./Elle n'aime pas circuler en métro.***
5 *Elle se sent plus libre* ***à la campagne****.*

b Qui pense ça?
More able students could read all the letters and do this composite task, which focuses on some of the key language for expressing opinions on this topic.

Solution: **1** *Marie-Claire, Luc,* **2** *Marie-Claire,* **3** *Luc,* **4** *Nicole,* **5** *François,* **6** *Luc,* **7** *Luc,* **8** *Luc,* **9** *Luc,* **10** *Nicole*

c Inventez un titre
Students could choose a phrase from each letter to serve as a title, or think of something original. Possible titles could be suggested by the class and written on the board for students to choose from, e.g.

- *C'est plus détendu à la campagne*
- *La vie est sympa à la campagne*
- *Je m'ennuie à la campagne*
- *Moi, je suis pour la ville*
- *En ville, trop de pollution*
- *Rien à faire à la campagne*

Some oral work could be based on the content of all the letters using questions such as:

- *Qui est pour la vie à la campagne?*
- *Qui préfère la vie en ville?*
- *Quels sont les avantages de la vie à la campagne?*
- *Quels sont les inconvénients?*

SB 41, 2/2, **LISTENING READING**

2 Pour ou contre la vie à la campagne?

Students first look at the list of arguments and sort them into positive and negative views about the countryside. This could also be done as a 'drag and drop' exercise on the computer.

Solution: **positive views** 2, 4, 5, 6, 8
negative views 1, 3, 7, 9, 10

Students then listen to the discussion and look at the arguments given, noting which are used in the recording.

Solution: **2, 3, 4, 6, 8**

Pour ou contre la vie à la campagne?

– Aujourd'hui, nous allons discuter un peu de la vie à la campagne et de la vie en ville. Dans le studio, j'ai trois invités qui habitent à la campagne, mais qui viennent de passer quelques jours à Paris. Je vais leur demander de se présenter.
– Moi, je m'appelle Marc André et j'habite dans une ferme, pas loin de Poitiers.
– Eh bien, moi, je suis Lucie Perrec. J'habite en Bretagne, dans un village.
– Et moi, je suis Louis Granel. J'habite à Hermeville, c'est un petit village, près du Havre, en Normandie.
– Alors vous habitez tous à la campagne, mais vous venez de passer quelques jours à Paris. Alors qu'est-ce que vous préférez, la vie en ville ou la vie à la campagne? À toi, Louis.
– Moi, j'aime bien le style de vie à la campagne. La vie est plus calme et on se relaxe. Ici, à Paris, les gens sont toujours pressés. La vie est plus frénétique, plus stressée. Mais à la campagne, les gens ont le temps de se connaître. Et quand quelqu'un a un problème, on vient l'aider. Il y a une certaine solidarité et pour moi, ça c'est important.
– Et toi, Lucie?
– Moi aussi, je suis mieux adaptée à la vie à la campagne. Il n'y a pas beaucoup de distractions, ça, c'est vrai. Dans mon village, il n'y a que quelques magasins, un café et une église. Mais on s'amuse quand même. On peut faire du sport. Moi, j'aime sortir avec mes copains. On va au café. On discute. Quelquefois, on organise des sorties ensemble. C'est sympa. À Paris, c'est très fatigant. Ce que je n'aime pas, c'est la circulation et la foule. Et malgré tous les gens, on peut se sentir un peu isolé en ville. À la campagne aussi, il y a moins de danger: on n'a pas peur d'être attaqué, par exemple.
– Et pour finir, à toi, Marc. Toi aussi, tu préfères la vie à la campagne?
– Oui et non. La campagne, c'est vrai, ça a des avantages. Il y a moins de bruit, moins de pollution, mais c'est un peu trop calme pour moi. À Paris, il y a toujours quelque chose d'intéressant à faire: des films au cinéma, des expositions, des concerts, des magasins, on n'a jamais le temps de s'ennuyer.
– Bon, merci à tous, et maintenant, à vous de continuer la discussion.

SB 41 **READING**

3 La vie en ville

Students complete sentences about the pros and cons of living in a city, in preparation for a discussion on this topic.

Solution: **1** *beaucoup*, **2** *dangereux*, **3** *différents*, **4** *trop*, **5** *bruit*, **6** *assez*

SB 41, **SPEAKING**

4 La ville et la campagne

Students work in pairs or small groups to make positive or negative statements about life in the town or country, using the language presented in *Activité 1* (SB 40) and in *Activité 3*.

SB 41, **WRITING**

Dossier personnel

Students write a few sentences about their experience (if any) and/or views of life in the country. A quick poll could be taken in class to see who prefers life in the country and who prefers life in a town or city. Some students could write a letter on this theme. This task could be carried out on a computer, possibly incorporating images downloaded from the Internet or clipart from CD-ROMs.

SB 41 **VOCABULARY**

Lexique: À la campagne

This lists vocabulary linked to the countryside and farm animals. For ideas to practise this, see TB 17–18.

CM 2/7, 2/3 **LISTENING VOCABULARY PRACTICE**

La vie à la campagne

This consists of vocabulary practice and listening tasks linked to *On parle de la campagne*.

1 Jeu des définitions: les animaux de la ferme

Solution: **1D** *un mouton*, **2C** *une vache*, **3F** *une chèvre*, **4E** *un cheval*, **5B** *un cochon*, **6H** *une poule*, **7A** *un canard*

2 Un acrostiche

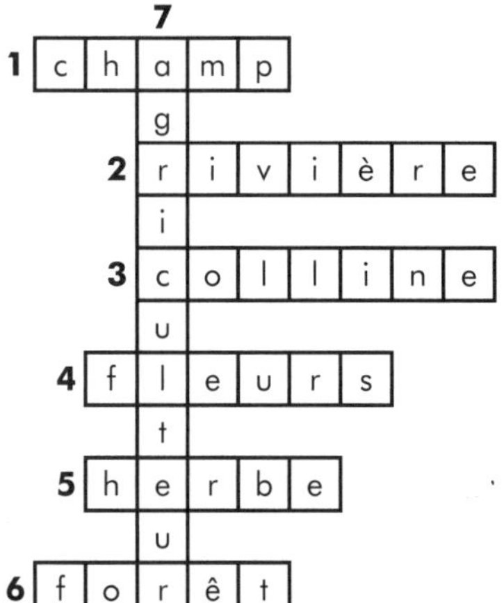

3 On parle de la campagne

This can be used in two sections. Students first listen to Thomas and Céline and complete the sentences.

A Solution: **1** *grands-parents,* **2** *calme, forêt,* **3** *beau,* **4** *cheval*

They then listen to Hélène and Damien and answer the questions in English.

B Solution: **1** because her mother works, **2** in the fields/on the farm, **3** She stays at home. **4** He picks vegetables and fruit and sometimes goes hunting. **5** in the town, **6 a** there are shops, cinema, lots of young people, **b** there are animals, **7** to live in a small village, near a town

On parle de la campagne

– Euh ... je voulais savoir, est-ce que tu aimerais aller à la campagne?
– Ben, en fait j'y suis déjà allée. J'y ai passé beaucoup de mon enfance là-bas, car mes grands-parents y habitent.
– Et tu aimerais y vivre?
– Oh, ça me dérangerait pas. J'aime bien le calme, faire de grandes promenades en forêt, et puis, y a pas toujours les voisins pour regarder ce que tu fais ... euh ...
– Tu préfères pas les endroits où il y a de l'animation?
– Oh, j'aime bien, mais modérément. En plus ... euh ... je trouve ça beau, c'est naturel.
– Tu aimes marcher?
– Oui, j'aime bien marcher, ou même faire des randonnées à cheval, en VTT.

– Hélène, es-tu déjà allée à la campagne?
– Oui, j'y vais toutes les vacances parce que ma mère travaille. Je vais chez mes grands-parents. Mais mes grands-parents, ils tenaient un magasin, mais par contre mon oncle, il travaillait dans les champs, alors on l'aide dans les tracteurs, on les nettoie, on va chercher les pierres dans les champs. C'est bien, quoi, mais comme il y a trois gars et puis moi, je suis la seule fille, les trois gars y vont et puis moi, je reste à la maison. C'est pas génial. Et toi?
– Oui, ben moi, c'est pareil, mes grands-parents vivent à la campagne, alors je ramasse les légumes, les fruits, de temps en temps, je vais même chasser.
– Damien, tu préfères vivre à la ville ou à la campagne, toi?
– Je préfère vivre à la ville, car la ville, il y a des magasins, le cinéma, et il y a beaucoup de jeunes aussi. Mais d'un autre côté, la campagne, c'est mieux, car il y a le grand air, il y a des animaux et tout ça. Et toi, aimerais-tu y vivre?
– Moi, je préfère quand même vivre à la ville, même si vivre à la campagne a des avantages. Les petits peuvent mieux jouer sans risquer de se faire écraser, mais la ville, c'est quand même plus animée. En fait, le mieux, ce serait de vivre tout près d'une ville, en étant dans un petit village quand même, ce serait bien.

Au choix SB 213, 2/4 — **EXTENSION LISTENING**

2 La vie d'un vétérinaire

Students listen to the recording and answer the questions in French.

Solution: **1** *à neuf heures,* **2** *des chiens et des chats,* **3** *il fait des visites,* **4** *dans les champs et dans les étables,* **5** *en hiver,* **6** *une vache,* **7** *c'est un métier passionnant*

La vie d'un vétérinaire

– Frédéric Tiano est vétérinaire à Bernay en Normandie. Il nous parle de son métier. Votre travail, en quoi consiste-t-il? Pouvez-vous nous raconter une journée typique?
– Oui, bien sûr. Ma journée de travail commence à neuf heures. De neuf heures à dix heures, je reçois des animaux dans mon cabinet. Ce sont surtout des chiens et des chats. Euh ... ils ont besoin d'une piqûre ou bien d'un examen médical. Puis, après dix heures, je fais mes visites, je ... je vais de ferme en ferme. Je passe la plus grande partie de la journée dans les champs et dans les étables. Quelquefois, il faut traiter une vache qui a une infection, ou bien, il faut faire une piqûre à un cheval.
– Est-ce que le travail varie suivant les saisons?
– Oui, beaucoup. En hiver, j'ai beaucoup plus de travail. Les animaux souffrent du froid et de l'humidité. Au printemps aussi, on a beaucoup de travail. Il faut être disponible jour et nuit, même au milieu de la nuit. En été, c'est plus calme.
– Est-ce que vous avez jamais été attaqué par un animal?
– Oui, une fois. C'était il y a dix ans, quand je travaillais comme aide-vétérinaire. Une vache m'a donné un coup de sabot dans les côtes. Ça m'a fait mal, mais ce n'était pas grave.
– Et finalement, êtes-vous content d'être vétérinaire?
– Ah oui, énormément. J'aime beaucoup les animaux et j'aime bien vivre à la campagne, alors pour moi, c'est vraiment un métier passionnant.

SB 41 — **WRITING**

5 La campagne et l'environnement

Students make up sentences stating what people should or should not do in order to protect the countryside.

Area 7
Le logement
Exchanging information about accommodation (type of housing, location, rooms, etc.)

SB 42–43 1–7
CM 2/8
CD 2/5–2/7

SB 42 — **READING**

1 Les petites annonces

After students have looked through the small ads, check that they understand the abbreviations used, e.g.

– *Quand on écrit une petite annonce, on raccourcit souvent des mots, par exemple au lieu d'écrire 'quartier', on écrit 'quart'. Voilà des mots qu'on a raccourcis. Quels sont les mots complets?*
– *Rés. (Résidence)*
– *cuis (cuisine)*

- *pkg (parking)*
- *ét (étage)*
- *asc (ascenseur)*
- *comp. (compris)*

Then they can complete the task, which involves matching clients to suitable accommodation.

Solution: **1**C **2**A **3**D **4**E **5**G **6**B

Immobilier 

Many websites now carry ads for accommodation to rent or buy. Some of these are federations of agents and *notaires* (e.g. Sitimmo, FNAIM) so there is considerable scope for different students to carry out different research tasks. These could be created through adapting a basic request such as:

OAP/family of four/single person seeking flat/house to rent/buy. Must have CH and 2/3/4 bedrooms. Location – specify any *département*.

Students must then find an ad plus picture and give a brief report on what is good/bad. Video ads are now appearing and www.tf1.fr has a daily guide to finding a *logement*.

CM 2/8, 2/5 LISTENING

À la maison VOCABULARY PRACTICE

This consists of a grid for the listening item, Loco-service, and some vocabulary tasks.

1 Loco-service

Students should listen to the conversations several times in order to complete the details on the worksheet.

Solution:

nom du propriétaire	numéro de téléphone	Détails de l'appartement à louer							
		nombre de pièces	étage	cuisine	salle de bains	garage	meublé (m) ou vide (v)	loyer	+ charges
1 *Moreau*	*04 78 47 08 23*	*3*	*rdc*	✓	✓	✗	*v*	*700 euros*	*compris*
2 *Duval*	*04 78 57 23 15*	*2*	*6é*	✓	✓	✓	*m*	*500 euros*	*à payer*

2 5-4-3-2-1

Solution:

5 meubles: *une armoire, un bureau, un canapé, un fauteuil, un lit*
4 choses qu'on trouve dans la salle de bains: *une baignoire, une douche, un lavabo, des robinets*
3 choses qu'on trouve dans un immeuble: *un ascenseur, un escalier, une porte*
2 choses qu'on trouve dans le jardin: *des fleurs, une pelouse*
1 chose qu'on trouve par terre: *la moquette*

3 Ça commence avec 'c'

Students have to find one or more item in each category that begins with 'c'.

Solution: **1** *une chambre, la cuisine,* **2** *une chaise, un canapé,* **3** *une cuisinière,* **4** *une cuillère,* **5** *un chat, un chien,* **6** *un cochon,* **7** *une colline, un champ,* **8** *le Canada, la Chine*

4 Un acrostiche

Students write the correct word for each picture to complete the acrostic.

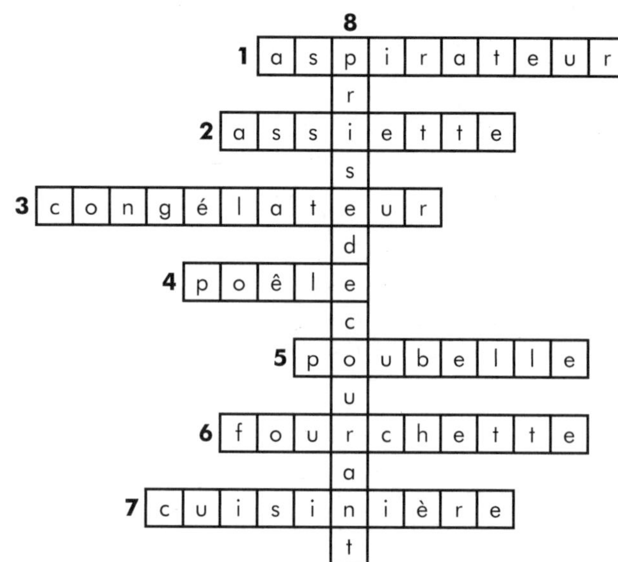

5 Jeu des définitions

Students find the correct written definition for each picture.

Solution: **A**2 **B**7 **C**3 **D**1 **E**5 **F**8 **G**6 **H**4

Loco-service

1 – Allô, Loco-service, je vous écoute.
– Bonjour, Monsieur. J'ai vu votre petite annonce dans le journal et je vous téléphone parce que j'ai un appartement à louer.
– Très bien, Monsieur. Quel est votre nom, s'il vous plaît?
– Moreau.
– Comment ça s'écrit?
– M–O–R–E–A–U.
– Et votre numéro de téléphone?
– 04 78 47 08 23.
– Et l'appartement se trouve où?
– 19, rue Gallimard à Lyon.
– Oui, pouvez-vous me donner quelques détails?
– Oui. Eh bien, il y a trois pièces, disons deux chambres et une salle de séjour, puis une cuisine et une salle de bains.
– C'est meublé?
– Non, c'est vide, sauf une cuisinière électrique dans la cuisine.
– D'accord. C'est à quel étage?
– Au rez-de-chaussée.
– Est-ce qu'il y a un jardin ou un garage?
– Non.
– Et comme loyer, qu'est-ce que vous proposez?
– 700 euros, charges comprises
– Très bien, Monsieur. J'ai tout noté. Je vais vous relire les détails pour vérifier. Alors, c'est un appartement à louer, trois pièces, cuisine et salle de bains, vide mais avec cuisinière électrique, au rez-de-chaussée, et le loyer est de 700 euros, charges comprises. Il est libre tout de suite, Monsieur?
– Oui oui, l'appartement est libre.
– Parfait! Merci bien, Monsieur. On va afficher les détails dans notre bureau et les personnes intéressées prendront contact directement avec vous.
– Bon, merci, Monsieur. Au revoir.
– Au revoir, Monsieur.

2 – Allô, Loco-service.
– Bonjour, Monsieur. J'ai un appartement à louer.
– Un moment, s'il vous plaît. Bon. Votre nom, s'il vous plaît, Madame?
– Duval.
– Comment ça s'écrit?
– D–U–V–A–L.
– Et votre numéro de téléphone?
– Le 04 78 57 23 15.
– Et qu'est-ce que vous avez comme appartement?
– Eh bien, c'est un appartement avec deux pièces, une chambre et une salle de séjour ... et cuisine et salle de bains aussi, bien sûr.
– C'est meublé ou vide?
– C'est meublé.
– Et c'est à quel étage?
– C'est au sixième étage, mais il y a un ascenseur dans l'immeuble.
– Bon. Est-ce qu'il y a un garage?
– Oui, il y a un garage au sous-sol.
– Et le loyer, c'est combien?
– C'est 500 euros, plus les charges.
– Bon. Alors, je vais vous relire les détails. C'est un appartement à louer, deux pièces avec cuisine et salle de bains, meublé, au sixième étage, et le loyer est de 500 euros plus les charges.
– Oui, c'est ça.
– Merci, Madame. Au revoir.

SB 42, 2/6 **LISTENING READING**

2 On cherche un studio

a Students read the advert, then listen to the telephone conversation. A few oral questions could be asked to check that the main information has been understood.

b Students then read the note and correct the mistakes from memory, then they could listen again to check.

Solution: *Une dame a téléphoné. Elle a un grand studio meublé avec coin cuisine et **salle de bains**. C'est au 6, rue Saint-**Paul**, dans le vieux Lyon. C'est au **premier** étage d'une vieille maison. Il y a le chauffage individuel **au gaz**.*
*Le loyer, charges comprises, est de **680 euros**. On peut le voir **ce soir** après 19 heures.*

On cherche un studio

– Allô, ici Élodie Bayard.
– Bonjour, Madame. C'est à propos de la petite annonce que vous avez mise dans le journal. Vous cherchez un studio, n'est-ce pas?
– Ah oui, c'est ça. Vous avez quelque chose?
– Oui, peut-être. J'ai un grand studio à louer avec coin cuisine et salle de bains à côté.
– C'est meublé?
– Oui, c'est meublé. Et le loyer, charges comprises, est de 680 euros.
– Ah bon. Et c'est où exactement?
– Dans le vieux Lyon, rue Saint-Paul.
– C'est dans une vieille maison alors?
– Oui.
– C'est à quel étage?
– Au premier.
– C'est bien chauffé?
– Oui, il y a le chauffage individuel au gaz. Ça vous intéresse?
– Ah oui. Quand est-ce qu'on peut le voir?
– Ce soir, après dix-neuf heures.
– D'accord. Quelle est l'adresse exacte, s'il vous plaît?
– C'est 6, rue Saint-Paul.
– Et votre nom?
– Martin.
– Merci, Madame Martin. À ce soir.
– Au revoir, Madame.

SB 42 **PRACTICE**

3 Des questions utiles

Students match up two parts of a question.

Solution: **1**b **2**d **3**g **4**e **5**f **6**a **7**c

SB 42 AND SB 239,  **SPEAKING**

4 Studio à louer

This pair-work task is more suitable for able students. Students make up a conversation, using some of the questions from the previous activity, in order to find out details of the accommodation and to arrange a time to view it.

SB 43 **VOCABULARY**

Lexique: Le logement

This lists vocabulary on the topic of accommodation. See TB 17–18 for ideas for games to practise vocabulary.

SB 43, 2/7 **LISTENING READING**

5 Une maison, un appartement

Students listen to the recording and note down the missing words to complete the text. The words are not listed but could be written on the board in jumbled order if required.

Solution: **a** **1** *mère*, **2** *maison*, **3** *petite*, **4** *moderne*, **5** *cuisine*, **6** *premier*, **7** *bains*, **8** *jardin*, **9** *station*, **10** *centre-ville*

b **1** *grand*, **2** *centre-ville*, **3** *vue*, **4** *chambres*, **5** *salon*, **6** *chauffage*, **7** *sous-sol*, **8** *gymnase*, **9** *piscine*, **10** *toit*

Une maison à Londres

Une maison à Londres
Ma correspondante anglaise habite avec sa mère à Londres. J'aime bien sa maison. C'est une petite maison pas très moderne. Au rez-de-chaussée, il y a un salon et une cuisine. Au premier étage, il y a deux chambres et une salle de bains. Il n'y a pas de garage, mais il y a un petit jardin très joli. Ce qui est bien, c'est que la station de métro est tout près, donc on peut facilement aller au centre-ville.

Un appartement de rêve
Voici mon appartement idéal. C'est un grand appartement de luxe au centre-ville à New York. C'est au dixième étage, donc il y a une belle vue sur la ville. Il y a trois chambres et trois salles de bains. Il y a aussi un grand salon, un bureau avec un ordinateur, bien sûr, et une grande cuisine. Il y a le chauffage central et un système d'alarme, bien sûr. Au sous-sol de l'immeuble, il y a un gymnase et une piscine. Et sur le toit, il y a un joli jardin avec des tables et des chaises.

SB 43, — **SPEAKING**

6 À vous!

Working in pairs, students talk about a specific house or flat or imaginary ones.

Maison de rêve 

Students have a budget and must find their dream home or holiday home by browsing websites, e.g. Yahoo Immobilier. An illustrated text could be produced using word processing and with images copied and pasted from the Internet.

SB 43, — **WRITING**

Dossier personnel

Students write a few sentences to describe a house or flat.

SB 43 — **READING**

7 À la maison, pense à l'environnement

Students read the list of actions and group them as suggested.

Solution: **1** b, d, f, g **2** c, h **3** a, e

Area 8
À la maison
Giving and seeking information about house contents and features of the home
Using direct object pronouns
SB 44–45 1–5
Au choix SB 212 3
CD 2/8–2/9
Examination Grammar in Action, page 29

SB 44, 2/8 — **LISTENING READING**

1 Chez moi

Begin by asking a few questions about furniture and writing some vocabulary on the board, e.g.

- *Qu'est-ce que vous avez dans votre chambre, comme meubles?*
- *Et dans la salle à manger, qu'est-ce qu'il y a, normalement, comme meubles? etc.*

Students then listen to the recording and note down the missing words to complete the text. The words are not listed but could be written on the board in jumbled order if required.

Solution:
a **1** *premier*, **2** *blancs*, **3** *beige*, **4** *table*, **5** *chaises*, **6** *livres*
b **1** *grande*, **2** *jaunes*, **3** *verte*, **4** *placard*, **5** bureau, **6** *télévision*, **7** *films*, **8** *rangée*

Chez moi

a **La chambre de Daniel**
Ma chambre est au premier étage de la maison. Elle est assez grande. Les murs sont blancs et les rideaux sont bleu marine et, par terre, il y a de la moquette beige. Dans la chambre, il y a mon lit, une armoire, une grande table avec mon ordinateur et mon clavier électrique. Il y a aussi des chaises et une bibliothèque pour mes livres.

b **La chambre de Mélanie**
J'ai une chambre à moi toute seule. Elle est au rez-de-chaussée. Elle n'est pas très grande. Les murs et les rideaux sont jaunes et il y a de la moquette verte par terre. Comme meubles, il y a mon lit, un placard pour mes vêtements et un bureau où je mets toutes mes affaires. J'ai une chaîne-stéréo, mais je n'ai pas de télévision dans ma chambre. J'ai plein de posters aux murs, des posters de groupes et des films. J'aime bien ma chambre, mais elle n'est pas très bien rangée. C'est souvent la pagaille chez moi!

SB 44, — **SPEAKING**

2 À vous!

Students work in pairs to ask and answer questions about their room at home.

Au choix SB 212 — **GENERAL WRITING**

4 Le cambriolage

Students compare two pictures and make a list of the missing items.

Solution: *la télévision/le téléviseur, le magnétoscope, la chaîne hi-fi/la chaîne-stéréo, l'ordinateur, l'appareil-photo, le baladeur*

SB 44 — **VOCABULARY**

Lexique: Les meubles; Les ustensiles de cuisine

This lists vocabulary for furniture and kitchen utensils, which is needed for the tasks that follow.

SB 44, 2/9 — **LISTENING**

3 On fait l'inventaire

Check that students recognise and can name the items illustrated. Then they should listen to the conversation and note the letter by the correct item and the quantity.

Solution: Dx6, Ex8, Fx5, Ax7, Gx3, Bx5, Hx1, Ix2, Jx1, Cx4

On fait l'inventaire

– Bon, on va faire l'inventaire.
– D'accord, je vais noter si tout est là.
– D'abord – des couteaux. Il y a six couteaux.
– Oui, six couteaux.
– Ensuite, des fourchettes.
– Oui, combien de fourchettes?
– Huit fourchettes.
– Oui, j'ai noté huit fourchettes.
– Puis cinq cuillères.
– Cinq cuillères, oui.
– Ensuite des assiettes. Il y en a sept.
– Sept assiettes, oui.
– Alors, les bols – ah, il n'y a que trois bols.
– Seulement trois bols – bon j'ai noté ça.
– Puis des tasses et des soucoupes. Il y en a cinq.
– Alors, cinq tasses et soucoupes.
– Il y a une poêle.
– Une poêle.
– Et deux casseroles.
– Je note deux casseroles.
– Et il y a un tire-bouchon.
– Un tire-bouchon – oui.
– Et il y a des verres. Mais il n'y a que quatre verres.
– Alors, quatre verres seulement.
– Voilà, c'est tout.

SB 45 GRAMMAR

Dossier-langue
ne ... que

This short explanation of *ne ... que* gives some common examples of the expression in use.

SB 45 PRACTICE

4 Jeu des définitions

This provides further practice of household vocabulary and presents examples of the direct object pronouns *le, la, les.*

Solution: **1** *des assiettes,* **2** *un ouvre-boîtes,* **3** *une casserole,* **4** *des tasses,* **5** *un aspirateur,* **6** *une poêle*

SB 45 GRAMMAR

Dossier-langue
Direct object pronouns (*le, la, l', les*)

This explains the use of the direct object pronouns *le, la* and *les,* meaning it, him, her or them.

SB 45 AND SB 240,  SPEAKING

5 On déménage

In this pair-work task, one student has details of the furniture and the other a plan of a flat. They make up a conversation using *mets* + direct object pronouns.

EXAMINATION GRAMMAR IN ACTION, PAGE 29

Using direct object pronouns (*le, la, les*)

This gives practice, if required, of direct object pronouns.

Area 9
Notre planète
Exchanging information and opinions about environmental issues and measures taken to protect the environment

SB 46–47 1–4
Au choix SB 213 2–5
CD 2/10–2/11

SB 46, 2/10 LISTENING SPEAKING

1 Notre environnement

First, read out the list of actions, then play the recording and pause it while students note down the actions taken by each speaker.

This could be followed by a class discussion on the subject. Students should list the actions that they take themselves and pool the results to see how active the class is in protecting the environment.

Solution: **Dominique** a, c **Isabelle** a, b **Philippe** b, d **Marie-Claire** h, g

Notre environnement

– Nous allons parler un peu de la protection de l'environnement et de ce qu'on fait, chacun d'entre nous. Dominique, est-ce que tu fais un effort pour la protection de l'environnement?
– Oui, ça m'arrive. Je ne jette rien par terre et ... euh ... j'essaie de ne pas gaspiller d'énergie. Voilà, c'est ça.
– Et toi, Isabelle?
– Moi aussi, j'essaie de ne pas jeter n'importe quoi par terre, et puis ... euh ... je fais du recyclage à la maison. Ici, il y a un système de boîtes ... de cloches, de cloches vertes où on met des choses recyclables, c'est à dire le verre, le papier journal, le plastique et ... et les ... les cannettes en métal.
– Et toi, Philippe, tu fais quelque chose pour protéger l'environnement?
– Oui, je trouve que c'est très important, tout ça. Alors, moi, je fais du recyclage aussi et ... euh ... quand je fais des achats, par exemple, si je vais au supermarché, eh bien, j'apporte mon propre sac avec moi. Comme ça, je ne consomme pas trop de sacs en plastique.
– Et toi, Marie-Claire, est-ce que tu fais quelque chose d'autre?
– Alors, moi, si j'ai des vêtements qui ne sont plus à la mode et que je ne porte plus, je les donne à la croix rouge. Les vêtements peuvent toujours être utiles à quelqu'un d'autre. Et puis ... quoi encore? Ah oui, quand j'achète des produits, par exemple du papier à lettres, j'essaie de les acheter faits à partir des matières recyclées.

SB 46 VOCABULARY

Lexique: L'environnement

This lists vocabulary linked to the environment.

SB 46, **READING**

2 Triez vos déchets

a When students have read the leaflet, ask a few questions orally, e.g.

Qu'est-ce qu'on peut recycler? Les journaux, les bouteilles en plastique et en verre, etc.
Il y a certaines choses qu'on ne peut pas recycler en ce moment, par exemple?
La vaisselle, les pots de fleurs, etc.

b Then students can work in pairs to say which bin should be used for each item, using direct object pronouns in their answers.

Solution: **1** *bac jaune,* **2** *bac bleu,* **3** *bac jaune,* **4** *bac blanc,* **5** *bac vert (les pots de fleurs ne peuvent pas être recyclés),* **6** *bac jaune,* **7** *bac bleu,* **8** *Tu jettes les sacs en papier dans le bac jaune, mais les sacs en plastique dans le bac vert.*

SB 47 **READING**

3 Que fait-on avec les matières récupérées?

Students identify items that can be made from recycled products.

Solution:

1 *Avec le papier journal on fait des cartons d'œufs (B) et des magazines (L). Avec le papier de meilleure qualité, on fait des mouchoirs en papier (C), du papier hygiénique (I), des cartes de vœux (M) et du papier à lettres (N).*
2 *Avec le verre, on fait des bocaux (E) et des bouteilles (G).*
3 *Avec le plastique, on fait des chaises de jardin (A), des tasses en polystyrène (F) et des sacs en plastique (K).*
4 *Avec le métal, on fait des clous (D), du fil de fer (H) et des canettes (J).*

Au choix SB 213 **EXTENSION READING**

3 Quatre gestes pour l'environnement

Students read the leaflet and choose the correct words to complete the text.

Solution: **1** *déchets,* **2** *voitures,* **3** *gens,* **4** *spectacle,* **5** *protéger,* **6** *espèce,* **7** *route,* **8** *toit,* **9** *interdites,* **10** *recyclé*

Au choix SB 213 **EXTENSION WRITING/SPEAKING**

4 L'environnement: une responsabilité de tous

Students list appropriate actions that can be taken by individuals, groups and local councils.

SB 47, 240 2/11 **READING LISTENING**

4 Un jeu sur l'environnement

Students complete the quiz and then listen to the recording to check their answers.

Solution: **1**b **2**c **3**c **4**b **5**b **6**b

The solution is also on SB 240.

Un jeu sur l'environnement

– Bonjour et bienvenue à notre émission sur l'environnement. Ce soir, nous allons faire un jeu. Il faut choisir la bonne réponse à chaque question. Bon, commençons.
– Première question: avec une tonne de papier journal recyclé, on sauve combien d'arbres? a) 10, b) 17, c) 21.
– La réponse correcte est b – on sauve dix-sept arbres. Alors, n'oubliez pas de recycler tous vos journaux et magazines.
– Question deux: quelquefois, on appelle la Terre, la planète bleue. Quelle est la superficie de la surface de la Terre recouverte d'océans? a) 30%, b) 50%, c) 70%.
– La bonne réponse est c – 70% de la surface de la Terre est recouverte d'océans.
– Troisième question: l'eau est une ressource essentielle pour la vie. En Europe, on utilise environ 150 litres d'eau par personne par jour; comparativement, on en utilise combien en Inde? a) 100 litres, b) 50 litres, c) 25 litres.
– La réponse correcte est c – vingt-cinq litres seulement.
– Question quatre: en Californie et dans certains pays d'Europe comme le Danemark et les Pays-Bas, on produit de l'éléctricité à partir de moulins à vent modernes. Ils s'appellent des éoliennes. Le mot vient du nom Éole. Éole, c'est le nom de qui ou de quoi?
a c'est le nom de l'inventeur,
b c'est le nom du dieu du vent grec,
c c'est le nom de l'entreprise qui fabrique ces moulins.
– Et la bonne réponse, c'est b – c'est le nom du dieu du vent grec.
– Question cinq: on vit dans l'ère du prêt à jeter – on ne répare plus, on jette et on remplace ... des montres, des rasoirs, des stylos. Mais environ combien de déchets un Européen jette-t-il à la poubelle par an?
a 100 kg, b 300 kg, c 1000 kg.
– Et voici la réponse correcte, c'est b – 300 kg – ça fait presque un kilo par jour.
– Et maintenant, la sixième et la dernière question: le panda géant est une espèce menacée. Autrefois, il habitait partout en Chine, maintenant, il n'habite que dans les montagnes du sud-ouest où il y a de la forêt de bambou. On estime qu'il y a environ combien de pandas en Chine maintenant?
a moins de 400, b entre 400 et 1000, c entre 1000 et 1600.
– Et la bonne réponse est b – entre 400 et 1000.
– Et voilà, c'est la fin de notre jeu. Je vous remercie d'avoir écouté.

Au choix SB 213, **EXTENSION**

5 À vous!

Students practise asking and answering questions about the environment.

Area 10
Further activities and consolidation

Au choix SB 211, 6, 212, 4–5
CM 2/9–2/22
CD 2/12–2/17
SCD 1/15–1/18

Au choix SB 211 **SUPPORT**

6 Chasse à l'intrus

This vocabulary task practises a range of vocabulary taught in the unit.

Solution: **1** *une vache*, **2** *un canapé*, **3** *la campagne*, **4** *un placard*, **5** *une armoire*, **6** *un fauteuil*, **7** *un rideau*, **8** *une chaise*

Au choix SB 212, **GENERAL**

5 À vous!

Students work in pairs to practise asking and answering questions about different topics covered in the unit, e.g. home, town, region, where they would like to live, etc.

CM 2/9

L'esprit négatif **GRAMMAR**

This copymaster for able students covers the negatives: *ne ... aucun(e), ne ... ni ... ni ...*

Dossier-langue

This presents and explains the new negative expressions.

1 Les vacances de Claudine

Students read the short letter and decide whether the sentences that follow are true or false and then correct the false statements.

Solution:

1F *Claudine n'est pas contente.*
2F *Elle passe des vacances à la campagne/Elle ne passe pas des vacances à la montagne.*
3F *Elle ne connaît personne.*
4F *Il n'y a rien à faire.*
5V 6V 7V 8V
9F *Elle n'a pas de vélo.*
10F *Elle n'aime pas (du tout) la tranquillité de la campagne.*

2 Français–anglais

Students match the French and English expressions.

Solution: **1**b **2**f **3**e **4**c **5**g **6**a **7**h **8**d

Lexique

This lists some useful expressions using the new negatives.

CM 2/10, SCD 1/15–1/18 **LISTENING**

Tu comprends?

1 En ville

Students listen to the conversations to identify the correct location for each building and write the correct letter alongside the symbol.

Solution: **1**A **2**F **3**C **4**D **5**B

En ville

Écoutez et écrivez la bonne lettre (A à F).

Ex: – Est-ce qu'il y a un supermarché près d'ici?
– Oui, prenez la première rue à gauche et c'est sur votre droite, à côté du collège.

1 – Excusez-moi, pour aller à la piscine?
– C'est très facile. Vous tournez à droite au coin de la rue et c'est à cent mètres, en face du jardin public.

2 – Pour aller au cinéma, s'il vous plaît?
– C'est tout près. Vous tournez à gauche au coin de la rue et c'est en face du collège.

3 – Est-ce qu'il y a un parking près d'ici?
– Attendez ... ah, oui, continuez tout droit, puis vous prenez la deuxième rue à droite. C'est à côté de la bibliothèque.

4 – Pour aller à la patinoire, s'il vous plaît?
– Oui, prenez la deuxième rue à gauche et c'est sur votre droite.

5 – Pour aller au musée, s'il vous plaît?
– Voyons ... continuez tout droit, tout droit jusqu'au carrefour et vous le verrez sur votre droite.
– Bon, continuez tout droit, puis prenez la deuxième rue à gauche.

2 Un appartement de vacances

Solution:

situation (plage/ville)	*Ville*
pièces (combien?)	*3*
personnes (combien?)	*4*
balcon (✓/✗)	✓
c'est à quel étage	*2è*
ascenseur (✓/✗)	✗
quartier *magasins* (✓/✗) *restaurants* (✓/✗)	 ✓ ✓
on peut le voir (jour/heure)	*mercredi à 5h00*

Un appartement de vacances

Écoutez la conversation et complétez la grille.

– Allô.
– Bonjour, Madame. Je vous téléphone à propos de l'appartement de vacances.
– Oui, ça vous intéresse?
– Oui, peut-être. Est-ce que l'appartement est près de la plage?

– Non, ce n'est pas tout près de la plage, c'est au centre-ville. Donc, pour aller à la plage, il faut compter vingt minutes de marche.
– Bon, et il y a combien de pièces dans l'appartement?
– Il y a trois pièces principales – deux chambres et une salle de séjour avec coin cuisine. Il y a une salle de bains aussi, bien sûr, et un petit balcon.
– Alors, il y a de la place pour quatre personnes?
– Oui, c'est ça. Il y a quatre lits en tout.
– Et vous avez dit qu'il y avait un balcon?
– Oui, il y a un petit balcon avec vue sur la ville.
– Hmm ... C'est à quel étage?
– C'est au deuxième étage.
– Est-ce qu'il y a un ascenseur?
– Non, il n'y pas d'ascenseur.
– Et qu'est-ce qu'il y a dans le quartier?
– Comme c'est au centre-ville, c'est très pratique. Dans le quartier, vous avez des magasins, des restaurants, etc. Alors, ça vous intéresse?
– Oui. Quand est-ce que je peux le voir?
– Voyons ... euh ... mercredi, ce serait possible? Vers cinq heures?
– D'accord. Bon, mercredi, à cinq heures.
– Merci. Au revoir, Monsieur.
– Au revoir, Madame.

3 Un parc d'attractions

Students listen to the recording and choose the correct answer.

Solution: **1**C **2**A **3**B **4**C **5**B **6**B

Un parc d'attractions

Écoutez la conversation et cochez les bonnes cases.

– Tu as visité un parc d'attractions?
– Oui, l'année dernière, j'ai visité le parc Astérix en juillet, avec mon groupe de théâtre au collège.
– Comment avez-vous voyagé?
– Nous sommes allés au parc en train et en bus. Ce n'est pas loin de Paris.
– Et qu'est-ce que vous avez fait?
– Beaucoup de choses. Il y a de bonnes attractions, par exemple un grand huit avec des loopings. J'ai adoré ça. On a fait presque toutes les attractions.
– Vous avez vu des spectacles?
– Non, on n'a pas vu de spectacle. Mais les décors étaient bien. Comme c'est un parc sur Astérix, le personnage de bande dessinée, tout est comme à l'époque des Gaulois. Tout est antique, ce n'est pas moderne.
– Et à midi, pour manger, qu'est-ce que vous avez fait?
– À midi, pour manger, on a tous ramené un pique-nique et on s'est installé dans une espèce de petit parc. C'est un village gaulois qui est entièrement reconstitué, avec des maisons comme à l'époque, avec un toit en paille, etc. – très sympa.
– Est-ce que tu as acheté un souvenir?
– Non, je n'ai rien acheté.
– Vous êtes restés longtemps au parc?
– Nous sommes partis vers cinq heures et demie.
– Comment as-tu trouvé ça?
– J'ai bien aimé, c'était amusant.

4 Trois questions sur l'environnement

Students listen to the recording and choose the correct word to complete the text.

Solution: **1K** *voiture*, **2C** *énergie*, **3H** *pollue*, **4D** *jardin*, **5F** *pièce*, **6I** *radio*, **7E** *journaux*, **8A** *boîtes*, **9G** *pistes*, **10J** *vélo*

Trois questions sur l'environnement

Écoutez la discussion et complétez le texte.

– Qu'est-ce qu'on peut faire pour protéger l'environnement?
– On peut faire du recyclage, par exemple, on peut mettre les bouteilles en verre dans des containers de recyclage. On peut réduire la pollution en laissant sa voiture à la maison et on peut économiser de l'énergie.
– Qu'est-ce que tu fais pour protéger l'environnement?
– Moi, je suis contre la voiture. Ça pollue et on peut prendre d'autres moyens de transport.
– Chez moi, on met tout ce qui peut être recyclé, comme les épluchures de légumes, dans le jardin. On fait du compost.
– Moi, quand je sors d'une pièce, j'éteins la lumière, la télévision et la radio.
– Qu'est-ce qu'on fait dans ta ville?
– Dans notre ville, on organise une collecte sélective. Alors, il faut trier ses déchets. On doit mettre les journaux et les magazines dans un bac, les bouteilles en plastique et les boîtes de conserve dans un bac différent, etc. Comme ça, une partie des déchets est recyclable.
– Oui, et dans notre ville, on a créé des pistes cyclables pour encourager les gens à sortir à vélo au lieu de prendre la voiture. C'est une bonne idée, à mon avis.

CM 2/11 **READING**

Presse-Jeunesse: L'environnement

This consists of some short articles about the environment and related activities.

Students answer questions in French on each extract.

Solution:

A **1** *des tasses en céramique et un lave-vaisselle*, **2** *des tasses en polystyrène*
B **1** *On fabrique du compost.*
C **1** *le plastique*, **2** *On peut recycler tous les déchets en plastique sans les trier.*
D **1** *la mer*, **2** *les éboueurs de la mer.*
E **1** *les poissons*, **2** *des piles*

SB 47

Sommaire

This is a summary of the main structures and vocabulary of this unit.

Épreuve – Unité 2

These worksheets can be used for an informal test of listening, speaking, reading and writing or for extra practice, as required. For general notes on administering the *Épreuves*, see TB 11–12.

CM 2/12–2/13, CD 2/12–2/17 **LISTENING**

Épreuve: Écouter

Partie A

1 Dans la rue [F]

Students listen to the conversations and write the correct letter for each building.

Solution: **1**G **2**C **3**D **4**F **5**E **6**B [6 marks]

Dans la rue

Écoutez et écrivez la bonne lettre (A à G).

Ex: Pour aller à la poste, s'il vous plaît?

1 Excusez-moi, mais où est l'office de tourisme?

2 Pour aller à l'hôpital, s'il vous plaît?

3 Pour aller au commissariat de police, s'il vous plaît?

4 Pardon, Monsieur. Pour aller à la piscine, s'il vous plaît?

5 Excusez-moi, mais où est l'église, s'il vous plaît?

6 Est-ce qu'il y a une banque près d'ici?

2 Dans la cuisine [F]

Students listen to Luc and his mother checking things in their holiday flat and write the correct letter to show where they all are.

Solution: **1**P **2**P **3**P **4**P **5**T **6**T **7**X **8**T **9**X [9 marks]

Dans la cuisine

Luc et sa mère vérifient les objets dans la cuisine de leur appartement de vacances. Écrivez: T (si l'objet est sur la table); P (si l'objet est dans le placard); X (si l'objet n'est pas là).

– Voici les bols, Luc, sur la table.
– D'accord, je vais les laisser là parce qu'il y a beaucoup de choses dans le placard avec les assiettes et les tasses.
– Est-ce qu'il y a des soucoupes avec les tasses?
– Je vais voir ... Oui, il y a des soucoupes aussi, derrière les assiettes.
– Tu as trouvé des verres?
– Attends! Oui, il y a des verres au fond du placard, mais je ne vois pas d'ouvre-boîte.
– Si, si, il y a un ouvre-boîte sur la table derrière la casserole, mais je n'ai pas vu de ciseaux.
– Alors, il n'y a pas de ciseaux, mais il y a beaucoup de couteaux, ici sur la table, avec les fourchettes.
– Excellent! Alors, on a tout ce qu'il faut, non?
– Je ne sais pas. Où est la poêle? C'est avec la casserole?
– Ah non! Il n'y a pas de poêle. Ça, c'est vraiment embêtant!

3 Suivez le guide [F/H]

Students first look at the details about Annecy and the list of words. They then listen to the guide. To fill the gaps quickly as they listen, they can just write in the correct letters.

Solution: **1**A **2**K **3**E **4**D **5**I **6**B **7**G **8**H **9**F **10**J
[10 marks]
[Total for Part A: 25 marks]

Suivez le guide

Écoutez le guide et complétez les détails avec la lettre du mot qui correspond.

Bonjour, Messieurs-dames, et bienvenus à notre petit tour de la ville d'Annecy. Annecy se trouve dans le sud-est de la France.

La ville est très bien située au bord d'un grand lac et tout près des Alpes.

Évidemment, c'est une ville touristique, et il y a beaucoup à voir ici.

On va commencer la visite par le château et le musée du château. Puis on va faire une promenade dans la vieille ville. La vieille ville est très jolie et très intéressante avec beaucoup de bâtiments historiques comme, par exemple, la cathédrale et l'hôtel de ville.

Au centre-ville, il y a un cinéma, des magasins, des cafés et des restaurants. Dans la région, il y a des stations de ski très populaires. Vous pouvez aussi faire des promenades sur le lac ou des excursions en car à Grenoble ou à Lyon, par exemple.

Partie B

1 La ville ou la campagne [F/H]

Students listen to some French teenagers talking about town versus country and tick the grid as appropriate.

	habite		préfère		pas de préférence
	en ville	à la campagne	la ville	la campagne	
Exemple: Jean-Luc		✓		✓	
1 Magali	✓		✓		
2 Luc	✓				✓
3 Vivienne	✓		✓		

[7 marks]

La ville ou la campagne

Écoutez la discussion de Jean-Luc, Magali, Vivienne et Fabien. Pour chaque personne, cochez les bonnes cases.

Exemple: Jean-Luc
Moi, j'habite dans un petit village et ça me plait beaucoup. J'aime bien la campagne – je suis plus libre, tout le monde est plus calme.

1 Magali
Ah, non. Je ne suis pas d'accord. Moi, j'habite en ville et j'adore ça! À la campagne, je m'ennuie – il n'y a rien à faire!

2 Vivienne
Moi aussi, j'aime la ville – heureusement, comme j'habite en ville. Mais je n'ai absolument rien contre la campagne. Le week-end, j'y vais avec plaisir – ça détend un peu, on est plus tranquille.

3 Fabien
Tout le monde dit que c'est plus tranquille à la campagne. Plus tranquille! Mais pourquoi est-ce qu'on veut être tranquille? Moi, je voudrais une vie plus dynamique – j'habite ici en ville, mais la vie est tout de même beaucoup trop calme. Moi, je voudrais aller vivre à Paris.

2 On parle de la maison H

Two young people are discussing their homes. There are two parts. In part **a**, students write answers **in French** in the grid to reflect the attitudes expressed. In part **b**, they answer questions **in English**.

Solution:

Part a:

		positif	négatif
1 la situation de la maison?	*Michel*	*bien placée*	
	Caroline		*loin de la ville*
2 la maison?	*Michel*		*pas très grande trop petite*
	Caroline	*grande/belle*	
3 leur chambre?	*Michel*		*doit partager/ toujours en désordre*
	Caroline	*jolie/a sa propre chambre*	

[5 marks]

Part b:

4 A lot of people live there/big family/granny lives with them [1 mark] **5** 6 – 3 children, 2 parents, 1 granny [2 marks – 1 mark if all but one are mentioned] **6** Her 2 brothers share a room [1 mark] **7** No room to put his things [1 mark]

[5 marks]
[Total: 10 marks]

On parle de la maison

Michel et Caroline partent de leur maison. Il y a deux parties – a et b – répondez à toutes les questions.

a *Qu'est-ce qu'il y a de positif et de négatif? Écoutez et remplissez la grille en français.*

b *Answer the questions in English.*

– Tu aimes ta nouvelle maison, Michel?
– Oui, beaucoup, elle est très bien située, avec un arrêt d'autobus devant la maison et un cinéma dans la même rue. Seulement, elle n'est pas très grande.
– Tu as de la chance! Notre maison est loin de la ville, le bus n'est pas fréquent et il y a un seul magasin, pas très grand.
– D'accord, mais elle est belle, ta maison, et elle est très grande.
– C'est vrai! J'aime bien la maison. Elle est grande, mais c'est essentiel avec trois enfants dans la famille, mes parents et ma grand-mère qui habite avec nous.
– Tandis que notre maison est bien située et pas mal du tout, mais elle est vraiment trop petite.
– Tu as une chambre à toi, tout seul?
– Non, je partage avec mon petit frère, donc la chambre est toujours en désordre et je n'ai pas de place pour mes affaires. Ça m'énerve! Et toi?
– Ben moi, j'ai de la chance! J'ai ma propre chambre, parce que les deux garçons partagent, et elle est très jolie.

3 La nature et nous H

Students listen to three students talking about the environment and answer the questions **in English** (notes only).

Solution: **1** reduced by 40% **2** don't waste paper/recycle paper **3** insects **4** smell/ odours/perfume **5** disappearance of forests **6** water **7** same amount **8** have shower (instead of bath)/do washing up by hand (instead of machine), don't leave tap running when cleaning teeth.

[8 marks]
[Total for Part B: 25 marks]

La nature et nous

You hear this programme about nature. Make notes for a friend who is preparing a project about this subject. Read the following questions and answer them in English.

– Trois élèves du lycée Molière discutent des problèmes de l'environnement.

David:

– Je suis David. Dans les cours de sciences, on a étudié la destruction de la forêt. Saviez-vous, par exemple, que la surface des forêts dans le monde aura diminué de 40% en l'an 2010? Alors, si on recycle les produits en papier, on peut faire un tout petit peu pour préserver les arbres de la forêt.

Christine:

– Je suis Christine et, pour moi, ce sont les insectes qui me fascinent surtout. Saviez-vous, par exemple, que les insectes peuvent communiquer entre eux par des odeurs et des parfums? Les insectes sont essentiels pour la préservation de la planète, mais, à cause de la destruction des forêts, chaque année, des millions d'espèces d'insectes disparaissent sans trace!

Lucien:

– Pour moi, c'est surtout l'eau qui m'intéresse. Chez nous, on utilise de 60 à 80 litres d'eau pour une douche, 120 litres par personne pour un bain, environ 120 litres dans la machine à laver et environ 30 litres pour utiliser le lave-vaisselle. Et tout ça dans une seule journée! Qu'est-ce qu'on peut faire pour conserver l'eau? Voilà des idées: on économise de l'eau si on fait la vaisselle à la main, alors faites la vaisselle à la main au lieu d'utiliser un lave-vaisselle; prenez une douche au lieu d'un bain; ne laissez pas couler l'eau du robinet quand vous vous brossez les dents.

CM 2/14-2/16 **SPEAKING**

Épreuve: Parler

The speaking test contains two elements: two role play tasks (using either CM 2/14 or CM 2/15) and a conversation (CM 2/16). The role play tasks have a suggested script which is given on *Carte B*, so the role play dialogues can be used for practice in pairs, as an alternative to assessment.

Suggested marking scheme:

Each **role play** task is marked on a scale of 1–10 using the following criteria:

9–10	Conveys all information required (including unpredictable elements if applicable) Interacts well No prompting required
7–8	Conveys most information Little or no prompting
5–6	Conveys half the required information Little prompting necessary
3–4	Conveys less than half the required information Some prompting
1–2	Conveys only one piece of relevant information Very hesitant, reliant on prompting
0	No effective communication

The **conversation** is marked on a global basis for communication and content (maximum 10 marks) and quality of language (maximum 10 marks).

A further 10 marks are given for intonation, pronunciation and general accuracy based on **performance** throughout the speaking test.

This gives a total of 50 marks (role play tasks: 10 + 10; conversation: 10 + 10; general performance: 10). This overall mark is then divided by two to give a final mark out of 25 for speaking.

CM 2/14 **SPEAKING**

Épreuve: Parler

Role play (1)

A1 Dans la rue F

This task has cues in English and some visuals.

B1 Un appartement de vacances F/H

This task has cues in English, some visuals and includes one unpredictable element.

CM 2/15 **SPEAKING**

Épreuve: Parler

Role play (2)

B2 À l'office de tourisme F/H

This task has cues in English, some visuals and includes one unpredictable element.

C1 Un parc d'attractions H

This task has cues in French, some visuals and two unpredictable elements.

CM 2/16 **SPEAKING**

Épreuve: Parler

Conversation and discussion

The list of questions could be given to students before the test and they could be asked to select and prepare one topic in advance. The test should include questions on this topic and one other topic chosen at random. Students should be given an opportunity to answer using a range of tenses and to give opinions and reasons.

CM 2/17–2/20 **READING**

Épreuve: Lire

Partie A

1 Un village intéressant F

Students read the town sign and write the correct letters to match the pictures to the amenities listed.

Solution: **1**J **2**A **3**C **4**E **5**D **6**I **7**B [7 marks]

2 Des annonces F

Students match the pictures to the places in town.

Solution: **1**B **2**F **3**A **4**I **5**D **6**G **7**H **8**C [8 marks]

3 Une visite au Futuroscope F/H

Students read Élise's letter about her visit to Futuroscope and do the two tasks. In part A, they choose from alternatives A, B or C. In part B, they answer questions **in English**.

Solution: **Part A: 1**C **2**B **3**A **4**A **5**A
Part B: 6 seats moved/seats followed movement on screen **7** bikes on the water **8** views of Egypt **9** poster **10** amusing/enjoyable

[10 marks]
[Total for Part A: 25 marks]

Partie B

1 C'est où? Un jeu de définitions F/H

Students solve the definitions with words from the box.

Solution: **1**G **2**F **3**A **4**E **5**B **6**D **7**H **8**J **9**I

[9 marks]

2 La Vienne H

Students read the leaflet about local attractions and match the tourists to the correct attractions.

Solution: **1**B **2**C **3**A **4**D **5**C **6**A **7**A **8**D

[8 marks]

3 Le Calvados fleuri H

Students read the article and complete the résumé with the words in the box.

Solution: **1** *villages,* **2** *prix,* **3** *meilleurs,* **4** *jardins,* **5** *améliorer,* **6** *âgées,* **7** *cultiver,* **8** *arbre*

[8 marks]

[Total for Part B: 25 marks]

CM 2/21–2/22 **WRITING**

Épreuve: Écrire

It is suggested that students do either task 1–4 or tasks 4 and 5 to obtain a mark out of 50. This can then be divided by 2 to give a total mark of 25 for writing.

Partie A

1 Un appartement de vacances F

Students complete the lists with things they would like to have in a holiday flat and places they would like to have nearby. The task should be marked for communication only and inaccurate spelling should not be penalised, so long as the message is clear.

[10 marks]

2 Les Vacances F

This task tests grammatical knowledge and some vocabulary. It should be marked for communication and accuracy.

Solution: **1** *la campagne,* **2** *j'ai visité,* **3** *un appartement,* **4** *on a mangé, château,* **5** *J'ai choisi,* **6** *On a passé, la plage,* **7** *J'ai acheté, cartes postales*

[10 marks]

Partie B

3 Chez moi F/H

Students write a short message covering the details in English.

Marking scheme:
Communication and completion of task requirements: 6
Quality of language: 4

[Total: 10 marks]

4 On répond à Mathieu F/H

Students write a letter of 70–80 words in response to a letter in French and answering all the questions. They should use a range of tenses and express opinions.

Marking scheme:
Communication and content: 10
Quality of language: 10

[Total: 20 marks]

5 Un article H

a Êtes-vous ville ou campagne? H

b L'environnement – c'est une priorité? H

Students choose either a or b and write 120–140 words, answering the questions in French. They should use a range of tenses and express opinions.

Marking scheme:
Communication and content: 10
Quality of language: 10
Accuracy: 10

[Total: 30 marks]

Encore Tricolore 4
nouvelle édition

unité 3 Bon voyage

Area	Topics	Grammar	Vocabulary
3.1 *Transports au choix*	Discussing views on the advantages and disadvantages of different forms of transport		Transport (SB 48)
3.2 *Tu as fait bon voyage?*	Giving an account of a journey using the imperfect tense	Formation of imperfect tense	
3.3 *Bonne route!*	Understanding traffic and road information Buying petrol Giving an account of unexpected events while travelling (breakdowns, delays, etc.)		Road travel (SB 53) At the garage (SB 54)
3.4 *C'était comme ça!*		Using the imperfect tense	
3.5 *En voiture*	Giving and explaining views and opinions about car travel in cities		
3.6 *Les transports en ville*	Giving and seeking information about public transport in cities	The pronoun *y*	City transport (SB 60)
3.7 *On prend le train*	Giving and seeking information about rail travel (tickets, timetables, etc.)		Taking the train (SB 62-63)
3.8 *Voyages et accidents*	Understanding and giving an account of a journey and an accident	Perfect and imperfect tenses	Road accidents (SB 66)
3.9 *On décolle*	Travelling by air		Taking the plane (SB 68)
3.10 Further activities and consolidation			See also *Vocabulaire par thèmes* (SB 268)

Students' Book 48–69, Au choix 214–216
Class CD 2–3, **Student CD 1**

Examination Grammar in Action
pages 30–34

Copymasters

3/1 *Le tunnel sous la Manche* [reading] (TB 69)
3/2 *Presse-Jeunesse: Les transports* [reading] (TB 70)
3/3 *Avez-vous fait bon voyage?* [listening] (TB 71)
3/4 *Des jeux de vocabulaire* [vocabulary practice] (TB 72)
3/5 *Vendredi soir* [grammar] (TB 76)
3/6 *À la gare* [reading, vocabulary practice] (TB 80)
3/7 *Un accident* [writing, speaking] (TB 83)
3/8 *Voyager en avion* [listening, reading] (TB 85)
3/9 *Tu comprends?* [independent listening] (TB 86)
3/10–13 *Épreuve: Écouter* (TB 87)
3/14–16 *Épreuve: Parler* (TB 89)
3/17–21 *Épreuve: Lire* (TB 89)
3/22–23 *Épreuve: Écrire* (TB 90)

Au choix (SB 214–216)

Support

1 *Les transports* (TB 68)
2 *Des voyages* (TB 71)
3 *Ma famille: avant et aujourd'hui* (TB 76)
4 *Les transports à Paris* (TB 78)
5 *C'est où?* (TB 79)
6 *Une carte postale* (TB 81)

General

1 *Problèmes de transport* (TB 69)
2 *Un voyage en Angleterre* (TB 71)
3 *Dans la rue* (TB 73)
4 *Tu as bonne mémoire?* (TB 74)
5 *À l'office de tourisme* (TB 79)

Extension

1 *L'ascension de l'Everest* (TB 81)
2 *Ce n'était pas de ma faute* (TB 83)
3 *Le journal* (TB 85)

Useful websites

Road travel information from *Bison Futé*:
www.bison-fute.equipement.gouv.fr/

Transport in Paris
www.ratp.fr

French railways (*SNCF*)
This site gives details about train journeys, e.g. routes, timetables, fares and special offers.
www.sncf.fr

Air France
This gives details of flights, fares and special offers:
www.airfrance.fr

The Channel Tunnel
Eurotunnel and *Le Shuttle*:
www.eurotunnel.fr
Eurostar
www.eurostar.com

Cross-Channel ferries
Seafrance
www.seafrance.fr
P&O Stena
www.posl.fr; www.posl.com
Brittany Ferries
www.brittany-ferries.fr

Area 1
Transports au choix
Discussing views on the advantages and disadvantages of different forms of transport
SB 48–50 1–6
Au choix SB 214 1, 215 1
CM 3/1, 3/2
CD 2/18–2/20

SB 48–49 **PRESENTATION**

1 Les transports

Revise vocabulary for different means of transport referring to the photos and *Lexique* as required.

SB 48 **VOCABULARY**

Lexique: Les transports

This is a list of the main means of transport.

SB 48–49, 2/18 **LISTENING READING**

2 Comment aimez-vous voyager?

Read out the comments in **b** and encourage students to guess the means of transport referred to. They could note down their answers and check them later. Students listen to the recording and note the means of transport and relevant comment for each person.

Solution: **1** F d, **2** E h, **3** C g, **4** B c, **5** A a, **6** G f, **7** J b, **8** I e

Comment aimez-vous voyager?

1 Pour un long voyage, j'aime prendre le train. On peut se déplacer, on peut aller au bar. On peut lire, on peut regarder par la fenêtre et on peut dormir pendant le voyage.

2 À Paris, c'est bien de prendre le métro. C'est rapide et ça ne coûte pas cher ... et ça ne pose pas de problèmes de stationnement.

3 Quand je vais en Angleterre, j'aime prendre le bateau. C'est peut être moins rapide que le Tunnel, mais on s'amuse plus. Sur le bateau, on peut aller au magasin ou au restaurant ou même regarder un film. En plus, j'aime être à l'air libre.

4 Moi, quand je vais chez mon correspondant en Écosse, j'aime prendre l'avion. C'est vrai que c'est un peu cher, mais il y a souvent des prix promotionnels. L'avion, c'est très sûr et on arrive vite à sa destination. En plus, je souffre du mal de mer, donc je n'aime pas prendre le bateau.

5 Quand on va en ville, le bus est très pratique. Ça te permet d'être un peu indépendant. On n'a pas besoin de compter sur les autres. Bien sûr, quand il n'y a pas de bus, alors là, il faut demander aux parents de venir te chercher en voiture.

6 Quand nous partons en vacances en France, nous prenons toujours la voiture. C'est pratique et c'est moins cher quand il y a plusieurs voyageurs. On peut partir et rentrer quand on veut – il n'y a pas d'horaire. Et on peut prendre beaucoup de bagages.

7 Je circule souvent à Paris à roller. Je trouve que c'est un mode de déplacement amusant et rapide et, en plus, écologique. Des rollers avec des roues démontables nous permettent de combiner le roller avec le bus ou le métro. C'est très pratique, ça.

8 Quand il fait beau, le moyen de transport que je préfère, c'est le vélo. En France on l'appelle 'la petite reine'. C'est propre, ça ne fait pas de bruit, ça ne prend pas beaucoup de place et, en plus, c'est bon pour la forme. Ce qui est bien, c'est que dans notre ville, il y a des pistes cyclables. Moi, je prends toujours mon vélo, même quand il pleut!

SB 49, **SPEAKING**

3 À discuter

Working in pairs, students give an advantage and a disadvantage of different means of transport. Some suggested disadvantages are listed with the task. For help with advantages, students can refer to the comments in task 2.

Au choix SB 214 **SUPPORT**

1 Les transports

This matching task can be done as an alternative to or in preparation for the next task.

Solution: **1**d **2**e **3**c **4**b **5**f **6**a

SB 50, **SPEAKING WRITING**

4 À vous!

Working in pairs, students ask each other questions about how they travel to different places and their preferences. They could then write a short summary of their replies. A quick class survey of school (and other) transport arrangements could also be done, e.g.

- *Dans notre classe/groupe ... élèves vont au collège en/à ... etc.*
- *Pour aller en ville, la plupart des élèves prennent ... /vont en/à ...*
- *Pour partir en vacances, le moyen de transport préféré est ...*

SB 50, 2/19 **READING LISTENING**

5 Le jeu des transports

Students give their own answers then check them by listening to the recorded quiz.

Solution:
a **1**b **2**c **3**b **4**c **5**a
b **1**c **2**a **3**c **4**c

Le jeu des transports

- Bonjour et bienvenue à notre jeu sur les transports. Dans la première section, la section 'a', il y a cinq questions sur le tunnel sous la Manche.
  Première question: le Tunnel fait combien de kilomètres?
- La réponse 'b' est la bonne réponse. Le Tunnel fait cinquante kilomètres.
- Deuxième question: il y a combien de tunnels exactement?
- La réponse 'c' est la bonne réponse. En effet, il y a trois tunnels: un tunnel va vers la France, un va vers l'Angleterre et au milieu, il y a un tunnel de service.
- Maintenant, la question numéro trois: il faut combien de temps pour aller de Paris à Londres en Eurostar?
- La réponse correcte est 'b'. Il faut trois heures pour faire Paris–Londres en Eurostar.
- Question quatre: on arrive à quelle gare à Londres?
- Et la réponse correcte est 'c' – Waterloo. On arrive à la gare de Waterloo à Londres.
- Et la cinquième question: comment s'appelle la première locomotive du Shuttle?
- La réponse correcte est 'a'. Oui, la première locomotive du Shuttle s'appelle Luciano Pavarotti.
- Et ça, c'est la fin de la première section.
- Passons maintenant à la section 'b'.
- Première question: lequel de ces moyens de transport est le plus sûr?
  a la voiture, **b** le car, **c** le train.
- La réponse correcte est 'c' – le train est le moyen de transport le plus sûr.
- Deuxième question: lequel de ces moyens de transport consomme le plus d'énergie?
  a l'avion, **b** le train, **c** le bus.
- Et la bonne réponse, c'est 'a' – l'avion.
- Question numéro trois: lequel de ces moyens de transport fait le plus de bruit?
  a le vélo, **b** le TGV, **c** la moto.
- La réponse correcte est 'c'. Oui, c'est la moto.
- Question quatre: qu'est-ce qui prend le plus de place?
  a une piste cyclable, **b** une ligne TGV, **c** une autoroute.
- Et la bonne réponse est 'c' – une autoroute.
- Voilà! J'espère que vous avez beaucoup de bonnes réponses. Merci d'avoir participé au jeu des transports.

SB 50 **READING**

6 Faits divers

Students read one or both magazine items and complete the summary.

Solution:

a **1** *moyen*, **2** *information*, **3** *Internet*, **4** *ordinateurs*, **5** *utiliser*
b **1** *descendait*, **2** *rencontré*, **3** *contente*, **4** *rue*, **5** *avis*

These gap-fill tasks (*Cyberbus* and *Rollers*) could also be done on computer using text-manipulation software (see TB 14).

Au choix SB 215, CD 2/20 **GENERAL LISTENING**

1 Problèmes de transport

This gives practice in understanding recorded information relating to different means of transport. Explain the meaning of *vol* (*un voyage en avion*) in number 5. If necessary, stop the recording after each item and ask some questions, e.g.

- *C'est pour qui, cette annonce?*
- *C'est pour les voyageurs qui utilisent quel moyen de transport?*

Students then listen to the complete recording and find out who will be affected and what course of action they should take.

Solution: **1**dg **2**eh **3**bf **4**ci **5**aj

Problèmes de transport

1 Vous partez en bateau pour l'Angleterre? Attention, les départs sont perturbés par le mauvais temps. Pour plus de renseignements appelez la gare maritime de Calais.

2 La neige et la pluie ont provoqué de sérieuses difficultés sur l'autoroute A6 entre Mâcon et Tournus. Nous vous conseillons de trouver un autre itinéraire.

3 Nous avons le regret de vous informer que le train de 10h20 à destination de Bordeaux a cinquante minutes de retard. Nous nous excusons de ce retard, dû à des difficultés techniques.

4 En raison de la grève des employés de la RATP ni les lignes de métro ni les autobus ne fonctionnent aujourd'hui. La grève, qui a commencé à minuit, continuera jusqu'à vendredi midi.

5 Votre attention, s'il vous plaît. Nous avons le regret de vous informer que le vol de 11h35 à destination de New York est annulé. Les passagers sont priés de se présenter au service des renseignements pour plus de détails.

CM 3/1 **READING**

Le tunnel sous la manche

This worksheet provides background information about the Channel tunnel for able students interested in the topic. Some help with vocabulary is given on the sheet.

C'est quel mot?

Students should look for appropriate words as directed.

Solutions:

a **1** *fini/terminé*, **2** *sous la mer/sous-marin*, **3** *entre les deux/au milieu*
b **1** *l'entrée*, **2** *le débarquement*, **3** *empêcher*, **4** *élargi*, **5** *le plus long*
c **1** *la Manche*, **2** *un tunnel*, **3** *la rage*

Note: The Eurotunnel Exhibition Centre, St Martin's Plain, Cheriton, Folkestone CT19 4QD provides information and models on how the tunnel was built and how it operates.

CM 3/2

READING

Presse-Jeunesse: Les transports

This consists of a quiz and some items about crossing the Channel.

10 questions sur les transports

Solution:

1a, **2**b, *c'était Louis Blériot,* **3**b, **4**a, d, e, f, **5**b *c'était entre Lyon et Paris,* **6**a, **7**b, **8**b *En 1939, on avait fermé la gare d'Orsay aux grandes lignes parce que ses quais étaient trop courts. Presque cinquante ans plus tard, en 1986, le bâtiment a été transformé en musée.* **9**a, **10**b *c'est le M25*

Pour traverser la Manche
À la nage

This describes some attempts to swim the Channel and is followed by a short *vrai ou faux?* quiz.

Solution: **1**V **2**F *dans le sens Grande Bretagne-France* **3**V **4**V

En vélo-avion

This describes the attempt by Bryan Allen to cross the Channel in a sort of flying bike – the Gossamer Albatross. Students then answer the questions with *oui* or *non*.

A La machine: **1** *non,* **2** *non,* **3** *oui,* **4** *oui*
B Bryan Allen: **1** *non,* **2** *oui,* **3** *oui*

Area 2
Tu as fait bon voyage?
Giving an account of a journey using the imperfect tense
Formation of imperfect tense

SB 51–52 1–4
Au choix SB 214 2, SB 215 2
CM 3/3
CD 2/21–2/22

SB 51

READING

1 Quel voyage!

Students match the captions to the cartoons.

Solution: **1**C **2**B **3**F **4**D **5**A **6**E

SB 51, 2/21,

LISTENING
SPEAKING

2 Bien arrivé!

a Students listen to these short conversations and note down the details, as one-word answers or symbols. Less able students could note down fewer details: just the means of transport, weather and time of arrival. In addition to listening practice, the conversations provide a model for students to make up their own conversations later, based on the details written down. Explain the meaning of *pénible* and *affreux*, if necessary.

Solution:

	a destination	**b** moyen de transport	**c** temps	**d** heure d'arrivée	**e** réflexion sur le voyage
1	*Montréal*	*avion*	*beau*	*13h30*	*c'était bien*
2	*Paris*	*train*	*pluie/il pleuvait*	*19h*	*beaucoup de monde/ pénible*
3	*Portsmouth*	*bateau*	*mauvais (temps)/ vent*	*15h*	*affreux*
4	*Douvres*	*aéroglis-seur*	*beau*	*12h / midi*	*c'était bien*

Bien arrivé!

1 – Où es-tu allé?
– À Montréal.
– Comment as-tu voyagé?
– En avion.
– Quel temps faisait-il?
– Il faisait beau.
– Quand es-tu arrivé?
– À treize heures trente.
– Est-ce que tu as fait bon voyage?
– Oui, c'était bien.

2 – Où es-tu allée?
– À Paris.
– Comment as-tu voyagé?
– En train.
– Quel temps faisait-il?
– Il pleuvait.
– Quand es-tu arrivée?
– À dix-neuf heures.
– Est-ce que tu as fait bon voyage?
– Non, il y avait beaucoup de monde dans le train et je n'ai pas pu trouver de place. C'était pénible.

3 – Où es-tu allé?
– À Portsmouth.
– Comment as-tu voyagé?
– En bateau.
– Quel temps faisait-il?
– Il faisait mauvais et il y avait du vent.
– Quand es-tu arrivé?
– À quinze heures.
– Est-ce que tu as fait bon voyage?
– Non, la mer était agitée et la traversée était longue. C'était affreux.

4 – Où es-tu allée?
– À Douvres.
– Comment as-tu voyagé?
– En aéroglisseur.
– Quel temps faisait-il?
– Il y avait du soleil ... il faisait beau.
– Quand es-tu arrivée?
– À midi.
– Est-ce que tu as fait bon voyage?
– Oui, c'était bien. Le voyage était rapide et il n'y avait aucun problème.

b Working in pairs, students try to recreate one of the recorded conversations.

SB 51 **GRAMMAR**

Dossier-langue
The imperfect tense (1)

Check what students remember about the formation and use of the imperfect tense from earlier work. When students have read through the explanation, practise forming the imperfect with other known verbs.

SB 52, **READING SPEAKING**

3 Souvenirs de voyage

Students read these descriptions of good and bad journeys and do the activities that follow. Less able students could just read three of the shorter extracts (e.g. A, B and D) and decide whether they describe a good or a bad journey, then find examples of the imperfect tense.

a 1 Students classify the extracts according to whether they describe a good or a bad journey.
Solution: *mauvais voyage:* B, C, E
bon voyage: A, D, F

2 Students look for expressions of opinion beginning with *C'était* ... and classify them as positive or negative.
Solution: opinions positives: *c'était magique, super*
opinions négatives: *c'était affreux, pénible, épouvantable*

3 Students look for four weather expressions.
Solution: *Le temps était orageux; Il faisait très chaud; Il faisait beau; Il faisait mauvais.*

b Students work in pairs. In turn, each has to choose one of the extracts and the other has to guess which extract was chosen. Any questions can be asked, but only yes/no answers can be given.

SB 52, **WRITING SPEAKING**

4 On raconte un voyage

a Students choose a series of numbers or throw a dice and write the corresponding description of a journey.

b Working in pairs, students ask and reply to questions about a journey according to a series of numbers, either chosen at random or thrown with a dice. Alternatively, students could make up their own cues for a *dialogue à conséquences*, based on the language in the book, and then practise the resulting dialogue. Some students might prefer to make up their own description of a journey, using a similar framework.

A writing frame could be produced (see TB 15 for details) to support students in this writing task

Au choix SB 214 **SUPPORT**

2 Des voyages

This provides practice in giving descriptions using a limited number of verbs in the imperfect tense (*faisait, il y avait, était*).

Solution: **1** *faisait, y avait, était;* **2** *faisait, y avait, y avait, était;* **3** *était, faisait, y avait;* **4** *était, faisait, y avait*

Au choix SB 215 **GENERAL**

2 Un voyage en Angleterre

This provides practice in using the imperfect tense of different verbs.

Solution: **1** *faisait,* **2** *était,* **3** *avait,* **4** *trouvait,* **5** *connaissait,* **6** *conduisait,* **7** *regardais,* **8** *était,* **9** *comprenais,* **10** *roulait*

SB 52, **WRITING**

Dossier personnel

Students write a short description of a journey. For less able students, prompts could be written on the board, e.g.

- *L'année dernière, je suis allé(e) à ... en ... avec ...*
- *C'était ...*
- *Il faisait ...*
- *Le voyage a duré ...*

A writing frame could be used to support students with this task. (See TB 15).

CM 3/3, CD 2/22 **LISTENING**

Avez-vous fait bon voyage?

Students listen to these descriptions of journeys to Paris and complete the details on the worksheet.

Students could just put a tick or a cross for *Problèmes en route* rather than try to explain them. However, when the answers are checked orally, able students could be asked for more details of the problems. Having completed the grid, students can work out the answers to the questions:

Solution:

1 *4 personnes ont eu des problèmes en route (Norbert, Jacqueline, Philippe et Jean-Claude).*
2 *6 personnes ont utilisé des transports en commun (José, Anne-Marie, Jacqueline, Antonio, Philippe et Jean-Claude).*
3 *4 personnes ont commencé leur voyage en dehors de la France (José, Norbert, Jacqueline, Antonio).*

Avez-vous fait bon voyage?

1 – José, je crois vous êtes venu de Madrid.
– Oui.
– Comment avez-vous voyagé?
– J'ai pris le car.
– Vous avez fait bon voyage?
– Oui, pas mal. C'était assez confortable, mais c'était long quand même.
– Ah oui, évidemment, pour faire Madrid–Paris en car, ça doit être long.

2 – Anne-Marie, et pour vous le voyage était plus court?
– Ah oui. Moi, j'habite aux environs de Paris, alors je suis venue en métro. Il m'a fallu une heure seulement pour faire le voyage.

3 – Norbert, vous êtes venu de Munich. Comment avez-vous voyagé?
– Moi, je suis venu en voiture.
– Ça s'est bien passé?
– Au début, ça allait bien. Mais aux environs de Paris, j'ai pris du retard à cause d'un accident. Et il pleuvait en plus, donc on ne roulait pas vite.

4 – Jacqueline, comment êtes-vous venue d'Édimbourg?
– Moi, j'ai pris le train et le bateau.
– Ça s'est bien passé? La mer était calme?
– Oui, heureusement, il faisait beau. Pour la traversée, ça allait bien, mais il y avait énormément de monde dans le train de Calais à Paris. Je n'ai pas pu trouver de place et j'étais donc obligée de rester debout pendant quatre heures.
– Oh là là! Vous n'aviez pas réservé de place, alors?
– Hélas, non. Je n'y ai pas pensé.

5 – Antonio, avez-vous fait bon voyage?
– Oui, pour moi, aucun problème. J'ai pris l'avion de Rome à Paris. J'ai quitté Rome à dix heures et je suis arrivé à Paris, Charles de Gaulle, à onze heures et quart.

6 – Et vous, Philippe et Jean-Claude, vous êtes venus de Bordeaux?
– Oui, c'est ça. On allait prendre la moto de Jean-Claude, mais à dix kilomètres de Bordeaux, la moto est tombée en panne.
– Oui, c'était pénible. Mais au moins, il y avait un garage tout près. On a fait examiner la moto, mais on ne pouvait pas la réparer tout de suite.
– Et alors?
– Eh bien, on a décidé de laisser la moto au garage et de continuer en train.

Area 3
Bonne route!
Understanding traffic and road information
Buying petrol
Giving an account of unexpected events while travelling (breakdowns, delays, etc.)
SB 53–55 1–9
Au choix SB 215 3–4
CM 3/4
CD 2/23–2/26
Examination Grammar in Action, pages 30–31

SB 53 **READING**

1 Conduire en France

When students have read the text, ask some questions in English to check comprehension, e.g.

- How old do you have to be to drive in France?
- What official documents should you carry with you?
- What's different about driving in France?
- Where should you be particularly careful?
- What's different about taking the motorway in France?
- What are you advised to do on a long journey?
- How can you find out about advice on road conditions?

Mention that the character *Bison Futé* is very much a part of French culture and is referred to frequently when giving traffic information.

As the text introduces much of the new vocabulary, there could be a quick 'find the French' quiz, e.g. driving license, motorway, speed limit, roundabout, crossroads, service rest area, public holiday. Students could then go on to answer the questions in French.

Solution: **1** *18 ans;* **2** *à droite;* **3** *aux carrefours et aux rond-points;* **4** *50 km/h;* **5** *oui;* **6** *une aire de repos;* **7** *pendant les week-ends des jours fériés et les départs en vacances;* **8** *Bison Futé*

SB 53 **VOCABULARY**

Lexique: En route

This lists vocabulary linked with travelling by road.

For extra practice, play some language games, if necessary prompting the answers with *Ça commence par un a*, etc.

CM 3/4 **VOCABULARY PRACTICE**

Des jeux de vocabulaire

1 Mots croisés

Solution:

1 c	i	2 r	c	u	l	a	t	i	o	3 n	■	4 p
a	■	o	■	■	■	■	■	■	■	o	■	n
r	■	n	■	5 a	u	t	o	r	o	u	t	e
r	■	d	■	i	■	■	■	■	■	s	■	u
e	■	6 p	e	r	7 m	i	s	■	8 b	■	■	■
f	■	o	■	■	a	■	■	9 e	a	u	■	10 c
o	■	i	■	11 p	■	■	12 r	■	n	■	■	o
u	■	n	■	a	■	13 b	o	u	c	h	o	n
r	■	14 t	o	n	■	■	u	■	■	■	■	d
■	■	■	■	n	■	■	t	■	■	■	15 t	u
16 r	■	■	■	17 e	s	s	e	n	c	e	■	i
u	■	■	■	a	■	■	■	■	■	■	■	r
18 e	m	b	o	u	t	e	i	l	l	a	g	e

2 Trouvez les mots

Students complete the sentences with the missing words. Many of these are listed in the *Lexique: En route* (SB 53).

Solution: **1** *sens,* **2** *freins,* **3** *aire, repos,* **4** *droite, gauche,* **5** *automobiliste/chauffeur,* **6** *vite,* **7** *vitesse,* **8** *sortie,* **9** *feux,* **10** *piste*

SB 53 **READING**

2 Des conseils pour l'automobiliste

This is a short optional matching task.

Solution: **1**D **2**C **3**E **4**B **5**A

AU CHOIX SB 215 **GENERAL**

3 Dans la rue

This short reading task provides extra practice of understanding signs and what you can and cannot do.

Solution: **1** *oui* **2** *non* **3** *non* **4** *oui, oui* **5** *oui*

SB 53, 2/23 **LISTENING**

3 Infos routières

Students can either read the text and guess the answers first before listening to the recording, or listen first then complete the text.

Solution: **1** *du nord,* **2** *huit,* **3** *cinq,* **4** *du sud,* **5** *facile,* **6** *embouteillage,* **7** *neige,* **8** *autoroute*

Infos routières

Et maintenant, voici les dernières informations pour ceux qui rentrent des Alpes après les vacances d'hiver.

Dans les Alpes du nord, il y a un embouteillage de huit kilomètres à Albertville, sur la Nationale 90. Ensuite, sur la route Chamonix–Genève, cinq kilomètres d'attente près de Cluses.

Dans les Alpes du sud, pour ceux qui rentrent à Marseille, ce n'est pas plus facile: sept kilomètres d'embouteillage sur la Nationale 96, près d'Aix-en-Provence.

Enfin, dernière difficulté de cette soirée, mais cette fois en raison de la neige: on roule très, très mal dans la région de Nancy. Et, vers dix-huit heures, on a dû totalement fermer l'autoroute A33.

SB 54, 2/24 **READING SPEAKING LISTENING**

4 A la station-service

This section on using a petrol station is optional and can be omitted if time is short. Teach the names of types of petrol and diesel, e.g.

Pour rouler, les voitures ont besoin d'essence ou de gazole/gasoil.
Le gazole/gasoil, qu'est-ce que c'est en anglais? (diesel).
Et l'essence, qu'est-ce que c'est?
Beaucoup de voitures marchent avec du sans plomb.
A la station-service, on trouve aussi de l'air (pour les pneus), de l'eau et de l'huile.
Quelquefois on trouve un lavage automatique: ça, c'est utile si la voiture est sale et si on veut la laver.

a Students match the captions to the pictures in their books.

Solution: **1**C **2**F **3**E **4**A **5**B **6**D

b Students listen to the conversations and choose the appropriate picture each time.

Solution: **1**A **2**C **3**B **4**E **5**D **6**F

A la station-service

1 – Bonjour, Mademoiselle. C'est libre service?
– Non, je vais vous servir. Que désirez-vous?
– Vingt litres de sans plomb, s'il vous plaît.

2 – Bonjour, Nicole.
– Bonjour, Madame Duval. Vous désirez?
– Je voudrais vérifier la pression des pneus. Où est la pompe à air, s'il vous plaît?
– Elle est là-bas, près du mur.

3 – Je voudrais du gazole, s'il vous plaît.
– Oui, vous en voulez combien?
– Euh ... faites le plein.
– Voilà. Ça fait cent vingt-cinq euros, s'il vous plaît.

4 – Pour le lavage, s'il vous plaît?
– La machine est derrière le bâtiment.
– Merci.

5 – Pouvez-vous vérifier le niveau d'huile, s'il vous plaît?
– Oui, bien sûr. Ah oui, il vous en manque un peu. Je vous en mets un demi-litre?
– Oui, s'il vous plaît.

6 – Où se trouvent les toilettes, s'il vous plaît?
– C'est à côté de la caisse.

SB 54, **SPEAKING**

5 Inventez des conversations

Students practise a short conversation at a petrol station using variations as suggested.

SB 54 **VOCABULARY**

Lexique: Au garage

This lists vocabulary connected with a garage or petrol station.

SB 54 **PRACTICE**

6 Maintenez votre véhicule en bon état

Students use some of the vocabulary in the *Lexique* to complete instructions to motorists.

Solution: **1** *feux* **2** *huile* **3** *pneus* **4** *freins* **5** *eau*

SB 55, 2/25 **LISTENING WRITING**

7 En panne!

As an introduction to understanding numbers, some car registration numbers could be written on the board for a quick game of *Effacez*. Read out one of the numbers and a student has to rub out the correct one. Remind students that registration numbers (like telephone numbers) are normally read in pairs in French.

a Students listen to the conversations at the garage and match up the cars to each caller.

Solution: **1**D **2**C **3**A **4**E **5**B

b Students then make a short list of the cars that have broken down, with details of the cars and their whereabouts. The names of the makes could be written on the board to help with spelling, or if preferred, students could just use *voiture*.

En panne!

1 – Allô, garage Belleville.
– Bonjour, Monsieur. Est-ce que vous faites des dépannages?
– Oui, Madame. Qu'est-ce qu'il y a?
– Je suis tombée en panne.
– Bon. Où êtes-vous exactement?
– Sur la Nationale 15 à huit kilomètres environ de Rouen.
– Et c'est quelle marque de voiture?
– C'est une Peugeot.
– De quelle couleur?
– Bleue.
– Et le numéro d'immatriculation?
– C'est S427 TUW.
– Très bien, Madame. On va s'en occuper. Au revoir.
– Au revoir.

2 – Allô, garage Meunier.
– Bonjour, Monsieur. Ma voiture est tombée en panne. Pouvez-vous m'aider?
– Oui, où êtes-vous exactement?
– Sur la Nationale 31 à dix kilomètres environ de Rouen.
– Et c'est quelle marque de voiture?
– C'est une Renault.
– Et la voiture est de quelle couleur?
– Rouge.
– Et le numéro d'immatriculation?
– C'est 6378 EL 33.
– Bon, on va envoyer un mécanicien.
– Merci.

3 – Allô, garage Duval.
– Bonjour Monsieur. Pouvez-vous m'aider? Ma voiture est tombée en panne.
– Oui, où êtes-vous exactement?
– Sur la Nationale 43 à vingt kilomètres environ de Calais.
– Et c'est quelle marque de voiture?
– C'est une Citroën.
– Et la voiture est de quelle couleur?
– Rouge.
– Et le numéro d'immatriculation?
– C'est 1940 RN 75.
– Bon, on sera là dans une heure.
– Merci.

4 – Allô, garage Leclerc.
– Bonjour, Monsieur. Est-ce que vous faites des dépannages?
– Oui, qu'est-ce qu'il y a?
– Eh bien, je roulais normalement quand le moteur a commencé à tousser et puis il s'est arrêté net. Pouvez-vous m'aider?
– Oui, où êtes-vous exactement?
– Sur la Nationale 42 à dix kilomètres environ de Boulogne.
– Et c'est quelle marque de voiture?
– C'est une Ford.
– Et la voiture est de quelle couleur?
– Bleue.
– Et le numéro d'immatriculation?
– C'est R 563 BJF.
– Bon, on va envoyer quelqu'un tout de suite.
– Merci.

5 – Allô, garage Prévost.
– Bonjour, Monsieur. Ma voiture est tombée en panne. Pouvez-vous m'aider?
– Oui, où êtes-vous exactement?
– Sur la Nationale 27 à quinze kilomètres environ de Dieppe.
– Et c'est quelle marque de voiture?
– C'est une Toyota.
– Et la voiture, elle est de quelle couleur?
– Bleue.
– Et le numéro d'immatriculation?
– C'est 3312 HG 68.
– Bon, on va envoyer un mécanicien.
– Merci.

SB 55, **SPEAKING**

8 Au garage

Students practise similar conversations, in which they give details of their location, together with the make, colour and registration number of a car that has broken down.

SB 55, 2/26 **LISTENING**

9 On est tombés en panne

Students listen to the recording, read the sentences in their books and identify those that relate to the conversation.

Solution: 1, 3, 4, 6, 8, 9, 11, 14, 16

On est tombés en panne

– Alors Claire, vous êtes bien rentrés en Angleterre, tous les deux?
– Oui, on est rentrés enfin, mais pas sans problème.
– Ah bon? Alors qu'est-ce qui s'est passé?
– Bon, nous avons quitté le camping vendredi matin. Tout allait bien au début. Mais près de Reims, il y avait un grand embouteillage et, en plus, il pleuvait. Puis quand on a commencé à rouler un peu mieux, nous sommes tombés en panne.
– Mince! Vous étiez où alors?
– Près de Reims, sur la Nationale 44.
– Et c'était grave? On a pu vous dépanner?
– Oui. Heureusement, ce n'était pas très grave. On a téléphoné au service de dépannage et ils nous ont envoyé un mécanicien tout de suite.
– Et il a pu réparer la voiture?
– Oui, heureusement. Alors nous avons pu continuer jusqu'à Calais sans problème.
– Et vous n'avez pas manqué le ferry?
– Si si, nous l'avons manqué. Mais nous avons pu en prendre un autre.
– Et en Angleterre, vous n'avez pas eu d'autres problèmes?
– Non ... pas encore!

AU CHOIX SB 215 **GENERAL**

4 Tu as bonne mémoire?

For further practice of recounting a breakdown, students should retell the account in the third person. It could be done as an individual task, with students writing out the account or recording it on tape. Depending on their ability, students could refer to the sentences in the book or do it from memory, using the questions in *Au choix*.

It could also be done in pairs, either as a straightforward account with each person adding a detail in turn, or as a conversation, with one student asking the questions from *Au choix* and the other replying.

SB 55, **WRITING**

Dossier personnel

Students describe a recent holiday and what went wrong on the return trip, perhaps using a computer to produce the description.

Area 4
C'était comme ça!
Describing situations in the past using the imperfect tense

SB pp 56–57 1–6
Au choix SB 214 3
CM 3/5
CD 2/27–2/28
Examination Grammar in Action, pages 30–31

SB 56, 2/27 **LISTENING**

1 Qu'est-ce qui a changé?

Students listen to a series of interviews and decide which sentence in their book accurately describes how each person's life used to be. With able students, this could be used initially without the text, to see how much they can recall without prompts.

Solution: **1**d **2**c **3**f **4**b **5**h **6**e **7**a **8**g

Qu'est-ce qui a changé?

– Aujourd'hui, nous allons interroger des gens sur les changements dans leur vie personnelle. Un changement, ça peut faire du bien ou ça peut provoquer des difficultés.

1 – Bonjour, Madame. Je peux vous poser une question?
– Oui, bien sûr.
– Qu'est-ce qui a changé dans votre vie dans les cinq dernières années?
– Laissez-moi réfléchir. Ah oui, j'ai changé de travail. Il y a quatre ans, j'étais professeur de maths, mais maintenant, je travaille dans l'informatique.
– Bon, merci.

2 – Et vous, Monsieur, qu'est-ce qui a changé dans votre vie?
– Je me suis marié. Alors qu'avant, j'étais célibataire.

3 – Et vous, Mademoiselle, qu'est-ce qui a changé dans votre vie depuis cinq ans?
– Il y a cinq ans, j'allais à l'école primaire et maintenant, je suis au collège.

4 – Bonjour, Monsieur, je peux vous poser une question?
– Oui, allez-y.
– Qu'est-ce qui a changé dans votre vie dans les cinq dernières années?
– Il y a cinq ans, j'habitais à la campagne, dans un petit village, et maintenant, j'habite à Paris.

5 – Et vous, Madame, qu'est-ce qui a changé dans votre vie?
– Il y a cinq ans, j'étais étudiante et je n'avais pas beaucoup d'argent, donc je n'achetais pas beaucoup de vêtements. Maintenant, je travaille et je dois être bien habillée pour mon travail, alors je m'achète beaucoup plus de vêtements.

6 – Et vous, Monsieur?
– Bon, il y a cinq ans, j'étais toujours au lycée et j'avais beaucoup de travail scolaire. Je devais travailler tous les soirs: c'était vraiment dur. Bon, eh bien, maintenant, tout ça, c'est fini. Je peux sortir tous les soirs si je veux.

7 – Et vous, Mademoiselle?
– Moi, j'ai appris à conduire et maintenant, j'ai ma propre voiture. Il y a cinq ans, je ne savais pas conduire, alors je devais prendre le métro ou le bus pour sortir.

8 – Et vous, Monsieur, qu'est-ce qui a changé dans votre vie?
– Il y a cinq ans, je ne faisais pas de sport: je n'avais pas le temps, j'avais beaucoup de travail. Puis j'ai été malade et j'ai décidé de changer mon style de vie. Alors maintenant, je fais du jogging trois fois par semaine, je joue au tennis et au squash et je vais au gymnase. Je me sens beaucoup mieux!

SB 56,  **READING WRITING**

2 L'examen de conduite

Students read the account of a driving test and correct the mistakes in the sentences that follow. This could also be done as an ICT exercise. The text presents several examples of the imperfect tense used for description of feelings.

Solution:

1 *Martine a obtenu son permis aujourd'hui.*
2 *Au début du test, elle avait peur.*
3 *Son pied tremblait sur la pédale.*
4 *Il commençait à pleuvoir.*
5 *Elle ne pouvait pas trouver la commande des essuie-glaces.*
6 *L'inspecteur était sympathique.*
7 *Finalement, elle a pu se calmer.*

SB 56 **GRAMMAR**

Dossier-langue
The imperfect tense (2)

The use of the imperfect tense is a difficult point for most students.

With some students it may be advisable to limit the teaching about the imperfect to a few key phrases so that it doesn't interfere with their understanding and correct use of the perfect tense. These students could just learn some key expressions, such as *c'était, il y avait, il faisait,* etc. and they need not worry too much about deciding which past tense to use. Others may gradually acquire an understanding of when each past tense should be used through reading and listening to material in which both tenses are used.

Go through the explanation, perhaps giving more examples to illustrate each use.

SB 56 **PRACTICE**

3 Pourquoi pas?

Students match up the pairs to explain why each plan was not achieved. *Je voulais* ... is a useful expression, which could be learnt by all students.

Solution: **1**c **2**f **3**a **4**e **5**b **6**d

AU CHOIX SB 214 **SUPPORT PRACTICE**

3 Ma famille: avant et aujourd'hui

Students identify which sentences refer to an earlier situation (*avant*) and which refer to today (*aujourd'hui*). The sentences provide some preparation for task 5 and task 6 (where students talk about changes in their own situation).

Solution: **Avant: 1**a **2**b **3**b **4**b **5**a
Aujourd'hui: 1b **2**a **3**a **4**a **5**b

SB 57, 2/28 **LISTENING**

4 Ma vie a changé

Students listen to the recording and note down the missing words to complete the text. For support, these could be written on the board.

Solution: **1 Damien: 1** *tennis,* **2** *vêtements,* **3** *lunettes,* **4** *travail,* **5** *piscine,* **6** *cinéma*
2 Morgan: 1 *gym,* **2** *dos,* **3** *Paris,* **4** *super,* **5** *lapin,* **6** *guitare*

Ma vie a changé

– **Damien**

– Avant, il y a cinq ans, je faisais du tennis; maintenant, je fais du football. Je ne m'intéressais pas trop aux vêtements; maintenant, j'aime bien m'habiller correctement.
Et avant, je ne portais pas de lunettes, mais maintenant, j'en porte. Quand j'étais plus jeune, je n'avais pas beaucoup de travail à faire, le soir, mais maintenant, on a beaucoup de travail, tous les soirs. Autrefois, mes amis et moi, nous allions souvent à la piscine, alors que maintenant, nous allons plutôt au cinéma.

– **Morgan**

– Il y a cinq ans, je faisais de la gymnastique, environ douze heures par semaine, mais depuis un an, j'ai arrêté parce que j'avais un problème au dos. Il y a cinq ans, ma sœur était chez moi, mais maintenant, elle est partie faire ses études à Paris. Donc maintenant, je suis toute seule chez moi avec mes parents: c'est super.
Nous avions un lapin blanc, mais il est mort il y a deux ans, donc nous n'avons plus d'animal à la maison. Quand j'étais plus jeune, je ne m'intéressais pas beaucoup à la musique, mais maintenant, je joue de la guitare et j'adore ça.

SB57 **PRACTICE**

5 Avant, c'était différent!

Students use the imperfect tense to describe how Louis used to travel to various places.

Solution: **1** *il prenait,* **2** *il allait,* **3** *il prenait,* **4** *il rentrait,* **5** *il allait,* **6** *il dépensait*

SB 57, **SPEAKING**

6 À vous!

Students ask and answer questions about what has changed in their lives over the last five years or since they were ten years old or younger.

SB 57, **WRITING**

Dossier personnel

Students write a few sentences, contrasting their life of some time ago with their life today. They could use a computer to produce these sentences.

CM 3/5 **PRACTICE**

Vendredi soir

This copymaster provides further practice of the imperfect tense.

1 Personne à la maison

Students describe where each friend was and what they were doing on Friday night when Mathieu phoned.

Solution:

1. *Pierre et Nathalie étaient au cinéma. Ils regardaient un film.*
2. *Marc était au parc. Il jouait au football.*
3. *Christophe était au supermarché. Il faisait des courses.*
4. *Françoise était dans la discothèque. Elle dansait.*
5. *Louis et Martin étaient à la piscine. Ils nageaient.*
6. *Claude était au restaurant. Il travaillait.*
7. *Bruno était à la bibliothèque. Il choisissait des livres.*
8. *Magali et Zoé étaient chez McDonald. Elles vendaient du fast-food.*

2 Ce n'était pas toujours comme ça

Students complete an interview with two jazz musicians, using verbs in the imperfect tense.

Solution:

1 *faisais,* **2** *avais,* **3** *voulais,* **4** *faisais,* **5** *faisais,* **6** *travaillais,* **7** *gagnais,* **8** *habitais,* **9** *coûtait,* **10** *avais*

EXAMINATION GRAMMAR IN ACTION PAGES 30–31

Using the imperfect tense

This provides more practice of the imperfect tense, if required.

Area 5
En voiture!
Giving and explaining views and opinions about car travel in cities

SB pp 58–59 1–6
CD 2/29–2/31

SB 58, 2/29 **LISTENING**

1 On prend la voiture?

Students listen to the opinions and choose the sentence (a or b) which best represents the speaker's opinion. The sentences could also be used as a basis for a class discussion on why the car is so often used for journeys in town.

Solution: **1**a **2**b **3**a **4**b **5**b **6**a

On prend la voiture?

1 Je connais des gens qui prennent la voiture même pour aller chercher une baguette à deux cents mètres de la maison, alors qu'ils peuvent très bien y aller à pied. Les gens deviennent trop dépendants de leur voiture.

2 Le soir, si je sors pour aller au cinéma ou pour aller chez des amis, ma mère m'emmène et vient me chercher en voiture. Le bus, ça va pendant la journée, mais le soir, on n'a pas envie d'attendre à l'arrêt d'autobus et les bus ne sont pas assez fréquents.

3 Autrefois, beaucoup d'enfants allaient à l'école à pied. Maintenant, la plupart des enfants y vont en voiture. On pense que les rues sont trop dangereuses avec toutes les voitures qui circulent.

4 Quand je vais en ville je préfère prendre le bus. Les voitures contribuent au bruit et à la pollution des villes.

5 En Suisse, les villes, comme Berne et Zurich, sont bien équipées en transports en commun. Les gens ont l'habitude de les utiliser pour faire les courses ou pour aller au travail. Ils utilisent la voiture pour de grands voyages, pour partir le week-end, par exemple.

6 Autrefois, on vivait dans un appartement au centre-ville et on était plus près de son travail. Maintenant, on a tendance à habiter plus loin et on a besoin de sa voiture pour se rendre au travail.

SB 58, 

2 Pour ou contre la voiture?

Students sort the statements into advantages and disadvantages of travelling by car. This could be done on a computer using drag and drop. It could be added that the average speed of traffic in London is now twelve miles per hour, or slightly less than in 1926!

Solution: **Pour:** 1, 4, 6, 7
Contre: 2, 3, 5, 8, 9

SB 58,  **SPEAKING**

3 À discuter

Working in pairs, students give arguments in favour of or against car travel.

SB 58 **READING**

4 En ville sans voiture

Students choose words to complete a short text about the car-free day, which often takes place in September and is supported by many towns and cities in Europe.

Solution: **1** *pollution*, **2** *voiture*, **3** *autre*, **4** *diminué*, **5** *augmenté*, **6** *pied*, **7** *skate*

SB 59, 2/30 **LISTENING READING**

5 La crise de la circulation

The items about traffic problems in Strasbourg and attempts to resolve them give further examples of the use of the imperfect and perfect tenses. Students could read the text first and guess where the missing words go, then listen to the recording to check their answers.

Solution:
1 *circulation,* **2** *lentement,* **3** *stationner,* **4** *trottoir,* **5** *piétons,* **6** *difficile,* **7** *embouteillages,* **8** *l'autobus,* **9** *fréquent,* **10** *faire*

La crise de la circulation

– En 1990, il y avait une véritable crise de la circulation, non?
– Ah oui. On avait de graves difficultés de circulation à Strasbourg. C'était affreux.
– Pouvez-vous nous les décrire?
– Bon, alors en centre-ville, il y avait toujours des embouteillages: on roulait très lentement et ce n'était pas uniquement aux heures de pointe, c'était pendant toute la journée. Puis on ne trouvait pas de place pour stationner. Donc, on était obligé de stationner sur le trottoir ou sur les voies piétonnes, n'importe où, quoi.
– Et pour les piétons, c'était dangereux?
– Bien sûr, traverser la rue avec toutes ces voitures, eh bien … c'était dangereux. Puis l'air était pollué par le gaz d'échappement des voitures. Même respirer était difficile.
– Et les automobilistes, comment se sentaient-ils?
– Eh bien, ils étaient énervés, ils étaient stressés. Ils voyaient qu'ils perdaient leur temps dans des embouteillages incessants.
– Il y avait quand même des transports en commun. Est-ce qu'on les prenait?
– Non. On a constaté, en effet, que très peu de gens prenait l'autobus. D'abord, parce que le service n'était pas très fréquent et en plus parce que les autobus aussi étaient souvent bloqués dans des embouteillages. Donc on s'est rendu compte qu'il fallait faire quelque chose.

SB 59, 2/31 **LISTENING**

6 On change de sens à Strasbourg

Students should first read the list of measures that were taken to improve the situation. Check that the following vocabulary is understood: *le réseau d'autobus, une ligne plus étendue, un boulevard périphérique*. Then students listen to the recording and note the order in which the measures are mentioned.

Solution: **f c e g a d b**

On change de sens à Strasbourg

– Vous avez voulu trouver une solution à long terme, alors qu'est-ce que vous avez fait?
– Bon, on a pris plusieurs mesures. On a constaté qu'il y avait beaucoup de voitures qui traversaient le centre-ville pour aller dans un secteur de la ville et qui ne s'arrêtaient pas dans le centre-ville même. C'était des véhicules de transit. Donc, on a créé des boulevards périphériques. Alors, si on veut traverser la ville, il faut prendre les boulevards ou l'autoroute pour contourner la ville.
– Alors, les automobilistes doivent faire un trajet plus long?
– Oui, peut-être que leur trajet est plus long, mais il est sûrement plus rapide.
– Alors, est-ce que le centre-ville est totalement interdit aux automobilistes?
– Non, mais on ne peut pas le traverser. On peut aller près du centre, mais on a aussi élargi la zone piétonne.
– Et pour les difficultés de stationnement, qu'est-ce que vous avez fait?
– On a construit de nouveaux parkings.
– Est-ce que vous avez encouragé les gens à voyager en transport en commun?
– On essaie de le faire. On a créé une ligne de tramway et on a amélioré le réseau d'autobus avec des lignes plus étendues et un service plus fréquent.
– Et pour les cyclistes?
– Pour les cyclistes, on a créé de nouvelles pistes cyclables. Et on voit de plus en plus de gens qui circulent en vélo. C'est bien, ça.
– Et après toutes ces mesures, quel en est le résultat?
– Eh bien, tout le monde bénéficie d'une meilleure qualité de vie. L'ambiance en centre-ville est moins stressé, les gens sont moins pressés. On a le temps de se promener, de respirer et d'apprécier la ville.

SB 59 **READING**

Point-info: Les tramways

This is a short note about the reintroduction of the tram in several European cities. It could be used as a *dictée* or to practise reading aloud.

Area 6
Les transports en ville
Giving and seeking information about public transport in cities
Using the pronoun y
SB pp 60–61 1–7
Au choix SB 214 4–5, 215 5
CD 2/32–2/34
Examination Grammar in Action, page 34

SB 60 AND 240 **READING**

1 Les transports parisiens: que savez-vous?

Go through the quiz to check what students already know about the Paris transport system.

Solution: **1**a **2**b **3**b **4**b **5**b **6**a **7**b **8**a

This could be made into an interactive web activity using software such as Hot Potatoes or Quia (see TB 14).

SB 60 **READING**

2 Un jeu de définitions

For help in working out the answers, students should refer to the *Lexique*, where all the answers are listed.

Solution: **1** *l'arrêt d'autobus,* **2** *le guichet,* **3** *valider,* **4** *un carnet,* **5** *l'arrière,* **6** *les heures de pointe*

SB 60 **VOCABULARY**

Lexique: Le transport urbain

This lists vocabulary related to city transport.

AU CHOIX SB 214 **SUPPORT**

4 Les transports à Paris

This short reading task about transport in Paris provides further practice of this vocabulary.

Solution: **1** *voiture,* **2** *transports,* **3** *métro,* **4** *bus,* **5** *prennent,* **6** *rapide,* **7** *cher,* **8** *carnet,* **9** *valables*

SB 60, 0/00 **LISTENING**

3 Les touristes à Paris

This is an easy task in which students match the correct picture to each conversation.

Solution: **1**g **2**b **3**c **4**a **5**j **6**d **7**i **8**f **9**e **10**h

Les touristes à Paris

1 – Est-ce qu'il y a une station de métro près d'ici?
– Oui, il y a une station de métro au bout de la rue.

2 – Un carnet, s'il vous plaît.
– Voilà. Ça fait dix euros.

3 – Un ticket pour un enfant de huit ans, s'il vous plaît.
– Bon alors, c'est tarif réduit: cinquante cents.

4 – Un plan du métro, s'il vous plaît.
– Voilà.

5 – Pour aller à l'aéroport Charles de Gaulle, s'il vous plaît?
– Descendez à Gare du Nord et prenez le RER.
– Où est le RER, s'il vous plaît?
– C'est tout droit. Suivez les panneaux.

6 – Pour aller à l'Arc de Triomphe, s'il vous plaît?
– Prenez la direction La Défense et descendez à Charles de Gaulle-Étoile.

7 – Le prochain autobus est à quelle heure?
– Le dernier autobus est déjà parti. Il n'y a plus d'autobus ce soir.
– Bon alors, où est-ce que je peux prendre un taxi?
– Il y a une station de taxis devant la gare.

8 – Pardon, Monsieur, la direction Château de Vincennes, c'est par où?
– C'est tout droit. Suivez les panneaux marqués Correspondance.
– Bon, merci.

9 – On peut vous aider?
– Je cherche la sortie.
– C'est par là, Monsieur. Vous voyez le panneau avec le mot Sortie?
– Ah oui. Merci.

10 – Pour aller à la gare, s'il vous plaît?
– C'est à trois kilomètres.
– Est-ce qu'il y a un autobus?
– Oui, prenez le numéro dix-neuf.
– Où est l'arrêt de bus?
– Il est en face du cinéma.
– Le prochain bus est à quelle heure?
– Je ne sais pas, mais normalement, il y en a toutes les dix minutes.

SB 61, — **SPEAKING**

4 On prend le métro

Students make up conversations for travelling by metro.

SB 61, — **SPEAKING**

5 On prend le bus

Students make up their own cues for a *dialogue à conséquences*. Item 10 in *Activité 3* provides a recorded version of the example given here.

SB 61, 2/33 — **LISTENING**

6 Des conversations

Students match up the response to each question, then listen to the recording to check their answers.

Solution: **1**b **2**g **3**e **4**a **5**f **6**c **7**d

Des conversations

1 – Comment allez-vous à la piscine?
– Comme il fait beau, nous y allons à vélo.

2 – Vous avez déjà visité Paris?
– Oui, nous y sommes allés l'été dernier.

3 – Est-ce que tu as visité le Parc Astérix?
– Non, je n'y suis pas encore allé, mais j'aime bien les parcs d'attractions.

4 – Qui va à la Cité des Sciences?
– Toute la classe y va avec le prof de sciences.

5 – Il pleut, alors vous allez au musée en bus?
– Non, on y va en métro: c'est plus rapide.

6 – On peut aller au Stade de France en bus?
– Oui, on peut y aller en bus et en métro.

7 – Quand va-t-on aller à l'exposition?
– On va y aller samedi prochain.

SB 61 — **GRAMMAR**

Dossier-langue
The pronoun *y*

Go through the explanation and ask students to work out which words have been replaced by *y* in the examples. The position of *y* is probably best learnt by using specific examples, which are practised in the following tasks, e.g. *on va y aller …, on peut y aller…, on peut y voir …, j'y vais …, on y va …*

Differentiation

Students can either do one of the following receptive activities or move straight on to *Activité 7*, which requires productive use of *y*.

Au choix SB 214 — **SUPPORT GRAMMAR**

5 C'est où?

In this receptive task, students read definitions (using *y*) and identify a place in the town. For oral practice with all students, the definitions 1–8 could be read out and students could reply without referring to the book.

Solution: **1**e **2**d **3**f **4**b **5**g **6**h **7**c **8**a

Au choix SB 215, CD 2/34 — **GENERAL**

5 À l'office de tourisme

Students, especially those who know Paris quite well, can match up the questions and answers first and listen to the recording to check their answers. Or they can listen first and then do the task.

Solution: **1**B **2**E **3**A **4**D **5**F **6**C

À l'office de tourisme

1 – Comment peut-on aller à l'aéroport Charles de Gaulle?
– On peut y aller en RER.

2 – Comment peut-on aller au Parc Astérix?
– On peut y aller en RER et en bus. Prenez le RER à Roissy-Charles de Gaulle, puis prenez le bus-navette jusqu'au parc.

3 – Qu'est-ce qu'on peut voir au Palais de Découverte?
– On peut y voir des expositions sur la science et la technologie.

4 – Qu'est-ce qu'on peut voir au Musée d'Orsay?
– On peut y voir des tableaux et des sculptures.

5 – Où peut-on trouver des souvenirs de Paris?
– Allez dans un grand magasin, comme les Galeries Lafayette. On y trouve de tout.

6 – Où peut-on acheter des livres en anglais?
– Allez à la librairie Shakespeare et Company. On y trouve un grand choix de livres en anglais.

SB 61 **WRITING SPEAKING**

7 Quand?

This can be done as a written or oral task. Students read the questions and consult the programme to answer.

Solution:

1. *On y va mercredi.*
2. *On y va vendredi.*
3. *On y va samedi.*
4. *On y va lundi.*
5. *On y va jeudi.*
6. *On y va mardi.*

EXAMINATION GRAMMAR IN ACTION, PAGE 34

Using the pronoun y

This provides practice of the pronoun *y* if required.

Area 7
On prend le train
Giving and seeking information about rail travel (tickets, timetables, etc.)

SB pp 62–63 1–6
CM 3/6
CD 3/1

SB 62 **READING**

1 Allez-y avec la SNCF

Students choose a suitable picture to illustrate each piece of information.

Solution: **1**C **2**E **3**A **4**D **5**F **6**B

SB 62 **WRITING**

2 Comment voyager en train

Students write an appropriate caption for each picture, practising some of the vocabulary in the *Lexique*.

Solution: Captions similar to the following:

1. *Consultez l'horaire*
2. *Achetez votre billet*
3. *Vérifiez l'heure de départ*
4. *Compostez votre billet*
5. *Montez dans le train*

SB 62–63 **VOCABULARY**

Lexique: On prend le train

This lists the main vocabulary relating to rail travel. See TB 17–18 for vocabulary games that could be used with this.

CM 3/6 **READING VOCABULARY PRACTICE**

À la gare

This copymaster provides activities to practise the language needed at a railway station.

1 Où doivent-ils aller?

Students match the sentences to the appropriate visual.

Solution: **1**H **2**J **3**D **4**G **5**A **6**B **7**I **8**C **9**E **10**F

2 Mots croisés – à la gare

Solution:

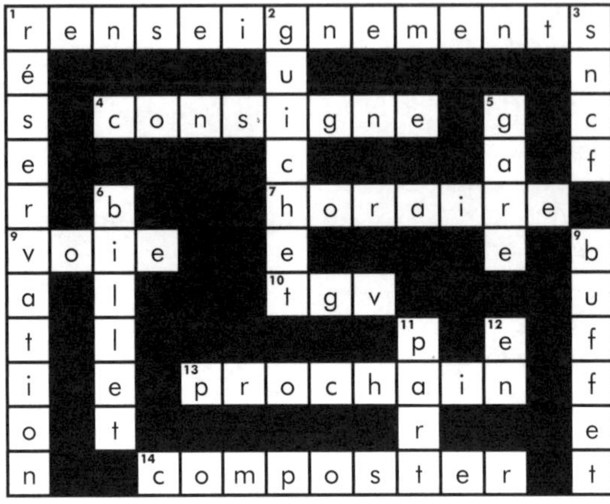

SB 63 **READING**

3 Des trains célèbres

Students read some information about the Orient Express, Eurostar and the TGV Méditerranée, then complete sentences in French.

Solution: **1** *Paris, 67,* **2** *roman (policier),* **3** *anglais,* **4** *sud,* **5** *vitesse*

SB63, 3/1 **LISTENING**

4 À la gare

Students read the questions asked in these conversations at the station, then listen and note down the answers.

Solution: **1** *quai 4,* **2 a** *Oui,* **b** *Oui (à Rouen),* **3 a** *19h10,* **b** *20h45,* **4 a** *83 euros,* **b** *Oui (12h20),* **c** *Oui,* **5 a** *Le train de 11h20,* **b** *Le côté fenêtre*

À la gare

1 – Un aller-retour pour Lille, deuxième classe, s'il vous plaît.
– Ça fait 65 euros.
– Le train pour Lille part de quel quai?
– Du quai numéro quatre.
– Merci.

2 – Le train de 12h20 est déjà parti?
– Ah oui, Monsieur. Il est parti. Le prochain train pour Dieppe part à 14h05.
– Est-ce qu'il faut changer?
– Oui, il faut changer à Rouen.

3 – Le prochain train pour Paris part à quelle heure, s'il vous plaît?
– À 19h10.
– Et il arrive à Paris à quelle heure?
– À 20h45.
– Merci.

4 – Un aller simple pour Bordeaux, première classe, c'est combien?
– 83 euros
– Est-ce qu'il y a un train vers midi?
– Pour Bordeaux?
– Oui.
– Voyons, il y a un train à 12h20.
– Est-ce qu'il y a un wagon-restaurant dans le train?
– Oui.

5 – Un aller simple pour Rennes, s'il vous plaît.
– Vous prenez quel train?
– Le train de 11h20.
– C'est un TGV, alors il faut réserver. Vous préférez le côté fenêtre ou le côté couloir?
– Le côté fenêtre.
– Alors, ça fait 48 euros avec la réservation.
– Merci.

SB 63 AND 240, **SPEAKING**

5 Un horaire

Students work in pairs to complete the train timetable.

SB 63, **SPEAKING**

6 Dialogues au choix

Students work in pairs to practise conversations involving buying tickets and asking for train information.

> **Area 8**
> ***Voyages et accidents***
> **Understanding and giving an account of a journey and an accident**
> **Using the perfect and imperfect tenses**
>
> **SB pp 64–66 1–9**
> **Au choix SB 214 6, 216 1**
> **CM 3/7**
> **CD 3/2–3/3**
> **Examination Grammar in Action, pages 32–33**

This area presents and practises the use of the imperfect and perfect tenses for describing events in the past. As this is a difficult point for many students, it could be omitted by the less able.

SB 64, 3/2 **LISTENING**

1 Vacances à vélo

First, go through the questions and options orally. Students then listen to the conversation and choose the correct answer.

Solution: **1**b **2**c **3**a **4**a **5**c **6**c **7**a **8**b **9**b **10**b

Vacances à vélo

– Salut, Laure. Tu as passé de bonnes vacances?
– Oui, merci.
– Qu'est-ce que tu as fait?
– Je suis allée à Belle-Île avec Charlotte.
– Belle-Île, c'est où, ça?
– C'est en Bretagne, c'est une île à l'ouest de Quiberon.
– Alors, comment avez-vous voyagé?
– Nous avons pris le train jusqu'à Quiberon, puis le bateau.
– Et qu'est-ce que vous avez fait sur l'île?
– Nous avons loué des vélos et nous avons fait le tour de l'île.
– C'était fatigant?
– Le premier jour, c'était un peu fatigant, mais après, ça allait mieux.
– Il y avait beaucoup de voitures?
– Non, il n'y avait pas beaucoup de circulation.
– Le paysage, c'était comment?
– C'était magnifique.
– Est-ce qu'il a fait beau?
– Heureusement oui, il a fait beau, mais un peu trop chaud.
– Qu'est-ce que vous avez vu?
– Un jour, nous avons visité le phare de Goulphar. On a grimpé jusqu'en haut. C'était intéressant.
– Et la nuit, vous avez logé à l'hôtel?
– Non, nous avons logé à l'auberge de jeunesse.
– C'était bien?
– Oui, c'était très sympa.

SB 64, **SPEAKING**

2 À deux

Students take it in turns to make up sentences to describe a recent holiday, using the expressions listed.

AU CHOIX SB 214 **SUPPORT**

6 Une carte postale

Students choose the correct words to complete a postcard about a holiday on Belle-Île.

Solution: **1** *étais,* **2** *vélo,* **3** *était,* **4** *avait,* **5** *faisait,* **6** *magnifique,* **7** *logé,* **8** *sympa*

AU CHOIX SB 216 **READING**

1 L'ascension de l'Everest

This is based on an actual interview with Christine Janin, the first French woman to climb Everest. She also climbed all the seven highest peaks in the world. Students read the text and then complete the résumé. If needed, the missing words could be written in random order on the board.

Solution: **1** *trois heures du matin,* **2** *était,* **3** *oxygène,* **4** *américains,* **5** *bouteille,* **6** *pensait,* **7** *pouvait,* **8** *arrivés,* **9** *faisait,* **10** *était*

SB 64 **GRAMMAR**

Dossier-langue
The perfect and imperfect tenses

This detailed explanation compares and contrasts the use of the imperfect and perfect tenses. It is followed by a series of tasks on SB 65 to practise each point.

SB 65 **PRACTICE**

3 C'était souvent comme ça, ou pas?

Students decide whether the verb describes a repeated action, a situation that existed for some time or a single, completed action.

Solution: **1** *habitait, conduisait,* **2** *a acheté,* **3** *partait, prenait,* **4** *a pris,* **5** *allais,* **6** *ai acheté,* **7** *a déménagé,* **8** *habitait, faisait*

SB 65 **PRACTICE**

4 On n'a pas eu de chance

Students write one verb in the imperfect tense to describe what was happening and one verb in the perfect tense to describe an action that then took place.

Solution: **1** *allions, sommes tombés,* **2** *étions, j'ai été,* **3** *faisait, a perdu,* **4** *mangeait, a cassé,* **5** *jouais, a volé,* **6** *est tombée, étions,* **7** *ont cassé, faisaient,* **8** *dormions, est entré,* **9** *étions, a eu,* **10** *étions, est arrivé*

SB 65 **PRACTICE**

5 Un cousin inconnu

Students use the imperfect tense to set the scene for a story and the perfect tense to describe the actions.

Solution: *C'était, il pleuvait, Claire regardait, elle était, elle ne voulait pas, elle ne savait pas, une voiture s'est arrêtée, un jeune homme en est descendu*

SB 65 **PRACTICE**

6 Un accident de la route

Students use the imperfect tense to describe the circumstances of the accident (1–6) and the perfect tense to describe the sequence of events (7–12).

Solution:

1 *Nous étions en route pour Rouen*
2 *Ma soeur Claire conduisait.*
3 *Elle ne faisait que 40 à l'heure.*
4 *Il faisait très mauvais.*
5 *Il pleuvait et la route était glissante.*
6 *Moi, j'avais peur.*
7 *Tout à coup, une autre voiture a coupé le virage.*
8 *Elle a essayé de l'éviter.*
9 *Elle a tourné brusquement le volant.*
10 *Mais elle a perdu le contrôle de la voiture.*
11 *Nous avons heurté un arbre.*
12 *Mais heureusement, personne n'a été blessé.*

SB 65 **READING**

7 Quelle coïncidence!

Students read a newspaper article and correct the mistakes in the list of statements that follow.

Solution:

1 *Monsieur X a heurté une voiture en roulant à Toul.*
2 *Les deux véhicules ont été fortement endommagés.*
3 *Monsieur X s'est cassé le bras gauche et a subi quelques blessures au visage.*
4 *La conductrice de l'autre voiture, en fait Madame X, s'est cassé la jambe gauche.*
5 *En arrivant à l'hôpital …*
6 *… il n'était plus question de divorce.*

This text could be used in a text manipulation package.

SB 66, 3/3 **LISTENING**

8 En ville

Start by looking at the cartoon pictures and describing what has happened in each case, e.g.

a *Une voiture a changé de file sans signaler.*
b *Une moto a grillé un feu rouge et deux voitures sont entrées en collision.*
c *Une voiture attendait au rond-point quand une autre voiture l'a heurtée à l'arrière.*
d *Un camion a reculé et est rentré dans un mur.*
e *Une voiture a freiné très brusquement.*
f *La voiture a heurté un arbre.*

Alternatively, use two or more toy cars to demonstrate some of the vocabulary, e.g.

La voiture roulait lentement/très vite quand elle a vu un obstacle dans la rue et elle a freiné brusquement.
La voiture reculait quand elle est rentrée dans un mur.
La voiture a fait demi-tour.

Students then listen to the conversations and find the correct picture for each one.

Solution: **1**A **2**C **3**D **4**F **5**E **6**B

En ville

1 – Comment l'accident est-il arrivé?
– Moi, je descendais la rue tout doucement quand la voiture devant moi a changé de file sans signaler.

2 – Mais qu'est-ce qui s'est passé?
– Eh bien, moi, j'attendais pour sortir du rond-point quand soudain, une voiture m'a heurté à l'arrière.

3 – Alors, votre mur de jardin – qu'est-ce qui s'est passé?
– Eh bien, un camion faisait demi-tour. Le camion a reculé et a fait tomber le mur. Voilà.

4 – Vous avez vu l'accident? Qu'est-ce qui s'est passé?
– L'automobiliste roulait très vite, puis au virage, il a quitté la route et il a heurté un arbre.
– Il y avait des blessés?
– Oui, l'automobiliste … on l'a transporté à l'hôpital.
– Et la voiture?
– La voiture? … Eh bien, la voiture était bonne pour la casse.

5 – Vous avez eu un accident? Qu'est-ce qui s'est passé?
– Eh bien, je descendais la rue normalement quand soudain, la voiture devant moi a freiné très brusquement. J'ai freiné aussi, mais je ne pouvais pas éviter une collision.

6 – Alors, qu'est-ce qui s'est passé exactement?
– Une moto a grillé le feu rouge. La voiture bleue a viré pour l'éviter et est entrée en collision avec une autre voiture.
– Il y avait des blessés?
– Heureusement non.

Au choix SB 216 **EXTENSION**

2 Ce n'était pas de ma faute!

Students put the verbs in the correct tense to complete the driver's account of an accident.

Solution: **1** *descendais,* **2** *roulais,* **3** *allais,* **4** *avait,* **5** *voulais,* **6** *ai signalé,* **7** *ai changé,* **8** *je suis entré,* **9** *était*

SB 66, **SPEAKING**

9 Être témoin

Working in pairs, students ask for and give details about the circumstances of an accident.

CM 3/7 **READING WRITING**

Un accident

1 Un extrait du journal
Students read the report of the road accident and answer the questions in English.

Solution: **1** c **2** a car and a moped/motorised bike, **3** Yes (the person on the moped), **4** he didn't stop, **5** witnesses

2 Un témoin
Students could work on this in pairs for speaking practice or it could be done as a written task.

Solution:
There are several possible solutions, including the following:

1. *Il était cinq heures et demie.*
2. *Il pleuvait.*
3. *Non, il n'y avait pas beaucoup de circulation.*
4. *Un cycliste descendait la rue Bonaparte quand il est entré en collision avec une voiture. L'automobiliste ne s'est pas arrêté.*
5. *Non, je ne l'ai pas pris.*
6. *C'était une Renault blanche.*
7. *C'était un homme. Il avait les cheveux bruns et une barbe. Il portait des lunettes.*

Examination Grammar in Action Pages 32–33

Using the perfect and imperfect tenses

This provides further practice of the perfect and imperfect tenses, if required.

Area 9
On décolle
Travelling by air

SB 67–69 1–5
CD 3/4–3/6

Air travel

INTRODUCTION

Begin with a brief discussion about plane journeys and airports in the UK, e.g.

Qui a pris l'avion?
Où êtes-vous allés?
De quel aéroport êtes-vous partis?
Quel est l'aéroport le plus proche de chez nous?
Quel est le plus grand aéroport au Royaume-Uni?

Present and practise the new vocabulary linked to this topic and write any new words on the board, e.g.

Un vol, qu'est-ce que c'est?
C'est un voyage en avion. Alors qu'est-ce que ça veut dire en anglais?
Avant de prendre un vol, il faut se présenter à l'aéroport pour les formalités. Il faut présenter son billet et son passeport au guichet. Puis on donne ses bagages à l'employé et on vous donne une carte d'embarquement pour le vol. Souvent, il faut faire ça une ou deux heures avant l'heure du départ.
Avec une carte d'embarquement, on peut passer dans la zone de contrôle douanier. Là, on peut acheter des choses à des prix un peu moins chers, car on ne paie pas de taxe. Seulement les passagers peuvent passer dans cette zone et acheter des produits.
Décoller, atterir, qu'est-ce que ça veut dire en anglais?

SB 67, 3/4 **LISTENING READING**

1 Départ en avion

This gives a detailed account of a journey by air from Paris. Students listen to the recording first and look at the pictures. They then read the captions and put them in the correct order. They could listen again to check their answers.

Solution: e b h j f l a g k c i d

Départ en avion

Avant de partir, j'ai téléphoné à Air France pour confirmer l'heure de départ de mon vol. J'allais prendre le vol AF812 à destination de Londres (Heathrow).
J'ai pris le RER à l'aéroport Charles de Gaulle.
De la station RER, j'ai pris la navette au terminal 2D.
J'ai mis ma grosse valise dans un chariot et je suis monté au niveau Départs.
Au guichet d'Air France, je me suis présenté pour les formalités. On a pris ma valise et on m'a donné une carte d'embarquement. Il était onze heures.
Je me suis promené un peu dans l'aéroport.
J'avais le temps. Mon vol ne partait qu'à 12h25.
Ensuite, je suis passé au contrôle des passeports et à celui de la sécurité.
Dans la zone de contrôle douanier, j'ai regardé les boutiques. Il y avait beaucoup de jolies choses.
J'ai acheté une montre.

Enfin, mon vol était indiqué sur le tableau. Je devais me rendre à la porte numéro 12.
Je suis monté à bord avec les autres passagers et à 12h25, l'avion a décollé.
Pendant le voyage, on m'a servi un petit repas et une boisson.
Après une heure environ, nous avons atterri à l'aéroport de Heathrow à Londres. J'ai reculé ma montre d'une heure pour être à l'heure locale.
J'ai récupéré ma valise, je suis passé à la douane et voilà ... je suis arrivé en Angleterre.

SB 68 **VOCABULARY**

Lexique: On prend l'avion

This lists vocabulary linked to air travel.

SB 68 **READING**

2 Où vont-ils?

Students read the details and work out the destination of each group of travellers.

Solution:

a **1** Los Angeles, **2** *Bruxelles,* **3** Delhi, **4** *Bordeaux,* **5** *Zürich*

b **1** *Francfort,* **2** *Copenhague,* **3** Hong Kong, **4** Belfast, **5** Manchester

3/5 **LISTENING**

On confirme l'heure

Students listen to the conversations in which departure and arrival times of flights are checked and write the details in their exercise books. The recorded conversations provide a model for the pairwork task 4 *On confirme le vol* (SB 68 and 240).

On confirme l'heure

1 – Pouvez-vous me confirmer l'heure du départ du vol AF986 à destination d'Edimbourg?
– Oui, le vol part à 7h35.
– Alors, c'est 7h35. Bon, merci.

2 – Pouvez-vous me confirmer l'heure du départ du vol AF8936 à destination d'Alger?
– Oui, le vol part à 10h30.
– Alors, c'est 10h30. Bon, merci.

3 – Pouvez-vous me confirmer l'heure du départ du vol RK007 à destination de Dakar?
– Oui, le vol part à 11h00.
– Alors, c'est 11h00. Bon, merci.

4 – Pouvez-vous me confirmer l'heure d'arrivée du vol AF501 en provenance de Fort de France?
– Oui, le vol arrive à 06h55.
– Alors, c'est 06h55. Merci.

5 – Pouvez-vous me confirmer l'heure d'arrivée du vol AF271 en provenance de Moscou?
– Oui, le vol arrive à 05h00.
– Alors, c'est 05h00. Merci.

6 – Pouvez-vous me confirmer l'heure d'arrivée du vol AF061 en provenance de Los Angeles?
– Oui, le vol arrive à 17h30.
– Alors, c'est 17h30. Merci.

SB 68, 3/6 **LISTENING**

3 À l'aéroport

Students listen to the recorded announcements and put the flights in order. Able students could also note down what each group of passengers is asked to do.

Solution: e d g b a f h c

A l'aéroport

1 Votre attention, s'il vous plaît. Vol Paris-Amsterdam KL324. Les passagers sont priés de se présenter à la porte numéro huit pour l'embarquement.

2 Les passagers du vol Lufthansa LH131, à destination de Düsseldorf, sont priés de se présenter au contrôle des passeports. Embarquement à 9h40, porte numéro sept.

3 Votre attention, s'il vous plaît. Les voyageurs à destination de Jersey, vol JY612, départ à dix heures, sont priés de se présenter à la porte numéro cinq. Embarquement immédiat.

4 Les passagers du vol British Airways BA305, à destination de Londres, sont priés de se présenter directement au contrôle des passeports. Embarquement immédiat, porte numéro six.

5 Les passagers du vol Air France 001 à destination de New York sont priés de se présenter immédiatement à la porte numéro deux.

6 Attention, s'il vous plaît. La compagnie Air Canada a le regret de vous annoncer que le vol Paris-Montréal, AC871 de 11h50 ne partira pas à l'heure prévue. Nous nous excusons de ce retard dû à des difficultés techniques.

7 Votre attention, s'il vous plaît. La compagnie Aer Lingus a le regret de vous informer que le vol EI515 de 13h40, à destination de Dublin, est annulé à cause du mauvais temps à Dublin. Les voyageurs sont priés de se présenter au guichet d'Aer Lingus.

8 Attention, s'il vous plaît. Les passagers du vol Swissair SR727, à destination de Genève, sont priés de se présenter au contrôle des passeports. Embarquement à 15h15, porte numéro douze.

SB 68 AND SB 240,  **SPEAKING**

4 On confirme le vol

Working in pairs, students ask and answer questions about departure and arrival times of flights.

Planning travel 

Students could use a French travel agency website to plan a journey to an interesting destination, e.g. Martinique. They could then present their findings to the rest of the class orally, possibly using an electronic whiteboard.

SB 69, **WRITING SPEAKING**

5 Un voyage imaginaire

Working in pairs, students write cues about an imaginary trip in answer to the questions in the example dialogue and then make up a conversation based on the cues.

Area 10
Further activities and consolidation

Au choix SB 216 3
CM 3/8–3/23
CD 3/7–3/16
SCD 1/19–1/22

AU CHOIX SB 216 **EXTENSION**

3 Le journal

Students read the extracts about travel incidents and find the correct title for each one.

Solution: 1b, 2a, 3f, 4e, 5d, 6c

CM 3/8, 3/7–3/8 **LISTENING READING**

Voyager en avion

This provides two listening activities and one reading task for able students.

1 La vie d'une hôtesse de l'air ou d'un steward

Students listen to the recording and choose the correct responses. More than one may apply each time.

Solution: 1bd **2**ad **3**c **4**b **5**acf **6**ae

La vie d'une hôtesse de l'air ou d'un steward

– Suzanne Bellec est hôtesse de l'air à la compagnie Air France. Elle nous parle de son métier. En quoi consiste votre métier, Suzanne?
– Bon, d'abord il y a l'accueil des passagers. On leur sert des boissons et des repas et on essaie de rendre leur voyage aussi confortable que possible. Et puis, il y a le côté sécurité. Chaque année, nous avons des séances d'entraînement pour savoir ce qu'il faut faire en cas d'incendie, d'atterrissage forcé etc.
– Pouvez-vous décrire un vol typique?
– Oui. Eh bien, avant le départ, il y a la réunion de tout l'équipage à bord. Le commandant nous renseigne sur les conditions climatiques ou la présence d'une personnalité importante parmi les passagers. On repartit les tâches: telle personne fera les annonces au micro, telle s'assiéra où etc. Puis, quand les passagers montent dans l'avion, on les aide à trouver leur place, on leur distribue les journaux. On leur demande de mettre leur ceinture de sécurité. Ensuite, quand l'avion a décollé, on fait la démonstration expliquant les consignes de sécurité. Plus tard, on se rend à l'office pour préparer les plateaux-repas ou le chariot de boissons, et on parcourt le couloir pour servir les gens.
– Le contact humain est important évidemment. Est-ce que les passagers sont difficiles, de temps en temps?
– Non, pas souvent. La plupart des passagers sont agréables. Ils sont de bonne humeur parce qu'ils partent en vacances. Mais beaucoup ont peur de prendre l'avion, plus que l'on imagine.
– Est-ce qu'il y a des aspects du métier que vous n'aimez pas?
– Il est fatigant de passer de longues heures dans un avion. Parfois on a des difficultés à respirer et les lumières fatiguent les yeux. Et puis il y a les horaires qui sont un peu exceptionnels. Il faut souvent se lever très tôt, vers quatre ou cinq heures du matin. Et parfois on est de service à Noël ou le jour de l'an.
– Et la dernière question: pourquoi avez-vous choisi ce métier?
– D'abord parce que j'adore voyager et quand je fais les lignes comme Paris-Tokyo ou Paris-Rio de Janeiro, je peux faire du tourisme en même temps. En plus, tous les employés ont droit à une importante réduction sur les billets d'avion pour les voyages personnels. On ne paie que dix pour cent du prix. C'est intéressant!

2 Avez-vous peur en avion?

Some new vocabulary is used, but students should be encouraged to guess the meaning if possible. Play the recording first for general gist comprehension, then go through the sentences in the book. Then play the recording again, perhaps using the pause button after each speaker, so students can select the appropriate résumé.

Solution: 1D **2**A **3**C **4**B **5**E **6**F

Avez-vous peur en avion?

1 J'ai peur chaque fois que je prends l'avion, mais je le prends quand même. Les moments où j'ai le plus peur, c'est au décollage et à l'atterrissage.

2 Moi, je n'ai pas du tout peur de prendre l'avion. Je sais que c'est un des moyens de transport le plus sûr, alors je n'y pense pas. Je m'installe avec un bon livre ou j'écoute de la musique et je suis bien content. J'aime bien prendre l'avion.

3 Ce qui me fait peur, c'est l'idée de mourir dans l'air. Je sais bien qu'il y a moins de risque en avion qu'en voiture ou en train. Mais dans ma tête, je pense: en cas de crash, il y a rarement des survivants.

4 Je n'ai pas toujours eu peur. Pendant des années, j'ai pris l'avion comme l'autobus, sans problème. Mais un jour, sur un vol Paris–Montréal, on est descendu brusquement. On ne sait pas pourquoi. Depuis, je ne peux plus prendre l'avion.

5 J'essaie de surmonter ma peur, mais dans la cabine, attaché à mon siège avec une ceinture, je souffre de claustrophobie. Je trouve ça ridicule et je sais que la peur est communicative, mais je ne peux pas me maîtriser.

6 J'ai eu une mauvaise expérience pendant un vol en Chine et pendant dix ans, je n'ai pas repris l'avion. Mais l'an dernier, j'ai décidé de me prendre en main. J'ai suivi un stage de désensibilisation. J'ai pratiqué des techniques de relaxation et ça a réussi. Je ne peux pas dire que je n'ai pas peur du tout, mais j'arrive à la surmonter.

3 Pour bien voyager en avion

Students complete the text, using words from the box.

Solution: 1C *cabine*, **2**F *lisez*, **3**K *vol*, **4**A *boisson*, **5**D *centre*, **6**B *bonbon*, **7**J *pieds*, **8**G *marchez*, **9**E *eau*, **10**H *montre*

CM 3/9, SCD 1/19–1/22 LISTENING

Tu comprends?

1 À quelle heure?

Solution: **1** *15h20,* **2** *midi/12h00,* **3** *dix heures du soir/22h00,* **4** *9h30,* **5** *17h25,* **6** *19h45,* **7** *20h50*

À quelle heure?

Écoutez les conversations et notez l'heure.

Ex: – Le prochain train pour Bordeaux part à quelle heure, s'il vous plaît?
– À quatorze heures trente.
– Alors, c'est à quatorze heures trente. Merci.

1 – Le prochain train pour Strasbourg part à quelle heure, s'il vous plaît?
– À quinze heures vingt.
– Quinze heures vingt, bon, merci.

2 – Tu comptes arriver à quelle heure à la maison, Sébastien?
– S'il n'y a pas trop de circulation, j'espère arriver vers midi.

3 – Bonjour, Jean et Émilie. Vous êtes rentrés tard hier soir, non?
– Oui, il y avait des embouteillages sur les routes et nous ne sommes rentrés qu'à dix heures du soir.

4 – Tu vas à Lyon en car, Lucie?
– Oui, je vais prendre le car de neuf heures trente.

5 – Le prochain bateau part à quelle heure, s'il vous plaît?
– Le prochain bateau? À dix-sept heures vingt-cinq.

6 – Daniel et Luc, vous allez prendre le train de quelle heure, pour Londres?
– Nous allons prendre le train de dix-neuf heures quarante-cinq.

7 – Est-ce que le vol de Cardiff est déjà arrivé?
– Oui, il est arrivé à vingt heures cinquante.

2 Un accident de la route

Solution: **1**c **2**c **3**c **4**c **5**a **6**c

Un accident de la route

Écoutez la conversation et cochez les bonnes cases.

– Bonjour, est-ce que je peux vous poser quelques questions sur l'accident?
– Oui, bien sûr.
– Où étiez-vous à l'heure de l'accident?
– J'étais devant la pharmacie.
– Quel temps faisait-il?
– Il faisait très chaud et il y avait du soleil.
– Et quelle heure était-il?
– Il était onze heures et demie.
– Comment était la voiture?
– C'était une petite voiture noire. C'était une voiture britannique.
– Avez-vous noté le numéro d'immatriculation?
– Oui, c'était S soixante-deux R P H.
– Et comment était l'automobiliste?
– C'était une femme. Elle avait les cheveux blancs et elle portait des lunettes.
– Bon, merci pour votre aide.

3 Un voyage scolaire

Solution: **1**b **2**b **3**a **4**a **5**b

Un voyage scolaire

Écoutez la conversation et cochez les bonnes cases.

– Est-ce que tu as fait un voyage scolaire?
– Oui, en juillet l'année dernière, je suis allé en Normandie, en France.
– Comment avez-vous voyagé?
– Nous avons voyagé en car et nous avons traversé la Manche en bateau, de Portsmouth à Caen.
– Le voyage a duré combien de temps?
– Ça a duré environ dix heures.
– Et qu'est-ce que vous avez fait?
– Nous avons fait des excursions dans la région. Nous avons visité le musée à Caen. Nous avons vu la tapisserie de Bayeux et nous avons visité une fromagerie où on fait du Camembert.
– Le voyage de retour s'est bien passé?
– Oui, il n'y avait pas de problème, mais c'était long et ennuyeux.
– Comment as-tu trouvé ça, en général?
– C'était intéressant. J'ai bien aimé la visite à la fromagerie, parce que j'adore le fromage français!

4 Les transports en commun

Solution: **1L** *la voiture,* **2H** *rapide,* **3C** *30,* **4J** *tarifs,* **5A** *10,* **6F** *gare routière,* **7G** *parking,* **8D** *aller-retour,* **9B** *20,* **10I** *supermarché,* **11E** *l'arrêt d'autobus*

Les transports en commun

Écoutez la discussion et complétez le texte.

– Est-ce que tu prends souvent les transports en commun?
– Moi, je ne prends pas très souvent les transports en commun – j'utilise mon vélo, parce que ça va plus vite quand on doit faire des petits voyages. Sinon, je prends la voiture pour aller plus loin.
– Qu'est-ce qu'il y a comme transports en commun dans ta ville?
– En ville, on a le bus, ce qui est très pratique. Il y a un nouveau circuit, maintenant, qui est plus rapide. Pour aller de chez moi au centre-ville, je mets trente minutes, maximum.
– Ça coûte cher?
– Non, ce n'est pas cher. Il y a des tarifs étudiants et on peut acheter des cartes aussi. Une carte de transport est valable pour dix voyages. On peut l'acheter dans un bureau de tabac ou à la gare routière.
– Quels sont les avantages du bus?
– À mon avis, c'est bien, parce que tu n'as pas besoin de déranger d'autres personnes.
– Hmm ... Et puis, il n'y a pas le problème de se garer, de trouver un parking.
– Ça ne coûte pas cher, et si tu fais un aller-retour en une heure, tu as un trajet gratuit. C'est bien.
– Et quels en sont les inconvénients?
– Bien sûr, quelquefois, il faut attendre un bon moment pour le bus. Le service n'est pas toujours très fréquent. Puis le soir, après vingt heures, il n'y a pas de bus.
– Et si on veut faire beaucoup d'achats, si on veut aller au supermarché, par exemple, bon, alors le bus n'est pas très pratique, surtout si l'arrêt d'autobus n'est pas tout près de la maison.

SB 69 **SUMMARY**

Sommaire

A summary of the main structures and vocabulary of this unit.

Épreuve – Unité 3

These worksheets can be used for an informal test of listening, speaking, reading and writing or for extra practice, as required. For general notes on administering the *Épreuves*, see TB 11–12.

CM 3/10–13, 3/9–3/16 **LISTENING**

Épreuve: Écouter

Partie A

1 Comment va-t-on voyager? F

Students listen to the conversations and write a letter to show which form of transport is mentioned.

Solution: 1D 2B 3C 4G 5E 6A [6 marks]

Comment va-t-on voyager?

Regardez les images. Écoutez et écrivez la bonne lettre.

Ex: – Pour aller au centre-ville, s'il vous plaît?
– Au centre-ville? Alors, ce n'est pas loin. Vous pouvez y aller à pied.

1 – Comment peut-on aller à Disneyland?
– Prenez le RER, ligne A. Ça vous amène directement au parc.

2 – Pardon, Monsieur, je voudrais aller à l'hôtel Prince Albert. C'est près du Louvre.
– Bon, alors, prenez le métro. À cette heure-ci le métro va être plus rapide que le bus.

3 – Bonjour, Madame. Est-ce qu'il y a un car pour Calais?
– Oui, bien sûr. Vous avez un car à 9h30 ou à 10h15.

4 – Comment as-tu voyagé, Jean-Pierre?
– En moto, bien sûr. Regardez, j'ai une nouvelle moto. Elle est fantastique.

5 – Tu as un vélo, Kémi?
– Un vélo? Oui, il est là-bas, au garage.

6 – Demain, je vais au Canada. Je prends l'avion de Paris à Montréal.

2 À la gare routière F

Students listen to the conversations at the bus station and answer the questions **in English**.

Solution: **1** leaflet/timetable, **2** Any reductions for students? **3** Every hour, **4** 08:15, **5** Do you have to book? **6** Not necessary [6 marks]

À la gare routière

Listen to these two conversations at the bus station and answer the questions in English.

Conversation A

– Bonjour.
– Bonjour. Je peux vous aider?
– Est-ce que vous organisez des excursions en car?
– Oui, nous organisons plusieurs excursions en car. Voici un dépliant.
– Merci, et est-ce qu il y a des réductions pour étudiants?
– Ça dépend. Il faut regarder le dépliant.
– D'accord, merci bien. Au revoir.
– Au revoir.

Conversation B

– Est-ce qu'il y a un bus pour Boulogne?
– Oui, il y a un bus pour Boulogne.
– Le bus part à quelle heure?
– Vous avez un bus toutes les heures à partir de 8h15 jusqu'à 18h15.
– Est-ce qu'il faut réserver?
– Non, ce n'est pas nécessaire.

3 Montréal ou la France? F/H

Students listen to Thomas comparing life in Montréal and in France and choose the correct letter each time.

Solution: 1B 2C 3B 4C 5B 6C [6 marks]

Montréal ou la France?

Julie et Thomas discutent de la vie de Thomas en France et à Montréal. Écoutez et pour chaque phrase, cochez la bonne case.

– Quand tu habitais à Montréal, tu avais une maison ou un appartement?
– Nous avions un appartement.
– Hmm ... C'était dans la banlieue?
– Pas du tout, c'était tout près du centre-ville et pas loin d'une station de métro, alors, on allait partout en métro. On ne se servait presque pas de la voiture, sauf le week-end.
– Mais maintenant, tout ça a changé, non?
– Ici, en France, c'est exactement le contraire. Comme on habite dans un village, on prend la voiture pour tout – aller au collège, faire des courses en ville, aller au cinéma, tout!
– Qu'est-ce que tu préfères, la vie ici ou au Canada?
– Hmm ... Je ne sais pas. À Montréal, je pouvais faire du ski en hiver et il y avait beaucoup de choses à faire. Ici, c'est un peu trop calme, mais en été, j'apprécie habiter à la campagne.

4 Un message enregistré F/H

Students listen to Luc's phone call and complete the written message with words from the box.

Solution: **1** *en panne*, **2** *seize*, **3** *fête*, **4** *en retard*, **5** *restaurant*, **6** *huit heures et demie*, **7** *son numéro de téléphone* [7 marks]
[Total for Part A: 25 marks]

Un message enregistré

Luc a téléphoné à son ami Patrick pour lui laisser un message. Remplissez les blancs avec les mots dans la case.

Salut, c'est Luc à l'appareil. Voilà un message pour Patrick. Ma voiture est tombée en panne sur l'autoroute à seize kilomètres de Poitiers. Donc, Linda et moi serons en retard pour la fête d'anniversaire de Richard. Alors, pars sans nous. Nous irons directement au restaurant et nous espérons arriver vers huit heures et demie. Oh. Explique à Richard, s'il te plaît – je n'ai pas son numéro de téléphone sur moi! À bientôt – j'espère!

Partie B

1 On va au concert F/H

Students listen to the phone conversations and write in French the method of transport to be used by each person.

Solution: **1** *en voiture*, **2** *en bus*, **3** *en voiture*, **4** *à vélo* [4 marks]

On va au concert

Comment iront-ils au concert? Remplissez les blancs en français.

– Allô! C'est Christophe?
– Oui, c'est moi. Salut, Lucie. Tu vas au concert ce soir?
– Oui, c'est pour ça que je téléphone. Tu prends le bus, toi?
– Non, non, mon père m'emmène en voiture, avec ma sœur, Annette. Mais Pierre va y aller en bus avec Francine. Et toi, qu'est-ce que tu fais, tu iras à pied?
– Ce n'est pas très loin, mais je crois que je vais y aller à vélo. Je n'aime pas tellement marcher.

2 On prend le train F/H

This is a multiple-choice item. Students listen to each conversation or announcement and tick the correct box.

Solution: **1**C **2**C **3**C **4**B **5**B and C [6 marks]

On prend le train

Écoutez et cochez la bonne case.

Ex: – Pardon, Monsieur, c'est à quelle heure, le prochain train pour Lille?
– Le prochain train pour Lille part à quatorze heures cinquante.
– Alors, quatorze heures cinquante. Merci.

1 – Le train pour Bordeaux part de quel quai?
– Du quai numéro 5.
– Du quai 5.

2 – Attention! Attention! Le train à destination de Lyon a trente minutes de retard. Retard de trente minutes pour le train à destination de Lyon.

3 – Je voudrais un aller-retour pour Paris.
– En première ou seconde classe?
– Seconde classe.
– Alors, ça vous fait 50 euros.

4 – Le train de quinze heures vingt est déjà parti?
– Ouais, il vient de partir. Le prochain train pour Dieppe part à dix-sept heures trente.
– Est-ce qu'il faut changer?
– Ouais, il faut changer à Rouen. Vous arrivez à Rouen à dix-huit heures quarante et vous avez une correspondance pour Dieppe à dix-neuf heures.

5 – Un aller simple pour Lille, s'il vous plaît.
– Vous prenez quel train?
– Le train de dix heures quinze.
– C'est un TGV, donc la réservation est obligatoire.
– Bon, d'accord.
– Alors, fumeurs? Non-fumeurs?
– Non-fumeurs.
– Et côté fenêtre ou côté couloir?
– Côté fenêtre.
– Voilà. Vous avez une place réservée en voiture non-fumeurs, côté fenêtre.

3 Est-ce qu'elle a son permis? H

Students listen to Élisabeth describing her driving test and then select the six other true statements from those listed.

Solution: the true statements are **2**, **3**, **5**, **6**, **7**, **9** [6 marks]

Est-ce qu'elle a son permis?

Élizabeth décrit son examen de conduite. Écoutez et cochez les cases des phrases qui sont vraies.

Ce n'était pas ma première tentative. Ce matin, j'avais peur, plus que la dernière fois, je crois. En plus, il faisait mauvais temps, il y avait même un peu de brouillard.

Les dix premières minutes, je tremblais visiblement et je conduisais moins vite que d'habitude. Cependant, l'inspecteur était très patient et peu à peu, je me calmais.

Pour la plupart du temps, il n'y avait pas de problèmes, mais vers la fin, il y avait des embouteillages au centre ville et un piéton a essayé de traverser la rue devant moi quand les feux étaient au vert. Heureusement, j'ai réussi à éviter un accident!

Après tout ça, je croyais bien que j'avais échoué, mais à ma grande surprise, l'inspecteur m'a félicité et il m'a dit que j'avais mon permis.

4 Tu voyages comment? H

Students listen to the discussion between Nicolas and Céline and answer the questions **in English**.

Solution: **1** by bike, **2** not far/costs nothing, **3** too slow/has too much to carry, **4** car, **5** her Mum lends her the car, **6** parking/traffic jams, **7** you are independent/can travel when you want/go right to your destination, **8** on foot/walking, **9** can listen to his personal stereo

[9 marks]
[Total for Part B: 25 marks]

Tu voyages comment?

Listen to the conversation between Céline and Daniel and answer the questions in English.

– Ah, te voilà Daniel. Tu as pris le bus?
– Non, je suis venu à vélo. Pour aller en ville, j'aime bien prendre mon vélo, parce que ce n'est pas loin et ça ne coûte rien.
– D'accord, mais pour moi, c'est un peu lent et j'ai toujours trop de paquets si je fais des courses en ville. Je préfère circuler en voiture, si possible.
– Tu as de la chance, parce que ta mère te prête sa voiture. Mais il y a quand même les problèmes du parking et le matin et le soir, il y a tant d'embouteillages en ville.
– C'est vrai, mais il y a des avantages. Par exemple, en voiture, on est indépendant, on peut voyager quand on veut et on va directement à sa destination.
– D'accord, il y a des avantages, mais pour moi, pour de petites distances, je préfère aller à pied. Comme ça, je peux écouter mon baladeur en marchant.

CM 3/14–3/16 **SPEAKING**

Épreuve: Parler

The speaking test contains two elements: two role play tasks (using either CM 3/14 or CM 3/15) and a conversation (CM 3/16). The role play tasks have a suggested script which is given on *Carte B*, so the role play dialogues can be used for practice in pairs, as an alternative to assessment.

Suggested marking scheme:

Each **role play** task is marked on a scale of 1–10 using the following criteria:

9–10	Conveys all information required (including unpredictable elements if applicable) Interacts well No prompting required
7–8	Conveys most information Little or no prompting
5–6	Conveys half the required information Little prompting necessary
3–4	Conveys less than half the required information Some prompting
1–2	Conveys only one piece of relevant information Very hesitant, reliant on prompting
0	No effective communication

The **conversation** is marked on a global basis for communication and content (maximum 10 marks) and quality of language (maximum 10 marks).

A further 10 marks are given for intonation, pronunciation and general accuracy based on **performance** throughout the speaking test.

This gives a total of 50 marks (role play tasks: 10 + 10; conversation: 10 + 10; general performance: 10). This overall mark is then divided by two to give a final mark out of 25 for speaking.

CM 3/14 **SPEAKING**

Épreuve: Parler

Role play (1)

A1 À la gare F

This task has cues in English and some visuals.

B1 Dans la rue F/H

This task has cues in English, some visuals and includes one unpredictable element.

CM 3/15 **SPEAKING**

Épreuve: Parler

Role play (2)

B2 Un problème F/H

This task has cues in English, some visuals and includes one unpredictable element.

C1 Un accident de la route H

This task has cues in French, some visuals and two unpredictable elements.

CM 3/16 **SPEAKING**

Épreuve: Parler

Conversation and discussion

The list of questions could be given to students before the test and they could be asked to select and prepare one topic in advance. The test should include questions on this topic and one other topic chosen at random. Students should be given an opportunity to answer using a range of tenses and to give opinions and reasons.

CM 3/17–21 **READING**

Épreuve: Lire

Partie A

1 À la gare F

Students write the letter for the matching symbols.

Solution: **1**C **2**E **3**A **4**D **5**G **6**F **7**I **8**H [8 marks]

2 Les petites annonces

Students find the answers from the adverts and write the correct letter.

Solution: **1**A **2**E **3**F **4**B **5**D **6**H, G **7**J **8**I [9 marks]

3 On parle des voyages F/H

Students read the four opinions about travelling and identify each writer.

Solution: **1** *Mathieu et Luc,* **2** *Luc,* **3** *Claire,* **4** *Mathieu,* **5** *Claire,* **6** *Alice et Mathieu*

[8 marks]

[Total for Part A: 25 marks]

1 Un voyage difficile F/H

Students read Pierre's account of his difficult journey and reply to the questions **in French**.

Solution: **1** *en voiture,* **2** *des travaux,* **3** *pour éviter les embouteillages/à cause des embouteillages,* **4** *à onze heures et demie,* **5** *mauvaise/la mer était mauvaise/très agitée* (there are some alternative answers)

[5 marks]

2 Les voitures, j'en ai marre! H

Students read this letter about weekend traffic and congestion in a country town. They reply **in English** to the questions, which include making deductions and understanding mood.

Suggested answers and mark scheme:

1 On summer weekends his town is blocked up with traffic. [1]
2 People responsible: tourists going south and Parisians out for a picnic [2]
3 Any **two** of: houses getting dirty/children getting chest complaints/cyclists risk getting knocked down [2]
4 **one** out of: there are already too many/tourists come off them to avoid tolls/to picnic/to admire the countryside [1]
5 **one** out of: ring road/underpass/pedestrian precincts/better public transport + **one** out of: too expensive/not practical/not realistic [2]
6 drive to Paris himself [1]
7 C [1]

[10 marks]

3 Infos routières – Évitez les accidents! H

A variety of answers are acceptable for this 'interpreting' task and they may be worded differently from the suggested solution below. This could be a useful item for practising use of a dictionary.

Solution:

A inattention, falling asleep, under- or over-inflated tyres/wrong tyre pressure, changing lanes without signalling, braking too suddenly, fatigue, drinking too much, exceeding the speed limit (any **six**)

[6 marks]

B 50 km an hour in towns, 90 km on ordinary roads (80 if wet), 130 on motorways (110 if wet) (any **two**) [2 marks]

C *aires de repos* every 10–15 km – water and toilets OR:
aires de service every 30–40 km, petrol, often shops, cafés and restaurants (any **two** facts)

[2 marks]

[10 marks]

[Total for Part B: 25 marks]

CM 3/22–3/23 **WRITING**

Épreuve: Écrire

It is suggested that students do either tasks 1–4 or tasks 4 and 5 to obtain a mark out of 50. This can be divided by two to give a total mark of 25 for writing.

Partie A

1 En route F

Students complete the lists with five different means of transport and captions for road signs. The task should be marked for communication only and inaccurate spelling should not be penalised, so long as the message is clear.

[10 marks]

2 Samedi dernier F

This task tests grammatical knowledge and some vocabulary. It should be marked for communication and accuracy. Allow one mark for the correct noun and one mark for the correct perfect tense ($\frac{1}{2}$ for part of *être*, $\frac{1}{2}$ for correct participle).

Solution: **1** *la gare, vélo,* **2** *un billet, guichet,* **3** *l'horaire,* **4** *suis monté,* **5** *est parti,* **6** *suis arrivé, suis descendu,* **7** *le métro*

[10 marks]

Partie B

3 Un message F/H

Students write a short message in reply to a message in French and covering the details in English.

Marking scheme:
Communication and completion of task requirements: 6
Quality of language: 4

[Total: 10 marks]

4 On répond à Émilie F/H

Students write a letter of 70–80 words in response to a letter in French and answering all the questions. They should use a range of tenses and express opinions.

Marking scheme:
Communication and content: 10
Quality of language: 10

[Total: 20 marks]

5 Les transports en commun H

Students write an article of 120–140 words covering the points in French and answering the questions. They should use a range of tenses and express opinions.

Marking scheme:
Communication and content: 10
Quality of language: 10
Accuracy: 10

[Total: 30 marks]

Encore Tricolore 4
nouvelle édition

unité 4 Un séjour en France

Area	Topics	Grammar	Vocabulary
4.1 *Projets de vacances*	Exchanging information about future plans	Future tense	In the future (SB 70)
4.2 *Si on faisait un échange?*	Discussing holiday and weekend activities Saying what will (or will not) happen if something else takes place	*Si* + present tense + future tense	
4.3 *Bienvenue chez nous*	Discussing what to take with you when staying with a French family Asking and answering questions Asking for help if you don't understand		Things to take (SB 75) At a family's home (SB 76) Language problems (SB 77)
4.4 *On regarde la télé*	Exchanging information and opinions about TV programmes and personalities	Emphatic pronouns	Opinions (SB 78)
4.5 *En famille*	Asking and answering questions when in France or when receiving a visitor Making comparisons between home country and France (customs, hospitality, national character, specialities, etc.)		
4.6 *Aider à la maison?*	Talking about household tasks Offering help around the house		Household tasks (SB 82)
4.7 *Objets perdus*	Reporting lost property Describing missing items	Adjectives	Describing something (SB 85)
4.8 *Objets trouvés*	Saying who something belongs to	*à* + name/pronoun *de* + noun	
4.9 *Mille fois merci*	Thanking someone for their hospitality		Saying goodbye and thank you (SB 88)
4.10 Further activities and consolidation			See also *Vocabulaire par thèmes* (SB 268–269)

Students' Book 70–89, Au choix 217–219
Class CD 3–4, **Student CD 1**

Examination Grammar in Action
pages 36–38, 54, 64, 69

Copymasters

4/1	*Des projets d'avenir* [listening, writing] (TB 94)
4/2	*Ça dépend du temps* [grammar] (TB 96)
4/3	*Infos-langue* [listening, reading] (TB 99)
4/4	*Au travail* [visual] (TB 103)
4/5	*Une enquête* [listening, speaking] (TB 104)
4/6	*Au bureau des objets trouvés* [listening, vocabulary practice] (TB 106)
4/7	*Des objets perdus et retrouvés* [grammar, reading] (TB 109)
4/8	*Chez une famille* [visual sequence – speaking, writing] (TB 111)
4/9	*On a perdu quelque chose* [visual sequence – speaking, writing] (TB 111)
4/10	*Tu comprends?* [independent listening] (TB 111)
4/11	*Presse-Jeunesse: Un restaurant pas comme les autres* [reading] (TB 112)
4/12–14	*Épreuve: Écouter* (TB 112)
4/15–17	*Épreuve: Parler* (TB 114)
4/18–21	*Épreuve: Lire* (TB 115)
4/22–23	*Épreuve: Écrire* (TB 115)

Au choix (SB 217–219)

Support

1 *En stage* (TB 93)
2 *L'anniversaire de mon père* (TB 93)
3 *Si ça se passe* (TB 96)
4 *Arrivée en France* (TB 97)
5 *Des questions utiles* (TB 102)
6 *Huit choses qui seront appréciées* (TB 103)
7 *Chasse à l'intrus* (TB 111)

General

1 *Des conversations* (TB 101)
2 *On aide à la maison* (TB 105)
3 *C'est comment?* (TB 108)
4 *On regarde des photos* (TB 109)

Extension

1 *Quand?* (TB 94)
2 *C'est utile, le dictionnaire* (TB 99)
3 *La télé* (TB 102)
4 *Mon séjour en France* (TB 103)
5 *Mon séjour en Angleterre* (TB 103)

Useful websites

Perpignan
www.mairie-perpignan.fr

Holiday and weekend activities in Paris
Pariscope – the weekly entertainment guide to what's on in Paris:
www.pariscope.fr/
Georges Pompidou Centre – a large arts complex in the centre of Paris, housing the *Musée de l'art moderne*, a large library, cinemas, bookshops and temporary exhibitions:
www.centrepompidou.fr
Le Stade de France
This gives general information and statistics about the stadium:
www.stadefrance.com
Aquaboulevard – a large aquatic park in the centre of Paris:
www.aquaboulevard.com/aqua/virtual.html

Language
This gives information and word games linked to different words and also gives links to online dictionaries and other francophone sites:
www.funambule.com/boite.htm

French television

TF1	www.tf1.fr
France 2	www.france2.fr/
France 3	www.france3.fr/
France 3 – section for younger viewers	www.france3.fr/jeunesse/superweb/
Canal plus	www.canalplus.fr/
La cinquième	www.lacinquieme.fr/
Arte	www.arte.fr/
Ina	www.ina.fr/
M6	www.m6.fr/
TV5	www.tv5.org

TV magazines

Télé 7 jours	www.tele7jours.com/index.phtml
Télérama	www.telerama.fr

Area 1
Projets de vacances
Exchanging information about future plans
Using the future tense
SB 70–72 1–9
Au choix SB 217 1–2, 219 1
CM 4/1
CD 3/17–3/19
Examination Grammar in Action, pages 36–38, page 64

Holiday plans

INTRODUCTION

Begin by talking briefly about holiday plans, asking a few questions, e.g.

Qui fait déjà des projets de vacances?
Pour quand? Pour l'été?
Qui partira? Où iras-tu?
Qui fera un échange scolaire?
Qui restera à la maison?
Vous allez travailler pendant les vacances?

SB 70 **READING**

1 On pense vacances

Students read through the holiday plans, looking up or asking about things they don't understand. With some students it may be useful to do some oral work on the text, such as asking *Vrai ou faux?* questions, e.g.

Clément partira en Angleterre (faux)
Olivier travaillera (vrai)
Céline prendra l'avion (faux)
Stéphane ira à l'étranger (vrai)

Some students could also make up their own statements, using the third person of the verbs.

Alternatively, ask questions and build up simple summaries on the board, based on a fairly standard pattern, e.g.

Clément
ne partira pas
son correspondant anglais viendra chez lui
Francine
ne partira pas
travaillera
achètera des vêtements
Olivier
ne partira pas
travaillera
achètera un portable (et une moto, plus tard)
Céline
partira en Angleterre
plus tard, sa correspondante anglaise viendra chez elle
Stéphane
partira en Guadeloupe
fera du bateau et de la plongée sous-marine
Sophie
travaillera pendant les vacances de printemps
cet été, partira à Montréal au Québec
logera chez une famille québecoise

These could be left on the board as a reference for later activities.

SB 70, 3/17 **LISTENING**

2 Qui parle?

Students listen to the recording and note down who is speaking each time. Checking back can involve varying amounts of speaking, depending on the level of ability, e.g.

- *C'est qui? C'est Céline.*
- *Comment le sais-tu?*
- *Parce qu'elle ira en Angleterre.*
- *Comment va-t-elle voyager? Elle prendra l'Eurostar.*

Solution: **1** *Céline,* **2** *Stéphane,* **3** *Sophie,* **4** *Clément,* **5** *Olivier,* **6** *Francine*

Qui parle?

1 – Alors, tu vas prendre l'Eurostar à Londres?
– Oui, c'est ça. C'est très pratique et il faut seulement trois heures pour faire Paris–Londres. Puis à Londres, je changerai de gare et je prendrai un autre train jusqu'à Wakefield.

2 – Tu prendras l'avion de Paris?
– Oui, il y a un vol direct et nos grands-parents viendront nous chercher à l'aéroport.
– C'est la première fois qu'ils vous voient?
– Ah non. Ils sont déjà venus nous voir en France, mais ce sera la première fois que nous allons chez eux en Guadeloupe.

3 – Ça va coûter cher de partir pour le Québec, non?
– Oui, c'est cher, mais on a cherché sur Internet et on a trouvé un tarif assez intéressant. Et je vais travailler pendant les vacances de printemps pour payer mon voyage.
– Où vas-tu travailler?
– À l'hypermarché. J'y travaille déjà le samedi après-midi, mais pendant les vacances, je vais y travailler cinq jours par semaine.

4 – Que feras-tu lorsque ton correspondant anglais sera chez toi?
– On va visiter la région.
– Vous allez voyager comment?
– Ben, à bicyclette. Mon copain va prêter son vélo à David.

5 – Tu ne partiras pas?
– Ah non! Tu sais que moi, je n'ai jamais assez d'argent. Alors, pendant les vacances, je travaillerai, puis je ferai des économies pour acheter les choses dont j'ai envie.
– Et qu'est-ce que tu achèteras?
– Cette année, je m'achèterai un portable, puis l'année prochaine ou dans deux ans, je me payerai une moto.

6 – Tu as des projets pour les vacances?
– Moi, non. J'ai trop de travail scolaire. Ce n'est pas très amusant, mais je ne vais pas travailler tout le temps. Samedi prochain, par exemple, je vais aller au cinéma avec mes amis. Puis pendant les grandes vacances, je vais travailler pour gagner un peu d'argent.

SB 70 **PRACTICE**

3 C'est qui?

Using the information from the recording and the text, students should be able to identify the people.

Solution: **1** *Francine*, **2** *Stéphane*, **3** *Sophie*, **4** *Olivier*, **5** *Francine*, **6** *Stéphane*, **7** *Clément*, **8** *Céline*, **9** *Sophie*, **10** *Clément et Céline*

SB 70 **VOCABULARY**

Lexique: Dans l'avenir

This lists some useful expressions of future time.

SB 71 **GRAMMAR**

Dossier-langue Future plans

Students can read through this and find some examples of each way of talking about the future. Nowadays there seems to be a certain amount of overlap in the use of the *futur proche* and the *futur simple* so, although the main guidelines are listed here, it might not be advisable to stress them too rigidly. To avoid confusion the tasks on SB 71 use *aller + infinitive*. The future tense is used for the tasks on SB 72.

SB 71,  **SPEAKING/WRITING**

4 Et les autres?

Students work in pairs to talk about the future plans of four other teenagers, using *aller + infinitive*.

SB 71 **SPEAKING/WRITING**

5 Tout le monde part?

Using the information given on SB 70 and 71, most students should be able to answer these questions, either in writing or orally, perhaps working in pairs. The least able may need help with the verbs, which are now in the third person.

Solution (suggested answers):

1 *Non, il ne va pas partir.*
2 *Il part en Guadeloupe.*
3 *Oui, elle va travailler.*
4 *Elle va travailler pour gagner de l'argent. (Elle va aller à Montréal cet été.)*
5 *Non, sa correspondante va venir chez elle.*
6 *Oui, il va aller à Londres.*
7 *Non, elle va travailler.*
8 *Oui, Philippe va faire du rugby en Écosse.*
9 *Amélie va faire du camping.*

SB 71, **SPEAKING**

6 À vous!

Students work in pairs to ask and answer questions about their own future holiday plans.

SB 71, **WRITING**

Dossier personnel

Students should now be able to write a few sentences about holiday plans for themselves, their family and their friends. They could do this work on a computer.

SB 72 **GRAMMAR**

Dossier-langue The future tense (*le futur simple*)

This explains the formation of the future tense with regular and common irregular verbs.

 **PRACTICE**

Future tense conjugation

Students can use a verb conjugation site such as www.verba.org to find the conjugation of common French verbs in most tenses. This can be a useful resource for reference, revision and to support writing and preparation for orals.

Differentiation

Some students could do the following simpler tasks in *Au choix* instead of *Activité 7*.

Au choix SB 217 **SUPPORT**

1 En stage

Students complete the conversation using regular verbs in the future tense (*je* and *tu* forms only).

Solution: **1** *prendras*, **2** *partirai*, **3** *passeras*, **4** *resterai*, **5** *passerai*, **6** *rentreras*, **7** *rentrerai*

Au choix SB 217 **SUPPORT**

2 L'anniversaire de mon père

This includes some irregular future stems.

Solution: **1** *aura*, **2** *irons*, **3** *irons*, **4** *ferons*, **5** *sera*, **6** *décorerons*, **7** *rentrera*, **8** *verra*, **9** *commencera*

SB 72, **3/18** **PRACTICE**

7 La vie à l'avenir

Students complete the text with verbs in the future tense and then check their answers by listening to the recorded version.

Solution: **1** *verra*, **2** *existeront*, **3** *apprendront*, **4** *deviendront*, **5** *traduiront*, **6** *parlerez*, **7** *entendra*, **8** *feront*, **9** *disparaîtront*, **10** *vivra*, **11** *trouvera*, **12** *iront*, **13** *regarderont*, **14** *aura*, **15** *pourra*, **16** *sera*

La vie à l'avenir

La vie change vite. Dans dix ans, on verra beaucoup de changements. Les écoles existeront toujours, mais les élèves apprendront beaucoup de choses sur l'ordinateur. Les téléphones portables deviendront de plus en plus petits et de plus en plus puissants. Ils traduiront les conversations et les messages en langues différentes. Par exemple, vous parlerez en français, et votre correspondant en Chine entendra la conversation en chinois. Pratique, non? Les gens feront leurs courses sur Internet, alors est-ce que les magasins disparaîtront?

On vivra plus longtemps, mais est-ce qu'on trouvera un moyen de guérir le cancer? Est-ce que les gens iront toujours au cinéma, ou est-ce qu'ils regarderont tous les nouveaux films à la maison? Est-ce qu'il y aura de plus en plus de voitures et de routes? Et est-ce qu'on pourra passer ses vacances sur une autre planète? Qui sait, mais la vie à l'avenir sera certainement différente.

SB 72, **SPEAKING**

8 À discuter

Working in pairs or as a class discussion, students give their opinions about how life will change in the future.

Au choix SB 219 **EXTENSION**

1 Quand?

This explains the use of the future tense after *quand* to describe events that will take place in the future (which is different from English usage) and students complete six sentences using *quand* + future tense.

Solution:

1 *Quand ma soeur aura 18 ans, elle apprendra à conduire.*
2 *Quand je finirai les examens, je penserai aux vacances.*
3 *Quand mes parents rentreront du travail, nous irons chez mes grands-parents.*
4 *Quand je t'écrirai, je t'enverrai des photos.*
5 *Quand nous serons en vacances, nous viendrons vous voir.*
6 *Quand j'arriverai chez moi, je t'enverrai un e-mail.*

Examination Grammar in Action Page 64

Using the future tense with *si* and *quand*

This provides more practice in using the future tense, including the use of the future tense after *quand*.

CM 4/1, 3/19 **LISTENING WRITING**

Des projets d'avenir

This consists of a crossword and a listening task.

1 Des mots croisés

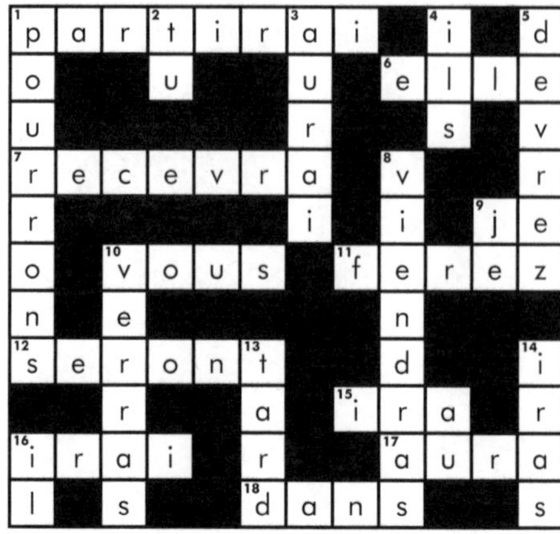

2 On parle des projets d'avenir

Some French teenagers talk about their plans for the future and for the holidays.

Students listen to the recording and do the *vrai ou faux?* task. As the names are not all mentioned, the recording could be paused after each speaker and students could be told who is speaking next.

Solution:

a **Audrey: 1**V **2**V **3**V **4**F *(elle n'a jamais fait du ski)*
Édouard: 1V **2**F *(en Suisse)*, **3**V **4**V
Florence: 1V **2**F *(vers les mathématiques)*
Juliette: 1F *(prof de maths)*, **2**V

b **1** *Audrey*, **2** *Édouard*, **3** *Juliette*, **4** *Florence*, **5** *Audrey*, **6** *Juliette*

Another task for able students would be to spot and note down the different ways of talking about the future that are used in these conversations and how often they occur.

In fact, the future simple is used in very few instances (Florence: *ça se passera, on verra*, Juliette: *je serai and j'aurai*), much more common are *je compte* + infinitive and *j'aimerais* + infinitive.)

On parle des projets d'avenir

(Audrey)
– Euh ... Audrey, que comptes-tu faire plus tard?
– Je n'en ai aucune idée, franchement, je ne sais pas du tout.
– Tu m'avais parlé que tu voulais te lancer dans les langues.
– Ben oui, j'aimerais bien persévérer dans le russe, et puis je prends arabe en troisième langue.
– Et l'anglais?
– Oui, ben, l'anglais, oui, ben, j'aimerais bien parler anglais couramment.
– Euh ... Tu comptes aller en vacances cet été?
– Je sais pas du tout, j'aimerais bien repartir au même endroit que l'année dernière, mais je, je sais pas.
– Sinon ... euh ... est-ce que tu es déjà partie au ski?
– Non, j'ai jamais fait de ski de ma vie. Et toi, qu'est-ce que tu comptes faire l'année prochaine?

(Edouard)
- Passer en seconde, mais ... euh ... faudra voir cette année déjà.
- Tu veux être dessinateur, je crois?
- Oui, dessinateur, soit BD ou industriel.
- Tu pars au ski ... euh ... aux vacances de février?
- Je pars en Suisse.
- En Suisse?
- Oui, dans les Alpes suisses ... euh ... à Saint-Luc.
- Et cet été?
- Cet été, ben, j'espère, j'espère aller à la mer ou je sais pas. Et en septembre ... euh ... je risque de partir à Berlin avec mes parents.
- Pour quoi faire?
- Euh ... mon père fait des marathons, déjà il va faire celui de Londres et après, celui de Berlin, justement.
- Tu reviens de New York?
- Oui, je reviens de New York, oui, là où mon père a fait aussi un marathon.
- Ben, c'est bien. Je te souhaite bonne chance pour l'année prochaine.
- Ben, merci, à toi aussi.
- De rien.

(Florence)
- L'année prochaine, je pense aller en, en seconde au lycée Voltaire à côté du collège Montesquieu. Je ne sais pas encore trop ... euh ... comment ça se passera. J'aimerais bien m'orienter vers les mathématiques, je sais pas encore trop pour quoi faire. Mais, bon, on verra.

(Juliette)
- Plus tard, j'aimerais être prof de maths. M'enfin bon, pour l'instant, ça peut encore changer. Euh ... quand je serai plus vieille et puis que j'aurai de l'argent ... euh ... j'essayerai de visiter les pays que je n'ai pas encore vus. Et puis, si c'est possible et ben ... euh ... j'aimerais bien aller vivre aux États-Unis.

Examination Grammar in Action Pages 36–38

Using the future tense

This provides further practice of different ways of talking about the future and using the future tense, if required.

Area 2
Si on faisait un échange?
Discussing holiday and weekend activities
Saying what will (or will not) happen if something else takes place
***Si* + present tense + future tense**

SB 73–74 1–5
Au choix SB 217 3
CM 4/2
CD 3/20

The material in this area could be used selectively or omitted with less able students or if time is short.

Un échange

INTRODUCTION

Find out if any students have been on an exchange and ask them briefly about this. Then discuss the pros and cons of doing an exchange, e.g.

Pour
- *On habite en famille, donc on a plus l'occasion de parler et d'entendre le français.*
- *On peut partager le mode de vie d'une famille.*
- *On peut faire la connaissance de jeunes Français de son âge.*

Contre
- *On est tout le temps avec la même famille.*
- *C'est plus fatigant d'être tout le temps avec des Français.*
- *On ne sait pas si on va s'entendre avec son/sa correspondant(e).*

Students could also discuss their preferences for an exchange visit: e.g. town or country, length of visit, big or small family, sharing or not sharing a room with penfriend; the things they fear, e.g. not understanding the language, not liking the food/their partner; the things they look forward to, e.g. seeing new places, trying out their French, seeing if things they have heard are really true, meeting young people, etc.

SB 73 **READING**

1 On propose un échange

Students read through this letter and do the *Vrai ou faux?* activity. Able students could also correct the mistakes. Remind students that *la Saint-Sylvestre* is 31 December. The letter sets the scene for the exchange visit that takes place later in the unit and introduces examples of *si* + present tense + future tense.

Solution: **1** *vrai* **2** *vrai* **3** *faux; Si Nathalie veut faire un échange, elle pourra aller à Paris à Pâques.* **4** *vrai* **5** *vrai* **6** *faux; Pendant son séjour, Nathalie visitera Paris.*

SB 73 **GRAMMAR**

Dossier-langue
Si + perfect tense + future tense

This explains the construction *si* + present tense + future tense. As it is the same in English, this should not cause too much difficulty.

SB 74 **READING**

2 Pour sortir ce week-end

Use the adverts as the basis for some oral work about different activities, e.g.
- *Voici des idées pour sortir. Qu'est-ce qu'on peut faire?*
- *On peut aller voir une exposition de peinture, et quoi d'autre?*

Then students could work on the activity linking the adverts with different activities.

Solution: **1**C **2**F **3**D **4**A **5**B **6**G **7**E **8**H

SB 74, 🎧 3/20 **LISTENING**

3 Des projets

Students listen to the conversation and note down the advert that corresponds to each activity.

Solution: **1**E **2**D **3**A **4**B **5**G **6**F **7**H **8**C

🎧 Des projets

1 – Qu'est-ce que tu fais ce week-end, Sandrine?
– Moi, si je n'ai pas trop de devoirs, je ferai des courses samedi après-midi.
– Tu iras au centre commercial?
– Oui, c'est ça. Il y a beaucoup de magasins là-bas.

2 – Et le soir?
– Le soir ... eh bien, si je ne suis pas trop fatiguée, j'irai à la discothèque avec mes amis.

3 – Et dimanche, tu as des projets?
– Dimanche matin, je resterai à la maison. L'après-midi, s'il fait beau, je jouerai au tennis.

4 – Et qu'est-ce que tu feras s'il pleut dimanche?
– S'il pleut, j'irai à l'exposition de Matisse au Centre Pompidou.

5 – Et toi, Luc, qu'est-ce que tu vas faire ce week-end?
– Bon, samedi matin, j'ai cours comme d'habitude. L'après-midi, s'il y a un match de football au stade, je regarderai le match.

6 – Et le soir?
– Le soir, si j'ai assez d'argent, j'irai au cinéma. On passe 'La reine Margot' au cinéma Gaumont: on dit que c'est un très bon film.

7 – Et dimanche?
– Alors, dimanche matin, si je me lève assez tôt, j'irai à la piscine.
– Bonne idée! J'irai avec toi, si tu veux.

8 – Et l'après-midi, si j'ai le temps, j'irai au marché aux puces. Et le soir, je ferai mes devoirs.

SB 74 **PRACTICE**

4 Où iront-ils?

Students complete the sentences with the correct form of *aller* in the future tense.

Solution: **1** *j'irai,* **2** *j'irai,* **3** *nous irons,* **4** *nous irons,* **5** *Luc ira,* **6** *il ira,* **7** *Luc et Sandrine iront,* **8** *Luc ira*

SB 74, 💻 **WRITING**

Dossier personnel

Students now write some sentences using a *si* clause and an appropriate activity. They could use a computer to prepare the sentences.

CM 4/2 **GRAMMAR**

Ça dépend du temps

This provides further practice of the future tense, using the third person and first person. It can be done orally or in writing.

1 Vrai ou faux?

Solution: **1**V **2**F **3**F **4**V **5**F **6**F

2 Que fera tout le monde?

Students should complete each sentence to describe what each person will do if the weather is bad.

Solution:

1 *Jean-Claude fera ses devoirs.*
2 *Nicole ira au cinéma.*
3 *André rangera sa chambre.*
4 *Marie-Claire regardera une vidéo.*
5 *Marc écoutera de la musique.*
6 *Charlotte écrira des lettres.*

3 Météo

Students have to read the weather forecast and decide what each person will be doing.

Solution:

1 *Il fera beau.*
2 *Jean-Claude jouera au football. Nicole ira à la piscine. André fera du vélo. Marie-Claire jouera au tennis. Marc ira au match de rugby. Charlotte fera des achats en ville*

4 Samedi prochain

Students give their own plans for Saturday, with an alternative in case of bad weather and ask each other about their plans.

SB 74 **WRITING**

5 Une réponse

a Students read the letter, then write out the verbs in the future tense.

Solution: **1** *ira,* **2** *serons,* **3** *pourrai,* **4** *arriverai,* **5** *viendra,* **6** *prendrai,* **7** *posera,* **8** *pourras,* **9** *commenceront,* **10** *pourras,* **11** *passerons*

b Students reply to the questions on behalf of Sandrine. The answers form a *résumé* of the letter, and some students could just write this *résumé*.

Solution:

1 *Elle pourra venir le 4 ou le 5 avril.*
2 *Elle veut bien aller en classe avec Sandrine.*
3 *Elle voyagera en eurostar.*
4 *Elle arrivera à Paris à 17h30.*
5 *Je pourrais aller chez elle à partir du 19 juillet.*
6 *J'irai en classe (au collège) pendant deux jours.*
7 *Je passerai quelques jours à visiter Londres/J'irai à Londres/Je visiterai Londres.*

Au choix SB 217 **SUPPORT PRACTICE**

3 Si ça se passe

Students follow the lines to complete the sentences.

Solution:

1 *Si on arrive à l'heure, on ira en ville ce soir.*
2 *Si nous avons le temps, nous irons à la piscine.*
3 *Si j'ai assez d'argent, je t'achèterai un cadeau.*
4 *S'il fait beau demain, on fera un pique-nique sur la plage.*
5 *S'il n'y a pas de bus, je prendrai un taxi.*

Si je vais en France ... **ORAL PRACTICE**

For extra oral practice, students could try to think of as many different endings to this as possible in a short time limit, e.g.

- *je ne reviendrai jamais.*
- *je parlerai français tout le temps.*
- *je comprendrai tout.*
- *je ferai comme les Français.*

Area 3
Bienvenue chez nous
Discussing what to take with you when staying with a French family
Asking and answering questions
Asking for help if you don't understand

SB 75–77 1–11
Au choix SB 217 4, 219 2
CM 4/3
CD 3/21–3/23

WRITING

Un séjour en famille

Students might like to make a mini-guide on staying with a family in a French-speaking country as they work through this area. It could include tips on what to take, useful questions and phrases and some sample dialogues. This can be introduced as follows:

- *On va préparer un petit guide pour les personnes qui vont faire un séjour en famille. Alors, avant de partir, il faut faire sa valise.*

Clothing **REVISION**

Start with a brainstorming session in pairs, groups or class to see how many items of clothing students can remember. Write these on the board.

SB 75 **WRITING**

1 On fait sa valise

Discuss with students what they might want to take on holiday and write some ideas on the board, e.g.

- *Si on part en vacances demain, qu'est-ce qu'on mettra dans sa valise?*
- *Des T-shirts, un short, un jean, etc.*
- *Et à part les vêtements, qu'est-ce qu'on prendra?*
- *Une trousse de toilette, bien sûr, avec une brosse à dents, du dentifrice, du savon, un gant de toilette, du déodorant, etc.*

(If wished, actual items could be used to teach these.)

- *Et en plus, pour s'amuser, on prendra peut-être un appareil-photo, un baladeur, des CD/cassettes, des livres, etc.*
- *Et comme cadeaux pour la famille, on pourra peut-être prendre des spécialités régionales, etc*

Students then write checklists of things to take: eight items of clothing, two presents, washing things and four personal items.

The lists are later used for a guessing game. Less able students could write their lists by copying from the board.

SB 75, **SPEAKING**

2 Qu'est-ce qu'on prendra?

When students have completed their lists, these could be used for a pairwork game, in which each has ten guesses in turn and tries to find out as many items as possible on their partner's list.

SB 75 **VOCABULARY**

Lexique: À mettre dans sa valise

This lists items to take on holiday.

SB 75 **PRACTICE**

3 Jeu de définitions

The answers are all found in the *Lexique*.

Solution: **1** *une pile,* **2** *une pellicule,* **3** *le shampooing,* **4** *une brosse à dents/le dentifrice,* **5** *une valise,* **6** *une trousse de toilette*

Au choix SB 217 **SUPPORT LISTENING**

4 Arrivée en France

This has been included as optional preparation for the main task (SB 76 below) for less able students. A summary of the sequence of events, based on the sentences in *Au choix*, but in English, could be written on the board in jumbled order. When students have listened to the text, they could put this summary or the summary in *Au choix* in the correct order.

Solution: **c, g, e, b, f, d, h, a**

SB 76, 3/21 **PRESENTATION LISTENING**

4 Arrivée en France

This presents the main language needed when arriving and staying with a French family. The recording is in two sections.

Check that students understand the following:

- *Tutoyer, qu'est-ce que ça veut dire? Ça veut dire, dire 'tu' au lieu de 'vous'.*
- *Les choux de Bruxelles sont des légumes. Qu'est-ce que c'est en anglais?*

Students then listen to each section first to get the general gist and then to complete the résumé. If necessary, write the missing words on the board.

Solution: **1** *jus d'orange,* **2** *sœurs,* **3** *deuxième,* **4** *armoire, commode,* **5** *couloir,* **6** *livre (sur Londres), CD,* **7** *sept heures et demie,* **8** *poulet, riz,* **9** *téléphoner*

Arrivée en France

On s'installe

– Entrez, entrez. Allez vous asseoir, David. Je peux te tutoyer, non? Veux-tu quelque chose à boire? Il y a du jus d'orange, de la limonade, du coca, du thé ...
– Hmm ... Un jus d'orange, s'il vous plaît.
– David, je te présente ma sœur, Marion.
– Bonjour David. Tu as fait bon voyage?
– Oui, très bien, merci.
– Et voici ma petite sœur, Camille.
– Bonjour.
– Je vais te montrer ta chambre. Elle est au deuxième étage.
– Elle est bien, la chambre. Alors, je vais m'installer. Où est-ce que je peux mettre mes vêtements?
– Il y a de la place dans l'armoire et dans la commode. Voilà.
– Bon, et où se trouvent les toilettes et la salle de bains?
– C'est là-bas, au bout du couloir.
– Ah oui, je vois.

Au salon

– J'ai des petits cadeaux pour vous.
– Mais David, il ne fallait pas.
– Voilà Madame, pour vous. Et pour toi, Clément.
– Un livre sur Londres, c'est très gentil, David. Merci.
– Un CD. Excellent! J'adore cette musique.
– On mangera vers sept heures et demie, David. Est-ce qu'il y a quelque chose que tu n'aimes pas?
– Euh ... je n'aime pas beaucoup le saucisson, ni les choux de Bruxelles.
– D'accord. Alors ce soir, on mangera du poulet avec du riz. Et le soir, tu te couches à quelle heure, normalement?
– Vers dix heures et demie, onze heures.
– Bon. Est-ce que tu as besoin de quelque chose?
– Non, je ne crois pas ... mais est-ce que je peux téléphoner à mes parents ce soir?
– Oui, bien sûr.

SB 76 **READING**

5 Des questions posées

Students read through all the questions to find the three questions asked by David. These are: b, c and f.

SB 76 **PRACTICE**

6 Quelle est la question?

The same questions are used for this task, where students work out the relevant question for each picture.

Solution:

A *Et le soir, tu te couches à quelle heure?*
B *Veux-tu quelque chose à boire?*
C *Où est-ce que je peux mettre mes vêtements?*
D *Est-ce que je peux téléphoner à mes parents?*
E *Où se trouvent les toilettes et la salle de bains?*
F *Est-ce qu'il y a quelque chose que tu n'aimes pas (manger)?*

SB 76 **VOCABULARY**

Lexique: Chez une famille

This lists some useful words for use when staying in a French home.

SB 76, **SPEAKING**

7 À la maison

This is a similar, but shorter, conversation than the earlier one. Students work in pairs to practise and invent dialogues, as suggested.

SB 76, **WRITING**

8 Des questions utiles

Students write a list of suitable questions that can be added to their guide, *Un séjour en famille*.

SB 77, 3/22 **LISTENING**

9 Je vous présente ...

This presents some examples of formal and informal language used in different situations. First look through the photos and explain that David is going to be introduced to these people. Students should then listen to the recording and complete the sentences.

Solution: **1** *grand-père,* **2a** *copain, tu,* **2b** *une semaine,* **2c** *collège,* **3a** *prof(esseur) d'anglais, vous,* **3b** *cours,* **3c** *villes,* **4a** *copine,* **4b** *cantine,* **4c** *nourriture*

Je vous présente ...

1 – Papi, je te présente David, mon correspondant anglais. David, je te présente mon grand-père.
– Bonjour, David.
– Bonjour, Monsieur.
– C'est ton premier séjour en France?
– Oui, Monsieur.
– Et ça te plaît?
– Ah oui, beaucoup.
– Et tu viens d'où exactement?
– Je viens de Londres. Vous connaissez l'Angleterre?
– Ah non, malheureusement pas, je ne suis jamais allé en Angleterre.

2 – Voici Alain, c'est un copain. Alain, voici David, mon corres anglais.
– Salut, David. Ça va?
– Salut Alain. Oui, ça va.
– Tu viens d'où en Angleterre, David?
– De Londres.
– C'est pas vrai! Moi, j'ai passé une semaine à Londres en voyage scolaire. C'était génial. On s'est marré comme tout. Et toi, t'es déjà venu en France?
– Non, c'est ma première visite.
– Tu viens au bahut?
– Euh ... comment? Je n'ai pas compris le mot 'bahut'.
– Ah, excuse-moi ... le bahut, c'est du français familier. Ça veut dire le collège. Tu viens en classe avec nous?
– Oui.
– Bon, à tout à l'heure.
– Au revoir.

3 – David, maintenant nous avons anglais. Je vais te présenter à mon prof d'anglais. Madame Legrand, je vous présente David Parry, mon correspondant anglais.
– Bonjour, David, et bienvenue en France.
– Bonjour, Madame.
– Vous allez assister aux cours aujourd'hui?
– Oui, Madame, si possible.
– Bon, aujourd'hui, on va parler un peu des villes britanniques. Et vous venez d'où en Grande-Bretagne?
– De Londres.
– Ah, mais c'est parfait! On va vous poser des questions.

4 – Tiens, voilà Sophie. Sophie, voici David, mon corres anglais. David, voici Sophie, une copine.
– Bonjour, David.
– Bonjour, Sophie.
– Tu passes la journée au collège?
– Oui, c'est ça.
– On va à la cantine. Et toi, t'as déjà mangé?
– Non, pas encore. On y mange bien?
– Ça dépend. Je ne sais pas ce qu'il y a comme bouffe aujourd'hui. Normalement, c'est pas mal.
– 'Bouffe', qu'est-ce que ça veut dire?
– La bouffe? C'est du français familier, ça. Ça veut dire la nourriture.

SB 77 **GRAMMAR**

Dossier-langue
Formal and informal language

This explains some of the features of formal and informal language. Students who have met French teenagers might be familiar with more slang words and these could be listed on the board.

Au choix SB 219 **EXTENSION VOCABULARY**

2 C'est utile, le dictionnaire

This provides optional practice in understanding *le français familier* for those who are interested. Read out the list of slang words and ask students to guess the equivalent in correct French. They could then listen to the recording *'Tu as bien compris?'* (see CM 4/3 below) or consult the glossary to check their answers.

Solution: **1**g **2**a **3**b **4**c **5**f **6**d **7**h **8**e

CM 4/3, 3/23 **LISTENING READING**

Infos-langue

This gives some general information about colloquial language and idiomatic expressions for optional use with those interested.

La langue des jeunes

This explains aspects of informal language used by young people and refers to *l'argot*, *le français familier* and *le verlan*.

1 Tu as bien compris?

For optional practice of colloquial language, students read these short conversations and guess the meaning of the word in colloquial French. They then listen to the recording to check their answers.

Solution: **1**a **2**a **3**b **4**b **5**a **6**b **7**b **8**b

Further information could be given about *verlan*, if students are interested. When talking among themselves, young people often use slang or *verlan* (*l'envers* meaning 'the other way round', said backwards). *Le verlan* is a sort of code, where words or syllables are said backwards, e.g. *chan-mé* (*méchant*) or *zarbi* (*bizarre*). This type of code has existed for centuries, in English as well as French, when people wanted to communicate secretly.

Tu as bien compris?

1 – Je dois aller au commissariat. Tu sais où ça se trouve?
– Non, mais il y a un flic là-bas. Tu peux lui demander.
– Un flic, qu'est-ce que c'est?
– Un flic, c'est un agent de police.

2 – Tu es prête?
– Non, je cherche mes godasses. Tu les as vues?
– Il y a des godasses près de la porte. Ce sont les tiennes?
– Ah oui, merci. Je les mets tout de suite. Ça y est. Je suis prête.
– Les godasses, ça veut dire quoi?
– Les godasses, c'est les chaussures.

3 – Tu as trouvé un petit boulot pour les vacances?
– Oui, je vais travailler comme caissier à l'hypermarché.
– Un boulot, qu'est-ce que c'est?
– Un boulot, c'est un petit job.

4 – Comment vas-tu rentrer à la maison?
– Ma sœur vient me chercher en bagnole.
– Une bagnole, qu'est-ce que ça veut dire?
– Une bagnole, ça veut dire une voiture.

5 – Tu as vu le match, samedi?
– Non, j'ai dû bosser tout le week-end.
– Bosser, ça veut dire quoi?
– Bosser, ça veut dire travailler.

6 – Qu'est-ce qu'il y a comme bouffe aujourd'hui?
– Il y a du poulet avec des petits pois.
– Pas mal. On mange à quelle heure?
– Dans une demi-heure.
– Euh ... la bouffe, qu'est-ce que ça veut dire?
– La bouffe, ça veut dire la nourriture.

7 – Où vas-tu pour acheter tes fringues?
– Un peu partout: dans de petites boutiques pas chères qui ont des choses à la mode et quelquefois, dans des marchés.
– Des fringues, qu'est-ce que c'est?
– Les fringues, c'est les vêtements.

8 – Ça fait longtemps que tu travailles ici?
– Six mois à peu près.
– Et c'est intéressant comme travail?
– Non, pas du tout, c'est vraiment casse-pieds.
– Casse-pieds, qu'est-ce que ça veut dire?
– Casse-pieds, ça veut dire ennuyeux.

2 Qu'est-ce que c'est?

This task and Task 3 practise understanding vocabulary and idiomatic expressions.

Solution: **1** pine cone, **2** bowler hat, **3** conservatory, **4** seahorse, **5** wallpaper, **6** custard, **7** turtle

3 Ce n'est pas à manger!

Solution: **1**g **2**h **3**d **4**b **5**c **6**a **7**e **8**f

SB 77 **SPEAKING**

10 C'est quel mot?

a Students have to guess the word that has been forgotten by each speaker.

Solution: **1** *ciseaux,* **2** *une prise de courant,* **3** *cintres,* **4** *la poêle,* **5** *vide*

b Students make up definitions or use other strategies to convey the sense of a word forgotten.

SB 77 **VOCABULARY**

Lexique: Difficultés de langue

This lists useful phrases for explaining language difficulties.

SB 77 **SPEAKING**

11 Que dire?

Students work individually or in pairs to decide what to say in the situations outlined.

Solution:

1. *Comment dit-on 'video-recorder' en français?*
2. *Ça s'écrit comment?*
3. *Excusez-moi, mais je n'ai pas compris le mot 'embouteillage'* or *'L'embouteillage', qu'est-ce que ça veut dire en anglais?*
4. *Pouvez-vous répéter ça?*
5. *Parle plus lentement, s'il te plaît.*
6. *Pouvez-vous parler plus fort?*

Area 4
On regarde la télé
Exchanging information and opinions about TV programmes and personalities
Using emphatic pronouns
SB 78–79 1–5
Au choix SB 218 1, 219 3
CD 3/24–3/25
Examination Grammar in Action, page 54

Introduction

Ask if anyone has watched French TV or knows anything about it. Write any observations on the board to be considered later. If possible, show some current programme listings or encourage students to look these up on the Internet (see TB 16–17 for details of websites). Teach *une série, une émission, une chaîne*.

SB 78, 3/24 **LISTENING READING**

1 La télévision en France

This gives information about the main TV channels in France. Students listen and complete the notes in their books. For support, write the missing words in jumbled order on the board.

Solution: **1** *populaire,* **2** *journal,* **3** *sérieuse,* **4** *films,* **5** *sport,* **6** *émissions,* **7** *séries,* **8** *chaînes*

La télévision en France

– Sandrine, tu peux m'expliquer un peu les différentes chaînes de la télévision française?
– Oui, bien sûr. Bon, d'abord il y a TF1. C'est la chaîne la plus populaire. Beaucoup de personnes, par exemple mes parents, la mettent toujours pour le journal à 20 heures.
– Le journal, c'est les informations, non?
– Oui, c'est toutes les informations politiques, économiques etc. Puis il y a France 2, c'est une chaîne assez sérieuse.
– Alors, tu ne regardes pas France 2 très souvent?
– Moi, non. Il y a France 3 – c'est aussi une chaîne assez sérieuse, mais on passe quelquefois de bons films et pour le sport, c'est pas mal du tout.
– Ensuite, il y a Canal +. Ça, c'est une excellente chaîne, mais seulement si on a un décodeur. On y passe beaucoup de bons films, mais il faut avoir un décodeur pour les voir. Quand même, on passe aussi quelques émissions en clair, par exemple 'Nulle part ailleurs'. Et on peut regarder ces émissions sans décodeur.
La Cinquième, c'est la chaîne éducative, qui transmet des émissions uniquement pendant la journée, de 6 heures à 19 heures. Après sept heures, on a Arte qui est la chaîne culturelle. C'est complètement différent des autres chaînes. Quelquefois, on consacre une soirée entière à un thème. Notre prof nous a dit qu'on y passe de très bonnes choses!
– Ensuite, il y a M6 et pour beaucoup de jeunes, c'est la meilleure chaîne. On y passe beaucoup de feuilletons et de séries américaines. Je les regarde de temps en temps – ça détend!
– Alors pour les chaînes, c'est tout?
– Oui, ça, c'est toutes les chaînes principales. Il y a aussi le câble et les chaînes satellite, mais nous, on n'a pas ça.
– Est-ce qu'il y a de la publicité?
– Pff! Tu parles! Oui, il y a de la publicité sur toutes les chaînes – donc, pour l'éviter, on prend sa télécommande et on fait du 'zapping'!

SB 78 **PRACTICE**

2 C'est quoi, comme émission?

This matching task provides the vocabulary for different types of TV programmes.

Solution: **1** *une série américaine,* **2** *un dessin animé,* **3** *un jeu,* **4** *un documentaire,* **5** *une émission sportive,* **6** *un magazine,* **7** *une série policière,* **8** *un feuilleton*

For further practice, ask about current popular programmes, e.g.

- *Star Trek Voyager, c'est quoi, comme émission?*
- *C'est une série de science-fiction, etc.*

SB 78, 3/25, LISTENING SPEAKING

3 On peut regarder la télé?

a Students listen to the conversation, perhaps without following the text, to find out what the girls decide to watch, at what time and on which channel.

b Students then practise making up conversations in pairs.

On peut regarder la télé?

- Est-ce que je peux regarder la télé?
- Oui, bien sûr.
- Qu'est-ce qu'il y a?
- Il y a Hum! 'Questions pour un champion'. C'est un jeu. Tu aimes ça?
- Non, pas beaucoup. Je préfère les séries.
- Eh bien, il y a 'Buffy contre les vampires'. Tu aimes?
- Ah oui, ça, c'est super. C'est à quelle heure?
- C'est à cinq heures.
- Et c'est sur quelle chaîne?
- Sur M6.
- On peut regarder ça?
- Oui, d'accord.

SB 79 READING

4 Le forum télé

Students read some extracts from an Internet discussion forum about TV programmes and identify the people in the tasks that follow.

a C'est qui?

Solution: **1**E, **2**L, **3**F, **4**A

b C'est l'avis de qui?

Solution: **1**P and J, **2**J, **3**S, **4**A, **5**K, **6**F

There could then be a short general discussion, e.g.

- *Qui est d'accord avec Amandine?*
- *Qui aime regarder les séries?*
- *Student A, quelle est ta série préférée?*
- *Qui préfère les dessins animés comme 'Les Simpson'?*
- *Qui aime les jeux? etc.*

PRACTICE

Television

A great deal of information on TV programmes can be accessed on the Internet, both concerning those programmes well known in the UK and many not so well known. Tasks for students could include:

- access and view video clips from French TV websites, e.g. http://www.tf1.fr/ and give a report on them
- look at channel schedules
- look at fans' sites for positive view of programmes and critics' sites for a balanced view
- *le forum télé* – most forums on the Internet will be too hard and/or too risqué but both of these problems can be avoided if using either a children's forum or setting up the school's own forum (see TB 14–15). Students could refer to the messages (SB 79) and the *Lexique* (SB 78) for useful expressions for their own messages.

SB 78 GRAMMAR

Dossier-langue
Moi, toi, etc.

Students should be encouraged to look out for examples of emphatic pronouns in use and to include them in their own conversations, where appropriate. However, as many teachers prefer not to spend much time on these and many able students seem to use them quite naturally, only a small amount of practice is given in *Au choix*. The pronouns are also used in Area 8 to express possession.

Au choix SB 218 GENERAL GRAMMAR

1 Des conversations

This gives practice of emphatic pronouns.

Solution: **1** *moi, moi, toi,* **2** *toi, moi,* **3** *vous, moi,* **4** *elle,* **5** *vous, nous, eux,* **6** *toi, toi, lui*

Examination Grammar in Action, Page 54

Using emphatic pronouns

This provides further practice of emphatic pronouns, if required.

SB 78 VOCABULARY

Lexique: Des opinions

This gives some useful vocabulary for expressing opinions, both positive and negative.

SB 79, SPEAKING

5 À discuter

Students work in pairs on a general discussion about TV programmes. Although the titles will be in English, they should say (in French) what kind of programmes they are, when they are shown, and what they think of them, referring to the *Lexique* and the list of programme types in *Activité* 2 (SB 78), e.g.

Blackadder/Father Ted, c'est quoi comme émission?
Est-ce qu'on le passe en ce moment?
C'est quel jour, à quelle heure, etc.?

SB 79, WRITING

Dossier personnel

Students write a few sentences about TV programmes for a letter or e-mail to a discussion forum. They could use a computer and produce these in a word-processing application, or e-mail them to a friend.

Au choix SB 219 EXTENSION READING

3 La télé

Students read the message from a French girl and answer questions in English and French.

Area 5
En famille
Asking and answering questions when in France or when receiving a visitor
Making comparisons between home country and France (customs, hospitality, national character, specialities etc)
SB 80–81, 1–5
Au choix SB 217 5–6, 219 4–5
CD 3/26–3/27

The topic of having a meal with a French family is covered in *Unité 6*.

SB 80, 3/26 LISTENING

1 Au cours du séjour

This gives practice in discussing other needs and arrangements when staying with a family. Go through the visuals in the Students' Book to check that these are clearly understood. Students then listen to the conversations and decide which goes with each picture.

Solution: **1**G **2**E **3**C **4**B **5**A **6**F **7**H **8**D

Au cours du séjour

1 – J'ai oublié mon shampooing. Est-ce que je peux en emprunter?
– Oui, tu en trouveras dans le placard de la salle de bains.

2 – Tu as bien dormi?
– Oui, mais j'avais un peu froid. Est-ce que je peux avoir une autre couverture, s'il vous plaît?

3 – J'ai un peu faim. Est-ce que je peux me faire une tartine?
– Mais oui. Il y a du pain et de la confiture dans la cuisine. Ou si tu préfères, il y a des yaourts dans le frigo.

4 – Ça va? Tu as l'air fatiguée.
– Oui, je suis fatiguée et j'ai un peu mal à la tête. Je vais me reposer dans ma chambre.
– Oui, va te reposer un peu. Tu veux prendre quelque chose: de l'aspirine, peut-être?
– Non, merci.

5 – Où puis-je mettre mon linge sale?
– Mets-le dans le panier à linge dans la salle de bains. Je ferai la lessive demain.

6 – Est-ce que je peux sortir samedi soir? Sébastien, un copain de Sandrine, m'a invitée au cinéma.
– Oui. Sébastien, je le connais. Il est sympa, ce garçon.

7 – Je dois rentrer à quelle heure?
– Vers onze heures trente, minuit au plus tard.
– Oui, entendu.

8 – Je voudrais acheter des spécialités pour ramener chez moi. Où est-ce que je trouverai ça?
– C'est une bonne idée. Il y a un grand choix de spécialités régionales au supermarché. On y ira demain pour voir.

SB 80 READING

2 La bonne question

Students read through the questions and decide which goes with each picture.

Solution: **1**E **2**G **3**B **4**D **5**F **6**H **7**A **8**C

SB 80 READING

3 La bonne réponse

The replies listed include a shortened version of those given in the recording as well as some additional ones. Any appropriate reply to each question should be accepted.

Solution: **1**F/I **2**B **3**D/K **4**H **5**C **6**E **7**A **8**G/J

WRITING

Un séjour en famille

Students should write some of these questions and answers in their guide.

Au choix SB 217 SUPPORT

5 Des questions utiles

Students find two possible endings for each question.

Solution: **1** c + h, **2** e + f, **3** a + g, **4** b + d

SB 80 READING

4 Des impressions de la vie en France

Students read through the text and decide where the missing words should go. The subject could be discussed in class now or later, when further material about the differences and similarities between life in France and the UK has been used.

Solution: **1** *tôt,* **2** *moins,* **3** *céréales,* **4** *plus,* **5** *fatigante,* **6** *émissions,* **7** *tard,* **8** *longtemps,* **9** *après*

SB 81 READING

5 Vacances en Grande-Bretagne

This is an interesting but fairly demanding extract from the French teenage magazine *Okapi*. Some help is given with vocabulary. Able students should be able to work through the whole text and then do the comprehension activities.

a C'est à faire ou à ne pas faire?

Solution: *à faire:* **a**, **b**, **d**, **f**, **g**
à ne pas faire: **c**, **e**, **h**

b Students read through the list of impressions and decide which are reflected in the article.

Solution:

1 *Ils sont accueillants.*
4 *Ils sont souvent réservés et très discrets.*
5 is acknowledged as a common prejudice, but is rejected.
7 *Ils font souvent la queue.*

This could lead on to a discussion about national stereotypes and how they can be challenged.

Less able students could omit this item (and do the following *Au choix* task) or just work on one or two sections, e.g. *Mangez anglais* and *À ne pas manquer* and then do a simple *Vrai ou faux?* task, e.g.

- *En Grande-Bretagne, on mange de la sauce à la menthe avec de l'agneau.*
- *On ne trouve ni scones ni hot cross buns en France.*
- *On mange toujours du pain aux repas en Grande-Bretagne.*
- *En Grande-Bregtagne, on n'a jamais le droit de marcher sur les pelouses dans les jardins publics.*
- *Dans un pub, il y a souvent des jeux.*

Au choix SB 217 — SUPPORT READING WRITING

6 Huit choses qui seront appréciées

Students complete the eight sentences using words from the box.

Solution: **1** *lit,* **2** *rangerai,* **3** *affaires,* **4** *plats,* **5** *autres,* **6** *frigo,* **7** *aide,* **8** *intéresser*

Au choix SB 219 — EXTENSION READING

4 Mon séjour en France

Students read Katy's comments and match the titles in the box to the relevant paragraphs.

Solution: **1** *À table,* **2** *On mange bien,* **3** *La maison,* **4** *La famille,* **5** *Des émissions pareilles,* **6** *On chante en anglais*

Au choix SB 219, 3/27 — EXTENSION LISTENING

5 Mon séjour en Angleterre

Students listen to Céline talking to her friend Sébastien and make some notes about her comments.

Mon séjour en Angleterre

– Alors, c'était bien dans le Yorkshire?
– Oui oui, très bien.
– Et c'était très différent de la France?
– Ben, il y avait des différences, bien sûr: les heures des repas, par exemple. On dîne très tôt en Angleterre, vers six heures souvent.
– Ah oui, c'est très tôt en effet. Et tu as bien mangé?
– Oui, très bien. J'ai beaucoup aimé le petit déjeuner et le 'trifle'.
– Le 'trifle', c'est quoi?
– C'est un dessert fait avec des gâteaux trempés dans la 'jelly' avec de la crème anglaise et la crème Chantilly.
– Mmm, délicieux! Et le petit déjeuner, pourquoi as-tu aimé ça?
– Ben, le samedi, chez Elizabeth, on a mangé le petit déjeuner traditionnel: œuf, bacon, tout ça. Très, très bon! Mais même les autres jours j'ai beaucoup aimé ce repas à cause du grand choix de céréales qu'on a: j'en ai goûté une douzaine au moins! En plus, j'aime le pain en Angleterre, surtout le pain coupé en tranches. C'est très pratique pour faire les sandwichs et les toasts.
– Et les autres repas, tu les as aimés?
– Oui, en général, mais ils prennent le fromage après le dessert, pas avant, comme nous. Moi, je n'aime pas ça!
– Est-ce qu'il y avait des choses que tu n'as pas aimées?
– Euh ... ben ... la circulation. Tu sais qu'on roule à gauche? Je n'ai pas pu m'y habituer. En plus, sur les autoroutes, il y a souvent beaucoup d'embouteillages.
– Mais d'une façon générale, ça t'a plu?
– Beaucoup. J'espère bien y retourner l'année prochaine.

Comparing life in France and at home

DISCUSSION

At some point in this area it would be useful to have a general class discussion on comparisons between everyday life in the student's home country and France, covering daily routine, customs, food, etc

Area 6
Aider à la maison
Talking about household tasks
Offering help around the house
SB 82–83 1–7
Au choix 218 2
CM 4/4–4/5
CD 3/28–3/30

Le travail à la maison

INTRODUCTION

Ask students to think of as many household tasks as they can and list these on the board, e.g. *En quoi consiste le travail à la maison?*

SB 82, CM 4/4 — PRESENTATION PRACTICE

1 Au travail

An OHT could be made of the visual on the copymaster and each floor of the house could be slowly revealed to help students to add to the list of tasks already found.

The visuals on the OHT can then be used for a variant of the game *Effacez!* Students (remaining seated) say one of the household tasks illustrated, which is then covered up by the teacher. The game continues until all the tasks have been correctly named, but gets progressively more difficult as there are fewer tasks to choose from.

If this topic has not been covered beforehand, the picture and the *Lexique* can be used to teach the household tasks. The following activities can be used for class or pairwork practice.

1 One student says the name of a task, the other points to the correct picture or gives the letter.

2 One student thinks of a task. The other student has to guess it. The first student can only answer yes or no.

SB 82 **PRACTICE**

2 Vous avez bonne mémoire?

Students study the picture in their book for a few minutes, then close their book and write down or say as many as possible of the tasks illustrated.

An alternative task, not relying on memory, would be for students to work in pairs to describe the picture. Each in turn says a sentence about the picture and the one who can continue for the longest is the winner.

The main purpose of this task is to practise household tasks, but other sentences should also be accepted if they are correct, e.g. *Il y a X pièces dans la maison.*

SB 82 **VOCABULARY**

Lexique: Le travail à la maison

This lists the main household tasks. Students could copy the expressions on to CM 4/4 and file the sheet for reference.

SB 83, 3/28 **LISTENING**

3 Qui dit ça?

For practice of the *je* form of these verbs, students listen to the recording and note the correct sentence for each speaker.

Solution: **1**f **2**d **3**b **4**c **5**a **6**e **7**h **8**g

Qui dit ça?

Qu'est-ce que vous faites pour aider à la maison?

1 Moi, je ne fais pas grand-chose. Ma mère sait que j'ai beaucoup de devoirs, mais je fais mon lit quand même.

2 Moi, j'aide beaucoup à la maison, ma sœur aussi. Je passe l'aspirateur chaque semaine.

3 Moi, j'aide de temps en temps, par exemple le dimanche, je débarrasse la table.

4 Moi, je fais du jardinage pendant les vacances. J'aime assez faire ça.

5 Je n'aide pas beaucoup, mais quelquefois, je fais la vaisselle.

6 Moi, je range ma chambre de temps en temps.

7 Si j'ai le temps, je nettoie la salle de bains.

8 Chaque semaine, je sors les poubelles – mais à part ça, je ne fais pas grand-chose.

SB 83 **PRACTICE**

4 Un coup de main

Students make up a sentence to match each visual.

Solution:

1. *Est-ce que je peux faire la vaisselle?*
2. *Est-ce que je peux ranger la vaisselle?*
3. *Est-ce que je peux débarrasser la table?*
4. *Est-ce que je peux essuyer la vaisselle?*
5. *Est-ce que je peux faire le café?*
6. *Est-ce que je peux mettre la table?*

On met la table **CLASS PRACTICE**

The teacher could draw the outline of a table on the board and add the items, as instructed by students, e.g.

D'abord, on met la nappe.
Ensuite, on met les couteaux.

The following vocabulary could be quickly revised and written on the board for reference:

une assiette	plate
un bol	bowl
un couteau	knife
le couvert	cutlery, table setting
une cuillère	spoon
une fourchette	fork
une nappe	tablecloth
une serviette	serviette
un verre	glass

Une grille **WRITING**

A questionnaire grid is needed for the following tasks. You could use the one on CM 4/5, draw one on the board or suggest that students prepare their own, e.g.

– *On va faire une enquête sur le travail à la maison. D'abord, on va préparer un questionnaire, puis on va écouter des personnes qui répondent aux questions, puis tout le monde va participer à l'enquête, c'est-à-dire qu'on va interroger quelqu'un d'autre et on va noter ses réponses.*

Set out the grid with a list of tasks (copied from the Lexique), followed by three columns: *volontiers, de temps en temps, rarement*.

SB 83, CM 4/5,  **,**  **3/29** **LISTENING SPEAKING**

5 Une enquête

a Students listen to the speakers and complete the columns of the questionnaire accordingly. Less able students could just listen to two; more able students could listen to all four. When students have filled in the details, the answers can be checked orally, e.g.

Le monsieur, qu'est-ce qu'il fait volontiers?
Qu'est-ce qu'il fait de temps en temps?
Qu'est-ce qu'il déteste faire?

Solution:

Les tâches	volontiers	de temps en temps	rarement – je déteste faire ça!
Je sors les poubelles.	1		
Je mets la table.	1, 4		
Je lave la voiture.	1		
Je fais la vaisselle.		1, 2	
Je passe l'aspirateur.		1	2
Je fais la lessive.		2, 4	1
Je fais le repassage.		2, 4	1
Je fais les courses.	2, 4		3
Je fais la cuisine.	2, 3		
Je prépare les repas.	2		
Je fais les lits.			2
Je range (ma chambre).			2, 4
Je travaille dans le jardin.	3		
Je remplis et je vide le lave-vaisselle.		3	
Je fais le ménage.			4
Je fais les vitres.			
Je nettoie la salle de bains.			

Une enquête

1 – Monsieur, quelles sont les tâches que vous faites volontiers à la maison?
– Bon ... je sors les poubelles, je mets la table – ça ne prend pas trop de temps – et je lave la voiture aussi.
– Est-ce qu'il y a d'autres tâches que vous faites de temps en temps?
– Oui, je fais la vaisselle ou je passe l'aspirateur.
– Et est-ce qu'il y a des tâches que vous avez horreur de faire?
– Ah oui, faire la lessive et repasser, j'ai horreur de faire ça ... c'est parce que je ne sais pas bien les faire.

2 – Et vous, Madame, quelles sont les tâches que vous faites volontiers à la maison?
– J'aime bien faire les courses, faire la cuisine, préparer les repas ... enfin, ce genre de choses.
– Est-ce qu'il y a d'autres tâches que vous faites de temps en temps?
– Ah oui. Faire la lessive, repasser, faire la vaisselle.
– Et est-ce qu'il y a des tâches que vous avez horreur de faire?
– Alors, ce que je déteste faire ... euh ... eh bien ... faire les lits, ranger, passer l'aspirateur, tout ça, je n'aime pas faire.

3 – Et vous, quelles sont les tâches que vous faites volontiers à la maison?
– J'aime bien travailler dans le jardin et faire la cuisine.
– Est-ce qu'il y a d'autres tâches que vous faites de temps en temps?
– Oui, le week-end, je remplis le lave-vaisselle et je le vide.
– Et est-ce qu'il y a des tâches que vous avez horreur de faire?
– Ah oui, j'ai horreur de faire les courses: je trouve ça très ennuyeux.

4 – Est-ce que vous aidez à faire les tâches ménagères?
– Oui, de temps en temps, quand je n'ai pas trop de travail scolaire.
– Quelles sont les tâches que vous faites volontiers?
– Bon, faire les courses, mettre la table, je fais ça sans problème.
– Est-ce qu'il y a d'autres tâches que vous faites de temps en temps?
– Oui, quelquefois, je fais la lessive ou le repassage.
– Et est-ce qu'il y a des tâches que vous avez horreur de faire?
– Ah oui, faire le ménage et surtout ranger ma chambre, j'ai horreur de faire ça.

b Students work in pairs to interview one another and then prepare a short summary of their findings. This could be done as a class survey and the results collated to find out the most popular and least popular tasks. The results could be presented using ICT software.

AU CHOIX SB 218 **GENERAL**

2 On aide à la maison

Students complete sentences describing housework in the present and perfect tenses.

Solution:

a **1** *aides,* **2** *aide,* **3** *faites,* **4** *remplis,* **5** *vide,* **6** *mettons,* **7** *débarrassons,* **8** *demande,* **9** *ai,* **10** *aide,* **11** *passe,* **12** *range,* **13** *prépares,* **14** *aide,* **15** *aime,* **16** *déteste*

b **1** *as fait,* **2** *ai travaillé,* **3** *a lavé,* **4** *ai réparé,* **5** *a passé,* **6** *avons fait,* **7** *n'ai pas aidé,* **8** *ai dû*

SB 83, **WRITING**

Dossier personnel

Students write a few sentences about how the housework is organised in their family. They could use a computer to produce this.

SB 83, 3/30 **LISTENING**

6 On discute des tâches ménagères

This is an optional listening item for more able students. They listen to the interviews and then find the correct summary of the views expressed. If wished, the discussion could be continued in class.

It might be interesting to find out if boys and girls are both expected to do the same tasks, whether they are paid for helping, whether they are excused from helping at exam time, whether they are expected to always keep their room tidy or whether it is up to them.

Solution: **1**D **2**A **3**E **4**C **5**B

On discute des tâches ménagères

1 – Est-ce que je peux vous poser des questions à propos des tâches ménagères?
– Oui, allez-y.
– Bon ... qui s'occupe principalement des tâches ménagères chez vous?

– Nous deux, c'est-à-dire mon mari et moi. Nous travaillons tous les deux à l'extérieur, donc nous partageons le travail à la maison. Nous trouvons ça normal.

2 – Est-ce qu'on vous demande d'aider à la maison?
– Oui. Je dois mettre la table de temps en temps et faire la vaisselle le dimanche. Et en plus, je dois ranger ma chambre, mais j'ai horreur de faire ça. J'aime bien un peu de désordre.

3 – Qui s'occupe principalement des tâches ménagères chez vous?
– Eh bien, c'est moi. Je suis divorcée et mes enfants sont encore trop jeunes, donc je ne peux pas leur demander de faire beaucoup.
– Et ça marche?
– Oui, ça va. Je travaille à mi-temps, donc j'ai le temps et puis les enfants rangent leur chambre et parfois, ils m'aident à remplir le lave-vaisselle.

4 – Est-ce que vos enfants vous aident à faire les tâches ménagères?
– Ben ... nous, nous sommes une grande famille – il y a quatre enfants de huit à dix-sept ans – donc il y a pas mal de travail. Et tout le monde y participe. Chacun a sa tâche à faire, par exemple, le plus jeune met la table, mon deuxième fils remplit et vide le lave-vaisselle, mon fils aîné passe l'aspirateur le dimanche matin et ma fille m'aide à faire la cuisine.

5 – Est-ce que vous aidez à faire les tâches ménagères?
– Oui, de temps en temps, surtout pendant les vacances. Quand je suis en vacances, je fais des courses au supermarché et je m'occupe de mon petit frère si maman est occupée. Mais quand je suis au collège, j'ai beaucoup de travail scolaire et je n'ai vraiment pas le temps.

Area 7
Objets perdus
Reporting lost property
Describing missing items

SB 84–85 1–4
Au choix 218 3
CM 4/6
CD 3/31

SB 84 **READING**

1 Nathalie a perdu quelque chose

This introduces the topic of lost property. Students read the text and answer the questions in French.

Solution:

1 *Elle a perdu son appareil-photo.*
2 *Elle a pris des photos de la tour Eiffel.*
3 *Elle est allée au café.*
4 *Oui, elle a pris le métro.*
5 *Non, on n'a pas trouvé son appareil-photo.*

SB 84 **READING**

2 Attention à vos affaires

Students complete two leaflets to tourists about avoiding theft on the metro and of portable phones.

Solution: **Voyagez plus sûr en métro**
1 *argent,* **2** *contenu,* **3** *portefeuille,* **4** *bijoux,* **5** *sac*
Les téléphones portables
1 *rues, parlez,* **2** *tables,* **3** *pantalon*

CM 4/6 **LISTENING PRACTICE**

Au bureau des objets trouvés

This consists of a listening grid linked to Task 3 on SB 84 and a short vocabulary task.

1 On prend les détails

This is linked to the following listening task (solution below).

2 5-4-3-2-1

These could be copied out or underlined in different colours.

Solution:

5 ***couleurs:*** *bleu, gris, noir, rouge, vert*
4 ***matériaux:*** *coton, cuir, laine, plastique*
3 ***adjectifs qui indiquent la forme:*** *carré, rectangulaire, rond*
2 ***adjectifs qui indiquent la grandeur:*** *grand, petit*
1 ***verbe:*** *perdre*

SB 84, 3/31, CM 4/6 **LISTENING**

3 On prend les détails

This listening task can be used in various ways, depending on the ability of the students. Students can just listen to four or five of the conversations, identifying the missing item and noting one extra detail. Alternatively, they can first listen to all the conversations and just identify the missing item and then listen again to find out further details that can be entered on a grid. CM 4/6 provides a suitable grid. Some of the details could be filled in in advance if the task is being used with less able students.

Conversation 9 is a recording of the model dialogue in *Activité 4 On a perdu quelque chose* (SB 85) and this could be played just before students work on that task, if it is not used at this point.

Solution:

a **1**H **2**I **3**G **4**E **5**F **6**B **7**A **8**D **9**C

b

	objet perdu	*quand?*	*description (forme, couleur)*	*contenu*	*où*
1	H	*10h*	*noire*	-	*magasin*
2	I	*après-midi*	*grand, en forme de tube, rouge et bleu*	-	*bus*
3	G	*ce matin, après le petit-déjeuner*	*gris foncé, en cuir*	*passeport, portefeuille, argent*	*restaurant de l'hôtel*
4	E	*entre 10h et midi*	*en cuir noir, rectangulaire*	-	*rue Victor Hugo*
5	F	*hier soir*	*rouges, en laine*	-	*café*
6	B	*hier matin*	*bleu marine, neuves*	-	*magasin*
7	A	*11h*	*rouge*	-	*train*
8	D	-	*petit et noir, assez vieux*	-	*train*
9	C	*après-midi*	*petit et rouge, assez neuf*	-	*métro*

On prend les détails

1 – Bonjour, j'ai perdu une montre.
– Oui, quand?
– Ce matin à dix heures.
– Et, pouvez-vous en faire une petite description?
– Oui, c'est une montre noire.
– C'est quelle marque?
– Je ne sais pas.
– Et vous l'avez perdue où exactement?
– Dans ce magasin, mais je ne sais pas où exactement.
– Je suis désolé, mais nous n'avons pas votre montre.

2 – Oui, Monsieur?
– Bonjour. J'ai laissé mon sac de sports dans le bus cet après-midi.
– Oui, c'était quelle ligne d'autobus?
– La ligne 9.
– Pouvez-vous décrire votre sac?
– Alors, il est assez grand, en forme de tube.
– Oui ... hmm ... et il est de quelle couleur?
– Il est rouge et bleu.
– Et en quelle matière?
– Nylon.
– Bon, attendez un moment, s'il vous plaît.

3 – Oui, Mademoiselle. Je peux vous aider?
– Oui, j'ai perdu un sac à main.
– Où ça?
– Je crois que je l'ai laissé dans le restaurant de l'hôtel, ce matin, après le petit déjeuner.
– Oui. Il est comment votre sac?
– Il est gris foncé et il est en cuir. Il est grand ... comme ça.
– Qu'est-ce qu'il y avait dedans?
– Il y avait tout – mon passeport, mon portefeuille, de l'argent, enfin tout quoi.
– Bon, je crois que nous l'avons, votre sac. C'est bien celui-ci?
– Oui ... merci, Monsieur.

4 – Oui, Monsieur.
– J'ai perdu mon portefeuille.
– Quand l'avez-vous perdu?
– Ce matin entre dix heures et midi.
– Où ça?
– Dans la rue Victor Hugo, je crois ... mais je ne suis pas sûr.
– Il est comment votre portefeuille?
– Il est en cuir noir et il est rectangulaire.
– Est-ce qu'il y avait de l'argent dedans?
– Oui, environ 50 euros.
– Et c'est marqué à votre nom?
– Ah non.
– Attendez ... je vais voir.

5 – Bonjour, Mademoiselle.
– Bonjour, Monsieur. Je crois que j'ai laissé mes gants au café hier soir. Est-ce qu'on les a retrouvés, par hasard?
– Ils sont comment vos gants?
– Ils sont rouges et ils sont en laine.
– Attendez, s'il vous plaît ... Ce sont vos gants, Mademoiselle?
– Ah oui, merci.

6 – Oui, Mademoiselle?
– Bonjour, Monsieur. Est-ce qu'on a trouvé des lunettes de soleil? J'ai perdu les miennes hier matin. Je crois que je les ai laissées dans le magasin.
– Elles sont comment vos lunettes?
– Elles sont noires.
– Elles étaient neuves?
– Oui, elles étaient toutes neuves. C'est vraiment ennuyeux.
– Bon, attendez un moment, s'il vous plaît.

7 – Bonjour, Monsieur, j'ai perdu mon parapluie dans le train.
– Quand l'avez-vous perdu?
– Ce matin vers onze heures.
– Oui, alors il est comment votre parapluie?
– Alors, il est rouge.
– Voilà, c'est votre parapluie, Madame?
– Oui, merci, Monsieur.

8 – Je peux vous aider?
– Ah oui. J'ai perdu mon baladeur dans le train.
– Oui, alors il est comment votre baladeur?
– Il est petit ... et il est noir.
– C'est quelle marque?
– C'est un Sony.
– Et il était neuf ou il était vieux?
– Oh non, il n'était pas neuf, il était assez vieux.
– Attendez, je vais voir.

9 – Est-ce que je peux vous aider?
– Oui, j'ai perdu un appareil-photo.
– Bon, je vais prendre quelques détails. Il est comment?
– Il est assez petit et rouge.
– Il est neuf?
– Assez neuf, oui.
– Et il est de quelle marque?
– Ça, je ne sais pas.
– Il a quelle valeur à peu près?
– Oh, il a coûté à peu près 60 euros.
– Et où l'avez-vous perdu?
– Je ne sais pas, dans le métro, je crois.
– Et quand l'avez-vous perdu?

- Cet après-midi.
- Bon, je vais prendre votre nom et votre adresse et on vous avertira si on le trouve.

SB 85 **VOCABULARY**

Lexique: Pour décrire quelque chose

This lists useful language for describing lost property. For extra practice, a box or bag of lost property (umbrella, glove, purse, etc.) could be brought in and students could describe one of the items without naming it. The rest of the class have to guess which it is. This could also be done in pairs, with students putting six or so objects on the desk (pencil, pen, ruler, pencil case, exercise book, text book, etc.) and describing one item in turn (perhaps not using colours, if this would make it too easy), for the other person to guess.

Another possibility is for the teacher to 'steal' a variety of students' belongings and to refuse to give them back until the owner describes them accurately.

- *Regardez bien. Est-ce que quelqu'un a perdu quelque chose?*
- *Ah oui, moi j'ai perdu mon classeur.*
- *Il est comment?*
- *Il est rouge, rectangulaire.*
- *Il y a des lettres intéressantes dedans?*
- *Mais non. Il n'y a que des feuilles.*
- *Bon, voilà votre classeur.*

Au choix SB 218 **GENERAL PRACTICE**

3 C'est comment?

Students match written descriptions to the items illustrated.

Solution: **1**c **2**d **3**f **4**a **5**b **6**e

SB 85, **SPEAKING**

4 On a perdu quelque chose

Students work in pairs to practise this conversation and invent others. There is a recording of the model conversation at the end of *Activité 3 On prend les details* (SB 84).

> **Area 8**
> ***Objets trouvés***
> **Saying whom something belongs to**
> **SB 86–87 1–5**
> **Au choix 218 4**
> **CM 4/7**
> **CD 3/32–3/33**
> **Examination Grammar in Action, page 69**

SB 86, 3/32 **LISTENING**

1 Qu'est-ce qu'on a trouvé?

Check that students recognise and know the French for the items illustrated.

a Students listen to the conversations and identify the missing items. Able students could do this without looking at their books and note down as many details as possible about the items which have been found, including where the item was found, if mentioned.

Solution:

a **1**G **2**C **3**H **4**A **5**F **6**E **7**D **8**B

Qu'est-ce qu'on a trouvé?

1 – Bonjour, Madame. C'est le bureau des objets trouvés. Quelqu'un a rendu un appareil-photo rouge au bureau et je crois qu'il appartient à Nathalie Denis.
– Oh oui. Elle sera très contente de retrouver son appareil. On vient le chercher tout de suite.

2 – Madame, ce sont vos lunettes?
– Ah oui, merci. Mais …?
– Vous les avez laissées dans le restaurant.
– Ah bon, je vous remercie.

3 – Bonjour Madame. Je crois que nous avons trouvé votre chien. Nous avons vu un chien comme le vôtre dans la rue et il nous a suivis à la maison.
– Oh, vous avez trouvé notre chien Caspar, c'est formidable.

4 – Bonjour, Mathieu. J'ai de bonnes nouvelles – nous avons trouvé ton chat, Pierrot. Mon fils a vu un chat comme Pierrot dans notre jardin et nous l'avons encouragé à entrer dans la maison.

5 – Avez-vous vu mon pull, par hasard? Je crois que je l'ai laissé dans le car.
– Attendez, je vais regarder. Voilà – c'est bien celui-ci?
– Oui, merci.

6 – Écoute Suzanne. Marc est rentré sans sa veste. Est-ce qu'il l'a laissée dans ta voiture, par hasard?
– Oui, je viens de la trouver.
– Ah, tant mieux! Il passera la chercher dans un petit moment, si ça ne t'embête pas.

7 – Qu'est-ce que tu cherches?
– Je cherche mes clés. Tu les as vues quelque part?
– Il y avait des clés sur le canapé dans le salon.

8 – Luc est prêt?
– Presque … il cherche ses chaussures de football.
– Mais elles sont dans la cuisine, près de la porte.
– Luc, tes chaussures sont dans la cuisine.

b Students then complete the sentences taken from the conversations with the correct item. These present some different forms of the possessive adjectives, *mon, ma, mes*, etc. Students could listen to the recording again to check their answers.

Solution: **1** *appareil*, **2** *lunettes*, **3** *chien*, **4** *perroquet/oiseau*, **5** *pull*, **6** *veste*, **7** *clés/clefs*, **8** *chaussures (de football)*

SB 86 **GRAMMAR**

Dossier-langue
Expressing possession

This explains several different ways of expressing possession. Students should be familiar with the possessive adjectives, *mon, ma, mes*. If necessary, these could be revised quickly in class and students referred to *La Grammaire* (SB 245), for further reference.

Explain that there is no use of apostrophe s in French and then go through the explanation of the following structures: noun + *de* + noun; *être* + *à* + noun.

Possessive pronouns (*le mien, la mienne*, etc.) are explained in *La Grammaire* and practised in Examination Grammar in Action, page 69, tasks 4 and 5.

SB 86 READING

2 Le prix de l'honnêteté

This is based on a true story that happened in Montreal some years ago. Students should be able to understand the main details, although some of the language is quite demanding and there is a verb in the past historic at the end. It is followed by questions in English.

Solution:

1 a purse/wallet containing lottery tickets and a small amount of money
2 He was going to keep it.
3 by reading a newspaper in a bar
4 The lottery tickets had won the main prize (7 million dollars).
5 two hours
6 He returned them to the owner.
7 to reward him for his honesty
8 They were both unemployed.

SB 87 PRACTICE

3 Des objets trouvés

In this activity students have to supply the correct form of *mon, ma, mes,* etc. and then *son, sa, ses*.

Solution:

Corinne:
C'est formidable! Voilà ***mon*** *sac à main et* ***mon*** *porte-monnaie,* ***ma*** *carte d'identité,* ***mon*** *carnet de chèques,* ***mes*** *cartes de crédit,* ***mon*** *permis de conduire et* ***mes*** *stylos.*

Sébastien:
Ça, c'est ***son*** *stylo,* ***ses*** *crayons et* ***sa*** *règle; voilà* ***ses*** *cahiers et* ***ses*** *livres. Voilà aussi* ***son*** *peigne,* ***son*** *mouchoir,* ***son*** *portefeuille avec* ***son*** *argent et* ***ses*** *clés.*

CM 4/7 PRACTICE

Des objets perdus et retrouvés

The first task can be used for further practice, if required, of possessive adjectives and the structure noun + *de* + name.

1 Perdu et retrouvé

This gives practice in using possessive adjectives.

Solution:

a **1** *J'ai perdu mon gant.*
2 *J'ai perdu mon stylo.*
3 *J'ai perdu mes clefs.*
4 *J'ai perdu ma chaussette.*
b **5** *Cécile a perdu son bouton.*
6 *Marc a perdu sa montre*
7 *Élodie a perdu ses chaussures*
8 *Karim a perdu son argent.*

2 Le bureau des objets trouvés à Paris

This reading text gives information about the main lost property office in Paris and is followed by three short tasks.

Solutions:

a Quoi, par exemple?
1 any of following: *un parapluie, des clés, des gants*
2 any of following: *un vélo, une poussette*
3 any of following: *de l'argent, une montre, des bijoux*

b Combien de temps?
1 **a** *3 mois,* **b** *3 mois,* **c** *3 ans,* **d** *3 mois,* **e** *3 ans,* **f** *3 ans*

c Combien?
a 30, **b** 3, **c** 67

AU CHOIX SB 218 GENERAL

4 On regarde des photos

Further practice, if required, of possessive adjectives.

Solution: **1** *ma,* **2** *ma,* **3** *son,* **4** *ses,* **5** *tes,* **6** *mon,* **7** *ses,* **8** *leur,* **9** *son,* **10** *ton,* **11** *leur,* **12** *leur,* **13** *ton,* **14** *mon*

SB 87, 3/33 LISTENING

4 On se déguise

This provides examples and practice of the structure noun + *de* + name to express possession. Students listen to the conversations and then complete the notes about each costume, giving the name of the garment and the owner.

Solution:

1 **a** *le pull de son frère*
b *le collant de sa sœur*
c *le tapis de bain de leur (son) appartement*
2 **a** *le chapeau melon de son grand-père*
b *la chemise de son frère aîné*
c *le pantalon de son père*
d *les chaussures de son père*
3 **a** *la cape noire de son oncle*
b *le collant de sa sœur*
c *les faux ongles de sa mère*

On se déguise

– Qu'est-ce que tu vas mettre pour le bal masqué, Manon?
– Moi, je serai le Roi Lion. Je mettrai le collant brun de ma sœur et un pull jaune qui appartient à mon frère. Je vais me faire une queue en tissu et sur la tête, je me mettrai le tapis de bain de notre appartement, heureusement qu'il est jaune! Et ... je vais me maquiller le visage. Et toi, Sophie, comment y vas-tu?
– Moi, je vais y aller en clown. Je mettrai une chemise de mon grand frère, un pantalon et des chaussures de mon père et j'emprunterai le chapeau melon de mon grand-père. Et toi, Sébastien. Qu'est-ce que tu vas mettre, toi?
– Bon, moi, je crois que je serai Dracula.
– Pas besoin de te déguiser alors!
– Oh! Quand même, je vais me déguiser un peu!
– Avec quoi, alors?
– Ben, j'emprunterai la cape noire très longue de mon oncle – il est curé, vous savez! Puis je mettrai le collant noir de ma sœur, les faux ongles de ma mère (il ne faut pas lui dire!) et je me maquillerai, évidemment!

SB 87 PRACTICE

5 À qui sont ces affaires?

This task practises the structure *à* + noun/pronoun, used after *être*.

Solution:

1 *Le sac de sports est à moi.*
2 *Les lunettes sont à vous?*
3 *Les clés sont à eux.*
4 *Le portable est à toi?*
5 *La montre est à David.*
6 *L'appareil est à lui aussi.*
7 *Les valises sont à nous.*
8 *Les gants sont à Sandrine.*
9 *Le porte-monnaie est à elle aussi.*
10 *Les sacs sont à elles.*

EXAMINATION GRAMMAR IN ACTION, PAGE 69

Expressing possession

This provides further practice of expressing possession, if needed.

Area 9
Mille fois merci
Thanking someone for their hospitality
SB 88–89 1–3
CD 3/34

SB 88 **WRITING**

1 Trois cartes postales.

This gives practice in writing postcards before, during and after a trip to France and in distinguishing between past, present and future tenses. Remind students about the different tenses and suggest they look them up if necessary. Students select a sentence from each group of three to complete each postcard.

Solution:

a Nathalie
Je passé de très bonnes vacances ici et tout le monde est très gentil.
On mange très bien ici – j'aime surtout les omelettes aux champignons et les gâteaux.
Aujourd'hui je passe une journée très intéressante au collège de ma correspondante.

b Sophie
Je sais que je passerai de très bonnes vacances.
Je suis sûre que j'aimerai la nourriture québécoise, surtout le sirop d'érable.
Si possible, j'irai au sommet de la Tour Olympique.

c Clément
Nous avons passé de très bonnes vacances ensemble.
Il a beaucoup aimé la nourriture française – surtout la soupe à l'oignon et les crêpes.
La semaine dernière on a visité la région à vélo.

SB 88, **WRITING**

Dossier personnel

Most students could then write their own imaginary postcard on similar lines. They could produce this on the computer.

SB 88, 3/34 **READING LISTENING**

2 On dit 'merci'

a Students read the *résumés* and match them to the pictures.

Solution: **1**d **2**b **3**f **4**c **5**a **6**e

b Students then listen to the conversations and match them to the pictures.

Solution: **1**c **2**f **3**b **4**d **5**a **6**e

For extended practice, students could now start from the résumés and make up the conversations, eventually comparing them with the taped version.

On dit 'merci'

1 – Merci bien pour les fleurs, Simon. Ça t'a plu, ton séjour en France?
– Oh oui, je me suis très bien amusé ici!
– Alors, au revoir et bon voyage!
– Au revoir, Madame et merci beaucoup pour un séjour merveilleux.

2 – Au revoir et merci. J'ai passé une très bonne soirée chez vous.
– Au revoir, Véronique. Nous étions très contents de te recevoir.

3 – Allô, c'est Frédéric?
– Oui oui, c'est moi. C'est toi, Lucie?
– Oui, c'est moi. Je te téléphone pour te dire que je me suis éclatée à ta fête, hier soir.
– Ah bon! C'est gentil de téléphoner. Dis-moi, Lucie, qu'est-ce que tu fais samedi prochain?
– Samedi prochain ... euh ... rien de spécial.
– Tu veux aller en ville avec moi? On pourrait manger une pizza, puis aller en boîte.
– Oui, je veux bien. Merci beaucoup.
– À samedi soir, alors!

4 – Au revoir et merci beaucoup. Nous avons passé un excellent week-end chez vous.
– Oui, c'était fantastique. Merci.
– Au revoir. Nous avons été très heureux de vous revoir. Bon retour!

5 – Mille fois merci pour votre hospitalité. Je garderai un très bon souvenir de mes vacances en France.
– C'était un grand plaisir, Nathalie, et nous espérons te revoir un de ces jours.

6 – Bonjour, Hélène. C'est Roland à l'appareil.
– Ah, bonjour, Roland.
– Je te téléphone pour te dire que ta fête était sensass et pour t'inviter à aller au cinéma avec moi ce soir.
– Ben, je suis très contente que tu te sois bien amusé à la boum, mais je regrette, je ne suis pas libre ce soir.
– Tu n'es pas libre? Tant pis! À une autre fois, peut-être.

SB 88 **VOCABULARY**

Lexique: Dire au revoir et merci

This lists expressions linked with saying goodbye and thank you.

SB 89 **WRITING**

3 Une lettre pour dire merci

Students complete a letter of thanks, referring to the expressions listed on the page for help. For support, this can be planned in class and more cues given.

Area 10 Further activities and consolidation

SB 89
Au choix 217 7
CM 4/8–4/23
CD 4/1-4/6
SCD 1/23–1/26

Au choix SB 217

7 Chasse à l'intrus

This vocabulary task tests different vocabulary learnt so far in the course and can be used at any convenient point.

Solution: **1** *blanc,* **2** *une valise,* **3** *le jardin,* **4** *jouer,* **5** *des lunettes,* **6** *une serviette,* **7** *vert,* **8** *noir*

CM 4/8 **VISUAL**

Chez une famille

CM 4/9 **VISUAL**

On a perdu quelque chose

These optional worksheets provide visuals and French cues for a short narrative in five parts. They can be used for individual or class use (as an OHT) to practise speaking or writing. Some awarding bodies include a task similar to this in the speaking test. Students should describe all the events shown, but need not mention all the details.

CM 4/10, SCD 1/23–1/26 **LISTENING**

Tu comprends?

1 Au camp

Solution: **1**G *Karim,* **2**C *Lise,* **3**D *Mathieu et Thierry,* **4**A *Émilie,* **5**B *Daniel,* **6**E *Sophie*

Au camp

Tout le monde doit participer aux tâches ménagères. Qui fait quoi? Écoutez les conversations et notez la lettre qui correspond.

– Catherine, est-ce que tu peux faire les lits?
– Oui, je vais faire les lits.
– Et toi, Karim, peux-tu mettre le couvert et débarrasser la table aujourd'hui?
– Oui, mettre la table et débarrasser après le repas.
– Lise, tu peux passer l'aspirateur?
– Oui, moi, je dois passer l'aspirateur. D'accord.
– Mathieu et Thierry, vous pouvez faire la vaisselle, s'il vous plaît? C'est juste pour aujourd'hui.
– Oui, d'accord.
– Faire la vaisselle, c'est ce que je déteste le plus.
– Émilie, est-ce que tu peux faire les courses? Voici la liste.
– Faire les courses, chic, j'adore ça.
– Daniel, peux-tu aider à faire la cuisine?
– Oui, j'aime bien faire la cuisine.
– Et toi, Sophie, est-ce que tu peux sortir les poubelles?
– Oui, sortir les poubelles, ce n'est pas dur, ça.

2 En famille

Solution: **1**C **2**A **3**B **4**A **5**A **6**A **7**C

En famille

Écoutez la conversation et choisissez la bonne réponse.

– Voilà ta chambre, Dominique. Je te laisse t'installer. Est-ce que tu as besoin de quelque chose?
– Oui, je n'ai pas de dentifrice.
– On va dîner à sept heures et demie. Est-ce qu'il y a quelque chose que tu ne manges pas ou que tu n'aimes pas?
– Je n'aime pas beaucoup les champignons.
– Voilà le programme de la télé. Tu veux regarder quelque chose?
– Je veux bien voir le match de football, s'il te plaît.
– Le soir, tu te couches à quelle heure, normalement?
– Je me couche à dix heures et demie, environ.
– Tu te lèves à quelle heure le matin, pendant les vacances?
– Je me lève vers neuf heures.
– Et qu'est-ce que tu prends pour le petit déjeuner?
– Chez moi, je prends des céréales.
– Qu'est-ce qu'on va faire demain?
– Demain, on va aller au collège. J'espère que ça ne va pas être casse-pieds.
– Qu'est-ce que ça veut dire, 'casse-pieds'?
– Ça, c'est du français familier, ça veut dire ennuyeux.
– Ahh!

3 Au bureau des objets trouvés

Solution:

	Personne 1	Personne 2
Objet perdu	**Ex.** *une veste*	*un sac à dos*
Détails	*bleu marine, 38*	*grand, vert, en nylon*
Où?	*métro*	*centre commercial*
Quand?	*entre 10h00 – 12h00*	*vers 16h00*
Adresse en France	*hôtel du Parc, Lyon*	–
Trouvé (✓/✗)?	?	✓

Au bureau des objets trouvés

Écoutez les conversations et complétez la grille.

– Bonjour, je peux vous aider?
– Oui, j'ai perdu une veste.
– Pouvez-vous me faire une petite description?
– Oui, c'est une veste bleu-marine de taille 38.
– Et où l'avez-vous perdue?
– Dans le métro, je crois.
– Quand l'avez-vous perdue?
– Jeudi matin, entre dix heures et midi.
– Bon, j'ai noté. Quelle est votre adresse en France?
– Je suis à l'hôtel du Parc, à Lyon.
– Bon, merci.
– Bonjour, je peux vous aider?
– Oui, j'ai perdu un sac à dos.
– Pouvez-vous me faire une petite description?
– Oui, c'est un grand sac vert, en nylon.
– Et où l'avez-vous perdu?

– Au centre commercial. Je l'ai posé par terre et puis je l'ai oublié.
– Quand l'avez-vous perdu?
– Cet après-midi, vers seize heures.
– Bon, je crois que nous avons votre sac. C'est celui-ci?
– Ah oui, merci.

4 Des projets pour le week-end

Solution:

1 Magali: aV **b**PM **c**F **d**V
2 Philippe: aV **b**F **c**V **d**PM
3 Lucie: aF **b**V **c**F/PM **d**PM
4 Roland: aF **b**V **c**V **d**F

Des projets pour le week-end

Écoutez et écrivez V(vrai), F(faux) ou PM(pas mentionné).

– Qu'est-ce que tu vas faire samedi, Magali?
– Alors ce week-end, rien de spécial. Samedi matin, je vais aller en classe, comme d'habitude. J'ai cours jusqu'à midi. Bon, l'après-midi je vais faire mes devoirs. J'en ai beaucoup en ce moment. Puis le soir, je vais faire du baby-sitting pour ma voisine. Ça ne sera pas une soirée très passionnante, mais enfin, ça rapporte un peu d'argent. Et pendant la soirée, je peux regarder *Urgences* à la télé. C'est ma série préférée. J'adore les séries.
– Et toi, Philippe, que vas-tu faire dimanche?
– Dimanche, je vais me lever tard. Le matin, je vais aider ma mère à préparer le déjeuner. Il y a mon oncle et ma tante qui viennent déjeuner à la maison. Alors, on va rester longtemps à table. Puis après, s'il fait beau, on va peut-être faire une randonnée à la campagne. S'il ne fait pas beau, bon, on restera à la maison et je jouerai sur l'ordinateur.
– Lucie, tu vas sortir samedi?
– Oui, je n'ai pas cours le samedi matin, alors, toute la famille va aller chez mes grands-parents. Ils habitent à cent kilomètres d'ici. Donc, nous irons chez eux en voiture. Je pense qu'on partira samedi matin et on arrivera pour le déjeuner. Alors, samedi après-midi, s'il fait beau, ma sœur et moi, nous ferons une promenade à vélo. S'il fait mauvais, nous irons à la piscine. Puis le soir, je ne sais pas – on restera à la maison, on jouera aux cartes, peut-être.
– Roland, tu as des projets pour dimanche?
– Dimanche matin, je ne sais pas. À midi, on mangera à la maison, puis l'après-midi, nous irons avec mon grand-père au stade pour voir un match de football. Il adore le sport, mon grand-père. Après le match, nous rentrerons à la maison. Le soir, je finirai mes devoirs.

CM 4/11 **READING**

Presse-jeunesse: Un restaurant pas comme les autres

Students read through this story, if possible using some of the suggestions for skimming and scanning, etc. (see CM G/11), and then do the *vrai ou faux?* task.

The story could also be used as an example of the use of perfect and imperfect tenses together to tell a story.

SB 89 **SUMMARY**

Sommaire

This is a summary of the main structures and vocabulary of this unit.

Épreuve – Unité 4

These worksheets can be used for an informal test of listening, speaking, reading and writing or for extra practice, as required. For general notes on administering the *Épreuves*, see TB 11–12.

CM 4/12–14, 4/1–4/6 **LISTENING**

Épreuve: Écouter

Partie A

1 Qu'est-ce qu'on va faire? F

Students match up the statements with the pictures.

Solution: 1A **2**E **3**G **4**C **5**D **6**H **7**F [7 marks]

Qu'est-ce qu'on va faire?

Écoutez et écrivez la bonne lettre dans chaque case.

Ex: Je vais passer mes vacances à Londres.
1 Pendant les vacances, je vais travailler dans un restaurant.
2 Avec mes copains, je vais faire des promenades à vélo en Irlande.
3 Mon correspondant anglais va venir chez nous et on va visiter Paris.
4 Samedi prochain, nous allons passer la journée à la plage.
5 Je n'ai pas beaucoup d'argent, alors je vais travailler à la ferme.
6 Cet été, je ferai du camping avec ma famille.
7 J'espère partir en vacances cet été, mais d'abord, je dois réviser pour mes examens.

2 Qu'est-ce que tu vas prendre? F

Students listen to Alice discussing what she will take to England with her. They tick the things she will take. Give a mark for each item correctly ticked. Give no marks if students just tick all items.

Solution: all but E, I and J should be ticked [7 marks]

Qu'est-ce que tu vas prendre?

Alice part chez sa correspondante. Elle parle à sa copine ausujet des choses qu'elle va prendre. Écoutez et cochez les bonnes cases.

– Quand est-ce que tu partiras chez ta correspondante?
– Après demain. Je suis en train de faire ma valise.
– N'oublie pas ton appareil.
– Non, non. Je vais prendre mon petit appareil et mon nouveau baladeur que j'ai reçu pour mon anniversaire, mais pas mon sac à main. Il est trop grand.
– Tu vas prendre ton maillot de bain?
– Oui, il y a une piscine dans la ville et on va peut-être aller à la plage, alors j'ai mes lunettes de soleil aussi.

– Tu vas offrir des cadeaux à la famille, des bonbons ou un livre, par exemple?
– Bien sûr, mais pas des bonbons. J'ai un livre sur la France pour les parents et pour le petit frère de ma corres, j'ai un T-shirt que j'ai acheté à Paris.
– Et pour ta corres, tu as des CDs?
– Non, pas de CDs. Pour elle, j'ai ce joli sac pour le maquillage, avec la Tour Eiffel dessus – joli, non?
– Hmm! Très joli. Elle est sûre d'aimer ça.

3 Au bureau des objets trouvés F/H

Students listen to the conversation in the lost propety office and complete the form in French. No marks to be lost for incorrect spelling.

Solution

Objet perdu: *un sac* [example]
Forme: *grand* [1 mark]
Couleur: *noir* [1 mark]
Autres détails: *en plastique* [1 mark]
Contenu: *porte-monnaie, passeport, cartes de crédit, clés* [4 marks]
Lieu de la perte: *dans la rue, près de la gare* [1 mark – either one]]
Heure de la perte: *après 11 heures* [1 mark]
Marqué avec nom (oui ou non?): *Non* [1 mark]
Trouvé (oui ou non?): *Oui* [1 mark]

[11 marks]
[Total for Part A: 25 marks]

Au bureau des objets trouvés

Écoutez ce client au bureau des objets trouvés et remplissez la fiche en français.

– Oui, Mademoiselle.
– Bonjour, Monsieur. J'ai perdu mon sac dans la rue, près de la gare.
– Un sac, oui. Il est comment?
– Un grand sac noir, en plastique.
– Bon, et qu'est-ce qu'il y avait dans le sac?
– Il y avait tout dedans – mon porte-monnaie, mon passeport, mes cartes de crédit et mes clés.
– Quand l'avez-vous perdu?
– Je ne sais pas exactement, mais je l'avais sur moi quand j'ai quitté la gare ce matin. Alors, ça a pu être après onze heures.
– C'était marqué à votre nom?
– Non, je ne crois pas.
– Attendez un moment. Est-ce que c'est celui-ci?
– Oui! C'est mon sac. Oh, c'est fantastique! Merci beaucoup, Monsieur!

Partie B

1 Christophe est en Suisse F/H

Christophe is staying with his penfriend, Michel. Students listen to the conversation and tick the correct box each time.

Solution: **1**B **2**C **3**A **4**C **5**B [5 marks]

Christophe est en Suisse

Écoutez et cochez la réponse correcte.

– Voici ta chambre. Tu peux t'installer.
– C'est très bien. Où est la salle de bains, s'il te plaît?
– Ici, en face de ta chambre. Puis il y a des toilettes en bas aussi, à côté de la cuisine. Tu as besoin de quelque chose?
– Oui, j'ai oublié mon dentifrice. Tu peux m'en prêter?
– Bien sûr. Il y en a dans la salle de bains, et du savon aussi. Tu as ta brosse à dents?
– Oui, oui, merci. Dis-moi, Michel, tu te couches à quelle heure, normalement?
– Vers dix heures dans la semaine, mais plus tard le week-end – entre onze heures et minuit.
– Très bien. Moi aussi. Est-ce que je peux prendre une douche demain matin, Michel?
– Oui ... oui, mais il faut faire vite, parce que cinq personnes devront partager la salle de bains et mon père n'aime pas manquer son petit déjeuner avant de partir travailler!
– D'accord, je vais me dépêcher. À propos, qu'est-ce qu'on mange pour le petit déjeuner, chez toi?
– Ma sœur et moi, on mange des tartines et de la confiture, ma mère un croissant, et mon père des petits pains avec du miel. Qu'est-ce que tu préfères, Christophe?
– Alors moi, je vais manger comme toi.

2 Tu aides à la maison? H

Students first listen to some young people discussing helping at home and tick the grid. In the second part, they complete the sentences in French.

Solution: a:

	la vaisselle	*le ménage*	*le jardinage*	*le repassage*	*les courses*
Marc (Exemple)	✓		✓		
Sandrine		✓		✓	
Claire		✓		✓	✓
Fabien					✓

[6 marks]

Solution: b:

1 *parce qu'elle regarde la télé en même temps.*
2 *parce qu'elle fait du lèche-vitrine en même temps.*
3 *parce qu'elle est l'aînée d'une grande famille/parce que sa mère est fatiguée/pour aider sa mère.*
4 *parce qu'il habite dans un hôtel.*

[4 marks]
[Total: 10 marks]

Tu aides à la maison?

Écoutez la conversation. Il y a deux parties.

a *Cochez les choses qu'on fait. Pour chaque personne, cochez les bonnes cases.*

b *Complétez les phrases en français.*

– Qu'est-ce que tu fais pour aider à la maison, Marc?
– Euh, le jardinage ... je fais un peu de jardinage, le week-end. J'aime ça. Et puis la vaisselle, de temps en temps. Et toi, Sandrine? Je suppose que tu fais beaucoup chez toi, non?
– Non, non, pas trop! Je n'aime pas faire le ménage, mais je dois le faire quelquefois, et le repassage aussi, mais ça, c'est plus agréable parce que je regarde la télé en même temps. Non, non, c'est plutôt Claire qui aide le plus à la maison, parce que sa famille est nombreuse et c'est elle qui est l'aînée, n'est-ce pas, Claire?

– En effet, je travaille beaucoup pour aider ma mère. Le samedi, je fais les courses, mais ça, j'aime bien – je fais du lèche-vitrines en même temps. À part ça, il y a le ménage, et puis quelquefois, le repassage aussi. Je ne peux pas dire que j'aime faire tout ça, mais avec six enfants, ma mère est fatiguée. Heureusement, ce sont mes frères qui font le jardinage!
– C'est fantastique, Claire! J'admire ton courage!
– Merci, Fabien, mais toi, tu fais quoi?
– Moi, euh, ben ... je fais les courses, puis à part ça, rien du tout.
– Rien du tout! Mais pourquoi? Tu es paresseux, c'est ça?
– Non, je ne suis pas tellement paresseux. C'est que mes parents sont propriétaires d'un hôtel et nous, on habite là.
– Ah!

3 Vacances en Angleterre H

Students listen to Roxane talking about her impressions of England and complete the grid. The recording is in two parts.

Solution:

Première partie

Aspect de la vie anglaise	Favorable	Défavorable	Raison
Exemple: les gens	✓		*sympathiques*
la télévision	✓		*sélection énorme*
les feuilletons	✓		*amusants*
les jeux télévisés		✓	*difficiles à comprendre*

Deuxième partie

Aspect de la vie anglaise	Favorable	Défavorable	Raison
le temps		✓	*abominable*
les repas à la cantine		✓	*mauvais pour la santé*

[10 marks]
[Total for Part B: 25 marks]

Vacances en Angleterre

Roxane parle de ses impressions de l'Angleterre. Écoutez Roxane et notez sa réaction à ces aspects de la vie anglaise. Pour chaque aspect, cochez la bonne case et choisissez un mot dans la case pour donner la raison pour sa réaction. Il y a deux parties.

Première partie
Au mois de mai je suis allée en Angleterre, chez ma correspondante. J'ai passé de très bonnes vacances et j'ai trouvé les gens très sympathiques, mais en plus, j'ai eu des surprises!
J'ai beaucoup aimé la télévision là-bas, avec ce grand choix d'émissions. Les feuilletons surtout sont si intéressants. Il y a quand même des choses à la télé que je n'ai pas trop aimées – tous ces jeux où on gagne des millions! C'est ennuyeux, surtout si on ne comprend pas tout ce qu'on dit.

Deuxième partie
J'ai trouvé le temps affreux. C'était le mois de mai et il faisait si froid.
On a déjeuné au lycée, mais je dois dire que ça m'a vraiment choqué. Il y avait des salades et des légumes, mais la plupart de mes amis prenaient des frites tous les jours et après, comme dessert, du chocolat ou des gâteaux au lieu d'un fruit! On ne pense pas assez à la santé et ça fait grossir.

CM 4/15–4/17 SPEAKING

Épreuve: Parler

The speaking test contains two elements: two role play tasks (using either CM 4/15 or CM 4/16) and a conversation (CM 4/17). The role play tasks have a suggested script which is given on *Carte B*, so the role play dialogues can be used for practice in pairs, as an alternative to assessment.

Suggested marking scheme:
Each **role play** task is marked on a scale of 1–10 using the following criteria:

9–10	Conveys all information required (including unpredictable elements if applicable) Interacts well No prompting required
7–8	Conveys most information Little or no prompting
5–6	Conveys half the required information Little prompting necessary
3–4	Conveys less than half the required information Some prompting
1–2	Conveys only one piece of relevant information Very hesitant, reliant on prompting
0	No effective communication

The **conversation** is marked on a global basis for communication and content (maximum 10 marks) and quality of language (maximum 10 marks).

A further 10 marks are given for intonation, pronunciation and general accuracy based on **performance** throughout the speaking test.

This gives a total of 50 marks (role play tasks: 10 + 10; conversation: 10 + 10; general performance: 10). This overall mark is then divided by two to give a final mark out of 25 for speaking.

CM 4/15 SPEAKING

Épreuve: Parler

Role play (1)

A1 La télé F

This task has cues in English and some visuals.

B1 On arrive F/H

This task has cues in English, some visuals and includes one unpredictable element.

CM 4/16 SPEAKING

Épreuve: Parler

Role play (2)

B2 En famille F/H

This task has cues in English, some visuals and includes one unpredictable element.

C1 Au bureau des objets trouvés H

This task has cues in French, some visuals and two unpredictable elements.

CM 4/17 **SPEAKING**

Épreuve: Parler

Conversation and discussion

The list of questions could be given to students before the test and they could be asked to select and prepare one topic in advance. The test should include questions on this topic and one other topic chosen at random. Students should be given an opportunity to answer using a range of tenses and to give opinions and reasons.

CM 4/18–21 **READING**

Épreuve: Lire

Partie A

1 C'est quelle émission? F

Students match television programmes to the illustrations.

Solution: 1C 2B 3F 4G 5D 6H 7E 8I 9J [9 marks]

2 On prépare une fête F

Students match the list of household tasks to the pictures

Solution: 1F 2A 3H 4B 5C 6G 7I 8D [8 marks]

3 Une lettre à Martin F/H

Students read the letter and tick the correct boxes for each question.

Solution: 1C 2B 3A 4B 5C 6B 7A 8B [8 marks]
[Total for Part A: 25 marks]

Partie B

1 Un séjour en Grande Bretagne F/H

Students read the three descriptions of visits to Britain and complete the sentences in French with the name of the speaker.

Solution: **1** *Olivier,* **2** *Karim,* **3** *Karim,* **4** *Olivier,* **5** *Camille,* **6** *Karim,* **7** *Olivier*
[6 marks]

2 Faits divers H

Students read the reports of two incidents involving stolen watches and answer the questions in English.

Solution:

1 suitcase of money/3000 euros
2 hitting the van driver
3 bracelet engraved with jeweller's name
4 threatened him (and stole it) (Just 'stole it' not enough)
5 on the man's hand/wrist
6 school exit/crossing
7 man gave it up at police station/man gave it to police

3 Le forum télé H

Students read these views from the Internet and match them to the writers.

Solution:

a **1** *S* [1 mark] **2** *J* [1 mark] **3** *M* [1 mark]
b **4** *É et L* [2 marks] **5** *S et J* [2 marks] **6** *R* [1mark] **7** *É* [1 mark] **8** *L* [1 mark]
[10 marks]
[Total for Part B: 25 marks]

CM 4/22–4/23 **WRITING**

Épreuve: Écrire

It is suggested that students do either tasks 1–4 or tasks 4 and 5 to obtain a mark out of 50. This can be divided by 2 to give a total mark of 25 for writing.

Partie A

1 Des bagages F

In part a, students complete the list with five items to take on holiday. In part b, they complete a form about lost luggage. The task should be marked for communication only and inaccurate spelling should not be penalised, so long as the message is clear. [10 marks]

2 À la maison F

This task tests grammatical knowledge and some vocabulary. It should be marked for communication and accuracy.

Solution: **1** *fais la vaisselle,* **2** *passe l'aspirateur,* **3** *lave la voiture,* **4** *travaille dans le jardin/fait du jardinage,* **5** *fait la cuisine/prépare des repas,* **6** *faisons les courses/allons au supermarché,* **7** *aimes,* **8** *préfère,* **9** *regarde,* **10** *vais* [10 marks]

Partie B

3 Un message F/H

Students write a short message in reply to a message in French and covering the details in English.

Marking scheme:
Communication and completion of task requirements: 6
Quality of language: 4 [Total: 10 marks]

4 On répond à Luc F/H

Students write a letter of 70–80 words in response to a letter in French and answering all the questions. They should use a range of tenses and express opinions.

Marking scheme:
Communication and content: 10
Quality of language: 10 [Total: 20 marks]

5 Un article ou une lettre H

Students write either an article about an exchange trip or a letter about a lost item. They should write 120–140 words answering the questions in French. They should use a range of tenses and express opinions.

Marking scheme:
Communication and content: 10
Quality of language: 10
Accuracy: 10 [Total: 30 marks]

unité 5 Une semaine typique!

Area	Topics	Grammar	Vocabulary
5.1 *Une journée typique*	Exchanging information about daily routine Describing a typical day	Present tense of reflexive verbs	Routine (SB 92)
5.2 *La vie scolaire*	Exchanging information and opinions about school life in France and in your own school		School life (SB 94) The premises (SB 95)
5.3 *C'est obligatoire!*	Saying what must and mustn't be be done Talking about rules	Using *devoir* and *il faut* + infinitive	
5.4 *On discute de la vie scolaire*	Exchanging information and opinions about life at school Discussing possible improvements		
5.5 *C'est le week-end*	Exchanging information about a recent day or weekend	Perfect tense of reflexive verbs	
5.6 *Au centre commercial*	Understanding information about different shops and services Planning a shopping trip Finding out about reductions and special offers		Shops (SB 103)
5.7 *On fait des achats*	Changing money Finding out what is available in a shop Saying which item you prefer when offered a choice	*celui, celle, ceux, celles*	Presents and souvenirs (SB 104) Money (SB 104)
5.8 *Vous faites quelle taille?*	Shopping for clothes, specifying and modifying requirements Making complaints about unsatisfactory goods Asking for a refund or replacement	Understanding and using *quel* and *lequel*, etc.	Buying clothes (SB 106)
5.9 *La mode, c'est important?*	Exchanging views and opinions about clothing and fashion Describing a recent shopping trip and weekend		
5.10 Further activities and consolidation			See also *Vocabulaire par thèmes* (SB 269–270)

Students' Book 90–109, Au choix 220–222
Class CD 4, **Student CD 2**

Examination Grammar in Action
pages 39, 42–43, 67–68

Copymasters

5/1	*Mots croisés – au collège* [vocabulary practice] (TB 120)
5/2	*Une semaine au collège* [listening, reading] (TB 120)
5/3–4	*Le Petit Nicolas* [reading] (TB 124)
5/5	*Le premier jour comme au pair* [writing] (TB 126)
5/6	*Le shopping* [listening, vocabulary practice] (TB 128)
5/7	*Aux magasins* [vocabulary practice] (TB 133)
5/8	*Le plaisir de lire* [reading] (TB 135)
5/9	*Tu comprends?* [independent listening] (TB 135)
5/10	*Presse-Jeunesse: L'argent* [reading] (TB 136)
5/11–12	*Épreuve: Écouter* (TB 137)
5/13–15	*Épreuve: Parler* (TB 138)
5/16–18	*Épreuve: Lire* (TB 139)
5/19–20	*Épreuve: Écrire* (TB 140)

Au choix (SB 220–222)

Support
1 *Une journée typique* (TB 119)
2 *Voilà pourquoi* (TB 121)
3 *Samedi dernier* (TB 126)
4 *Dans un grand magasin* (TB 127)

General
1 *On parle du collège* (TB 123)
2 *Les sacs réutilisables* (TB 131)

Extension
Dossier-langue: Reflexive verbs in the infinitive (TB 119)
1 *L'année prochaine ou l'année dernière?* (TB 124)
2 *À vous!* (TB 124)
3 *Celui ou celle?* (TB 131)
4 *Cosette, c'est moi* (TB 135)

Useful websites

Education in France
Using the French Yahoo search engine, you can find links to schools throughout France, national educational events like a poetry competition and school festivals, school magazines and newsletters, etc.
http://fr.dir.yahoo.com/Enseignement_et_formation/Enseignement_secondaire/
This gives details of different schools in France that have their own website:
www.wfi.fr/volterre/ecolefr.html
Ministry of education:
www.edutel.fr

Shopping centres
The website of a shopping centre near Caen in Normandy, with details of shops and special offers:
www.centresaint-clair.com/
This website, by the local chamber of commerce, gives details about shopping in Montpellier:
www.shoppingmontpellier.com

Department stores
Galeries Lafayette
www.galerieslafayette.fr
Au Printemps
www.printemps.fr
Monoprix
www.monoprix.fr

Mail order shopping
This is the official website for *La Redoute*, the mail order fashion company:
www.laredoute.fr
This is a similar website for *3 Suisses*, another French mail order fashion company:
www.3suisses.fr

Area 1
Une journée typique
Exchanging information about daily routine
Describing a typical day
Present tense of reflexive verbs

SB 90–92 1–5
Au choix SB 220 1, 222
CD 4/7–4/9
Examination Grammar in Action, page 39

SB 90 **READING**

Une journée scolaire

This introduces the topic of talking about a typical school day. The tasks that follow are based on a school day in Montreal, Paris and Fort de France (Martinique). Students can work on one or more of the texts, which are graded in difficulty, starting with the simplest.

SB 90, 4/7 **READING LISTENING**

1 Mathieu: Montréal, Québec

a Students read the text and do the matching task which follows.

Solution: **1**C **2**A **3**E **4**D **5**B **6**F **7**H **8**G

b Students listen to the recording and do the *Vrai ou faux* task.

Solution: **1** *faux,* **2** *faux,* **3** *vrai,* **4** *vrai,* **5** *vrai*

Mathieu: Montréal, Québec

Une journée scolaire au Québec

– Alors, Mathieu, peux-tu nous parler un peu d'une journée scolaire typique? Tu te lèves à quelle heure les jours d'école?
– Je me lève à six heures et demie environ. Je descends à la cuisine et je prends un chocolat chaud et des céréales.
– Et comment vas-tu à l'école?
– J'y vais en voiture. C'est mon père qui me conduit. Normalement, on quitte la maison à sept heures et demie et on y arrive à huit heures et demie.
– Ça fait long comme voyage.
– Oui, environ une heure. En hiver, il fait très froid et quelquefois, on doit fermer l'école à cause de la neige, mais ça n'arrive pas souvent.
– Ah bon? Mais normalement, tu arrives à l'école et tu as cours le matin, mais après les cours, qu'est-ce que tu fais? Est-ce que tu manges à la cantine?
– Non, j'apporte mon propre repas. D'habitude, je mange des sandwichs, des chips et un fruit.
– Puis l'après-midi, tu as cours jusqu'à quelle heure?
– Jusqu'à quatre heures et demie.
– Et ensuite, tu rentres directement à la maison?
– Oui, je rentre directement. Je prends le bus scolaire.
– Et le soir, qu'est-ce que tu fais, le soir?
– Bon, le soir, on mange vers six heures. Puis après, je fais mes devoirs. Puis quelquefois, je regarde la télévision ou je joue à l'ordinateur.

SB 91, 4/8 **READING LISTENING**

2 Charlotte: Paris, France

a Students read the account of Charlotte's day, then complete the sentences to give a summary of a typical day. For support, the missing words could be written in jumbled order on the board.

Solution:

1 *Elle se lève à sept heures moins le quart.*
2 *Pour le petit dejeuner, elle prend des céréales, un jus d'orange et quelquefois des tartines avec de la confiture.*
3 *Elle quitte la maison à sept heures et demie.*
4 *Elle va au collège en métro.*
5 *Elle a environ quatre heures de cours, le matin.*
6 *La pause-déjeuner dure deux heures.*
7 *Normalement, les cours finissent à cinq heures.*
8 *En arrivant à la maison, elle goûte et elle fait ses devoirs.*
9 *Après le dîner, elle regarde la télévision ou elle lit.*
10 *A dix heures et demie, elle se couche.*

b Students listen to the recording and choose the correct answer.

Solution: **1**b **2**cf **3**c **4**b

Charlotte: Paris, France

Une journée scolaire en France

– Charlotte, est-ce que tu peux nous raconter une journée scolaire?
– Oui, eh bien, tous les matins je me lève à sept heures moins le quart. Au petit déjeuner, je prends des céréales, des Cornflakes, des choses comme ça, avec un jus d'orange et si j'ai le temps, je prends des tartines avec de la confiture. Le collège est à environ trente minutes de chez moi.
– Comment vas-tu au collège?
– J'y vais en métro. Bon, les cours commencent à huit heures. Puis à dix heures, nous avons une pause. Et pendant la pause du matin, des élèves vendent des pains au chocolat.
– Mmm, c'est bon ça! Et à midi, qu'est-ce que tu fais?
– Bon, à midi, je mange à la cantine, je suis demi-pensionnaire. On mange assez bien. Il y a un choix de plats, mais ce que j'aime manger, c'est le riz, le poisson, les choses comme ça, quoi.
– Et l'après-midi, qu'est-ce qui se passe?
– L'après-midi, on a cours jusqu'à cinq heures, mais il y a une pause de dix minutes à seize heures. Puis après les cours, je prends l'autobus pour rentrer chez moi.
– Et le soir, tu as beaucoup de devoirs?
– Oui, j'ai environ deux heures de devoirs chaque jour.

SB 91, 4/9 **READING LISTENING**

3 Giliane: Fort de France, Martinique

The text about Giliane from Martinique is the most difficult. Some help with vocabulary may be needed, e.g. *des patates douces* (sweet potatoes), *une partie de football* (game of football), etc.

a Students read the text then correct the mistakes in the sentences which follow.

Solution:

1. *A six heures du matin, il fait moins chaud qu'à onze heures.*
2. *Pour le petit déjeuner, elle mange du pain et de la confiture et elle boit du café.*
3. *Elle s'habille en chemisier et en jupe.*
4. *Elle va au collège à pied.*
5. *A midi, elle mange à la maison.*
6. *Les cours se terminent vers quatre heures.*
7. *Quelquefois, elle joue au football avant de rentrer.*
8. *Elle se couche vers neuf heures.*

b Students listen to the recording and answer the questions.

Solution:

1. *4 frères et 2 sœurs*
2. *40 minutes*
3. *a des patates douces, c des ignames, f des bananes vertes*
4. *Elle aime s'amuser un peu: jouer au football, faire de la musique ou discuter.*
5. *à six heures*

Giliane: Fort de France, Martinique

Une journée scolaire en Martinique

– C'est comment, une journée scolaire en Martinique?
– Eh bien, la journée commence assez tôt, vers six heures du matin, car c'est la seule période de la journée où il fait à peu près bon. Je prends du café et des tartines et je me prépare. J'ai quatre frères et deux sœurs, donc il faut prendre son tour pour se laver.
– Qu'est-ce que tu mets pour aller à l'école?
– Alors moi, d'habitude pour l'école je m'habille en chemisier et en jupe.
– Et comment vas-tu à l'école?
– J'y vais à pied avec mes frères et mes sœurs. Nous avons environ quarante minutes de marche et il commence déjà à faire chaud. Bon, alors, le matin on a cours jusqu'à midi, puis à midi, nous rentrons à la maison pour déjeuner.
– Qu'est-ce que vous mangez d'habitude?
– Normalement on mange des plats typiques, par exemple du poisson ou de la viande en sauce avec des légumes locaux comme des patates douces, des ignames, des bananes plantains ou des bananes vertes. Puis l'après-midi, les cours reprennent à deux heures et se terminent vers quatre heures.
– Et tu rentres directement à la maison?
– Non. Avant de rentrer, on s'amuse un peu. Quelquefois, on fait une partie de football ou on fait de la musique ou on discute. Mais on ne rentre pas très tard, parce qu'il fait déjà nuit à six heures.
– Et le soir?
– Eh bien, le soir, je dîne, je fais mes devoirs et je me couche assez tôt, vers neuf heures, vu que je dois me lever à six heures le lendemain.

Mathieu, Charlotte et Giliane

If students work on all three texts, some comparative work can be done, e.g.

– *Qui se lève le premier?*
– *Qui est demi-pensionnaire?*
– *Qui aime manger du riz?*
– *Qui ne rentre pas directement après l'école?*

SB 92 **GRAMMAR**

Dossier-langue
Reflexive verbs (present tense)

Students read through the notes and could then look for examples in *La vie scolaire* or try to think of other reflexive verbs they have used. This could be done as a brainstorming session and a list written on the board. Some common ones are listed below.

s'amuser	to enjoy oneself
s'appeler	to be called
s'approcher (de)	to approach
s'arrêter	to stop
se baigner	to bathe
se brosser (les dents)	to clean (your teeth)
se coucher	to go to bed
se débrouiller	to sort things out (manage)
se dépêcher	to be in a hurry
se demander	to ask oneself, to wonder
se deshabiller	to get undressed
se disputer (avec)	to have an argument (with)
s'échapper	to escape
s'entendre (avec)	to get on (with)
se fâcher	to get angry
se faire mal	to hurt oneself
s'habiller	to get dressed
s'intéresser (à)	to be interested in
se marier	to get married
se mettre à	to start, to get down to
se laver	to get washed
se lever	to get up
s'occuper (de)	to be concerned (with)
se promener	to go for a walk
se raser	to shave
se reposer	to rest
se réveiller	to wake up
se sauver	to run away
se sentir	to feel
se trouver	to be (situated)

SB 92 **PRACTICE**

4 Des questions et des réponses

a Students complete questions with the correct form of a reflexive verb.

Solution: **1** *tu t'entends,* **2** *vous vous disputez,* **3** *tu ne t'ennuies pas,* **4** *le bus s'arrête,* **5** *où se trouve*

b They also complete some answers.

Solution: **a** *Elle se trouve,* **b** *je m'entends,* **c** *on ne se dispute pas,* **d** *il s'arrête,* **e** *je ne m'ennuie pas*

c Then they match the correct answer to each question.

Solution: **1**b, **2**c, **3**e, **4**d, **5**a

Examination Grammar in Action, Page 39

Using reflexive verbs

This provides more practice of reflexive verbs, if required.

SB 92, **SPEAKING WRITING**

5 Une interview

Students work in pairs to interview each other about their daily routine. They can then prepare a short summary of each person's day. If these are identified by a coded number instead of the name, other students can then read them through and guess the identity of the person who gave the replies.

SB 92

Lexique: La routine

This provides a list of vocabulary related to daily routine.

SB 92, **WRITING**

Dossier personnel

Students write a description of a typical day. A framework for this is given in *Au choix*. They could use a computer to produce this description, perhaps adding suitable clip art.

Au choix SB 220 **SUPPORT WRITING**

1 Une journée typique

Students complete the sentences to prepare an account of a typical day. This could also be done in two sections with students preparing an account of just the morning or afternoon and evening.

PRACTICE

Daily routine

Students could exchange information on daily routine by sending an e-mail to their partners using questions from various sections of the Students' Book.

School life in France could be researched via the Web since, as in the UK, many French schools have websites with details such as holidays, time-table etc.

Yahoo France lists *Lycées* and *Collèges* by *département* – look under *exploration géographique* then select France or another country followed by *Education et Formation* and, finally, secondary education.

This could be a useful preparatory task for developing web pages about the student's own school.

Au choix SB 222 **EXTENSION GRAMMAR**

Dossier-langue
Reflexive verbs in the infinitive

This covers the use of reflexive verbs in the infinitive, Students read through the notes and do the task.

Solution: **1** *te laver,* **2** *te dépêcher,* **3** *te reposer,* **4** *s'arrêter,* **5** *te baigner,* **6** *se mettre,* **7** *te changer,* **8** *nous arrêter*

Area 2
La vie scolaire
Exchanging information and opinions about school life in France and in your own school

SB 93–95 1–6
Au choix SB 220 2
CM 5/1
CD 4/10–4/12

SB 93 **READING**

1 L'éducation en France

Check what students know about French school life from earlier work. Then they could read through the questions and suggest answers before reading the text. Encourage able students to read more, by asking them to find out three or more additional facts in addition to the answers to the questions. Students could refer to the *Lexique* (SB 94) if wished.

More details could be given about the French education system, e.g. the fact that the *Baccalauréat* (*Bac*) is the main leaving exam. The *brevet*, taken at age 15–16 (at the end of *troisième*) does not have the same importance as GCSE. More details could be given about the lead up to the *Bac* and the examination itself, e.g.

- *En seconde (quand on a quinze ou seize ans), on commence les deux options qu'on a choisies en fin de troisième.*
- *A la fin de la première, il y a le Bac de français, qui est la première partie du Baccalauréat, l'examen qu'il faut passer à la fin de la terminale. On examine les élèves seulement sur la langue française, mais l'examen est assez dur quand même. Pour être reçu, il faut avoir dix sur vingt.*
- *En terminale, les lycéens étudient la philosophie à la place du français.*
- *Le Bac est très important et comporte des épreuves écrites et orales en plusieurs matières. Si on a le Bac, on a le droit d'aller à l'université en France.*

Students discuss their views on school life in a later area and could reread the final section here on advantages and disadvantages of school life.

The topic of exams and future plans is covered fully in *Unité 10*.

SB 94

Lexique: La vie au collège

Students could refer to this as they work on *Un guide de la vie scolaire*.

Les matières

Revise the names of school subjects with a brainstorming session. Write a list on the board as different subjects are mentioned. A list of the main school subjects is given in *Vocabulaire par thèmes* (SB 269).

CM 5/1 VOCABULARY PRACTICE

Mots croisés – au collège

This provides practice of school vocabulary, including school subjects.

1 b	i	b	l	2 i	o	t	3 h	è	q	u	4 e			5 d
i				n			i				x			e
o				6 f	o	i	s			7 m	a	t	h	s
l				o			8 t	u			m			s
o		9 f	o	r	t		o		10 c		e	11 t		i
g				m			i		a		n		12 e	n
i			13 m	a			r		n					
e		14 l		t		15 v	e	s	t	16 i	a	i	r	e
	17 c	a	h	i	e	r			18 i	l				
19 l	e			q		a			n		20 m			
				u		i		21 d	e	v	o	i	r	22 s
23 é	l	è	v	e			24 l	e			n			a

SB 94, 4/10 LISTENING

2 Un emploi du temps

First ask some questions about the school timetable on SB 94, e.g.

- *Il est lundi, dix heures, c'est quel cours?*
- *Combien de cours de maths y a-t-il?*
- *Est-ce qu'on a cours tous les jours de la semaine?*
- *Les cours commencent à quelle heure, le matin, et finissent à quelle heure, l'après-midi?*

a Students listen to the recording and identify the day. The first five questions are more straightforward than 6–10, so less able students could just do the first five or have more help with the later ones.

Solution: **1** *mardi,* **2** *jeudi,* **3** *mercredi,* **4** *samedi,* **5** *lundi,* **6** *lundi,* **7** *vendredi,* **8** *mardi,* **9** *jeudi,* **10** *lundi*

Un emploi du temps

1. Ce matin, j'ai physique, puis espagnol avant le déjeuner.
2. C'est mon jour préféré: j'adore le sport et la technologie aussi.
3. Chouette! Aujourd'hui, on n'a rien du tout!
4. C'est mon jour favori, à l'exception du mercredi. Cet après-midi, on n'a pas cours.
5. Cet après-midi, j'ai deux cours de français, puis j'ai du latin.
6. Mes matières favorites sont l'espagnol et la technologie, mais aujourd'hui, on n'a ni l'un, ni l'autre!
7. Au moins, aujourd'hui, on commence plus tard, mais je n'aime pas faire du sport le matin.
8. Aujourd'hui, il faut travailler toute la journée, mais demain, je pourrai rester à la maison.
9. Il faut déjeuner à onze heures et demie aujourd'hui, à cause du sport.
10. Zut! Nous avons quatre cours de langues aujourd'hui. C'est trop, ça!

b Students can then answer some or all of these questions on the timetable orally or in writing.

Solution:

1. *12*
2. *Non, ils n'ont pas cours le mercredi.*
3. *à 8h30*
4. *à 17h00*
5. *5 heures*
6. *Ils ont cours le samedi matin mais ils n'ont pas cours le samedi après-midi.*
7. *à 14h00*
8. *50 minutes*
9. *latin, anglais et espagnol*

CM 5/2, 4/11 LISTENING READING

Une semaine au collège

This consists of a timetable grid and a reading task based on the completed timetable to give more practice of school subjects.

1 Voici votre emploi du temps

With less able students, fill in some of the lessons beforehand so that the listening task is more straightforward.

Students listen to the recording and note down the timetable. The recording has short pauses after each day so that students can work on one day only at first, or different students could note different days. Those students capable of doing so can take down the whole timetable.

Voici votre emploi du temps

Bien, voici votre emploi du temp. Tout le monde est prêt? Alors, je commence. Lundi: premier cours, de huit heures et demie à neuf heures et demie, anglais. Deuxième cours, maths. Puis après la récréation, vous avez allemand, puis français. Ensuite, après le déjeuner, donc de quatorze heures jusqu'à seize heures, il y a EPS. Vous finissez à seize heures le lundi.

Mardi maintenant: premier cours, à huit heures trente, technologie. Deuxième cours, à neuf heures trente, géographie. Troisième cours, histoire. Quatrième cours, français, jusqu'à douze heures trente. Après le déjeuner, de quatorze heures à quinze heures, biologie, puis de quinze heures à seize heures, physique, et dernier cours, allemand.

Le mercredi, il n'y a pas cours.

Le jeudi maintenant. Bien, pour commencer, à neuf heures et demie cette fois, histoire, puis anglais suivi de dessin jusqu'à midi et demi. L'après-midi à quatorze heures, vous avez français, suivi de maths. Le dernier cours est musique jusqu'à dix-sept heures.

Bon, vendredi maintenant. Le matin à huit heures et demie, il y a deux heures de maths, donc jusqu'à dix heures et demie. Ensuite chimie, puis anglais jusqu'à douze heures trente. Et l'après-midi vous commencez à quatorze heures avec allemand, suivi de français. Dernier cours le vendredi est informatique.

Le samedi, vous avez cours, quatre heures de cours. Vous commencez avec français à huit heures et demie, puis il y a éducation civique. Ensuite, vous avez allemand et le dernier cours, c'est EPS.

Solution:

	lundi	mardi	mercredi	jeudi	vendredi	samedi
8h30–9h30	anglais	technologie			maths	français
9h30–10h30	maths	géographie		histoire		éducation civique
10h30–11h30	allemand	histoire		anglais	chimie	allemand
11h30–12h30	français	français		dessin	anglais	EPS
12h30–14h00	déjeuner					
14h00–15h00	EPS	biologie		français	allemand	
15h00–16h00		physique		maths	français	
16h00–17h00		allemand		musique	informatique	

2 On discute de l'emploi du temps

When students have filled in the timetable correctly, they can read and complete the conversation based on it.

Solution: **1** *anglais,* **2** *8h30,* **3** *16h00,* **4** *17h00,* **5** *technologie,* **6** *mercredi,* **7** *9h30,* **8** *dessin,* **9** *maths,* **10** *l'informatique*

Au choix SB 220 — **SUPPORT**

2 Voilà pourquoi

In this reading task, students match up sentences describing favourite, or least favourite, subjects with appropriate reasons. The sentences provide some preparation for the next task, in which students talk about their own likes and dislikes and give reasons.

Solution:

a **1**b **2**c **3**a **4**e **5**d   **b** **1**e **2**d **3**a **4**b **5**c

SB 94, — **SPEAKING**

3 À vous!

Students ask each other questions about their own timetable, favourite subjects, school day, etc., referring to the questions in the *Dossier personnel*.

SB 94, — **WRITING**

Dossier personnel

Students write answers to questions about the school timetable and subjects. They could use a computer.

SB 95 — **READING**

4 Le bulletin scolaire

The extract from Dominique's school report should interest students but could be omitted if time is short. Students consult the report to answer questions about Dominique's work. Students should be encouraged to guess and, failing that, to look up unfamiliar words like *soigné, amélioration, décevant*.

Solution: **1** *en français,* **2** *en géographie,* **3** *en mathématiques,* **4** *en dessin,* **5** *anglais,* **6** *trois*

SB 95, 4/12 — **LISTENING READING**

5 Notre collège

The following items practise describing an individual school and school facilities. Students could read through the description first and try to guess the missing words, then listen to check their answers. Or they can listen to the description and note down the missing words at the same time. The completed description provides a model for later work. For support, the missing words could be written on the board.

Solution: **1** *mixte,* **2** *huit cents,* **3** *moderne,* **4** *livres,* **5** *basket,* **6** *piscine,* **7** *technologie,* **8** *physique,* **9** *devoirs,* **10** *informatique*

Notre collège

Je m'appelle Luc Dubois et je vais au collège Henri Matisse. C'est un collège mixte. Il y a beaucoup d'élèves: à peu près huit cents. Le collège est dans un grand bâtiment assez moderne. Il est bien équipé. Il y a un CDI (un centre de documentation et d'information) où on peut emprunter des livres. Il y a des gymnases et des terrains de sport pour le basket, le foot et le hand. Il n'y a pas de piscine, mais des élèves vont à la piscine municipale pour faire de la natation. Pour la technologie, nous allons dans la salle d'ordinateurs. On fait une heure et demie de technologie par semaine. J'aime bien ça. Il y a aussi des laboratoires de sciences pour la chimie, la physique et la biologie. Dans la classe, il y a une bonne ambiance. Quand on n'a pas cours, on peut aller dans la salle de permanence pour faire ses devoirs.
Il n'y a pas d'internat au collège, mais beaucoup d'élèves sont demi-pensionnaires. Comme clubs, il y a un club informatique et un club théâtre.

SB 95, — **SPEAKING WRITING**

6 À vous!

Students work in pairs to build up a description of their school, which can then be written down. Alternatively, this can be done as a class brainstorming session with ideas from all the class written on the board and later copied out or rubbed off before students do their own account, seeing how much they can remember.

A school website

Students could develop web pages about their school in French. Allocate different pages to different groups of students. A digital camera could be used to illustrate the different sections. Ask the ICT co-ordinator to suggest appropriate software to lay out pages, e.g. Word, Publisher, Hyperstudio or Netscape Composer. Advances in technology are making it ever easier to simply edit pages on-line, giving an instant result with no need to upload, check, edit, re-upload.

Area 3
C'est obligatoire!
Saying what must and mustn't be done
Talking about rules
Using *devoir* and *il faut* + infinitive

SB 96–97 1–5
CD 4/13
Examination Grammar in Action, pages 42–43

SB 96 **READING**

1 Bien sûr, Maman!

This is a fairly lighthearted item, mainly to present the different ways of expressing obligation. Students should read through the speech bubbles and then go on to find the correct text to describe what the girl is really thinking. (This sort of exchange with parents may be familiar to many students!)

Solution: A4 B3 C1 D5 E2

SB 97 **GRAMMAR**

Dossier-langue
Saying what has to be done

This explains the different ways of saying what must or should not be done.

SB 97, 4/13 **LISTENING PRACTICE**

2 Pourquoi pas?

This presents and practises the use of *devoir* in the context of giving excuses for not being able to accept invitations. Students first listen and identify the reason why the people are not able to go out, then explain the reason in French using *devoir* (3rd person, singular and plural).

Solution:

1 c *Élodie doit faire du babysitting.*
2 f *Raj doit aller chez le dentiste.*
3 h *Lucie doit acheter un cadeau d'anniversaire.*
4 b *Daniel doit travailler au magasin.*
5 d *Marc et Cécile doivent aller à l'hôpital.*
6 g *Laure et Mathieu doivent aider à la fête.*
7 e *Kévin et Luc doivent jouer un match de hockey.*
8 a *Sanjay et Sika doivent réviser pour des examens.*

Pourquoi pas?

1 – Élodie, est-ce que tu viens en ville, cet après-midi?
– Ah non, je suis désolée, mais cet après-midi, je dois faire du baby-sitting pour mes voisins.

2 – Raj, tu viens à la piscine avec nous?
– Désolé, je ne peux pas, parce que je dois aller chez le dentiste.

3 – Est-ce que Lucie vient au café après les cours?
– Non, elle ne peut pas. Elle doit aller en ville pour acheter un cadeau d'anniversaire pour sa mère.

4 – Est-ce que Daniel vient à la patinoire avec nous?
– Non, il ne peut pas. Il doit travailler. Il doit aider son père dans son magasin.

5 – Marc et Cécile, vous allez au match de football, dimanche?
– Non, nous ne pouvons pas. Nous devons aller à l'hôpital pour voir notre grand-père.

6 – Laure et Mathieu, vous pouvez jouer au badminton avec nous cet après-midi?
– Ah non, pas cet après-midi, parce que nous devons aider à la fête du village. Nous vendons des gâteaux.

7 – Est-ce que Kévin et Luc sont libres?
– Non, ils ne sont pas libres. Ils doivent jouer un match de hockey contre le collège Jules Verne.

8 – Et vous, Sanjay et Sika, pouvez-vous venir au cinéma demain?
– Ah non, désolé. Nous devons travailler. Nous avons des examens la semaine prochaine et nous devons tout réviser.

SB 97 **PRACTICE WRITING**

3 C'est la règle

Both tasks could be discussed in class first and some suggestions written on the board. Students should use each of the different expressions listed. If necessary, explain *une blouse* (overall) and *des lunettes* (goggles) for science.

a Students write six sentences to say what is or is not compulsory in a French school.

b They then write six sentences to describe their own school rules.

SB 97 **PRACTICE**

4 Vous inventez les règles

Students could have fun making up serious or silly rules for different situations. Alternatively, suggestions could be invited for a list of rules for French classes, e.g. *En cours de français, il ne faut pas parler anglais, il faut parler français.*

Students could use word processing or publishing software to create and illustrate these rules, which could be displayed in class.

SB 97,  **SPEAKING**

5 À discuter

Students work in pairs to discuss which school rules they would like to change and why.

EXAMINATION GRAMMAR IN ACTION, PAGES 42–43

Using the verb *devoir*

This provides further practice of *devoir* (in different tenses) and *il faut* + infinitive, if required.

Area 4
On parle du collège
Exchanging information and opinions about life at school
Discussing possible improvements

SB 98–99 1–5
Au choix SB 221 1, 222 1–2
CM 5/3-5/4
CD 4/14–4/15
Examination Grammar in Action, pages 42–43

SB 98, 4/14 — LISTENING SPEAKING

1 On compare les systèmes scolaires

Students listen to the recorded discussion and make notes about some differences between school life in France and England. This could be developed into a class or pairwork discussion, e.g. *À tour de rôle, chaque personne décrit quelque chose qui est différente en France.* e.g.

- *En France, il n'y a pas de rassemblement des élèves le matin.*
- *En France, les élèves doivent acheter leurs livres scolaires.*
- *On ne doit pas porter d'uniforme.*
- *Les cours commencent plus tôt et finissent plus tard.*
- *Il y a des surveillants qui surveillent les élèves qui ne sont pas en cours, à la place des profs, etc.*

On compare les systèmes scolaires

- Vous avez tous passé quelques jours dans un collège en Angleterre. Quelles sont les principales différences que vous avez remarquées entre le système scolaire en Angleterre et en France?
- Moi, je trouve que c'est très différent. Beaucoup de choses m'ont frappé, par exemple les élèves portent un uniforme en Angleterre et ce n'est pas le cas en France.
- Oui, et le matin les élèves doivent assister à une assemblée vers neuf heures moins le quart. Euh ... Et ça dure en général vingt minutes. On n'a pas ce genre de rassemblement en France. On arrive au collège et on va directement en cours.
- Oui, c'est vrai.
- Chez nous, en France, les cours commencent à huit heures ou huit heures et demie et continuent jusqu'à cinq heures. Mais en Angleterre, la journée scolaire est beaucoup plus courte, même avec l'assemblée, parce qu'en France, on commence plus tôt.
- Mais en France, on a deux heures pour déjeuner, tandis qu'en Angleterre, on n'a qu'une heure.
- Oui, c'est vrai, la pause-déjeuner est plus courte et la plupart des élèves mangent à la cantine ou apportent des sandwichs.
- Une autre différence que j'ai notée, c'est qu'on n'a pas le système des surveillants en Angleterre.
- Oui, il n'y a pas de surveillants, c'est à dire ... euh ... des étudiants qui surveillent les élèves pendant les repas et pendant la récréation. En Angleterre ce sont les professeurs qui font ça.
- Et du point de vue des matières, est-ce qu'il y a des différences?
- J'ai l'impression qu'on fait plus ou moins les mêmes matières, par exemple les maths, les sciences, l'histoire, la géographie etc.
- Oui, mais en Angleterre, on a l'instruction religieuse et on n'a pas ça en France.
- Ah oui, tu as raison.
- Et du point de vue des vacances, vous avez remarqué des différences?
- Oui, les grandes vacances commencent plus tard en Angleterre, vers la fin du mois de juillet, tandis qu'en France, les classes finissent au mois de juin et reprennent au mois de septembre.
- C'est vrai, les grandes vacances sont plus longues en France.

SB 98 — READING

2 Le forum: l'école

Students read through the extracts from a discussion page on the Internet.

a Students list five or more changes requested by contributors to the forum.

Solution: 5 examples from: *un ordinateur par élève, des casiers, des espaces verts, un foyer d'élèves (un coin), un immense gymnase, un stade énorme, un garage à vélos plus grand,* etc.

b Students list three things that the contributors dislike.

Solution: 3 examples from: *des cartables très lourds, des contrôles, trop de devoirs, des bagarres,* etc.

There could be more oral work based on this, e.g.

- *Est-ce que vous êtes d'accord avec une de ces personnes?*

SB 99, — SPEAKING

3 À vous de continuer le débat!

Students should now be able to give their own views about what they like and dislike at school and give suggestions for improvements.

SB 99 — READING SPEAKING

4 Les bons profs et les bons élèves

This is a light-hearted item in which students could list some qualities of a good teacher and a good pupil (in the teacher's eyes!).

Au choix SB 221 — GENERAL

1 On parle du collège

Students read through the opinions and categorise them according to the topic.

Solution: **1**G **2**T **3**L **4**K **5**M **6**A

SB 99, **SPEAKING**

5 À discuter

Students work in pairs to discuss different aspects of school life.

They could submit ideas about changes to school life to a class discussion board (TB 14–15). They could reread *L'école forum* (SB 98) for some ideas. Students could also vote for the best suggestion.

SB 99,

Dossier personnel

Students write a few sentences about their opinions on school life. They could use a computer to produce these sentences.

Au choix SB 222, 4/15 **EXTENSION**

1 L'année prochaine ou l'année dernière?

The topic of future plans is covered fully in *Unité 10*, but some teachers might like to provide some practice of this and of tense discrimination with able students.

This item considers changes from the previous school year and anticipated changes for the forthcoming year. Students listen to each statement and decide whether it refers to the past or the future.

Solution: **1**P **2**F **3**P **4**F **5**P **6**P **7**F **8**P

L'année prochaine ou l'année dernière?

1. Je devais faire dessin et j'étais absolument nul en dessin. Heureusement que cette année, on ne fait plus dessin.
2. Tout sera un peu différent, parce que nous quitterons le collège et nous irons au lycée.
3. Je trouve que c'était mieux l'année dernière, on avait un autre prof d'histoire qui était vraiment sympa.
4. Moi, je changerai d'école à la fin de l'année scolaire. On va déménager et j'irai dans une autre école en Belgique.
5. C'était bien, parce qu'on faisait plus de sport et on allait à la piscine tous les quinze jours.
6. Oui, mais on avait un prof de maths qui était très sévère – et pour moi qui suis nul en maths, ce n'était pas très amusant.
7. Au lycée, on aura plus de cours, mais on aura plus de liberté aussi.
8. On avait moins de devoirs et moins de contrôles – oui, c'était mieux.

Au choix SB 222,  **EXTENSION SPEAKING**

2 À vous!

Students work in pairs to discuss their own future plans for studying. The topic of future plans beyond age 18 is covered in *Unité 10*.

CM 5/3-5/4 **READING**

Le petit Nicolas

Able students may enjoy this extract from the French popular classic *Le petit Nicolas*. Explain that Nicolas is at primary school, and the class have been studying the fables of *La Fontaine*. Read *Le corbeau et le renard* aloud first and explain it briefly.

Further information could be given about the author *René Goscinny* and the illustrator *Jean-Jacques Sempé*. *Goscinny* was born in Paris in 1926 but spent most of his childhood and adolescence in Argentina. When he returned to France, he worked with Uderzo to create *Astérix* and with Morris to create *Lucky Luke*. He also founded the magazine *Pilote*. He died in 1977. *Sempé* was born in Bordeaux in 1932 and was expelled from school for indiscipline. He is a well-known cartoonist and has worked for *Paris-Match*, *Punch* and *L'Express*. Several collections of his drawings have been published.

Area 5
C'est le week-end!
Exchanging information about a recent day or weekend
Understanding and using reflexive verbs in the perfect tense
SB 100–101 1–5
Au choix SB 220 3
CM 5/5
CD 4/16
Examination Grammar in Action, pages 42-43

SB 100, 4/16 **LISTENING**

1 Le week-end dernier

Students listen to two teenagers talking about how they spent the last weekend.

a When students have listened to the interview with Martin, they should complete the sentences in their books.

Solution:

samedi
1. *Je me suis levé vers onze heures.*
2. *J'ai fait mes devoirs.*
3. *L'après-midi, je suis allé en ville.*
4. *J'ai acheté un T-shirt.*
5. *J'ai mangé avec mes copains dans un fast-food.*
6. *Le soir, je ne me suis pas couché tard.*

dimanche
1. *Je me suis levé de bonne heure pour jouer au foot.*
2. *On a gagné trois à zéro.*
3. *Mais vers la fin du match, je suis tombé.*
4. *Je me suis fait mal au genou.*
5. *J'ai dû me reposer le reste de la journée.*

Martin

– Martin, tu as passé un bon week-end? Qu'est-ce que tu as fait?
– Oui, eh bien, le samedi, je ne me suis pas levé tôt. Je me suis levé vers onze heures. Ensuite, j'ai fait mes devoirs. Puis l'après-midi, je suis allé en ville. J'ai fait les magasins et j'ai acheté un T-shirt. Ensuite, j'ai mangé avec mes copains dans un fast-food, puis je suis rentré à la maison.
– Et le soir?
– Le soir, je n'ai pas fait grand-chose. Je ne me suis pas couché tard, parce que j'allais jouer au foot le lendemain.
– Et le dimanche?
– Le dimanche, je me suis levé de bonne heure pour aller jouer au football.
– Et ça s'est bien passé? Vous avez gagné?
– Oui, on a gagné trois à zéro, mais malheureusement, vers la fin du match, je suis tombé et je me suis fait mal au genou. Mon père était au match et il m'a transporté à la maison. Maintenant, ça va un peu mieux mais j'ai dû me reposer le reste de la journée.

b When students have listened to the interview with Charlotte, they should correct the mistakes in the sentences in their books.

Solution:

1 *Samedi matin, elle est allée au collège.*
2 *À midi, elle n'a pas mangé/déjeuné au collège.*
3 *L'après-midi, elle a acheté un nouveau jean.*
4 *Le soir, elle est allée à l'anniversaire d'un garçon de sa classe.*
5 *Tout le monde s'est amusé à la fête.*
6 *À dix heures, on a chanté 'Joyeux anniversaire' et mangé un gâteau au chocolat.*
7 *Elle s'est couchée vers minuit.*
8 *Le dimanche, elle s'est levée vers dix heures.*
9 *L'après-midi, elle a fait ses devoirs.*
10 *Le soir, elle s'est reposée.*

Charlotte

– Charlotte, qu'est-ce que tu as fait le week-end dernier?
– Eh ... bien, samedi, je me suis levée à sept heures, comme d'habitude, et je suis allée au collège. Puis à midi, je n'ai pas déjeuné au collège. Il y a très peu de gens qui mangent au collège le samedi midi. Puis dans l'après-midi, j'ai fait des courses avec mes amis et j'ai acheté un nouveau jean.
– Et le soir, tu es sortie?
– Oui, le soir, je suis allée à l'anniversaire d'un garçon de ma classe. Donc après les courses, je suis rentrée et je me suis préparée pour sortir. Je me suis habillée en jean et en T-shirt, puis je me suis coiffée et je me suis maquillée. Puis ma mère m'a amenée chez Jean-Luc pour la fête.
– Et la fête, c'était comment? Qu'est-ce qui s'est passé?
– Bon, il y avait une sorte de buffet avec des biscuits apéritifs et des crudités variées et des chips.
– Et comme boissons?
– Comme boissons, il y avait du coca, du Fanta et de l'Oasis: des boissons gazeuses surtout, et aussi des jus de fruit. Il y avait de la bière aussi.
– Et tu t'es bien amusée?
– Oui, tout le monde s'est amusé. On a dansé, on a écouté de la musique à la mode. Et vers dix heures, on a apporté un gros gâteau d'anniversaire: c'était un gâteau au chocolat. Alors on a chanté 'Joyeux anniversaire' et Jean-Luc a coupé le gâteau et on l'a mangé. C'était très bon.
– Et tu es rentrée à quelle heure?
– Vers onze heures et demie. Mon père est venu me chercher en voiture. Nous sommes rentrés et je me suis couchée vers minuit.
– Et dimanche?
– Alors dimanche, j'ai fait la grasse matinée. Je me suis levée vers dix heures, dix heures et demie. Donc le matin, je n'ai pas fait grand-chose, puis l'après-midi, j'ai fait mes devoirs.
– Et le soir?
– Eh bien, le soir, je me suis reposée. Voilà mon week-end.

SB 100 **GRAMMAR**

Dossier-langue
Reflexive verbs (perfect tense)

Students should look for examples of reflexive verbs in the perfect tense, then work through the explanation.

SB 100 **PRACTICE**

2 Dimanche dernier

This provides practice in completing the reflexive verb in questions and statements and matching them up.

a Students supply the correct reflexive pronoun and part of *être*.

Solution: **1** *vous vous êtes levés,* **2** *s'est installée,* **3** *vous vous êtes promenés,* **4** *s'est trompé,* **5** *se sont disputés,* **6** *vous vous êtes baignés*

b They supply the correct past participle (with agreement if needed).

Solution: **a** *disputés,* **b** *baignés,* **c** *levés,* **d** *trompé,* **e** *installée,* **f** *promenés*

c They match the correct answer to each question.

Solution: **1**c **2**e **3**f **4**d **5**a **6**b

SB 101 **WRITING**

3 Samedi soir

This provides practice in using reflexive verbs in the perfect tense with a greater range of verbs. It can be used in a variety of ways: students could choose to describe either what Virginie did or what Alex did or both, and write either speech bubbles (using the first person) or captions (using the third person) or both. Then they could complete the description of the party, using the third person.

Solutions:

a **1** *Il s'est déshabillé,* **2** *Il s'est lave,* **3** *Il s'est rasé,* **4** *Il s'est habillé* **5** *Il s'est coiffé*
b **1** *Elle s'est lavée,* **2** *Elle s'est maquillée,* **3** *Elle s'est habillée,* **4** *Elle s'est changée,* **5** *Elle s'est coiffée*
c **1** *Tout le monde s'est bien amusé,* **2** *...ils se sont rencontrés,* **3** *ils se sont bien entendus,* **4** *ils ont décidé de se revoir*

CM 5/5 **WRITING**

Le premier jour comme au pair

This can be prepared orally in class first, then students should write a description of the au pair's day.

Solution:

1 *Elle s'est réveillée à six heures.*
2 *Elle s'est levée, elle s'est lavée et elle s'est habillée.*
3 *Elle a mis la table pour le petit déjeuner.*
4 *Les parents sont partis. Elle a fait la vaisselle.*
5 *Elle a passé l'aspirateur. Les enfants se sont disputés.*
6 *Elle s'est occupée des enfants.*
7 *L'après-midi, elle a fait les courses.*
8 *Elle a préparé le repas du soir.*
9 *Ensuite, elle a fait le repassage. Les enfants se sont ennuyés.*
10 *À dix heures, elle s'est sentie complètement épuisée. Elle s'est reposée et elle a dormi.*
11 *Elle s'est réveillée tout d'un coup. Elle a décidé de faire ses valises et de partir le lendemain.*

Au choix SB 220 **SUPPORT**

3 Samedi dernier

As an alternative to the next task, or in preparation for it, students complete some sentences about how they spent a recent Saturday.

SB 101 **WRITING**

4 Une journée récente

Students write an account of a recent day, e.g. a typical or enjoyable school day or an unusual day. For further guidance, a suitable description in notes could be written on the board.

SB 101 **READING**

5 Déjeuner du matin

This well-known poem is usually easily understood and often popular with this age group. Read the poem aloud for students to listen to. It could be used for a simple 'spoken word' competition, perhaps for volunteers only. Some of the more able students might like to try writing a similar short poem themselves: this has been tried out with some surprisingly good results. The idea is to get students to link a sequence of simple everyday activities and put them into a sad or a happy context.

Area 6
Au centre commercial
Understanding information about different shops and services
Planning a shopping trip
Finding out about reductions and special offers

SB 102–103 1–4
Au choix SB 220 4
CM 5/6
CD 4/17–4/19

Le shopping

Introduce the topic by asking a few general questions, e.g.

- *Qui aime faire du shopping, le week-end?*
- *Où allez-vous, normalement?*
- *Est-ce que vous y allez à pied?*
- *Qu'est-ce qu'il y a comme magasins ici? Quel genre de magasins?*

Write a list of shops on the board using suggestions from the class.

SB 102, 4/17 **LISTENING**

1 On va en ville

Students listen to the conversations about shopping plans and complete the sentences in their books.

Solution: **1** *un nouveau sweat, un cadeau d'anniversaire,* **2** *changer de l'argent, des souvenirs,* **3** *les jeux (à la Boutique Électronique), les raquettes de tennis, magasin de, l'hypermarché,* **4** *classeur, carte, parfum, nouvelles bottes*

On va en ville

1 – Julie, tu veux aller en ville cet après-midi? Moi, je voudrais acheter un nouveau sweat.
– Oui, Fatima, je veux bien. Et moi, je dois acheter un cadeau d'anniversaire pour mon frère.
– Qu'est-ce que tu vas lui acheter?
– Euh … Aucune idée. Une BD peut-être ou bien un T-shirt. Je vais voir.
– Si on allait au centre commercial, alors?
– Oui, bonne idée.

2 – Est-ce qu'on peut aller en ville, s'il vous plaît? J'ai besoin de changer de l'argent et je voudrais acheter des souvenirs pour ma famille.
– Mais oui, Laure, bien sûr. On ira au centre commercial. Là-bas, il y a des banques et beaucoup de magasins. Et quand nous avons besoin de nous reposer, nous pouvons prendre un verre ou une glace dans un café.

3 – Thomas, tu viens en ville avec moi, cet après-midi? Je voudrais regarder les jeux à la Boutique Électronique.
– Oui, Nicolas. Et moi, je voudrais regarder les raquettes de tennis. J'en ai besoin pour mon stage.
– Il faut aller au magasin de sport alors?
– Oui. Ah, et je veux regarder aussi ce qu'il y a à l'hypermarché. Quelquefois, ils ont des promotions intéressantes.

4 – Vous allez aux magasins, Madame Lebrun?
– Oui, j'ai besoin de beaucoup de choses: un classeur pour ma fille, un jeu de Monopoly et une carte d'anniversaire pour mon neveu, du parfum, des boucles d'oreille et peut-être de nouvelles bottes. Je vais passer presque toute la journée aux magasins.
– Vous aimez le shopping?
– Oui, heureusement, j'adore ça!

Un centre commercial

Introduce the topic of shopping centres by discussing a local one, e.g.

- *Un centre commercial est un centre où il y a beaucoup de magasins, comme X.*
- *Qu'est-ce qu'il y a comme magasins à X?*

Write the names of any shops mentioned on the board. If trading names are given, ask students what type of shop it is and write this on the board as well, e.g.

- *Etam – qu'est-ce que c'est comme magasin? Un magasin de chaussures? Un magasin de mode féminine? Une papeterie?*
- *Et Clarks, c'est quoi comme magasin? Une librairie? Un magasin de musique? De chaussures? etc.*

If full details are available, it might be interesting to note the proportion of different types of shop – usually the number of fashion shops is by far the largest.

SB 102 **READING**

Rendez-vous au centre commercial

This fictitious leaflet is based on a publicity leaflet about different shopping centres in France. Explain any shops not already known, e.g. *une bijouterie:*

- *Qu'est-ce qu'on peut acheter dans une bijouterie? (Des bijoux, comme des colliers, des bracelets, des montres, etc.)*

Ask a few questions to check general comprehension, e.g.

- *C'est un petit ou un grand centre commercial? (Un grand.)*
- *C'est ouvert tous les jours, y compris le dimanche? (Non, les magasins sont fermés le dimanche.)*
- *Est-ce qu'il y a un hypermarché? (Oui, ...)*
- *Qu'est-ce qu'il y a, à part les magasins? (Banque, bureau de poste, ...)*

SB 102 **READING**

2 À propos du centre commercial

This can be done individually or in pairs, with one person reading the question and the other finding the answer in the text.

Possible solution:

1. *Il y a deux banques au niveau 1 et un bureau de change au niveau 2.*
2. *Oui, il y a un bureau de poste au niveau 1.*
3. *La plupart des cafés et des fast-foods sont au niveau 2.*
4. *La pharmacie est au niveau 1.*
5. *Oui, il y a des toilettes au niveau 0 et au niveau 2.*
6. *La plupart des magasins ferment à 20 heures/huit heures du soir, mais l'hypermarché ferme à 22 heures/dix heures du soir.*
7. *Oui, il y a l'hypermarché Auchan.*
8. *Oui, il y a la boulangerie Paul au niveau 1.*
9. *Oui, il y a un cybercafé au niveau 2.*

Vous aimez les centres commerciaux?

If wished, there could be a short discussion about the advantages and disadvantages of shopping centres, e.g. *Quels en sont les avantages? (pratique, il n'y a pas de circulation, on est à l'abri s'il fait mauvais, etc.) Et les inconvénients? (on est tout le temps à l'intérieur, ça peut être anonyme, etc.)*

SB 103 **VOCABULARY**

Lexique: Les magasins specialisés; Dans un grand magasin

This includes a list of specialist shops and vocabulary linked to a department store.

SB 103, **SPEAKING**

3 Où faut-il aller?

In this pairwork task, one person mentions something they want or need to buy and the other suggests an appropriate shop. If students use *un grand magasin* they should also give the department.

Au choix SB 220 **SUPPORT**

4 Dans un grand magasin

This can be used to revise the names of different floors in a building. Students then decide which floor is needed in each case.

Solution: **1** *SS,* **2** *2e,* **3** *3e,* **4** *4e,* **5** *RC,* **6** *2e,* **7** *1er,* **8** *3e,* **9** *1er,* **10** *4e*

SB 103, 4/18 **LISTENING**

4 Une semaine fantastique

This introduces the language used to describe special offers and sale bargains and practises the language for different sections of a department store and the names of floors. Students are given the list of departments mentioned and asked to find out one item (or more) on promotion in each department and the correct floor for the department.

Solution:

1. *le rayon arts ménagers: a des verres, la vaisselle, des ustensiles de cuisine* ***b 3è***
2. *la parfumerie: a du parfum (de Charles Ricci)* ***b rdc***
3. *la bijouterie: a un collier, un bracelet, des boucles d'oreille, des bijoux* ***b rdc***
4. *le rayon mode: a des T-shirts* ***b 1er***
5. *la librairie: a des livres* ***b rdc***
6. *la papeterie: a des cahiers, des classeurs, des stylos, des crayons, des trousses* ***b 2è***
7. *le rayon musique: a des CDs, des cassettes* ***b ss***
8. *le rayon sports: a des skis, des chaussures, des vêtements de ski* ***b 2è***

Une semaine fantastique

1 – Vous cherchez des idées pour la maison? Vous avez besoin de verres, de vaisselle, d'ustensiles de cuisine? Allez vite au rayon arts ménagers. Pendant une semaine, il y a 20% de rabais sur beaucoup d'articles – les articles signalés d'un point vert.

Allez vite au rayon arts ménagers au troisième étage du magasin. Vous y trouverez tout pour la maison.

2 – En promotion spéciale à la parfumerie: 'Oriental', le nouveau parfum de Charles Ricci. On vous offre un petit flacon gratuit de ce nouveau parfum 'Oriental' avec chaque achat de plus de 20 euros. Rendez-vous vite à la parfumerie au rez-de-chaussée pour votre échantillon gratuit. Le parfum 'Oriental', c'est le nouveau parfum de Charles Ricci.

3 – Vous cherchez un collier, un bracelet, des boucles d'oreille? À notre bijouterie au rez-de-chaussée, vous trouverez de nombreux accessoires pour parfaire votre look. Et cette semaine, il y a 10% de remise sur toute une gamme de bijoux fantaisie.

4 – Actuellement, grand choix de T-shirts à des prix exceptionnels au rayon mode. Nous avons sélectionné pour vous des T-shirts unis, des T-shirts rayés, des T-shirts avec des slogans et avec des dessins. Grand choix de couleurs. Rendez-vous au premier étage pour les plus beaux T-shirts à des prix exceptionnels.

5 – Vous cherchez le Livre Guinness des Records? Vous voulez lire la dernière aventure de Tintin? Vous cherchez un livre pour offrir? Grand choix de livres à la librairie, au rez-de-chaussée. N'oubliez pas de visiter la librairie au rez-de-chaussée.

6 – N'oubliez pas de visiter notre rayon papeterie au deuxième étage. Nous avons un grand choix de cahiers, classeurs, stylos, crayons et trousses à des prix vraiment abordables. Vous y trouverez tout pour la rentrée scolaire.

7 – Vous aimez la musique? Venez trouver le meilleur de la musique – classique, jazz, pop, folklorique – au rayon musique au sous-sol. Des CDs et des cassettes à des prix fantastiques. Dépêchez-vous au rayon musique, au sous-sol.

8 – Pensez-vous déjà aux sports d'hiver? Oui? Alors, allez voir notre exposition 'Tout pour le ski' au rayon sport au deuxième étage. Vous trouverez la nouvelle gamme de skis, de chaussures et de vêtements de ski. Tout ce qui est nécessaire pour des vacances de neige idéales. Allez voir 'Tout pour le ski' au rayon sport, deuxième étage.

La publicité

If possible bring in some recent French magazines or leaflets from supermarkets, as recent authentic material always increases interest in this kind of topic. Students could talk about an advert that they find effective or some students might like to prepare a poster or advert giving details of special offers in different shops or departments.

CM 5/6, 4/19 — **LISTENING** **VOCABULARY PRACTICE**

Le shopping

This includes two tasks to practise vocabulary and a grid linked to the listening item which follows.

1 5-4-3-2-1

Students could underline each category in a different colour or copy out the words.

Solution:

5 ***magasins d'alimentation:*** *une boucherie, une boulangerie, une charcuterie, une épicerie, une pâtisserie*

4 ***magasins qui ne vendent pas de nourriture:*** *une bijouterie, une librairie, une papeterie, une pharmacie*

3 ***souvenirs:*** *une maquette, une peluche, un porte-clés*

2 ***choses qu'on trouve souvent dans un grand magasin:*** *un ascenseur, un escalier*

1 ***endroit où on paie:*** *une caisse*

2 J'ai fait du shopping

Students read the message and complete the grid.

Solution:

Pour qui?	peluche	T-shirt	stylo	porte-clés	de petits gâteaux	vase	Réduction?
sa grand-mère					✓		
sa mère						✓	✓
son père				✓			
sa sœur	✓						
son frère			✓				
elle-même		✓					✓

3 On parle du shopping

Students listen to the recording and complete the grid. They can then complete the questionnaire for themselves and for a colleague.

Solution:

		Sophie	Aude
1	*Quand vous achetez quelque chose, êtes-vous surtout influencé(e) par …*		
	a *la publicité?*	✓	
	b *vos amis et votre famille?*	✓	
	c *rien – vous suivez vos propres idées?*	✓	✓
2	*Qu'est-ce qui compte le plus?*		
	a *un bon rapport qualité/prix*	✓	✓
	b *un article en promotion ou en soldes*		
	c *la marque*	✓	
3	*Où préférez-vous faire des achats?*		
	a *dans les petits magasins*	✓	✓
	b *dans les grands magasins*	✓	✓
	c *par catalogue*		

On parle du shopping

1 – Bonjour, Sophie!
– Bonjour!
– Dis-moi, Sophie. Est-ce que tu penses être influencée par la publicité, tes amis, ou peut-être ta famille, lorsque tu achètes quelque chose?
– Oui, bien sûr! Mes amis surtout, la publicité aussi … qui … m'influencent beaucoup … pour acheter des choses.
– Et comment est-ce qu'ils t'influencent?
– Euh … mes amis me donnent euh … me donnent leur opinion, euh … si … si euh … par exemple les habits me vont ou me vont pas, ce qui est à la mode, me donnent la mode, et aussi … euh … les livres, les livres que j'achète par semaine, m'influencent beaucoup sur la mode.

- Hmm, hmm. Et, qu'est-ce qui compte le plus pour toi lorsque tu achètes quelque chose? Est-ce que serait d'avoir un ... un bon rapport qualité/prix, ce serait d'avoir ... un bon prix, c'est-à-dire un prix en rabais ou peut-être en solde, ou avoir ... quelque chose de marque, avec un nom?
- Ben, pour moi, ce qui compte le plus c'est la marque quand même, parce que ... mes amis me poussent et ... ça fait toujours bien d'avoir ... d'avoir un vêtement avec une marque pour les amis ... pour être à la mode ... comme ça ...
- Donc tes amis ont une influence quand même ...
- Oui, bien sûr! Parce que si on n'a pas de ... de vêtements avec une marque, ils ont tendance à ... à rigoler de nous ... donc j'achète avec une marque ...
- Pour faire partie du groupe! Hmm, hmm. C'est très vrai.
- Pour être 'in'!
- Et ... quand tu fais tes achats, où est-ce que tu vas? Est-ce que tu préfères aller dans ... des petits magasins, des ... je ne sais pas ... où ... où fais-tu tes achats?
- Euh, dans les petits magasins, en général, ou alors dans ... dans les grands magasins comme ... les ... les Nouvelles Galeries. Ils ont souvent des vêtements avec les marques.
- Ah, très bien. Est-ce que tu achètes quelque chose ... des ... des ... des ...habits par catalogue quelquefois?
- Euh, non, non ... Non. Ils ont pas de ... de beaux vêtements.

2 – Aude, est-ce que tu penses être influencée par la publicité, la famille ou éventuellement tes amis lorsque tu fais un achat?
- Euh ... Lorsque je fais un achat, surtout pour les vêtements, je ... choisis d'abord ce qui me plaît. Et ... si je suis avec des amis, j'écoute évidemment leurs avis pour pas mettre quelque chose qui ne ... qui ne me va pas complètement. Mais généralement, je choisis ... ce qui me plaît à moi, et pas aux autres.
- Hmm, hmm. Et ... quand tu achètes quelque chose, qu ... qu'est-ce qui compte le plus pour toi?
- Alors ça dépend ce que j'achète, évidemment. Euh ... Quand c'est une pièce qui va rester, par exemple un ... un manteau ou un tailleur ou quelque chose comme ça, j'aime bien que ce soit de bonne qualité pour que ça dure longtemps. Si le prix est ... est correct en même temps, bon c'est très bien, et sinon, si c'est des tee-shirts, ou des ... des choses qui vont durer pour une saison, bon ben là je fais ... euh ... j'achète ce qu'il y a de moins cher où ce que je trouve, en fait.
- Hmm, hmm. Hmm, hmm. Et ... lorsque tu fais des achats en général, où vas-tu?
- Euh ... je vais souvent dans des ... des centres commerciaux, ou alors dans les ... dans les petites boutiques ...
- Tu fais quelquefois des achats par catalogue?
- Non! Très rarement, non. Même non, quasiment jamais.
- Est-ce qu'il t'arrive quelquefois d'acheter quelque chose dont tu n'as pas vraiment besoin?
- Oui! Je me rappelle un jour avoir acheté une jupe ... une très belle jupe violette qui n'allait avec rien de ce que j'avais chez moi, mais, parce que j'avais envie de l'avoir et ... je suis rentrée chez moi avec ma jupe violette et, ma mère a été horrifiée en la voyant et j'ai dû la mettre à peu près une fois et depuis, elle est dans l'armoire et ...
- Et elle n'a pas servie.
- Non, elle est toujours très belle, elle est toujours très violette.

Area 7
On fait des achats
Changing money
Finding out what is available in a shop
Saying which item you prefer when offered a choice
Understanding and using *celui*, etc.

SB 104–105 1–5
Au choix SB 222 3, 221 2
CD 4/20–4/21
Examination Grammar in Action, page 67

SB 104, 4/20, — **LISTENING READING SPEAKING**

1 En ville

Students listen to the conversations and find the missing words. If necessary, write these in jumbled order on the board. The conversations include some useful expressions which could be copied out for future reference.

Solution: **a** **1** *chèques,* **2** *50,* **3** *caisse*
b **1** *livres,* **2** *cartes,* **3** *12,* **4** *10*
c **1** *bonbons,* **2** *gâteaux,* **3** *chocolat,* **4** *8*
d **1** *bol,* **2** *vase,* **3** *5,* **4** *offrir*
e **1** *petit,* **2** *bateau,* **3** *4,* **4** *6,50*

À la banque

- Bonjour, Monsieur. Je voudrais changer des chèques de voyage, s'il vous plaît.
- Vous voulez changer combien?
- Cinquante livres sterling.
- Oui, vous avez votre passeport?
- Oui, le voilà.
- Quelle est votre adresse en France?
- Chez Mme Debré, 9 rue de l'église, Saint-Pierre.
- Merci. Voulez-vous signer là, s'il vous plaît?
- Voilà.
- Merci. Attendez à la caisse, s'il vous plaît.

À la librarie

- On peut vous aider?
- Oui, je cherche un cadeau pour mon père.
- Il y a de très beaux livres sur la région, sinon des jeux de cartes ou bien des porte-clés.
- Ce livre est très beau. Il fait combien?
- 12 euros.
- C'est un peu trop cher.
- Il y a aussi celui-ci qui est un peu moins cher à 10 euros.
- Ah oui. Bon, je prends celui-là.

À la pâtisserie

- Je voudrais acheter un cadeau pour ma mère. Qu'est-ce que vous me conseillez?
- Nous avons ces bonbons en boîte ou bien, il y a des petits gâteaux, ou bien des chocolats maison.
- La boîte de petits gâteaux, c'est combien?
- Celle-ci est à 8 euros.
- Bon, je prends ça, s'il vous plaît.
- Je vous fais un paquet-cadeau?
- Oui, s'il vous plaît.

Au magasin de cadeaux

- Je cherche un souvenir de la région – quelque chose de typique.
- Euh ... Il y a de la poterie régionale qui est très jolie, un bol ou un vase peut-être.
- Le vase est à combien?
- Celui-ci est à 5 euros.
- Oui, je vais prendre ça.
- C'est pour offrir?
- Oui, c'est pour ma grand-mère.
- Je vous fais un paquet-cadeau?
- Oui, s'il vous plaît.

Au magasin de souvenirs/jouets

- Bonjour, Madame. Je cherche quelque chose pour un garçon de neuf ans. Un petit souvenir de France.
- Eh bien, il y a des maquettes, par exemple un petit TGV ou un petit bateau de pêche.
- Hmm ... Oui, j'aime bien ce petit bateau de pêche. C'est combien?
- Celui-ci est à 4 euros, il y en a aussi qui sont plus grands à 6,50 euros.
- Non, je vais prendre celui-ci, s'il vous plaît.
- Très bien.

SB 104 **VOCABULARY**

Lexique: Les cadeaux et les souvenirs; L'argent

This lists vocabulary linked to changing money and souvenirs and presents. If possible, show some actual euro notes and coins and talk briefly about them. Introduce the topic of souvenirs by asking students who have been to France what, if anything, they bought as a souvenir either for themselves or for friends or family.

- *Qui est allé en France récemment?*
- *Vous êtes allé(e) où?*
- *Avez-vous fait des achats pour vous-même, pour votre famille ou vos amis?*
- *Qu'est-ce que vous avez acheté?*
- *Pourquoi n'avez-vous rien acheté? (Parce que tout était très cher/je n'ai rien trouvé/je ne savais pas quoi acheter, etc.)*

SB 104 **PRACTICE**

2 À propos de l'argent

Students complete the sentences using words from the *Lexique*.

Solution: **1** *banques*, **2** *chèques de voyage*, **3** *une carte de crédit*, **4** *pièces*, **5** *distributeur automatique*

SB 104, **SPEAKING**

3 Inventez des conversations

Students practise making up conversations based on the text in *En ville*, but changing some details.

SB 105 **GRAMMAR**

Dossier-langue This and that

Most students will be familiar with *ce, cette, ces*, etc. from previous use and should be able to complete this table by referring to the speech bubble.

Solution: *ce jeu (de cartes), cet ours, cette gomme/(grande) boîte (de chocolats), ces fleurs*

SB 105 **PRACTICE**

4 Idées souvenirs

Students choose the correct form (*ce, cet, cette, ces*) to complete sentences about souvenirs.

Solution: **1** *ce*, **2** *Ce*, **3** *ce*, **4** *cette*, **5** *ce*, **6** *Ce*, **7** *cette*, **8** *Ces*

SB 105, 4/21 **LISTENING PRACTICE**

5 Au magasin de sport

a Students could listen to the conversation first without the text and find out which sports items are mentioned and which two items the boys buy. Students should then look at the text and answer the questions in their books. The conversation presents examples of *celui/celle*, etc.

Solution:

1 *dans un/au magasin de sport*, **2** *les ballons de football*, **3** *les raquettes de tennis*, **4** *le matériel pour le ski et les lunettes de soleil*, **5** *une raquette de tennis*, **6** *Oui, un ballon de football.* **7** *Ils vont aller au café.*

Au magasin de sport

- Regarde ces ballons de football. Celui-ci n'est pas cher.
- Oui, c'est vrai.
- Je vais peut-être l'acheter pour mon petit frère – il adore le foot.
- Bon, moi, je vais regarder les raquettes de tennis.
- Il y en a beaucoup.
- Oui, alors celle-ci est une bonne marque et celle-là aussi. J'aime bien cette raquette. Elle n'est pas trop lourde. Je crois que je vais prendre celle-ci.
- Regarde, il y a beaucoup de matériel pour le ski. Tu aimes ces gants noirs?
- Oui, ils sont bien, mais je préfère ceux-là en bleu marine. Ils sont d'une bonne marque.
- Oui, mais regarde le prix – ils sont beaucoup trop chers pour moi.
- Oui, ils sont chers, c'est vrai.
- J'aime bien ces lunettes de soleil.

- Hmm ... Mais elles sont trop grandes pour toi. Essaie celles-là. Oui, elles te vont mieux. Tu les prends?
- Non. Je vais acheter le ballon de football et c'est tout.
- D'accord, alors allons au café maintenant.

b Students could then look at the *Dossier-langue* before working on part **b**, in which they have to complete the sentences using the correct form of *celui*. Check that students know the gender of *des gants* (m pl), *des lunettes* (f pl) and *des skis* (m pl).

Solution: **1** *Celui,* **2** *celle, celle,* **3** *celui,* **4** *ceux,* **5** *celles,* **6** *ceux,* **7** *celles,* **8** *celui*

SB 105 — **GRAMMAR**

Dossier-langue *Celui-ci, celui-là,* etc.

Students find examples of the other forms of *celui (celle, ceux, celles)* to complete the table.

Au choix SB 222 — **EXTENSION GRAMMAR**

3 Celui ou celle?

This provides further practice in using *celui, celle,* etc.

Solution:

1a *Il va choisir celle qui est rayée.*
2a *Il va choisir celle qui est à pois.*
3b *Il va choisir celui à carreaux.*
4b *Il va choisir celles qui sont vertes.*
5a *Il va choisir celui qui est tricolore.*
6a *Il va choisir ceux qui sont rouges.*

Examination Grammar in Action, Page 67

Using *ce/cette/ces* and *celui,* etc.

This provides further practice in using *celui, celle,* etc., if required.

Au choix SB 221 — **GENERAL READING**

2 Les sacs réutilisables

This reading task refers to an experiment by E. Leclerc, the supermarket group, to reduce the number of checkout bags that are wasted and found as litter throughout France. Students read the advert and then complete the résumé.

Solution: **1** *sont distribués,* **2** *chaque,* **3** *finissent,* **4** *gaspillage,* **5** *réutilisables,* **6** *publicité,* **7** *gratuitement,* **8** *poubelles*

Students could then go on to consider other ways in which supermarkets could reduce waste, perhaps working in pairs or groups.

Area 8
Vous faites quelle taille?
Shopping for clothes, specifying and modifying requirements
Making complaints about unsatisfactory goods
Asking for a refund or replacement
Understanding and using *quel* and *lequel*, etc.

SB 106–107 1–6
CM 5/7
CD 4/22–4/23
Examination Grammar in Action, page 68

PREPARATION

Les vêtements

Have a brainstorming session on items of clothing and write these on the board.

SB 106, 4/22 — **LISTENING**

1 On achète des vêtements

Students listen to the conversations and note what each person bought, including the colour and any other details. The conversations present many general phrases and expressions required when buying clothes.

Solution:

1 *un pull rouge, en laine, 29 euros,*
2 *un pantalon noir, taille 46, 60 euros,*
3 *une jupe marron, taille 40, 85 euros,*
4 *des chaussures bleues pour faire de la marche à pied/pour marcher, taille/pointure 45, 99 euros,*
5 *un sweat bleu marine, taille 40, 39 euros,*
6 *une chemise bleu clair rayé blanc, 48 euros*

On achète des vêtements

1 – Madame?
- Bonjour, Mademoiselle. Je cherche un pull rouge pour un garçon de neuf ans.
- Oui. Vous le voulez en laine ou en acrylique?
- En laine.
- Celui-ci est de très bonne qualité. Il est en pur laine et il coûte 29 euros.
- Oui, il est très joli.
- Et il y a un pantalon rouge qui est assorti. Regardez. Il est beau aussi.
- Oui, c'est vrai. Hmm ... non, le pull, ça suffit. Est-ce que vous acceptez les cartes de crédit?
- Oui, Madame.

2 – Pardon, Madame, ce pantalon coûte combien?
- Euh ... 60 euros, Monsieur.
- Et vous l'avez en 46?
- Dans quelle couleur?
- Gris.
- Je suis désolée, Monsieur, je ne l'ai plus en gris, mais je l'ai en noir. Vous voulez l'essayer?
- Oui, d'accord.
- Ça vous va?
- Oui, il me va bien – je vais le prendre.
- Vous voulez payer comment?
- Par chèque.
- Très bien. Passez à la caisse, s'il vous plaît, Monsieur.

3 – Est-ce que vous avez cette jupe dans d'autres couleurs, s'il vous plaît?
– Attendez. C'est quelle taille?
– Quarante.
– Oui, nous l'avons en bleu marine et en marron.
– Vous ne l'avez pas en vert foncé?
– Non, je regrette.
– Je peux l'essayer en marron?
– Mais bien sûr. La cabine d'essayage est là-bas.
– Ça va, Mademoiselle? Ah oui, cette jupe vous va très bien, n'est-ce pas?
– Oui, peut-être ... je ne suis pas sûre.
– C'est la couleur que vous n'aimez pas?
– Peut-être, je ne sais pas.
– Je peux vous montrer d'autres jupes, si vous voulez.
– Non, ça va. J'aime bien le modèle de celle-ci. Je crois que je vais la prendre.
– Très bien. Vous ne le regretterez pas, j'en suis certain. C'est de la bonne qualité.
– Oui.
– Alors, ça fait 85 euros. Merci, Mademoiselle.

4 – Qu'est-ce que vous désirez, Monsieur?
– Je voudrais une paire de chaussures.
– Quelle sorte de chaussures voulez-vous? Des mocassins, des chaussures à lacets?
– Des chaussures bien solides, avec une semelle épaisse. C'est pour faire de la marche à pied.
– Oui, Monsieur. Eh bien, on a ce modèle-là. Ça vous plaît?
– Mmm ... je n'aime pas beaucoup la couleur.
– Je peux les essayer en bleu, s'il vous plaît?
– Bien sûr. Vous faites quelle pointure?
– 45.
– Voilà, Monsieur.
– Oui, elles me vont bien. Elles sont à combien?
– Celles-là sont à 99 euros.
– C'est un peu cher, mais elles sont confortables. Bon, je les prends.

5 – J'ai vu un sweat-shirt en vitrine. Vous l'avez dans quelles couleurs?
– Je vais voir. Nous l'avons en rouge, en bleu marine et en vert foncé ... c'est joli cette couleur, je trouve.
– Vous l'avez en noir?
– Ah non.
– Bon, je peux essayer le bleu marine?
– Oui, bien sûr. Vous faites quelle taille?
– Du 40.
– Voilà.
– Oui, celui-là va bien.
– Et c'est quel prix?
– 39 euros.
– Bon, je le prends.
– Très bien. Vous voulez payer comment?
– Avec une carte de crédit. Ça va?

6 – Je cherche une chemise rayée comme ça, mais en bleu clair.
– Voyons, j'ai différentes couleurs ... oui ... voilà du bleu clair rayé blanc.
– Celle-là est belle aussi ... le vert rayé blanc.
– Oui, c'est vrai.
– C'est du coton?
– Euh ... c'est du polyester et du coton.
– Et quel est le prix?
– C'est 48 euros.
– Bon, c'est pour un ami. Alors est-ce qu'on peut la changer si ça ne lui va pas?
– Oui, si vous gardez le reçu.
– Bon, je prends la bleu clair.
– Très bien, Madame. Pouvez-vous passer à la caisse, s'il vous plaît?

SB 106 **READING**

2 Qui dit ça?

Students read through these expressions from the conversations and classify them in two lists.

Solution:

le/la client(e)	***le vendeur/la vendeuse***
1, 3, 7, 9, 10, 11, 12, 13, 15, 16, 18	**2, 4, 5, 6, 8, 14, 17**

SB 106 **VOCABULARY**

Lexique: On achète des vêtements

This lists other useful vocabulary for describing and buying clothes.

Quelle taille? **REFERENCE**

Details of French and British sizes are given below for reference.

It might be useful for students to know their own continental size, although in the unit, only general sizes (*petit, moyen, grand, très grand*) are used.

Femmes: pulls/chemisiers							
France	82	86	90	96	102	106	
GB	32	34	36	38	40	42	
Femmes: chaussures							
France	35	36	37	38	39		
GB	2	3–3½	4	4½–5	5½		
Hommes: pulls							
France	92	96	104	108	112	116	
GB	36	38	40	42	44	46	
Hommes: chemises							
France	36	37	38	39	41	42	43
GB	14	14½	15	15½	16	16½	17
Hommes: chaussures							
France	40	41	42	43	44		
GB	6½	7	7½–8	8½–9	9½		

SB 106, **SPEAKING**

3 Inventez des conversations

Students work in pairs to make up conversations in which they buy clothing.

SB 106 **GRAMMAR**

Dossier-langue *Quel and lequel?*

Students should work through this, looking for different examples of *quel* and *lequel* and using these to complete the table in their exercise books. For more oral practice, students could make up questions on the following model:

– *Voici deux livres; lequel voulez-vous?*
– *Voici deux cartes postales; laquelle préférez-vous?*

SB 107 **PRACTICE**

4 Vous aidez au magasin

This provides practice in using the different forms of *lequel*. It could be done first as an oral task, with students working in pairs and then the answers could be written down.

Solution: **1** *Lesquelles?*, **2** *Lequel?*, **3** *Lesquels?*, **4** *Laquelle?*, **5** *Lequel?*, **6** *Lesquelles?*, **7** *Laquelle?*, **8** *Lesquelles?*, **9** *Laquelle?*, **10** *Lequel?*

EXAMINATION GRAMMAR IN ACTION, PAGE 68

Using *quel* and *lequel*, etc.

This provides further practice of *quel* and *lequel*.

SB 107, 4/23 **LISTENING**

5 Quel est le problème?

Students listen to the recording and complete the tasks.

a They supply the missing words to complete a summary of each situation.

Solution:

1 *Un garçon a acheté une calculette samedi dernier, mais elle ne marche pas.*
2 *Une fille a reçu un T-shirt comme cadeau, mais elle n'aime pas la couleur.*
3 *Un homme a acheté des chaussettes, mais elles sont trop petites.*
4 *Une femme a acheté un sweat, mais à la maison elle a trouvé un défaut – un petit trou dans le tissu.*
5 *Un homme a acheté une chemise, mais quand il l'a lavée, la chemise a rétréci.*
6 *Une fille a acheté un jean en soldes, mais elle a changé d'avis.*

b They note the outcome of each situation.

Solution: **1**f **2**d **3**b **4**a **5**c **6**e

Quel est le problème?

1 – J'ai acheté cette calculette samedi dernier, mais elle ne marche pas.
– Faites voir. Ah oui, vous avez raison. Vous avez votre reçu?
– Le voilà.
– Bon, on peut remplacer la calculette ou bien vous rembourser.
– Pouvez-vous me rembourser, s'il vous plaît?

2 – On m'a offert ce T-shirt comme cadeau, mais je n'aime pas beaucoup la couleur. Est-ce que je peux l'échanger?
– Oui, pas de problème. Vous voulez en choisir un autre?

3 – J'ai acheté ces chaussettes hier, mais j'ai pris la taille petite au lieu de la taille moyenne. Pouvez-vous les échanger contre une autre paire en taille moyenne, s'il vous plaît?
– Oui, Monsieur. Vous avez votre reçu?
– Oui.
– Bon, voilà la même paire en taille moyenne.
– Merci, Madame.

4 – On peut vous aider?
– Oui. J'ai acheté ce sweat l'autre jour, mais quand je l'ai examiné à la maison, j'ai trouvé un défaut – un petit trou dans le tissu.
– Faites voir. Ah oui, vous avez raison. Voulez-vous le remplacer ou être remboursée?
– Ah, je voudrais le remplacer, s'il vous plaît.
– Voilà, Madame. Je pense que celui-ci est le même.
– Oui, ça va.

5 – Oui, Monsieur?
– J'ai acheté cette chemise la semaine dernière, mais quand je l'ai mise dans la machine à laver, elle a rétréci.
– Attendez un moment, s'il vous plaît. Oui, l'étiquette indique qu'on peut la laver à la machine. Bon, on va rendre la chemise au fabricant. On peut remplacer la chemise ou vous rembourser, si vous préférez.
– Pouvez-vous me rembourser, s'il vous plaît?
– Très bien, Monsieur. Voilà.

6 – Bonjour, Madame. J'ai acheté ce jean l'autre jour, mais j'ai changé d'avis. Est-ce que je peux me faire rembourser?
– C'était en soldes, non?
– Oui.
– Ah non, je regrette, les soldes ne sont ni échangeables ni remboursables.

SB 107, **SPEAKING**

6 On peut vous aider?

Students read these conversations in pairs to practise asking for a refund or exchange. If wished, able students could then go on to make up a dialogue where the sales assistant is more difficult and refuses to accept responsibility for a product that is clearly faulty, e.g.

– *J'ai acheté ces chaussures l'autre jour, mais la première fois que je les ai mises, elles se sont démontées.*
– *Mais ce n'est pas possible. Toutes nos chaussures sont de bonne qualité, etc.*

CM 5/7 **VOCABULARY PRACTICE**

Aux magasins

1 Dix phrases utiles

Students complete the sentences by supplying the word for the item illustrated. For further practice, they could substitute other words in the blanks.

Solution: **1** *baskets*, **2** *chaussures*, **3** *short*, **4** *maillot de bains*, **5** *veste*, **6** *casquette*, **7** *gants*, **8** *chemise*, **9** *jupe*, **10** *pull*

2 Mots croisés

The crossword provides practice of general shopping vocabulary and shops for revision.

Solution:

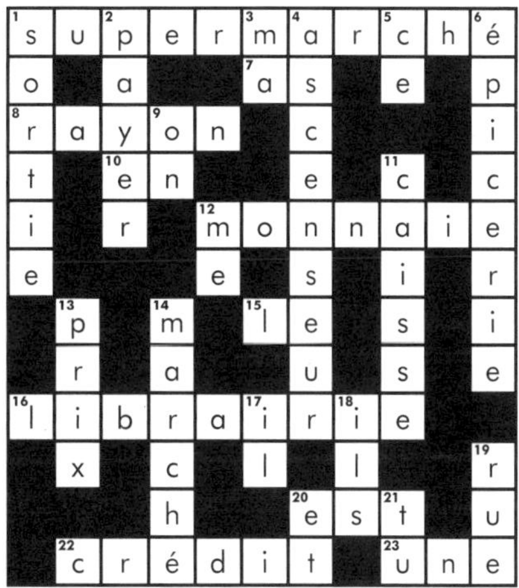

Area 9
La mode, c'est important?
Exchanging views and opinions about clothing and fashion
Describing a recent shopping trip and weekend

SB 108–109 1–5
Au choix SB 222 4
CD 4/24–4/25

SB 108 **PREPARATION**

Cartoon

This introduces the topic of fashion.

SB 108, 4/24 **LISTENING**

1 On parle de la mode

Students listen to the discussion and make notes as outlined.

a Students list all items of clothing mentioned.

Solution: **vêtements mentionnés:** *un jean, un T-shirt, un pull, une robe, un pantalon, une veste, un sweat-shirt*

b Students list the favourite and least favourite colours for each person.

Solution:

1 *Aurélie aime le rouge et le noir; n'aime pas le vert.*
2 *Sébastien aime les couleurs foncées, comme le noir, le bleu marine, le gris foncé; n'aime pas le rose, le jaune.*
3 *Nathalie aime les couleurs vives – le rouge, le rose, le vert; n'aime pas le beige, le marron.*

c Students note the letter by each item of jewellery worn by the speakers.

Solution: *Émilie* **a** *Aurélie* **c** *Nathalie* **b**

On parle de la mode

– Dans notre émission aujourd'hui, nous allons parler de la mode. Soigner son look, porter les bonnes marques, être à la mode, est-ce que tout ça, c'est important? Est-ce que les jeunes aiment porter des bijoux? Y a-t-il des couleurs qu'on préfère mettre ou qu'on ne met jamais? Et qu'est-ce que les jeunes aiment porter comme vêtements? Voilà les principaux thèmes de notre discussion.
On va commencer avec toi, Julien. Qu'est-ce que tu portes de préférence le week-end?
– Moi, je porte les mêmes choses que je porte en semaine, un jean et un T-shirt, et si j'ai froid, un pull.
– Merci, et toi Émilie?
– Ça dépend – si je sors, je mets une tenue un peu plus habillée, comme une robe ou un pantalon et une veste. Mais si je reste à la maison, j'aime mettre un jean et un T-shirt.
– Et toi, David?
– Moi, je mets un jean et un T-shirt ou un sweat-shirt – comme la plupart des jeunes d'ailleurs.
– Oui, c'est vrai – un jean et un T-shirt, c'est presque l'uniforme des jeunes.

Passons à une autre question: est-ce qu'il y a des couleurs que vous aimez souvent mettre ou que vous ne mettez jamais? Aurélie?
– Bien, moi, j'adore le rouge et le noir – je trouve que ces couleurs vont très bien ensemble. Par contre, je ne mets jamais de vert – je déteste cette couleur.
– Et toi, Sébastien?
– Moi, je mets souvent des couleurs foncées, comme le noir, le bleu marine, le gris foncé. Je trouve qu'elles me vont bien. Alors, les couleurs que je ne mets jamais sont le rose, le jaune, l'orange.
– Et toi, Nathalie?
– Moi, j'adore les couleurs vives – le rouge, le rose, le vert. Par contre, je n'aime pas beaucoup les couleurs qui manquent d'éclat comme le beige, le marron.
– Merci, alors chacun son goût.
Maintenant, les bijoux. Aimez-vous porter des bijoux? Commençons avec toi, Émilie?
– Moi, j'adore porter des bijoux, surtout des boucles d'oreille. J'aime mettre une paire différente chaque jour.
– Et toi, Aurélie?
– Alors, moi, je ne porte jamais de boucles d'oreille – je ne peux pas les supporter – je n'ai pas les oreilles percées et les boucles d'oreille me font toujours mal. Par contre, j'aime bien mettre des colliers.
– Et toi, Nathalie?
– Je ne porte pas beaucoup de bijoux, mais quelquefois, quand je sors, je mets un petit bracelet en or.
– Bon, merci.

SB 108, **SPEAKING**

2 À discuter

Students work in pairs or groups to discuss these questions themselves. If appropriate, other fashion issues could be discussed, e.g. *le piercing*.

Students could visit various fashion sites in French, e.g. www.elle.fr or sites in French run by various fashion houses and labels, e.g. www.lacoste.fr – many students will enjoy surfing on such sites without a specific task. The initial page of the Lacoste site provides superb graphics and text and could be used for basic vocabulary revision. Students could do a website review and send in a brief report to a class discussion forum or e-mail system or do a mini guided tour of the site using the electronic whiteboard and browser.

SB 108–109 **READING**

3 La mode, c'est important?

Students read some views about fashion and designer labels based on a discussion on the Internet and then do the tasks.

a They identify the person who matches the description.

Solution: **1** *Magali,* **2** *Daniel,* **3** *Corinne,* **4** *Ibrahim,* **5** *Julie*

b They identify the person whose opinion is described.

Solution: **1** *Lucie,* **2** *Élodie,* **3** *Sébastien,* **4** *Alex,* **5** *Thomas*

c They give their own opinions.

A forum could be set up for students to discuss their views on fashion.

AU CHOIX SB 222 **EXTENSION READING**

4 Cosette, c'est moi

This letter from a French teenage magazine is about a family's financial problems and the relative values of a large and happy but poor family versus the advantages that money could bring. It is followed by questions in English.

Solution:
1 She isn't fashionable and she has no pocket money.
2 Her father earns little money and her mother doesn't work.
3 They are going on holiday all together for the first time. They are going away for a fortnight. Three of the children (Angélique and two brothers) who have reached 16 will be working in July so the whole family can go on holiday. They are going to Normandy.
4 Her parents do everything for her.

SB 109, 4/25 **LISTENING**

4 On a fait des achats

Students listen to the conversation and answer the questions in English.

Solution:
1 Yes, it was busy.
2 He bought a black sweat-shirt.
3 Because he likes the colour black and it was cheaper/a better price.
4 She bought dark blue trousers.
5 20%
6 50 euros

On a fait des achats

– Salut, Marc. C'est Sophie à l'appareil. Tu es allé au centre commercial?
– Oui, j'y suis allé hier après-midi.
– Il y avait du monde?
– Oui, il y avait beaucoup de gens.
– Et tu as acheté ton sweat?
– Oui, finalement. J'ai hésité entre un sweat gris, très beau, d'une bonne marque, mais un peu cher quand même, et un sweat noir, sans marque qui était moins cher.
– Et tu as choisi lequel?
– Le sweat noir parce que j'aime bien le noir et c'était un meilleur prix. Et toi, tu es allée aux magasins aussi?
– Oui, je suis allée en ville ce matin. Je voulais acheter un pantalon et au grand magasin, effectivement, il y avait une promotion sur les pantalons – 20% de réduction.
– Pas mal. Alors, tu as acheté un pantalon?
– Oui, il y en avait en bleu marine, gris, noir et marron. Alors, j'ai choisi le bleu marine.
– Et ça a coûté combien?
– 50 euros.
– Très bien. Alors, on se voit demain, comme d'habitude?
– Oui, bien sûr! Alors, à bientôt.
– Au revoir.

SB 109, **SPEAKING**

5 Mon week-end

Finally, students could return to the more general topic of how they spend time at the weekend and discuss a recent weekend, bringing together some of the language of earlier areas.

SB 109, **WRITING**

Dossier personnel

Students write about one of the topics covered in the second half of the unit. They could undertake this using a computer, perhaps bringing in relevant items of clip art.

Area 10
Further activities and consolidation
SB 109
CM 5/8–5/20
CD 4/26–4/31
SCD 2/1–2/4

CM 5/8 **READING**

Le plaisir de lire

This includes three items, intended for reading for pleasure.

1 Un très bon film
After reading this, students could make their own list of what constitutes a very good film.

2 Litanie des écoliers
This is a humorous poem in which requests are made to different saints for help in school life.
In the short task that follows, students have to find opposites to the words listed.

Solution: **1** *infinies,* **2** *vite,* **3** *légers,* **4** *bien,* **5** *allongez*

3 Le cancre
This is a more serious, reflective poem. It is followed by a matching task to help with vocabulary. Finally, students choose two adjectives to describe the poem.

Solution: **1**b **2**e **3**d **4**i **5**g **6**a **7**c **8**f **9**h

CM 5/9, SCD 2/1–2/4 **LISTENING**

Tu comprends?

Items 2,3 and 4 provide useful preparation for the speaking test.

1 En promotion spéciale

Solution: **1**B **2**F **3**D **4**C **5**A

En promotion spéciale

Écoutez les annonces et écrivez la bonne lettre.

Ex: Au premier étage cette semaine: tout pour le sport – des raquettes de tennis, des ballons de football, des jeux de boules.

1 Aimez-vous lire? Aujourd'hui, nous avons une promotion spéciale sur les livres. Achetez trois livres pour le prix de deux. Oui! Si vous achetez deux livres, on vous offre un troisième livre gratuit.

2 Êtes-vous prêts pour les vacances? Nous avons une sélection de maillots de bain, de shorts et de T-shirts à des prix spéciaux.

3 Grand choix de bracelets, de colliers et de boucles d'oreille à notre rayon bijouterie. Nous avons sélectionné, pour vous, des boucles d'oreille en or et en argent à des prix réduits.

4 Venez à la papeterie pour trouver de bonnes affaires sur le matériel scolaire. Là, vous trouverez une grande sélection de calculettes, de classeurs et de stylos à des prix réduits.

5 Vous cherchez un souvenir de France? Un porte-clés, une boîte de petits gâteaux peut-être? Venez voir notre sélection de souvenirs au premier étage.

2 Une journée scolaire

Solution: **1**C **2**C, D **3**B **4**A, F **5**B

Une journée scolaire

Écoutez la conversation et cochez les bonnes cases.

- À quelle heure est-ce que tu t'es levé ce matin?
- Je me suis levé à sept heures et quart, comme d'habitude.
- Comment es-tu venu au collège?
- Je suis venu à vélo. Ce n'est pas loin de chez moi.
- Qu'est-ce que tu as eu comme cours ce matin?
- Alors, ce matin, j'ai eu deux heures de français. C'était ennuyeux. Ensuite, on a eu informatique. Ça, c'était intéressant.
- Les cours finissent à quelle heure aujourd'hui?
- Aujourd'hui, c'est jeudi. Alors, on finit à quatre heures.
- Qu'est-ce que tu as comme devoirs ce soir?
- Ce soir, comme devoirs, j'ai maths et anglais.
- Est-ce que tu vas faire autre chose ce soir?
- Oui, après le dîner, je vais regarder la télé.

3 Il y a un problème

Solution: **1**B **2**A **3**B **4**A **5**C

Il y a un problème

Écoutez la conversation et cochez les bonnes cases.

- Je peux vous aider?
- J'ai acheté ce pull hier et il a un trou.
- Ah oui, je suis désolé. On pourrait soit le remplacer, soit vous rembourser. Que préférez-vous?
- Pouvez-vous me rembourser, s'il vous plaît?
- Voilà. Vous voulez autre chose?
- Avez-vous ce jean en d'autres couleurs?
- Oui, nous l'avons en vert, noir, blanc et bleu marine. Vous faites quelle taille?
- Je fais quarante.
- Voilà. Vous voulez l'essayer?
- Oui. Où est la cabine d'essayage, s'il vous plaît?
- C'est combien?
- C'est quarante-sept euros.

4 On parle du collège

This provides useful preparation for the conversation section of the speaking test.

Solution: **1**H *maths*, **2**K *technologie*, **3**A *anglais*, **4**G *longue*, **5**A *activités*, **6**F *informatique*, **7**I *pauses*, **8**E *contrôles*, **9**J *piscine*, **10**D *cantine*, **11**L *vêtements*

On parle du collège

Écoutez la discussion et complétez le texte.

- Quelles sont les matières que vous aimez et que vous n'aimez pas?
- J'aime bien les sciences, surtout la biologie. Je voudrais faire des études de médecine plus tard.
- Moi, je ne suis pas fort en sciences, mais j'aime les maths. Je trouve ça passionnant.
- Moi, j'aime la technologie et l'informatique. C'est très utile dans la vie. Par contre, je déteste l'anglais. Je trouve ça ennuyeux.
- Qu'est-ce que vous aimez et qu'est-ce que vous n'aimez pas au collège?
- Je trouve que la journée scolaire est trop longue. Et puis, le soir, on a trop de devoirs à faire à la maison. On n'a pas le temps de faire d'autres activités.
- Il y a des clubs qui sont intéressants, par exemple, le club d'informatique.
- On s'amuse pendant les pauses – on discute ou on joue aux cartes.
- Il y a trop de contrôles.
- Qu'est-ce que vous aimeriez changer?
- Ce serait bien d'avoir une piscine et un meilleur terrain de sports.
- À mon avis, ce serait bien s'il y avait plus de choix à la cantine.
- Moi, je voudrais porter mes propres vêtements et des boucles d'oreille.

CM 5/10 **READING**

Presse-Jeunesse: L'argent

This consists of articles and quizzes on the theme of money.

1 Français-anglais

Solution: **1**h **2**c **3**b **4**e **5**g **6**a **7**d **8**f

2 Que savez-vous de l'euro?

Solution:

1 c
2 ***Ces pays ont l'euro:*** a, b, c, e, f, g, h, i, j, k, l, m
Ces pays n'ont pas adopté l'euro: d, n, o
3 c *304 millions plus précisément*
4 a **5**c **6**b

3 Les couleurs de l'argent

Solutions:

1 a, b, d, e, g, h, i
2 Answers may vary, e.g. millstones – too heavy; feathers – not solid enough; rats – had to eat them straightaway.

SB 109 **SUMMARY**

Sommaire

This provides a summary of the main structures and vocabulary of the unit.

Épreuve – Unité 5

These worksheets can be used for an informal test of listening, speaking, reading and writing or for extra practice, as required. For general notes on administering the *Épreuves*, see TB 11–12.

CM 5/11–12, 🎧 4/26–4/31 **LISTENING**

Épreuve: Écouter

Partie A

1 C'est quelle matière? F

Students match what is said to the school subjects

Solution: **1**H **2**D **3**G **4**E **5**B **6**A **7**F [7 marks]

🎧 C'est quelle matière?

Écoutez et pour chaque question, écrivez les bonnes lettres.

Ex: Ma matière favorite, c'est les sciences.

1 Je suis assez fort en maths.

2 Ce matin, on a géographie. Moi, j'aime bien la géo!

3 Je n'aime pas beaucoup l'histoire, mais quelquefois, c'est intéressant.

4 Chouette! Cet après-midi, on a informatique. J'adore surfer le Net.

5 D'abord, on a anglais. Pendant les vacances, on va aller à Londres, alors, ce me sera utile.

6 Puis, tout de suite après, on a français. Zut! Où est mon livre de français?

7 – Cet après-midi, on a EPS. Tu aimes la gymnastique, toi?
– Non pas beaucoup. Je ne suis pas très sportive.

2 Qu'est-ce qu'ils achètent? F

Students listen to shopping conversations and tick the correct purchase – A, B or C. They also write who the present is for. No marks should be deducted for spelling if the answer can be understood. Most key words are repeated in the course of the taped conversations.

Solution: **1** C *(son) frère,* **2** B *(sa) mère,* **3** A *(sa) copine/Lucie,* **4** B *(son) ami/Martin* [8 marks]

🎧 Qu'est-ce qu'ils achètent?

Écoutez ces personnes qui achètent des cadeaux. Qu'est-ce qu'elles achètent? Cochez la bonne case A, B ou C. C'est pour qui? Écrivez la réponse en français.

Ex: – Je voudrais acheter un livre pour ma sœur. Elle aime beaucoup les bandes dessinées.
– Ah bon? Il y a des livres d'Astérix – celui-ci par exemple est très amusant.
– Oui, mais comme c'est un souvenir, je crois que je vais acheter un livre de photos de la France.
– Oui – bonne idée. Ce livre sur Paris est très bien fait.
– Oui c'est vrai. Ma sœur va aimer ça.

1 – Je cherche un T-shirt pour mon frère – un très grand T-shirt! Mon frère les aime comme ça.
– Vous aimez ceux-ci, avec la Tour Eiffel?
– Ils sont bien, mais je crois qu'il les préfère sans motif. Je vais prendre celui-là en vert sans motif.

2 – Bonjour.
– Bonjour, Mademoiselle.
– Je voudrais un pot de confiture, c'est pour ma mère, elle adore la confiture française.
– Oui, Mademoiselle. Qu'est-ce qu'elle aime comme fruits, votre mère? Nous avons un grand choix de confitures.
– Attendez ... aux abricots, je crois. Elle n'aime pas tellement les fraises.
– Un pot de confiture aux abricots ... Voilà, Mademoiselle.

3 – Regarde les peluches – les ours là-bas – ils sont mignons! Je vais en acheter un pour Lucie – c'est ma copine. Ils sont à combien les ours, Madame?
– Ceux-ci, les petits, sont à quatre euros et ceux-là, les plus grands, coûtent sept euros.
– Les grands sont beaux, mais ils sont un peu chers. J'en prendrai un comme ça – le petit, s'il vous plaît.
– Voilà, Monsieur. Je suis sûre que votre copine va l'aimer.

4 – Voyons ... où sont les cartes de vœux?
– Les cartes de vœux sont au premier étage, Mademoiselle.
– Merci. Je dois acheter une carte de fête pour mon ami, Martin. C'est la Saint-Martin la semaine prochaine.
– Ah, bon? Je vais souhaiter une bonne fête à Martin.

3 On fait des courses F/H

Students listen to the recording and write down letters to show in which order the shops, etc. are visited.

Solution: **1**F **2**G **3**H **4**D **5**C **6**J **7**K **8**E **9**B **10**I
[10 marks]
[Total for Part B: 25 marks]

🎧 On fait des courses

On visite tous ces endroits, mais dans quel ordre? Écoutez et écrivez la bonne lettre.

– Bon, où va-t-on d'abord?
– À la boulangerie, pour acheter un pain au chocolat. Moi, j'ai faim!
– D'accord, puis à la banque, parce que je n'ai pas d'argent et ensuite, à la parfumerie pour acheter un flacon de parfum pour l'anniversaire de maman.
– Ça y est – on a le parfum. Où est-ce qu'on va maintenant?
– À la bijouterie, parce qu'elle est tout près, mais simplement pour regarder. Puis au magasin de jouets pour acheter des crayons de couleur pour mon petit frère.
– Tu as acheté tes chaussures de tennis?
– Ah, non – on va y aller tout de suite. On va d'abord jeter un coup d'œil au magasin de chaussures, mais je crois qu'on va trouver une meilleure sélection dans le magasin de sports.
– Voilà! Maintenant, allons aux magasins de vêtements pour hommes pour regarder les T-shirts pour Michel, puis je dois acheter des timbres à la poste. Tu as autre chose à faire?
– On va peut-être passer par la boutique de souvenirs, je crois que je vais acheter ce porte-clés que j'ai vu hier.
– Tiens, j'ai oublié d'acheter le journal pour mon père. Il faut passer par la librairie-papeterie en rentrant.

Partie B

1 La vie de tous les jours F/H

Students listen to the speakers and decide whether the statements about their daily routine are true, false or not mentioned.

Solution: **1**F **2**V **3**V **4**PM **5**V **6**F **7**PM **8**F **9**V **10** PM

[10 marks]

La vie de tous les jours

Écoutez et écrivez V(vrai), F(faux) ou PM(pas mentionné).

Khalid:
Je m'appelle Khalid et j'habite à Paris. Le matin, je ne me lève pas trop tôt parce que mon père me conduit à l'école, mais le soir, je prends le bus pour rentrer. Je ne sors pas beaucoup pendant la semaine, mais le week-end, je vais souvent au cinéma avec mes copains.

Hélène:
Je m'appelle Hélène et j'habite en Martinique. Comme il fait si chaud dans mon pays, je me lève très tôt, vers six heures du matin et à mon école, les cours commencent à sept heures et demie. Dans la semaine, je me couche tôt, mais le week-end, j'aime m'amuser dans notre village avec mes amies.

Roxane:
Je m'appelle Roxane et j'habite dans un petit village breton. Normalement, je me couche très tôt parce que le matin, je dois m'occuper de Chico, mon cheval – il est adorable! Ensuite, je prends le bus pour aller au collège. Il n'y a presque rien à faire dans mon village, donc je sors très rarement le soir.

Jordan:
Je suis Jordan et ma passion, c'est le cyclisme. Le matin, je vais au collège sur mon vélo tout terrain, ce qui me permet de partir au dernier moment – je déteste me lever de bonne heure. Trois fois par semaine, je vais à mon club de cyclisme. Je m'entraîne et je fais des randonnées à la campagne avec mes copains.

2 Voici le problème

Students should read through the statements, then listen and allocate each one to the correct speaker.

Solution: **1**MG **2**A **3**K **4**MG **5**MG **6**K **7**A

[7 marks]

Voici le problème

Écoutez ces trois personnes – Anaïs, M. Gourdain et Kévin et pour chaque phrase, écrivez les initiales de la personne (A, MG ou K).

Anaïs

– Bonjour, Mademoiselle, je peux vous aider?
– Oui, j'espère. C'est que j'ai acheté ce sac bleu et blanc samedi dernier, mais en effet, le bleu ne va pas du tout avec mon ensemble bleu. Est-ce que je peux l'échanger contre un sac tout blanc?
– Vous avez votre reçu?
– Oui, le voilà.
– Alors, pas de problème. Voulez-vous choisir un autre sac?

Monsieur Gourdain

– Oui, Monsieur?
– On m'a acheté cette cravate, avant-hier, pour mon anniversaire, mais j'ai tout de suite trouvé un défaut – il y a un petit trou ici, regardez!
– Faites voir, Monsieur. Ah oui, c'est vrai, il y a un défaut. Euh ... vous voulez choisir une autre cravate ou vous préférez vous faire rembourser?
– Comme c'est ma fille qui me l'a achetée, je voudrais la remplacer avec une autre cravate pareille, si possible.
– Entendu. Voilà, Monsieur. Je crois que celle-ci est exactement la même cravate.
– Ah oui, je crois. Merci beaucoup!

Kévin

– J'ai acheté ces chaussettes roses l'autre jour, mais ma petite amie dit que la couleur est absolument affreuse. Est-ce que je peux les échanger?
– Elles étaient en soldes, ces chaussettes, non?
– Oui, c'est pour ça que je les ai achetées.
– Ah non, Monsieur. Je regrette, mais les soldes ne sont ni échangeables ni remboursables.

3 À mon avis H

Students listen to Nicole talking about the importance of fashion and complete the résumé with the correct letters.

Solution: **1**B **2**C **3**D **4**H **5**F **6**G **7**E **8**A

[8 marks]
[Total for Part B: 25 marks]

À mon avis

Nicole parle de la mode. Écoutez cette émission et complétez le résumé avec les mots dans la case.

Salut! La mode ne m'intéresse pas tellement. Il me semble qu'on exagère son importance, on en parle trop dans les magazines – ils ont besoin de parler de quelque chose après tout!

Bien sûr, j'aime mettre des vêtements à la mode. Mais les jeunes comme moi, qui ne sont pas riches et qui doivent gagner de l'argent en faisant de petits boulots pendant les vacances, on ne veut pas dépenser tout son argent à acheter des vêtements tout simplement parce que c'est hypercool.

En plus, les jeunes qui ont beaucoup d'argent et qui achètent toujours les meilleures marques ... Alors, ces gens, ils ne devraient pas trop parler de tout ça devant les jeunes comme moi qui sont beaucoup moins riches. Ce n'est ni très poli, ni très gentil!

CM 5/13–5/15 **SPEAKING**

Épreuve: Parler

The speaking test contains two elements: two role play tasks (using either CM 5/13 or CM 5/14) and a conversation (CM 5/15). The role play tasks have a suggested script which is given on *Carte B*, so the role play dialogues can be used for practice in pairs, as an alternative to assessment.

Suggested marking scheme:

Each **role play** task is marked on a scale of 1–10 using the following criteria:

9–10	Conveys all information required (including unpredictable elements if applicable) Interacts well No prompting required
7–8	Conveys most information Little or no prompting
5–6	Conveys half the required information Little prompting necessary
3–4	Conveys less than half the required information Some prompting
1–2	Conveys only one piece of relevant information Very hesitant, reliant on prompting
0	No effective communication

The **conversation** is marked on a global basis for communication and content (maximum 10 marks) and quality of language (maximum 10 marks).

A further 10 marks are given for intonation, pronunciation and general accuracy based on **performance** throughout the speaking test.

This gives a total of 50 marks (role play tasks: 10 + 10; conversation: 10 + 10; general performance: 10). This overall mark is then divided by two to give a final mark out of 25 for speaking.

CM 5/13 **SPEAKING**

Épreuve: Parler

Role play (1)

A1 Au magasin de souvenirs [F]

This task has cues in English and some visuals.

B1 Au collège [F/H]

This task has cues in English and includes one unpredictable element.

CM 5/14 **SPEAKING**

Épreuve: Parler

Role play (2)

B2 Une journée scolaire [F/H]

This task has cues in English and includes one unpredictable element.

C1 Au magasin de vêtements [H]

This task has cues in French, some visuals and two unpredictable elements.

CM 5/15 **SPEAKING**

Épreuve: Parler

Conversation and discussion

The list of questions could be given to students before the test and they could be asked to select and prepare one topic in advance. The test should include questions on this topic and one other topic chosen at random. Students should be given an opportunity to answer using a range of tenses and to give opinions and reasons.

CM 5/16–18 **READING**

Épreuve: Lire

Partie A

1 Hier [F]

This task gives practice in recognising the perfect tense, especially of common reflexive verbs. Students match the pictures to the text following a day's routine.

Solution: **1**I **2**G **3**D **4**A **5**E **6**H **7**F **8**C [8 marks]

2 C'est à quel niveau? [F]

Students find out from the guide the correct level of the shopping centre for each purchase or service.

Solution: **1**2 **2**1 **3**2 **4**3 **5**3 **6**1 **7**0 **8**2 **9**3 **10**3 [10 marks]

3 La vie dans notre collège [F/H]

Students choose words from the box to match the definitions. Spelling should not be penalised if the answer is clear.

Solution: **1** *l'emploi du temps*, **2** *la pause-déjeuner*, **3** *en sixième*, **4** *un demi-pensionnaire*, **5** *un lycée*, **6** *un laboratoire*, **7** *les devoirs* [7 marks]

[Total for Part A: 25 marks]

Partie B

1 En promotion cette semaine [F/H]

Students read the publicity leaflet and match the items listed with the illustrations. The item is testing mainly the ability to discriminate between similar items by understanding descriptive details.

Solution: **1**H **2**D **3**C **4**F **5**I **6**L **7**K [7 marks]

2 L'école de Kadour [H]

Students read the text, then complete the summary with the letters for the correct words in the box.

Solution: **1**E **2**B **3**F **4**C **5**D **6**H **7**I **8**G **9**J [9 marks]

3 Un carnet d'élève H

Students read the article and answer the questions in English.

Solution: (different wording gains marks if the meaning is clear)

1 The pupils themselves
2 Punctuality is essential.
3 Not allowed during lesson times
4 Students and parents [2 marks]
5 Theatre trip
6 to pay for materials/are making something electronic
7 must wear overalls
8 go to the infirmary/go to have their vaccinations

[9 marks]

[Total for Part B: 25 marks]

CM 5/19–5/20 **WRITING**

Épreuve: Écrire

It is suggested that students do either tasks 1–4 or tasks 4 and 5 to obtain a mark out of 50. This can be divided by two to give a total mark of 25 for writing.

Partie A

1 Des listes F

In part a, students complete the timetable with five different school subjects. In part b, they complete a list of five different presents. The task should be marked for communication only and inaccurate spelling should not be penalised, so long as the message is clear.

[10 marks]

2 Normalement et demain F

This task tests grammatical knowledge and some vocabulary. Students should complete the verbs in 1–6 in the present tense and should use the correct part of *aller* (+ infinitive) in 7, 9 and 10. The task should be marked for communication and accuracy.

Solution: **1** *prends*, **2** *commencent*, **3** *avons*, **4** *rentre*, **5** *fais*, **6** *me couche*, **7** *vais*, **8** *cinéma*, **9** *allons*, **10** *va*

[10 marks]

Partie B

3 Une carte postale F/H

Students write a postcard in French covering the details in English.

Marking scheme:
Communication and completion of task requirements: 6
Quality of language: 4

[Total: 10 marks]

4 On répond à Magali F/H

Students write a letter of 70–80 words in response to a letter in French and answering all the questions. They should use a range of tenses and express opinions.

Marking scheme:
Communication and content: 10
Quality of language: 10

[Total: 20 marks]

5 La vie scolaire H

Students write an article of 120–140 words about school life, covering the points listed. They should use a range of tenses and express opinions.

Marking scheme:
Communication and content: 10
Quality of language: 10
Accuracy: 10

[Total: 30 marks]

Encore Tricolore 4
nouvelle édition

unité 6 Bon appétit!

Area	Topics	Grammar	Vocabulary
6.1 *Les repas en France*	Exchanging information and opinions about meals Discussing traditional or special meals		Meals (SB 111)
6.2 *Un repas en famille*	Asking and answering questions at a family meal Expressing preferences in food and drink Discussing typical meals and specialities		Food (SB 112) Describing food (SB 112) Accepting or refusing food (SB 112)
6.3 *Vous mangez bien?*	Discussing healthy eating and vegetarianism	The pronoun *en*	Vegetarianism (SB 116)
6.4 *On achète des provisions*	Buying food in different shops Explaining and discussing what you want Understanding publicity		Buying provisions (SB 117) Quantities (SB 118)
6.5 *Je viens de faire ci … je vais faire ça*	Exchanging information about jobs in the food industry Saying what has just happened or is about to happen	*venir de* and *aller* + infinitive	
6.6 *Au café*	Ordering drinks and snacks in a café Pointing out mistakes and dealing with payment	direct and indirect pronouns (*lui, leur, me, te, nous, vous*)	Snacks (SB 122) At the café (SB 123)
6.7 *Le fast-food: pour ou contre?*	Discussing the advantages and disadvantages of fast-food restaurants		
6.8 *Au restaurant*	Choosing a suitable French restaurant and booking a table Discussing the menu and ordering a meal Paying, complaining and pointing out mistakes		Where to eat (SB 125) A restaurant meal (SB 126) At a restaurant (SB 127) Problems (SB 128)
6.9 *Les pique-niques*	Understanding some views about picnics		
6.10 Further activities and consolidation			See also *Vocabulaire par thèmes* (SB 270)

Students' Book 110–129, Au choix 223–225
Class CD 4–5, Student CD 2

Examination Grammar in Action
pages 44–47

Copymasters

6/1	*Écrivez une lettre* [writing] (TB 144)
6/2	*Hier, avez-vous bien mangé?* [writing] (TB 147)
6/3	*Jeux de mots – les magasins* [writing] (TB 148)
6/4	*On achète des provisions* [speaking] (TB 148)
6/5	*Jeux de mots – au café* [writing] (TB 152)
6/6	*Les pronoms sont utiles* [writing] (TB 154)
6/7	*La Patate* [speaking] (TB 158)
6/8	*Mots croisés – au restaurant* [writing] (TB 159)
6/9	*C'est bon à manger* [reading] (TB 160)
6/10	*Tu comprends?* [independent listening] (TB 160)
6/11	*Presse-Jeunesse: Un peu d'histoire* [reading] (TB 161)
6/12–14	*Épreuve: Écouter* (TB 162)
6/15–17	*Épreuve: Parler* (TB 164)
6/18–21	*Épreuve: Lire* (TB 165)
6/22–23	*Épreuve: Écrire* (TB 165)

Au choix (SB 223–225)

Support

1 *Chasse à l'intrus* (TB 143)
2 *À table* (TB 143)
3 *Une lettre* (TB 144)
4 *Au café – questions et réponses* (TB 153)
5 *Des mots utiles* (TB 160)

General

1 *Un repas* (TB 149)
2 *Une conversation* (TB 153)
3 *Qu'est-ce qu'il faut dire?* (TB 158)
4 *Des cartes postales* (TB 158)

Extension

1 *Une lettre à écrire* (TB 144)
2 *Nos lecteurs nous écrivent* (TB 147)
3 *Au téléphone* (TB 159)
4 *Les pique-niques* (TB 159)

Useful websites

Shopping for food
To find food shops click on *Shopping* from the Yahoo France opening page and then select the category *alimentation et boissons*.

Some French supermarkets

Auchan	www.auchan.fr
Carrefour	www.carrefour.fr
E.Leclerc	www.leclerc-cannes.com/

Fast food
This site from one of the branches of the McDonald's chain has information on prices, menus, etc.
www.mcdonalds-cotedamour.fr

Restaurant listings
This lists inexpensive restaurants in Paris and elsewhere:
www.restos-pas-chers.fr/
This gives articles and details about restaurants in Paris. You can even order a meal online!
www.restoaparis.com/

Restaurant menus
This is the site for a French restaurant where you can view the menu:
www.adx.fr/l-assiette-lyonnaise/assiett1.html

Food, recipes, etc.
This site gives recipes, tips about food, etc.
www.cuisineaz.com

Area 1
Les repas en France
Exchanging information and opinions about meals
Discussing traditional or special meals

SB 110–111, 1–6
CD 4/32

SB 110, 4/32 LISTENING READING

1 Quel est votre repas préferé?

Students first read through the introductory section, then follow the text as they listen to the recording of the five young people, noting down the correct words to complete the text.

Solution: **1** *le petit déjeuner,* **2** *le chocolat chaud,* **3** *le petit déjeuner,* **4** *les céréales,* **5** *le déjeuner,* **6** *pas cher,* **7** *le goûter,* **8** *un fruit,* **9** *le dîner,* **10** *des légumes*

Quel est votre repas préferé?

1 **Édouard**
Moi, je préfère le petit déjeuner. J'aime bien les biscottes ou les tartines de beurre avec de la confiture et les croissants, mais c'est surtout parce que j'adore le chocolat chaud: j'en bois toujours un grand bol. Mes parents prennent du café au lait, décaféiné souvent, mais moi, je n'aime pas ça.

2 **Francine**
J'habite à présent en France, mais je suis Québécoise et mon repas préféré est le petit déjeuner, mais pas le petit déjeuner typiquement français. J'aime beaucoup les céréales puis chez nous, on mange un œuf, ou des saucisses, ou du bacon, ou quelquefois des crêpes avec du sirop d'érable – comme à Montréal. Je trouve qu'il est important de bien manger le matin. Ça vous donne de l'énergie!

3 **Guillaume**
Mon repas favori est le déjeuner. Avec mes copains, je vais dans un fast-food. On prend un hamburger avec des frites et un Coca. Comme ça, on mange vite et pas cher et après, on a le temps d'essayer les nouveaux jeux électroniques dans le magasin d'à côté. Je préfère ça aux repas traditionnels!

4 **Séverine**
Mon repas favori, c'est le goûter. Je prends un jus de fruits ou une boisson chaude et du pain avec du chocolat ou du fromage, et quelquefois un fruit. Après l'école, on a toujours une faim de loup!

5 **Nicolas**
Pour moi, le repas le plus important, c'est le dîner, parce que je le prends chez moi, devant la télé, et je mange beaucoup plus que pour le déjeuner. Je mange mon déjeuner très vite à la cantine de mon collège. Normalement, pour le dîner, je prends du potage, puis un plat chaud avec des légumes après. Puis je mange un peu de fromage et ensuite, un fruit ou un yaourt.

SB 110 READING WRITING

2 J'aime ça parce que ...

Students refer back to the views expressed and complete the statements, which include reasons for the young people's choice of meal.

Solution: **1** *le chocolat chaud,* **2** *le petit déjeuner,* **3** *bien manger le matin,* **4** *le déjeuner; mange vite; cher ,* **5** *repas traditionnels,* **6** *le goûter; elle a toujours faim,* **7** *le dîner; regarde la télé,* **8** *du potage; un fruit ou un yaourt*

SB 110, SPEAKING WRITING

3 Les repas et vous

Students work in groups to discuss the questions relating to meals. They then go on to write answers about their favourite meals and to give reasons for their choice. It is useful for students to get into the habit of giving reasons in preparation for public examinations.

Some answers could be entered into each student's *Dossier personnel* if they are keeping one.

SB 111 VOCABULARY

Lexique: Les repas

This can be referred to during work on the tasks on this page, or could be studied before it is begun. Reference can also be made to the other *Lexiques* on food and drinks (SB 112, 115, 122, 126) and to the *Vocabulaire par thèmes* (SB 270).

SB 111 READING

4 Les repas traditionnels – qu'est-ce qui a changé?

Students read the views of these young people, then do the *vrai ou faux?* task.

Solution: **1V, 2V, 3F, 4F, 5V, 6V**

SB 111 READING WRITING

5 Un repas de fête

Students read Jamilla's account of her birthday meal and complete the résumé.

Solution: **1** *repas,* **2** *l'anniversaire,* **3** *son père,* **4** *la famille,* **5** *a mangé,* **6** *pays,* **7** *mouton,* **8** *délicieux*

SB 111 WRITING

6 À vous!

Students now write about a special meal they have had. They can just keep to the outline supplied in *Pour vous aider* or write a fuller account.

Area 2
Un repas en famille
Asking and answering questions during a family meal
Expressing preferences in food and drink
Discussing typical meals and specialities

SB 112–113, 1–5
Au choix SB 223, 1–3, SB 225, 1
CD 4/33–4/34
CM 6/1

REVISION

Food vocabulary

Begin with a brainstorming session to revise food vocabulary, using games, or perhaps have a competition in which students work in groups and list items by categories, e.g. *les hors-d'œuvre, les plats, les légumes,* etc.

Au choix SB 223 **SUPPORT PRACTICE**

1 Chasse à l'intrus

This gives practice of vocabulary linked with food and drink. More able students could be asked to explain their answers, e.g.

2 *Les trois autres sont du pain, mais on met du beurre sur le pain.*

Solution: **1** *huile,* **2** *beurre,* **3** *viande,* **4** *bonbon,* **5** *potage,* **6** *jambon,* **7** *végétarien,* **8** *sucre*

Au choix SB 223, 4/33 **SUPPORT LISTENING**

2 À table

This should be useful as a lead-in to the next task, the family meal. Students should listen to the recording, then choose the correct items from those given to describe Nathalie's meal.

Solution: 1b, 2a, 3a, 4c, 5a, 6a, 7a

À table

– À table, tout le monde! Nathalie, tu veux te mettre ici?
– Oui, Madame.
– Qu'est-ce qu'on mange ce soir, maman?
– Il y a du potage suivi par de l'omelette et des haricots. Du jus d'orange, Nathalie ou de l'eau?
– Du jus d'orange, s'il vous plaît. Merci. Bon appétit.
...
– Ça va, Nathalie?
– Mmm ... c'est délicieux, Madame!
– Merci, Nathalie. Tu veux encore des haricots?
– Oui, je veux bien.
– Tu peux me passer le pain, s'il te plaît, papa? Tu veux du pain, Nathalie?
– Non, merci.
– Sers-toi de fromage, Nathalie.
– Merci bien, Madame. J'aime beaucoup le fromage. Je peux en goûter plusieurs?
– Mais bien sûr. Il y a du Camembert, du chèvre et du Bleu de Bresse.
...
– Tu as assez mangé?
– Ah oui, Madame. C'était très bon.
– On fait du café? Tu veux du café, Nathalie, ou est-ce que tu préfères le thé?
– Du thé, s'il vous plaît.

SB 112, **SPEAKING**

1 Un repas en famille

This item is not recorded since it is very similar to the conversation in the previous task (*À table*). Students should spend a few minutes reading through the possible alternatives in the coloured patches, then work in pairs to practise and invent dialogues, as suggested. Some of the dialogues could be recorded.

SB 112 **VOCABULARY**

Lexique: La nourriture

Various word games can be played to practise this and similar vocabulary (see Section 1, TB 17–18). Students could make up their own 'odd word out' game or word search.

SB 113, 4/34 **LISTENING WRITING**

2 Des plats de chez nous

Students read the rubric, then look at the pictures of the typical British dishes. Ask a few questions about which they have eaten and which they like and dislike. Before students listen to the recording, give them some of the new words (mostly not core vocabulary, e.g. *fourré, Cornouailles, la pâte, une cocotte, au four, des rognons, raisins secs/de Corinthe, la crème anglaise*).

When they listen to the recording, perhaps give different groups of students two definitions each to listen for.

Solution: **1** doughnut (**b**), **2** Cornish pasty (**e**), **3** Yorkshire pudding (**d**), **4** steak and kidney pie (**h**), **5** mince pies (**f**), **6** trifle (**g**), **7** scones (**c**), **8** fruit cake (**a**)

Some students may be able to take down one or more of the definitions in full. This item would be ideal for work on individual listening equipment.

Des plats de chez nous

1 Voici une chose que j'ai beaucoup aimée. C'est un petit gâteau rond qui est frit. À l'intérieur, il y a de la confiture de framboise et à l'extérieur, il y a du sucre. C'est délicieux, mais ça fait grossir!

2 Voici quelque chose qu'on a mangé pour le déjeuner quelquefois. C'est un plat traditionnel de Cornouailles, fait avec de la viande, des pommes de terre et de la pâte.

3 Ça, c'est une chose curieuse, mais que j'ai beaucoup aimée. C'est fait avec une sorte de pâte à crêpes, mais salée plutôt que sucrée. On la fait cuire au four et on la mange pour commencer le repas avec de la sauce à l'oignon ou avec un plat principal, surtout si c'est du rosbif.

4 Voilà une chose que j'ai mangée plusieurs fois, mais je ne peux pas dire que je l'aime beaucoup. C'est du steak avec des rognons, cuits dans une cocotte avec de la pâte dessus. On le mange comme plat principal avec des pommes de terre et quelquefois, de la sauce.

5 Ce sont des petites tartes fourrées qu'on mange surtout à Noël, mais qu'on a fait spécialement pour moi, pour goûter. À l'intérieur, il y a une sorte de confiture faite avec des raisins secs et des raisins de Corinthe. Il paraît qu'on les mange souvent chaudes avec de la crème anglaise.

6 Ça, c'est un dessert ... euh ... et c'est fait avec du biscuit, une gelée de fruits et sur le dessus, de la crème anglaise et de la crème fraîche. Mmm, c'est délicieux! Je vais en faire chez moi.

7 Ça ressemble un peu à des gâteaux, mais pas très sucrés. On les mange avec du beurre et quelquefois avec de la confiture de fraises. Il paraît que dans le sud-ouest de l'Angleterre, on les mange avec de la crème fraîche.

8 On en a fait un pour moi, parce que c'était mon anniversaire, mais on les fait surtout pour les mariages et à Noël. C'est très riche et on y met des raisins de Corinthe, des raisins secs, des cerises glacées et beaucoup de beurre et de sucre. On le fait cuire à l'avance et on le sert en tranches.

SB 113 **READING**

3 Chez-moi, on mange ...

Students read the two descriptions of dishes from other countries and answer the questions that follow.

Solution: **1** *du Maroc,* **2** *saucisses,* **3** *de la viande/du poisson et des légumes (et une sauce piquante) et quelquefois des merguez,* **4** *du poulet, du bœuf et de l'agneau,* **5** *au Québec,* **6** *c'est un dessert,* **7** *avec des petits gâteaux et du sirop d'érable,* **8** *quand on a des invités*

SB 113 **WRITING SPEAKING**

4 Un plat spécial

Students describe dishes which they have at home or specialities from their own country of origin. For most students, some initial help may be needed, perhaps planning some answers orally together as a class or group activity, using the *Pour vous aider* box.

Some students might like to write these as definitions and could set them to others to solve.

SB 113, **WRITING SPEAKING**

5 Quelles sont vos préférences?

a Students write down their own answers to questions on likes and dislikes in food and drink. They will probably need quite a lot of oral practice before they do this, especially with the names of foreign dishes.

b Students then work in pairs and ask their partners the same questions, noting down their replies.

Students could now enter some details of their food preferences and their favourite meal or dish into their *Dossier personnel*.

Writing a letter

Some teachers might wish students to go straight on to write a complete letter about meals and favourite foods, while others might prefer to do this later, so the stimulus material has been put in *Au choix* and on copymaster rather than in the main part of the Students' Book.

Students could do any of the three activities that follow.

Au choix SB 223 **SUPPORT WRITING**

3 Une lettre

This is an outline of a basic letter about everyday meals, personal preferences and a description of a typically British dish. Students complete the letter with the words in the box.

Solution: **1** *lettre,* **2** *repas,* **3** *petit déjeuner,* **4** *céréales,* **5** *lait,* **6** *déjeuner,* **7** *favori,* **8** *viande,* **9** *pommes de terre,* **10** *le four*

Au choix SB 225 **EXTENSION WRITING**

1 Une lettre à écrire

This contains suggestions for a fuller letter and could be used instead of the item on CM 6/1.

CM 6/1 **WRITING**

Écrivez une lettre

This copymaster contains a full outline of a letter with suggestions for possible expressions to use. Students give details of meals and their personal preferences and dislikes and ask their penfriend some questions. The letter could be written on the worksheet itself and filed for future reference.

Area 3
Vous mangez bien?
Discussing healthy eating and vegetarianism
The pronoun *en*
SB 114–116, 1–7, SB 239
Au choix SB 225, 2
CM 6/2
CD 4/35–5/1
Examination Grammar in Action, page 44

SB 114 **READING WRITING VOCABULARY REVISION**

1 Les couleurs de la santé

Begin with some revision of fruit and vegetables, perhaps with a brainstorming session followed by some word games, using for reference the lists in *Vocabulaire par thèmes* (SB 270).

Give students time to read through the article, perhaps working in pairs. Then ask questions to check comprehension, e.g.

- *Quelles sont les couleurs de la santé?*
- *Nommez un fruit rouge/un légume vert/etc.*

Follow these with some more general questions, e.g.

- *Les légumes rouges, vous en mangez?*
- *Combien de portions de légumes mangez-vous par jour? Vous en mangez combien alors?*

When they have spent some time on the article and understand most of it, they can do the *jeu de définitions* based on it.

Solution: **1** *poivron vert,* **2** *pourpre,* **3** *oignon,* **4** *un kiwi,* **5** *vert,* **6** *les carottes,* **7** *un citron,* **8** *des bananes,* **9** *des vitamines,* **10** *l'énergie*

SB 114 **GRAMMAR**

Dossier-langue
The pronoun *en* (1)

Students could read through this explanation on their own and, as a check that they are clear about the use and meaning of *en* so far, they could be asked to explain it to each other in their own words, or even to the class.

SB 114 **PRACTICE**

2 Trouvez les paires

This is a short follow-up task linked to the *Dossier-langue*, in which students match up expressions that include *en* with their English equivalents.

Solution: 1c, 2e, 3f, 4b, 5d, 6a

SB 115, SB 239, **READING SPEAKING**

Test-santé

First give students time to read through the introductory remarks. Check that they understand the following expressions and explain them if necessary.

- *un régime équilibré*
- *des produits laitiers*
- *des matières grasses*

Perhaps ask students also studying Food Technology to elaborate on foods in the different groups.

Ask students to study the different categories first and ask some questions, e.g.

- *Donnez-moi un exemple d'un produit laitier/un fruit, etc.*
- *On devrait manger combien de portions de fruits par jour?*

When students are ready to move on to the quiz itself, the teacher might like to work though the example with a more able student before the rest of the class work on it in pairs.

Eventually students ask each other questions, noting down the points and checking up at the end, as indicated in the solution (SB 240).

SB 115 **VOCABULARY**

Lexique: La nourriture

Students could refer to this and the list on SB 112 during work on the *Test-santé*.

SB 115 **GRAMMAR**

Dossier-langue
The pronoun *en* (2)

This explains the position of *en* with the perfect tense and leads into the next item about what people have eaten recently.

SB 115, 4/35 **LISTENING**

4 Ce matin

Students copy the grid (or use the one on CM 6/2), listen to the interviews and put ticks in the first part of the grid as appropriate.

More able students could also write down the details of the items that the speakers actually ate and drank, e.g. *deux verres de lait*.

As an optional follow-up, some students could re-enact the interviews using a corrected answer grid as the source of their answers. If necessary, they could listen again to the recording for information on this.

Solution:

	lait	café	choc.	jus	céré.	pain	œuf	fruit	croiss.
Xavier	✓					✓			
Amélie				✓			✓		
Raphaëlle			✓		✓			✓	✓
Benjamin		✓							

After completing the listening activity, students fill in the second part of the grid according to what they ate and drank themselves. They next ask each other questions and complete the final section of the grid.

En is used in the model answers, and students should be encouraged to follow this pattern if possible.

Ce matin

- Bon, ce matin d'abord. On va voir qui a pris un bon petit déjeuner. Xavier, ce matin, est-ce que tu as bu du lait?
- Bien sûr, j'en ai pris deux verres.
- Et du jus de fruit?
- Non, je n'en prends jamais.
- Et qu'est-ce que tu as mangé? Des céréales, du pain grillé, tu en as pris? Ou un œuf, peut-être?
- Ben ... une tranche de pain grillé. Les autres choses ... euh ... non, je n'en ai pas mangé.
- Bon, merci. Et toi, Amélie, qu'est-ce que tu as pris pour le petit déjeuner ce matin?
- J'ai bu un jus d'orange et j'ai mangé un œuf à la coque.
- Des céréales, du pain, t'en as pas pris?
- Non non, un jus de fruit et un œuf, c'est tout.
- Voilà. Et toi, Raphaëlle, qu'est-ce que tu as pris pour le petit déjeuner ce matin?
- Alors moi, j'adore les céréales, donc j'en prends tous les matins.
- Très bien, des céréales. Tu as mangé autre chose?

– Oui, j'ai mangé une banane, une pomme et deux croissants avec du beurre.
– Ça alors! Et qu'est-ce que tu as bu?
– Une grosse tasse de chocolat chaud.
– Et du jus de fruit, tu en as bu aussi?
– Du jus de fruit aussi? Oh non ... voyons, il ne faut pas exagérer!
– Euh ... non ... euh ... d'accord! Ben, à toi, Benjamin.
– Alors moi, c'est facile: le petit déjeuner, je n'en prends jamais!
– Tu n'en prends jamais? Ce n'est pas bien, jeune homme, ce n'est pas bon pour la santé! Tu ne prends vraiment rien du tout, même pas une boisson?
– Ah si, une tasse de café au lait, mais je ne prends rien d'autre. Comme ça, j'ai le temps de dormir!

SPEAKING

Répondez sans dire 'oui' ou 'non'

For extra practice, students could play this game, replying with *en*, e.g.

– As-tu mangé des bonbons hier?
– J'en ai mangé.

SB 116 **SPEAKING WRITING**

5 En France, on aime les fruits

Begin by revising the words for fruit and vegetables, practising them with oral questions, wordsearches and perhaps a cumulative game such as *Je suis allé au marché et j'ai acheté des pommes.*

a Students ask each other the question *Quel est ton fruit préféré?*

b Working in groups, they compile lists of the most popular fruits.

c They can then ask the same question about vegetables. If possible they could compare their findings with those of other classes.

If more productive writing practice is needed, able students could conduct a *sondage* to include preferences and dislikes, then write up their findings in the form of a short article. Ideas for this could be given orally or written on the board, e.g.

Les fruits et les légumes qu'on n'aime pas tellement dans notre classe: ...
On n'a jamais goûté ...
On voudrait essayer ...
Moi: mes préférences/les fruits et légumes que je n'aime pas
Les quantités que je mange: quoi et quand?
Une recette avec des fruits et des légumes

SB 116 **WRITING**

6 L'ABC des fruits et légumes

This is an optional item which could be done as a group activity or a voluntary competition and the best ones could be displayed on the classroom wall.

SB 116, 5/1 **SPEAKING LISTENING WRITING**

7 Oui ou non au végétarisme?

Begin with some introductory oral work, e.g.
Les végétariens/végétaliens, qu'est-ce qu'ils mangent/ne mangent pas?

Perhaps have another oral game to practise vocabulary for vegetables and fruit: *Est-ce qu'un(e) végétarien(ne) mange ...?* Answers could be *oui*, *non* or *quelquefois* (for ambiguous items such as eggs).

Students then do the item in their books, reading through the list of statements, consulting the *Lexique* if necessary and guessing which of the two speakers involved said what.

They eventually listen to the recording and check their answers.

Solution: **1** *Marie-Claire*, **2** *Sébastien*, **3** *Marie-Claire*, **4** *Marie-Claire*, **5** *Marie-Claire*, **6** *Sébastien*, **7** *Sébastien*, **8** *Sébastien*

Oui ou non au végétarisme?

– Les jeunes et la santé: aujourd'hui, nous sommes au Lycée Marie Curie avec des étudiants qui discutent du végétarisme. Parlons d'abord à Marie-Claire et Sébastien, deux élèves de seconde. Marie-Claire, est-ce que tu dis oui ou non au végétarisme?
– Ben, moi, je suis végétarienne ... euh ... je suis végétarienne parce que j'adore les animaux et ... euh ... donc ... euh ... l'idée d'en manger me rend malade!
– Bon, merci. Mais toi, Sébastien, tu n'es pas végétarien, toi?
– Moi non, mais en effet ... euh ... je ne suis pas contre le végétarisme, en principe. Le seul problème ... le ... le problème, c'est que j'adore la viande et le poisson et je n'aime pas du tout les légumes. Donc ... euh ... pour l'instant, je suis toujours carnivore!
– Donc, une végétarienne et un carnivore. Parlons un peu de la santé ... euh ... le végétarisme, est-ce que c'est bon pour la santé?
– Ah non, à mon avis, ça ne peut pas être bon pour la santé. Si on ne mange ni viande ni poisson, ben, on ne reçoit pas les minéraux et les vitamines nécessaires.
– Au contraire! Bien sûr, il faut manger des plats qui contiennent des minéraux et des vitamines, mais il paraît que les végétariens risquent moins les maladies de cœur, le diabète et même le cancer que les carnivores et en plus ... en plus, je crois qu'ils ont rarement des kilos en trop.

Extra activities:

1 Students could put the statements in the order in which they occur in the recording.

2 For extra writing practice, some students could listen again to the recording and, without referring to the text in the Students' Book, try to write down two or three things about Marie-Claire's views and three about Sébastien's. This could be done as a note-taking exercise while listening to the recording, or from memory.

More able students might like to draw a quick grid and enter their notes in this, e.g.

	contre le végétarisme	pour le végétarisme	+ la santé
M-C.			
Séb.			

3 Able students could discuss the subject more fully in a class discussion, e.g.

- *Qui est végétarien(ne)/carnivore?*
- *Es-tu pour ou contre le végétarisme? Pourquoi?*
- *À ton avis, est-ce que le végétarisme est bon pour la santé?*

SB 116 **SPEAKING**

Un atout pour votre Santé

The poster shown on this page could be used for extra oral practice, e.g. *Trouvez deux fruits jaunes/deux légumes verts*, etc.

The items illustrated are:
poire, melon, aubergine, carotte, brocoli, poivron, tomate, abricot, kiwi, fraise, prune, pomme de terre, pomme, banane, pêche, petit pois, haricot vert, chou-fleur, laitue, orange.

Au choix SB 225 **EXTENSION READING SPEAKING**

2 Nos lecteurs nous écrivent

This activity is most suitable for able students. Students read the article, *Le végétarisme*, and then look at the statements and decide which of the writers holds each view.

There could be a fuller discussion of vegetarianism/veganism, etc. as previously suggested, but now also including the views of the other four speakers, e.g.

- *Est-ce que vous connaissez quelqu'un qui est végétarien?*
- *Depuis combien de temps est-il/elle végétarien(ne)?*
- *Pour quelles raisons?*
- *Est-ce qu'il/elle est la seule personne dans sa famille à être végétarien(ne)?*
- *Est-ce que ça pose des problèmes dans la famille?*
- *Est-ce que beaucoup de restaurants offrent des plats végétariens maintenant?*

Solution: 1F, 2S, 3F, 4A, 5M, 6S, 7A, 8M

WRITING

Follow-up

All but the least able students could write down their own views briefly, beginning with the following phrase, perhaps written on the board:

Je suis pour/contre le végétarisme pour les raisons suivantes: ...

The different groups should be told how many views to include, or this could be done as a group competition to see how many can be collected in a given time.

SB 116 **READING WRITING**

Dossier personnel

To complete work on this area, students could write a brief account of what they ate yesterday, basing it on the suggested outline, answering the questions as fully as possible and mentioning several meals and snacks. This can then be added to their *Dossier personnel*.

To answer the questions about healthy eating, students could compare what they ate and drank with the details in the *Test-santé*, or use the results of their earlier work on this.

Students needing more detailed help could instead do CM 6/2 (see below).

CM 6/2 **WRITING SPEAKING**

Hier, avez-vous bien mangé?

This worksheet helps students build up answers to questions about what they ate and drank yesterday. The second part gives more practice of *en*. A grid is also included for use with task 4 (SB 115) *Ce matin*.

For further oral practice, two or three students tell the class what they had to eat and drink. The teacher, or a member of another team, could then ask questions about what was said as a memory test. Students should be encouraged to use *en* in their answers where possible.

Examination Grammar in Action, page 44 **GRAMMAR**

Using *du, de la, des* and *en*

This provides further practice of the partitive article and *en*.

A very useful technique for practising 'en' is sentence reordering. Programs such as *Hot Potatoes JMIX* provide this facility. For a sample, see www.atkinsonconsulting.co.uk.

Area 4
On achète des provisions
Buying food in different shops
Explaining and discussing what you want
Understanding publicity
SB 117–119, 1–6
Au choix SB 224, 1
CD 5/2–5/4
CM 6/3, 6/4
Examination Grammar in Action, page 44

Introduction **SPEAKING**

First revise and practise the names of shops and what each sells (see *Vocabulaire par thèmes*, SB 270).

- *Où est-ce qu'on achète ...?*
- *Qu'est-ce qu'on vend à ...?*

CM 6/3 WRITING

Jeux de mots – les magasins

These word games provide practice in the names of food shops and departments of a supermarket, as well as what can be bought there.

Solution:

1 **Chasse à l'intrus**
1 *un supermarché*, **2** *une parfumerie*, **3** *une poissonnerie*, **4** *les haricots*, **5** *des choux de Bruxelles*, **6** *du thon*, **7** *une crêperie*, **8** *un kilo*

2 **Un jeu de définitions**
1 *la boulangerie*, **2** *la charcuterie*, **3** *un supermarché*, **4** *une crémerie*, **5** *la boucherie*, **6** *le marché*, **7** *la confiserie*, **8** *la pâtisserie*

3 **5-4-3-2-1**
5 – *du beurre, de l'eau minérale, un pot de confiture, une bouteille de vin, des œufs*
4 – *une baguette (du pain/une ficelle), des croissants, une tarte aux fraises*
3 – *du saucisson sec, du jambon, de la salade de tomates*
2 – *des saucisses, du poulet*
1 – *du poisson (une truite)*

CM 6/4, SPEAKING

On achète des provisions

This copymaster provides practice in role-playing and revision of *du, de la* and *des* and could be used now or later.

Students work in pairs, first cutting the sheet in half and then asking and answering the questions, with one acting as the customer and the other as the grocer. More able students could make the conversation seem more realistic by bringing in greetings and extra remarks about the weather, etc. Some of these could be recorded or presented to the class.

EXAMINATION GRAMMAR IN ACTION, PAGE 44 GRAMMAR

Using *du, de la, des* and *en*

If not used previously, this would be useful for further practice of the partitive article and *en*.

SB 117, 5/2 READING LISTENING

1 On fait les courses

These three similar items are graded in difficulty from **a** to **c**. Students could do all three or just the one most suited to their ability.

If students are working on individual equipment they could also list things in the order in which they are bought.

a Bruno au marché
This is the easiest item. Students first study the list, then listen to spot what was forgotten and which quantity was wrong.

Solution: *Il a oublié la salade et il a acheté trop de haricots verts.*

b Stéphanie à l'épicerie
This is a rather similar conversation at the grocer's. Students have to find out what is not purchased and why.

Solution:

- *un demi-kilo de beurre (il n'en reste plus)*
- *de l'eau minérale (il n'y a que de l'eau minérale gazeuse)*

c Fabrice à la pâtisserie
This is the hardest of the three listening items. Students have to write down exactly what Fabrice buys and the two things he dislikes.

Solution:

Il achète: une grande tarte aux framboises, six petites brioches, une glace au chocolat (à 1,20 euro), dix gâteaux (à 1,00 euro)

Il n'aime pas: les (tartes aux) abricots, (la glace au) citron

On fait les courses

a Bruno au marché
– Un kilo de carottes, s'il vous plaît, Monsieur, et des haricots verts.
– Un kilo de carottes ... voilà, et les haricots, vous en voulez combien?
– Euh ... deux kilos.
– Deux kilos de haricots verts ... et avec ça?
– Ils sont bons, vos petits melons? Ils ne sont pas trop durs?
– Ah non, ils sont bien mûrs.
– Je voudrais trois petits melons, et puis un demi-kilo de clémentines, une douzaine d'œufs et un pot de fromage blanc.
– Voici les trois melons, puis un demi-kilo de clémentines ... une douzaine d'œufs ... et un pot de fromage blanc. Voilà. Vous voulez autre chose?
– Oui, un camembert, s'il vous plaît, et deux kilos d'oignons.
– Un camembert et des oignons. C'est tout?
– Oui, c'est tout, merci. Ça fait combien?
– Bien ... les carottes, 1,05 euro, les haricots verts, 2,40 euros, les melons, 1,30 euro, les clémentines 1,40 euro, une douzaine d'œufs, 1,90 euro, le fromage blanc, 2,10 euros, les oignons, 2,70 euro, et le camembert, 1,75 euro ... attendez ... euh ... ça vous fait 14,60 euros en tout.
– 14,60 euros ... voilà.
– Merci beaucoup.
– Merci, Monsieur. Au revoir.

b Stéphanie à l'épicerie
– Bonjour, Madame.
– Bonjour, Mademoiselle. Vous désirez?
– Un gros paquet de nouilles, comme ça, et deux kilos de sucre, s'il vous plaît, Madame.
– Un paquet de pâtes et du sucre ... voilà. Et avec ça?
– Un demi-kilo de beurre et deux kilos de farine, s'il vous plaît.
– Alors, voici la farine ... mais ... euh ... oh, attendez ... oh, désolée, il ne reste plus de beurre!
– Ce n'est pas grave. Qu'est-ce que vous avez comme confiture?
– Voyons, nous avons un grand choix de confitures. Il y a fraise, framboise, abricot, cerise et orange.
– Mettez-moi un petit pot de confiture d'oranges et donnez-moi aussi du miel et de l'eau minérale.

- Gazeuse?
- Non non, pas gazeuse.
- Ah, je regrette, mais il n'y en a plus. Toute notre eau minérale est gazeuse.
- Dans ce cas, je n'en prends pas. C'est tout, merci. Je vous dois combien?
- Euh ... 13,55 euros en tout.
- Voilà, Madame, et au revoir.
- Au revoir, Mademoiselle.

c Fabrice à la pâtisserie

- Bonjour, Madame.
- Ah, bonjour, Fabrice. Ça va?
- Oui, ça va bien, merci.
- C'est ton anniversaire demain, n'est-ce pas, Fabrice? Tu vas avoir quel âge?
- Treize ans, et c'est pour mon anniversaire que je voudrais acheter une tarte aux fruits. Qu'est-ce que vous avez comme tartes?
- Bon, on a des tartes aux fraises, aux abricots, aux framboises ou aux poires. Tu vas en prendre une petite ou une grande?
- Euh ... je n'aime pas trop les abricots, alors je voudrais bien une grande tarte aux framboises, s'il vous plaît. Et je vais aussi prendre quelques brioches.
- Oui, tu en veux combien?
- Mettez-en-moi six petites, s'il vous plaît, et je voudrais aussi une glace à la fraise.
- Voilà les brioches, et je peux t'offrir une glace à la vanille, au chocolat ou au citron, mais nous n'avons plus de fraise, je regrette.
- Euh ... je n'aime pas le citron, mais je vais prendre une glace au chocolat à un euro vingt, s'il vous plaît.
- Oui. C'est tout?
- Euh ... non, donnez-moi aussi une sélection de gâteaux, s'il vous plaît. Ils sont à combien la pièce? Je ne dois pas payer plus de vingt-cinq euros.
- Ah bon, euh ... j'en ai à un euro la pièce. Je t'en mets quelques-uns?
- Oui, donnez-en-moi dix, s'il vous plaît. Et ça fait combien?
- Euh ... ça fait ... vingt-trois euros cinquante en tout, s'il te plaît.
- Voilà.
- Merci bien. Au revoir, Fabrice, bon anniversaire et bon goûter!
- Merci, Madame. Au revoir.

SB 117 **VOCABULARY**

Lexique: Pour acheter des provisions

Much of the vocabulary listed here is used in subsequent activities.

SB 118, **SPEAKING**

2 À la charcuterie

As this dialogue takes place in a *charcuterie* it would be helpful to preface it with some background information about what is sold in this type of shop.

Students should spend a few minutes looking through the possible alternatives in the coloured patches, then work in pairs to invent and practise dialogues, as suggested

SB 118, **SPEAKING**

3 Un pique-nique

This optional activity provides role-playing practice involving four different shopping places. Students first have to work out where to go for their purchases, then make up the relevant dialogues, acting in turns as the customer and the shopkeeper.

Au choix SB 224 **GENERAL WRITING**

1 Un repas

For extra practice of some basic structures and shopping vocabulary, students read the e-mail and write a reply.

SB 118 **READING**

4 Au supermarché

This item gives practice in reading supermarket signs, etc.

a Students match the five statements with the pictures.

Solution:

a 1d, 2b, 3a, 4e, 5c

b Students reply to the question:

Solution: **1** *Non (les chiens ne sont pas autorisés),* **2** *des sacs (et des cabas) ouverts*

SB 118, 5/3 **LISTENING READING**

5 Au supermarché Villeneuve

Students listen to the publicity from the *supermarché Villeneuve* and see if the statements are true or false. Able students could find out more details, such as the price of each item, etc. and could correct the statements that are false.

Solution: 1F, 2V, 3F, 4F, 5V, 6V, 7F, 8V, 9F, 10F

Au supermarché Villeneuve

Cette semaine, au supermarché Villeneuve, c'est la semaine des fruits!
Il y a des offres spéciales sur les bananes, seulement 75 cents pour un kilo de bananes!
Et les oranges aussi. Pour une semaine seulement – un euro cinq pour un kilo d'oranges – les meilleures oranges. Il ne faut pas manquer ça!

Attention! C'est bientôt le week-end!
Achetez vos provisions au supermarché Villeneuve.
Ne manquez pas nos offres spéciales.
Les yaourts 'Bon dimanche' – le lot de quatre pots de yaourts fruités, seulement un euro cinquante, en offre spéciale.

Et les pains au chocolat – aussi en offre spéciale! Le lot de deux sachets de huit pains au chocolat chacun, dont quatre gratuits. Alors ça fait seize pains au chocolat – seulement deux euros soixante en tout. C'est fantastique!

Vous êtes en vacances?
Vous ne voulez pas passer la journée à cuisiner?
Les supermarchés Villeneuve ont préparé pour vous un grand choix de plats surgelés.

Les pizzas avec des réductions de vingt pour cent. Les crevettes ou le saumon à la crème – avec une réduction de trente pour cent – trente pour cent, mais c'est pour cette semaine seulement.

Et le poulet Marengo, avec vingt-cinq pour cent de réduction et dix pour cent de réduction sur vos prochains achats!
Venez vite au supermarché Villeneuve, mais dépêchez-vous! Ces réductions sont pour cette semaine – et pas plus!

SB 119, 5/4 — **LISTENING READING**

6 Chez le charcutier

This light-hearted conversation in a *charcuterie* gives more practice in some common shopping expressions and includes examples of *lequel* and *celui-ci/là*, etc, which could be revised quickly first, if necessary. To enable the students to understand the story line better, it might be advisable to prepare in advance some of the less common vocabulary, e.g. *rondelles de saucisson, goûter à, assaisonné, fade*.

After listening to the recording some students might like to act the scene or invent a similar one themselves.

Students work out which items Mlle Dupont finally bought, then they find the opposites of some words and phrases from the text.

Solution:

a **1** *du pâté maison*, **4** *de l'huile d'olive ordinaire*, **6** *du saucisson recommandé par le charcutier*
b **1** *une grosse bouteille*, **2** *riche*, **3** *pas trop cher*, **4** *différents*, **5** *fade*, **6** *de la meilleure qualité*

Chez le charcutier

Mlle D: Bonjour, Monsieur.
Le charc: Bonjour, Mademoiselle Dupont. Vous allez bien?
Mlle D: Pas mal, Monsieur, pas mal.
Le charc: Qu'y a-t-il pour votre service ce matin?
Mlle D: Du pâté, d'abord, 250 grammes de pâté, ce pâté que …
Le charc: Voyons, 250 grammes de pâté maison, c'est ça, non?
Mlle D: Non, pas de pâté maison …
Le charc: Lequel alors?
Mlle D: Avez-vous ce pâté Bonnefoie que j'ai vu à la télé?
Le charc: À la télé, à la télé! Vous n'allez pas me dire que vous croyez tout ce que vous voyez à la télé! Ah, ah! Auguste, tu connais Mademoiselle Dupont, non? Tu peux deviner ce qu'elle m'a demandé comme pâté?
Auguste: Lequel alors?
Le charc: Le pâté Bonnefoie qu'elle a vu à la télé!
Auguste: (Il rit aux éclats.) Mon Dieu, elle ne va pas nous dire qu'elle croit tout ce qu'elle voit à la télé? Du pâté Bonnefoie …
Mlle D: Bon, bon, ça va! Donnez-moi du pâté maison alors.
Le charc: Voilà, Mademoiselle. Du pâté maison. Et avec ça?
Mlle D: De l'huile d'olive, s'il vous plaît. Une grosse bouteille.
Le charc: Laquelle, Mademoiselle? Vous n'avez pas vu ça à la télé, je suppose? (Il rit encore.)
Mlle D: Non, non. Mais j'ai une amie qui me recommande une marque d'huile d'olive qui s'appelle Lasieuse. Elle s'en sert tout le temps.
Le charc: Ah! Elle est très riche, votre amie?
Mlle D: Non, pas tellement, elle est …
Le charc: Vous savez le prix de l'huile d'olive Lasieuse, Mademoiselle?
Mlle D: Non, je …
Le charc: Auguste, tu sais toi le prix de l'huile d'olive Lasieuse?
Auguste: (De nouveau, il rit aux éclats.) L'huile Lasieuse? Elle a gagné à la Loterie nationale, Mademoiselle Dupont? L'huile Lasieuse, l'huile La…!
Mlle D: Ça va, ça va! Ne recommencez pas. Donnez-moi n'importe quelle marque d'huile d'olive, mais qui ne coûte pas trop cher.
Le charc: Voilà, Mademoiselle, de l'huile d'olive, une grosse bouteille. Et avec ça, qu'est-ce que je vous donne?
Mlle D: De la charcuterie maintenant. Donnez-moi quatre ou cinq rondelles de deux ou trois saucissons différents.
Le charc: Très bien, Mademoiselle. Lesquels?
Mlle D: Eh bien … euh … celui-là, peut-être et … euh …
Le charc: Alors celui-là, Mademoiselle, est très fort, très assaisonné… très très fort. Eh bien, si vous aimez le saucisson fort, très fort …
Mlle D: Non non, pas trop fort. Celui-ci, peut-être. Il est moins fort, celui-ci?
Le charc: En effet, Mademoiselle, celui-ci est beaucoup, beaucoup moins fort. À vrai dire, il est plutôt fade. Ce saucisson n'a presque pas de goût.
Mlle D: Pas celui-ci, alors. Dites-moi, lesquels me recommandez-vous finalement? Je voudrais deux ou trois saucissons différents.
Le charc: Alors, prenez celui-ci, et ces deux là-bas. Je vous coupe combien de rondelles de chacun?
Mlle D: Mais ceux-là sont les plus chers!
Le charc: Mais de la meilleure qualité, Mademoiselle, de la meilleure qualité! Auguste, viens-ici! Mademoiselle Dupont veut des saucissons de la meilleure qualité. Lesquels choisis-tu pour elle?
Auguste: Mais celui-ci et ceux-là, Monsieur. Ils sont de la meilleure qualité.
Mlle D: Oui oui, je comprends. Alors quatre rondelles de chacun. Et puis c'est tout!
Le charc: Voilà, Mademoiselle. Et c'est vraiment tout? Vous ne voulez pas goûter à nos spécialités?
Mlle D: Vos spécialités, mais lesquelles?

Le charc:	Eh bien, les tomates farcies aux herbes, la salade provençale, les pizzas à la mode de ...
Mlle D:	Non non, merci. Je suis sûre que tout est délicieux, mais pour aujourd'hui, merci, j'en ai eu assez. Voilà votre argent, Monsieur. Et adieu!

Area 5
Je viens de faire ci ... je vais faire ça
Exchanging information about jobs in the food industry
Saying what has just happened or is about to happen
venir de, aller + infinitive

SB 120–121, 1–6
CD 5/5
Examination Grammar in Action, page 45

SB 120 **READING**

1 Les jeunes au travail

Students read the article about two jobs connected with food. Some could concentrate on Richard and others on Aline, if preferred, and report back to the others. There is a short *vrai ou faux?* item for each job and these could be done straight after that part of the article or both could be used together.

Solution:

Richard: **1V, 2F, 3F, 4V, 5F**
Aline: **1V, 2F, 3F, 4V, 5F**

SB 120 **GRAMMAR**

Dossier-langue
Venir de/aller + infinitive

When students have read through the explanation, they could find examples of the two verbs in use from the text of both articles.

SB 120 **PRACTICE**

2 Richard aime voyager

Students now put the rule into practice by choosing which verb, *vient de* or *va*, fits each gap. This could be done orally or as a writing activity.

Solution: **1** *vient de,* **2** *va,* **3** *vient de,* **4** *vient de,* **5** *va,* **6** *va,* **7** *vient de,* **8** *va*

SB 121 **WRITING**

3 Les projets d'Aline

This item is more difficult than the previous one as students now have to answer the questions about Aline, which involves manipulation of the verbs *venir de* and *aller*.

Solution:

1 *Oui, elle vient d'avoir son bac scientifique.*
2 *Elle va travailler comme diététicienne (dans un hôpital)./Elle va faire diététicienne (comme métier).*
3 *Non, elle va travailler dans un hôpital.*
4 *Elle vient de trouver une place au lycée technique Saint-Louis à Bordeaux.*
5 *Elle va travailler dans un hôpital.*
6 *Elle va s'occuper des régimes spéciaux pour les malades.*
7 *Elle va aussi vérifier l'hygiène dans la cuisine et donner des suggestions de recettes pour les malades qui viennent de finir leur traitement et qui vont quitter l'hôpital.*

SB 121, 5/5 **LISTENING**

4 Passé ou futur?

Students listen to this series of short conversations and decide whether they refer to the past (P) or the future (F).

Solution: **1P, 2F, 3P, 4F, 5F, 6P, 7P, 8F**

Passé ou futur?

1 – Allô. Est-ce que je peux parler à Daniel?
– Ah non, je regrette. Il vient de sortir.

2 – Est-ce qu'il sera là ce soir?
– Ah non, il va passer le week-end chez son copain.

3 – Zut, alors!
– Qu'est-ce qu'il y a?
– Je suis en retard. Il est déjà midi et je viens de manquer le bus.

4 – Voulez-vous dîner chez nous samedi soir?
– Euh, samedi soir? Désolé, mais nous allons dîner chez mes grands-parents.

5 – Tu as trouvé du travail pour les grandes vacances?
– Oui, je vais travailler au supermarché le vendredi soir et le week-end.

6 – Ma sœur vient de me laisser un message sur mon téléphone portable. Les résultats viennent de sortir et elle a son bac.
– Fantastique!

7 – Mon frère est arrivé à Paris. Je viens de lire son e-mail.

8 – Qu'est qu'on va faire ce soir?
– Si on allait au café?
– Non, il n'y a rien à faire au café.
– Il y a une fête foraine en ville.
– Chic. On va y aller alors!

SB 121 **WRITING**

5 Complétez les phrases

This is a fairly easy activity in which students complete the captions with the correct part of one of the two verbs involved.

It could be done by less able students, while the more able do task 6 *Des explications.*

Solution: **1a** *allons,* **b** *vient de,* **2a** *vais,* **b** *vient de,* **3a** *va,* **b** *vient de,* **4a** *allons,* **b** *viennent d',* **5** *viennent de,* **6** *vient de*

SB 121, **WRITING**

6 Des explications

This is quite a difficult productive item involving some rephrasing and verb manipulation. Students write down what they would say when explaining each situation to someone else and include in their explanation part of *venir de* or *aller* +infinitive.

The least able could omit this item.

Solution:

1 *Tu vas aller au collège avec moi demain.*
2 *Christine vient d'arriver.*
3 *Tes parents viennent de téléphoner.*
4 *Nous allons manger au restaurant avec des copains.*
5 *Le match de foot à la télé vient de commencer.*
6 *Jean-Luc va chercher mon ami(e) devant la gare ce soir à six heures.*
7 *On vient d'annoncer que le train est en panne, donc nous allons prendre le bus.*
8 *On vient de téléphoner pour dire qu'il faut emporter des sandwichs demain.*

EXAMINATION GRAMMAR IN ACTION, PAGE 45
GRAMMAR PRACTICE

Using *venir de* and *aller* + infinitive

This provides more practice of *venir de* and *aller* + infinitive.

Area 6
Au café
Ordering drinks and snacks in a café
Pointing out mistakes and dealing with payment
Using the pronouns *lui, leur, me, te, nous* and *vous*
SB 122–123, 1–3
Au choix SB 223, 4, SB 224, 2
CD 5/6–5/7
CM 6/5, 6/6
Examination Grammar in Action, pages 46–47

PRESENTATION
REVISION

Introduction

Work on this area could begin with an introduction by the teacher about French cafés, or a brainstorming session to see what the students can remember about them.

CM 6/5

Jeux de mots au café

For further revision of café vocabulary, students could do this copymaster, which is linked mainly with the *Lexique* on SB 122.

Solution:

1 Un acrostiche

					1							
2	p	a	n	a	c	h	é					
3		e	x	p	r	e	s	s				
4		l	i	m	o	n	a	d	e			
5				b	i	è	r	e				
6			j	u	s	d	e	f	r	u	i	t
7		b	o	i	s	s	o	n	s			
8				c	a	r	a	f	e			
9		g	r	e	n	a	d	i	n	e		
10		m	e	n	t	h	e	à	l'	e	a	u

2 Qu'est-ce qu'on commande?

1 *David – un hot-dog, un coca*
2 *Noémie – une gaufre, (un/du) chocolat chaud*
3 *Claire – un croissant, un café au lait*
4 *Mme Lionel – un thé citron, un pain au chocolat*
5 *M. Notier – un sandwich au fromage, une portion de frites, une bière*
6 *Isabelle – une glace (trois boules) vanille, fraise, chocolat*
7 *Richard – une pizza, un verre de vin rouge*
8 *Mlle Robert – un jus de fruit et des crêpes*

SB 122 **READING** **WRITING**

1 Le jeu de définitions

This is a quiz to revise snack vocabulary and can be used in conjunction with the first part of the *Lexique* on this page.

a Students work through the definitions, matching up the six snacks that are illustrated.

Solution: **1i, 2j, 3a, 4d, 5f, 6g**

b There are four snacks without definitions (**b**, **c**, **e**, **h**) and students are asked to make up suitable descriptions for these. This could be done orally, with definitions written on the board from suggestions made by students. Alternatively, they could be worked on in groups and the results could then be judged by the class or the teacher.

More able students could write their own definitions, which they could then read out for the class to guess.

Le jeu des définitions

This could also be done as a matching exercise using software such as *Hot Potatoes*. For a sample, see www.atkinsonconsulting.co.uk.

SB 122, 5/6 **LISTENING**

2 Qu'est-ce qu'ils ont commandé?

Before starting, students might find it useful to study the *Lexiques* on this page and the next, perhaps with some oral practice.

They should then listen to the recording and try to note down all the orders.

Solution:

1 *Une glace à la vanille, une glace à la fraise et une bière.*
2 *Un grand café au lait et un croissant au beurre.*
3 *Un Orangina, une limonade, un chocolat chaud et un sandwich au pâté.*
4 *Un verre de vin rouge et un sandwich au fromage.*
5 *Un thé citron et un jus d'ananas.*
6 *Une omelette et de l'eau minérale (un Perrier).*
7 *Une menthe à l'eau, une glace à la vanille et un paquet de chips (et de la monnaie).*

Qu'est-ce qu'ils ont commandé?

1 – Vous voulez commander, Madame?
– Oui. Qu'est-ce que vous avez comme glaces?
– Nous avons quatre parfums, Madame: vanille, fraise, ananas et chocolat.
– Une vanille et une fraise, s'il vous plaît, et une bière pour Monsieur.
– Deux glaces et une bière. Très bien, Madame.

2 – Et pour vous, Madame?
– Pour moi, un grand café au lait, s'il vous plaît, et un croissant au beurre.

3 – Vous désirez, Monsieur?
– Un Orangina et une limonade pour les petits, s'il vous plaît, et pour moi un chocolat chaud.
– Un Orangina, une limonade et un chocolat, c'est tout?
– Non, mettez-moi aussi un sandwich au pâté, s'il vous plaît.

4 Vous désirez, Monsieur?
Un verre de vin rouge et un sandwich au fromage, s'il vous plaît.
Très bien, Monsieur.

5 – Monsieur?
– Un thé citron, s'il vous plaît.
– Un thé citron, oui. C'est tout?
– Non … euh … qu'est-ce que vous avez comme jus de fruits?
– Orange, ananas et pamplemousse, Monsieur.
– Eh bien, un ananas, s'il vous plaît.

6 – Madame?
– Avez-vous un plat chaud aujourd'hui?
– Oui, Madame. Il y a une omelette aux champignons avec des frites.
– Il n'y a pas d'autres plats chauds?
– Non, Madame.
– Mmm … alors, apportez-moi une omelette, mais pas de frites. Je ne veux pas de frites.
– Vous voulez boire quelque chose?
– Oui, de l'eau minérale: un Perrier, s'il vous plaît.
– D'accord, Madame, une omelette sans frites et un Perrier. C'est tout?
– Oui, c'est tout.

7 – Vous désirez?
– Pour moi, une menthe à l'eau et pour mon ami, une glace à la vanille.
– Une menthe à l'eau et une glace à la vanille. C'est tout?
– Non, mettez-moi aussi un paquet de chips. Et avez-vous de la monnaie pour les jeux vidéo?
– Oui oui, je vais en chercher.

SB 122 **VOCABULARY**

Lexique: Les casse-croûtes

Ask *Qu'est-ce qu'on peut acheter à boire au café en France?* and encourage students to find as many answers as possible, using the *Lexique*. Perhaps play some word games including a cumulative game such as *Je suis allé au café et j'ai bu …*

SB 123 **VOCABULARY**

Lexique: Au café

This *Lexique* also contains core language for this topic and will be useful for the *Au choix* activity that follows.

Au choix SB 223 **SUPPORT READING**

4 Au café – questions et réponses

This activity could be done now, as preparation for *On prend un verre*, or afterwards, for consolidation. Students match up questions and answers in a café.

Solution: 1f, 2c, 3d, 4a, 5h, 6g, 7b, 8e

Au choix SB 224,  **GENERAL SPEAKING**

2 Une conversation

This gives extra practice of questions and answers linked with the café topic and with food likes and dislikes in general, including giving reasons for preferences.

SB 123, 5/7, **LISTENING SPEAKING**

3 On prend un verre

a Students read through the dialogue, then listen to it.
b They then work through it in pairs, using the *Lexiques* to help them to invent other conversations.

At the end of the conversation, the waiter makes a mistake in the order. This is a situation often used in exams. More practice of this kind of situation is given in Area 8 (*Au restaurant*).

Afterwards, students could play the memory game in which a group of students act a dialogue to the class and afterwards the teacher asks the 'audience' to say from memory who ordered what.

On prend un verre

– Salut, Dominique! Tiens, il est presque midi. On va au café?
– Bonne idée. Je vais te payer un verre.
– Bonjour, Monsieur, qu'est-ce que je vous sers?
– Alors, qu'est-ce que tu prends?
– Un jus de tomate, s'il te plaît.
– Désolé, mais nous n'avons plus de tomate. Je peux vous donner orange ou ananas.
– Bon! Je prendrai un jus d'ananas.
– Un jus d'ananas. Et pour vous, Monsieur?
– Pour moi, un grand chocolat chaud. Et qu'est-ce que vous avez comme sandwichs?
– Jambon, fromage et pâté.
– Pour moi, un hot-dog, s'il vous plaît.
…

– Ah ... moi, j'ai commandé un jus d'ananas, mais vous m'avez apporté un jus d'orange!
– Ah bon, excusez-moi. Je vais vous chercher un jus d'ananas tout de suite.
...
– Ah! Merci, Dominique. À ta santé!
– À la tienne!
...
– Combien je vous dois?
– Voici l'addition, Monsieur.
– Voilà, Monsieur.
...
– Au revoir, Alex. Téléphone-moi un de ces jours!
– OK, ou je t'enverrai un e-mail. Au revoir, Dominique, et merci.

SB 123 **GRAMMAR**

Dossier-langue
Indirect and direct object pronouns

This draws attention to the examples of indirect object pronouns used in the café scene (*me, te, nous, vous, lui* and *leur*) and revises their use.

SPEAKING

Oral practice

Some oral practice of these pronouns could be given as follows. The teacher could first demonstrate the sequence with some able students. Someone gives something to one or more people and a series of questions and answers follow, e.g.

– *Qu'est-ce que tu lui donnes?*
– *Je lui donne un crayon (etc.)*
– *Qu'est-ce qu'on t'a donné/te donne?*
– *On m'a donné/me donne un crayon.*
– *Donne le crayon à X. (etc.)*

CM 6/6 **READING** **WRITING**

Les pronoms sont utiles

This copymaster provides graded practice of the indirect object pronouns.

Solutions:

1 Des conversations
 a *vous, vous, vous*
 b *lui, lui, leur*
 c *m', t', lui, lui, nous, t'*

2 Qu'est-ce qu'on leur sert?
Louise: On lui sert un coca.
Michel: On lui sert un jus de fruit.
Patrick et Charles: On leur sert du chocolat chaud.
Noémie et Simon: On leur sert de la limonade.
(À manger)
Michel et Charles: On leur sert des chips.
Patrick: On lui sert un croissant.
Noémie: On lui sert un sandwich.
Simon: On lui sert une glace.

EXAMINATION GRAMMAR IN ACTION, PAGES 46–47
GRAMMAR

Using the pronouns *lui* and *leur*
Using the pronouns *me, te, nous* and *vous*

These pages provide further activities for practice of indirect object pronouns.

Area 7
Le fast-food: pour ou contre?
Discussing the advantages and disadvantages of fast-food restaurants

SB 124, 1–3
CD 5/8

SB 124 **READING**

1 Le fast-food: pour ou contre?

Students first read the four titles (check that these are understood), then they read the article, matching the titles to the paragraphs.

Solution: **1C, 2A, 3B, 4D**

Students could make up *vrai ou faux?* statements based on the article and set them for the others.

Students then go on to read the statements for and against eating in fast-food restaurants, perhaps reading aloud, in turn, statements from alternate columns.

SB 124, 5/8 **LISTENING**

2 C'est qui?

Students read the sentences describing the opinions of eight people, then listen to the recording and identify the speakers.

Solution: **1C** *(David)*, **2B** *(Camille)*, **3E** *(Charlotte)*, **4G** *(Léna)*, **5A** *(Diane)*, **6D** *(Daniel*, **7F** *(Michel)*, **8H** *(Denis)*

C'est qui?

Des jeunes discutent du fast-food. Voici leurs opinions.

1 Moi, j'aime bien les fast-foods ... parce qu'on sait exactement ce qu'on va manger. On ne risque pas de mauvaises surprises!
2 Moi aussi, je suis pour les fast-foods. J'y mange avec mes copains et il y a presque toujours une bonne ambiance.
3 Moi, je n'aime pas le self-service. Je préfère être servie et je veux manger à l'aise.
4 Ce n'est pas que je n'aime pas le goût des hamburgers, mais toute la nourriture des fast-foods est pleine de calories et ça fait grossir.
5 Je suis végétarienne, mais maintenant, il y a même des hamburgers pour les végétariens et ils sont délicieux!
6 Les fast-foods sont très pratiques. On en trouve partout et on mange vite.

7 Dans un fast-food, il n'y a pas de variété. Dans un café, il y a plus de choix et on peut acheter des boissons alcoolisées ou non-alcoolisées.

8 Moi, je n'aime pas beaucoup les fast-foods. Pour fêter un événement spécial, rien ne peut remplacer un dîner dans un bon restaurant. Connaissez-vous beaucoup de gens qui voudraient prendre leur repas du Réveillon du Nouvel An dans un McDonald's?

SB 124, — **SPEAKING WRITING**

3 À vous!

Students discuss their views on fast food and eventually write down some opinions. They should be encouraged to refer to the article and the views that follow it, but all but the least able should try to use their own words, to some extent at least.

Area 8
Au restaurant
Choosing a suitable French restaurant and booking a table
Discussing the menu and ordering a meal
Paying, complaining and pointing out mistakes

SB 125–128, 1–7
Au choix SB 224, 3–4, SB 225, 3
CM 6/7, 6/8
CD 5/9–5/15

SB 125, 5/9 — **READING LISTENING**

1 Dix conseils pour les étrangers!

Students should first read the introductory paragraph and then the ten *conseils*. Next, they should listen to the recorded interviews and pick out the five points made that are the same as those listed (**1**, **2**, **3**, **5** and **6**).

There are two other pieces of advice not mentioned in the leaflet, and the more able students might be able to spot these. They are:

- *C'est toujours une bonne idée de goûter le plat du jour.*
- *Si vous ne savez pas quoi choisir, demandez au serveur de vous recommander un plat ou un vin.*

Dix conseils pour les étrangers!

– Pardon, Madame, avez-vous des conseils pour les étrangers qui veulent manger dans un restaurant en France?
– Ben … s'ils veulent trouver un bon restaurant, ils devraient choisir les restaurants où nous, on mange, nous les habitants de la ville. Euh … puis … euh … il faut toujours regarder la carte, avant d'entrer. Ça, c'est important parce qu'il y a souvent des suppléments. Il faut faire bien attention!
– Merci, Madame. Excusez-moi, Monsieur. Nous préparons des conseils pour les étrangers qui veulent manger au restaurant en France. Avez-vous des idées pour nous aider?
– Euh … voyons … oui. Le plat du jour, c'est toujours une bonne idée de goûter au plat du jour. Et puis le menu à prix fixe, ça revient moins cher que le menu à la carte.
– Merci. Et vous, Mademoiselle, vous avez des idées de conseils?
– Ben, je ne mange pas souvent au restaurant, je mange plutôt un casse-croûte dans un bistro ou un café.
– Donc aucun conseil?
– Sauf que … au restaurant, si vous ne savez pas quoi choisir – comme moi, d'ailleurs – dans ce cas, demandez au garçon de café de vous recommander un plat ou un vin.
– Merci, Mademoiselle. C'est un bon conseil!

Optional extra activities

1 Able students could make up 'tourist and expert' dialogues asking for and giving advice, e.g.
   – *Pour manger au restaurant en France, qu'est-ce que vous me conseillez?*
   – *D'abord, choisissez un restaurant où les clients sont français.*

2 Groups of students could make up a list of recommendations for French visitors wanting to eat in British restaurants.

SB 125 — **VOCABULARY**

Lexique: Où manger

Use the *Lexiques* throughout this area as a basis for oral practice, playing Hangman, brainstorming, learning in pairs, making up wordsearches, etc. When doing these activities, students could also refer to the lists in *Vocabulaire par thèmes*.

SB 125, 5/10 — **READING LISTENING**

2 Quatre restaurants

a Students first study the restaurant adverts, noting the key features of each, perhaps in groups. This could lead to some oral work, e.g.
   – *C'est quelle sorte de restaurant?*
   – *Est-ce qu'on peut manger dehors?*
   – *Est-ce qu'on peut manger des pizzas ici?*

Students now read the eight statements and decide which of them apply to each restaurant. They write their answers as **V** (*vrai*), **F** (*faux*) or **PM** (*pas mentionné*).

Solution:

	A	B	C	D
1 terrasse	V		V	V
2 plats végétariens	V	F	V	PM
3 ouvert tous les jours	F	PM	F	V
4 fermé le dimanche	F	PM	V	F
5 parking	V	PM	PM	V
6 menu enfants	PM	PM	PM	V
7 spécialités	PM	V	V	PM
8 buffet froid	V	F	PM	V

b Students listen to the recording and decide which of the four restaurants is most suitable for each group of diners.

Solution: 1B, 2C, 3D, 4A, 5C

As extra practice, students could choose in which restaurant they themselves would prefer to eat. They could also be asked to explain their choice, e.g.

– *Êtes-vous végétarien(ne)?*
– *Tes amis, aiment-ils les pizzas?*
– *Avez-vous déjà goûté le couscous?*

Quatre restaurants

1 – Si on allait au cinéma? Mais je voudrais bien manger quelque chose avant.
– Ben, moi, je n'ai pas très faim, mais on peut quand même aller manger quelque chose.
– Qu'est-ce que tu préfères, un restaurant ou un fast-food?
– Oh ben, je préfère aller manger quelque chose de rapide, un croissant, par exemple.
– D'accord.

2 – C'est ma fête demain. Si on allait manger au restaurant, tous les trois?
– Oh, mais il fait trop chaud pour manger à l'intérieur.
– Eh bien, ce n'est pas grave, on trouvera un restaurant avec une terrasse.
– Je voudrais manger du couscous. Et toi?
– Ah oui, j'aime ça. Et toi, Sophie, tu aimes le couscous?
– Oui, bonne idée!

3 – Alors, on va au restaurant ce soir?
– Euh ... oui, je veux bien.
– Tu aimes les pizzas?
– Les pizzas, oui, j'adore ça.
– On va manger une pizza alors.

4 – Qu'est-ce qu'on fait ce soir?
– On pourrait aller manger au restaurant.
– Oui, je veux bien.
– Quel genre de restaurant? Qu'est-ce que tu veux manger? Un steak, peut-être?
– Ah non, pas de steak pour moi. Je suis végétarienne, je ne mange pas de viande et pas de poisson.
– Tu aimes les salades?
– Bien sûr. Je connais un restaurant où il y a des salades et un buffet froid délicieux!

5 – Ah, Sarah, comment ça va? Ça va bien?
– Oui, et toi? Ça fait longtemps que je t'ai pas vu.
– Ben oui, je suis juste revenu du Maroc. J'ai passé deux mois en vacances là-bas.
– C'était bien?
– C'était super et la nourriture était exceptionnelle.
– Ah, moi, je connais pas du tout.
– Ça te dirait de venir manger avec moi ce soir? Il y a un restaurant près d'ici qui fait des spécialités marocaines.
– Excellent! Allons-y ce soir!

SB 126, 5/11, — **LISTENING SPEAKING**

3 Pour réserver une table

After listening to the recorded conversation, students can practise the script in pairs and then make up new conversations, substituting another restaurant, booking in their own name and changing the other details.

Pour réserver une table

– Restaurant du Château, bonjour.
– Bonjour. Je voudrais réserver une table pour ce soir.
– Oui. C'est pour combien de personnes?
– Pour quatre personnes.
– Et à quelle heure?
– Huit heures, ça va?
– Oui, j'ai une table pour huit heures. C'est à quel nom?
– Rainier.
– Rainier. Comment ça s'écrit?
– R–A–I–N–I–E–R.
– En salle ou en terrasse?
– En salle, s'il vous plaît.
– Bon. Alors, j'ai réservé une table à huit heures, pour quatre personnes, et c'est au nom de Rainier.
– C'est ça.

SB 126 — **VOCABULARY**

Lexique: Le repas

This is a very full *Lexique*, which should be useful for several of the activities that follow and, of course, for ordering meals in French restaurants. It can be broken up into 'bite-size' portions and practised with the usual vocabulary games (see TB 17–18).

Restaurants sur Internet

There are many restaurants with sample menus on the Internet that can be readily found through a web directory such as *Yahoo*, *Voila* or *Google*. A useful way to exploit this is to ask students to select a menu and then use it in a restaurant role-play. As a variation, go for specialist menus such as vegetarian, shellfish, Vietnamese or Provençal.

SB 127 — **VOCABULARY**

Lexique: Au restaurant

Another very full, but useful list, to be referred to for the activities that follow and practised in the usual way.

SB 127, 5/12 — **READING LISTENING**

4 Vous avez choisi?

Students first study the menus, then listen to the recording and try to note down the customers' orders.

Solution:

1 *Le menu à 15 euros, salade mixte, spaghetti bolognaise, une petite carafe de vin blanc, du fromage*
2 *Le menu à 24 euros, salade niçoise, salade de tomates, deux escalopes de veau, frites, tomates provençales, vin rouge, eau minérale gazeuse, deux desserts maison*
3 *Le menu à 20 euros, crudités, pizza aux quatre saisons, une bière, (un petit) café, glace vanille et fraise*

Vous avez choisi?

1 – Monsieur?
– Je prendrai la salade mixte, s'il vous plaît.
– La salade mixte ... alors vous prenez le menu à quinze euros, non?
– Oui, c'est ça. Alors la salade mixte, puis comme plat principal ... euh ... spaghetti bolognaise.
– Spaghetti bolognaise. Et vous voulez quelque chose à boire? Les boissons sont en supplément.
– Oui, apportez-moi une petite carafe de vin blanc, s'il vous plaît.
– Une carafe de vin blanc.
– Et puis, pour terminer, du fromage.
– Du fromage ... entendu, Monsieur.

2 – Bonjour, Monsieur. Bonjour, Madame. Vous avez choisi?
– Oui, nous prenons le menu à 24 euros, s'il vous plaît.
– Très bien. Et pour commencer?
– Pour commencer, la salade niçoise pour moi – j'adore les olives ... et la salade de tomates pour mon mari.
– Une salade niçoise et une salade de tomates. Et comme plat principal?
– Deux escalopes de veau, s'il vous plaît, pour nous deux.
– Deux escalopes ... et vous voulez des légumes?
– Donnez-moi des frites et ... euh ... des tomates provençales pour ma femme.
– Et comme boisson, Monsieur?
– Une bouteille de vin rouge et une bouteille d'eau minérale.
– Du vin rouge et de l'eau minérale. Gazeuse ou non-gazeuse?
– Gazeuse, s'il vous plaît.
– Vous voulez commander un dessert?
– Un dessert? Attendez. Quel est le dessert maison aujourd'hui?
– Ce sont des bananes au rhum, une spécialité de la Martinique. C'est délicieux!
– Bon, alors deux desserts maison pour terminer.

3 – Bonjour, Mademoiselle, vous êtes prête à commander?
– Oui, s'il vous plaît. Pour commencer, des crudités.
– Des crudités, donc le menu à 20 euros.
– C'est ça. Puis ... euh ... qu'est-ce que vous me recommandez?
– Le plat du jour est très bon. Il y a du saumon ou du thon.
– Ah non, je n'aime pas trop le poisson. Qu'est-ce que vous avez comme pizza?
– Tomates et fromage, jambon et ananas, champignons et puis la pizza aux quatre saisons: c'est la spécialité de la maison.
– Très bien, je prends ça.
– Qu'est-ce que vous voulez boire?
– Une bière, s'il vous plaît, puis un petit café avec le dessert.
– Qu'est-ce que vous prenez comme dessert?
– Je vais prendre une glace.
– Une glace. Quel parfum?
– Euh ... vanille et fraise. Vous avez?
– Bien sûr, Mademoiselle. Un petit café et une glace vanille et fraise.

SPEAKING

Commandez à deux

Students could do this extra pairwork activity for further practice.

Each partner writes down their own selection of items from the menus and they then ask questions to discover each other's chosen meal, perhaps competing to guess the other person's choices first, e.g

Chaque personne choisit un des trois menus et note ce qu'il va commander:

Menu à 20 euros
Pour commencer: ...
Comme plat principal: ...
Comme dessert: ...
Comme boisson: ...

Puis on se pose des questions pour deviner ce que l'autre personne a choisi.

– *Tu as choisi le menu à 20 euros. Pour commencer, as-tu choisi la salade niçoise?* etc.

SB 128, 5/13, 

SPEAKING
WRITING
LISTENING

5 Au Restaurant du Château

This sequence at the *Restaurant du Château* is likely to prove difficult for less able students, who might prefer to do *La Patate* on CM 6/7, though this has no recorded version.

Students should first read the rubric and the notes of the three people's requirements. Then, with reference to the menus, they should write a list of what each person is going to eat, including choices for their own meal. This could be done in class or for homework.

They next listen to the recording and decide what they are going to say in the gaps between the waiter's speeches. This could be written down or just done orally. If individual recording equipment is available, students could record their own words in the gaps.

For further practice, students read through or act the dialogue in pairs, representing both waiter and customer.

Au Restaurant du Château

– Bonjour, Messieurs-Dames.
...
– Voilà, Monsieur. Voilà la carte.
Vous êtes prêts à commander?
...
– Et pour vous-même?
...
– Et comme boissons, qu'est-ce que vous voulez?
...
– Entendu ... Vous voulez un dessert?
...
– Voilà la carte.
...
– Très bien. Vous voulez du café après?
...
– Voilà l'addition.

CM 6/7,  **SPEAKING WRITING**

La Patate

For extra role-playing practice or as an alternative to *Au Restaurant du Château*, students could work on this model conversation in groups, inventing new conversations, some of which could be recorded.

SB 128 **VOCABULARY**

Lexique: Des problèmes

This should help with tasks 6 and 7.

SB 128, 5/14 **LISTENING WRITING**

6 Il y a un problème

Students could look at the *Lexique* on problems before listening to the eight recorded conversations and noting down the problems. According to students' ability, this could be done in French or in English. Some suggested phrases could be supplied, e.g.

On a commandé ..., mais le garçon a apporté ...
Il y a une erreur dans ...

Solution:

1 *(Il n'y a) pas de fourchette.*
2 *On n'a pas commandé deux melons et un pâté, on a commandé deux pâtés et un melon.*
3 *On n'a pas commandé de l'eau plate, on a commandé de l'eau gazeuse.*
4 *Ce n'est pas ce qu'on a commandé. On a commandé une glace à la fraise.*
5 *La cliente est allergique aux noisettes.*
6 *Il y a une erreur dans l'addition.*
7 *Il n'y a pas de camembert.*
8 *On a commandé deux bouteilles de vin rouge et une bouteille de vin blanc.*

Il y a un problème

1 – Excusez-moi, Monsieur, mais je n'ai pas de fourchette.
– Oh pardon, Mademoiselle. Je vais vous en chercher une.

2 – Voilà, deux melons et un pâté.
– Mais Monsieur, on a commandé deux pâtés et un melon.
– C'est vrai? Excusez-moi, je vais l'échanger.

3 – Monsieur?
– Oui, Madame?
– On a commandé de l'eau gazeuse, mais ça, ce n'est pas gazeux, c'est de l'eau plate.
– Ah oui, Madame. C'est une erreur. Voilà de l'eau gazeuse.

4 – Mademoiselle. Ce dessert, ce n'est pas ce que j'ai commandé.
– Vous n'avez pas commandé une glace?
– Si, si, mais une glace à la fraise. Ça c'est une glace aux framboises, n'est-ce pas?
– Ah oui, je comprends. Je m'excuse, Monsieur. Je vais l'échanger tout de suite.

5 – Excusez-moi, Mademoiselle, mais ce gâteau, est-ce qu'il y a des noisettes dedans?
– Oui, Mademoiselle, c'est possible.
– Alors, je regrette, mais je suis allergique aux noisettes.
– Ah bon. Alors, vous voulez autre chose?
– Oui, je voudrais un sorbet au citron, s'il vous plaît. Je m'excuse, Mademoiselle.
– Je vous en prie, ce n'est pas grave!

6 – Monsieur! Je crois qu'il y a une erreur dans l'addition.
– Ah oui?
– Nous avons pris deux menus à 15 euros, mais le prix est 33 euros.
– Oui, Monsieur. Mais vous avez commandé des huîtres, n'est-ce pas?
– Oui, une demi-douzaine d'huîtres.
– Alors, les huîtres sont en supplément, Monsieur. Voilà, c'est marqué sur la carte.
– Ah bon, vous avez raison. Je n'avais pas vu ça.

7 – Voilà le fromage, Monsieur.
– Merci, mais il n'y a pas de camembert. Vous n'avez pas de camembert aujourd'hui?
– Non, Monsieur, il n'y en a plus.
– Alors, apportez-nous du Brie, s'il vous plaît.
– Du Brie? Entendu. Je vais en chercher.

8 – Pardon, Monsieur. On a commandé deux bouteilles de vin rouge et une bouteille de vin blanc, mais vous avez apporté deux bouteilles de vin blanc et une de rouge.
– Voyons ... ah oui, c'est vrai. Je vais échanger cette bouteille de vin blanc tout de suite.
– Merci, Monsieur.

SB 128, **SPEAKING**

7 À vous!

Students now work in pairs to make up some similar conversations themselves, based on the six suggested situations, then perhaps invent one or two problems of their own

Extra activities

Au choix SB 224 **GENERAL READING**

3 Qu'est-ce qu'il faut dire?

This French–English matching activity includes many key phrases from the restaurant topic. These could be practised aloud and at least some learnt by heart.

Solution: **1f, 2i, 3a, 4c, 5j, 6g, 7h, 8d, 9b, 10e**

Au choix SB 224 **GENERAL READING WRITING**

4 Des cartes postales

Students read through the postcards and complete the sentences that follow.

Some students could go on to write a similar postcard of their own, describing a meal they have had on holiday or for a special occasion.

Solution: **1** *sucrée,* **2** *une crêpe salée,* **3** *restaurant,* **4** *Sénégal,* **5** *plat,* **6** *morceaux,* **7** *pâte,* **8** *légumes,* **9** *du riz,* **10** *aimé*

Au choix SB 225, 🎧 5/15 — EXTENSION LISTENING

3 Au téléphone

This provides extra practice in understanding people talking about meals.

Solution:

(Note: students should be given the mark if the answer is correct and understandable, even if there are a few spelling mistakes.)

1. *Parce qu'il était chez ses grands-parents.*
2. *Au Café de Paris.*
3. *De la soupe à l'oignon.*
4. *Une salade.*
5. *Les crêpes.*
6. *Dimanche.*
7. *La mère de Daniel.*
8. *La mousse aux abricots.*
9. *Le canard à l'orange.*
10. **c**

🎧 Au téléphone

– Allô! C'est toi, Daniel? C'est Frédéric à l'appareil.
– Salut, Frédéric! Tu es de retour de chez tes grand-parents alors?
– Oui, oui, je suis revenu ce matin. Dis-moi, qu'est-ce que tu as fait pour ton anniversaire, finalement?
– Ben, samedi soir, avec des copains, on est allé au bistro en ville.
– À quel bistro? Tu as mangé quoi?
– Au Café de Paris, tu sais, près du marché. Ce n'est qu'un petit bistro, mais leur soupe à l'oignon est délicieuse!
– Et tout le monde a pris la soupe?
– Oui, oui, sauf ma sœur Caroline, qui a préféré une salade.
– Et ensuite, tu as mangé des crêpes? Il paraît que c'est leur spécialité, non?
– Oui, tu as deviné correctement! Ils ont un grand choix de crêpes salées et sucrées – on a vraiment trop mangé.
– Mais je croyais que le repas de fête était pour dimanche.
– Tu as raison. Le dimanche, ma mère avait préparé un repas fantastique!
– C'est bien dommage que je n'ai pas pu venir – moi, qui apprécie tellement sa cuisine!
– C'est bien vrai! On a commencé avec des fruits de mer. Ensuite, il y avait du canard à l'orange et comme dessert, la spécialité de Maman, la mousse aux abricots.
– Ça alors! Ne m'en parle plus! Moi, j'ai faim!

CM 6/8 — READING WRITING

Mots croisés au restaurant

This gives extra practice of restaurant vocabulary. It is rather hard and therefore more suitable for able students.

Solution:

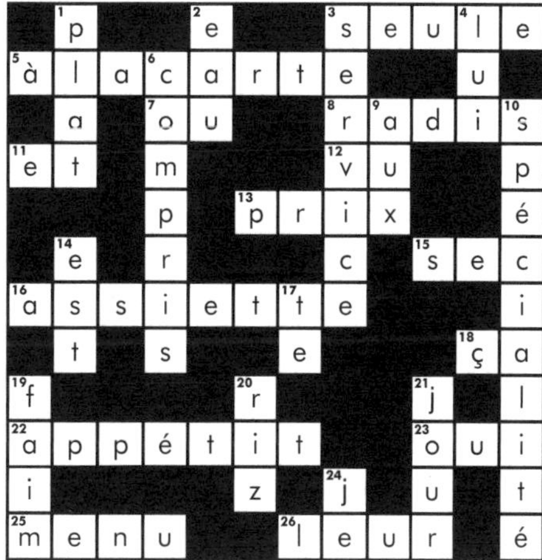

> **Area 9**
> ***Les pique-niques***
> **Understanding some views about picnics**
> **SB 129, 1–2, Au choix SB 225, 4**

SB 129 — READING

1 Aimez-vous les pique-niques?

Students read these two letters for and against picnics and then do the activity in which they have to decide if the statements are true, false or not mentioned.

Solution: **1V, 2V, 3F, 4PM, 5V, 6V, 7V, 8PM**

SB 129, 💻 — READING WRITING

2 L'incroyable pique-nique

Students read the account of the millennium picnic and complete the summary that follows.

Solution: **1** *pique-nique,* **2** *14,* **3** *mauvais,* **4** *eu lieu,* **5** *tout le monde,* **6** *salles des fêtes,* **7** *nappe,* **8** *blanche,* **9** *véhicules,* **10** *boue*

This text is ideal for exploitation within a text manipulation program such as *Fun with Texts* – the Text salad option is a good entry-level activity, but more challenge can easily be provided with Prediction or Copywrite hard.

Au choix SB 225 — EXTENSION READING WRITING

4 Les pique-niques

This more difficult task is based on the two items on SB 129 and is open-ended.

Area 10
Further activities and consolidation

SB 129

Au choix SB 223, 5

CM 6/9–6/23

CD 5/16–5/22, SCD 2/5–2/8

AU CHOIX SB 223 **SUPPORT PRACTICE**

5 Des mots utiles

This revision task reminds students of some basic words and expressions that are sometimes forgotten or confused. It could be done now or at any odd moment.

Solution: 1c, 2a, 3d, 4f, 5b, 6h, 7e, 8g, 9j, 10i

CM 6/9 **READING**

C'est bon à manger!

This optional recipe sheet could be used at any time or saved for an open day or a meeting of a *cercle français*. Some students might like to use it as a starting point for making up a recipe file of their own.

Researching food on the Internet

There are many websites in French dedicated to this topic. Students could research topics such as cheese, wine and shellfish, regional and national specialities, etc. and report back using presentation software and electronic whiteboards, if available.

SB 129

Sommaire

This is a summary of the main structures and vocabulary of this unit.

CM 6/10, SCD 2/5–2/8 **INDEPENDENT LISTENING**

Tu comprends?

Students could do any or all of the four items on this worksheet – now or later as revision.

1 Qu'est-ce qu'on achète?

Students listen to the conversations and put a tick by each item that someone buys and a cross by what is not bought.

Solution: Ex. 1 ✓, 2 ✓, 3 ✓, 4 ✓, 5 ✓, 6 ✗, 7 ✗, 8 ✗

Qu'est-ce qu'on achète?

Écoutez les conversations dans l'épicerie du village. Cochez les choses qu'on achète et mettez une croix si on n'achète pas ça.

– Bonjour, Madame. Vous désirez?
– Du beurre, s'il vous plaît – 250 grammes.
– Voilà. Et avec ça?
– Deux bouteilles d'eau minérale.
– Gazeuse?
– Non, merci, non-gazeuse. Et avez-vous des citrons?
– Ah non, ce matin, je n'ai pas de citrons – j'en aurai demain.
– Alors, c'est tout!

– Bonjour, Madame. Je voudrais un pot de confiture, s'il vous plaît – de la confiture de framboises.
– Ah, ça, framboise, je n'en ai pas. Mais j'ai de la confiture de fraises.
– Bon, mettez-moi un pot et puis du sucre, un kilo, et des œufs.
– Une douzaine d'œufs?
– Non, non. Une demi-douzaine, c'est assez.
– C'est tout?
– Oui, merci, c'est tout.

– Bonjour, Madame. Avez-vous des ananas ce matin?
– Des ananas? Non, désolée. J'en aurai pour le week-end seulement. J'ai de très belles poires. Vous aimez les poires?
– Euh, non, pas beaucoup. Je voudrais un ananas. J'irai au supermarché.

2 Un pique-nique

Students look first at the different items of food and drink for the picnic, then listen and write the letters for the food each one has brought.

Solution:

***Luc*: A, E, H; *Alice*: B, D, G**
***Charles*: C, J, I; *Magali*: F, K**

Un pique-nique

Ces quatre jeunes ont préparé un pique-nique, mais qui a apporté quoi? Écoutez et écrivez les bonnes lettres.

– Mmm! J'ai faim. Le pique-nique a l'air délicieux. Qu'est-ce que tu as apporté, Luc?
– Moi, des chips et du fromage – et toi, Alice? Tu as apporté des fruits et des légumes de ton jardin, non?
– Oui, c'est ça. Il y des tomates et des petites carottes et puis des fraises là-bas, dans le bol.
– On a des sandwichs?
– Oui, voilà! Charles a fait ces sandwichs au jambon, et pour les végétariens, comme moi, Magali a préparé ces tartines de beurre avec du fromage frais et du concombre.
– Et comme boissons, qu'est-ce qu'on a, Charles? Tu as apporté de la grenadine?
– Non, pas aujourd'hui! J'ai apporté de l'eau minérale et puis de l'Orangina. Et toi, Magali?
– Voilà du jus de pommes – ma boisson favorite, et puis tu as de la limonade, je crois, Luc?
– C'est vrai. Une grande bouteille. J'ai toujours soif aux pique-niques.
– Moi aussi. Alors, on va commencer, non?
– Excellent! Bon appétit, tout le monde!

3 Il y a une erreur

Students listen to the conversations and write down the letter for the appropriate picture.

Solution: 1b, a, 2g, i, 3f e, 4k, j

Il y a une erreur

Écoutez et écrivez les bonnes lettres.

Exemple:

– Excusez-moi, Mademoiselle, mais je n'ai pas de couteau.
– Oh pardon, Monsieur. Je vais vous chercher un couteau tout de suite.

1 – Voilà, Mesdames, deux glaces à la vanille et une tarte aux pommes.
– Mais, Monsieur, on a commandé deux tartes et une glace.
– Oh, pardon. Je vais les échanger.

2 – Monsieur?
– Oui?
– Cette boisson, ce n'est pas ce que j'ai commandé.
– Vous n'avez pas demandé un jus de fruit?
– Si, si, mais à l'ananas. Ça, c'est un jus d'orange, non?
– Ah, oui. Excusez-moi. Je vais l'échanger tout de suite.

3 – Monsieur, est-ce que nous pourrions avoir de l'eau, s'il vous plaît, il n'en reste plus.
– De l'eau, Monsieur. Tout de suite. Vous voulez du pain, aussi?
– Non, merci. On a assez de pain.

4 – Qu'est-ce que vous voulez comme légumes, Madame?
– Des petits pois, s'il vous plaît, et des pommes frites.
– Désolé, Madame, mais je n'ai pas de petits pois.
– Oh! Mais c'est écrit ici, sur le menu – petits pois, regardez!
– Oui, Madame, je sais, mais je suis désolé. Il n'en reste plus! Vous voudriez des haricots verts, peut-être, ou du chou-fleur?
– Bof, des haricots, ça va, mais j'aime mieux les petits pois!

4 Des conversations

The questions and answers in these two conversations provide good practice for the listening and speaking tests for this unit. Students listen to them and ring the correct answers. They could use the corrected versions later as scripts to practise conversations in pairs. It will probably be best to concentrate on just one of the two conversation topics at a time.

Solution:

1 1b, a, 2c, 3a, c
2 1b, 2b, 3a
3 1c, 2b, 3a
4 1a, 2c, 3a

Des conversations

Écoutez les conversations et cochez les bonnes cases. Il y a quatre conversations.

1 Claire

– Claire, quel est ton repas favori?
– C'est le dîner. Pendant la journée, je mange des snacks, mais le soir, on dîne en famille.
– Qu'est-ce que tu aimes manger?
– J'aime la viande et je mange beaucoup de fruits.
– Et qu'est-ce que tu n'aimes pas?
– Ben, je n'aime pas tellement les champignons.
– Est-ce que tu prends un petit déjeuner le matin?
– Oui, si j'ai le temps!
– Qu'est-ce que tu as mangé pour le petit déjeuner ce matin?
– Ce matin, j'ai pris des céréales et j'ai bu un jus de fruit.
– Merci, Claire.

2 Mathieu

– Salut, Mathieu. Est-ce que tu déjeunes à la cantine, le midi?
– Non, j'apporte des sandwichs.
– Qu'est-ce que tu aimes comme sandwichs?
– J'aime surtout les sandwichs au jambon
– Qu'est-ce que tu aimes comme boissons?
– J'aime bien le coca.
– Merci, Mathieu.

3 Céline

– Bonjour, Céline. Maintenant, on parle des restaurants. Alors, toi, tu as mangé dans un restaurant récemment?
– Oui. Samedi dernier, j'ai mangé dans un restaurant italien.
– Qu'est-ce que tu as mangé?
– Pour commencer, j'ai pris du melon.
– Et comme plat principal?
– Comme plat principal, j'ai choisi une pizza, avec du jambon et de l'ananas.

4 Christophe

– Christophe, tu es végétarien, non?
– Oui, c'est vrai.
– Pourquoi est-tu végétarien?
– Parce que je ne veux pas manger d'animaux.
– Depuis combien de temps est-tu végétarien?
– Depuis l'âge de douze ans. Ma sœur est végétarienne aussi.
– Est-ce que tu manges les œufs et le fromage?
– Je mange les deux.
– Merci, Christophe.

CM 6/11 **READING**

Presse-Jeunesse: Un peu d'histoire

This is an optional reading sheet which students can do at any time. They could just read the texts for interest or could also do the three short tasks.

Solutions:

Comprenez-vous la carte?
a 1g, 2j, 3i, 4b, 5h, 6f, 7c, 8a, 9d, 10e
b 1e, 2c, 3j, 4i, 5f, 6a, 7h, 8g, 9b, 10d

Le poulet Marengo

1 *le/du poulet*
2 *chef/cuisinier*
3 *Italie*
4 *les Français*
5 *temps*
7 *poulet, anchois*
8 *tomates, olives*
9 *ensemble*
10 *plat*

Autrefois ... on mangeait comme ça
1C, 2E, 3B, 4A, 5D

Épreuve – Unité 6

These worksheets can be used for an informal test of listening, speaking, reading and writing or for extra practice, as required. For general notes on administering the *Épreuves*, see TB 11–12.

CM 6/12–6/14, 5/16–5/22 **LISTENING**

Épreuve: Écouter

Partie A

1 À l'épicerie

Solution:

1	*beurre*	*sucre*	*fleurs*	*vin*	*lait*	*thé*	*chips*
l'homme		**Ex:** ✓					✓
la dame	✓				✓		

2	*confiture*	*miel*	*ananas*	*bananes*	*crème*	*café*
l'homme	✓					
la dame			✓		✓	

[6 marks]

À l'épicerie

Qu'est-ce qu'on achète? Écoutez les deux conversations et cochez les bonnes cases.

1 – Vous désirez, Monsieur?
– Je voudrais du sucre, s'il vous plaît et des chips – deux paquets de ces chips-là.
– Voilà. Et pour vous, Madame?
– Pour moi, du beurre – cinq cents grammes de beurre et un litre de lait, et c'est tout.

2 – Vous désirez, Monsieur?
– Un pot de confiture, s'il vous plaît.
– Fraise, abricot, framboise?
– Abricot, s'il vous plaît.
– Et pour vous, Madame?
– Avez-vous des bananes?
– Ah non, désolée, je n'en ai pas.
– Alors, un ananas, comme ça, s'il vous plaît et de la crème.
– Voilà, un ananas et un pot de crème.

2 En promotion cette semaine

Students listen to the publicity items and choose the correct counters in the supermarket.

Solution: 1A, 2F, 3B, 4C, 5E, 6D [6 marks]

En promotion cette semaine

Écoutez et écrivez la bonne lettre.

Exemple:

Vous êtes pressé, vous n'avez pas le temps de faire la cuisine? Allez directement au rayon des plats cuisinés. Vous trouverez des plats délicieux tous préparés qu'on doit simplement réchauffer dans le four à micro-ondes.

1 Aujourd'hui, c'est le dernier jour de notre promotion fromages. Au rayon fromages, nous avons sélectionné pour vous trois fromages régionaux. Allez les déguster au rayon fromages.

2 À la poissonnerie, vous trouverez des fruits de mer à des prix exceptionnels. Allez à la poissonnerie pour trouver du saumon, de la truite ... un grand choix de poisson.

3 Un bon rôti de bœuf, des côtelettes d'agneau, du poulet. Vous trouverez de la viande de la meilleure qualité à notre rayon boucherie.

4 Pour compléter votre repas, choisissez un bon gâteau ou une tarte délicieuse à notre rayon pâtisserie. En promotion cette semaine, nous avons des tartes aux abricots et des tartes au citron exquises.

5 Cette semaine, nous avons des yaourts aux fruits aux meilleurs prix. Les enfants adorent le yaourt, les adultes aussi. Alors n'hésitez pas! À la crémerie, vous trouverez des lots de huit yaourts à des prix exceptionnels.

6 C'est l'été. On pense aux barbecues et aux pique-niques. À la charcuterie, vous trouverez des saucisses excellentes pour le barbecue. Et bien sûr, un grand choix de saucisson, de jambon, de quiches, de salades préparées. Tout ce dont vous aurez besoin pour vos repas d'été.

3 Au café

Students listen to the conversations in a café and match the orders with the pictures.

Solution: 1C, 2F, 3E, 4A, 5B [5]

Au café

Écoutez et écrivez la bonne lettre.

Exemple:

– Tu prends une omelette, Corinne?
– Moi, non.
– Alors deux bières et une omelette, s'il vous plaît.

1 – Un sandwich au pâté, une pizza et une portion de frites, s'il vous plaît.

2 – Tu veux une glace?
– Non, je vais prendre un sandwich et un café.
– Bon, alors, une glace, un sandwich et deux cafés.

3 – On prend une omelette?
– Je préfère un sandwich.
– Bon, moi aussi. Alors, deux sandwichs, s'il vous plaît.

4 – Vous vendez des glaces?
– Oui. Quel parfum voulez-vous?
– Fraise et vanille pour moi. Et toi?
– Oui, moi aussi.

5 – Tu manges quelque chose?
– Non, merci.
– Tu veux quelque chose à boire?
– Oui, un coca, s'il vous plaît.
– Alors, apportez-nous un coca et un café.

4 En Angleterre, on mange comme ça

Students listen to the conversation and write V, F or PM after hearing each statement.

Solution: 1V, 2V, 3F, 4PM, 5V, 6PM, 7F, 8PM

[8 marks]

En Angleterre, on mange comme ça

*Céline parle à son ami Sébastien. Écoutez la conversation et écrivez **V** (vrai), **F** (faux) ou **PM** (pas mentionné).*

– C'était bien dans le Yorkshire, alors?
– Oui, oui, très bien.
– Et c'était très différent de la France?
– Ben, il y avait des différences, bien sûr – les heures des repas, par exemple. On dîne très tôt en Angleterre, vers six heures souvent.
– Ah oui, c'est tôt en effet! Et tu as bien mangé?
– Oui, très bien. J'ai beaucoup aimé le petit déjeuner et les gâteaux au chocolat. La mère de ma correspondante en faisait tous les week-ends.
– Mmm! Délicieux! Et le petit déjeuner, pourquoi as-tu aimé ça?
– Ben, le samedi, chez Élizabeth, on a mangé le petit déjeuner traditionnel – œufs, bacon, tout ça – très, très bon! Mais même les autres jours, j'ai beaucoup aimé le petit déjeuner à cause du grand choix de céréales – j'en ai goûté une douzaine au moins! En plus, j'aime le pain en Angleterre, surtout le pain coupé en tranches. C'est très pratique pour faire des sandwiches et des toasts.
– Et les autres repas, tu les as aimés?
– Oui, en général, mais ils prennent le fromage après le dessert, pas avant, comme nous. Moi, je n'aime pas ça!

Partie B

1 On fait des courses

Students listen to the two conversations and write the correct letter for the things that are bought.

Solution: 1B, 2A, 3A, 4A, 5C, 6B, 7A [7 marks]

On fait des courses

Écoutez les deux conversations et cochez les bonnes cases.

1 Au marché

– Qu'est-ce que je dois acheter, alors?
– Ben … un demi-kilo d'oranges.
– Un demi-kilo d'oranges … et des pommes?
– Oui, un kilo de pommes et puis des melons.
– Combien de melons?
– Disons, trois, mais pas trop grands.
– Alors, trois melons et en plus, des bananes, peut-être?
– Ah non, on en a déjà. Je ne veux pas de bananes aujourd'hui, mais j'ai besoin de fraises. Achète-moi des fraises, s'il te plaît.

2 À la charcuterie

– Bonjour, Madame. Je voudrais une portion de salade de tomates.
– De la salade de tomates … voilà … et avec ça?
– Une quiche lorraine – une grande.
– Ah! Désolée, mais il n'y en a pas aujourd'hui! J'ai des pizzas qui sont très bonnes – au jambon ou au fromage, par exemple.
– Bon, donnez-moi une grande pizza comme ça, s'il vous plaît, et dix tranches de jambon.
– Une pizza et dix tranches de jambon. Voilà! Ce sera tout?
– Non, je voudrais du pâté en plus – du pâté de campagne, s'il vous plaît.
– Vous en voulez combien?
– Deux cent cinquante grammes.
– Voilà. Deux cent cinquante grammes de pâté.
– Merci bien. C'est tout ce qu'il me faut. Ça fait combien?
– Sept euros en tout, s'il vous plaît.

2 On fait des réservations

Students take down details of phone messages from people making reservations at a restaurant.

Solution:

1 *Réservation*	***jour***		***heure***	
Pour quand?	*ce soir*	(1)	*8h*	(1)
Combien de personnes?	*3*			(1)
Nom	*M I C H A U X*			(1)
Autres détails	*un végétarien*			(1)

2 *Réservation*	***jour***		***heure***	
Pour quand?	*samedi*	(1)	*7h*	(1)
Combien de personnes?	*10*			(1)
Nom	*K H O U D A Y E R*			(1)
Autres détails	*grande table/anniversaire*			(1)

[10 marks]

On fait des réservations

Vous avez un job dans un restaurant français. Notez les détails.

Exemple:

– Bonjour. Restaurant 'Chez Anton'.
– Bonjour. Je voudrais réserver une table pour demain soir.
– Pour demain soir, oui, Madame. C'est pour combien de personnes?
– Pour cinq personnes.
– Et à quelle heure voulez-vous venir?
– Disons, sept heures et demie, ça va?
– Oui, j'ai une table pour cinq à sept heures et demie. C'est à quel nom, Madame?
– Voltz, ça s'écrit V–O–L–T–Z.
– Vous préférez une table en salle ou en terrasse?
– Oh, en salle, s'il vous plaît – je n'aime pas manger dehors le soir, il y a trop d'insectes!

1 – Bonjour. Restaurant 'Chez Anton'.
– Bonjour. Je voudrais réserver une table pour ce soir.
– Pour ce soir, oui, Madame. C'est pour combien de personnes?
– Pour trois personnes.
– Et à quelle heure voulez-vous venir?
– À huit heures, ça va?
– Oui, j'ai une table pour trois à huit heures. C'est à quel nom, Madame?
– C'est Madame Michaux.
– Comment ça s'écrit?
– M–I–C–H–A–U–X. Et, euh, je voulais demander, est-ce que vous servez des plats végétariens? C'est que mon mari ne mange ni viande ni poissons.
– Oui, oui, Madame, on sert des omelettes, des pâtes ou bien des salades. En tout cas, je vais noter qu'il est végétarien.
– Merci bien. À ce soir alors.
– Au revoir, Madame. À ce soir.

2 – Bonjour. Restaurant 'Chez Anton'.
– Bonjour. Je voudrais réserver une table pour samedi, s'il vous plaît.
– Pour samedi, oui, Monsieur. C'est pour combien de personnes?
– Pour dix personnes.
– Pour dix personnes, alors, vous voulez deux tables?
– Est-ce que vous pouvez nous donner une grande table? C'est pour l'anniversaire de ma femme et on voudrait dîner tous ensemble.
– Attendez un instant, Monsieur, je vais demander.
– ...
– Oui, ce sera possible. On va vous préparer une grande table – c'est pour quelle heure?
– Pour sept heures, s'il vous plaît.
– Oui, donc, une grande table à sept heures, et c'est à quel nom, Monsieur?
– C'est Monsieur Khoudayer.
– Et ça s'écrit comment?
– K-H-O-U-D-A-Y-E-R.
– Bon. Au revoir, Monsieur.

3 Une interview avec Bernard

Students listen to this interview, mostly about restaurants and healthy eating, and choose the correct option each time.

Solution: 1A, 2A, 3A, 4A, 5B, 6C, 7C, 8A
[8 marks]

Une interview avec Bernard

Écoutez et cochez la bonne case.

A – Aujourd'hui, notre invité à Radio 2000 est Bernard, restaurateur à Beaugency. Bernard, on parle beaucoup de nourriture en ce moment.
– On parle toujours de nourriture. La différence en France en ce moment, c'est qu'on aime bien manger, mais on pense plus à sa santé et à sa forme.
– C'est une bonne chose ou une mauvaise chose pour les restaurants?
– Je suis d'accord avec les préoccupations des Français. On peut bien manger et conserver sa santé. Je viens de créer un nouveau menu très appétissant mais avec beaucoup moins de sucres et de matières grasses.

B – Et vous, Bernard, vous mangez comment?
– Vous savez, je ne suis pas parfait. Pour moi, la santé est très importante, donc en général, je mange des repas assez équilibrés, mais je fais des exceptions de temps en temps, c'est bon pour le moral. Par exemple, j'adore les gâteaux et le chocolat. Et vous, Jean-Louis?
– Moi? Vous savez, moi, avec mon travail, je n'ai pas toujours le choix. Je suis souvent obligé de manger à la cantine ou dans des snack-bars. C'est bon ou c'est mauvais, ça dépend.

CM 6/15–6/17 SPEAKING

Épreuve: Parler

The speaking test contains two elements: two role play tasks (using either CM 6/15 or CM 6/16) and a conversation (CM 6/17).

The role play tasks have a suggested script which is given on *Carte B* so the role play dialogues can be used for practice in pairs, as an alternative to assessment.

Suggested marking scheme:

Each **role play** task is marked on a scale of 1–10 using the following criteria.

9–10	Conveys all information required (including unpredictable elements if applicable) Interacts well No prompting required
7–8	Conveys most information Little or no prompting
5–6	Conveys half the required information Little prompting necessary
3–4	Conveys less than half the required information Some prompting
1–2	Conveys only one piece of relevant information Very hesitant, reliant on prompting
0	No effective communication

The **conversation** is marked on a global basis for communication and content (maximum 10 marks) and quality of language (maximum 10 marks).
A further 10 marks are given for intonation, pronunciation and general accuracy based on **performance** throughout the speaking test.

This gives a total of 50 marks (role play tasks: 10 + 10; conversation: 10 + 10; general performance: 10). This overall mark is then divided by two to give a final mark out of 25 for speaking.

CM 6/15 SPEAKING

Épreuve: Parler

Role play (1)

A1 Au café F

This task has cues in English and some visuals to give ideas.

B1 À l'épicerie F/H

This task has cues in English, visuals and includes one unpredictable element.

CM 6/16 SPEAKING

Épreuve: Parler

Role play (2)

B2 À la charcuterie F/H

This task has cues in English and some visuals and includes one unpredictable element.

C1 On téléphone au restaurant H

This task has cues in French and two unpredictable elements.

CM 6/17 SPEAKING

Épreuve: Parler

Conversation and discussion

The list of questions could be given to students before the test and they could be asked to select and prepare one topic in advance. The test should include questions on this topic and one other topic chosen at random. Students should be given an opportunity to answer using a range of tenses and to give opinions and reasons.

CM 6/18–6/21 READING

Épreuve: Lire

Partie A

1 Voici le menu [F]

Students match up some common dishes with the correct part of the menu.

Solution: **1E, 2D, 3G, 4F, 5H, 6B, 7I, 8K, 9C, 10J** [10 marks]

2 Au supermarché, cette semaine [F]

Students match the pictures to the correct description.

Solution: **1F, 2H, 3A, 4B, 5G, 6E, 7C** [7 marks]

3 Comprenez-vous le menu? [F/H]

Students match the definitions to the items of food or drink in the publicity leaflet.

Solution: **1B, 2F, 3A, 4H, 5G, 6D, 7I, 8C**
[8 marks]
[Total for Part A: 25 marks]

Partie B

1 Quel restaurant? [F/H]

Students read the requirements and choose the best restaurant for each person.

Solution: **1B, 2C, 3A, 4A, 5A, 6A, 7C** [7]

2 Les athlètes, qu'est-ce qu'ils doivent manger? [H]

Students read the article and decide if the statements that follow are true, false or not mentioned.

Solution : **1F, 2PM, 3F, 4F, 5PM, 6PM, 7V, 8V** [8]

3 Suzanne écrit à sa correspondante [H]

Students read Suzanne's letter and answer the questions (Task A). They then choose the most appropriate menu for the visitors (Task B).

Solution: **A** **1** *Thomas,* **2** *chou-fleur et carottes* [2 marks], **3** *ça lui rend malade* [give mark for *'malade'*], **4** *le fromage*
B **5B, 6A, 7A, 8B, 9B** [10]
[Total for Part B: 25 marks]

CM 6/22–6/23 WRITING

Épreuve: Écrire

It is suggested that students do either tasks 1–4 or tasks 4 and 5 to obtain a mark out of 50. This can be divided by two to give a total mark of 25 for writing.

1 Au menu [F]

Students complete the list and the menu with details of suitable food and drink. It should be marked for communication only and inaccurate spelling should not be penalised.
[10 marks]

2 La nourriture [F]

This task tests grammatical knowledge and some vocabulary. It should be marked for communication and accuracy.

Solution: **1** *framboises, pêches,* **2** *chou-fleur,* **3** *du beurre, de la confiture,* **4** *(j')ai mangé,* **5** *(Il) a choisi,* **6** *(on) a pris,* **7** *(je) vais,* **8** *(nous) allons*
[10 marks]

3 Un message [F/H]

Students write a short message in response to an e-mail and with cues in English.

Marking scheme:
Communication and completion of task requirements: 6
Quality of language: 4
[Total: 10 marks]

4 On répond à Dominique [F/H]

Students write a letter of about 70–80 words in response to a letter in French and answering some specific questions in French. They should use a range of tenses and express opinions.

Marking scheme:
Communication and content: 10
Quality of language: 10
[Total: 20 marks]

5 Une lettre ou un article [H]

Students choose either the letter (*Une soirée au restaurant*) or the article (*Manger bien, c'est important*) and write about 120–140 words.

Marking scheme:
Communication and content: 10
Quality of language: 10
Accuracy: 10
[Total: 30 marks]

Encore Tricolore 4
nouvelle édition

unité 7 Ça m'intéresse

Area	Topics	Grammar	Vocabulary
7.1 *Enquête-loisirs*	Exchanging information and preferences about leisure Talking about using the Internet		Lesisure in general (SB 131) Surfing on the Internet (SB 132)
7.2 *La musique et la radio*	Exchanging information and opinions about radio and music	Using *jouer à/jouer de*	Music (SB 133) Listening to the radio (SB 134)
7.3 *Le sport, ça vous intéresse?*	Exchanging information and opinions about sport and sporting events	Using some common adverbs	
7.4 *Vous aimez la lecture?*	Exchanging information and opinions about reading Describing the main features of a book		Reading (SB 138)
7.5 *Le plus-que-parfait*		Using the pluperfect tense	
7.6 *La presse en France*	Finding out about the French press Discussing newspapers and magazines	Using the comparative	The press (SB 141)
7.7 *Qu'est-ce qu'on fait?*	Understanding information about events Making arrangements to go out, responding to and declining an invitation, giving reasons Making excuses and apologising		Going out (SB 143) Making excuses (SB 144)
7.8 *Si on allait au cinéma?*	Exchanging information and opinions about the cinema and films Narrating the main features of a film Making enquiries and buying tickets at the cinema	Using the superlative	At the cinema (SB 146) Talking about films (SB 147)
7.9 *Qu'est-ce que vous avez fait?*	Giving an account of an event or performance in the past		
7.10 Further activities and consolidation			See also *Vocabulaire par thèmes* (SB 270–271)

Students' Book 130–149, Au choix 226–228
Class CD 5–6, **Student CD 2**

Examination Grammar in Action
pages 49, 53, 55, 70

Copymasters

7/1	*Mots croisés – les loisirs* [vocabulary practice] (TB 169)
7/2	*Faire – un verbe utile* [grammar] (TB 171)
7/3	*Inventez des conversations* [speaking] (TB 179)
7/4	*C'est le meilleur!* [grammar] (TB 180)
7/5	*On parle des films* [reading, writing] (TB 181)
7/6	*C'était un désastre* [grammar] (TB 183)
7/7	*Un week-end récent* [visual sequence – speaking, writing] (TB 183)
7/8	*Tu comprends?* [independent listening] (TB 183)
7/9	*Presse-Jeunesse: Le Tour de France* [reading] (TB 184)
7/10–12	*Épreuve: Écouter* (TB 185)
7/13–15	*Épreuve: Parler* (TB 187)
7/16–20	*Épreuve: Lire* (TB 187)
7/21–22	*Épreuve: Écrire* (TB 188)

Au choix (SB 226–228)

Support
1 *Les jeunes et les loisirs* (TB 168)
2 *Des questions et des réponses* (TB 168)
3 *Le sport et moi* (TB 172)
4 *Des messages* (TB 179)

General
1 *Mon temps libre* (TB 168)
2 *Deux sports* (TB 172)
3 *Des adverbes utiles* (TB 172)
4 *On parle du sport* (TB 173)
5 *Un bon week-end?* (TB 182)

Extension
1 *Un livre que j'ai lu* (TB 175)
2 *Le journal* (TB 177)
3 *Laisse-moi un mot!* (TB 179)
4 *Des parcs d'attractions* (TB 183)

Useful websites

Music and radio
The *fête de la musique* is organised by the French ministry of culture:
www.fetedelamusique.culture.fr/
Fun radio www.funradio.fr/home.asp
NRJ www.nrj.fr
For other radio stations, see TB 17.

Sport – footballers
The official website of **Zinedine Zidane**, the famous footballer, has information about his life, career, family, etc.
www.zidane.fr
Fabien Barthez – this is a good site for anyone interested in football:
www.fabienbarthez.net/fr

Books and reading
The French publishers *Hachette* publish a range of **books for children and teenagers**:
www.hachette.net/junior
The **Harry Potter** books are published by Gallimard in France:
www.harrypotter.gallimard-jeunesse.fr/Pages/Menu.html

Some *bandes dessinées*
Astérix www.asterix.tm.fr/
Tintin www.tintin.be
The *FNAC* **bookshops and multi-media stores** sell books, DVDs, videos, cassettes, CDs, etc. You can search for titles of French books here and find out the prices:
www.fnac.fr
Amazon online bookshop in France:
www.amazon.fr

Cinema
This site gives a synopsis and general details of many films:
www.monsieurcinema.com
This website has information about current films, recent videos, film reviews and a *forum* about the cinema:
www.allocine.fr
The *UGC* cinema chain has many cinema complexes in France. This site gives details of current films:
www.ugc.fr

Area 1
Enquête-loisirs
Exchanging information and preferences about leisure
Talking about using the Internet

SB 130–132, 1–6
Au choix SB 226, 1–2, SB 227, 1
CM 7/1
CD 5/23–5/24

PRESENTATION

Introduction

Leisure has been a recurrent topic throughout the course and students will probably be familiar with much of the vocabulary for leisure activities. Therefore, there is more emphasis on presenting and practising the range of expressions used for describing general interests and talking about free time. As there is a great range of leisure activities, it is only possible to cover some of the more common ones. Students with an unusual leisure activity or hobby will need individual help.

SB 130, 5/23 LISTENING READING

1 Les jeunes et les loisirs

Students listen to the conversations and complete the summary for each person. For help, the missing words could be written on the board.

An alternative task is provided in *Au choix* (see below) in which students have to find the correct description for each person. This could be done before or instead of the main task.

The conversations use a variety of question forms and expressions for talking about free time and provide a model for students' own conversations later in this area.

Solution:

Julie	**1** *natation,* **2** *sort,* **3** *théâtre,* **4** *cinéma,* **5** *James Bond*
Marc	**1** *informatique,* **2** *page web,* **3** *collège,* **4** *sport,* **5** *musique*
Élodie	**1** *radio,* **2** *ordinateur,* **3** *séries,* **4** *amis,* **5** *film*
Laurent	**1** *badminton,* **2** *roller,* **3** *football,* **4** *préférée,* **5** *basket*
Claire	**1** *lire,* **2** *télé,* **3** *vidéos,* **4** *cuisine,* **5** *dimanche*
Daniel	**1** *guitare,* **2** *jazz,* **3** *dessin,* **4** *musées,* **5** *exposition*

Les jeunes et les loisirs

1 – Julie, quels sont tes passe-temps?
– Comme passe-temps, j'aime faire du sport – du hockey et de la natation. Je fais de la danse aussi. J'aime beaucoup ça.
– Tu sors avec des amis quelquefois?
– Oui, surtout pendant les vacances. En semaine, je n'ai pas beaucoup de temps libre. J'ai beaucoup de travail scolaire, donc je sors très peu.
– Le théâtre, ça t'intéresse?
– Non, ça ne m'intéresse pas beaucoup. Par contre, j'aime bien aller au cinéma. Samedi dernier, par exemple, je suis allée voir le dernier film de James Bond. C'était amusant.

2 – Marc, qu'est-ce qui t'intéresse?
– Je m'intéresse beaucoup à l'informatique. Je m'amuse à faire de petits programmes sur l'ordinateur et en ce moment, je prépare une page web pour ma famille et moi.
– C'est intéressant. Tu as déjà fait une page web?
– Oui, au collège. J'ai aidé à faire une page web pour le site de l'école. C'était très intéressant et ça m'a appris des choses.
– Tu fais du sport?
– Ah non, je déteste le sport, mais j'aime la musique.
Est-ce que tu fais partie d'une chorale ou d'un orchestre?
– Non.

3 – Et toi, Élodie, la musique ça t'intéresse?
– Oui, un peu. J'écoute souvent la musique à la radio.
– Alors, qu'est-ce que tu aimes faire quand tu es libre?
– Le soir, après l'école, j'aime jouer sur l'ordinateur et surfer sur Internet. C'est toujours intéressant. Je regarde la télé aussi. J'aime beaucoup les séries, comme Friends.
– Et le week-end?
– Quelquefois, je sors avec des amis. On fait du shopping ou on va au cinéma. Dimanche prochain, par exemple, je vais voir le dernier film d'Astérix. J'aime beaucoup les bandes dessinées.

4 – Laurent, qu'est-ce que tu fais, toi, pour te détendre?
– Moi, j'adore le sport. Je joue au football. Je fais aussi du badminton et du basket et j'aime le VTT et le roller. Le week-end, je vais souvent regarder des matchs de football.
– Tu as une équipe préférée?
– Oui, Bordeaux. Oui, le sport, c'est vraiment ma passion.
– Tu fais partie d'une équipe?
– Oui, je joue dans les équipes de football et de basket au collège.

5 – Et toi, Claire, qu'est-ce que tu fais comme loisirs?
– Moi, j'aime bien lire un bon livre ou une bande dessinée. Je viens de finir 'La plage' d'Alex Garland. C'était très bien.
– Tu regardes la télé?
– Oui, quelquefois, quand il y a une émission intéressante, par exemple, hier soir, j'ai regardé une émission sur l'histoire de la Grèce. C'était très intéressant. Mais, en général, je préfère regarder des vidéos. J'aime faire la cuisine aussi, surtout des gâteaux.
– Tu es membre d'un club?
– Oui, je vais à un club des jeunes tous les dimanche soirs.

6 – Daniel, qu'est-ce que tu fais quand tu es libre?
– Ben, moi, pendant mon temps libre, j'aime écouter de la musique. Ça me passionne! Je joue de la guitare et du piano – je fais partie d'un groupe de jazz, puis j'écoute la radio et je passe des CD. À part ça ... ben, j'aime faire du dessin aussi et prendre des photos.
– Tu vas aux musées de temps en temps?
– Oui, quelquefois, pendant les vacances surtout. Le week-end prochain, je vais voir une exposition de peinture au musée des beaux arts.

Au choix SB 226, 5/23 SUPPORT LISTENING READING

1 Les jeunes et les loisirs

This is an alternative to the previous task. Students have to find the correct description for each person. This could be done before or instead of the main task (see above for transcript).

Solution: **Julie – e, Marc – c, Élodie – a, Laurent – b, Claire – d, Daniel – f**

SB 131 REFERENCE

Phrases utiles

This provides a reference list for the tasks in this area.

SB 131

2 Mes loisirs

Go through the phrases and ask students for suggestions about how they can be completed. In most cases, the infinitive of the verb or a noun will be needed.

Au choix SB 226 SUPPORT READING

2 Des questions et des réponses

Students are often required to talk about leisure in the conversation section of oral exams. Stress the importance of using different tenses and giving reasons and opinions. This task involves finding two possible replies for each question and could be useful to all students. The replies give some ideas of how students could answer similar questions, using different tenses.

Solution: **1 b + e, 2 c + h, 3 a + f, 4 g + i, 5 j + d**

Au choix SB 227,  GENERAL WRITING SPEAKING

1 Mon temps libre

a It might be useful for students to prepare a table giving details of their leisure activities, as suggested here. This could be done on a computer and updated at intervals.

b Students then ask and answer questions based on the information.

SB 131 SPEAKING WRITING

3 À vous!

a Students work in pairs to make up similar interviews to those heard earlier, using the questions, *phrases utiles* and their notes for support.

b Students write a few sentences about their leisure activities.

WRITING SPEAKING

Un profil

Able students could use the information obtained in the conversation with their partner to prepare a leisure profile, transfering from first to third person. The profiles could then be read out so the class can identify the person from their leisure interests.

SB 131, 5/24 LISTENING

4 Pourquoi utilisez-vous Internet?

The use of the Internet for both leisure and work is covered in some detail. Students first listen to the recorded conversations and match up the uses to the names.

Solution: **1** *Claire* **b**, **a**, **2** *Laurent* **c**, **3** *Élodie* **e**, **g**, **4** *Marc* **f**, **i**, **5** *Daniel* **h**, **6** *Julie* **d**

Pourquoi utilisez-vous Internet?

1 – Claire, est-ce que tu utilises Internet?
– Oui, je me sers d'Internet pour faire des recherches pour mes devoirs, pour l'école. Par exemple, je devais faire un travail sur les tremblements de terre, donc j'ai trouvé beaucoup d'informations sur ça et c'était très utile. Et puis, je l'utilise aussi pour envoyer des e-mails à mes amis.

2 – Et toi, Laurent. Tu aimes surfer sur Internet?
– Oui, de temps en temps, surtout le samedi, quand je suis à la maison. Je cherche des informations sur les nouveaux jeux électroniques et quelquefois, je fais un jeu avec un copain sur Internet.

3 – Élodie, qu'est ce que tu fais sur Internet?
– Moi, j'aime bien participer aux forums pour les jeunes. Je lis les messages, par exemple sur les séries à la télé ou sur les nouveaux films. C'est toujours intéressant. Et puis, l'autre jour, j'ai regardé un site sur les films qui vont sortir cette année. Ça, c'était vraiment bien.

4 – Et toi, Marc, qu'est-ce qui t'intéresse sur Internet? Qu'est-ce que tu regardes comme sites?
– Je m'intéresse surtout aux sites qui s'occupent de la technologie et de l'informatique. Et puis, j'aime communiquer avec mes amis sur Internet. Quand il y a trois ou quatre personnes qui sont connectées en même temps, on peut avoir une conversation entre nous tous. C'est amusant, ça.

5 – Daniel, est-ce que toi, tu te sers d'Internet?
– Ah oui, j'aime ça. Je m'intéresse surtout aux sites qui s'occupent de la musique et il y en a beaucoup. Et puis, l'autre jour, je me suis connecté pour écouter un concert de Madonna. C'était très bien.

6 – Et toi, Julie, tu utilises Internet?
– Un peu, oui. Nous nous sommes connectés à la maison assez récemment et alors, nous avons décidé de faire des achats sur Internet. Alors moi, j'ai acheté un CD pour une copine et un livre pour moi. Ça a bien marché et les prix étaient un peu moins chers qu'en magasin.

SB 132 **READING WRITING**

5 Internet, c'est utile

Students then read the same conversations and answer the questions in French.

Solution: **1** *les tremblements de terre*, **2** *le samedi*, **3 a**, **4** *un site sur les films qui vont sortir*, **5** *communiquer avec des amis, consulter des sites sur la technologie*, **6** *il a écouté un concert*, **7** oui, **8** *elle a acheté un CD et un livre*

SB 132 **VOCABULARY**

Lexique: Surfer sur Internet

This provides a reference list of vocabulary which may be useful when looking at French websites.
For details of useful sites, see TB 16–17.

Internet interests

Students can find lots of information about their interests on websites and use the language of surfing presented in this section. For films, video games, music and reading try a site such as www.amazon.fr, www.fnac.com or www.fnaim.fr, where there are listings under each category of bestsellers and reviews of many items. Students could choose an item that they would like to purchase, read the reviews and explain their choice. For some music CDs there are even sound clips available.

SB 132 **WRITING**

6 À vous!

Students write a few sentences about using the Internet or about recent leisure activities (for those who don't use the Internet much).

CM 7/1 **VOCABULARY**

Mots croisés – les loisirs

Students could do this crossword on leisure at any convenient point in the unit.

Solution:

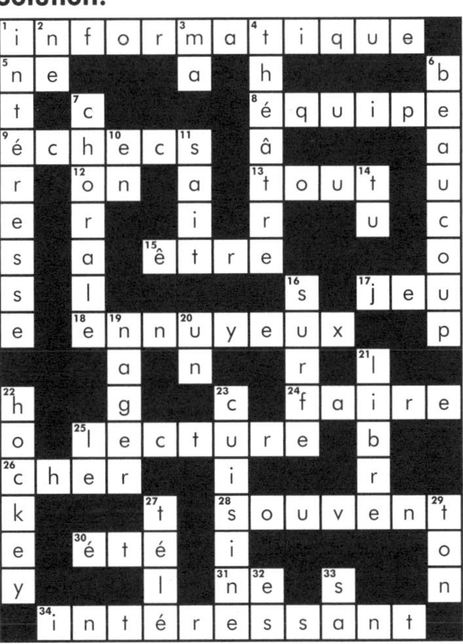

Area 2
La musique et la radio
Exchanging information and opinions about radio and music
Using *jouer à/jouer de*

SB 133–134, 1–5
CD 5/25–5/26

SB 133 **READING WRITING**

1 Une lettre

Read through the letter and check that students have understood the main points. The *Fête de la Musique* has become a national event, with amateur and professional musicians taking part in many different venues throughout France. It is held over a weekend around 21st June.

David Halliday (the son of Johnny Halliday and Sylvie Vartan) is a popular singer. Students might like to listen to some of his music. Information about Céline Dion is given in *Unité 1*.

a Students answer the questions in French.

Solution:

1 *du piano et du clavier électronique*
2 *la musique moderne et le jazz*
3 *Céline Dion et David Halliday*
4 *la fête de la musique*
5 *le 21–22 juin*

b Students then find the four questions in the letter and copy them out with their replies.

The four questions are:

- *Et toi, tu aimes la musique?*
- *Quel genre de musique préfères-tu?*
- *Est-ce que tu joues d'un instrument de musique?*
- *Est-ce que tu as un chanteur ou un groupe favori?*

SB 133 **VOCABULARY**

Lexique: La musique

This lists vocabulary linked to music.

SB 133 **GRAMMAR**

Dossier-langue
Rappel: *jouer à* ou *jouer de*?

This covers the relatively simple (though often forgotten) distinction between *jouer à* and *jouer de*.

SB 133 **READING SPEAKING**

2 Faites de la musique!

This task gives practice in using *jouer* + different musical instruments in a range of tenses. It could be practised orally in class or done as a pairwork task.

SB 134 **READING**

Point-info: La radio

After reading this short introduction, there could be a class discussion about listening to the radio and a summary of findings could be written on the board or an OHT, e.g.

1 *Notre classe écoute la radio en moyenne ... heures par jour.*
2 *Normalement, les Français écoutent la radio plus souvent ...*
3 *Les jeunes préfèrent les radios musicales comme ... et ..., tandis que les adultes préfèrent ...*
4 *Il y a de la pub (publicité) sur ...*

SB 134, 5/25 **LISTENING READING**

3 Vous écoutez la radio?

Students could guess the missing words first, then listen to the conversations to check their answers.

Solution: 1 c, d, a, b; 2 a, d, b, c; 3 c, a, b, d; 4 d, a, b, c; 5 d, b, c, a; 6 c, d, a, b

Vous écoutez la radio?

1 – Élodie, est-ce que tu écoutes la radio?
– Oui, moi j'aime bien écouter la radio. Je l'écoute le matin, quand je me réveille et le soir, quand je me couche.
– Tu l'écoutes quand tu fais tes devoirs?
– Oui, ça m'arrive. J'écoute surtout de la musique quand je fais mes devoirs.
– Et en général, tu écoutes quel genre d'émissions?
– Ben, j'ecoute souvent de la musique. Comme ça, j'écoute des nouveaux chanteurs et de la musique un peu différente. J'aime aussi les émissions téléphoniques et les jeux quand le public participe.

2 – Et toi, Laurent, est-ce que tu écoutes la radio?
– Non, presque jamais. Je préfère écouter des CD ou regarder la télé. J'aime mieux choisir ma musique et je trouve qu'il y a trop de pub à la radio.

3 – Et toi, Julie, tu aimes la radio?
– Oui, moi, j'écoute surtout des radios musicales comme NRJ et Fun. J'aime bien le contact entre l'animateur et les auditeurs, mais bien sûr, il y a des animateurs qui sont moins bons que d'autres. Certains animateurs parlent trop, à force de vouloir être sympa.

4 – Marc, tu aimes écouter la radio?
– Oui, de temps en temps.
– Qu'est-ce que tu écoutes comme émissions?
– J'aime écouter des émissions musicales pour entendre les nouvelles chansons et j'écoute aussi des reportages. Mais je trouve qu'il y a trop de pub à la radio. L'autre jour, j'ai fait le calcul. Sur deux heures d'émission, j'ai compté une heure dix minutes de musique, dix minutes d'informations et quarante minutes de publicité!

5 – Paul, est-ce que vous écoutez souvent la radio?
– Oui, assez souvent. Je l'écoute surtout en voiture, quand je vais au travail.
– Quel genre d'émission préférez-vous?
– Eh bien, quand je conduis, j'écoute surtout de la musique. J'aime aussi écouter la météo et les infos. Elles sont courtes, mais ça suffit pour être informé. Et bien sûr, quand je conduis, c'est utile d'avoir des infos routières.

6 – Et vous, Nicole, aimez-vous écouter la radio?
– Oui, je l'écoute assez régulièrement, par exemple le matin, quand je me lève, j'écoute les infos pour être au courant des dernières nouvelles. Et le soir aussi, quand je vais me coucher, j'aime écouter de la musique à la radio.
– Est-ce que vous écoutez autre chose à part la musique ... des pièces, des débats, des émissions téléphoniques, par exemple?
– Très peu. Les débats, ça ne m'intéresse pas. J'écoute quelquefois l'émission 'Le téléphone sonne' sur France-Inter, mais ça dépend du sujet du programme. Mais à part ça, pas grand-chose.

SB 134 **VOCABULARY**

Lexique: On écoute la radio

This lists vocabulary linked to the radio.

SB 134, **SPEAKING**

4 À vous!

Students work in pairs to talk about what they listen to on the radio.

SB 134, 5/26 **LISTENING**

5 La publicité

This is an optional item, based on the sort of publicity frequently heard on French radio. At the first hearing, students find out what is being advertised in each case, giving their answers in English or French. They could then listen again to find out more details.

La publicité

1 Vous toussez!
Vous souffrez de la gorge, vous avez du mal à avaler, une certaine irritation ... souvent ça commence comme ça. Prenez Pharagine à la vitamine C. Pharagine à la vitamine C agira rapidement contre la douleur et combattra l'infection. Pharagine à la vitamine C. Chez votre pharmacien.

2 – Alors, c'est d'accord. On déjeune ensemble à midi.
– O.K., à tout à l'heure.
– Attends! Je ne comprends pas. Tu tapes à la machine ou tu téléphones?
– Les deux.
– Les deux?
– Ben, oui. J'ai les mains libres avec le Digital 2000.
– Le quoi?
– Le Digital 2000 – c'est un téléphone à touches avec un haut-parleur réglable. Il n'est pas loin de moi et en plus, il est beau.
– Mais ça m'intéresse – Digital 2000, c'est bien ça. Pour louer un Digital 2000, allez à votre agence commerciale de télécommunications. Pour vous renseigner, faites le 14. L'appel est gratuit.

3 Hommes et femmes d'affaires, vous allez à l'étranger pour gagner de l'argent, pas pour en perdre.
En cas de perte ou de vol, Thomas Cook vous remboursera immédiatement, partout.
Chèques de voyages, Thomas Cook. Votre tranquilité toujours et partout.

La radio

Many French radio stations are broadcast on the Internet but many can also be picked up on ordinary radio, especially in southern England and during the daytime. Using a combination of website and radio listening, students could construct a brief written or spoken report on a radio station. This could be supported by a checklist of points to cover – e.g. name of station, frequency, region served, target audience and types of programmes. A brief sound recording of a typical programme could be used.

Area 3
Le sport, ça vous intéresse?
Exchanging information and opinions about sport and sporting events
Understanding and using some common adverbs

SB 135–136, 1–9
Au choix SB 226, 3, SB 227, 2–4
CM 7/2
CD 5/27–5/28
Examination Grammar in Action, pages 49, 55

SB 135 **READING**

Point-info: Le sport

When students have read this short information section, ask a few questions about sport, e.g.

Le sport, ça vous intéresse? Qui joue au football, au tennis? Est-ce que vous pratiquez un sport régulièrement? Qui aime/n'aime pas le sport? etc.

REVISION

L'ABC des sports

For quick revision of different sports, have a brainstorming session in which groups or the class try to think of different sports beginning with different letters of the alphabet. For ideas, they could look at the list in *Vocabulaire par thèmes* (SB 270–271) for a short time, then close their books and compile their lists, e.g. *Maintenant, fermez votre livre et essayez de trouver 15 sports qui commencent avec une lettre différente.*

SB 135 **PRACTICE**

1 Du sport pour tous

Students have to think of a different sport for each category.

Possible solution:

1 *un sport individuel: le roller, le patinage, la gymnastique*
2 *un sport d'équipe: le football, le hockey*
3 *un sport nautique: la voile, la natation*
4 *un sport d'hiver: le ski*
5 *un sport de raquette: le tennis, le badminton*
6 *un sport que vous faites au collège: le basket, le football, l'athlétisme*
7 *un sport que vous aimez: la danse, le cyclisme*
8 *un sport que vous regardez quelquefois à la télé: le tennis, le football*
9 *un sport que vous aimeriez essayer: l'escalade, l'équitation, le ski*

SB 135 **GRAMMAR**

Dossier-langue

This revises the main tenses of the verb *faire + du/de la/de l'*, which is often used with sports.

Do some quick oral revision of the different tenses, prompting with the words *hier, demain, samedi dernier, samedi prochain*, etc.

Ask for other words that might be used to talk about doing sport, playing games, etc. and write these on the board, e.g. *pratiquer, jouer à, faire partie d'une équipe*.

SB 135 **PRACTICE**

2 Vous faites du sport?

Students complete the sentences with the correct tense and person of *faire*.

Solution:

1 *J'ai fait de l'escalade une fois pendant un stage d'activités.*
2 *L'hiver dernier, j'ai fait du ski pour la première fois.*
3 *Mon ami fait du judo depuis deux ans.*
4 *J'ai toujours voulu faire du patinage.*
5 *Comme sports, je fais de l'athlétisme, de la gymnastique et de la natation.*
6 *L'année prochaine, nous ferons de la voile.*
7 *As-tu déjà fait de l'escalade?*
8 *L'été dernier, on a fait de la planche à voile.*

CM 7/2 **GRAMMAR**

Faire – un verbe utile

This worksheet, which practises the use of *faire*, could be used at any appropriate point in this unit or *Unité 8* (where *faire* + weather expressions is revised).

1 This practises the present tense of *faire* with different expressions.

Solution:

1 *Il fait du ski nautique.*
2 *Elle fait de la planche à voile.*
3 *Nous faisons de la voile.*
4 *Je fais des courses.*
5 *Tu fais une promenade.*
6 *Ils font du camping.*
7 *Elles font de l'équitation.*
8 *Vous faites la cuisine.*

2 This requires the use of *faire* in different tenses.

Solution: **1** *faisons*, **2** *fera*, **3** *ferons*, **4** *ont fait*, **5** *fais*, **6** *ai fait*, **7** *avez fait*, **8** *fait, fais*, **9** *faisait*, **10** *faisait*

3 This explains and practises the use of *faire* + verb, meaning to get something done.

Solution: **1** *faisons*, **2** *as fait*, **3** *Fais*, **4** *a fait*, **5** *feront*, **6** *faire*

Examination Grammar in Action, page 49

GRAMMAR

Using the verb *faire*

This provides more practice of *faire*, if required.

SB 135 READING

3 Le sport, c'est ma passion

In this reading task, students have to choose the correct word to fill each gap.

Solution: **1** *sportif*, **2** *natation*, **3** *fois*, **4** *équipe*, **5** *tous*, **6** *championnat*, **7** *gagné*, **8** *préféré*, **9** *dimanches*, **10** *vu*

Au choix SB 226 SUPPORT READING WRITING

3 Le sport et moi

a Students complete the sentences as indicated.

Solution: **1** *le hockey*, **2** *la natation*, **3** *basket*, **4** *le tennis*, **5** *la gym*, **6** *football*, **7** *badminton*, **8** *VTT/vélo/cyclisme*, **9** *la voile*, **10** *le golf*

b Students complete the sentences with a sport of their choice. This provides useful preparation for the next task.

SB 135, SPEAKING

4 À vous!

Students work in pairs to talk about sport.

Les sports

Students could e-mail a set of questions about sport to their e-mail partners and then reply with their responses to their partners questions.

Au choix SB 227 GENERAL READING

2 Deux sports

For optional extra reading practice, students complete the details of two texts, then identify the sport described.

Solution:

a **Texte 1:** **1** *quatre*, **2** *école*, **3** *stade*, **4** *françaises*, **5** *nom*
Texte 2: **6** *populaire*, **7** *ballon*, **8** *nombre*, **9** *vingt*, **10** *gymnase*
b **1** *le tennis*, **2** *le basket*

SB 136, 5/27 LISTENING

5 Une interview avec une championne

This interview introduces examples of adverbs. Students listen to the recording and note down the missing words. For extra support these can be written on the board.

Solution: **1** *heureuse*, **2** *final*, **3** *formidable*, **4** *dix-sept*, **5** *Lille*, **6** *première*, **7** *beaucoup*, **8** *matchs*, **9** *cinéma*

Une interview avec une championne

– Félicitations, Sophie. Vous devez être très heureuse d'avoir gagné le championnat cet après-midi.
– Oui, absolument. Je n'ai pas encore tellement réalisé ce qui m'arrive. J'étais déjà très contente d'arriver en finale, mais d'avoir gagné le match, c'est vraiment formidable.
– J'aimerais qu'on vous connaisse un peu mieux. Quel âge avez-vous? Où êtes-vous née?
– J'ai dix-sept ans et je suis née à Lille, mais récemment, j'ai déménagé à Paris pour m'entraîner à Roland Garros.
– Vous jouez régulièrement dans ce tournoi?
– Ça fait trois ans maintenant que je le fais. La première fois, je l'ai trouvé particulièrement difficile et franchement, je me demandais si j'allais continuer, mais heureusement, mon entraîneur m'a beaucoup encouragée. Alors l'année dernière,ça allait déjà mieux. J'ai gagné les premiers matchs assez facilement et je suis arrivée en demi-finale.
– Et cette année, encore mieux! Alors, maintenant, vous pouvez vous détendre. Qu'est-ce que vous faites pour vous détendre? Aimez-vous la musique, le cinéma?
– La musique, non, pas spécialement. Le cinéma, oui, j'aime bien, et je lis aussi. J'aime un bon roman ou une bande dessinée.
– Bon, merci, Sophie – et bonne chance pour l'avenir.

SB 136 GRAMMAR

Dossier-langue Adverbs

This explains the formation and use of adverbs. These words are often used, but not always fully understood, so it is worth checking that students know the meanings, while they work on the following tasks.

Au choix SB 227 GENERAL PRACTICE

3 Des adverbes utiles

Students have to find different types of adverbs and note down their meanings in English.

Solution:

a ***quand:*** *tôt, tard, récemment, enfin*
b ***comment:*** *mal, bien, vite, lentement*
c ***où:*** *partout, ici, là-bas, loin*
d ***combien (de fois):*** *beaucoup, peu, toujours, rarement*

The following activities (**6** and **7**) could be made into an interactive exercise using a program such as *Hot Potatoes*. For a sample, see www.atkinsonconsulting.co.uk.

SB 136 **PRACTICE**

6 Trouvez les contraires

Students match up adverbs that are opposite in meaning.

Solution:

1b *facilement – difficilement*
2e *heureusement – malheureusement*
3j *souvent – rarement*
4d *fort – doucement*
5c *récemment – il y a longtemps*
6a *jamais – toujours*
7g *dehors – dedans*
8i *en haut – en bas*
9f *déjà – pas encore*
10h *avant – après*

SB 136 **PRACTICE**

7 C'est presque pareil

Students match up adverbs that are almost the same in meaning.
1c *en général – d'habitude*
2f *rapidement – vite*
3a *quelquefois – parfois*
4d *finalement – enfin*
5b *d'abord – au début*

SB 136 **PRACTICE**

8 C'est quel mot?

Students find the correct adverb to complete a sentence.

Solution: **1** *facilement*, **2** *bien*, **3** *vite*, **4** *doucement*, **5** *tard*, **6** *mal*

SB 136 **PRACTICE**

9 Des questions

Students answer questions about sport using different adverbs in their answers.

Examination Grammar in Action, page 55 **GRAMMAR**

Using adverbs

This provides more practice of adverbs, if required.

Au choix SB 227, 5/28 **GENERAL LISTENING**

4 On parle du sport

Students listen to each unscripted interview and then answer the questions in French, orally or in writing.

To help with spelling, the following could be written on the board:

la marche, le poids, le saut en longueur, le saut en hauteur, l'aérobic.

Solution:

Didier:
1 *le handball, le football*
2 *le football*
3 *le ski*
4 *le football, le tennis, les Jeux Olympiques*
5 **b** *assez sportive*

Marilyn:
1 (any two) *le volleyball, l'athlétisme, la marche, le poids, le saut en longueur, le saut en hauteur*
2 *l'aérobic*
3 *le tennis*
4 *le tennis*
5 **c** *pas très sportive*

On parle du sport

1 – Didier, quand tu étais à l'école, quel genre de sport est-ce que tu pratiquais?
– Quand j'étais à l'école, c'était une école de garçons, donc on faisait essentiellement des sports collectifs. Moi, je jouais au handball et au football.
– Aha. Et, est-ce que tu continues à pratiquer ces sports aujourd'hui?
– Je joue encore quelquefois au football, mais j'ai arrêté le handball. J'étais gardien et je me suis blessé à la main.
– Est-ce qu'il y a un sport que tu voudrais essayer toi, personnellement?
– Oui, j'aimerais beaucoup faire du ski. La neige, le soleil, la vitesse, j'aime beaucoup, et je pense que le ski répondrait parfaitement à toutes ces choses.
– Hmm, hmm. Et tu voudrais aller où faire du ski?
– Oh, je pense que le meilleur endroit pourrait être les Alpes.
– Hum, probablement, oui. Euh, parlons sport à la télé. Est-ce que tu regardes du sport à la télévision?
– Oui, je regarde un petit peu le football, le tennis, la coupe Davis, et tous les quatre ans, je regarde les Jeux Olympiques.
– Très intéressant! Eh bien, merci beaucoup, Didier. Au revoir!
– Merci. Au revoir!

2 – Marilyn, quand tu étais à l'école, quel genre de sport est-ce que tu pratiquais?
– Dans mon école qui était une école privée, nous n'avions pas beaucoup d'opportunités pour le sport. Je me rappelle que nous faisions beaucoup de volleyball, de l'athlétisme, de la marche, du poids, du saut en longueur et du saut en hauteur.
– Hmm, hmm. Euh, et y a-t-il un de ces sports que tu pratiques aujourd'hui?
– Non, pas du tout, parce que ... à l'école, le volleyball, c'est un sport collectif. Euh, les autres sports comme le saut en hauteur, saut en longueur, c'est ... ce sont des sports qu'on a pratiqués parce qu'il fallait les faire, c'était au programme. Donc, euh ...
– Tu ne fais plus de sport donc, aujourd'hui?
– Aujourd'hui, ce que je fais, c'est de l'aérobics.
– De l'aérobics?
– Oui.
– Hmm, hmm. Dis-moi, est-ce qu'il y a un sport que tu voudrais essayer?
– Oui. J'ai ... pendant longtemps, j'ai voulu essayer le tennis, parce que j'aime beaucoup regarder à la télé ...
– C'est vrai?

– Oui, je ne rate pas Roland Garros ...
– Hmm, hmm.
– Bien que ... c'est un peu difficile, parce que Roland Garros tombe, euh ... ah, oui, tombe toujours en période d'examens, en juin, donc euh ... c'est un peu dur mais ... je regarde quand même.

Area 4
Vous aimez la lecture? Exchanging information and opinions about reading Describing the main features of a book

SB 137–139, 1–6
Au choix SB 228, 1
CD 5/29–5/31

Introduction
PRESENTATION

Introduce the topic of reading by showing a few books and teaching and practising vocabulary, e.g.

- (paperback) *Voici un livre de poche.*
- (comic strip book) *Ça, c'est quoi comme livre? C'est une bande dessinée?*
- (crime novel) *Ça, c'est un roman policier. Qui aime les romans policiers?*
- (Shakespeare play) *En anglais, on lit souvent des pièces de Shakespeare.*
- *Est-ce que vous préférez lire des bandes dessinées ou des romans policiers?*
- *Qu'est-ce que vous lisez en cours d'anglais? Est-ce que vous lisez une pièce de Shakespeare? Qu'est-ce que vous aimez comme livres?*

SB 137
READING

1 Les livres

This is based on an Internet forum where participants give their suggestions for books they have enjoyed. The first letter from Aurélie sets the scene and this could perhaps be read aloud first. Students then read through the other contributions. Check whether students know any of the books mentioned and can give their English titles, e.g. *Les Royaumes du Nord, qu'est-ce que c'est en anglais?* (Northern Lights), *La Ligne Verte* (The Green Mile), *Mort sur le Nil* (Death on the Nile), *Le Seigneur des Anneaux* (Lord of the Rings), *Les Cendres d'Angela* (Angela's Ashes), *Le journal de Bridget Jones* (Bridget Jones's Diary), *L'Alchimiste* (The Alchemist).

The extracts can then be used as a starting point for a general discussion about reading.
Qui a lu ça? À ton avis, c'était bien, ennuyeux, trop long, facile à lire? etc.

a Students choose appropriate examples for each group.

Solution: **1** *L'Alchimiste*, **2** *Les Royaumes du Nord, Mort sur le Nil, Le Seigneur des Anneaux, Le Journal de Bridget Jones, Harry Potter*, **3** *Mort sur le Nil*, **4** *Agatha Christie*, **5** *Frank McCourt*, **6** *Hercule Poirot*, **7** *Angela, Bridget Jones*

b Students identify the person who corresponds to the details given.

Solution: **1** *Aurélie*, **2** *Roland*, **3** *Élodie*, **4** *Raj*, **5** *Claire*, **6** *Sébastien*

c Students match the opinions to one of the contributors.

Solution: **1** *Raj*, **2** *Magali*, **3** *Lucie*, **4** *Ibrahim*

SB 138
READING

Point-info: La lecture

This gives some short background information about reading and reading events.

Point out the play on words in *Lire en fête* (*en fait* – in fact) and *En train de lire* (to be on the train/in the process of doing something).

SB 138, 5/29
LISTENING
READING

2 Une interview

Read through the questionnaire and check that students understand the questions and possible replies. Then students listen to the recording and note the replies for Luc.

Solution: **1b, 2c, 3b, c, d, 4a, b, 5** *Oui, Mort sur le Nil*, **6** *Harry Potter et la Coupe de Feu*, **7** *Tolkien*, **8** *Le Seigneur des Anneaux*

Une interview

– Luc, est-ce que je peux vous poser quelques questions pour une enquête sur la lecture?
– Oui, bien sûr.
– Bon, alors, numéro 1: est-ce que vous lisez beaucoup?
– Non, pas beaucoup, mais je lis de temps en temps.
– Numéro 2: empruntez-vous des livres à la bibliothèque?
– Non, très rarement. Je ne vais presque jamais à la bibliothèque.
– Et numéro 3: quel genre de livres vous intéresse le plus?
– J'aime bien les romans policiers, les livres de fantaisie et la science-fiction aussi.
– Très bien. Alors, numéro 4: comment est-ce que vous choisissez un livre?
– J'aime lire les livres d'un auteur que je connais, par exemple Phillip Pullman. J'ai lu presque tous ses livres. Mais pour trouver d'autre titres, je demande quelquefois à mes copains s'ils ont un livre à me recommander.
– Numéro 5: êtes-vous en train de lire un livre en ce moment?
– Oui, je lis 'Mort sur le Nil' d'Agatha Christie. C'est bien et c'est assez facile à lire.
– Maintenant, numéro 6: quel est le dernier livre que vous avez lu?
– Le dernier livre, c'était 'Harry Potter et la Coupe de Feu'. J'ai bien aimé.
– Numéro 7: quel est votre auteur préféré?
– J'aime beaucoup Tolkien.
– Et finalement, numéro 8: quel est votre livre favori?
– Mon livre favori est 'Le Seigneur des Anneaux'.

SB 138,  SPEAKING WRITING

3 À vous!

a Students write down their own replies to the questionnaire.

b Working in pairs, they ask and answer questions about reading habits.

c Finally they could write a few sentences about their own views on reading.

SB 138 VOCABULARY

Lexique: La lecture

This lists vocabulary linked to reading.

SB 139, 5/30 LISTENING READING

4 Des livres de tous les genres

This gives short descriptions of six books. Not all items need be used. In some cases, the first three or four extracts will be sufficient.

a Students listen to the recorded descriptions and write down the missing words.

Solution:

1 **1** *vie*, **2** *faire*, **3** *ami*, **4** *voyage*, **5** *monde*
2 **1** *magique*, **2** *habitants*, **3** *suspense*
3 **1** *avion*, **2** *chien*, **3** *homme*
4 **1** *rêve*, **2** *désert*, **3** *sens*
5 **1** *avion*, **2** *étrange*, **3** *enfants*
6 **1** *général*, **2** *femme*, **3** *Écosse*, **4** *fils*, **5** *armée*,

b Students identify the books.

Solution: **1** *Les Royaumes du Nord*, **2** *Le Seigneur des Anneaux*, **3** *Tintin au Tibet*, **4** *L'Alchimiste*, **5** *Le Petit Prince*, **6** *Macbeth*

Des livres de tous les genres

1 Ce livre, le premier tome d'une trilogie, raconte la vie de Lyra qui est orpheline et qui vit à Oxford. Elle adore faire des escapades avec Roger, l'aide-cuisinier. Mais un jour, son meilleur ami, Roger, disparaît. Alors Lyra part à sa recherche et fait un voyage périlleux vers le Grand Nord. Ce voyage lui révèle ses extraordinaires pouvoirs et la conduit à la frontière d'un autre monde.

2 Le héros s'appelle Frodo. Après avoir hérité un mystérieux anneau magique, il participe à une croisade dangereuse pour sauver les habitants de la Terre du Milieu contre les forces du mal. C'est un livre passionnant, plein d'action et de suspense.

3 C'est une bande dessinée. Dans cette aventure, le reporter part à la recherche de son ami Tchang, qui a disparu après un crash d'avion. Quand le reporter et son chien arrivent à la montagne, ils partent sur les traces de l'abominable homme des neiges.

4 C'est l'histoire d'un jeune berger qui faisait toujours le même rêve, celui de trouver un trésor près des Pyramides. Il traverse un désert pour se rendre en Égypte et rencontre des gens mystérieux (gitane, roi, vendeur de cristal, alchimiste) qui l'aident à découvrir le sens de la vie. Ce livre a été traduit en 34 langues!

5 Presque tous les Français connaissent ce livre. Un avion s'écrase dans le désert et le pilote rencontre un petit garçon étrange qui arrive de nulle part. Le garçon demande au pilote de lui dessiner un mouton. Le pilote, qui veut savoir d'où vient le garçon et connaître son histoire, engage la conversation. C'est un livre plutôt pour les enfants, poétique et beau.

6 C'est une pièce de théâtre que nous avons étudiée en classe. C'est l'histoire d'un général qui rencontre trois sorcières en rentrant chez lui après une bataille. Elles lui disent des choses étranges qu'il répète à sa femme. Elle est très ambitieuse et elle encourage son mari à tuer le roi d'Écosse, qui va leur rendre visite. Le général tue le roi et prend le trône. Mais le roi a deux fils qui s'échappent. Le général commet d'autres meurtres, mais sa femme, qui est devenue folle, se suicide. Finalement, le fils aîné du roi mène une armée d'Angleterre et tue le général.

SB 139 READING

5 C'est quoi, comme livre?

Students give a brief definition of each book and identify the author.

Solution:

1 *C'est une bande dessinée de Goscinny.*
2 *C'est un roman fantastique de Tolkien.*
3 *C'est un roman (d'amour) de Jane Austen.*
4 *C'est un livre pour enfants/roman fantastique de J K Rowling.*
5 *C'est une pièce de Shakespeare.*
6 *C'est un roman policier d'Agatha Christie.*
7 *C'est un livre pour enfants de Roald Dahl.*
8 *C'est un livre de science-fiction de Jules Verne.*

Au choix SB 228, 5/31 EXTENSION LISTENING

1 Un livre que j'ai lu

Able students could listen to this unscripted conversation and note down the details of the book described.

Solution:

Titre:	*Le Crime de l'Orient Express*
Auteur:	*Agatha Christie*
Genre:	*un roman policier (un polar)*
Ça se passe où?	*dans un train*
Opinion:	*très bon, facile à lire, on suit bien le livre; on a envie de le lire jusqu'à la fin.*

Un livre que j'ai lu

– Bonjour!
– Bonjour!
– Euh, Aude, est-ce que tu as lu quelque chose dernièrement?
– Oui, j'ai lu un roman policier d'Agatha Christie, 'Le Crime de l'Ori … Le Crime de l'Orient Express'.
– 'Le Crime de l'Orient Express'? Un très bon … Un très bon livre! Et est-ce que tu peux nous décrire un peu … de quoi il s'agit. C'est l'histoire de … de quoi?
– Ben en fait, c'est un homme qui, donc, se fait assassiner dans l'Orient Express, donc dans le train, et … il est … on le retrouve avec douze coups de couteaux dans le corps.
– Hmm, hmm.
– Et ces douze coups de couteaux sont différents. Donc, on suppose qu'il y a douze personnes différentes.
– Ah bon?
– Et donc c'est Hercule Poirot évidemment …
– Le héros!
– … le grand détective … qui mène l'enquête et qui … à la fin du livre, retrouve les … les douze coupables, qui étaient tous associés, en fait, autour de la personne qui a été tuée, qui ont tous une relation avec cette personne.
– Hmm, hmm. Et, bien évidemment … toute l'action se déroule dans le train?
– Voilà!
– Hmm, hmm … Pourrais-tu me donner ton opinion par rapport à Agatha Christie?
– En général?
– Hmm, hmm.
– J'aime bien! Je trouve qu'elle est facile à lire et … souvent, ses histoires sont bien liées. On est … du début à la fin, on … on suit bien le livre. On a envie de le lire jusqu'à la fin. Donc ça, c'est très important pour un livre, je pense, surtout pour un roman policier.
– Très très bien! Merci beaucoup, Aude!
– Au revoir!

SB 139 **WRITING**

6 À vous!

Students write a few sentences about a book they have read. This could be prepared on the board, perhaps using a class text that all the students have read.

Book (or other) review

Students could write a review using the word processor. This makes an excellent follow-on task from reading reviews. Students could collect up phrases that they liked in reviews they have read in order to recycle them in their own review. Using copy and paste from the web browser to the word processor might be appropriate, but students would need to do more than just copy someone else's review.

Area 5
Le plus-que-parfait
Understanding and using the pluperfect tense
SB 140, 1–3
CD 6/1
Examination Grammar in Action, page 70

SB 140, 6/1 **LISTENING READING**

1 Jules Verne

Start by finding out what students already know (if anything) about Jules Verne and his books, e.g.

– *Jules Verne est un écrivain français. Quel genre de livres a-t-il écrit? (De la science-fiction.)*
– *On a fait des films de quelques uns de ses livres, par exemple Voyage au centre de la terre, Le tour du monde en 80 jours.*
– *Y a-t-il quelqu'un qui a lu un de ses livres?*

a Students read through the article and guess where the missing words should go.

b They listen to the recording to check their answers.

Solution: **1** *science-fiction,* **2** *être,* **3** *science,* **4** *voiture,* **5** *voyages,* **6** *Lune,* **7** *célèbres,* **8** *route,* **9** *Terre*

c They do a *vrai ou faux?* task, which introduces several examples of the pluperfect tense.

Solution: **1F, 2V, 3F, 4V, 5V**

Jules Verne

Jules Verne était un écrivain français qui a écrit les premiers livres de science-fiction. Avant d'être écrivain, il avait fait des études de droit pour être avocat. Mais il s'intéressait beaucoup à la science, et avant d'écrire un livre, il avait beaucoup lu et beaucoup pensé aux aspects scientifiques.
Il avait imaginé la radio, la télévision et la voiture, choses inconnues à son époque. Bien avant l'invention des sous-marins, il avait décrit des voyages en vaisseaux sous la mer.
Et, plus d'un siècle avant le voyage d'Apollo 11, il avait raconté en détail le premier voyage des hommes en fusée sur la Lune.
Un de ses livres les plus célèbres est 'Le Tour du Monde en 80 jours'. Ce livre a inspiré beaucoup de 'tourmondistes'; parmi eux, un journaliste qui a pris la même route et les mêmes moyens de transport que Phileas Fogg avait pris dans le livre. Mais il y a un voyage qui n'a pas encore été réalisé; personne, jusqu'à présent, n'a voyagé au centre de la Terre!

SB 140 **GRAMMAR**

Dossier-langue
The pluperfect tense

This explains the use and formation of the pluperfect.

SB 140 **PRACTICE**

2 Trouvez les paires

Students match the pairs to complete the sentences.

Solution: 1b, 2e, 3f, 4a, 5c, 6d

SB 140 **PRACTICE**

3 Pas de chance

Students work out which verb they need and then put it in the pluperfect tense to complete the sentences.

Solution: **1** *elle était déjà sortie,* **2** *j'avais oublié,* **3** *avait déjà commencé,* **4** *l'ascenseur était tombé,* **5** *il n'avait pas reçu,* **6** *je n'avais pas pris*

EXAMINATION GRAMMAR IN ACTION, PAGE 70 **GRAMMAR**

Using the pluperfect tense

This provides further practice of the pluperfect tense.

Area 6
La presse en France
Finding out about the French press
Discussing newspapers and magazines
Using the comparative
SB 141, 1–2
Au choix SB 228, 2
Examination Grammar in Action, page 53

French newspapers and magazines

A good way to introduce the French press is to let students look through some real French newspapers and magazines, if available, comparing them with British ones, spotting any familiar articles, themes or headlines, seeing which are also published here and looking at relative prices. Groups of students could also be set a particular aspect or feature to look out for in these papers, e.g. different ways of presenting weather forecasts, amount and types of advertising, examples of franglais, what types of subjects are featured on *la Une*, etc.

SB 141 **READING**

Point-info

When students have read this background information section about the French press, ask a few questions to check that the main points have been understood, e.g.

- *Quelle est la différence entre un journal national et un journal régional?*
- *Qu'est-ce qu'on a ici comme journaux nationaux et régionaux?*
- *Chez vous, est-ce qu'on lit un journal national ou régional de temps en temps?*
- *Est-ce que vous lisez un magazine quelquefois? etc.*

SB 141 **VOCABULARY**

Lexique: La presse

This lists useful vocabulary for talking about newspapers and magazines.

SB 141 **GRAMMAR**

Dossier-langue
The comparative

This explains the formation and use of the comparative.

SB 141 **PRACTICE**

1 Plus ou moins?

Students complete the sentences to give statements about the French press.

Solution: **1** *moins,* **2** *plus,* **3** *aussi, plus,* **4** *moins,* **5** *plus,* **6** *moins, plus,* **7** *aussi*

SB 141, **SPEAKING**

2 À vous!

Students work in pairs to ask and answer questions on this topic.

AU CHOIX SB 228 **EXTENSION READING**

2 Le journal

Students read extracts from the press and match them up with suitable titles.

Solution: 1f, 2a, 3b, 4e, 5c, 6d

EXAMINATION GRAMMAR IN ACTION, PAGE 53 **GRAMMAR**

The comparative and the superlative

This provides practice of the comparative and superlative (which is taught in Area 8).

Area 7
Qu'est-ce qu'on fait?
Understanding information about events
Making arrangements to go out, responding to and declining an invitation, giving reasons
Making excuses and apologising

SB 142–144, 1–5
Au choix SB 226, 4, SB 228, 3
CM 7/3
CD 6/2–6/4

SB 142 **READING**

1 Si on sortait?

The teacher could introduce this topic by bringing in recent copies of entertainment guides, such as *Pariscope*.

Some oral work could be based on the adverts in the book, e.g.

- *Pour des renseignements sur ..., il faut téléphoner à quel numéro?*
- *Qu'est-ce qu'on peut voir au théâtre?*

a Students work out the meaning of these abbreviations, which are commonly used in publicity material.

Solution: **1** *location*, **2** *tous les jours, sauf dimanche*, **3** *renseignements*, **4** *réservation*, **5** *samedi*, **6** *téléphone/téléphoniques*, **7** *février*

b Students find out the meaning of the words listed by consulting the glossary or a dictionary, if necessary.

Solution: **1** reservation, booking, **2** free entry, **3** opening times, **4** until, **5** on ice, **6** (here) at the box office, **7** odd (numbered) days, **8** even (numbered) days, **9** (bank) holidays

c Students find out details about what's on from the adverts.

Solution:

1. *Il y a un festival de musiques africaines.*
2. *Il y a deux pièces de William Shakespeare:* Roméo et Juliette *et* Beaucoup de Bruit pour rien.
3. La Terre vue du Ciel
4. *au Jardin du Luxemourg (Paris)*
5. *non, c'est libre*
6. *Il y a un ballet:* Casse-Noisettes
7. *0825 30 19 98*
8. *Il y a la Fête de l'Internet.*
9. *Il y a un spectacle musical:* La Belle et la Bête.

SB 142, 6/2 **LISTENING**

2 C'est pour un renseignement

Students listen to the telephone conversations and note down the details.

Solution:

1 ***Fête de l'Internet***
prix d'entrée: 5 euros
réd: non
réservation possible: oui

2 ***Roméo et Juliette***
prix des places: 10 euros
réd: 8 euros pour les étudiants
horaires: mardi–samedi: 20h30
dimanche: 15h30

3 ***Casse-noisettes***
sam.:
matinée: 15h
séance du soir: 19h30
places à partir de: 12 euros

4 ***Aquaboulevard***
dim. ouvert? de 9h à 23h
entrée – adultes: 11 euros
enfants (–12 ans): 8 euros

C'est pour un renseignement

1 – Cité des Sciences, bonjour.
– Bonjour, c'est combien l'entrée pour la Fête de l'Internet, s'il vous plaît?
– C'est 5 euros.
– Est-ce qu'il y a des réductions pour les étudiants?
– Non, je suis désolé.
– Est-ce qu'on peut réserver à l'avance?
– Oui, vous voulez combien de places?
– Deux places, s'il vous plaît.

2 – Allô.
– Bonjour, quel est le prix des places pour Roméo et Juliette, s'il vous plaît?
– 10 euros – pour toutes les places.
– Y a-t-il des réductions?
– Oui. Pour les étudiants, le prix des places est 8 euros.
– À quelle heure sont les représentations?
– Du mardi au samedi, les représentations sont à 20h30, et le dimanche, il y a une matinée à 15h30. Le dimanche soir et le lundi, le théâtre est fermé.
– Merci beaucoup.
– De rien.

3 – Allô. L'Opéra de Paris. Vous désirez?
– À quelle heure sont les séances pour le ballet le week-end?
– Pour Casse-noisettes, il y a une matinée le samedi, à 15h, et puis il y a la séance du soir, à 19h30.
– C'est combien, les billets les moins chers pour la matinée?
– Les moins chers sont à 12 euros.
– Merci beaucoup.
– Je vous en prie.

4 – Allô, Aquaboulevard.
– Bonjour. Est-ce que la piscine est ouverte le dimanche?
– Oui, on ouvre tous les jours de la semaine, de 9h jusqu'à 23h.
– Ah bon, et c'est combien l'entrée?
– C'est 11 euros.
– Y a-t-il des réductions?
– Oui, pour les enfants de moins de 12 ans, c'est 8 euros.
– Bon, merci.
– Je vous en prie.

SB 143, — READING, SPEAKING

3 Qu'est-ce qu'on fait?

This page brings together a wide range of expressions for discussing what to do, expressing opinions about events and arranging to meet.

Students read through the model dialogues and then make up some of their own using the phrases listed.

CM 7/3 — SPEAKING

Inventez des conversations

Students read the model conversations, then invent similar ones, using the symbols for ideas.

SB 143, 6/3 — LISTENING

4 Que faire?

Students listen to the recording and note the comment that corresponds to each suggested idea.

Que faire?

- Je voudrais bien aller au grand concert de rock au Stade de France.
- Oui, ça serait bien, mais il n'y a plus de billets. Il fallait réserver longtemps à l'avance.
- On peut aller au théâtre, peut-être. Il y a un nouveau spectacle musical qui vient d'ouvrir.
- Oui, mais tu as vu le prix des places? Moi, je n'ai pas assez d'argent pour ça. Si on allait au cinéma? On passe 'La Ligne Verte' à l'Odéon. On dit que c'est un très bon film.
- Oui, mais il est interdit aux moins de 18 ans, donc nous ne pouvons pas y aller. Tu veux aller à la piscine?
- Non, ce n'est pas possible. La piscine est fermée en ce moment. Mais on pourrait aller à la patinoire. Ça te dit?
- Ah oui, je veux bien faire ça.
- Alors, allons à la patinoire.

Differentiation

Students could do either of the following *Au choix* activities as follow-up.

Au choix SB 226 — SUPPORT, WRITING

4 Des messages

Students write a note in reply to two messages about going out.

Au choix SB 228 — EXTENSION, READING, WRITING

3 Laisse-moi un mot!

Students write two replies as follows:

a accepting one invitation and asking a question about the arrangements

b refusing one of the invitations with reasons.

SB 144, 6/4, — LISTENING, READING, SPEAKING

5 Excusez-moi!

Students first look at the illustrations and work out which conversation (**a–e**) goes with each picture. Then they listen to the conversations, recorded in the same order as the pictures, to check their answers. Finally, they can practise reading the conversations in pairs.

Solution: 1d, 2b, 3e, 4c, 5a

Excusez-moi!

1 – Excuse-moi, Pierrette. Je suis en retard.
- Ça ne fait rien.
- Je suis vraiment désolée. J'ai manqué l'autobus, tu sais, et j'ai dû venir à pied. Ça fait longtemps que tu attends?
- Non, pas vraiment.Vingt minutes environ. Ne t'en fais pas, ce n'est pas grave!

2 – Ah, vous voilà ... enfin! Entrez vite!
- Salut, Lucien! Excusez-nous. Les autres sont déjà arrivés?
- Oui, mais ce n'est pas grave. Heureusement, on n'a pas encore tout mangé!
- Le père de Jean-Marc avait besoin de sa voiture, et nous avons dû prendre un taxi.
- Oui, oui. Ça va! Ne vous en faites pas!

3 – Te voilà enfin. Qu'est-ce qui s'est passé?
- Oh excuse-moi, Emmanuel. Je me suis trompée de chemin. J'avais peur, tu sais!
- Moi aussi, j'avais peur!
- Je suis désolée! Je ne l'ai pas fait exprès.
- Ça va! N'en parlons plus. Allons au café.

4 – C'est Saïd à l'appareil.
- Bonjour, Saïd.
- Excusez-moi, Madame. Voulez-vous dire à Michel que je suis désolé de ne pas être venu ce matin. J'ai dû aller à Tours avec l'équipe de basket.
- Ce n'est pas grave, Saïd. Je vais expliquer à Michel.

5 – Mais enfin, Fabrice. Dis-moi où tu étais? Je t'ai attendu presque une heure avant de rentrer ici. Et il faisait froid, en plus. Ce n'était pas du tout amusant!
- Oui, oui, je sais, Odile. Calme-toi! Ce n'était pas de ma faute. Je suis parti de bonne heure, mais ma voiture est tombée en panne et j'ai dû attendre le mécanicien pendant une heure. J'ai essayé de te laisser un message mais ton répondeur ne marchait pas.

SB 144 — VOCABULARY

Lexique: On s'excuse

This lists useful vocabulary for giving and responding to excuses.

Area 8
Si on allait au cinéma?
Exchanging information and opinions about the cinema and films
Narrating the main features of a film
Making enquiries and buying tickets at the cinema
Understanding and using the superlative

SB 145–147, 1–8
CM 7/4, 7/5
CD 6/5
Examination Grammar in Action, page 53

SB 145 **READING**

1 Le cinéma

This gives some background information about the cinema in France and provides some examples of the superlative. Students read the text and answer the questions in French.

Solution: **1** *à la maison*, **2** *un polar*, **3** *les comédies et les films d'aventures*, **4** *un acteur français*, **5** *elle est actrice*

SB 145 **GRAMMAR**

Dossier-langue
The superlative

The superlative is usually easily understood and absorbed by students. They will also need to understand it more often than they will need to use it. The use of *de* after the superlative, to mean 'in' or 'of' is not mentioned here, but it could be explained to able students, e.g.

– *À votre avis, quel est le meilleur dessin animé de tous les films de Disney?*
– *Quel est le film le plus amusant de James Bond?*

SB 145 **PRACTICE**

2 À propos du cinéma

Students practise using the superlative to complete sentences about the cinema.

Solution: **1** *meilleur,* **2** *plus intéressants,* **3** *plus dangereuses,* **4** *plus connus/célèbres,* **5** *plus chers,* **6** *plus récent,* **7** *meilleur,* **8** *plus populaires,* **9** *plus anusants/marrants,* **10** *meilleure*

CM 7/4 **PRACTICE**

C'est le meilleur!

1 Un lexique
Students complete the list of expressions using the superlative.

2 C'est un record!
Students choose the correct expression to complete each sentence.

Solution: **1** *le plus long,* **2** *le plus court,* **3** *le plus profond,* **4** *le plus célèbre,* **5** *le plus extraordinaire, le plus lourd,* **6** *les plus populaires, le plus grand,* **7** *la plus violente*

3 Un jeu
Students complete the questions, then choose the correct answers.

Solution:

1 *Quel fruit est le plus cultivé?* **c** *la pomme*
2 *Quel fruit est le plus populaire?* **a** *la banane*
3 *Quel continent produit la plus grande quantité de riz?* **c** *l'Asie*
4 *Dans quel pays est-ce qu'on consomme la plus grande quantité de poisson?* **b** *au Japon*
5 *Quel animal est le plus gros?* **b** *la baleine bleue*
6 *Quel animal est le plus grand?* **c** *la girafe*
7 *Quel fleuve est le plus long?* **b** *l'Amazone*
8 *Quelle océan est la plus petite?* **c** *l'Arctique*
9 *Quelle montagne est la plus haute?* **c** *le mont Everest*
10 *Quelle île est la plus grande?* **b** *le Groenland*

EXAMINATION GRAMMAR IN ACTION, PAGE 53
GRAMMAR

The comparative and the superlative

This provides extra practice of the comparative and superlative.

It can be used at this point, if not used earlier.

SB 146 **VOCABULARY**

Lexique: Au cinéma

This lists some useful vocabulary when describing films. Some additional vocabulary is given in *Les définitions* (see task 4) and in *Pour vous aider* (see task 5).

SB 146, 6/5, **LISTENING**

3 On décrit des films

Students listen to two competitors from a radio quiz game who have to speak for 30 seconds about a given film title. This provides further practice of the kind of vocabulary used to narrate and discuss films. For each speaker, students pick the correct answer out of the three choices supplied.

Solution:

Jurassic Park	**1b, 2c, 3b, 4a, 5a**
Astérix et les Indiens	**1c, 2b, 3b, 4c, 5c**

On décrit des films

– Alors, on continue. C'est à l'équipe A. Le prochain film est Jurassic Park. Attendez … vous avez 30 secondes. Commencez!
– Euh. Jurassic Park est un film américain de science-fiction avec des effets spéciaux absolument fantastiques! Le directeur est Steven Spielberg et les vedettes … euh … les vedettes sont les dinosaures! Dans le film, il s'agit de dinosaures … évidemment, mais qui vivent aujourd'hui – pas du tout à l'époque préhistorique. C'est un très bon film, mais assez effrayant et il …

– Très bon – 2 points. Et maintenant, à l'équipe B. Votre film est Astérix et les Indiens. Alors, vous avez 30 secondes. Commencez!
– Astérix et les Indiens est un dessin animé, en couleurs, français, c'est-à-dire, français-allemand, parce que c'est un film de Gerhard Hahn. C'est une aventure d'Astérix et de son ami Obélix – comme d'habitude. Dans cette histoire, leur ami, Panoramix, a été enlevé par un Romain et alors qu'ils sont en train de le chercher, ils découvrent un pays inconnu, plein d'étranges créatures. Beaucoup de mes amis disent que c'est un film très amusant, mais à mon avis, ce n'est pas si bien que les premiers films d'Astérix. Quand même ...
– Excellent – 3 points.

SB 146 **READING**

4 Des films de tous les genres

Although the task is a simple matching activity in which students match up a film title with its type and description, this item also presents key expressions for narrating the plot of a film. The descriptions vary in length and complexity. Most are written in the present tense, the most common tense for narrating a story.

Solution:

a **1** *C'est un film comique*, **2** (one of two) *C'est un film d'aventures/C'est une superproduction*, **3** *C'est un film de science-fiction/d'épouvante*, **4** *C'est un film d'aventures/de science-fiction*, **5** *C'est un dessin aimé*, **6** *C'est un film d'aventures*

b **1b, 2a, 3e, 4d, 5c, 6f**

SB 146 **WRITING/SPEAKING**

5 Pour décrire un film

Students could look at the earlier descriptions and list some useful phrases for describing a film. A more detailed description could be prepared on the board of a film that is well known to the class. The *Pour vous aider* box provides a structure for this.

SB 147 **VOCABULARY**

Lexique: On discute des films

This lists useful expressions for giving opinions and information about films.

SB 147, **SPEAKING**

6 À vous!

Students work in pairs to ask and answer questions about the cinema.

SB 147 **WRITING**

7 Une lettre à écrire

Students read the letter and write a reply answering the questions and describing a film.

Design a cinema poster

Using a desktop publishing or word-processing package, students could lay out title, main stars, locations and dates and include some advertising slogan, perhaps using the superlative and genre type, e.g. best suspense film of the year. Images from films and of their stars can be readily found on the Internet and pasted into the posters.

CM 7/5 **READING/WRITING**

On parle des films

This provides more practice of film and cinema vocabulary.

1 Un acrostiche

Solution:

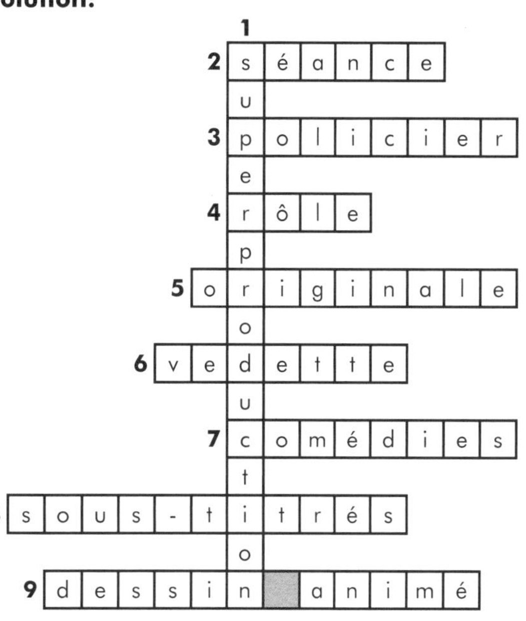

2 La jarre

This review of an Iranian film contains some unfamiliar vocabulary, which is explained on the worksheet. Students read the review, then select the six sentences which summarise the story.

Solution: **A, C, E, F, G, I**

3 Un film que j'ai vu

Students could then describe a film which they have seen, following the guidelines on the sheet.

SB 147, **SPEAKING READING**

8 Au cinéma

Students work in pairs to practise conversations in which they enquire about details of films and practise buying tickets.

Area 9
Qu'est-ce que vous avez fait? Giving an account of an event or performance in the past

SB 148–149, 1–3
Au choix SB 227, 5
CD 6/6

SB 148 **READING**

1 Un bon week-end ou un désastre?

This is a fairly straightforward reading task in which students identify which sentences refer to a good week-end (B) and which describe a disastrous one (D).

Solution: **1D, 2B, 3D, 4B, 5B, 6D, 7D, 8B**

Au choix SB 227 **GENERAL PRACTICE**

5 Un bon week-end?

This provides practice in using the imperfect tense to complete a description of a party and a rock concert.

Solution:

a **1** *était*, **2** *était*, **3** *connaissais*, **4** *étaient*, **5** *avait*

b **1** *était*, **2** *avait*, **3** *était*, **4** *faisait*, **5** *avait*, **6** *était*, **7** *pouvions*

SB 148 **READING WRITING**

2 Une lettre

This brings together some useful phrases for describing a recent event. Students read the letter and write a reply describing an event they have attended.

SB 149, 6/6 **LISTENING SPEAKING**

3 Le week-end dernier

Some oral work could be based on the photos, e.g. *À votre avis, qui a fait de la peinture? Qui est allé au cinéma? Qui a fait du sport? Qui a vu une pièce de Shakespeare? etc.*

Students then listen to the conversations and complete the sentences.

Solution:

Laurent et Julie: **1h, 2d, 3c, 4f, 5i, 6a**

Daniel et Élodie: **1e, 2a, 3d, 4c, 5b, 6f**

Le week-end dernier

Laurent et Julie

– Laurent, tu as fait du sport pendant le week-end, je suppose?
– Oui. Samedi après-midi, j'ai joué un match de basket.
– Et vous avez gagné?
– Non, malheureusement pas. Mais on a joué assez bien quand-même.
– Et tu as fait autre chose?
– Oui, dimanche je suis allé au match de football, Bordeaux contre Paris Saint-Germain.
– C'était bien?
– Oui, c'était un très bon match. Bordeaux a gagné deux à zéro. Et toi, Julie, tu es sortie pendant le week-end?
– Oui, je suis sortie samedi soir. Je suis allée au théâtre avec une amie.
– Qu'est-ce que tu as vu, comme pièce?
– On a vu une pièce de Shakespeare, Macbeth.
– Et c'était bien?
– Assez bien. Je n'aimais pas beaucoup l'acteur qui a joué Macbeth, mais dans l'ensemble, c'était bien.

Daniel et Élodie

– Daniel, tu as passé un bon week-end?
– Oui, j'ai passé un très bon week-end. J'ai participé à la Fête de la Peinture.
– Qu'est-ce que c'est exactement?
– Ben, ça a lieu pendant un week-end sur le Pont des Arts à Paris. Le but est d'encourager les gens à faire de la peinture. Alors c'est ouvert à tout le monde. Il y a de vrais artistes qui sont sur le pont pour te donner des conseils.
– Alors qu'est-ce que tu as fait comme peinture?
– Moi, j'ai peint la Seine et les bateaux. Alors, quand on a fini sa peinture, on l'expose sur le pont et si elle est vendue, l'argent va aux victimes du tremblement de terre en Turquie.
– C'est très intéressant.
– Et toi, Élodie, qu'est-ce que tu as fait pendant le week-end?
– Moi, je suis allée au cinéma. J'ai vu un film anglais qui s'appelle Billy Elliot.
– Ah? Je ne connais pas. C'était bien comme film?
– Oui. Enfin, moi, je l'ai beaucoup aimé.
– Et c'est quoi comme film? Un film d'aventures?
– Ah non, pas du tout. Ça se passe dans le nord de l'Angleterre. Billy est un garçon de onze ans qui apprend à faire de la boxe, mais il est attiré par un cours de danse qui a lieu dans le même bâtiment. Bref, il décide de devenir danseur, mais son père et son frère, qui sont mineurs en grève, sont tout à fait opposés à l'idée. Alors, c'est un peu l'histoire de sa détermination et de sa vie.
– Alors, c'était triste?
– Un peu, oui. C'était très émouvant et le jeune acteur qui faisait Billy jouait vraiment très bien.
– Et le film était en version française?
– Non, c'était en version originale, mais sous-titré en français.

Area 10
Further activities and consolidation
SB 149
Au choix SB 228, 4
CM 7/6–7/22
CD 6/7–6/14
SCD 2/9–2/12

Au choix SB 228, 6/7 EXTENSION LISTENING

4 Des parcs d'attractions

Students listen to the account of a visit to a theme park and complete the sentences, which include some positive and negative opinions.

Solution:
1 **a** *l'année dernière*, **b** *train*, **c** *pique-nique*
2 **a** *Pâques*, **b** *attractions*, **c** *magasins*, *souvenirs*
3 **a** *des amis*, **b** *amusant*, **c** *queue*

Des parcs d'attractions

1 – Vous avez visité un parc d'attractions?
– Oui, moi, je suis allée à Disneyland l'année dernière avec mon père et mon frère.
– Et qu'est-ce que vous avez surtout aimé?
– Il y a une attraction que j'ai bien aimée. C'est une espèce de train fou qui part dans tous les sens. Ça fait beaucoup de sensations, mais c'est vraiment super.
– Alors, le train fou. Et est-ce qu'il y a quelque chose que vous aimeriez changer?
– Oui – le fait qu'on ne peut pas apporter son propre pique-nique dans le parc. Je trouve ça ridicule.

2 – Et vous, vous aussi, vous êtes allé à Disneyland?
– Oui, j'y suis allé avec mon correspondant anglais, à Pâques. C'était vraiment bien.
– Et qu'est-ce que vous avez aimé le plus?
– Les attractions étaient très bien construites. La Cabane des Robinson, par exemple, est construite dans un arbre artificiel, mais qui ressemble tout à fait à un arbre naturel. Alors les décors étaient très bien faits.
– Et est-ce qu'il y a des choses que vous voulez critiquer?
– À mon avis, il y avait trop de magasins et les souvenirs étaient trop chers.

3 – Et vous, vous avez visité un parc d'attractions?
– Oui, moi, je suis allée au parc Astérix avec des amis pour fêter mon anniversaire.
– Et comment l'avez-vous trouvé? Qu'est-ce que vous avez aimé le plus?
– Il y a une attraction assez originale qui s'appelle le Grand Splash. C'est une espèce de bateau sur l'eau qui descend une pente très, très rapidement et ça éclabousse partout. C'était très amusant.
– Et du côté négatif, qu'est-ce que vous avez apprécié le moins?
– Bon, alors, il faut dire qu'au mois d'août, il y a beaucoup de monde et on a perdu beaucoup de temps à faire la queue. Alors les queues, ça, c'était moins bien.

CM 7/6 GRAMMAR

C'était un désastre

This worksheet gives practice in using the perfect and imperfect tenses to talk about a disastrous weekend.

Solution: 1F, 2C, 3A, 4B, 5G, 6E, 7D

CM 7/7 SPEAKING WRITING

Un week-end récent

The pictures and verbal cues provide the stimulus for a short narrative, either spoken or written. Some awarding bodies include a task similar to this in the speaking test. Students should cover all the events, but need not necessarily give all the details shown.

SB 149

Sommaire

A summary of the main structures and vocabulary of the unit.

CM 7/8, SCD 2/9–2/12 INDEPENDENT LISTENING

Tu comprends?

Students could do any or all of the four items on this worksheet – now or later as revision.

1 Un stage d'activités

Solution: 1f, 2a, 3e, 4d, 5b, 6g

Un stage d'activités

Qu'est-ce qu'on fait? Écoutez les conversations et écrivez la bonne lettre.
– Catherine, qu'est-ce que tu fais ce matin?
– Je vais faire de l'escalade. J'aime bien ça.
– Et toi, Karim, que fais-tu aujourd'hui?
– Moi, je fais de la planche à voile. J'adore tous les sports nautiques.
– Lise, tu fais quoi comme activité?
– Moi, je fais de l'équitation.
– Mathieu et Thierry, vous allez faire du VTT?
– Oui, moi, j'adore le cyclisme et le VTT.
– Émilie, qu'est-ce que tu vas faire?
– Moi, je vais faire du roller. Je trouve ça amusant.
– Et Daniel, que fais-tu?
– Je fais de la natation.
– Et toi, Sophie, est-ce que tu fais de la voile?
– Je vais faire de la voile. J'ai toujours voulu essayer ça.

2 On va au cinéma?

Solution: 1c, 2b, 3b, 4a, 5a, 6c

On va au cinéma?

Écoutez la conversation et cochez les bonnes cases.
– Allô, cinéma Dragon.
– Bonjour, Madame, qu'est-ce qu'on passe comme film, aujourd'hui?
– Il y a Le Mexicain.

– C'est quoi, comme film?
– C'est un film américain. C'est un film d'aventures avec Brad Pitt.
– C'est doublé?
– Non, c'est en version originale et c'est sous-titré en français.
– La prochaine séance commence à quelle heure?
– Ça commence à dix-sept heures trente.
– Et ça finit à quelle heure?
– À dix-neuf heures quarante-cinq.
– C'est combien, les places?
– Six euros.
– Est-ce qu'il y a une réduction pour les étudiants?
– Oui, pour les étudiants, c'est quatre euros cinquante.
– Bon, merci, Madame.

3 Des projets pour le week-end

Solution:

1 *après-midi, le bus, 14h30, la piscine*
2 *cinéma, vendredi, le métro, 18h30, café, cinéma*

Des projets pour le week-end

Écoutez les conversations et complétez les messages. Il y a deux conversations.

1 – Salut, Élodie, ça va?
– Salut, Nicolas! Oui, ça va bien. Et toi?
– Oui, ça va. Tu es libre ce week-end?
– Oui, je suis libre samedi après-midi. Tu veux faire quelque chose ensemble?
– Oui, on pourrait peut-être aller à la piscine.
– Oui, je veux bien. Tu y vas comment?
– Moi, je vais prendre le bus.
– Moi aussi. Alors, rendez-vous où et à quelle heure?
– Si on se retrouvait à quatorze heures trente devant la piscine?
– Bon, d'accord. Alors, quatorze heures trente devant la piscine. Est-ce que Lucie veut venir aussi?
– Je vais lui laisser un mot.

2 – Salut, Catherine, ça va?
– Salut, Thomas, oui, ça va bien. Et toi?
– Oui, ça va. Tu es libre vendredi prochain?
– Oui, je suis libre. Tu veux faire quelque chose ensemble?
– Oui, on pourrait peut-être aller au cinéma.
– Oui, je veux bien. Tu y vas comment?
– Moi, je vais prendre le métro.
– Moi aussi. Alors, rendez-vous où et à quelle heure?
– Si on se retrouvait à dix-huit heures trente au café à côté du cinéma?
– Bon, d'accord. Alors, dix-huit heures trente au café à côté du cinéma.
– Est-ce que Roland veut venir aussi?
– Je vais lui envoyer un e-mail.

4 On parle des loisirs

This provides practice for the conversation section of the speaking test.

Solution:

Jonathan: **1H** *nager,* **2N** *six,* **3K** *printemps,*
4E *l'informatique,* **5G** *le livre*
Émilie: **6B** *chante,* **7J** *le piano,* **8D** *la flûte,* **9L** *prochain,*
10M *des promenades,* **11C** *le chien,* **12F** *la lecture,*
13A *bowling*

On parle des loisirs

Écoutez les conversations et complétez le texte.

Jonathan

– Quel est ton passe-temps préféré?
– J'aime tous les sports, surtout la natation et le ski.
– Quand est-ce que tu as appris à nager?
– J'ai commencé à l'âge de six ans.
– Et où est-ce que tu fais du ski?
– Je vais dans les Alpes avec mon père, pendant les vacances de printemps.
– Et à part le sport, qu'est-ce que tu aimes faire?
– J'aime l'informatique et le cinéma. La semaine prochaine je vais voir le film Le Seigneur des Anneaux.. On dit que c'est un très bon film. J'ai déjà lu le livre et je l'ai bien aimé.

Émilie

– Qu'est-ce que tu as comme passe-temps?
– Moi, j'aime beaucoup la musique. Je joue du piano et de la flûte et je chante dans une chorale.
– Quand est-ce que tu as commencé à jouer d'un instrument?
– J'ai commencé à apprendre le piano à l'âge de sept ans et la flûte un peu plus tard, à l'âge de neuf ans. Je joue de la flûte dans l'orchestre du collège. Le mois prochain, nous allons donner un concert à l'hôtel de ville.
– Et à part la musique, qu'est-ce que tu fais? Du sport?
– Pas beaucoup. Je ne suis pas très sportive. Je fais des promenades quelquefois, le week-end, avec le chien, mais c'est tout. J'aime la lecture, surtout les livres de science-fiction. Récemment, j'ai lu Les Royaumes du Nord de Philip Pullman. C'est un très bon livre.
– Tu sors de temps en temps avec tes amis?
– Oui, le week-end, surtout. Le week-end dernier, j'ai fait du bowling avec des amis. C'était amusant.

CM 7/9 **READING**

Presse-Jeunesse: Le Tour de France

This copymaster is mainly for reading for pleasure, but it has an optional matching task.

Those interested could look up more information on the website (www.letour.fr) and perhaps print out the map of the next tour. The text could also be used for classroom oral work, perhaps for further practice of the comparative and superlative, e.g.

Est-ce que le premier tour était plus long que le tour moderne?
Et les étapes du premier tour étaient plus courtes?
Le coureur le plus vite porte quel maillot? etc.

Que savez-vous du Tour de France?

Solution: 1b, 2g, 3e, 4c, 5j, 6h, 7d, 8a, 9i, 10f

Épreuve – Unité 7

These worksheets can be used for an informal test of listening, speaking, reading and writing or for extra practice, as required. For general notes on administering the *Épreuves*, see TB 11–12.

CM 7/10–7/12, 6/8–6/14 **LISTENING**

Épreuve: Écouter

Partie A

1 Une semaine pleine d'activités F

Students listen and, by each day of the week, write the letters representing the correct activities. The words for each activity are repeated 'naturally' in the recording as someone checking over the programme.

Solution: **lun. 6 G, mar. 7 E D, mer. 8 I, jeu. 9 A B, ven. 10 C, sam. 11 F** [8 marks]

Une semaine pleine d'activités

Écoutez. Pour chaque jour, écrivez les bonnes lettres.

Voilà, tout est organisé. On va vérifier le programme pour la semaine:
Dimanche – il y a le concert avec l'Orchestre des Jeunes.
Lundi – on fait une randonnée à la campagne … euh … oui, c'est ça – une randonnée.
Mardi – il y a l'équitation – si vous aimez monter à cheval. Puis il y a le pique-nique pour tout le monde. Donc, mardi – l'équitation le matin, et puis un pique-nique, c'est ça!
Mercredi, maintenant. Ah oui, mercredi, on va à la nouvelle piscine. La natation est toujours très populaire quand il fait chaud.
Jeudi – pendant la journée, on peut aller à la patinoire, puis le soir, on va au cinéma. Donc, deux activités – le jeudi: la patinoire et le cinéma.
Vendredi, pendant toute la journée, vous êtes libre, puis … voyons … ah oui, le soir, on va aller au théâtre. C'est ça, on va voir une pièce au théâtre.
Et samedi, c'est la fête. Voilà – pendant la journée, on est libre, puis le soir, tout le monde va à la fête.

2 Quels loisirs? F

Students listen and write the correct letter to show each person's favourite leisure activity.

Solution: **1 Camille A F, 2 Florent D C, 3 Louise B E, 4 Christine I** [7 marks]

Quels loisirs?

Écoutez. Quels sont leurs loisirs préférés? Écrivez deux lettres à chaque fois.

- Alors, Martin, quels sont tes passe-temps favoris?
- Ben, moi, j'aime faire de la planche à voile et j'aime la natation aussi.
- De la planche à voile et la natation, c'est bien. Et puis, Camille, qu'est-ce que tu fais quand tu as du temps libre?
- J'aime lire les bandes dessinées, comme Tintin et Astérix, et j'aime beaucoup faire la cuisine, surtout les gâteaux au chocolat.
- Ah bon. Tu aimes faire la cuisine, c'est très bien, ça! Et toi, Florent, quels sont tes passe-temps favoris?
- D'abord, le roller, moi, j'adore ça! Et puis le vélo. Je fais du roller surtout en hiver et puis en été, je fais du vélo.
- Bonne idée! Louise, maintenant! Quels sont tes passe-temps, Louise?
- Je joue aux échecs – je suis fana du jeu d'échecs! Et puis, j'aime jouer à l'ordinateur.
- Et maintenant, Christine. Tu joues de la guitare dans un groupe, non?
- Oui, je joue de la guitare.
- Et tu fais du sport aussi?
- Non, avec ma musique, je n'ai pas le temps.

3 On parle du cinéma F/H

Students listen to Maxime, Camille and Daniel discussing their favourite films. They complete the grid with the type and nationality of the film and two opinions given.

Solution:

	genre de film	**nationalité**	**impressions**	
Maxime	dessin animé	français	*super* *drôle*	[2]
Camille	*film d'amour*	*français*	any 2 of: *célèbre, drôle, fantastique*	[4]
Daniel	*film policier*	*américaine*	any 2 of: *populaire, passionnant, original*	[4]

[10 marks]
[Total for part A: 25 marks]

On parle du cinéma

Écoutez et complétez la grille.

- Dans cette édition de 'Ciné-mag', des jeunes, qui sont amateurs du cinéma, vous parlent de leurs films favoris. Maxime, d'abord. Tu nous parles de quel film, Maxime?
- Ben moi, j'adore les dessins animés – c'est une vraie passion et j'aime surtout Astérix.
- Et quel dessin animé as-tu choisi?
- Impossible de choisir! Tous les films français d'Astérix sont supers. Je n'ai vraiment pas de film favori – ils sont tous très drôles et très bien dessinés.
- Merci, Maxime. Et à toi Camille. Quel est ton film préféré?
- Pour moi, c'est un film français, très célèbre; c'est 'Jules et Jim', un film de François Truffaut.
- C'est un film d'amour, n'est-ce pas?
- Oui, mais c'est aussi un film très drôle quelquefois – à mon avis, un film fantastique.
- Et toi, Daniel, qu'est-ce que tu as choisi?
- J'ai choisi un film américain très populaire. C'est 'Gangster 3'.
- Donc, un film policier?
- Oui, oui. C'est un film policier, bien sûr! Moi, j'ai vu ce film au moins trois fois et chaque fois, je l'ai trouvé passionnant. En plus, je crois que c'est un film assez original.

Partie B

1 Si on sortait? F/H

Students first look at the adverts and then listen to the discussion between David and Caroline. They note down the letters for the possibilities discussed and rejected and for the one selected. They also write, in French, the place and time arranged for meeting. (Spelling should not be penalised.)

Solution: **2E**, **3D**, **4B**, **5** *sur la place*, **6** *8h30* [5 marks]

Si on sortait?

Écoutez la conversation de David et Caroline et regardez la publicité. Écrivez la bonne lettre (2, 3, 4). Écrivez l'endroit (5) et l'heure (6) de leur rendez-vous ***en français****.*

– Ah, te voilà Caroline. Salut!
– Salut! Dis, tu es libre ce soir, David?
– Oui, je crois. Qu'est-ce qu'on fait? Tu veux jouer au tennis?
– Ah non. On fait ça tous les week-ends. Tu veux aller aux Championnats de Judo?
– Ah non – je n'ai pas tellement envie de voir ça. Il y a la soirée Rock dans la Salle des Fêtes – ça te dit quelque chose?
– Bof, si tu veux, mais il fait vraiment trop chaud pour le Rock. Tiens! C'est ce weekend où il y aura la fête foraine, non?
– Ah oui, je crois. Bonne idée, allons-y.
– D'accord. Si on se voyait sur la place à huit heures? Ça va?
– Disons huit heures et demie – on dîne assez tard le samedi chez nous.
– À huit heures et demie, entendu!

2 Le week-end d'Anaïs F/H

Students listen to the conversation and choose the correct options.

Solution: **1A, 2C, 3C, 4B, 5C** [5 marks]

Le week-end d'Anaïs

Écoutez et écrivez la bonne lettre.

– Salut, Sébastien, c'est Anaïs. Comment vas-tu?
– Ah bonjour, Anaïs. Je vais bien. Et toi, tu as passé un bon week-end?
– Enfin, pas trop! D'abord, tu sais le beau pull que j'ai acheté en ville vendredi matin, ben, il était trop petit, finalement!
– Mais tu peux aller en ville mardi matin pour l'échanger contre une taille plus grande.
– Bien sûr, mais c'est que je voulais le mettre hier soir pour la fête d'Olivier.
– C'était bien la fête?
– Pas mal – la musique était bien, mais il y avait trop de monde. En effet, je suis rentrée chez moi vers onze heures, parce que j'avais mal à la tête.
– C'est pour ça que tu n'es pas venue au cinéma cet après-midi?
– Non, non. C'est que j'avais un tas de devoirs à faire. C'était bien, le film?
– Je l'ai trouvé un peu moche, mais en tout cas, je n'aime pas beaucoup les comédies.

3 La presse, c'est mon travail H

Students listen to the interview and answer the questions in French.

Solution: (Marks should be given for the correct answer as long as the meaning is clear. Mistakes of spelling and grammar should not be penalised.)

1 *à son compte*
2 *lit le journal*
3 *sa famille*
4 *il se lève plus tard*
5 *plus difficile*
6 any 2 of: *on ne vend pas les journaux à cause du journal télévisé/les gens ne sont pas si honnêtes/il y a tant de magazines différents* [2 marks]
7 *intéressant/ne veut pas changer* [8 marks]

La presse, c'est mon travail

Écoutez l'interview avec Jean-Pierre Levoisier, marchand de journaux à Paris. Répondez aux questions ***en français****.*

– Bonjour, Jean-Pierre, c'est à vous ce kiosque ou vous travaillez pour une agence?
– Ben, je loue le kiosque, mais je travaille pour moi-même.
– Tout seul?
– Non, non. J'ai mon frère qui travaille pour moi, mais pour l'instant, il est parti chercher des journaux.
– Ah bon! Alors, vous ne vous ennuyez pas trop ici?
– Je ne m'ennuie jamais. Je discute avec les clients, et, si par hasard il n'y en a pas, ben ... je lis le journal, quoi!
– Votre frère travaille ici à mi-temps ou à plein temps?
– Ben ... à plein temps plutôt. Mais souvent, on travaille tour à tour. Comme ça, on peut aller prendre un verre de temps en temps ou déjeuner, puis ça nous permet de prendre des vacances.
– Ah bon, vous ne partez pas en vacances en même temps que votre frère?
– Non, non. Quand je pars, il s'occupe du kiosque. Pour moi, les vacances c'est essentiel! Sinon, je ne vois jamais ma famille, car le matin, je dois me lever beaucoup plus tôt que les autres!
– Vous vous levez très tôt, même le dimanche?
– Le dimanche, non, c'est vrai. Comme je travaille à mon propre compte, je peux ouvrir quand je veux. Alors, le dimanche et le samedi, on vend moins de journaux que les jours de semaine, donc le week-end, je me lève un peu plus tard.
– Vous êtes marchand de journaux depuis longtemps, non? Croyez-vous que votre vie est plus facile maintenant qu'autrefois?
– Ah non, pas du tout! C'est plus difficile, en effet, et plus compliqué. Par exemple, c'est plus difficile de vendre les journaux à cause du journal télévisé.
– Mais en général, ça vous plaît? Vous n'avez pas envie de changer de métier?
– Ah non. Il y a quelques problèmes, bien sûr, les gens ne sont pas si honnêtes qu'autrefois, et il y a tant de magazines différents – ça change tout le temps. Mais c'est toujours très intéressant. Je ne voudrais pas changer.

4 On s'excuse H

Students listen to the four conversations and answer the questions in English.

Solution: **1** bus was late, **2** quarter of an hour, **3** lost her way, **4** too expensive, **5** the (railway) station, **6** bus was cancelled, **7** fetch Jordan from the station

[7 marks]
[Total for Part B: 25 marks]

On s'excuse

Listen and reply to the questions in English.

1 Alice et Manon
- Oh, excuse-moi, Manon. Je t'ai fait attendre?
- Ah, te voilà, Alice. Ce n'est pas grave. Tu as manqué le bus?
- Non, non, je n'ai pas manqué le bus, mais il était très en retard.

2 Léila et Jean-Luc
- Je suis désolée, Jean-Luc. Ça fait longtemps que tu attends?
- Un quart d'heure environ. Qu'est-ce qui est arrivé, Léila?
- Je me suis trompée de chemin, j'étais complètement perdue!
- Tu n'as pas pensé à prendre un taxi, alors?
- Ah non, ça coûte très cher, les taxis!

3 Jordan et Christine
- Allô. C'est Christine?
- Oui, oui. C'est toi, Jordan? Où es-tu?
- Je suis à la gare. Le bus n'est pas venu – il était annulé à cause de la neige et j'ai pris le train. Mais le train était très en retard. Je suis désolé, Christine!
- Ne t'en fais pas. Ce n'est pas grave. On viendra tout de suite te chercher à la gare.

CM 7/13–7/15 **SPEAKING**

Épreuve: Parler

The speaking test contains two elements: two role play tasks (using either CM 7/13 or CM 7/14) and a conversation (CM 7/15).

The role play tasks have a suggested script which is given on *Carte B* so the role play dialogues can be used for practice in pairs, as an alternative to assessment.

Suggested marking scheme:

Each **role play** task is marked on a scale of 1–10 using the following criteria.

9–10	Conveys all information required (including unpredictable elements if applicable) Interacts well No prompting required
7–8	Conveys most information Little or no prompting
5–6	Conveys half the required information Little prompting necessary
3–4	Conveys less than half the required information Some prompting
1–2	Conveys only one piece of relevant information Very hesitant, reliant on prompting
0	No effective communication

The **conversation** is marked on a global basis for communication and content (maximum 10 marks) and quality of language (maximum 10 marks).

A further 10 marks are given for intonation, pronunciation and general accuracy based on **performance** throughout the speaking test.

This gives a total of 50 marks (role play tasks: 10 + 10; conversation: 10 + 10; general performance: 10). This overall mark is then divided by two to give a final mark out of 25 for speaking.

CM 7/13 **SPEAKING**

Épreuve: Parler

Role play (1)

A1 À la caisse F

This task has cues in English and some visuals.

B1 Au cinéma F/H

This task has cues in English, some visuals and includes one unpredictable element.

CM 7/14 **SPEAKING**

Épreuve: Parler

Role play (2)

B2 Dans la rue F/H

This task has cues in English, some visuals and includes one unpredictable element.

C1 On s'excuse H

This task has cues in French, some visuals and two unpredictable elements.

CM 7/15 **SPEAKING**

Épreuve: Parler

Conversation and discussion

The list of questions could be given to students before the test and they could be asked to select and prepare one topic in advance. The test should include questions on this topic and one other topic chosen at random. Students should be given an opportunity to answer using a range of tenses and to give opinions and reasons.

CM 7/16–7/20 **READING**

Épreuve: Lire

Partie A

1 C'est quelle image? F

Students match the activity to the correct notice.

Solution: 1F, 2A, 3E, 4C, 5D, 6G, 7H [7 marks]

2 À l'Aquaparc F

Students read the advertisement and decide whether the statements are correct or not or whether the information is not supplied.

Solution: 1?, 2 ✓, 3 ✓, 4 ✓, 5?, 6 ✓, 7 ✓, 8 ✗ [8 marks]

3 Une semaine typique F/H

Students read the short article and complete it with the correct letters.

Solution: 1F, 2B, 3C, 4E, 5A [5 marks]

4 La musique – c'est leur passion! F/H

Students complete the article with letters representing the words listed below.

Solution: **1C, 2A, 3B, 4D, 5F** [5 marks]
[Total for Part B: 25 marks]

Partie B

1 Arromanches 360° F/H

This is an interpreting task in which students find out details for friends planning a visit to France.

Solution:

1 The price of freedom/liberty
2 18 minutes
3 The allied landings in Normandy (or any similar answer that shows they realise which event is referred to)
4 9 screens/circular [2 marks]
5 9 synchronised cameras used/cameras placed on tanks, helicopters, boats, etc. [2 marks]
6 Yes
7 10.10am to 5.40pm (10:10 to 17:40)
8 €14.40

[Total: 10 marks]

2 Sommaire H

Students read the summary page from this magazine for young people and choose the correct option from the statements that follow.

Solution: **1C, 2C, 3A, 4A, 5B** [5 marks]

3 Les 400 coups H

Students read this description of the film and write **V**, **F** or **PM** after each statement.

Solution: **1PM, 2V, 3V, 4F, 5F, 6V, 7F, 8V, 9V, 10V** [10 marks]

CM 7/21–7/22 **WRITING**

Épreuve: Écrire

It is suggested that students do either tasks 1–4 or tasks 4 and 5 to obtain a mark out of 50. This can be divided by two to give a total mark of 25 for writing.

1 Le sport et les activités F

Students complete the lists with sports/leisure activities. The task should be marked for communication only and inaccurate spelling should not be penalised, so long as the message is clear.

[10 marks]

2 Mes loisirs F

This task tests grammatical knowledge and some vocabulary. It should be marked for communication and accuracy.

Solution: **1** vais, **2** *allons*, **3** *billets/places/tickets*, **4** *a fait*, **5** *patinoire*, **6** *natation*, **7** *ai joué*, **8** *équipe (de hockey)*, **9** *bandes dessinées*, **10** *ordinateur*

3 Un message F/H

Students write a short message responding to a note and covering the details in English.

Marking scheme:
Communication and completion of task requirements: 6
Quality of language: 4

[Total: 10 marks]

4 On répond à Émilie F/H

Students write a letter of about 80 words in response to a letter in French. They should use a range of tenses and express opinions.

Marking scheme:
Communication and content: 10
Quality of language: 10

[Total: 20 marks]

5 a Mon passe-temps favori H
b Une journée extraordinaire H

Students choose either **a** (an article) or **b** (completing a letter) and write about 120–140 words, using the cues in French. They should use a range of tenses and express opinions.

Marking scheme:
Communication and content: 10
Quality of language: 10
Accuracy: 10

[Total: 30 marks]

Encore Tricolore 4
nouvelle édition

unité 8 Nouveaux horizons

Area	Topics	Grammar	Vocabulary
8.1 *À propos des vacances*	Exchanging opinions about different types of holiday Giving own preferences, e.g. location, activities, holidays with parents or with friends		Holidays in general (SB 150)
8.2 *Projets de vacances*	Discussing future holiday plans Describing an ideal holiday or weekend Understanding information about French-speaking countries	Revision of the future tense Conditional tense	
8.3 *Des renseignements touristiques*	Giving and seeking information about a region, town or area Understanding information about visits and tourist facilities		At the tourist office (SB 155)
8.4 *À l'hôtel*	Seeking information about hotel accommodation Making and understanding complaints about hotel accommodation		At a hotel (SB 157–159)
8.5 *Et maintenant … la météo*	Describing weather conditions Understanding information about the weather Giving simple predictions		
8.6 *On s'amuse bien ici*		Referring to past, present and future	
8.7 *On fait du camping*	Discussing the advantages and disadvantages of camping Booking a site Giving and seeking information about facilities available		Camping (SB 165) Useful equipment (SB 165)
8.8 *Vacances jeunes*	Giving and seeking information about youth hostels Hiring things, such as bicycles (cost, conditions, location, etc.)	Using the perfect infinitive (*après avoir fait*, etc.)	At the youth hostel (SB 166)
8.9 *Souvenirs de vacances*	Describing a holiday in the past Expressing opinions about the holiday, resort, etc.	Revision of perfect and imperfect tenses	
8.10 Further activities and consolidation			See also *Vocabulaire par thèmes* (SB 271–272)

Students' Book 150–169, Au choix 229–231
Class CD 6–7, **Student CD 2**

Examination Grammar in Action
pages 50, 57, 64–66, 71

Copymasters

8/1	*Jeux de vocabulaire – les vacances* [vocabulary practice] (TB 194)
8/2	*Amboise* [reading] (TB 197)
8/3	*À l'hôtel* [listening, speaking] (TB 199)
8/4	*Vive les vacances!* [grammar] (TB 203)
8/5	*Des vacances jeunes* [vocabulary practice] (TB 208)
8/6	*Mots croisés – les vacances* [vocabulary practice] (TB 211)
8/7	*Assassinée* [reading] (TB 212)
8/8	*Tu comprends?* [independent listening] (TB 212)
8/9	*Presse-Jeunesse: Les Alpes* [reading] (TB 213)
8/10–11	*Épreuve: Écouter* (TB 213)
8/12–14	*Épreuve: Parler* (TB 215)
8/15–18	*Épreuve: Lire* (TB 216)
8/19–20	*Épreuve: Écrire* (TB 216)

Au choix (SB 229–231)

Support

1 *Sondage vacances* (TB 192)
2 *Vacances de Pâques* (TB 193)
3 *Mes vacances de rêve* (TB 194)
4 *Du matériel utile* (TB 206)
5 *Avez-vous passé de bonnes vacances?* (TB 210)

General

1 *Les jours fériés en France* (TB 190)
2 *On parle des vacances* (TB 191)
3 *Savoir voyager* (TB 193)
4 *À l'hôtel* (TB 199)
5 *Des questions* (TB 208)

Extension

1 *Des prévisions météorologiques* (TB 202)
2 *Un nouvel hôtel* (TB 204)
3 *Vacances sous la tente* (TB 206)
4 *Voyage en Afrique* (TB 211)
5 *Des journées particulières* (TB 212)

Useful websites

Planning holidays
This is a site about tourism in France, with details about tourist attractions, maps, weather, accommodation, restaurants, etc.
www.cybevasion.fr/
This is the site of *Le Guide du Routard* with information about travel in different countries.
www.club-internet.fr/routard/
This is the site of *FUAJ*, the French youth hostelling association, with information about hostelling throughout the world:
www.fuaj.fr

French Tourist Information
From these sites it is possible to obtain information about all aspects of planning a holiday in France, e.g. hotels, campsites, attractions, etc.
Maison de la France
www.franceguide.com
Tourist offices
www.tourisme.ont.asso.fr
General tourist information
www.tourisme.gouv.fr

Other French-speaking areas
Information about Quebec
www.quebecregion.com/f/
Tourist information about Martinique:
www.sasi.fr/guidemartinique/
www.touristmartinique.com/fr/accueil.htm

Area 1
À propos des vacances
Exchanging opinions about different types of holiday
Giving own preferences, e.g. location, activities, holidays with parents or with friends

SB 150–151, 1–4
Au choix SB 229, 1, SB 230, 1–2
CD 6/15–6/16

SB 150 **READING**

Point-info: La France, pays de vacances

This gives some general facts about tourism in France. Ask a few questions in French to check comprehension, e.g.

- *Quel est le premier pays du monde pour le tourisme?*
- *De quels pays viennent les touristes?*
- *Un jour férié, qu'est-ce que c'est?*
- *Donnez-moi un exemple d'un jour férié.*

Au choix SB 230 **GENERAL READING**

1 Les jours fériés en France

This provides information and a matching task about public holidays in France for optional use at any appropriate point in the unit. Only the main holidays need to be learnt for active use.

Solution: **1d, 2i, 3j, 4c, 5g, 6e, 7b, 8h, 9a, 10k, 11f, 12i**

PRESENTATION

À quoi servent les vacances?

Start with a general discussion about the value of holidays and what people expect from them, listing some ideas on the board, e.g.

Pourquoi les gens partent-ils en vacances? Qu'est-ce qu'ils cherchent? Qu'est-ce qu'ils espèrent trouver? Souvent, on espère trouver le beau temps, le soleil, de belles plages, la mer, la montagne, la campagne ...

Explain the expression *se dépayser*.

Quelquefois, on cherche un changement, par exemple un autre mode de vie, un autre pays. On veut se dépayser – oublier la vie de tous les jours.

Certains choisissent des vacances découvertes – ils veulent découvrir quelque chose de différent – un autre pays, rencontrer de nouvelles personnes.

D'autres préfèrent des vacances actives où ils peuvent apprendre un nouveau sport/faire un nouveau passe-temps.

Quelquefois, on choisit une destination où il y a beaucoup de choses à faire – des distractions, comme par exemple des discothèques, des activités culturelles comme des monuments historiques, des musées, des théâtres, des concerts ou des activités sportives.

Quelquefois, on cherche surtout du repos, du calme, du temps libre, le temps de lire ou de se détendre.

SB 150, 6/15 **LISTENING**

1 Pourquoi partir en vacances?

Go through the list of conditions and check that these are clearly understood, e.g.

a *avoir du beau temps – ça veut dire avoir du soleil, du ciel bleu sans nuage*
b *se reposer – qu'est-ce que ça veut dire? (ne rien faire, ne pas être pressé, ni stressé, se détendre, etc.)*
c *passer du temps avec la famille/des amis – ça, c'est important pour des gens qui travaillent et qui ne peuvent pas passer beaucoup de temps avec leur famille ou leurs amis normalement*
d *se dépayser – ça veut dire changer de pays, de milieu*
e *se faire bronzer – ça veut dire s'allonger au soleil pour avoir la peau bronzée, mais il faut faire attention à ne pas se brûler au soleil*
f *rencontrer de nouvelles personnes – ça, c'est important, surtout pour les jeunes*
g *lire – on vend beaucoup de romans dans les aéroports aux gens qui partent en vacances*
h *faire du sport*
i *bien manger, bien boire – et aussi ne pas devoir faire la cuisine soi-même*
j *visiter des monuments, des musées, des expositions*
k *autre chose*

Then students listen to the recording and note down the letter by each condition mentioned.

Solution: **1a, 2h, 3c, 4a+i, 5a+d, 6f, 7h, 8j**

Pourquoi partir en vacances?

– Les vacances – ça, c'est important pour beaucoup de personnes. Mais qu'attend-on surtout des vacances? C'est ça qu'on veut découvrir, en posant des questions aux gens dans la rue. Qu'est-ce qui est important pour des vacances réussies?

1 Bonjour, Madame. Que cherchez-vous surtout quand vous partez en vacances?
– Pour moi, c'est le beau temps. J'adore les pays chauds, alors j'essaie toujours de passer mes vacances dans un pays ou une région où le beau temps est presque garanti.

2 – Et vous, Monsieur? Le beau temps, est-il important pour vous?
– Oui et non. Bien sûr, je préfère le soleil à la pluie, mais je n'aime pas trop les pays chauds. Ce qui est important pour moi pendant les vacances, c'est de faire du sport, comme le ski ou la voile. J'ai un travail assez stressant, donc j'ai besoin de vacances actives pour me détacher un peu de mon travail.

3 – Et vous, Madame. Que cherchez-vous surtout quand vous partez en vacances?
– Comme j'ai deux enfants et que je travaille à plein temps, les vacances, c'est pour profiter de la vie de famille. Donc, ce qui est important, c'est de passer du temps avec mes enfants. Normalement, nous partons à la plage ou nous faisons du camping.

4 – Et vous, Monsieur? À votre avis, quelle est la condition la plus importante pour des vacances réussies?
– Pour moi, d'abord, il y a le soleil. C'est ça qui compte le plus. Ensuite, j'aime bien aller dans de bons hôtels et manger dans de bons restaurants.

5 – Et vous, Madame. Que cherchez-vous surtout, quand vous partez en vacances?
– Moi, le soleil aussi. Puis j'aime me dépayser – changer de routine complètement, ne pas avoir d'horaires.

6 – Et vous, Monsieur?
– Pour moi, ce sont les vacances découvertes que j'aime le plus – rencontrer de nouvelles personnes et découvrir un autre pays.

7 – Et vous, Madame. Quel type de vacances préférez-vous?
– Moi, j'aime surtout des vacances actives, par exemple faire des sports nautiques, comme la plongée sous-marine.

8 – Et vous, Monsieur. Que cherchez-vous pendant les vacances?
– Moi, j'adore l'histoire et l'art. Alors j'aime bien visiter les monuments historiques et les musées. Je trouve ça passionnant.
– Eh bien, voilà – on a entendu quelques avis différents sur des vacances réussies, mais on est tous d'accord sur un point: les vacances, ça, c'est important.

SB 150, **SPEAKING WRITING**

2 À vous!

Students should then discuss and note down factors that are important or not important for their own holidays. This could be followed by a quick poll in class to see which factors are considered most important.

A writing frame could be produced, based on the prompts in the Students' Book (see TB 15).

SB 150 **VOCABULARY**

Lexique: Des vacances

This lists some of the vocabulary linked to holidays in general.

AU CHOIX SB 230, 6/16 **GENERAL LISTENING**

2 On parle des vacances

With able students, the recording could be played first without the text (SB 151) and students could do this task in *Au choix*.

Solution: 1b, 2c, 3a, 4c, 5b

SB 151, 6/16 **LISTENING**

3 On parle des vacances

As the text provides useful language that can be used by students when talking about their own holidays. It has been printed in the Students' Book as well as being recorded. Students listen and follow the text, then do the activities, referring to the text as necessary.

a Students choose the sentence that summarises each person's view.

Solution: 1e, 2a, 3b, 4c, 5d

b Students note something positive and something negative mentioned by each person.

On parle des vacances

1 – Djamel, qu'est-ce que tu fais généralement pendant les vacances?
– Je passe mes vacances au Maroc avec mes parents. Nous allons chez mes grands-parents. Ils habitent à Marrakech. C'est bien parce que c'est au bord de la mer. J'adore y aller parce que j'aime nager. Il fait beau et il y a de belles plages. Mais on va toujours au même endroit. Ce serait bien de changer un peu et de voir quelque chose de différent.

2 – Et toi, Élodie, est-ce que tu vas à l'étranger aussi?
– Non, normalement, nous restons en France. Mes parents louent un appartement dans les Alpes. J'aime bien être à la montagne et on peut faire beaucoup d'activités, comme des randonnées à VTT, du canoë-kayak et de l'escalade.
– Ça doit être bien.
– Oui, pour les activités sportives, c'est très bien, mais il n'y a pas beaucoup de choses à faire le soir. Il n'y a pas de discothèque, ni de cinéma.

3 – Et toi, Jonathan, tu préfères passer les vacances à l'étranger ou rester ici, en France?
– Moi, je préfère aller à l'étranger. Normalement, nous allons en Italie ou en Grèce.
– Ça doit être intéressant, non?
– Oui et non. J'aime bien ces pays et il fait toujours beau, mais mes parents aiment visiter beaucoup de monuments et de musées et ça ne m'intéresse pas. Moi, j'aimerais mieux rester sur la plage.
– Tu aimes aussi faire autre chose?
– Oui, j'aime faire des photos.

4 – Stéphanie, tu pars en vacances avec tes parents?
– Oui, normalement, mais cette année, on ne part pas en famille. Alors, moi, je vais faire un camp d'adolescents avec une amie. Nous allons en Bretagne.
– Ça sera amusant, non?
– Oui, j'espère bien que oui. On va faire beaucoup d'activités – de la voile, de la planche à voile, de l'équitation, etc. Ça devrait être bien, mais le beau temps n'est pas garanti. Il pleut assez souvent en Bretagne et faire du camping sous la pluie, ce n'est pas très agréable!

5 – Et toi, Marc, tu passes les vacances en famille ou avec des amis?
– Normalement, je passe mes vacances avec ma famille, mais l'année dernière, je suis parti avec un copain dans les Pyrénées. C'était un voyage organisé et on a logé dans des auberges de jeunesse.
– Ça s'est bien passé?
– Oui, en général, c'était bien, mais les repas n'étaient pas toujours bons.
– Alors, qu'est-ce que tu préfères – les vacances en famille ou avec des amis?
– J'aime bien mes parents et on a passé de bonnes vacances ensemble. Mais c'était amusant de partir avec un copain et d'être un peu plus indépendant.

SB 151, **SPEAKING WRITING**

4 À vous!

Students work in pairs to talk about holidays in general and then write a short paragraph on similar lines. A more structured task, which may be easier for some students, is provided in *Au choix*.

AU CHOIX SB 229, **SUPPORT SPEAKING**

1 Sondage vacances

Students interview each other about their preferred holiday arrangements and note down the replies given, just as letters or as brief notes.

Area 2
Projets de vacances
Discussing future holiday plans
Describing an ideal holiday or weekend
Understanding information about French-speaking countries
Revision of the future tense
Conditional tense
SB 152–154, 1–11
Au choix SB 229, 2–3, SB 230, 3
CM 8/1
CD 6/17–6/18
Examination Grammar in Action, pages 64–66

SB 152 **PRESENTATION**

Holiday adverts

Talk briefly about the adverts for different holidays, e.g.

- *Voici de la publicité pour des vacances à l'étranger.*
- *Le Sénégal, ça se trouve où? En Europe? En Amérique?*
- *C'est un pays francophone? (Oui, au Sénégal, la langue officielle est le français, mais on parle aussi d'autres langues.)*
- *Et le Maroc? (Au Maroc, la langue officielle est l'arabe, mais on parle aussi français.)*
- *La Guadeloupe se trouve aux Antilles. C'est près de quel continent? (L'Amérique du Sud et L'Amérique du Nord.)*
- *Et la Réunion. C'est une île aussi, mais pas aux Antilles. (La Réunion se trouve sur l'Océan Indien, à l'est de l'Afrique.)*
- *À votre avis, quel temps fait-il dans ces pays? Est-ce qu'il fait chaud ou froid? (Dans tous ces endroits, il fait chaud la plupart du temps, mais il y a une saison où il pleut beaucoup.)*

SB 152, 6/17 **LISTENING**

1 Vous partez en vacances?

Students listen to the conversations and note down whether the people are taking a holiday this year and, if so, where.

They could then listen again and find out the reason why the other people aren't taking a holiday (*pour faire des économies*).

Solution:

1 *oui, au Maroc* (**b**)
2 *non*
3 *oui, au Sénégal* (**a**)
4 *non*
5 *oui, à La Réunion* (**d**)
6 *oui, en Guadeloupe* (**c**)

Vous partez en vacances?

1 – Partez-vous en vacances cet été?
– Oui, nous pensons aller au Maroc.
– Vous le connaissez déjà?
– Oui, nous y sommes allés il y a deux ans.

2 – Que pensez-vous faire pour les vacances?
– Cette année, je ne prends pas de vacances. L'année dernière, je suis allé au Canada. Alors cette année, je reste à la maison pour faire des économies.

3 – Partez-vous en vacances cet été?
– Oui. Au mois de juillet, je vais partir avec un groupe de jeunes au Sénégal.
– C'est bien, ça. Vous allez à Dakar?
– Oui, on prendra l'avion pour Dakar, puis on va partir en expédition pour découvrir le pays.

4 – Partez-vous en vacances cette année?
– Euh, cette année ... non, je ne vais pas partir en vacances. Cette année, je fais des économies, car l'année prochaine, je voudrais aller au Vietnam. J'ai une amie qui travaille là-bas et elle m'a invitée chez elle.

5 – Que pensez-vous faire pour les vacances?
– Ça fait deux ou trois ans qu'on n'a pas pris de vacances, alors cette année, on fera quelque chose de spécial. On ira à La Réunion.
– Ah bon, c'est où ça?
– C'est sur l'Océan Indien, près de Madagascar. On dit que c'est une île très intéressante à découvrir à pied. Il y a des montagnes, des cirques, des volcans.

6 – Partez-vous en vacances cette année?
– Oui, nous allons aux Antilles. Ça fait longtemps qu'on a envie d'y aller ... eh bien, on a finalement décidé d'y aller cette année, en juillet.
– Vous allez en Guadeloupe?
– Oui, nous prendrons l'avion pour la Guadeloupe et nous allons rester dans un hôtel là-bas, mais j'espère qu'on pourra aussi faire une petite croisière pour visiter d'autres îles pendant notre séjour.

SB 152 **READING**

2 Idées vacances

This provides some vocabulary practice based on the adverts for holidays.

Solution:

1 *le français*; any of following – *Dakar, Marrakech, Casablanca, Rabat, Meknès, Fès; sénégalaise*
2 *le Sénégal, le Maroc*; any two of – *la Guadeloupe, la Réunion*

3 any three of – *un singe, un buffle, une antilope, un hippopotame; la brousse, la plage, forêts, montagnes, cirques, volcans*
4 any four of – *le tennis, le volleyball, le ping-pong, la pétanque, la planche à voile, le putting/golf, la plongée sous-marine*

SB 152 **READING**

3 Voilà pourquoi

Students match up destinations with reasons.

Solution: 1d, 2c, 3b, 4a

SB 152 **READING SPEAKING/WRITING**

4 Et pour moi

Students choose one of the destinations, note down some details and give reasons for their choice.

SB 153 **GRAMMAR**

Dossier-langue Future tense

Remind students how to form the future tense and mention that several verbs that are irregular in the present tense, e.g. *prendre, partir, sortir* are regular in the future tense. The main irregular stems are also listed prior to work on the conditional tense.

Au choix SB 229 **SUPPORT PRACTICE**

2 Vacances de Pâques

This is a straightforward task, practising the future tense of different verbs, mainly common irregular ones.

Solution: **1** *partiras,* **2** *ferai,* **3** *irons,* **4** *prendrons,* **5** *aura,* **6** *fera,* **7** *serons,* **8** *pourrons*

SB 153 **PRACTICE**

5 Des vacances de neige

This gives practice in selecting the correct verb and using it in the future tense to complete a note about holidays.

Solution: **1** *partiras,* **2** *ferai,* **3** *irons,* **4** *prendrons,* **5** *aura,* **6** *fera,* **7** *serons,* **8** *pourrons*

SB 153, **SPEAKING**

6 Un voyage à conséquences

In this task, students work in pairs to make up cues and to talk about their holiday plans, using the future tense. The cues could be straightforward or include an element of fantasy, e.g.

On ira en Transylvanie en novembre pour visiter le Comte Dracula dans son château pour un temps infini.

Au choix 230 **GENERAL READING**

3 Savoir voyager

Students first complete the sentences with the missing words. Then they should read through the advice and identify the country it relates to (*le Maroc*). Some further clues could be given, e.g.

– *C'est un pays de tradition musulmane. C'est un pays arabe.*
– *La médina, c'est un marché où on peut acheter toutes sortes de choses – des tapis, des articles en cuir, etc.*

Solution:

1 *correctement, chemise, longue, oubliez*
2 *chaussures*
3 *thé, verres, soif*
4 *mains, mangent*
5 *guide*

REVISION

L'ABC des pays

Revise the names of countries in the world by trying to think of a country for different letters of the alphabet, or with a brainstorming session. The following list gives some ideas, but only the main ones need to be learnt.

l'Angleterre, l'Autriche, l'Allemagne
la Belgique
le Canada
le Danemark
l'Espagne
la France
la Grèce
la Hollande, la Hongrie
l'Irlande, l'Italie
le Japon
le Kenya
le Luxembourg
Malte
la Norvège
l'Ouganda
le Portugal
le Québec (pas un pays, mais une province du Canada)
la Russie
la Suisse
la Turquie
l'Uruguay
le Vietnam
le Yemen
le Zaïre

The conditional tense
The following items in this area present and practise the conditional tense. This tense is revised fully in *Unité 10.*

SB 153, 6/18 **LISTENING**

7 Des vacances de rêve

Students listen to the recording and choose the correct words to complete the text.

1 This is a straight transcript.

Solution: **1** *croisière,* **2** *bateau,* **3** *piscine,* **4** *pays,* **5** *mois*

2 This is a modified version of the recording, without questions.

Solution: **1** *soleil,* **2** *plage,* **3** *mer,* **4** *natation,* **5** *bars,* **6** *Espagne,* **7** *soir*

3 This is a résumé of the conversation, using the third person.

Solution: **1** *Égypte,* **2** *île,* **3** *quatre,* **4** *avion,* **5** *croisière,* **6** *mois,* **7** *plage,* **8** *grande,* **9** *part*

Des vacances de rêve

1 – Magali, pourrais-tu nous décrire tes vacances de rêve?
– Mes vacances de rêve, ce serait une croisière autour du monde. Ce serait à bord d'un grand bateau avec une superbe vue sur l'océan. Et il y aurait tous les conforts – une belle piscine, de bons restaurants, etc. Et on ferait des escales dans les principaux pays, comme la Chine, le Japon, l'Amérique.
– Et tu partirais combien de temps en croisière?
– Trois mois. Oui, ça serait parfait.

2 – Et toi, André, tu peux nous parler de tes vacances idéales?
– Alors, pour moi, les vacances idéales seraient des vacances au soleil, là où il fait chaud, avec la plage, la mer, des vagues. Comme ça, le jour, je pourrais faire de la planche à voile ou de la natation; et le soir, je pourrais sortir dans les bars et dans les discothèques.
– Oui, et ça serait où, par exemple?
– Ça pourrait être en Espagne ou au Portugal.
– Et ça se passerait comment exactement?
– Bon, le matin, je dormirais tard; l'après-midi, j'irais à la plage et le soir, je sortirais avec mes amis.

3 – Et toi, Dominique, si tu avais beaucoup d'argent où voudrais-tu aller?
– Moi, je voudrais visiter plusieurs pays, particulièrement l'Égypte, l'Australie, et je voudrais terminer mes vacances sur une île des Antilles.
– Alors ces vacances de rêve dureraient assez longtemps?
– Bien sûr, j'aimerais bien partir de trois à quatre mois.
– Alors, tu commencerais en Égypte?
– Oui, je prendrais l'avion jusqu'au Caire et j'irais voir les Pyramides. Puis je ferais une croisière sur le Nil pour visiter les temples anciens et prendre beaucoup de photos.
– Et ensuite, tu irais en Australie?
– Oui, alors je passerais peut-être un mois en Australie pour visiter un peu de tout.
– Et puis tu prendrais l'avion pour les Antilles?
– Oui, j'irais peut-être en Guadeloupe pour pouvoir me reposer pendant un mois sur la plage.
– C'est fantastique. Et dis-moi, est-ce qu'il y a une différence entre tes vacances de rêve et les vacances que tu passeras cette année?
– Oui, il y en a une grande. Cet été, je ne pars pas en vacances!

SB 154 — **GRAMMAR**

Dossier-langue
The conditional tense

This explains the use of the conditional tense. With some students, it will be sufficient just to practise a few key phrases, e.g. *je voudrais* – I would like; *j'aimerais* – I would like; *on pourrait* – one/we could; *ce serait* – it would be.

SB 154 — **PRACTICE**

8 Des expressions utiles

This gives practice in some common forms of the conditional tense.

Solution: **1g, 2e, 3h, 4a, 5b, 6d, 7f, 8c**

SB 154 — **READING**

9 Un week-end idéal

Students could complete both or just one of the accounts by putting the verbs in the correct form of the conditional tense.

Solution:

a **1** *passerais,* **2** *prendrait,* **3** *voyagerait,* **4** *logerait,* **5** *visiterait,* **6** *mangerait,* **7** *irions,* **8** *goûterions,* **9** *ferait,* **10** *achèterais*

b **1** *serait,* **2** *commencerait,* **3** *sortirais,* **4** *irions,* **5** *ferait,* **6** *ferais,* **7** *mangerais,* **8** *irais,* **9** *voudrais,* **10** *ferais,* **11** *j'irais,* **12** *serait,* **13** *gagnerait,* **14** *prendrais*

SB 154 — **WRITING**

10 À vous!

Have a brainstorming session to see how many different suggestions students can make for spending an ideal weekend. Some suggestions are also given in the Students' Book. Students then write a few sentences about their ideal weekend.

SB 154 — **WRITING**

11 Mes vacances idéales

As for the previous task, ideas can be collected from the class before students write their own account of how they would spend their ideal holiday, giving their reasons.

A writing frame could be produced, based on the prompts in the Students' Book (see TB 15).

AU CHOIX SB 229 — **SUPPORT WRITING/SPEAKING**

3 Mes vacances de rêve

This gives a more structured framework for describing an ideal holiday.

CM 8/1 — **VOCABULARY**

Jeux de vocabulaire – les vacances

This provides further practice of the vocabulary covered in Areas 1 and 2.

1 Ça commence avec un 's'

Students read the definition and find a suitable answer beginning with 's'.

Solution: **1** *le sable,* **2** *le soleil,* **3** *une semaine,* **4** *une saison,* **5** *le sud,* **6** *la Suisse,* **7** *un short,* **8** *une serviette*

2 Trouvez les synonymes

Solution: **1e, 2c, 3b, 4f, 5a, 6d**

3 Mots croisés

Solution:

EXAMINATION GRAMMAR IN ACTION, PAGES 64–66

GRAMMAR

Using the future and conditional

These pages provide further practice of the future tense with *si* and *quand* and of the conditional, if required.

> **Area 3**
> ***Des renseignements touristiques***
> **Giving and seeking information about a region, town or area**
> **Understanding information about visits and tourist facilities**
>
> **SB 155–156, 1–6**
> **CM 8/2**
> **CD 6/19–6/20**

PRESENTATION

Introduction

Start with a general discussion about the sort of printed tourist information that can often be freely obtained from local tourist offices, e.g.

Que peut-on obtenir comme documentation touristique d'un office du tourisme? Un plan de la ville, une liste des hôtels, etc.

If possible, show actual examples of tourist material. List suggestions on the board.

SB 155, 6/19 **LISTENING**

1 À l'office de tourisme

Check that the visuals are clearly understood before students listen to the conversations and do the matching task, e.g.

a *une liste des musées et des monuments*
b *une liste des hôtels*
c *un dépliant sur la ville/un plan de la ville*
d *un dépliant sur la location des vélos*
e *une liste des excursions en car*
f *un dépliant sur une piscine de loisirs*
g *un dépliant sur le son et lumière*
h *une liste des campings*

Solution: **1c, 2h, 3g, 4a, 5e, 6f, 7d, 8b**

À l'office de tourisme

1 – Pouvez-vous me donner une petite documentation sur la ville, s'il vous plaît?
– Voilà un dépliant sur la ville. Vous y trouverez tous les renseignements nécessaires. Et là, vous avez un plan de la ville.

2 – Bonjour, Madame, est-ce qu'il y a un camping près d'ici?
– Voilà une liste des terrains de camping dans la région. Il y a un grand camping à trois kilomètres de la ville.

3 – Qu'est-ce qu'on peut faire le soir ici? Est-ce qu'il y a des spectacles?
– Chaque samedi, il y a un spectacle 'son et lumière' dans la cour du château. Là, vous avez une petite fiche avec tous les détails. Sinon, la vieille ville est très animée le soir. Il y a des acteurs, des jongleurs, etc.

4 – Je passe quelques jours dans la région. Qu'est-ce qu'il y a d'intéressant à voir?
– Les musées, les monuments historiques, ça vous intéresse?
– Oui.
– Alors, voilà un dépliant sur les principaux musées et les monuments historiques dans la région.

5 – Est-ce qu'on peut faire des excursions en car?
– Oui, voilà une liste des excursions en car avec tous les détails.

6 – Bonjour, Madame. Je suis ici avec ma famille. Nous cherchons une piscine pour les enfants. Est-ce qu'il y a une piscine dans la ville?
– Oui, il y a une grande piscine de loisirs qui s'appelle Aquarive avec des toboggans et des saunas.
– Ah bon. C'est ouvert tous les jours?
– Oui, en été, c'est ouvert tous les jours de 10 heures à 21 heures.

7 – Bonjour, Madame. Nous voudrions faire une promenade à vélo dans la région. Est-ce qu'on peut louer des vélos quelque part?
– Oui, voici le dépliant d'un magasin de cyclisme qui loue des vélos.

8 – Bonjour, Madame. Nous venons d'arriver ici et nous cherchons une chambre pour trois nuits. Pouvez-vous nous recommander quelque chose qui n'est pas très cher.
– Nous ne faisons pas de réservation ici, mais je peux vous donner une liste des hôtels et chambres d'hôte de la région avec tous les détails.

SB 155 **SPEAKING**

2 C'est à vous

Students make up a suitable question for each visual, referring to the *Lexique*, if required.

SB 155 **VOCABULARY**

Lexique: À l'office de tourisme

This lists the main items of tourist information.

SB 155 READING

3 Des questions et des réponses

The questions cover the sort of language that students might need when requesting information at a tourist office. Students read through the questions and find the appropriate answer for each question. This could also be done in pairs with one student reading the question and the other finding and reading the appopriate answer.

Solution: 1g, 2i, 3d, 4a, 5f, 6h, 7c, 8e, 9b

SPEAKING

C'est pour un renseignement

For more practice of speaking, students could work in pairs to ask each other for different items or for tourist information. Each person has to try to be the last one to speak and together they must try to make as long a dialogue as possible, without repeating any item. This could be done first with the books open and then with books closed to see how much they can remember.

SB 156, WRITING

4 Une lettre à l'office de tourisme

Explain that it is useful to be able to write to a local tourist office or send a fax in order to obtain tourist information both for a student's own use and for friends or colleagues. General information about France can also be obtained from *Maison de la France*, 178 Piccadilly, London W1V 0AL. Most tourist offices also have websites.

Explain that the letter is is an example of a formal letter. The formula *Je vous prie d'agréer, Monsieur/Madame, l'expression de mes sentiments distingués* is a standard way of ending a formal letter and should be learnt by heart. To practise this, it might be helpful to break the sentence into sections, e.g. *je vous prie ... d'agréer, Monsieur/Madame, ... l'expression de ... mes sentiments distingués*. Another way (perhaps done in pairs) is for one person to read the sentence and to deliberately miss out one word, e.g.

Je [...] prie d'agréer, Monsieur/Madame, l'expression de mes sentiments distingués
Je vous prie d'agréer, Monsieur/Madame, l'expression de mes [...] distingués

The sentence *Voulez-vous être assez aimable de m'envoyer les renseignements suivants: ...* is also a useful standard sentence to use when asking for information. It can be practised in a similar way.

Go through the letter orally, asking for alternative suggestions where indicated in the book. This could be practised using word-processing software or *Fun with Texts*. Students should then be able to write other letters as suggested or their own letter asking for similar information. They could look through guidebooks and at a map of France to find a place that they would be interested in visiting.

SB 156, 6/20 LISTENING

5 Des idées loisirs

Students listen to the announcements and note down details of the different excursions.

Solution:

1 *Au parc Astérix*
- **a** *samedi 27 juillet*
- **b** *8h30, gare routière*
- **c** *pique-nique + boisson; prenez imperméable*

2 *Au Mont Saint-Michel*
- **a** *vendredi 12 juin*
- **b** *9h15, office de tourisme*
- **c** (any two) *en car de luxe climatisé; arrêt pour repas en route; n'oubliez pas appareil-photo*

3 *Au Futuroscope*
- **a** *mercredi 10 août*
- **b** *8h15, place du marché*
- **c** *pique-nique + boisson; chapeau de soleil + crème solaire*

4 *À Versailles*
- **a** *jeudi 8 mai*
- **b** *14h, hôtel de ville*
- **c** *visite du château et des jardins; spectacle son et lumière, 20h30*

Des idées loisirs

1 La visite au parc Astérix aura lieu le samedi 27 juillet. Départ à 8h30 de la gare routière. Il faut prévoir un pique-nique et une boisson pour la route. En cas de mauvais temps, prenez aussi un imperméable.

2 La visite au Mont Saint-Michel aura lieu le vendredi 12 juin. Inscrivez-vous à l'office de tourisme. Départ à 9h15 de l'office de tourisme. Le voyage s'effectuera en car de luxe climatisé. On va s'arrêter en route pour prendre un repas. N'oubliez pas votre appareil-photo.

3 La visite au Futuroscope aura lieu le mercredi 10 août. Départ à 8h15 de la place du marché. Apportez un pique-nique et une boisson pour la route. N'oubliez pas un chapeau, pour le soleil, et de la crème solaire.

4 La visite à Versailles aura lieu le jeudi 8 mai. Inscrivez-vous à l'office de tourisme. Départ à 14h de l'hôtel de ville. La visite comprend la visite du château et des jardins et le spectacle son et lumière qui aura lieu à 20h30.

SB 156 READING

6 Vacances en Bretagne

This optional item is based on an advert for Brittany, emphasising its appeal as an area for different sports.

Go through the pictures of shoes first to check that students understand what they symbolise. Students should then be able to find the appropriate text for each shoe and complete the text that follows. Finally, they should make a list of the sports suggested by the advert.

Solution:

- **a** **1d, 2f, 3e, 4h, 5b, 6c, 7a, 8g**
- **b** **1** *vacances*, **2** *chemins*, **3** *sports*, **4** *bronzer*, **5** *faire*, **6** *canaux*, **7** *pas*, **8** *cartes*, **9** *la documentation touristique*
- **c** *l'équitation, la planche à voile, le golf, la voile, la pêche, le tennis, la randonnée, le cyclisme/le cyclotourisme*

CM 8/2 **READING**

Amboise

This provides practice in understanding tourist information.

Students consult the leaflet to do the tasks.

Solutions:

1 **Des activités**
a, b, d, f, g, i

2 **Vrai ou faux?**
1PM, 2V, 3V, 4F, 5V, 6V, 7F, 8PM

3 **Un acrostiche**

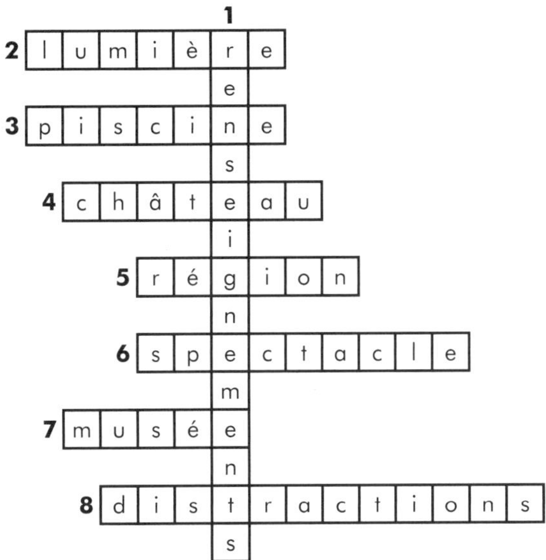

Area 4
À l'hôtel
Seeking information about hotel accommodation
Making and understanding complaints about hotel accommodation
SB 157–159, 1–7
Au choix SB 230, 4
CM 8/3
CD 6/21–6/24

REVISION

Les hôtels

Check what students know about French hotels from earlier work or personal experience. If wished, some background information could be given, e.g.

Tous les hôtels sont obligés d'afficher leurs prix à la réception et dans les chambres. Souvent, on paie presque le même prix si la chambre est occupée par une, deux ou trois personnes, donc il est moins cher de partager une chambre, si possible.
Il y a des chaînes d'hôtel qui offrent des chambres standardisées dans tous leurs hôtels.
Connaissez-vous les noms de quelques chaînes d'hôtels?

Some names of these could be written on the board and any available publicity could be shown to the class, e.g.

Il y a les hôtels Sofitel et les hôtels Novotel – ce sont de grands hôtels 3 ou 4 étoiles.
Il y a des hôtels plus économiques, comme des hôtels Ibis et des hôtels Arcade qui sont classés 2 ou 3 étoiles.
Et il y a des hôtels Formule 1 (une des chaînes les moins chères) qui offrent des chambres pour trois personnes à des prix très raisonnables. Ces hôtels sont souvent situés en dehors des grandes villes, donc ils sont plutôt pour les touristes en voiture, et ils fonctionnent 24 heures sur 24 avec une carte de crédit.
Et il y a les Logis de France – ce n'est pas une chaîne, mais une association d'hôtels à gestion familiale qui offrent un accueil personnalisé.

There are several websites that give details of different hotels, sometimes offering discounts to registered users.

SB 157 **READING**

1 Hôtels au choix

This introduces the topic of hotels and some sources of hotel information. The details of the *Hôtel de l'Arcade* are taken from the hotel website as an illustration. The adverts below from different French hotels present the language used to describe the situation and facilities offered. Talk briefly about what you might look for when choosing a hotel.

Quand on choisit un hôtel, on doit penser à ce qui est important, par exemple, le tarif peut être important si on n'a pas beaucoup d'argent.

Si on voyage en voiture, on va peut-être choisir un hôtel avec un parking.
Si on n'a pas de voiture, on va peut-être choisir un hôtel au centre-ville.
Si on prend l'avion, on va peut-être choisir un hôtel près de l'aéroport.

Then ask some quick oral questions, e.g.

Trouvez un hôtel près d'un aéroport. (Hôtel Sofitel; Hôtel Ibis)
Trouvez un hôtel trois étoiles. (Hôtel des Arènes)
Quel hôtel n'accepte pas d'animaux? (Hôtel des Arènes)
etc.

The task entails choosing a suitable hotel for different visitors.

Solution: **1a** *(Hôtel Sofitel)*, **2d** *(Grand Hôtel Jeanne d'Arc)*, **3b** *(Hôtel des Arènes)*, **4c** *(Hôtel Ibis)*, **5a** *(Hôtel Sofitel)*

SPEAKING

Further practice

A guessing game could be played in pairs, where one student thinks of a hotel and the other has to see how few questions s/he needs to ask in order to guess it, e.g.

L'hôtel, est-il près d'un aéroport? Y a-t-il plus de 100 chambres? etc.

Hotels on line

Students could find hotels on the Internet and describe them orally or in writing. They could use downloaded images to illustrate their written work. For on-line reservations, they could find out the availability and cost of a room.

SB 157 **VOCABULARY**

Lexique: À l'hôtel

This lists vocabulary linked to hotel facilities and accommodation. There are additional lists on SB 158 and 159.

SB 158, 6/21, CM 8/3 **LISTENING**

2 On téléphone à l'hôtel

Students listen to the four messages and note down the details of accommodation. A grid for recording answers is given on CM 8/3.

Solution:

	1	2	3	4
a	*2*	*1*	*1*	*2*
b	*3*	*4*	*3*	*1*
c	*4*	*2 ad. 1 enf.*	*1*	*5*
d	*23 mars*	*13 avril*	*23 oct.*	*14 juillet*
e	*demi-pension*	*r.d.c ou 1er étage*	*balcon + vue s. mer*	*fax pour confirmer*
f	*Lacan*	*Renard*	*Padfield*	*Jones*
g	*01 54 82 39 67*	*02 48 25 16 91*	*00 44 11 89 74 63 25*	*00 44 20 85 64 15 16*

On téléphone à l'hôtel

Hôtel de Paris, bonjour. Il n'y a personne au bureau en ce moment. Veuillez donner votre nom, votre numéro de téléphone et la raison de votre appel après le signal sonore.

1 Bonsoir. Je voudrais faire une réservation. Je voudrais réserver deux chambres à deux lits avec douche ou salle de bains. C'est pour quatre personnes.
Nous arriverons le 23 mars et nous voulons rester trois nuits. Nous voudrions prendre la demi-pension, si possible.
C'est au nom de Lacan, L–A–C–A–N.
Mon numéro de téléphone est le 01 54 82 39 67.

2 Bonsoir. Je voudrais faire une réservation. Je voudrais réserver une chambre pour deux personnes et un enfant de neuf ans.
Nous arriverons le 13 avril et nous voulons rester quatre nuits. Nous voudrions une chambre au rez-de-chaussée ou au premier étage, si possible.
C'est au nom de Renard, R–E–N–A–R–D.
Mon numéro de téléphone est 02 48 25 16 91.

3 Bonjour, Monsieur. Je voudrais réserver une chambre pour une personne, si possible avec balcon et vue sur mer. J'arriverai le 23 octobre pour trois nuits.
C'est au nom de Padfield, P–A–D–F–I–E–L–D.
Je téléphone de l'Angleterre, c'est donc le 00 44 11 89 74 63 25.

4 Bonjour. Je voudrais réserver deux chambres. C'est pour cinq personnes au total. Alors, je voudrais une chambre à deux lits avec douche et une chambre à trois lits avec douche. C'est pour une nuit seulement, le 14 juillet.
C'est au nom de Jones, J–O–N–E–S.
Vous pouvez m'envoyer un fax pour confirmer la réservation. Le numéro de fax est le 00 44 20 85 64 15 16. Merci et au revoir.

SB 158, 6/22 **LISTENING**

3 Pour trouver l'hôtel

In this task students listen and complete the written directions to each hotel.

Solution:

1 *cinq direction centre-ville, droite et continuer tout droit, votre gauche, centre sportif, derrière*
2 *centre-ville, gauche, droite, station-service*
3 *port, prochaine, coin*

Pour trouver l'hôtel

1 – Bonjour, Madame. Pouvez-vous me donner des directions pour arriver à l'hôtel?
– Oui, alors de l'autoroute, vous prenez la sortie cinq direction centre-ville. Puis au rond-point, tournez à droite. Continuez tout droit et vous verrez l'hôtel à votre gauche, en face du centre sportif.
– Est-ce qu'il y a un parking à l'hôtel?
– Oui, il y a un parking derrière l'hôtel.
– Alors, c'est la sortie cinq, puis à droite et l'hôtel est à gauche, en face du centre sportif. Merci.

2 – Bonjour, Monsieur. Pouvez-vous me donner des directions pour arriver à l'hôtel?
– Oui, alors suivez la direction du centre-ville. Puis au carrefour, tournez à gauche. Continuez tout droit et vous verrez l'hôtel à droite, en face d'une station-service.
– Est-ce qu'il y a un parking à l'hôtel?
– Ah non, je regrette, il n'y a pas de parking à l'hôtel, mais vous pouvez stationner dans la rue.
– Alors, il faut suivre le centre-ville, puis au carrefour, on tourne à gauche et c'est un peu plus loin à droite, en face d'une station-service. Merci.

3 – Bonjour, Madame. Pouvez-vous me donner des directions pour arriver à l'hôtel?
– Oui, alors du centre-ville, vous prenez la direction du port. Vous arriverez à des feux. Continuez tout droit aux feux et prenez la prochaine rue à gauche. Vous verrez l'hôtel au coin de la rue.
– Est-ce qu'il y a un parking à l'hôtel?
– Oui, il y a un parking à côté de l'hôtel.
– Alors, c'est la direction du port, tout droit aux feux, puis la prochaine rue à gauche et l'hôtel est au coin de la rue. Merci, Madame.

SB 158, **SPEAKING READING**

4 On fait des réservations

Students work in pairs to practise a dialogue about booking hotel accommodation. The basic dialogue could be varied, changing first one detail, then two, etc.

SB 158 **WRITING**

5 Une lettre à l'hôtel

Students write a suitable letter to a hotel for one of the people listed or for themselves.

Au choix SB 230 GENERAL WRITING

4 À l'hôtel

Students practise completing sentences about hotel accommodation.

Solution: **1** *chambre,* **2** *salle de bains, douche,* **3** *combien,* **4** *petit déjeuner,* **5** *voir,* **6** *prends,* **7** *remplir,* **8** *confirmer,* **9** *réservé,* **10** *lettre*

PRACTICE

Un plan de l'hôtel

For further practice of booking accommodation, draw a simple hotel plan with different rooms on an OHT or the board. Then students could request different types of accommodation and these rooms could be marked as reserved or rubbed off accordingly.

CM 8/3, 6/21, LISTENING SPEAKING PRACTICE

À l'hôtel

1 On téléphone à l'hôtel

This is a grid for use with task 2 (SB 158).

2 Inventez des conversations

Students work in pairs to make up conversations for booking accommodation.

3 Un acrostiche

This provides practice of hotel vocabulary.

Solution:

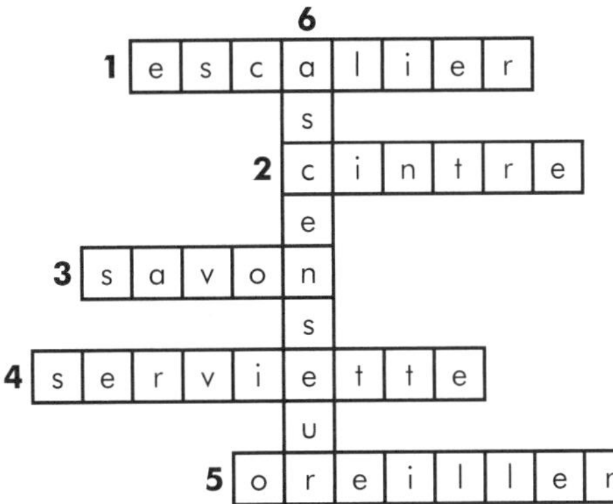

SB 158–159 VOCABULARY

Lexique: À l'hôtel

These two *Lexiques* list further vocabulary linked with staying in a hotel.

SB 159, 6/23–6/24, LISTENING

6 À la réception d'un hôtel

a Des questions

First go through the pictures and check that students understand what they represent. Students then listen to the conversations and note down the letter by the appropriate picture.

Solution: **1f, 2a, 3b, 4e, 5g, 6c, 7d**

À la réception d'un hôtel

a Des questions

1 – Bonjour, Madame. Le petit déjeuner est servi à quelle heure, s'il vous plaît?
– Entre sept heures et neuf heures et demie.
– Peut-on le prendre dans la chambre?
– Oui, si vous voulez.

2 – Monsieur, Madame?
– Nous avons fait une réservation au nom de Laroche.
– Ah oui. C'est la chambre 23 au deuxième étage. Voici la clef.
– Merci ... y a-t-il un ascenseur?
– Oui, c'est un peu plus loin à droite.

3 – Bonjour, Madame. C'est à quelle heure, le dîner, s'il vous plaît?
– À partir de 19 heures, Monsieur.
– Faut-il réserver une table?
– Non, ce n'est pas nécessaire.

4 – L'hôtel ferme à quelle heure la nuit, s'il vous plaît?
– À minuit. Si vous rentrez plus tard, demandez une clef à la réception.

5 – Est-ce que je peux mettre ce paquet dans le coffre?
– Oui ... attendez je vais vous donner un reçu.

6 – Est-ce qu'il y a un parking à l'hôtel, Madame?
– Non, mais vous pouvez stationner en face de l'hôtel jusqu'à neuf heures du matin.
– Bon, est-ce que je peux laisser mes bagages là?
– Oui, bien sûr.

7 – Nous partons ce matin. Pouvez-vous préparer la note, s'il vous plaît?
– Oui, Monsieur. La voilà.
– Merci. Est-ce que vous acceptez les cartes de crédit?
– Oui, Monsieur.

b Des problèmes

This is a similar task but, in addition, students have to note down the mood of each customer – calm (C) or angry (F) – and find out which problem illustrated is not mentioned in the recording.

Solution: **1mC, 2kC, 3jF, 4iF, 5hC, 6pF, 7oF, 8lF**

(Not mentioned: **n** – *il n'y a pas de cintres*)

À la réception d'un hôtel

b Des problèmes

1 – On peut vous aider?
– Le chauffage dans ma chambre ne marche pas.
– C'est quelle chambre?
– La chambre 16.
– Bon, on va s'en occuper.

2 – Il n'y a pas de savon dans notre chambre.
– C'est quelle chambre?
– La chambre 5.
– Bon, on va s'en occuper.

3 – Madame?
– La douche dans ma chambre ne marche pas.
– C'est quelle chambre?
– La chambre 8.
– Bon, on va s'en occuper, Madame.
– Est-ce que vous pouvez organiser ça tout de suite. Je voudrais prendre une douche.
– Oui, oui, Madame.

4 – Je peux vous aider?
– La télévision dans ma chambre ne marche pas.
– C'est quelle chambre?
– La chambre 15.
– Bon, on va s'en occuper.
– Ça va être long, parce que je voudrais regarder l'émission de 18 heures.
– Non, on va essayer de régler ça dans une demi-heure.

5 – Bonjour, on peut vous aider?
– Il n'y a pas de serviettes dans notre chambre.
– Je suis désolé. C'est quelle chambre, s'il vous plaît?
– La chambre numéro 24.
– Bon. On va s'en occuper. Il n'y a pas d'autre problème?
– Non, c'est tout.

6 – Monsieur, Madame?
– Nous avons fait une réservation.
– C'est à quel nom?
– Lefèvre.
– Ah oui. Une chambre à un grand lit avec douche.
– Ah non, Madame. Nous avons réservé une chambre à deux lits avec salle de bains.
– Ah bon. Attendez un moment.
– Voilà la confirmation – c'est bien marqué – une chambre à deux lits avec salle de bains.
– Oui, oui, je vois. Il y a eu une erreur de notre part. Je fais venir le patron.

7 – Nous partons ce matin. Pouvez-vous préparer la note, s'il vous plaît.
– Oui, Madame. La voilà.
– Bon, merci. ... Excusez-moi, Madame. Il y a une erreur – nous sommes restés deux nuits, pas trois.
– Laissez-moi voir.
– Ici, c'est marqué trois nuits, mais nous sommes arrivés le 22 et nous partons aujourd'hui – donc ça fait deux nuits seulement.
– Oui, vous avez raison. C'est une erreur de notre part. Excusez-nous, Madame.
– Hmm.

8 – Bonjour, Madame. Serait-il possible de changer de chambre? Il y avait beaucoup de bruit hier soir et on ne pouvait pas dormir.
– Bon, je vais voir. Oui, je peux vous donner la chambre 19 à l'arrière de l'hôtel. Ça devrait être plus tranquille.
– Merci.
– Alors, dès que la chambre est prête, je vous appellerai.
– Ce sera dans combien de temps?
– Une heure, environ.

c Students read through the sentences and decide which relate to each picture. They can then be listed in their exercise books or their electronic phrase book in two sections: *des questions; des problèmes.*

Explain to students that two pictures have no corresponding sentences. They should identify the pictures and make up a suitable question or statement.

Solution: 1a, 2j, 3p, 4b, 5c, 6h, 7o, 8k, 9i, 10l, 11m, 12e, 13d, 14g

(Pictures **f** and **n** have no corresponding sentences.)

***Des questions:* 1, 3, 5, 10, 12, 13, 14**
***Des problèmes:* 2, 4, 6, 7, 8, 9, 11**

SB 159 **READING**

7 Hôtel du château

This reading text is based on the sort of general information often listed in hotels and is followed by a true or false task.

Solution: 1F, 2V, 3V, 4V, 5F

Area 5
Et maintenant ... la météo
Describing weather conditions
Understanding information about the weather
Giving simple predictions

SB 160–161, 1–6
Au choix SB 231, 1
CD 6/25–6/27

REVISION

Weather

Revise weather expressions in the present tense, using flashcards or referring to actual weather conditions, e.g.

– *Quel temps fait-il?*
– *Est-ce qu'il fait froid/beau/chaud?*
– *Est-ce qu'il pleut/neige?*
– *Y a-t-il du brouillard/du vent? etc.*

SB 160, **READING**

Point-info: La météo sur Internet

Students could consult a website, e.g. the one for *Météo France* (www.meteo.fr) to look at weather conditions in France or one of the major cities of the world.

SB 160, 6/25 **LISTENING SPEAKING**

1 La météo

This presents the symbols and weather expressions often found on weather maps. Check that students recognise the corresponding weather condition. With less able students, the symbols can be used to practise the basic weather expressions in pairs, with one student saying a weather expression and the other pointing to the appropriate symbol, e.g.

Il neige (c)*; Il y a du soleil* (a).

Alternatively, describe a sequence of weather conditions with students writing down the corresponding letters. Start with the basic weather expressions, as revised above, and then move on to the expressions more frequently found in weather forecasts, e.g.

– *Il fait un temps ensoleillé/nuageux/pluvieux.*
– *Le ciel est couvert.*
– *Il y a un risque d'orages.*
– *Averses et belles éclaircies.*

The recording can then be played and students note down the appropriate letter for the different times and days listed.

Solution: 1f, 2a, 3h, 4j, 5i, 6d

La météo

Ce matin, il y a du brouillard sur toute la région, mais l'après-midi, le temps sera beau et ensoleillé.
Demain matin, le ciel sera couvert et il y aura des averses. Le mauvais temps va continuer dans l'après-midi avec un risque d'orages plus tard dans la journée. Après-demain, il fera nettement plus froid avec un vent fort venant de l'est. La nuit, il va geler. Mais le beau temps va retourner pour le week-end avec de belles éclaircies et des températures normales pour la saison.

SB 160 **REFERENCE**

2 Pour décrire le temps

This sets out the main language for describing weather conditions in different tenses.

For practice of expressions and tenses, write some weather descriptions (*averses, belles éclaircies, pluie, brume, vents forts, orages, neige, etc.*) on the board or on an OHT. Then ask about the weather (in past, present or future) and point to one of the descriptions. Students should use the correct tense to describe the weather that matches the description, e.g.

– *Quel temps a-t-il fait hier? (averses)*
– *Hier, il a plu/il y a eu des averses.*
– *Quel temps fera-t-il demain? (belles éclaircies)*
– *Demain, il fera beau.*

SB 160, 6/26 **LISTENING**

3 On parle du temps

Students first listen to the conversations to note down the weather described. This could be done in French or by referring to the symbols in *La météo*.

They could then listen again and note down whether the speakers are referring to the past, present or future.

Solution:

1 *froid, présent*
2 *beau, passé*
3 *pluie, passé*
4 *neige, futur*
5 *temps splendide/beau, passé*
6 *froid, futur*
7 *pluie/averses, futur*
8 *brouillard, passé*

On parle du temps

1 – Il fait froid, hein?
– Oui, il fait très froid pour la saison.

2 – Il faisait beau pendant vos vacances au Maroc?
– Oui, il faisait beau et il faisait chaud, même trop chaud, souvent 30 degrés.

3 – Vous avez eu du beau temps en Bretagne?
– Non, malheureusement pas – il a plu presque tous les jours.

4 – On dit qu'il neigera demain.
– Oui, c'est embêtant. Je dois aller à Strasbourg demain en voiture. J'espère qu'il n'y aura pas de problèmes sur les routes.

5 – Vous avez eu de la chance, non, avec le temps?
– Oui, c'est vrai. Il a fait un temps splendide.

6 – Selon la météo, le temps va changer.
– Oui, on dit qu'il fera plus frais.

7 – N'oubliez pas votre parapluie. On dit qu'il pleuvra plus tard.
– Ah oui, c'est vrai, on a prévu des averses pour ce soir.

8 – Vous êtes bien arrivés à Montréal?
– Oui … enfin, il y a eu un petit retard à cause du temps.
– Ah bon? Qu'est-ce qui s'est passé?
– Il y avait du brouillard ce matin, donc on a roulé très lentement.

SB 160, SB 240, **SPEAKING**

4 On consulte la météo

In this pairwork task, one student asks about the weather in different places, the other refers to a weather map (SB 240) to reply. This provides practice of the different tenses.

SB 161 **READING**

5 Alerte au cyclone

This gives information about extreme weather conditions on the island of Réunion, off Madagascar in the Indian Ocean.

When students have read the article, check that the main points have been understood, e.g.

– *De quoi parle cet article? De ce qu'il faut faire en cas de … ?*
– *Où y a-t-il des risques de cyclones? (Dans des régions tropicales, comme par exemple l'île de la Réunion.)*
– *Un cyclone, ça peut être dangereux?*

Explain any difficult vocabulary, e.g.

- *un cyclone, c'est une tempête, c'est quand il y a des vents très forts;*
- *des dégâts effroyables, ça veut dire beaucoup de dommages;*
- *des zones inondables, ça veut dire des zones qui risquent d'être couvertes d'eau;*
- *lorsque tout danger est écarté, ça veut dire qu'il n'y a plus de danger.*

a This is a true or false task.

Solution:

1V, 2V, 3V, 4F – *c'est 36 heures avant*, **5V, 6F** – *les bateaux doivent rentrer au port*, **7F** – *ils doivent fermer les fenêtres et les volets*, **8V**

b Students have to match up pairs of sentences, giving reasons why certain actions need to be taken.

Solution: **1d, 2e, 3b, 4a, 5c**

SB 161 **READING**

6 Quel temps fera-t-il?

Students consult an authentic weather report to describe the weather forecast. This is most suitable for able students. Explain *dicton*: *Un dicton, c'est une maxime ou un proverbe, comme par exemple, 'En avril, ne te découvre pas d'un fil'.*

Possible solution:

1 *Il y aura du soleil, mais il y aura peut-être, un peu de vent.*
2 *Le temps sera brumeux le matin, mais il y aura du soleil l'après-midi.*
3 *Il pleuvra/Il y aura des averses.*
4 *Le temps sera un peu brumeux et nuageux.*
5 *Le temps sera brumeux et nuageux le matin, mais il y aura du soleil en fin de matinée.*
6 *Le temps sera nuageux et il y aura peut-être des averses.*

Au choix SB 231, 6/27 **EXTENSION LISTENING**

1 Des prévisions météorologiques

Students listen to the recording and answer the questions in French. For additional help, the correct answers could be written on the board in jumbled order.

Explain that *le mistral* is a strong, cold wind that blows in the south of France.

Solution:

1 *Il y a du vent et il pleut.*
2 *Oui, ça va continuer.*
3 *Oui, le soleil brillera.*
4 *Oui, il y aura aussi de la pluie.*
5 *Il fera un temps variable (belles éclaircies, suivies d'averses orageuses).*
6 *Oui, il neigera dans les Alpes (à partir de 800 m).*

Des prévisions météorologiques

– Et maintenant, la météo avec Claude Dubois. Le vent et la pluie toujours au programme?
– C'est ça, oui. À côté de la Manche et de la Bretagne, le vent sera fort jusqu'à dimanche soir. Et près de la Méditerranée, le mistral se maintiendra encore jusqu'à lundi. Le mistral amènera un grand rafraîchissement, mais aussi un ciel assez dégagé, le soleil brillera, mais il y aura aussi des averses. Donc, du temps variable dans la région méditerranéenne. Les températures seront proches des valeurs normales pour la saison, mais la présence du vent donnera une sensation de fraîcheur assez marquée. Dans tout le reste du pays, ce sera du temps très variable: parfois de belles éclaircies suivies, une demi-heure plus tard, par une violente averse de caractère orageux. Des averses seront plus nombreuses dans l'après-midi.
– Et en montagne?
– Dans les Alpes, il y aura des giboulées de neige à partir de 800 mètres et à partir de 1200 mètres dans les Pyrénées.

Proverbes et expressions

Some students may be interested in these proverbs and expressions linked to weather expressions. They could be read or written out and students could be asked for the English equivalent.

- *Après la pluie, le beau temps.* (Every cloud has a silver lining.)
- *Il est dans les nuages.* (He's got his head in the clouds.)
- *Autant en emporte le vent.* (Gone with the wind.)
- *Quand je l'ai vu(e), c'était le coup de foudre.* (When I saw him/her, it was love at first sight.)

There are proverb websites where students can surf to find their own preferred proverb. The final selection could be illustrated with clip art or downloaded images and made into a poster.

La météo

Students could invent and perform a weather forecast broadcast, using an interactive whiteboard and presentation software. Various websites give weather forecasts with images. See www.canalmeteo.tm.fr for satellite images updated several times per day. Using the Internet to research today's weather in many different francophone locations can give scope for many different forecasts in one lesson.

Area 6
On s'amuse bien ici
Using different tenses and expressions of time to refer to the past, the present and the future
SB 162–163, 1–6
Au choix SB 231, 2
CM 8/4
CD 6/28–6/29
Examination Grammar in Action, page 50

SB 162 **READING**

1 Une lettre pour rassurer les parents

Students read through the letter and look at the pictures to see which sentences do not entirely correspond to reality!

The letter also presents examples of how different tenses and expressions of time are used to describe events in the past, present and future.

In the task, students have to find the correct endings for each sentence to give a more accurate description of the holiday.

Solution: **1g, 2e, 3a, 4f, 5b, 6d, 7c**

SB 162 **GRAMMAR**

Dossier-langue
Talking about the future, the present and the past

This summarises different ways of talking about the future, the present and the past.

Go through the captions to the cartoons and the explanation with the class, looking for examples of each tense in the letter to parents.

Talented students could then try making up their own cartoons showing the sequence of tenses.

CM 8/4

GRAMMAR

Vive les vacances!

This worksheet provides further practice in recognising and using the past and future tenses.

1 Vacances à venir ou vacances passées?

In this task, students have to note whether each sentence refers to a past or future holiday.

Solution:

Vacances à venir: **1, 4, 5, 8, 9, 12**
Vacances passées: **2, 3, 6, 7, 10, 11**

For further practice, students could be asked to imagine that the person describing a future holiday has now returned from that holiday and is describing how it was, i.e. changing the sentences in the future tense to the past tense.

2 Vacances à Saint-Malo

This links holiday activities to weather.

a Que fera-t-on?
Students have to use the future tense to reply to questions about the programme of events.

Solution:

1 *Lundi, on fera un tour des remparts ou on visitera l'aquarium.*
2 *On ira au Mont Saint-Michel jeudi.*
3 *On fera une excursion en bateau mardi, s'il fait beau.*
4 *S'il pleut, on visitera le musée de cire et le château.*
5 *On fera du shopping vendredi.*
6 *Oui, on ira à la plage mercredi, s'il fait beau.*

b Quel temps a-t-il fait?
Students have to describe the weather on each day.

Solution:

lu *il a fait (assez) beau*
ma *il a plu/il y avait de la pluie*
me *il a fait beau/du soleil*
je *il a fait mauvais/c'était couvert*
ve *il a fait beau/du soleil*

c Qu'a-t-on fait?
Finally, they have to describe the week's activities in the light of the weather.

SB 163, 6/28, 

LISTENING

2 De quand parle-t-on?

Students listen to these conversations and note:

a whether the conversation mainly refers to the future (F), present (Pr) or past (P);

b which expressions of time are used.

Solution:

	a	b
1	F	a
2	Pr	b
3	F	f
4	P	i
5	F	d
6	P	m
7	Pr	l
8	P	e

c Then students could categorise and list the expressions of time in their exercise books or in their electronic word lists. In the case of *ce soir* and *aujourd'hui*, explain that these can be used with different tenses to refer to the present, future or even past.

Solution:

futur **a, d, j, k, n, p, q**
présent **b, g,**
passé **c, e, h, i, m, o**
variable **f, l**

De quand parle-t-on?

1 – Et pour demain, le ciel restera couvert et nuageux sur l'ensemble du pays. Seule, la région Méditerranéenne verra un peu de soleil avec quelques éclaircies en fin d'après-midi.

2 – Je travaille pour la chaîne d'hôtels Novotel. En ce moment, je suis réceptionniste à l'hôtel Paris, Gare de Lyon. C'est un nouvel hôtel, assez grand avec environ 250 chambres et une piscine.

3 – Allô. L'hôtel du Château.
– Bonsoir, Monsieur. Madame Duval à l'appareil. Je vous téléphone parce que nous arriverons plus tard que prévu ce soir … vers 20 heures. Ça va?
– Oui, Madame. Ne vous inquiétez pas. Nous garderons votre chambre. Merci d'avoir téléphoné.

4 – Est-ce que tu es déjà parti à l'étranger?
– Oui … il n'y a pas longtemps, c'était à Pâques, l'année dernière.
– Et c'était où?
– En Angleterre, en voyage scolaire.
– Ça s'est bien passé?
– C'était bien, oui. On a visité Oxford, Londres, Windsor. C'était très intéressant.

5 – La fête de la science, c'est quoi exactement?
– C'est un week-end où on organise beaucoup d'activités à thème scientifique, des jeux, des expositions, etc.
– Et ça commence quand?
– Le 2 juin.
– Dans cinq jours alors?
– Oui, c'est ça.
– Et tu y vas?
– Oui, j'y vais avec le club de maths.

6 – Avez-vous déjà visité La Cité des Sciences à la Villette?
– Oui, on y est allés avant hier.
– Et comment l'avez-vous trouvée?
– C'était très bien, mais un peu fatigant.

7 – Bonjour, tout le monde et bienvenue au Camping Beau Soleil! Aujourd'hui, nous organisons un tournoi de tennis pour les jeunes de 12 à 16 ans. Ça va commencer tout de suite. Alors, tous les jeunes amateurs de tennis, rendez-vous immédiatement aux courts de tennis.

8 – Ça fait longtemps que vous êtes rentrés de vacances?
– Ça fait une semaine. Nous sommes rentrés samedi dernier.
– Et ça s'est bien passé à La Réunion?
– Ah oui, très bien. C'était vraiment magnifique.
– Vous n'avez pas eu de problèmes?
– Non, aucun problème.

LISTENING
SPEAKING

Oral practice

Students could work in pairs, groups or teams. One side says an expression of time, the other has to complete the sentence using a verb in an appropriate tense. They then give a different expression for the other side to complete.

SB 163 READING

3 Un problème à l'aéroport

Students read the text then complete the résumé.

Solution: **1** *Noël,* **2** *cinq,* **3** *temps,* **4** *dormir,* **5** *passeport,* **6** *billet,* **7** *clés,* **8** *obtenir,* **9** *copie,* **10** *été*

SB 163 PRACTICE

4 Un e-mail

This gives practice in writing about a holiday using different tenses.

Solution: **1** *sommes arrivés,* **2** *avons loué,* **3** *est,* **4** *fait,* **5** *faisait,* **6** *sommes restés,* **7** *a perdu,* **8** *nageait,* **9** *a joué,* **10** *était,* **11** *fera,* **12** *irons,* **13** *espère,* **14** *passes*

SB 163 WRITING

5 À écrire

Students write an account of a holiday using a range of tenses. This could be prepared in class and suitable sentences written on the board.

SB 163,  SPEAKING

6 À vous!

Students practise asking and answering questions using different tenses.

Au choix SB 231,  **6/29** EXTENSION LISTENING WRITING

2 Un nouvel hôtel

In this task, students have to listen to a conversation, then write a message in the correct tense. The first few items could be worked through orally and, if necessary, the complete messages could be written on the board, in random order and without the names, so students just have to select the appropriate one, e.g.

(Nom) a téléphoné. Il est malade et il restera à la maison aujourd'hui.

Solution: (possible answers)

1 *Suzanne est allée directement à l'office de tourisme.*
2 *Kévin est malade. Il restera à la maison.*
3 *Jean-Pierre a organisé la conférence de presse pour mercredi à 11h00.*
4 *Magali ira directement à l'agence de publicité cet après-midi. Elle ne passera pas au bureau.*
5 *Camille a manqué le train. Elle arrivera vers 14h00.*
6 *Sébastien a pris des photos. Il téléphonera demain.*

Un nouvel hôtel

1 – Allô. Est-ce que je peux parler à Madame Dupont?
– Je suis désolé, elle n'est pas là en ce moment. Est-ce que je peux lui laisser un message?
– Oui. C'est de la part de Suzanne. Pouvez-vous lui dire que je suis allée directement à l'office de tourisme avec les dépliants sur l'hôtel.
– Entendu. Au revoir.

2 – Allô. Est-ce que Madame Dupont est là?
– Non, je regrette, elle n'est pas là en ce moment. Vous voulez lui laisser un message?
– Oui. C'est de la part de Kévin. Pouvez-vous lui dire que je suis malade, alors je resterai à la maison aujourd'hui.

3 – Allô. Est-ce que je peux laisser un message pour Madame Dupont?
– Oui, bien sûr.
– Bon. C'est de la part de Jean-Pierre. Pouvez-vous lui dire que j'ai organisé la conférence de presse pour mercredi, à 11 heures.
– Oui, très bien. Au revoir.

4 – Allô. Est-ce que Madame Dupont est là?
– Non, je regrette, elle n'est pas là en ce moment. Vous voulez lui laisser un message?
– Oui. C'est de la part de Magali. Pouvez-vous lui dire que j'irai directement à l'agence de publicité cet après-midi et que je ne passerai pas au bureau.
– Oui, très bien. Au revoir.

5 – Allô. Est-ce que je peux parler à Madame Dupont?
– Je suis désolé, elle n'est pas là en ce moment. Est-ce que je peux prendre un message?
– Oui. C'est de la part de Camille. Pouvez-vous lui dire que j'ai manqué le train et que j'arriverai vers 14 heures.

6 – Allô. Est-ce que je peux laisser un message pour Madame Dupont?
– Oui, bien sûr.
– Bon. C'est de la part de Sébastien. Pouvez-vous lui dire que j'ai pris les photos de l'hôtel pour le journal et que je téléphonerai demain.
– Oui, très bien. Au revoir.

Examination Grammar in Action, page 50 GRAMMAR

Referring to past, present and future

This provides more practice of time expressions and the use of different tenses.

Area 7
On fait du camping
Discussing the advantages and disadvantages of camping
Booking a site
Giving and seeking information about facilities available

SB 164–165, 1–6
Au choix SB 229, 4, SB 231, 3
CD 6/30–6/31

PRESENTATION

General discussion

Introduce the theme of camping by asking students for their opinions and impressions.

Mention that camping is very popular in France and that there are a large number of sites.

Some students may have been camping with youth organisations such as the guides or scouts. *Le scoutisme* is less common in France but there are *des camps d'ado* (a kind of *colonie de vacances* for teenagers).

SB 164, 6/30 LISTENING

1 Aimez-vous faire du camping?

Students listen to the recording, read through the sentences and decide which corresponds most closely to each speaker. Mention that students will not need to allocate all the written opinions.

Solution: 1b, 2g, 3d, 4f, 5c

Aimez-vous faire du camping?

Quels sont les avantages et les inconvénients du camping? Pour les découvrir, notre reporter, Pierre Lefèvre, est allé interroger d'abord les Français qui aiment le camping et ensuite, ceux qui préfèrent une autre formule d'hébergement.

1 **Paul Martin**
Moi, j'aime beacoup faire du camping. On est libre, on est près de la nature et puis on s'amuse bien. Aux terrains de camping où j'ai été, il y a toujours eu beaucoup de choses à faire – natation, pêche, cyclisme, tennis, etc. On rencontre beaucoup de gens, souvent des étrangers, et on se fait facilement des amis.

2 **Marie Ferry**
J'aime faire du camping, mais je préfère aller dans une ferme plutôt que d'aller dans un de ces grands terrains de camping, qui ressemblent à un hôtel et où il y a beaucoup de gens. Si on fait du camping à la ferme, il n'y a jamais plus de quatre ou cinq tentes. Souvent, on peut visiter la ferme et faire la connaissance du fermier et de sa famille, voir les animaux de la ferme, etc. Pour moi, ça c'est plus intéressant.

3 **Yves Lambert**
À mon avis, le camping est un excellent moyen de passer des vacances sans dépenser beaucoup d'argent. J'ai voyagé dans plusieurs pays et j'ai fait du camping un peu partout en Europe. On trouve des terrains qui sont très confortables avec douches, piscine, restaurant, terrain de jeux, etc. ou des terrains de camping plus simples, mais il y a toujours un minimum de confort.

4 **Carole Duverger**
Le camping, ça va quand il fait beau, mais quand il pleut – ou quand il y a trop de vent – non, ça ne me plaît pas.

5 **Madeleine Morand**
Moi, je préfère aller à l'hôtel. C'est plus confortable et on dort beaucoup mieux.

SB 164, SPEAKING

2 À vous!

Students can then discuss their own experiences and opinions of camping holidays.

SB 164 READING

3 Pour choisir un terrain de camping

Read through the details of the two campsites and ask a few questions about the facilities offered at each site. Students should then be able to do the task, which involves recommending one of the campsites for each speaker.

Solution: 1a, 2b, 3b, 4a, 5b, 6a, 7a, 8a, 9a

SB 164 READING

4 Le camping 'Les Rochers'

Students complete the description of the campsite using the words listed.

Solution: **1** *près*, **2** *plus*, **3** *ouvert*, **4** *bicyclettes*, **5** *nager*, **6** *l'équitation*, **7** *acheter*, **8** *la lessive*

SB 165 VOCABULARY

Lexique: Le camping
Lexique: Du matériel utile

The two *Lexiques* list words connected with campsite facilities and useful equipment.

SB 165 WRITING

5 Une lettre de réservation

Students practise writing a letter to book a campsite, using the example as a model.

SB 165, 6/31, **LISTENING**

6 On arrive au camping

a Students should listen to the conversations at the campsite office and note down the number of nights, the number of people and whether they need a pitch for a tent or a caravan. Able students could also note down what other information was requested, if any.

b Students practise reading a similar conversation and then invent different ones, changing some details.

Solution:

a

	nuits	personnes	caravane/tente
1	4	3	caravane
2	2	2	tente
3	7	5	caravane
4	5	6	3 tentes
5	1	1	tente
6	(3)	(2)	(caravane) complet

On arrive au camping

1 – Bonjour, Monsieur. Avez-vous de la place, s'il vous plaît?
– C'est pour une caravane ou une tente?
– Une caravane.
– Et c'est pour combien de nuits?
– Quatre nuits.
– Oui, il y a de la place. C'est pour combien de personnes?
– Un adulte et deux enfants.
– Alors, une caravane, trois personnes, pour quatre nuits.
– Est-ce qu'il y a des jeux pour enfants au camping?
– Oui, Monsieur, c'est derrière le bureau.

2 – Bonjour, Monsieur. Avez-vous de la place, s'il vous plaît, pour une tente?
– C'est pour combien de nuits?
– Deux nuits.
– Oui. C'est pour combien de personnes?
– Deux personnes.
– Alors, un emplacement, deux nuits, deux personnes.
– Le village, c'est loin d'ici?
– Non, c'est à 3 kilomètres environ.

3 – Bonjour, Monsieur. Nous avons réservé un emplacement pour une caravane.
– C'est à quel nom, s'il vous plaît?
– Masson.
– Ah oui. Vous voulez rester une semaine, n'est-ce pas?
– Oui, c'est ça.
– Et vous êtes combien de personnes?
– Deux adultes et trois enfants.
– Alors, une caravane, cinq personnes, sept nuits.

4 – Bonjour, Monsieur. Nous avons fait une réservation.
– C'est à quel nom, s'il vous plaît?
– Roland.
– Ah oui. Vous voulez trois emplacements pour six personnes. C'est pour trois tentes?
– Oui, trois tentes.
– Et vous restez cinq nuits?
– C'est ça.
– Vous voulez être à l'ombre ou au soleil?
– À l'ombre.
– Alors, trois emplacements, six personnes, pour cinq nuits.

5 – Bonjour, Monsieur. Avez-vous de la place pour une tente, s'il vous plaît?
– C'est pour combien de nuits?
– Une nuit seulement.
– C'est pour combien de personnes?
– Une personne seulement.
– Oui, je vous donne un emplacement là-bas, à droite.
– C'est à l'ombre?
– C'est assez ombragé, oui.
– Est-ce qu'il y a une piscine au camping?
– Non, mais vous pouvez vous baigner dans la mer.
– Ah bon, et la plage, c'est loin?
– Non, c'est à un kilomètre environ.

6 – Bonjour, Monsieur. Avez-vous de la place pour une caravane et deux adultes pour trois nuits, s'il vous plaît?
– Vous avez réservé?
– Non.
– Je suis désolé, Madame, mais maintenant, nous sommes complets.

Au choix SB 229 **SUPPORT READING**

4 Du matériel utile

This is an easy matching task to practise vocabulary for camping equipment.

Solution: 1f, 2c, 3d, 4h, 5e, 6b, 7a, 8g

Au choix SB 231 **EXTENSION WRITING**

3 Vacances sous la tente

Students prepare an account of a real or imaginary camping holiday. Some questions and suggestions are given to help structure this, but students do not need to answer all the questions. This provides an opportunity to bring together some of the material from earlier areas, e.g. talking about tourist facilities, the weather, what makes a successful holiday, etc.

SPEAKING

Le camping – qu'en pensez-vous?

If not done earlier, students could work in pairs or small groups to discuss their own experiences and impressions of camping and perhaps give some of the advantages and disadvantages of camping, as mentioned at the beginning of the area, e.g.

Parlez du camping à deux ou en groupes. Avez-vous fait du camping? Ça vous a plu? Quels en sont les avantages et les inconvénients?

Exemple:

– *As-tu fait du camping?*
– *Oui. L'année dernière, j'ai fait du camping avec ma famille.*
– *Est-ce que ça te plaît?*
– *Oui. Et toi?*
– *Moi, je n'ai jamais fait ça. Quels sont les avantages du camping?*
– *Ça ne coûte pas cher.*
– *Oui, et on rencontre souvent des gens intéressants.*

Area 8
Vacances jeunes
Giving and seeking information about youth hostels
Hiring things, such as bicycles, (cost, conditions, location, etc.)
Understanding and using the perfect infinitive (*après avoir fait*, etc.)

SB 166–167, 1–6
Au choix SB 230, 5
CM 8/5
CD 6/32–7/1
Examination Grammar in Action, page 71

SB 166 — **SPEAKING READING**

1 Les auberges de jeunesse

Go through the questions orally to see if anyone knows the answers from earlier work or from personal experience. Then students can find the correct answers to each question.

Solution: 1c, 2f, 3g, 4a, 5b, 6e, 7d

If anyone has stayed in a youth hostel, ask them a few questions, e.g.

- *Y a-t-il quelqu'un qui est allé dans une auberge de jeunesse?*
- *C'était où?*
- *C'était bien?*
- *Tu y étais avec ta famille ou avec un groupe?*

Further information and leaflets can be obtained from FUAJ, 27 rue Pajol, 75018 Paris, France (www.fuaj.org).

SB 166, 6/32 — **LISTENING**

2 À l'auberge de jeunesse

Check that students understand the questions in French. These are listed here both for use with the listening task and to give students a reference list of useful questions.

Solution:

1 **a** *3 personnes*
b *3 euros*
c *oui*
2 **a** *au premier étage*
b *dans un garage derrière/près de l'auberge*
c *à 23h30*
3 **a** *2 personnes*
b *5 nuits*
c *entre 7h30 et 9h*
4 **a** *non*
b *non*
c *à côté du magasin*

À l'auberge de jeunesse

1 – Bonjour, nous avons réservé trois places pour une nuit.
– Bon. C'est à quel nom?
– Danièle Legrand.
– Ah oui. C'est pour deux filles et un garçon.
– Oui, c'est ça.
– Alors, les filles sont au dortoir 4 et le garçon au dortoir 7. Vous voulez louer des draps?
– Oui, pour une personne, s'il vous plaît.
– Alors, ça coûte 3 euros pour la location des draps.
– Bon. Et pour les douches, est-ce qu'il faut payer un supplément?
– Non, c'est compris.
– Bon. Est-ce qu'on peut prendre des repas à l'auberge?
– Oui, vous voulez prendre le dîner et le petit déjeuner?
– Oui. Ça coûte combien?
– Le dîner, c'est 9 euros et le petit déjeuner, c'est 3,50 euros.

2 – Bonjour. Avez-vous de la place, s'il vous plaît?
– C'est pour combien de personnes?
– Deux filles.
– Et c'est pour combien de nuits?
– Une nuit seulement.
– Oui, il y a de la place. Alors, vous êtes au dortoir 6, au premier étage.
– D'accord. Et où est-ce que nous pouvons mettre nos vélos?
– Il y a un garage derrière l'auberge.
– Bon, merci. Et l'auberge ferme à quelle heure, le soir?
– On ferme ici à 23h30. Si vous avez l'intention de rentrer plus tard, il faut demander une clef au bureau.

3 – Bonjour. Nous avons réservé deux places pour cinq nuits.
– Bon. Vous avez la lettre de confirmation et vos cartes?
– Oui, voilà.
– Merci. Vous voulez louer des draps?
– Non, merci.
– Bon, vous êtes au dortoir 5 au premier étage. Vous voulez prendre les repas?
– Seulement le petit déjeuner.
– Bon, alors, le petit déjeuner est servi entre 7h30 et 9h.
– Bon, merci.

4 – Bonjour. Avez-vous de la place pour trois garçons, s'il vous plaît?
– Avez-vous réservé?
– Non.
– Je suis désolé, mais nous sommes complets. Il y a un petit hôtel dans le village à trois kilomètres d'ici, ou il y a un terrain de camping à huit kilomètres.
– Bon. On va téléphoner à l'hôtel. Vous avez les coordonnés?
– Oui … voilà.
– Et il y a un téléphone public ici?
– Oui, c'est à côté du magasin.
– Bon, merci.

SB 166 — **VOCABULARY**

Lexique: À l'auberge de jeunesse

This lists some vocabulary linked to youth hostels.

SB 166, — **SPEAKING**

3 Au bureau d'accueil

Students practise the basic dialogue and then change some details.

Au choix SB 230 — **GENERAL SPEAKING/WRITING**

5 Des questions

This gives further practice of asking questions when staying at a youth hostel.

Solution:

1. *Vous avez de la place pour deux personnes pour trois nuits?*
2. *Vous faites des repas?*
3. *Le petit déjeuner est à quelle heure?*
4. *L'auberge ferme à quelle heure?*

CM 8/5 — **VOCABULARY READING**

Des vacances jeunes

This gives practice of vocabulary linked to camping and youth hostelling holidays.

1 Un acrostiche

Solution:

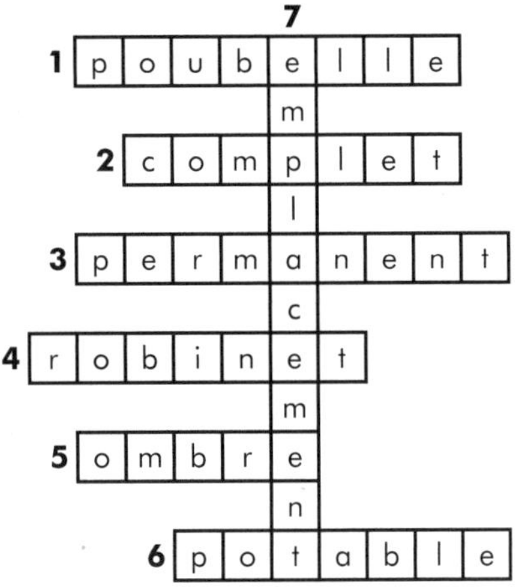

2 Trouvez les contraires

Solution:

1 h *à l'ombre/au soleil*
2 c *fermé/ouvert*
3 f *saisonnier/permanent*
4 a *réserver/annuler*
5 g *chambres disponibles/complet*
6 d *en retard/en avance*
7 b *l'arrivée/le départ*
8 e *jour férié/jour ouvrable*

3 Complétez les groupes

Students find a fourth word to go with other words in a group.

Solution: **1b** *l'équitation*, **2e** *une pizzeria*, **3d** *pluvieux*, **4f** *au bord de la mer*, **5a** *les jeux d'enfants*, **6c** *Pâques*

4 Si on faisait un chantier?

This gives information about a workcamp with questions in English.

Solution:

1. any of: not expensive, meet people, community work, valuable experience, opportunity to visit region, take part in sport, etc.
2. half the time for work (half for leisure)
3. renovating the interior of the youth hostel
4. youth hostel
5. any three of: walks, mountain biking, summer skiing, swimming, ice skating, tennis
6. 28 August or 28/08

SB 166, 7/1 — **LISTENING**

4 On loue des vélos

The recording provides practice in understanding the main language used when hiring something, in this case, bikes. Students listen to the recording and complete the sentences.

Solution: **1** *louer*, **2** *château*, **3** *trois; deux, un*, **4** *18*, **5** *50*, **6** *assurance*, **7** *mercredi*, **8** *deux*, **9** *carte de crédit*

On loue des vélos

– Est-ce qu'on peut louer des vélos ici?
– Non, on ne fait pas de location ici à l'auberge, mais il y a un magasin de cyclisme dans la rue du Château où on peut louer des vélos.
– Bon, merci. Alors, c'est la rue du Château.

Au magasin

– Bonjour, Monsieur. Je voudrais louer des vélos, s'il vous plaît. Nous sommes en vacances et nous aimerions visiter la région à vélo.
– Oui, alors vous voulez combien de vélos?
– Trois; deux pour femme et un pour homme.
– Alors, un VTT, c'est 18 euros la journée. Il faut payer une caution de 50 euros pour chaque vélo. Ça va?
– Oui. Et est-ce qu'il faut prendre une assurance?
– Non, l'assurance est comprise.
– Bon, alors, je voudrais louer trois vélos pour deux jours, à partir de mercredi.
– Oui, je vais réserver les trois vélos. Le magasin est ouvert à neuf heures.
– Très bien. Est-ce que je peux payer avec une carte de crédit?
– Oui, on accepte les cartes de crédit.
– Bon, merci. À mercredi alors.

SB 167 — **READING**

5 Sur les traces de Tintin

The article about a journey made by two students who visited several locations mentioned in stories about Tintin also presents some examples of the past infinitive. Check that students have understood the main points by asking a few questions in French, e.g.

– *Cet article, de quoi s'agit-il?*
– *Il s'agit d'une expédition qui suit les traces de Tintin – c'est-à-dire qu'au cours du voyage, on va visiter les pays qui figurent dans les livres de Tintin, non?*
– *Qui a participé au voyage?*
– *Ils ont visité combien de pays?*

a The *vrai ou faux?* task tests comprehension of details in the article but also presents more examples of the past infinitive.

b After identifying the false statements, students could correct these to make a résumé of the article.

Solution:

1V
2F *(Après avoir visité le château de l'Île Noire, ils sont allés aux États-Unis.)*
3V
4F *(Après être arrivés à Cap Canaveral, ils ont visité une navette spatiale.)*
5V
6F *(Après avoir cherché le trésor de Rackham le Rouge, ils ont pris l'avion pour l'Afrique.)*
7V
8F *(Après avoir quitté l'Afrique, ils sont allés au Pérou.)*

SB 167 **GRAMMAR**

Dossier-langue
Après avoir/être + past participle

When students have read through the explanation of *après avoir/être* + past participle, they could look for more examples and these could be written on the board.

SPEAKING

Oral practice

A chain game can be played in pairs, groups or as a class. Lists of verbs are written on the board, linked to specific themes. The lists could be confined first to verbs that take *avoir*, then verbs that take *être*, then a mixture.

Le week-end:

(avoir) déjeuner dans un fast-food, regarder un match, lire le journal, jouer au tennis, faire une balade, écouter de la musique

Exemple:

1 Après avoir déjeuné dans un fast-food, j'ai regardé le match.
2 Après avoir regardé le match, j'ai lu le journal. (etc.)
(être) sortir de la maison, aller à la piscine, aller au cinéma, rentrer à la maison

Exemple:

1 Après être sortis de la maison, nous sommes allés à la piscine. (etc.)

Students then take it in turns to make up a sentence using the structure *après* + past inifinitive.

SB 167 **PRACTICE**

6 Vacances en Provence

Students have to combine two sentences using the past infinitive.

Solution:

1. *Après avoir quitté Paris, nous avons pris l'autoroute du sud.*
2. *Après être arrivés à Nîmes, nous avons trouvé un terrain de camping.*
3. *Après avoir installé la tente, je suis allé à la piscine.*
4. *Après avoir acheté des provisions au supermarché, nous avons fait la cuisine.*
5. *Après avoir loué des vélos, nous avons fait le tour de la région.*
6. *Après avoir joué au volley, mon frère a perdu ses lunettes de soleil.*
7. *Après avoir mangé, ils sont allés au cinéma.*
8. *Après avoir joué au tennis, j'ai fait un pique-nique.*
9. *Après être restés quinze jours en Provence, nous sommes rentrés à Paris.*

EXAMINATION GRAMMAR IN ACTION, PAGE 71

GRAMMAR PRACTICE

Before and after

This provides practice in using *avant de* and *après avoir*.

Area 9
Souvenirs de vacances
Describing a holiday in the past
Expressing opinions about the holiday, resort, etc.
Revision of perfect and imperfect tenses

SB 168–169, 1–7
Au choix SB 229, 5, SB 231, 4
CD 7/2–7/4
Examination Grammar in Action, page 57

SB 168, 7/2 **LISTENING**

1 Des vacances récentes

Students listen to the recording and do the multiple-choice task.

Solution:

a 1a, 2b, 3c, 4b, 5a, 6b, 7a
b 1b, 2a, 3b, 4c, 5b, 6a, 7c

Des vacances récentes

Magali
J'ai passé mes vacances avec ma famille, en Espagne. Malheureusement, le jour de notre départ, il y avait des problèmes à l'aéroport et notre vol a eu un retard de cinq heures. Mais enfin, quand nous sommes arrivés à l'hôtel, tout allait bien. On était tout près de la mer. Il y avait une belle piscine et une discothèque était organisée tous les soirs. Il y avait du monde à l'hôtel et quelquefois, on a dû attendre assez longtemps au restaurant. On a passé des super vacances. Il a fait très beau et on s'est baignés tous les jours.

Nicolas
J'ai passé mes vacances avec un copain en Bretagne. Nous avons fait du camping. Un jour, nous avons décidé de faire une promenade à vélo. Nous avons laissé les vélos contre un mur pendant deux minutes pendant que nous faisions des achats dans un magasin. Hélas, quand nous sommes sortis du magasin, mon vélo avait disparu, mais celui de mon copain, Kévin, était toujours là. On est allés directement au commissariat. On nous a expliqué que beaucoup de vélos étaient volés en été, mais que la plupart sont retrouvés, abandonnés plus tard. En effet, c'est ce qui s'est passé. Au bout de trois jours, on m'a averti qu'on avait retrouvé mon vélo. Malheureusement, la roue était tordue, mais à part ça, le vélo n'était pas fortement endommagé. À part ça, j'ai passé de bonnes vacances, car j'adore être en plein air et on a eu du beau temps.

SB 168 **READING**

2 Forum: Les vacances, les voyages

Students read the messages and the sentences that follow and identify the people.

Solution: **1** *Paul*, **2** *Lise*, **3** *Ibrahim*, **4** *Stéphanie*, **5** *Paul*, **6** *Ibrahim*, **7** *Stéphanie*, **8** *Lise*

You could set up a forum on the school Intranet or website with the following questions and students could e-mail their responses.

Quels sont vos meilleurs souvenirs de vacances?
Avez-vous des conseils pour les autres voyageurs?
Envoyez vos idées au forum.

Au choix SB 229, 7/3,  **SUPPORT LISTENING SPEAKING**

5 Avez-vous passé de bonnes vacances?

Go through the questions and possible answers.

a Explain that students will hear two dialogues using all the questions and some of the possible answers. They have to note these down, giving the appropriate number.

Solution:

Louise Beauchamp: **3, 4, 1, 1, 5, 5, 1+ 2**
Simon Duval: **5, 1, 4, 1, 1, 4, 4**

Although the conversations give some additional details, they also provide a model for students to follow later when they prepare their own dialogues.

b Students can then make up similar conversations.

Avez-vous passé de bonnes vacances?

Louise Beauchamp

– Où êtes-vous partis en vacances?
– En Grèce ... Nous sommes allés en Grèce, cette année.
– Ah bon? Et dans quel endroit exactement?
– À Rhodes. Vous connaissez?
– Non. C'est joli?
– Oui, c'est très joli.
– Vous y êtes allés quand?
– En août ... nous sommes partis le 12 août et nous sommes rentrés le 26.
– Et vous avez eu du beau temps?
– Ah oui, du beau temps, du soleil.
– Et comment avez-vous voyagé?
– En avion. Mon mari n'aime pas beaucoup prendre l'avion ... mais, bon, il n'y avait pas d'autre moyen et ... en tout cas, il n'y avait aucun problème.
– Et vous êtes allés à l'hôtel?
– Non, chez des amis. Nous avons des amis grecs qui ont une maison à Rhodes, donc on est allés chez eux.
– Et vous y avez passé combien de temps?
– Quinze jours.
– Et qu'est-ce que vous avez fait?
– Eh bien, on est allés à la plage tous les jours, on s'est baignés dans la mer ... voilà.
– C'était donc très agréable?
– Ah oui, on a passé des vacances merveilleuses.

Simon Duval

– Et vous, vous êtes partis en vacances?
– Oui ... mais c'était plus tôt, au printemps. Nous sommes allés au Québec.
– Ah bon? Et vous êtes allés où exactement ... dans quel endroit?
– À Montréal.
– À Montréal – c'est une grande ville, non?
– Oui, assez grande.
– Et vous y êtes allés quand?
– Au printemps ... en avril.
– Et vous avez eu du beau temps?
– Hmm, non ... pas tellement. Il a plu assez souvent et il n'a pas fait beau.
– Et comment avez-vous voyagé?
– En avion. Ça s'est bien passé.
– Et vous êtes allés à l'hôtel?
– Oui, nous sommes allés dans un hôtel au centre de Montréal.
– Et vous y avez passé combien de temps?
– Dix jours.
– Et qu'est-ce que vous avez fait?
– Eh bien, on ... on a visité la ville, les musées, la Tour Olympique, tout ça et on a visité un peu la région de Québec.
– Alors malgré le temps, vous avez passé de bonnes vacances?
– Oui, c'était très intéressant.

SB 169, 7/4 **LISTENING**

3 C'était comment, les vacances?

Students listen to the conversation, then read through the expressions in their book, listen again and note down which are used.

Solution: **1, 3, 4, 5, 7, 8, 9**

C'était comment, les vacances?

– Tu as passé de bonnes vacances?
– Non, franchement, non.
– Mais pourquoi? Qu'est-ce qui s'est passé?
– Bon, d'abord, l'hôtel était assez loin du centre-ville ... puis tout était très cher.
– Et les plages ... il y avait de belles plages?
– Non, les plages n'étaient pas très propres et en plus, il y avait trop de monde.
– Alors, tu as pu visiter la région peut-être, faire des excursions?
– Non, pas vraiment ... on avait besoin d'une voiture pour visiter la région ... il n'y avait pas d'excursions en car. C'était vraiment décevant. Et toi, qu'est-ce que tu as fait pendant les vacances?
– Moi, je suis allée en Corse ... dans un petit village au bord de la mer.
– Et qu'est-ce qu'il y avait à faire?
– Eh bien, à part la plage, il n'y avait pas grand-chose à faire. Mais comme moi, j'adore l'eau, j'ai passé tous les jours sur la plage. J'ai fait de la planche à voile et du ski nautique.
– Et l'eau était bonne?
– Ah oui ... c'est la Méditerranée, alors la mer était bonne.
– Et vous avez eu du beau temps?
– Oui, il a fait un temps splendide.

SB 169 **READING**

4 Trouvez les contraires

Students read the complete list of comments in tasks 3 and 4 and find the pairs that are opposite in meaning.

Solution: 1g, 2e, 3f, 4h, 5b, 6i, 7c, 8a, 9d

SB 169, **SPEAKING**

5 Vos vacances – succès ou désastre?

In this pairwork task, one student asks the questions, the other describes first a successful holiday, then a disastrous one. Students then change roles.

SB 169, **SPEAKING**

6 À vous!

Students work in pairs to talk about recent holidays.

SB 169 **WRITING**

7 À écrire

Students write a description of a holiday, imaginary or true.

REVISION

Using the perfect and imperfect tenses

For some students, it might be appropriate to revise the use of the two main past tenses. Ask them which past tenses they know and write these on the board. Then ask them to find examples of each tense and to work out which is used for general description in the past and which for completed actions. Use this as a starting point to summarise the different uses of the imperfect and perfect tenses. Students can then read through the explanation in the grammar section of their book.

AU CHOIX SB 231 **EXTENSION READING WRITING**

4 Voyage en Afrique

This task involves deciding whether the imperfect or perfect tense should be used and producing the correct form. It can be prepared orally in class before students write out the correct verbs.

Solution:

1 *Quand j'avais 21 ans, j'ai gagné un concours de photos.*
2 *Avec l'argent, j'ai décidé de faire un voyage en Afrique.*
3 *Pendant le voyage, j'ai fait la connaissance d'un Américain, James, qui faisait le tour du monde.*
4 *Nous avons décidé de voyager ensemble.*
5 *Nous étions en Tunisie et James a acheté un véhicule tout terrain.*
6 *Au début, tout allait bien.*
7 *Nous avons fait un safari et j'ai pris des photos superbes.*
8 *Le paysage, les animaux – tout était magnifique.*
9 *Mais alors que nous traversions le désert, le véhicule est tombé en panne.*
10 *Finalement, nous avons réparé le véhicule et nous sommes arrivés à un petit hôtel.*
11 *Mais pendant que nous logions à l'hôtel, on m'a volé mon passeport.*
12 *James, qui avait été piqué par des moustiques, est tombé malade.*
13 *Enfin, James a récupéré et a décidé de continuer son voyage.*
14 *Et moi, je suis rentré en France.*

SPEAKING

Une conversation très longue

For more practice, students could work in pairs to make up a long conversation using the questions about holidays in other tasks. Each should try to be the last person to speak.

EXAMINATION GRAMMAR IN ACTION, PAGE 57 **GRAMMAR**

Using the perfect and imperfect tenses

This provides more practice of using the perfect and imperfect tenses and also briefly mentions the preceding direct object.

Area 10
Further activities and consolidation
SB 169
Au choix SB 231, 5
CM 8/6–8/20
CD 7/5–7/11
SCD 2/13–2/16

CM 8/6 **READING WRITING**

Mots croisés – les vacances

This holiday crossword brings together many of the themes of this unit and is suitable for most students.

Solution:

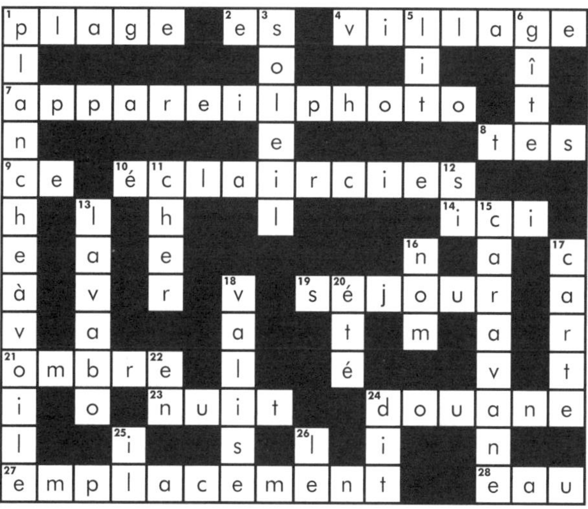

AU CHOIX SB 231 **EXTENSION READING**

5 Des journées particulières

This reading passage describes a holiday scheme for children who are not going away on holiday and is followed by questions in English.

Solution:

1 trampoline, mountain biking, horse riding
2 *'l'été des collégiens'*
3 12–16 year olds who don't go on holiday
4 learning and pleasure
5 Yes, it should be.

CM 8/7 **READING EXTENSION**

Assassinée

As an optional extension task, able students could read this authentic newspaper article, which uses a range of tenses, in particular the imperfect and perfect. Stress that with this, as with many authentic texts, students must read for gist and not be worried by vocabulary items that they do not know. The article is followed by a multiple-choice comprehension task in French.

Solution: 1B, 2A, 3B, 4B, 5C, 6B, 7C, 8B

SB 169

Sommaire

A summary of the main structures and vocabulary of the unit.

CM 8/8, SCD 2/13–2/16 **INDEPENDENT LISTENING**

Tu comprends?

Students could do any or all of the four items on this worksheet – now or later as revision.

1 La météo

Solution:

lundi	*matin* *après-midi*	**A** **A**
mardi	*matin* *après-midi*	**C** **G**
mercredi	*matin* *après-midi*	**F** **B**
jeudi	*matin* *après-midi*	**E** **H**

La météo

Écoutez la météo et écrivez la bonne lettre.

Voici la météo pour aujourd'hui, lundi seize mars, et pour le début de la semaine.
Il pleut depuis tôt ce matin, et cet après-midi, il va continuer à pleuvoir sur toute la région.
Mardi matin, le temps sera nuageux. L'après-midi, il neigera en montagne, et plus tard, sur l'ensemble de la région. Mercredi matin, il y a aura du brouillard, mais le beau temps va revenir et l'après-midi, il fera beau et il y aura du soleil. Jeudi, il y aura du vent fort le matin, et il fera très froid l'après-midi.

2 On téléphone à l'hôtel

Solution:

Nom: Duval
Date d'arrivée: 11 avril
Heure approx. d'arrivée: 18h00
Nuits: 3
Chambre: Personnes: 2 *Tarif:* *chambre avec balcon: 64 euros* *chambre sans balcon: 50 euros* *fumeur (f)/non-fumeur (n): n*
Hôtel: parking (✓/✗): ✓ *restaurant (✓/✗): ✗*

On téléphone à l'hôtel

Écoutez la conversation et complétez les détails de la réservation.

– Allô, hôtel Saint-Nicolas.
– Bonjour, je voudrais réserver une chambre pour deux personnes, s'il vous plaît.
– Oui, c'est pour quelle date et pour combien de nuits?
– C'est pour le onze avril, pour trois nuits.
– Nous avons une chambre à soixante-quatre euros avec balcon et vue sur la mer.
– Avez-vous quelque chose de moins cher?
– Oui, nous avons d'autres chambres à l'arrière de l'hôtel, sans balcon, à cinquante euros. Vous préférez ça?
– Oui, s'il vous plaît, et je voudrais une chambre non-fumeurs, si possible.
– Oui, j'ai noté. C'est à quel nom?
– Duval. Ça s'écrit D–U–V–A–L.
– Et vous arriverez vers quelle heure?
– On arrivera en fin d'après-midi, vers dix-huit heures. Est-ce qu'il y a un parking à l'hôtel?
– Oui, il y a un parking à l'arrière de l'hôtel.
– Est-ce qu'il y a un restaurant à l'hôtel?
– Ah non, Monsieur, je regrette, il n'y a pas de restaurant.
– Merci, Madame. Au revoir.

3 Des vacances récentes

Solution: 1a, 2c, 3b, 4a, 5b, 6b, 7c

Des vacances récentes

Un jeune Belge raconte ses vacances. Écoutez la conversation et cochez les bonnes cases.

– L'année dernière, je suis allé en France avec ma famille. Nous avons passé une semaine à Nice, où nous avons loué un appartement. Il a fait un temps splendide, mais l'après-midi, il faisait trop chaud pour aller sur la plage. Nice est une belle ville avec un joli marché.
– Est-ce que vous avez fait des excursions?
– Oui, un jour, nous avons fait une excursion à Monte-Carlo et nous avons visité l'aquarium.
– Qu'est-ce que tu as acheté comme souvenirs?

- J'ai acheté un T-shirt.
- Vous êtes rentrés directement à Bruxelles?
- Non, avant de rentrer, nous avons passé deux nuits dans un camping à Annecy.
- Vous voudriez retourner à Nice?
- Oui, nous avons bien aimé Nice et la région et nous allons y retourner l'année prochaine.

4 Les vacances en questions

Solution: **1K** *tennis*, **2I** *nager*, **3A** *Alpes*, **4F** *excellent*, **5G** *famille*, **6B** *amie*, **7E** *examens*, **8H** *montagne*, **9D** *États-Unis*, **10J** *paysage*

Les vacances en questions

Écoutez la discussion et complétez le texte.

- Qu'est-ce que tu fais pendant les vacances, d'habitude?
- Ça dépend – pendant les grandes vacances, je pars en vacances avec ma famille. D'habitude, nous faisons du camping en France, pendant deux semaines. Autrement, je sors avec mes amis, je vais au cinéma, je joue au tennis ou je joue sur l'ordinateur.
- Où préfères-tu passer des vacances?
- Je préfère aller au bord de la mer, parce que j'adore nager et les sports nautiques.
- Quel genre de vacances préfères-tu?
- Moi, je préfère des vacances actives et sportives; par exemple, l'année dernière, je suis partie en voyage scolaire aux Alpes. Nous avons fait beaucoup d'activités sportives – c'était vraiment excellent.
- Tu préfères passer les vacances en famille ou avec des amis?
- Je m'entends bien avec ma famille, mais j'aime avoir un peu d'indépendance aussi. C'est bien si je peux emmener une amie avec nous.
- Qu'est-ce que tu vas faire pendant les prochaines vacances?
- Pendant les vacances de Pâques, je dois réviser, parce que, en juin, je dois passer des examens importants.
- Est-ce que tu as des projets de vacances cet été?
- Non, pas encore, mais je voudrais partir avec mes amis. Nous pensons aller à la montagne pour quelques jours.
- Est-ce qu'il y a un pays que tu voudrais visiter un jour?
- Oui, j'aimerais beaucoup aller aux États-Unis. Je voudrais visiter New York et aussi la Californie. J'ai vu beaucoup de photos de la Californie et le paysage est très impressionnant.

CM 8/9 **READING**

Presse-Jeunesse: Les Alpes

This copymaster is mainly for reading for pleasure. It consists of a quiz about the Alps and information about the work of a ski instructor, mountain guide and hotel receptionist.

Solutions:

Six questions sur les Alpes
1C, 2A, 3B, 4B, 5C, 6A

Je travaille dans la région
1 *Élisabeth*, **2** *Anne*, **3** *Anne*, **4** *Élisabeth*, **5** *Pierre*, **6** *Élisabeth*, **7** *Pierre*, **8** *Pierre*

Épreuve – Unité 8

These worksheets can be used for an informal test of listening, speaking, reading and writing or for extra practice, as required. For general notes on administering the *Épreuves*, see TB 11–12.

CM 8/10–8/11, 7/5–7/11 **LISTENING**

Épreuve: Écouter

Partie A

1 Quel camping? F

Students listen to the conversations and write the letters to show which facilities are mentioned at each campsite.

Solution: **Camping Les Hirondelles (Ex. A) H C**
Camping Soleil D B F G [6 marks]

Quel camping?

Qu'est-ce qu'il y a dans chaque camping? Écoutez et, pour chaque camping, écrivez les bonnes lettres.

- Alors ... euh ... dans ce camping – les Hirondelles – il y a un restaurant, on peut aller à la pêche et il y a accès aux handicapés. C'est important, ça, pour la Tante Marie!
C'est au bord de la mer et il y a une piscine.
- Est-ce qu'on accepte les animaux?
- Ah non, on n'accepte pas les animaux. Alors, on ne peut pas y aller!
Voilà! Ce camping-ci, le Camping Soleil, c'est beaucoup mieux. Il y a tout ça, on accepte les animaux et puis il y a aussi des plats cuisinés, un mini-golf et on peut faire de l'équitation.

2 À l'office de tourisme F

Students match short conversations with pictures of the items requested. Key items are repeated in the course of the conversations.

Solution: **1F, 2C, 3E, 4B, 5D, 6G** [6 marks]

À l'office de tourisme

Écoutez ces touristes à l'office de tourisme. Qu'est-ce qu'ils demandent? Écrivez la bonne lettre.

Exemple:
- Bonjour, Madame. Je voudrais un plan de Nice, s'il vous plaît.
- Un plan de Nice – oui, Monsieur. Le voilà.

1 – Bonjour, Madame. Nous sommes en vacances ici, à Nice. Avez-vous une liste des restaurants ici?
- Bien sûr, Monsieur. Voici une liste des restaurants.

2 – Vous voudriez autre chose – une liste des musées, peut-être?
- Avez-vous un dépliant sur le musée des trains miniatures? Ça m'intéresse beaucoup.
- Certainement. Voilà, Monsieur. Le musée des trains miniatures est très intéressant.

3 – Bonjour, Madame. Nous voudrions passer quelques jours à Nice. Avez-vous une liste des terrains de camping, s'il vous plaît?
- Oui, Monsieur. Les listes des campings sont par-là. Servez-vous!

4 – Pardon, Madame. Je suis en voiture et il est très difficile de se garer. Avez-vous une liste des parkings à Nice?
– Une liste des parkings – bien sûr! La voilà!

5 – Bonjour, Madame. Avez-vous un horaire des trains, Nice à Paris, s'il vous plaît?
– Un horaire Nice–Paris ... voyons ... Ah oui. Voilà, Mademoiselle.

6 – Bonjour, Madame. Nous sommes en vacances ici et nous voudrions aller à un concert ou un spectacle. Avez-vous une liste des concerts et des autres événements?
– Bien sûr, Monsieur. Voici un dépliant de tout ce qu'on peut voir ce mois-ci.
– Ah, merci bien, Madame.

3 Météo F/H

Students listen to the weather forecast and pick the correct symbols for each part of the weekend.

Solution: 1A, 2E, 3B, 4D, 5F [5 marks]

Météo

Écoutez et pour chaque partie du week-end, écrivez la bonne lettre dans la case.

C'est aujourd'hui vendredi, le sept juin. Voici la météo pour ce week-end.
Cet après-midi, le temps restera toujours nuageux et ce soir, il y aura probablement quelques averses, surtout dans le nord-ouest.
Demain, samedi, il y aura un peu de vent le matin, et l'après-midi, il y aura du soleil sur toute la France.
Dimanche, on prévoit une journée très chaude, mais avec un peu de brouillard le soir dans le nord de la France.

4 Souvenirs de vacances F/H

Students listen to the teenagers' impressions of their holidays and classify them as good or bad. They also choose the letter from the box that best sums up their reactions.

	Positive	*Négative*	*Description*
Exemple: *Magali*	✓		A
1 *Stéphane*		✓	C
2 *Nicolas*		✓	D
3 *Denis*	✓		E
4 *Laurent*		✓	B

[8 marks]
[Total for part A: 25 marks]

Souvenirs de vacances

Écoutez ces jeunes. Qu'est-ce qu'ils pensent de leurs vacances? Ils ont une opinion positive ou négative? Pour chaque personne, cochez une case (Positive, Négative) et écrivez la bonne lettre dans la case.

Magali
Je suis allée en Guadeloupe et j'ai eu des vacances très réussies.

Stéphane
Le premier jour au camping, je me suis cassé le doigt en tombant de mon vélo!

Nicolas
Il y avait des milliers de visiteurs sur la plage, il n'y avait pas de place pour s'asseoir!

Daniel
Je m'intéresse beaucoup aux bateaux et en vacances, j'ai appris à faire du kayak.

Laurent
Il n'y avait rien à faire le soir et en plus, il n'y avait même pas de télé dans l'appartement.

Partie B

1 Un message enregistré F/H

Students listen to a recorded message booking a room at the hotel and write down the details in French.

Solution: **1** *deux,* **2** *12 juillet,* **3** *2 nuits,* **4** *avec salle de bains,* **5** *8h/huit heures,* **6** *4/quatre,* **7** *Martin*

Un message enregistré

Vous travaillez dans un hôtel en France. Regardez la fiche de réservation. Écoutez le message enregistré au téléphone. Notez les détails de la réservation ***en français****.*
Allô. Je voudrais réserver une chambre pour samedi prochain, le 12 juillet, jusqu'au lundi matin, s'il vous plaît. On partira lundi matin, assez tôt.
Je voudrais une chambre à deux lits pour deux personnes avec salle de bains, si possible
En plus, je voudrais réserver une table au restaurant pour quatre personnes pour le dîner à huit heures du soir. Nous aurons des invités.
C'est au nom de Martin. Ça s'écrit M–A–R–T–I–N.
Merci et au revoir.

2 Luc parle de ses vacances H

Students listen to Luc talking about his recent holiday and answer the questions in English.

Solution:

1 May
2 His parents and his sister (all needed for 1 mark)
3 They went every year
4 Gone camping with his friends
5 Sunny
6 sun bathe/get brown
7 Foggy
8 Had to cancel the regatta/boat/yacht races
9 Disappointed/not a success [9 marks]

Luc parle de ses vacances

Listen to Luc talking about his holiday and answer the questions ***in English****.*

Au mois de mai, pour la fête de l'Ascension, je suis allé avec mes parents et ma sœur passer cinq jours à La Rochelle. Ce n'est pas mal, mais on y va tous les ans et ça ne change pas beaucoup; franchement, c'est un peu ennuyeux. Mes parents sont gentils, mais de préférence, j'aimerais partir avec mes copains, faire du camping, par exemple.

En plus, cette année, à La Rochelle, on avait des problèmes avec le temps. D'habitude, il y a du soleil et on peut se bronzer, mais malheureusement, cette année, il faisait du brouillard vraiment mauvais et on a dû annuler les régates et les courses de bateaux à voile.

Nous étions tous très déçus à cause du temps et on ne peut pas dire que c'étaient des vacances très réussies.

3 Vélos à louer H

Students listen to some holidaymakers hiring bikes and select the correct options.

Solution: 1A, 2A, 3B, 4C, 5B, 6C, 7B, 8B, 9C

[9 marks]
[Total for Part B: 25 marks]

Vélos à louer

Écoutez et cochez la bonne case.

À l'office de tourisme

- Pardon, Madame. Est-ce qu'on peut louer des vélos ici?
- Non, on ne peut pas les louer ici, à l'office de tourisme, mais il y a un magasin de cyclisme en ville où il y en a.
- C'est où, le magasin?
- C'est tout près du parc. Vous le trouverez sans problème. C'est marqué 'Location de vélos'.
- Ah, bon. Merci, Madame.

Au magasin

- Bonjour, Monsieur. Nous sommes en vacances ici et nous voudrions louer des vélos pour visiter la région.
- Oui, alors vous êtes combien?
- Mon frère et moi, ma femme et notre fils qui a quatorze ans.
- Donc, quatre vélos en tout, c'est ça?
- Oui, c'est ça.
- Alors, un VTT, c'est 18 euros la journée. Il faut payer une caution de 50 euros pour chaque vélo. Ça va?
- Oui. Et l'assurance? Il faut payer l'assurance en plus?
- Non, l'assurance est comprise.
- Bon, alors, je voudrais louer quatre vélos pour deux jours pour demain. C'est possible?
- Oui, je vais réserver les quatre vélos. C'est à quel nom?
- Michel. Je m'appelle David Michel.
- Alors, le magasin sera ouvert demain matin à huit heures et demie.
- Très bien. Vous acceptez les cartes de crédit ou je pourrais payer avec des chèques de voyage?
- Non, non, ça va, on accepte les cartes de crédit.
- Bon, merci. À demain alors.
- Entendu!

CM 8/12–8/14 SPEAKING

Épreuve: Parler

The speaking test contains two elements: two role play tasks (using either CM 8/12 or CM 8/13) and a conversation (CM 8/14).

The role play tasks have a suggested script which is given on *Carte B* so the role play dialogues can be used for practice in pairs, as an alternative to assessment.

Suggested marking scheme:

Each **role play** task is marked on a scale of 1–10 using the following criteria.

9–10	Conveys all information required (including unpredictable elements if applicable) Interacts well No prompting required
7–8	Conveys most information Little or no prompting
5–6	Conveys half the required information Little prompting necessary
3–4	Conveys less than half the required information Some prompting
1–2	Conveys only one piece of relevant information Very hesitant, reliant on prompting
0	No effective communication

The **conversation** is marked on a global basis for communication and content (maximum 10 marks) and quality of language (maximum 10 marks).

A further 10 marks are given for intonation, pronunciation and general accuracy based on **performance** throughout the speaking test.

This gives a total of 50 marks (role play tasks: 10 + 10; conversation: 10 + 10; general performance: 10). This overall mark is then divided by two to give a final mark out of 25 for speaking.

CM 8/12 SPEAKING

Épreuve: Parler

Role play (1)

A1 À l'hôtel F

This task has cues in English and some visuals.

B1 Au camping F/H

This task has cues in English and includes one unpredictable element.

CM 8/13 SPEAKING

Épreuve: Parler

Role play (2)

B2 À l'auberge de jeunesse F/H

This task has cues in English and includes one unpredictable element.

C1 On téléphone à l'hôtel H

This task has cues in French and two unpredictable elements.

CM 8/14 **SPEAKING**

Épreuve: Parler

Conversation and discussion

The list of questions could be given to students before the test and they could be asked to select and prepare one topic in advance. The test should include questions on this topic and one other topic chosen at random. Students should be given an opportunity to answer using a range of tenses and to give opinions and reasons.

CM 8/15–8/18 **READING**

Épreuve: Lire

Partie A

1 Au camping F

Students match the notices to the symbols.

Solution: 1B, 2C, 3A, 4G, 5H, 6D, 7F, 8I

[8 marks]

2 Vous aimez le camping? F

Students first read through the seven written opinions and then select the correct letters to answer the English questions.

Solution: 1E, 2F, 3A, 4C, 5F, 6D, 7B, 8C, 9B

[9 marks]

3 Quel hôtel? F/H

Students read the hotel advertisements and choose the most suitable hotel for each customer.

Solution: 1A, 2C, 3D, 4B, 5A, 6B, 7C, 8D

[8 marks]
[Total for Part A: 25 marks]

Partie B

1 Une lettre de confirmation F/H

Students read the letter from a hotel and fill in the grid.

Solution: **1** *non*, **2** *on ne sait pas*, **3** *oui*, **4** *oui*, **5** *oui*, **6** *oui* [6 marks]

2 Le temps pour vos vacances F/H

Students read the weather forecast and write the correct letter for each place listed.

E	ATHÈNES	D	MADRID
C	BERLIN	G	PARIS
H	ÉDIMBOURG	A	ROME
B	LONDRES	F	YORK

[8 marks]

3 Des vacances pour tous les goûts H

Students read the article and match the titles to each course description.

Solution: 1B, 2F, 3C, 4A, 5E [5 marks]

4 Si on faisait un chantier? H

Students read the article and then find the matching pairs to make up sentences.

Solution: 1G, 2E, 3C, 4F, 5D, 6A [6 marks]
[Total for Part B: 25 marks]

CM 8/19–8/20 **WRITING**

Épreuve: Écrire

It is suggested that students do either tasks 1–4 or tasks 4 and 5 to obtain a mark out of 50. This can be divided by two to give a total mark of 25 for writing.

1 Des listes F

Students complete the lists with items of camping equipment/foreign countries they would like to visit. The task should be marked for communication only and inaccurate spelling should not be penalised, so long as the message is clear.

[10 marks]

2 Des phrases F

This task tests grammatical knowledge and some vocabulary. It should be marked for communication and accuracy.

Solution: **1** *(il) fait beau/(il) y a du soleil, etc., (il) pleut*, **2** *(il) neige, (il y a du) vent*, **3** *(j')ai passé*, **4** *montagne*, **5** *(tu) fais*, **6** *Pouvez(-vous), plan de la ville*, **7** *(on) peut* [10 marks]

3 Une carte postale F/H

Students write a short postcard similar to a postcard in French and covering the details in English.

Marking scheme:
Communication and completion of task requirements: 6
Quality of language: 4

[Total: 10 marks]

4 Des projets de vacances F/H

Students write a letter of about 90–100 words, following the guidelines in French. They should use a range of tenses and express opinions.

Marking scheme:
Communication and content: 10
Quality of language: 10

[Total: 20 marks]

5 Un voyage à l'étranger H

Students write an article of about 120–140 words in which they should reply to a list of questions in French. They should use a range of tenses and express opinions.

Marking scheme:
Communication and content: 10
Quality of language: 10
Accuracy: 10

[Total: 30 marks]

Encore Tricolore 4
nouvelle édition

unité 9 À votre santé

Area	Topics	Grammar	Vocabulary
9.1 *Votre santé en vacances*	Understanding and discussing information about some holiday ailments and treatment		
9.2 *À la pharmacie*	Consulting a chemist about minor ailments and treatment	Using *qui* and *que*	At the chemist's (SB 172)
9.3 *Le corps humain*	Describing parts of the body Giving and seeking information about pain or injury		Parts of the body (SB 175)
9.4 *En faisant du sport*		Using *en* + the present participle	
9.5 *Accident!*	Giving basic details and location of an accident to others, including the emergency services Understanding how to use a public telephone		
9.6 *Chez le dentiste … et chez le médecin*	Making an appointment at the doctor's or dentist's Describing symptoms Understanding information about AIDS		At the dentist's (SB 181) At the doctor's (SB 182)
9.7 *C'est dur d'être ado*	Exchanging information and opinions about personal feelings and problems		Describing mood (SB 184)
9.8 *Le tabac et la drogue*	Exchanging information and opinions about issues regarding smoking, drugs, alcohol and addiction Comparing past with present lifestyles		
9.9 *Forme et santé*	Discussing and comparing healthy and unhealthy lifestyles		
9.10 Further activities and consolidation			See also *Vocabulaire par thèmes* (SB 272)

Students' Book 170–189, Au choix 232–235
Class CD 7–8, **Student CD 2**

Examination Grammar in Action
pages 35, 61, 62

Copymasters

9/1	*Jeux de vocabulaire* [vocabulary practice] (TB 220)
9/2	*Le corps humain* [speaking, writing] (TB 222)
9/3	*Sur l'ordinateur* [reading, listening] (TB 223)
9/4	*Premiers soins* [reading] (TB 227)
9/5	*On se fait soigner* [speaking] (TB 229)
9/6	*Comment cesser de fumer?* [listening, reading] (TB 233)
9/7	*Tu comprends?* [independent listening] (TB 236)
9/8–9/9	*Épreuve: Écouter* (TB 237)
9/10–12	*Épreuve: Parler* (TB 240)
9/13–17	*Épreuve: Lire* (TB 240)
9/18–19	*Épreuve: Écrire* (TB 241)

Au choix (SB 232–235)

Support

1 *La santé l'été* (TB 218)
2 *Ça ne va pas!* (TB 219)
3 *À la pharmacie* (TB 221)
4 *112 – le numéro de l'urgence* (TB 226)
5 *Deux conversations* (TB 229)

General

1 *Un petit problème* (TB 221)
2 *De quoi s'agit-il?* (TB 221)
3 *Autres pays, autres mœurs* (TB 223)
4 *Une journée catastrophique* (TB 225)
5 *Des messages téléphoniques* (TB 227)
6 *Pour avoir de belles dents* (TB 228)
7 *J'ai changé mon mode de vie* (TB 234)
8 *Charles Martin* (TB 234)

Extension

1 *Comment a-t-il fait ça?* (TB 225)
2 *Le portable fait un tabac!* (TB 233)
3 *En forme, le jour J* (TB 236)

Useful websites

Health care
This is the official site of the *Comité Français d'Éducation sur la Santé*, with information about smoking, alcohol, drugs, AIDS, etc.
www.cfes.sante.fr/

A health site designed for teenagers, with information about health issues, a forum, etc.
www.tasante.com/index.php

Santé is a **health magazine**:
www.sante-mag.com

Médecins sans frontières
www.paris.msf.org

Area 1
Votre santé en vacances
Understanding and discussing information about some holiday ailments and treatment

SB 170–171 1–5
Au choix SB 232 1–2
CD 7/12
Examination Grammar in Action, page 35

Introduction

Introduce the topic of health in summer and write some of the key vocabulary on the board, e.g.

En été, d'habitude on va bien, on n'a pas beaucoup de problèmes de santé. Cependant, il faut faire attention à certaines choses:
le soleil – ça fait du bien mais ce n'est pas bien de rester longtemps au soleil, surtout à midi, quand le soleil est très fort, car on risque de se brûler. Les personnes qui sont blondes ou rousses et qui ont la peau claire doivent faire très attention
boire – il est important de boire, surtout si on fait du sport
les guêpes, les abeilles, les moustiques – ce sont des insectes qui piquent. Si les insectes posent un grand problème, on peut mettre une crème anti-insecte
se baigner – nager, ça fait du bien aussi, mais ne vous baignez pas tout de suite après un grand repas – vous risquez d'avoir des crampes.

SB 170 **READING**

1 La santé l'été

Students read this article from a teenage magazine and do the following tasks:

a Students choose an appropriate title for each paragraph.

Solution: **1**E **2**A **3**D **4**C **5**B

b Students complete the advice for sun protection.

Solution: **1** *une crème solaire,* **2** *un chapeau et des lunettes de soleil,* **3** *de l'eau régulièrement,* **4** *dormir/s'endormir sur la plage en plein soleil,* **5** *15 heures*

c Students reply to questions in French based on the information in the article.

Solution:

1 *en fin d'après-midi (ou tôt le matin),* **2** *pour récupérer l'eau et les sels minéraux perdus et éviter crampes et courbatures,* **3** *un produit antiseptique,* **4** *mettre une crème anti-moustique et se couvrir,* **5** *une heure,* **6** *après avoir bu de l'alcool/si la baignade est interdite*

Au choix SB 232 **SUPPORT READING**

1 La santé l'été

This matching task is an alternative to the above tasks.

Solution: **1**c **2**e **3**f **4**a **5**b **6**d

SB 171, 7/12 **LISTENING**

2 Les problèmes de l'été

Students listen to the recording in two parts:

a Un coup de chaleur
Students note the five symptoms mentioned in the recording.

Solution: **b** *On a le visage très rouge.* **d** *On a mal à la tête.* **e** *On a envie de vomir.* **g** *On se sent fatigué.* **h** *On a soif.*

b Les insectes
Students choose the correct answer.

Solution: **1**a **2**b **3**a **4**b **5**a **6**a

Les problèmes de l'été

a Un coup de chaleur

– Bonjour et bienvenue aujourd'hui au Docteur Lagarde qui va nous renseigner sur les problèmes de l'été. D'abord, le coup de chaleur. Docteur, un coup de chaleur, qu'est-ce que c'est exactement? Quand est-ce que ça peut arriver?
– Un coup de chaleur, ça peut arriver si on reste longtemps en plein soleil, par exemple si on assiste à un match ou si on est sur la plage et il fait très chaud.
– Quels sont les symptômes?
– Si une personne a le visage très rouge, si elle a mal à la tête et a envie de vomir. Si elle se sent fatiguée et a soif, c'est, sans doute, un coup de chaleur.

b Les insectes

– Passons maintenant à un autre problème de l'été – les piqûres d'insectes. Est-ce qu'il y a des choses qu'on peut faire pour éviter les piqûres d'insectes?
– Oui, on peut utiliser un produit anti-insecte, comme une crème qu'on peut acheter à la pharmacie. Et puis, le soir et la nuit, il faut bien se couvrir, car les moustiques sont plus nombreux le soir et la nuit ... alors on doit protéger ses bras et ses jambes en portant un vêtement à manches longues et un pantalon ou une jupe longue au lieu d'un short.
– Donc, le soir et la nuit, couvrez-vous bien.
– Oui, c'est ça. Et évitez les couleurs foncées – le noir et le bleu marine. Mettez de préférence des couleurs claires. Et ne mettez pas de parfum – les moustiques sont attirés par ça.
– Bon, alors pour résumer. Pour éviter les piqûres de moustique, utilisez une crème anti-insecte, évitez les couleurs foncées et le parfum et le soir et la nuit, couvrez-vous bien. C'est bien ça? Et maintenant, la dernière question – qu'est-ce qu'il faut faire si on se fait piquer par une guêpe ou une abeille?
– Bon, s'il s'agit d'une abeille, il faut retirer le dard d'abord. Puis pour toutes les piqûres, il faut nettoyer la blessure avec de l'eau ou un produit antiseptique. On peut aussi appliquer des glaçons pour calmer la douleur.
– Bon, merci, Docteur. Maintenant, on est bien renseigné sur le coup de chaleur et les piqûres d'insectes. C'est tout pour notre émission d'aujourd'hui.

SB 171 **GRAMMAR**

Dossier-langue
Expressions with *avoir*

This lists the main expressions with *avoir*.

SB 171 **PRACTICE**

3 En vacances

Students complete the sentences with the appropriate verb and part of the verb. In part **a**, the verbs are indicated in English.

Solution: **a** **1** *on a le droit*, **2** *ont chaud*, **3** *as raison*, **4** *ont tort*, **5** *de la fièvre*
b **1** *J'ai peur*, **2** *j'ai soif*, **3** *elle a faim*, **4** *Nous avons besoin*, **5** *Vous avez de la chance*

Examination Grammar in Action Page 35

Using the verb *avoir*

This gives more practice in using the verb *avoir* in the present and perfect tenses and with different expressions, if needed.

SB 171 **PRESENTATION** **WRITING**

4 Une trousse de médicaments

This presents the vocabulary for various first-aid items. If easily available bring actual examples to teach:
1 *du sparadrap*, **2** *des ciseaux*, **3** *des comprimés*, **4** *un pansement*, **5** *une crème anti-insecte*, **6** *un produit antiseptique*, **7** *de l'aspirine*

To practise the vocabulary, an imaginary problem could be described, e.g. *J'ai mal à la tête. Il y a beaucoup d'insectes ici. Je me suis fait piquer par une abeille.*, etc. and students suggest what might be needed from the list. Alternatively, students could play a memory game, either closing their books and recalling as many items as possible from the list or a cumulative memory game, e.g. *Dans ma trousse, j'ai des ciseaux ... et une crème antiseptique* and so on.

Students then write a list of the items shown with the English.

SB 171, **SPEAKING**

5 Je me sens un peu malade

In this pairwork task, students make up conversations, varying the symptoms and advice.

Au choix SB 232 **SUPPORT PRACTICE**

2 Ça ne va pas

a Students match up two parts of a sentence.

Solution: **1**c **2**h **3**a **4**d **5**f **6**b **7**e **8**g

b Students then vary the endings of sentences 3, 7 and 8.

Area 2
À la pharmacie
Consulting a chemist about minor ailments and treatment
Using *qui* and *que*

SB 172–174 1–9
Au choix SB 232 3, 233 1–2
CM 9/1
CD 7/13
Examination Grammar in Action, pages 59-60

Introduction

Introduce the topic of the chemist with a quick quiz to see what students remember from earlier work, e.g.

- *Où est-ce qu'on peut acheter des médicaments en France? (À la pharmacie.)*
- *Quel signe voit-on souvent à l'extérieur d'une pharmacie? (Une croix verte.)*
- *Comment s'appelle la personne qui s'occupe de la pharmacie et qui prépare les médicaments sur ordonnance? (Le pharmacien/la pharmacienne.)*
- *Qui écrit une ordonnance? (Le médecin.)*
- *Qu'est-ce qu'on peut acheter dans une pharmacie? (Des médicaments comme, par exemple, de l'aspirine, des comprimés, des crèmes, des produits antiseptiques, etc.)*
- *Est-ce qu'on peut acheter d'autres choses à part les médicaments? (Du parfum, des produits de toilette [du savon, du dentifrice, etc.] Oui, mais il y a un plus grand choix de ces produits à la parfumerie.)*
- *Il y a toujours une pharmacie qui est ouverte la nuit et le dimanche. Ça s'appelle la pharmacie de ... (garde)*

SB 172 **READING**

1 Les pharmacies en France

Tell students to read the *Dix choses à savoir* and to look at the accompanying pictures and descriptions. Explain that French people have to pay for items bought on prescription, although they can reclaim between 35% and 65% of the cost. The cost of common remedies and items such as bandages are refunded at the lower rate. In order to reclaim the cost, a small detachable label (*la vignette*) showing the name and price of the contents has to be stuck to the *feuille de soins* (obtained from the doctor).

Students might be interested to know that the chemist can be consulted about various things, including the identification of wild mushrooms!

Students should now be able to complete the details about the chemist using the appropriate phrases from the box on the page.

Solution: **1**b *des médicaments*, **2**c *verte*, **3**j *payer*, **4**e *une piqûre d'insecte, etc.*, **5**a *un médecin*, **6**h *des pastilles, etc.*, **7**i *une ordonnance*, **8**d *du savon, etc.*, **9**f *de 9h à 12h et de 14h à 19h*, **10**g *une pharmacie*

SB 172

Point-Info: Une ordonnance; La croix verte

This gives some information about a prescription and the green cross sign, which indicates a pharmacy.

SB 172 **VOCABULARY**

Lexique: À la pharmacie

This lists vocabulary for minor ailments and some remedies.

CM 9/1 **VOCABULARY PRACTICE**

Jeux de vocabulaire

This provides practice of the vocabulary used in Areas 1 and 2.

1 Mots croisés

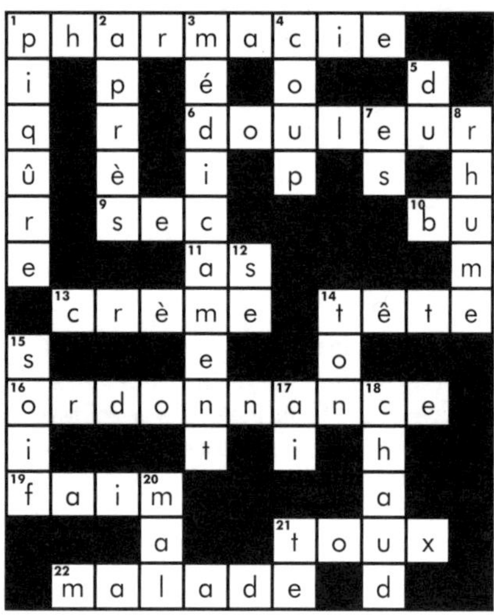

2 Trouvez les synonymes

Solution: **1**e **2**d **3**a **4**f **5**b **6**c

3 Chasse à l'intrus

Solution:

1 *du déodorant – ce n'est pas un médicament*
2 *du chaleur – ce n'est pas un produit de beauté*
3 *une piqûre – ce n'est pas un insecte*
4 *la pilule – ce n'est pas un problème de santé*
5 *un ingénieur – ce n'est pas un métier médical ou paramédical*

SB 173, 7/13 **LISTENING**

2 Chez le pharmacien

Go through the pictures of items and check that these are clear, e.g.

A *Ça, c'est une crème antiseptique.*
B *Ce sont des pastilles pour la gorge.*
C *… de l'aspirine.*
D *… un sirop.*
E *… une ordonnance.*
F *… une crème anti-insecte.*
G *… un médicament contre la diarrhée.*
H *… une crème solaire.*

Then students listen to the conversations and find the appropriate items bought each time. Able students could be asked to note down as much other information as possible.

Solution:

1C *La personne est très enrhumée et achète des mouchoirs en papier aussi.*
2B *On achète un grand paquet de pastilles au citron.*
3G *On achète quelque chose contre la diarrhée.*
4D *On achète quelque chose pour la toux.*
5A *La personne se fait soigner pour une coupure du doigt.*
6E *La personne attend pendant la préparation de son ordonnance.*
7AF *Un garçon se fait soigner pour une piqûre d'insecte.*
8H *On achète une crème solaire et demande des conseils pour les coups de chaleur.*

Chez le pharmacien

1 – Ah, je suis très enrhumée. Pouvez-vous me conseiller quelque chose?
– Vous pouvez prendre de l'aspirine. Avez-vous mal à la gorge aussi?
– Non, la gorge, ça va. Bon, je prendrai un paquet d'aspirines, s'il vous plaît, et donnez-moi aussi une boîte de mouchoirs en papier.
– Voilà, Madame.

2 – Je voudrais des pastilles pour la gorge, s'il vous plaît.
– Oui, il y a celles-ci au cassis ou celles-là au citron.
– Je prendrai celles au citron.
– Bon, un grand paquet ou un petit paquet?
– Un grand paquet, s'il vous plaît.

3 – Avez-vous quelque chose contre la diarrhée?
– Oui, nous avons ce médicament-là.
– Bon, je prends ça.
– Vous voulez autre chose?
– Non, c'est tout.

4 – Je voudrais quelque chose pour la toux. Pouvez-vous me conseiller quelque chose?
– Oui, ce sirop est très bon.
– Très bien.
– Et avec ceci?
– C'est tout, merci.

5 – Je me suis coupé au doigt. Pouvez-vous me mettre un pansement?
– Faites voir votre main. Oh là là! Comment avez-vous fait ça?
– En coupant du pain.
– Bon, je vais m'occuper de ça … Voilà, c'est fini. Ça vous fait toujours mal?
– Non, ça va beaucoup mieux.
– Vous vouliez autre chose?
– Oui, un tube de crème antiseptique.
– Comme ça, ou comme ça?
– Le plus grand, s'il vous plaît.

6 – J'ai une ordonnance. La voilà.
– Merci, Monsieur. Vous voulez revenir dans un quart d'heure?
– Non, je préfère attendre.
– Très bien. Asseyez-vous, on en aura pour cinq minutes …

7 – Mon fils s'est fait piquer par une guêpe. Est-ce que vous pouvez le soigner?
– Oui, Madame. Allez, jeune homme. Laisse-moi voir. Ça t'a fait mal, n'est-ce pas? On va te mettre une crème et ça ira mieux. Ce n'est pas grave, Madame. Je vais lui mettre un peu de crème. Vous vouliez autre chose?
– Euh ... oui, du lait ou une crème anti-moustiques.

8 – Avez-vous une crème solaire qui donne une très bonne protection?
– Oui, prenez une crème numéro 15 ou plus.
– Bon, je prendrai celle-ci. Et pouvez-vous me donner des conseils pour ma sœur. Elle est restée longtemps au soleil hier et aujourd'hui, elle a mal à la tête et elle a vomi. Elle est alitée ce matin.
– Oui, c'est sûrement un coup de chaleur. Elle devrait se reposer et rester hors du soleil et boire beaucoup. Si ça ne va pas mieux dans deux jours, il faut consulter un médecin.

SB 173 **READING**

3 Des expressions utiles

Students read through this list of sentences and decide which were said by customers.

Solution: **1**, **2**, **4**, **5**, **7**, **9**, **12**, **14**

Students can refer to these as they practise conversations in the next two tasks.

AU CHOIX SB 232 **SUPPORT**

3 À la pharmacie

For further practice of describing problems and understanding what a chemist might say, students could complete the sentences in this task.

Solution: **1** *enrhumé(e)*, **2** *l'aspirine*, **3** *pastilles*, **4** *comprimés*, **5** *vomi*, **6** *sirop*, **7** *ordonnance*, **8** *médicament*

SB 173, **SPEAKING**

4 Inventez des conversations

Students now practise making up conversations, based on those heard and using some of the expressions listed. For extra help, students could listen again to some of the dialogues from *Activité 2 Chez le pharmacien*.

SB 173, **SPEAKING**

5 Vous êtes l'interprète

In this task, students have to describe other people's symptoms and ask the chemist for advice. Some students might like to make up short sketches, taking place in the chemist's or a doctor's surgery, or based on an incident in the street where someone is suddenly taken ill or starts behaving in a strange way.

AU CHOIX 233 **GENERAL WRITING**

1 Un petit problème

This provides cues and a structure for writing a short account of an incident involving a visit to the chemist.

SB 174 **READING**

6 Jeu de définitions

This quiz provides examples of *qui* and *que* (*qu'*) in use.

Solution: **1** *le pharmacien/la pharmacienne*, **2** *du sirop*, **3** *une ordonnance*, **4** *une crème antiseptique*, **5** *une crème solaire*

SB 174 **GRAMMAR**

Dossier-langue
qui and *que*

Students read through this summary of the use of *qui* and *que* and look back at *Activité 6 Jeu de définitions* to find more examples.

SB 174 **PRACTICE**

7 Un jeu sur la santé

When students have formed the questions, these can be used for a class or group quiz.

Suggested solution:

1f *une guêpe/une abeille*, **2e** *les lunettes de soleil*, **3a** *une crème anti-insecte*, **4c** *le médecin/l'infirmier (-ère)*, **5d** *de l'aspirine*, **6b** *des ciseaux*

SB 174 **PRACTICE**

8 En une phrase

Students have to join two sentences using *qui*.

Solution:

a **1** *C'est le docteur Laval qui m'a soigné quand j'étais malade.*
2 *C'est le poisson qui m'a rendu malade.*
3 *On va d'abord à la pharmacie qui se trouve près de l'hôtel.*
4 *Prenez ce médicament qui est très efficace contre l'indigestion.*

b **1** *C'est votre fils qui a été piqué par une guêpe?*
2 *Va chercher la trousse de médicaments qui se trouve dans le coffre de la voiture.*
3 *Il y a une crème qui est très bonne pour les piqûres d'insectes.*

AU CHOIX SB 233 **GENERAL GRAMMAR**

2 De quoi s'agit-il?

This provides similar practice using *que* for those students who need a further task on this point.

a In sentences 1–4, students join up the sentences correctly, then work out the answers.

Solution:

1 *C'est une boisson chaude qu'on boit souvent avec du lait, mais quelquefois avec du citron. (le thé)*
2 *C'est un sport individuel qu'on pratique à la montagne en hiver. (le ski)*
3 *C'est un gros animal gris avec de grandes oreilles qu'on voit souvent dans les zoos. (un éléphant)*
4 *C'est un sandwich grillé au fromage et au jambon qu'on vend dans les cafés. (un croque-monsieur)*

b In sentences 5–8, students have to make up the definitions following the same model.

Sample solution:

5 *Le dictionnaire – c'est un livre qu'on peut consulter pour la traduction ou le sens d'un mot.*
6 *La tomate – c'est un fruit qu'on mange souvent en salade.*
7 *L'avion – c'est un moyen de transport qu'on prend pour arriver vite à sa destination.*
8 *La radio – c'est un appareil qu'on écoute pour entendre des émissions et de la musique.*

SB 174 **PRACTICE**

9 Un accident d'équitation

Students decide whether to use *qui* or *que* (*qu'*) to complete each sentence. Go through the task orally in class first to check that students understand when to use *qui* and when to use *que*.

Solution: **1** *qui*, **2** *qu'*, **3** *qui*, **4** *qui*, **5** *qui*, **6** *que*

Area 3
Le corps humain
Describing parts of the body
Giving and seeking information about pain or injury
SB 175–177 1–5
Au choix SB 233 3
CM 9/2, 9/3
CD 7/14–7/16
Examination Grammar in Action, page 61

SB 175 **PRESENTATION**

Le corps humain

Practise the vocabulary orally using word games.

CM 9/2 **SPEAKING WRITING**

Le corps humain

The visual could be labelled by students and filed for reference and/or used to make an OHT.

L'abc du corps

Students could say or write appropriate words to complete the list.

Possible solution:

A *(l'abdomen)*, **B** *le bras*, **C** *le cou, la coude*, **D** *la dent*, **E** *l'estomac*, **F** *(le front)*, **G** *le genou*, **H** *(la hanche)*, **L** *(la lèvre)*, **M** *(le menton)*, **N** *le nez*, **O** *l'oreille*, **P** *le pied*, **S** *(les sourcils)*, **T** *le talon*, **V** *le ventre*, **Y** *les yeux*

SB 175, 7/14 **READING/LISTENING**

1 Une machine magnifique!

This is a fairly light-hearted quiz about the human body, providing further practice of vocabulary. Students should guess the answers then listen to the recording to check them.

Alternatively, read through the questions and explain any new terms, e.g. *les dents de sagesse* (wisdom teeth). There could be a show of hands for each reply or students could write down their choice.

Solution:

1b *206 (Le plus gros se trouve dans la jambe, le plus petit se trouve dans l'oreille.)*
2c *32 (On a 20 dents de lait.)*
3a *Entre 4 et 5 litres*
4a *660*
5b *37°C*
6b *entre 13 et 17 fois (... quand on ne fait pas d'exercice. Quand on fait de l'exercice on peut respirer jusqu'à 80 fois en une minute.)*
7c *les dents (... ou plus exactement l'émail des dents.)*

The solution is also given on SB 240.

Une machine magnifique!

– Bonjour et bienvenue à notre jeu: la vie en questions.
Aujourd'hui, ce sont des questions sur le corps humain. Comme toujours, vous allez entendre une question et trois réponses possibles. Vous devez choisir la bonne réponse. Après une petite pause, vous entendrez la bonne réponse. Vous êtes prêts? Bon, on commence.
Question 1: il y a combien d'os en moyenne dans le corps humain?
a) 112, b) 206, c) 324.
– La bonne réponse est b. Il y a 206 os dans le corps humain. Le plus gros se trouve dans la jambe et le plus petit se trouve dans l'oreille.
– La deuxième question: un (ou une) adulte a combien de dents, normalement (y compris les dents de sagesse)?
a) 16, b) 24, c) 32.
– Vous l'avez trouvé? Eh bien, la réponse correcte est c. Un adulte a 32 dents.
– Troisième question: on a combien de litres de sang?
a) entre 4 et 5 litres, b) entre 6 et 7 litres, c) plus de 8 litres.
– Et la bonne réponse est a. Il y a entre 4 et 5 litres de sang dans le corps humain.
– Question quatre. Plus de la moitié du corps humain se compose de muscles. Il y a environ combien de muscles en tout ?
a) 660, b) 770, c) 880.
– La réponse correcte est a – il y a 660 muscles en tout.
– Et voici une question plus facile, la question cinq: quelle est la température du corps humain, normalement?
a) 32°, b) 37°, c) 100°.
– La bonne réponse est b – 37°.
– Alors, question six: on respire combien de fois par minute, en moyenne?
a) entre 5 et 10 fois, b) entre 13 et 17 fois, c) plus de 100 fois.
– La réponse correcte est b. On respire entre 13 et 17 fois, normalement, mais quand on fait de l'exercice, on respire beaucoup plus vite, jusqu'à 80 fois par minute.
– Et maintenant, la dernière question, question sept: quelle est la partie la plus dure du corps?
a) les os, b) la tête, c) les dents.
– Vous le savez? La bonne réponse est c – les dents, ou plus exactement, l'émail des dents.

- Voilà, c'est la fin de l'émission. J'espère que vous avez eu beaucoup de réponses correctes. À demain pour une autre émission du jeu: La vie en questions.

SB 176, 7/15 **READING/LISTENING**

2 Sur l'ordinateur

Go through the text with students first and explain that all the missing words are parts of the body. Then play the recording so they can note the missing words.

Solution:

1 *épaules,* **2** *dos,* **3** *poignets,* **4** *doigts,* **5** *bras,* **6** *yeux,* **7** *yeux,* **8** *yeux,* **9** *yeux,* **10** *dos,* **11** *pieds,* **12** *genoux,* **13** *coudes,* **14** *bras,* **15** *poignets,* **16** *épaules,* **17** *mains*

Sur l'ordinateur

- Vous vous servez d'un ordinateur? Voici quelques conseils pour protéger votre santé.
- Si vous vous asseyez devant un ordinateur pendant de longues périodes, ça peut vous donner mal aux épaules et mal au dos.
- Et le travail sur clavier peut contribuer à certains problèmes de poignets, de doigts et de bras.
- Il est important aussi de se reposer les yeux de temps en temps.

– Les yeux

- • Si possible, fixez un écran anti-reflets au moniteur.
- • Toutes les dix minutes, éloignez vos yeux de l'écran et regardez quelque chose d'autre.
- • Toutes les heures, prenez une pause de dix minutes pour vous reposer les yeux.

– Le corps

- • Si possible, asseyez-vous sur une chaise réglable, qui soutient le dos.
- • Mettez les deux pieds à plat sur le plancher. Les genoux et les coudes doivent faire un angle de 90 degrés.
- • Le clavier doit être au même niveau que les bras.
- • Quand vous tapez, gardez les poignets plats et détendus.
- • De temps en temps, haussez les épaules et secouez les mains.

CM 9/3 **READING LISTENING**

Sur l'ordinateur

Alternative tasks using the same text are provided on this worksheet. The advice is useful for all people using computers.

Solutions:

1 **Vous avez bien compris?**
 a **A** shoulders **C** eyes **F** back **G** arms **H** hands **I** wrists
 b **1**b **2**e **3**d **4**a **5**f **6**c
2 **Devant l'ordinateur**
 1C **2**F **3**B **4**A **5**E **6**D

SB 176 **PRACTICE**

3 Qu'est-ce qu'on dit?

Students have to give the correct name for parts of the body in order to complete these idiomatic expressions. They can then guess the meanings and check them in the glossary or a dictionary.

Solution:

1 *Mon œil* (My foot!)
2 *C'est casse-pieds.* (It's a pain in the neck.)
3 *trempé jusqu'aux os* (soaked to the skin)
4 *Ça coûte les yeux de la tête.* (It costs an arm and a leg.)
5 *Souvent, les jobs se trouvent grâce au bouche-à-oreille.* (Often jobs are found by word of mouth.)
6 *à vue de nez* (under your nose)
7 *se lever du mauvais pied* (to get out of the wrong side of bed)
8 *On s'est cassé la tête pour trouver une solution.* (We racked our brains to find an answer.)
9 *Voyager en car, ça me donne mal au cœur.* (Travelling in a coach makes me sick.)
10 *Entre midi et deux, le soleil coupe les jambes.* (The midday sun causes extreme fatigue.)
11 *J'ai l'estomac dans les talons.* (I'm famished/starving.)
12 *Quels sont vos coups de cœurs?* (What are your favourites?)

Au choix SB 233 **GENERAL READING**

3 Autres pays, autres mœurs

This is an optional task about body language in different cultures. Students complete the sentences with different parts of the body.

Solution: **1** *la main,* **2** *la tête,* **3** *la tête, la tête,* **4** *les pieds, pieds,* **5** *la tête,* **6** *les mains*

SB 176, 7/16 **LISTENING**

4 J'ai mal partout!

Students first listen to the recording and match the speakers with the pictures. Then they describe each person's problem.

In the recording, both *j'ai mal* and *je me suis fait mal* are used, but students need only use *j'ai mal* when describing the problem.

Solution: **1**F **2**C **3**H **4**K **5**G **6**E **7**B **8**J **9**L **10**D **11**I **12**A

J'ai mal partout!

1 J'ai joué un match de tennis très long hier. Ça a duré trois heures et aujourd'hui, j'ai mal au bras.
2 J'ai porté ma grosse valise à la gare et puis ce soir, j'ai joué au squash. Maintenant, j'ai mal à l'épaule.
3 J'ai dû trop manger à midi. J'ai mal à l'estomac. C'est probablement un peu d'indigestion.
4 Nous avons eu un accident de la route en rentrant à Lyon. Heureusement, ce n'était pas grave, mais depuis l'accident, j'ai mal au cou.
5 J'ai joué dans un match de football hier et je suis tombé plusieurs fois. Je me suis fait mal au genou.

6 Je suis tombée de mon vélo et je me suis fait une entorse de la cheville. J'ai très mal à la cheville.
7 Je suis allé au gymnase hier et aujourd'hui, j'en souffre. J'ai mal au coude.
8 J'ai marché pendant des heures à Paris. Je suis très fatiguée et j'ai mal aux pieds.
9 En faisant la cuisine, je me suis coupé le doigt et ça fait mal.
10 Je suis très enrhumé – c'est peut-être la grippe et en plus, j'ai mal à l'oreille.
11 J'ai fait du ski ce week-end et je tombais tout le temps. Hélas, j'ai fait une très mauvaise chute et je me suis cassé la jambe.
12 J'ai bien travaillé dans le jardin hier, mais j'ai dû en faire trop. Aujourd'hui, j'ai mal au dos.

Ça ne va pas!

ORAL PRACTICE

For further oral practice of *avoir mal* + parts of the body, use a tissue with a red stain which can be put on the hand, the arm, the head, etc. to cue *J'ai mal à la main/au doigt/au bras/à la tête/etc.*

SB 177 **GRAMMAR**

Dossier-langue
Reflexive verbs with parts of the body

This explains the use of *se faire mal* and reflexive verbs with parts of the body. If wished, add the following explanation:

In the perfect tense, the past participle does not agree with the subject. This is because the reflexive pronoun (*me, te, se,* etc.) is the indirect object and *mal* is the direct object.

PRACTICE

Sentence re-ordering

Use a sentence re-construction package such as *Hot Potatoes JMIX* to give practice in constructions with reflexive verbs and parts of the body, e.g.

Maman s'est brûlé la main./Ma copine s'est cassé la jambe./Je me suis fait mal au bras./Elle s'est fait mal au bras./Ils se sont fait mal à l'épaule./Elles se sont fait mal aux pieds./Je me suis fait mal au dos./Il s'est fait mal au pied.

SB 177 **PRACTICE**

5 Ça me fait mal

This provides practice of *se faire mal* with parts of the body.

Solution:

1 *Il s'est fait mal au pied.* **2** *Elle s'est fait mal à la jambe.* **3** *Il s'est fait mal à la main.* **4** *Elle s'est fait mal au dos.* **5** *Il s'est fait mal au bras.* **6** *Elles se sont fait mal à la cheville.* **7** *Ils se sont fait mal au genou.* **8** *Elle s'est fait mal à l'œil.*

EXAMINATION GRAMMAR IN ACTION PAGE 61

Using *avoir mal* and *se faire mal*

This provides further practice of parts of the body, *avoir mal* and reflexive verbs with parts of the body, if needed.

Area 4
En faisant du sport
Using *en* + the present participle
SB 178 1–2
Au choix SB 234 4, 235 1
CD 7/17
Examination Grammar in Action, page 62

SB 178, 7/17 **LISTENING**

1 Ça s'est passé comment?

This task provides further practice of the use of reflexive verbs with parts of the body and introduces examples of the present participle. Go through the visuals in the student's book, asking about the different injuries, e.g.

– *Le garçon/Le monsieur, qu'est-ce qu'il a fait?*
– *La fille/La dame, qu'est-ce qu'elle a fait?*

Then students listen to the recording and find the corresponding activity linked to each injury.

Solution: **1**D **2**A **3**C **4**G **5**E **6**B **7**F

Ça s'est passé comment?

1 – Bonjour, Monsieur, qu'est-ce que vous avez fait?
– Je me suis fait mal au genou.
– Ah oui, je vois. Comment avez-vous fait ça?
– En jouant au rugby.

2 – Oui, Mademoiselle. Qu'est-ce qui s'est passé?
– Je me suis coupé le doigt en coupant du pain. Ça saigne beaucoup.
– Faites voir votre main ... Oui. Ça saigne toujours. On va la traiter, puis on va mettre un pansement.

3 – Oui, Monsieur. Qu'est-ce qui vous amène?
– J'ai très mal au dos, docteur.
– Vous vous êtes exercé trop?
– Oui, je crois. J'ai fait beaucoup de jardinage, c'est peut-être à cause de ça.

4 – Bonjour, Madame. Qu'est-ce qui ne va pas?
– Je suis tombée en descendant l'escalier et j'ai très mal à la cheville.
– Ah oui, c'est probablement une entorse. Oui, vous vous êtes fait une entorse de la cheville.

5 – Oui, Monsieur. Qu'est-ce qui vous amène?
– Je me suis fait mordre par un chien ... ici à la jambe.
– Ah oui. On va nettoyer ça. Vous avez été vacciné contre le tétanos?
– Oui.
– Ça s'est passé où, exactement?
– Je m'approchais d'une maison dans le village pour livrer un paquet, puis le chien m'a attaqué.

6 – Alors, Mademoiselle, qu'est-ce qui est arrivé?
– Je me suis fait piquer par une guêpe dans la bouche.
– Ah oui, c'est désagréable, ça. Comment ça s'est passé?
– En buvant du coca. Il y avait une guêpe dans la canette. Et quand j'ai bu, ça m'a piquée. Alors, j'ai sucé un glaçon tout de suite.
– Vous avez bien fait.

7 – Oui, Monsieur. Qu'est-ce qui ne va pas?
– Je me suis brûlé la main, Docteur.
– Ah oui. Comment avez-vous fait ça?
– En faisant la cuisine.

SB 178 GRAMMAR

Dossier-langue *en* + present participle

Students can now work through this explanation, finding examples of the present participle from the previous task. For additional help, write some commonly used verbs on the board and ask students to form the present participle.

Students could then redo *Activité* 5 *Ça me fait mal* (SB 177), this time using the present participle to explain the cause of the problem.

Solution:

1 *Il s'est fait mal au pied en jouant au rugby.*
2 *Elle s'est fait mal à la jambe en faisant du ski.*
3 *Il s'est fait mal à la main en jouant au basket.*
4 *Elle s'est fait mal au dos en faisant de la gymnastique.*
5 *Il s'est fait mal au bras en faisant du judo.*
6 *Elles se sont fait mal à la cheville en faisant de l'athlétisme/en courant.*
7 *Ils se sont fait mal au genou en jouant au football.*
8 *Elle s'est fait mal à l'œil en jouant au squash.*

SB 178 PRACTICE

2 Un bon conseil

Students give a suitable reply using the present participle. Some possible verbs are given to help.

Possible solution:

1 *En buvant de l'eau.*
2 *En consultant le journal régional.*
3 *En mettant une crème anti-moustique.*
4 *En restant à l'ombre.*
5 *En téléphonant au secours.*
6 *En allant à la pharmacie.*

For further practice, ask some more general questions, e.g.

– *Comment peut-on ...*
avoir de bons résultats? (En travaillant bien en classe.)
faire plaisir au prof? (En faisant ses devoirs à l'heure.)
trouver un petit job? (En contactant un supermarché.)

AU CHOIX SB 234 GENERAL GRAMMAR

4 Une journée catastrophique

This gives further practice in forming the present participle from the infinitive.

Solution:

1 *En traversant la manche,* **2** *En allant au camping,* **3** *En achetant des provisions,* **4** *En faisant la cuisine,* **5** *En mangeant un sandwich,* **6** *En faisant du bateau,* **7** *En réparant mon vélo,* **8** *En rentrant chez nous*

AU CHOIX SB 235 EXTENSION GRAMMAR

1 Comment a-t-il fait ça?

Students describe how each incident occurred, using the present participle. If wished, write the following list of verbs on the board.

lire la lettre; descendre l'escalier; consulter l'annuaire; faire la vaisselle; nettoyer la salle à manger; jouer au tennis

Solution:

1 *En nettoyant la salle à manger*
2 *En jouant au tennis.*
3 *En lisant la lettre.*
4 *En faisant la vaisselle.*
5 *En consultant l'annuaire.*
6 *En descendant l'escalier.*

Un dessin amusant

Some students might like to draw cartoons with captions containing a present participle, e.g. *Elle a fait ses devoirs en mangeant une tartine de confiture.* (jam stuck on book)

EXAMINATION GRAMMAR IN ACTION PAGE 62

Using *en* + present participle

This provides further practice of using the present participle in different contexts, if needed.

Area 5
Accident!
Giving basic details and location of an accident to others, including the emergency services
Understanding how to use a public telephone
Understand warning signs

SB 179–180 1–8
Au choix SB 232 4, 234 5
CM 9/4
CD 7/18–7/20

This area covers general accidents and injuries. Road accidents are covered more specifically in *Unité* 3.

SB 179, 7/18 LISTENING

1 Allô, les secours

Go through the rubric explaining *le SAMU (Service d'Aide Médicale d'Urgence)* and the expression *soit ... soit* (either ... or). Mention that there are also private ambulance services, which have to be paid for if used.

Then students listen to the recording and find the correct résumé of each situation.

Solution: **1**a **2**b **3**c **4**a

Able students could be asked to find out more details, e.g. what kind of accident occurred (2 details); where the accident happened; what the caller is asked to do to help the victim, etc.

Finally, students should go back over their answers and say what kind of accident has happened, using the phrase *il s'agit d'*, e.g.

1 *Il s'agit d'un accident à la maison.*
2 *Il s'agit d'un accident de vélo.*
3 *Il s'agit d'un accident de ski.*
4 *Il s'agit d'un accident à la campagne.*

Allô, les secours

1 – Bonjour. Ici le Camping des Sapins. Je vous téléphone parce qu'un jeune homme s'est brûlé la jambe en faisant un barbecue. Pouvez-vous envoyer un médecin?
– Oui, on arrive tout de suite. En attendant notre arrivée, il faut refroidir la brûlure avec de l'eau froide pendant au moins dix minutes.
– Oui, c'est ce qu'on fait.

2 – Allô, les secours? Il y a eu un accident près de la route D40.
– Oui, vous téléphonez d'où?
– De la maison; le numéro est le 05 27 12 09 60.
– Et qu'est-ce qui s'est passé?
– Un cycliste est tombé de son vélo et s'est coupé la main. Il saigne beaucoup.
– Est-ce qu'il y a quelqu'un avec le blessé?
– Oui, une dame essaie d'arrêter l'hémorragie en appuyant sur la plaie avec la main.
– Bon, c'est ce qu'il faut faire. On vient tout de suite.

3 – Service de secours, bonjour.
– Bonjour, un skieur a fait une mauvaise chute et s'est fait mal à la jambe. Il ne peut pas la bouger.
– Bon, il est où exactement?
– Sur la piste rouge qui s'appelle Faust, près de la balise 7.
– Bon, pouvez-vous rester avec la victime et lui dire de ne pas bouger? On arrive le plus tôt possible.

4 – Bonjour. Je vous téléphone parce que ... parce qu'il y a eu un accident à la campagne.
– Bon, donnez-moi votre numéro de téléphone.
– Euh ... je téléphone d'une cabine publique près de Die ... ah, voici le numéro, c'est le 05 34 61 09 42.
– Et qu'est-ce qui s'est passé?
– Nous faisions une promenade dans la campagne et ma copine s'est fait mordre par un serpent.
– Vous avez vu le serpent?
– Moi, non, mais ma copine, elle croit que c'était peut-être une vipère.
– Et l'accident a eu lieu où?
– À cinq kilomètres environ de Die, près de la route de St-Roman.
– Bon, écoutez-moi bien. Il faut allonger la victime sur le dos et lui demander de ne pas bouger pour ne pas diffuser trop de venin dans le corps. On arrivera dans une demi-heure.

SB 179 **READING**

2 Que faut-il faire?

Students then complete the advice given for each injury, choosing from the words in the box (not all words are needed). They could listen again to *Allô, les secours* to check their answers.

Solution: **1** *la brûlure, dix,* **2** *arrêter, la main,* **3** *bouger,* **4** *le dos, venin*

SB 179 **READING**

3 Pour téléphoner

This gives practice in understanding the instructions on using a public telephone. Students match the text to the pictures.

Solution: **1**c **2**a **3**f **4**b **5**d **6**e

SB 179 **READING**

4 Qui faut-il contacter?

Students have to work out the correct number for each situation.

Solution: **1**D **2**C **3**A **4**D and B **5**E

Au choix SB 232 **SUPPORT/READING**

4 112 – le numéro d'urgence

This reading task is suitable for all students. Students find the missing words to complete the text.

Solution: **1** *numéro,* **2** *seulement,* **3** *anglaise,* **4** *compose,* **5** *secours,* **6** *alertée,* **7** *rapide,* **8** *blessés*

SB 180, **SPEAKING/WRITING**

5 Il y a eu un accident

a Students work in pairs to ask and give details about an accident, selecting from the options provided. They can choose numbers, throw a dice or use the ideas for a *dialogue à conséquences*.

b Students then write a short report of one accident.

SB 180, 7/19 **LISTENING WRITING**

6 Vous êtes journaliste

a Students listen to an account of a skiing accident and complete the summary. For support, the missing words could be written on the board in jumbled order.

Solution: **1** *après-midi,* **2** *mauvais,* **3** *neigeait,* **4** *alerté,* **5** *suivi,* **6** *la jambe*

b Students listen to an account of an accident at sea and find seven things that differ with the printed version.

Solution: **1** *à 14h 30,* **2** *à La Rochelle,* **3** *19 ans,* **4** *planche à voile,* **5** *mauvais,* **6** *sa planche,* **7** *mais elle a récupéré*

Vous êtes journaliste:

Accident de montagne
Un accident s'est produit hier après-midi à Val d'Isère. Un skieur a décidé de faire du ski hors piste malgré le mauvais temps. Il neigeait et les conditions étaient difficiles. Comme il n'est pas revenu au chalet en fin d'après-midi, on a alerté le service de sécurité. Les guides ont suivi des traces de ski et ils ont trouvé le skieur par terre. Il s'était cassé la jambe.

Accident en mer
Hier, à 14h30, un accident s'est produit à La Rochelle. Une jeune fille de 19 ans faisait de la planche à voile en mer. Il faisait mauvais. La jeune fille est tombée à l'eau et n'a pas pu regagner sa planche. Le service de sécurité est venu à son aide. La jeune fille souffrait du choc, mais elle a récupéré plus tard.

The following tasks in this area provide optional extra practice linked to accidents, warnings, etc.

SB 180 **READING**

7 Attention!

This reading task gives practice in understanding warning signs and related wording (*interdit, défense de, risque de,* etc.)

Solution: **1b** *Défense de fumer,* **2e** *Attention au feu,* **3c** *Chien méchant,* **4f** *Camping interdit,* **5c** *Danger – risque d'avalanche,* **6d** *Baignade interdite*

Au choix SB 234, 🎧, 7/20 **GENERAL LISTENING**

5 Des messages téléphoniques

Students listen to two messages then complete the details.

Solution:

1 **a** *ce soir,* **b** *rester à la maison,* **c** *la jambe,* **d** *mercredi soir*
2 **a** *samedi soir,* **b** *le poignet,* **c** *la conduire chez ses grands-parents,* **d** *lundi soir*

🎧 Des messages téléphoniques

1 Allô. C'est Nathalie. Je suis désolée, mais je ne peux pas sortir ce soir. Je dois faire du baby-sitting pour mes parents. Mon grand-père est tombé de son vélo et s'est cassé la jambe. Il est à l'hôpital et mes parents vont le voir ce soir. Je dois rester à la maison avec mon petit frère et ma sœur. Je te téléphonerai mercredi soir.

2 Allô. C'est Martin. Je suis désolé, mais je ne peux pas aller au cinéma samedi soir. Ma mère est tombée et elle s'est cassé le poignet. Elle a le bras dans le plâtre et elle ne peut pas conduire. Je vais la conduire chez mes grands-parents pour le week-end. Nous rentrerons dimanche soir. Je te téléphonerai lundi soir.

SB 180 **READING**

8 Une lettre de l'hôpital

Students choose the correct words to complete the letter.

Solution: **1** *hôpital,* **2** *cassé,* **3** *épaule,* **4** *trois,* **5** *écoute,* **6** *viennent,* **7** *cartes,* **8** *ennuyeux,* **9** *rentrer*

CM 9/4 **READING**

Premiers soins

This optional first-aid quiz extends the vocabulary linked to health and uses more examples of the present participle.

Solution: **1**B **2**A **3**C **4**A **5**B **6**B **7**C **8**B **9**A **10**A

Area 6
Chez le dentiste ... et chez le médecin
Making an appointment at the doctor's or dentist's
Describing symptoms
Understanding information about AIDS

SB 181–183 1–7
Au choix SB 232 5, 234 6
CM 9/5
CD 7/21–7/24

Introduction

Start with a class discussion to find out what students already know about health care in France. If possible, show students a copy of the E111 form, obtainable from a post office. Some of the following information could be given.

Est-ce qu'il faut payer pour consulter un médecin en France ou est-ce que c'est gratuit? Et dans d'autres pays? (En France et dans beaucoup d'autres pays, il faut payer pour consulter le médecin, le dentiste, pour une ambulance et pour des médicaments. Mais, si vous avez le formulaire E111, la Sécurité Sociale vous remboursera environ 75% de vos frais. Il vous restera donc environ 25% à payer vous-même. Mais, si vous avez un accident grave ou si vous devez faire un séjour à l'hôpital, 25% des frais peuvent toujours être une somme énorme. Voilà pourquoi la plupart des Français ont une assurance privée pour payer la différence.)

Alors, qu'est-ce qu'on conseille aux touristes de faire avant de voyager à l'étranger? (On leur conseille d'obtenir le formulaire E111 avant de partir et, pour être plus sûr, ils ont aussi intérêt à prendre une assurance de voyage. Cela ne coûte pas cher, et, souvent, cela couvre aussi les pertes d'argent, de bagages, etc.)

Le formulaire E111, où est-ce qu'on l'obtient? À quoi ça sert? (On l'obtient au bureau de poste au Royaume Uni et ça vous donne droit à la même protection que les autres Européens dans l'Union Européenne.)

Il faut consulter un médecin ou un dentiste qui est conventionné. La plupart le sont, mais si le médecin ou le dentiste n'est pas conventionné, la Sécurité Sociale ne vous remboursera pas les frais.

Et si vous souffrez d'une maladie à long terme ou si vous devez prendre des médicaments régulièrement, allez voir votre médecin avant de partir.

SB 181 **READING**

1 Pour se faire soigner en France

Students complete some information about health care in France and choose the three points that seem most important to them.

Solution: **1**h **2**e **3**c **4**b **5**a **6**g **7**d **8**f

SB 181, 🎧 7/21 **LISTENING**

2 C'est quand, votre rendez-vous?

Students listen to the recording and note the day and time of each appointment.

Solution:

1 *(ce soir) mercredi à 19h*
2 *vendredi à 14h*
3 *le mercredi 12 avril à 10h15*
4 *mardi à 15h30*
5 *le 23 mai à 9h15*
6 *mardi à 16h45*

C'est quand, votre rendez-vous?

1 – Allô.
– Bonjour, Madame. Est-ce que je peux avoir un rendez-vous avec le dentiste? J'ai mal aux dents et j'aimerais voir un dentiste le plus tôt possible.
– Demain matin, ça ira?
– Ce n'est pas possible aujourd'hui?
– Voyons ... aujourd'hui, on est mercredi ... oui, si vous venez à 19 heures ...
– Entendu. Merci, Madame.
– C'est à quel nom, Monsieur?
– Duhamel.
– Alors, ce soir à 19 heures.

2 – Bonjour. Je voudrais prendre un rendez-vous avec le docteur.
– Oui, vendredi à 14 heures, ça vous va?
– Ce n'est pas possible jeudi?
– Non, je regrette, il n'y a pas de consultation le jeudi.
– Ah, bon.
– Alors, vendredi à 14 heures, ça va?
– Oui, très bien.

3 – Allô, bonjour, Madame. Je voudrais prendre un rendez-vous avec la dentiste, Mme Hervé.
– Oui, Madame ... Voyons, le mercredi 12 avril, ça vous va?
– Ce n'est pas possible avant? La semaine prochaine, par exemple?
– Ah non. Mme Hervé est en vacances la semaine prochaine.
– Bon, alors, d'accord. Le mercredi 12 avril à quelle heure?
– Le matin, à 10 heures 15.
– Oui, 10 heures 15. Bon, merci, Madame. Au revoir.

4 – Bonjour, Madame. Est-ce que je peux avoir un rendez-vous avec le docteur Lebrun? J'ai mal au pied. Je dois avoir une infection et je voudrais voir le docteur le plus tôt possible.
– Oui, Monsieur. Alors, mardi, à 15 heures 30.
– Mardi? Ce n'est pas possible aujourd'hui?
– Non, je regrette, le docteur Lebrun n'est pas ici cet après-midi.
– Bon alors, mardi, à 15 heures 30. Entendu.
– C'est à quel nom, Monsieur?
– Bresson.

5 – Bonjour, Madame. Est-ce que je peux avoir un rendez-vous avec le dentiste ... le matin avant 10 heures, si possible?
– Euh ... oui, je peux vous donner un rendez-vous le 23 mai, à 9 heures 15.
– Oui, très bien. Le 23 mai, à 9 heures 15.
– C'est à quel nom, Madame?
– Duval.

6 – Bonjour, Madame. Je voudrais prendre un rendez-vous avec le docteur ... après 16 heures si possible.
– Oui, bon ... lundi, à 17 heures 20, ça vous va?
– Ce n'est pas possible mardi?
– Si, mardi, c'est possible. Je peux vous donner un rendez-vous à 16 heures 45.
– Oui, ça m'arrange mieux.
– Alors, mardi, à 16 heures 45.

SB 181 **VOCABULARY**

Lexique: Chez le dentiste; Des expressions utiles

This lists vocabulary and expressions for visiting the dentist.

SB 181, 7/22, **LISTENING SPEAKING**

3 Mal aux dents

a Students listen to the recording and follow the text in their book in order to find three differences.

Solution: *Selon l'enregistrement, Monsieur Moreau a mal aux dents depuis deux jours. Il croit qu'il a perdu un plombage. Il doit payer 90 euros.*

Mal aux dents

– Bonjour, Monsieur Moreau. Alors, qu'est-ce qui ne va pas?
– Bonjour, Madame. J'ai mal aux dents.
– Depuis combien de temps?
– Depuis deux jours.
– Et c'est quelle dent qui vous fait mal?
– Celle-ci. Je crois que j'ai perdu un plombage.
– Laissez-moi voir. Oui, en effet. Je vais la replomber tout de suite.
– Vous voulez une piqûre?
– Oui, s'il vous plaît.

– Voilà, c'est fait.
– Merci, Madame. Je vous dois combien?
– Ce sera 90 euros. Vous payerez à la réception.
– Merci, Madame. Au revoir.

b Students practise the conversation in pairs.

Au choix SB 234 **GENERAL READING**

6 Pour avoir de belles dents

All students could complete this advice about dental care.

Solution: **1** *soir*, **2** *dents*, **3** *deux*, **4** *dentiste*, **5** *santé*, **6** *vite*, **7** *éliminer*, **8** *brosse*

SB 182, 7/23 **LISTENING**

4 Dans le cabinet du médecin

In this task, students listen to four conversations at the doctor's and do a different comprehension activity for each one.

Solution:

a ***C'est vrai ou faux?***
(Able students could correct the false statements.)
1 *faux – elle a mal au ventre*
2 *faux – elle a vomi deux fois*
3 *vrai*
4 *faux – il lui a dit de revenir dans trois jours*

b ***Corrigez les erreurs***

1. *L'homme a mal au dos.*
2. *Il a fait des exercices de gym récemment.*
3. *Le docteur lui a conseillé de faire un autre sport comme, par exemple, la natation.*
4. *Il lui a donné une ordonnance.*

c ***Répondez aux questions***

1. *A la cheville.*
2. *Une entorse.*
3. *Rester à la maison et marcher le moins possible. Elle doit essayer de ne pas se mettre sur son pied.*

d ***Complétez le résumé***

1. *Un garçon anglais a eu un accident en faisant du ski.*
2. *Il s'est fait mal à la jambe.*
3. *On lui a fait faire une radio.*
4. *Il a la jambe cassée.*
5. *On va lui mettre la jambe dans le plâtre.*

Dans le cabinet du médecin

1 – Bonjour, Docteur.
– Bonjour, Mademoiselle. Alors, qu'est-ce qui ne va pas?
– J'ai mal au ventre, Docteur, et j'ai vomi deux fois hier.
– Bon. Ça fait longtemps que vous avez mal au ventre?
– Depuis deux jours.
– Avez-vous mangé quelque chose que vous ne mangez pas d'habitude?
– Non, je ne crois pas.
– Avez-vous la diarrhée?
– Oui, un peu.
– Bon, je vais vous donner une ordonnance. Si ça ne va pas mieux au bout de trois jours, revenez me voir.
– C'est grave?
– Non, je ne crois pas.
– Merci, Docteur.

2 – Bonjour, Docteur.
– Bonjour, Monsieur. Qu'est-ce qui ne va pas?
– J'ai mal au dos, Docteur, et je ne dors pas bien.
– Vous avez mal au dos depuis longtemps?
– Oui, je souffre beaucoup du dos. Mais c'est plus grave depuis samedi.
– Bon. Allongez-vous sur le lit, s'il vous plaît. Je vais vous examiner. Avez-vous d'autres symptômes?
– Je suis un peu constipé.
– Ça vous fait mal quand j'appuie ici?
– Un peu. Aïe! Là, surtout, ça me fait mal.
– Bon. Vous avez fait du sport ou des exercices récemment?
– Oui, j'ai fait des exercices de gym. Je voulais me remettre en forme.
– Je vois. Il faut faire très attention, à votre âge. Il ne faut pas vous forcer trop. Si vous voulez vous mettre en forme, commencez très doucement, sinon vous risquez de vous faire mal.
– Oui, Docteur.
– Vous faites de la natation?
– Non, Docteur.
– La natation est un bon sport pour les personnes d'un certain âge. Vous ne risquez pas de vous dépenser de la même façon. Bon, je vais vous donner une ordonnance pour une pommade.
– Merci, Docteur. Au revoir.

3 – Bonjour, Madame.
– Bonjour, Docteur.
– Qu'est-ce qui ne va pas?
– Je suis tombée et je me suis fait mal à la cheville.
– Laissez-moi voir. Oui, elle est assez enflée. Vous vous êtes fait une entorse, probablement.
– C'est grave?
– Non, ce n'est pas grave, mais ça va être douloureux pendant quelques jours. On va vous mettre un pansement et un bandage pour immobiliser le pied. Il faut rester à la maison et marcher le moins possible. Essayez de ne pas vous mettre sur votre pied.
– Merci, Docteur.

4 – Bonjour, Docteur. Mon ami a eu un accident de ski. Il est anglais et il ne parle pas bien le français.
– Bon. L'accident est arrivé comment?
– Il descendait la piste quand il est tombé.
– Oui, et il a mal à la jambe?
– Oui, il a très mal, surtout en bas du genou.
– Bon. On va lui faire une radio.
– Oui, comme je le soupçonnais, il a la jambe cassée. Il va falloir mettre la jambe dans le plâtre.
– Mon Dieu! Il doit rentrer en Angleterre la semaine prochaine. Est-ce que ce sera possible?
– Oui, probablement. S'il n'y a pas de complications, il pourra marcher avec des béquilles.
– Ah bon.
– Expliquez-lui que je vais lui donner quelque chose contre la douleur et qu'ensuite, on va lui mettre la jambe dans le plâtre.

SB 182 **VOCABULARY**

Lexique: Chez le médecin

This lists vocabulary linked to medical care and can be practised in the usual way, with word games, brainstorming, etc.

SB 182 **WRITING**

5 Des expressions utiles

Students copy the phrases in two lists: what the doctor might say; what the patient might need to say.

SB 182,  **SPEAKING**

6 Qu'est-ce qui ne va pas?

Students work in pairs to practise describing symptoms to a doctor.

Au choix SB 232 **SUPPORT**

5 Deux conversations

This provides additional practice of useful phrases at the doctor or dentist. Students make up two different conversations using the suggestions given.

CM 9/5 **SPEAKING**

On se fait soigner

This provides additional role-playing practice at the doctor, the dentist and the chemist.

SB 183, 7/24

READING
LISTENING

7 Le Sida

This is an optional extended reading item about AIDS. Students read the article then match the appropriate question to each numbered section. They could check their answers by listening to the recorded text.

Solution: **1**B **2**D **3**C **4**F **5**A **6**G **7**E

Le sida

– Qu'est-ce que le sida?
– Le sida est la forme la plus grave d'une maladie due à un virus: le VIH (HIV en anglais). Ce virus détruit les défenses naturelles qui protègent le corps de beaucoup de maladies, comme la grippe, la pneumonie, le cancer.
– Que veut dire être 'séropositif'?
– Quand une personne possède le virus dans ses cellules, on dit qu'elle est séropositive. Une personne séropositive n'est pas malade du sida, mais elle peut avoir le sida dans les années qui suivent. Et une personne séropositive peut transmettre la maladie.
– Comment est-ce qu'on attrape le sida?
– Il y a quatre modes de transmettre le sida:
– les rapports sexuels avec une personne infectée;
– l'utilisation des seringues et aiguilles contaminées;
– une femme séropositive peut transmettre la maladie à son bébé;
– les transfusions sanguines avant 1985.
– Aujourd'hui, les dons de sang sont contrôlés systématiquement. Les risques de contamination sont devenus exceptionnels pour le receveur et nuls pour la personne qui donne son sang.
– Est-ce qu'il y a un risque à travailler à côté d'une personne séropositive?
– Non. On peut, en toute sécurité, travailler à côté d'une personne infectée, travailler avec elle, la toucher, lui serrer la main, se baigner dans la même piscine, etc.
– Est-ce que le sida existe dans tous les pays?
– Oui, le sida est présent dans le monde entier et se développe rapidement.
– Comment savoir si l'on est séropositif?
– Si on a l'impression d'avoir pris un risque, on peut faire un test de dépistage pour savoir si l'on est séropositif.
– Où est-ce que je peux m'informer?
– Des personnes qui ont peur d'avoir pris un risque, qui hésitent à faire un test ou qui s'inquiètent auprès de quelqu'un d'autre, peuvent chercher des renseignements et du soutien en appelant SIDA INFO SERVICE. Il y a aussi plusieurs sites sur Internet.

PRACTICE

Le SIDA

Numerous websites deal with this subject. Students could carry out research into *Le SIDA* in francophone countries. They could formulate their own questions, arising from the text passage in the Students' Book and then go on-line to find the answers.

Possible tasks:

- find out about the incidence of *SIDA* in different countries
- find slogans from government campaigns about *le SIDA*
- find newspaper headlines on the subject.

Different groups in the class could research the various other themes in the unit (tobacco, alcohol, drugs) in the same way.

> **Area 7**
> ***C'est dur d'être ado***
> **Exchanging information and opinions about personal feelings and problems**
> **SB 184–185 1–8**
> **CD 7/25–7/26**

SB 184

READING

1 Heureux, mais stressés

This short article introduces the topic of the health and specific problems of young people. Students should read through the article and do the *Vrai ou faux?* task that follows.

Solution: **1**V **2**V **3**F **4**V **5**F **6**V

SB 184, 7/25

LISTENING
READING

2 Ça va ou ça va pas?

Present some of the expressions orally first and write these in two columns on the board, e.g.

Ça va	*Ça (ne) va pas*
tout va bien	*rien ne va*
on se sent	*on se sent*
... plein d'énergie	*... mal dans sa peau*
... en pleine forme	
on a le moral	*on n'a pas le moral*
	j'ai le moral à zéro

Explain the expression *se sentir/être bien/mal dans sa peau* (to feel at ease with oneself/uncomfortable). Students then listen to the recording and note whether the person is on form (✓) or not (✗) and why.

Solution:

1 ✗ *Il a eu de mauvaises notes.*
2 ✗ *Elle s'est disputée avec sa mère.*
3 ✓ *Il vient de passer des vacances super.*
4 ✗ *Elle a des boutons et se sent moche.*
5 ✓ *Il a reçu une lettre de sa copine/amie. Elle l'a invité chez elle pour Pâques.*
6 ✓ *Elle a gagné son match de tennis et on l'a invitée à aller au cinéma.*
7 ✗ *Il vient d'apprendre qu'un copain a eu un accident de moto.*
8 ✗ *Elle se sent seule.*

Ça va ou ça va pas?

1 – Salut, Philippe, ça va?
– Non, pas tellement.
– Pourquoi? Qu'est-ce qui ne va pas?
– J'ai vraiment le moral à zéro. J'ai eu de mauvaises notes en anglais; pourtant, j'ai bien travaillé. Et nous avons un examen la semaine prochaine. Moi, j'ai toujours le trac avant les examens ... j'ai peur de rater.

2 – Bonjour, Émilie, ça va?
– Bof ... non, ça ne va pas bien aujourd'hui. J'en ai marre.
– Pourquoi? Qu'est-ce qui s'est passé?
– Eh bien, je me suis disputée encore avec ma mère. Elle me critique toujours. Elle n'aime pas mes vêtements, elle trouve que je n'aide pas assez à la maison. C'est vraiment pénible.

3 – Tiens, David, comment ça va?
– Moi, ça va bien. Je suis bien content. Je viens de passer des vacances super dans les Alpes. On a eu un temps magnifique et on a fait du ski tous les jours.

4 – Mais Hélène, qu'est-ce qui ne va pas?
– J'ai le cafard. J'ai des boutons et de l'acné. Chaque fois que je me regarde dans la glace, je me trouve affreuse, moche.
– Mais, ce n'est pas vrai. Ne t'inquiète pas pour ça.

5 – Bonjour, Pierre, comment vas-tu?
– Très bien. Je me sens vraiment bien dans ma peau aujourd'hui. Oui ... j'ai reçu une lettre de ma copine en Angleterre. Elle m'a invité chez elle pour Pâques. Voilà ... tout va bien!

6 – Salut, Sophie, ça va?
– Oui, très bien. Je suis en pleine forme.
– Ah bon?
– Oui, tu sais, j'ai passé un excellent week-end. J'ai gagné mon match de tennis samedi, et puis après le match, j'ai discuté un peu avec les autres jeunes du club, puis Dominique m'a invitée à sortir avec lui. On ira au cinéma mercredi. Ça va être chouette.

7 – Ça va, Clément?
– Non, pas tellement ... je viens de recevoir de mauvaises nouvelles.
– Ah bon? Qu'est-ce qui s'est passé?
– C'est un copain qui a eu un accident de moto. Il est à l'hôpital.
– C'est grave?
– Oui, il paraît que oui.

8 – Alors, Claire, ça va mieux maintenant à Lille?
– Un peu ... mais il me manque mes amis de Paris. Ici, je suis souvent seule ... je ne connais presque personne. Je n'ai pas d'amis. Je voudrais sortir plus souvent, mais je suis trop timide.

SB 184 **WRITING**

3 Des expressions utiles

Students should copy these expressions in two lists: *ça va; ça ne va pas*

SB 185 **SPEAKING WRITING**

4 Ça va?

Students could be offered the choice of doing either **a** or **b**, or half the class could do one task and the rest the other.

Students have to write ten reasons to explain why they are feeling (a) depressed and fed up or (b) in a really good mood. To help them, a brainstorming session in class or in groups could be held and any ideas written on the board. Encourage students to use as many different tenses as possible, e.g.

– *Je suis fatigué. Nous avons un contrôle de maths demain. Je n'ai pas fait mes devoirs. Il fait mauvais. Je n'ai pas de projets pour le week-end. On ne m'a pas invité(e) à une fête...*
– *J'ai bien dormi. J'ai eu une bonne note en maths. J'ai reçu une lettre de mon ami(e) ...*

Then they could choose five to copy from the board and write five more on their own.

SB 185, **SPEAKING**

5 À discuter

Students work in pairs or small groups to discuss how they overcome feelings of depression, anger, etc.

SB 185, 7/26 **LISTENING READING**

6 Le stress

Students listen to this interview about stress and then answer the questions in English.

Solution:

1 yes, both children and adults
2 society is more complex, life is more rushed, there's never enough time, fear of unemployment
3 It can be stimulating, it can push you to do more.
4 increase in irritability, anxiety, distress, tiredness
5 taking part in sport, doing something relaxing, having a sense of humour

Le stress

– Docteur, on parle beaucoup de stress. Est-ce que les gens sont vraiment plus stressés de nos jours?
– Oui, certainement. Les gens sont de plus en plus stressés à tous les niveaux – les enfants et les adultes.
– Quelles sont les origines de ce stress?
– La société est plus complexe. Ça va de plus en plus vite ... on a l'impression qu'on n'a jamais assez de temps. Dans un foyer, les deux parents travaillent et il y a toujours la peur du chômage. Il y a souvent des problèmes.
– Est-ce que le stress est toujours négatif?
– Non, le stress n'est pas forcément quelque chose de mauvais ... il y a aussi des aspects positifs ... ça stimule, ça vous permet de faire un peu plus.
– Quelles sont les symptômes du stress?
– On peut noter une augmentation de l'irritabilité, de l'anxiété, de l'angoisse. Mais le symptôme le plus courant, c'est la fatigue.
– Qu'est-ce qu'on peut faire pour réduire ou éliminer le stress?
– Tous les médecins sont d'accord – il n'existe pas de pilule anti-stress. En France, on prend de plus en plus de tranquillisants ou on a recours à l'alcool ou au tabac. Hélas, ce n'est pas le remède idéal. Quand on est stressé, le traitement physique est peut-être le plus efficace – ça peut être le sport ou la relaxation. Tout ce qui permet de décharger les tensions en douceur ou en force. Certaines personnes pensent que l'humour, la plus vieille recette anti-stress, est très efficace.

SB 185 **READING**

7 Être adolescent …

a Students read three letters to a teenage magazine and think of an appropriate title for each one from those listed.

Solution: **1** f **2** e **3** g

b Students find a synonym for each word listed.

Solution: **1** *des fringues*, **2** *ça me démoralise*, **3** *totalement*, **4** *tellement*, **5** *je m'en fiche*, **6** *lorsque*, **7** *c'est ça l'essentiel*

SB 185 **READING**

8 Des réponses

a Students complete the replies with the missing words.

Solution:

1 **1** *sentent*, **2** *prendre*, **3** *trouverez*, **4** *retrouvez*, **5** *mettre*
2 **1** *trouvez*, **2** *peau*, **3** *parce que*, **4** *importance*, **5** *donnent*

b They decide which reply goes with each letter and which letter has no reply.

Solution:

Pour la lettre un, la réponse est numéro 2.
Pour la lettre deux, la réponse est numéro 1.
La lettre trois n'a pas de réponse.

If wished, students could write their own short letters to a teenage magazine. These could just cover general opinions about adolescence or imaginary personal problems. It is probably best to avoid real problems. Some phrases could be written on the board, e.g.

- *Je ne m'entends pas avec mes parents*
- *Je suis content(e) d'être adolescent*
- *Je suis mal dans ma peau*
- *Personne ne m'écoute*

Area 8
Le tabac, l'alcool et la drogue
Exchanging information and opinions about issues regarding smoking, drugs, alcohol and addiction
Comparing past with present lifestyles

SB 186–187 1–6
Au choix SB 234 7–8 235 2
CM 9/6
CD 7/27–7/30

The subjects of smoking, alcohol and drugs have been included because it was felt that opportunities should be taken to warn young people of their dangers. For further information about drugs, smoking and alcohol, see the websites listed on TB 217.

However, this area can be omitted if wished.

SB 186, 7/27 **LISTENING**

1 On parle du tabac

Go through the rubric, mentioning that it is forbidden to smoke in many public places in France.

En France, il est interdit de fumer dans tous les lieux à usage collectif, par exemple, dans les gares, dans le métro, dans les aéroports, dans les établissements scolaires.

Students listen to a series of interviews and do the tasks in their books.

a **Solution:** 1 one 2 two 3 two

b **Solution:**

1 b h c a g d i e j f

2 **Pour fumer:**
any two from: *pour faire comme les autres; c'est calmant; ça donne de l'assurance; ça fait adulte; par curiosité; ça m'aide à me détendre; c'est chic*

3 **Pour ne pas fumer:**
any three from: *un mauvais goût dans la bouche; c'est mauvais pour la santé; la fumée, c'est gênant pour les non-fumeurs; ça gêne pour le sport; fumer n'est ni chic ni romantique; c'est une mauvaise habitude qui peut tuer*

On parle du tabac

1 – Est-ce que tu fumes?
– Non.
– Est-ce que tu n'as jamais fumé?
– Non, pas vraiment. J'ai essayé une cigarette une fois, mais ça ne me plaisait pas – j'avais un mauvais goût dans la bouche.

2 – Est-ce que tu fumes?
– Oui, de temps en temps.
– Quand as-tu commencé à fumer?
– Quand j'avais 14 ans. J'ai allumé ma première cigarette au réveillon du nouvel an.
– Et pourquoi as-tu décidé de fumer?
– Pour faire comme les autres … par curiosité … pour voir comment c'était.
– Et tu fumes beaucoup?
– Non, je sais que c'est mauvais pour la santé, mais je fume quelquefois, en soirée, quand je suis avec des copains qui fument. C'est calmant. Ça m'aide à me détendre.

3 – Est-ce que tu fumes?
– Non, je suis asthmatique, donc je supporte très mal la fumée.
– Tu n'as jamais fumé alors?
– Non.
– Que penses-tu de la loi anti-tabac?
– Il y a eu plein de débats là-dessus. Il y a des gens qui sont vraiment contre et ça doit être dur quand même pour les fumeurs, mais je crois que c'est bon dans un certain sens. C'est vrai que la fumée, c'est gênant pour les non-fumeurs, surtout pour les asthmatiques.

4 – Est-ce que tu fumes?
– Non, je ne fume plus maintenant.
– Et tu fumais avant?
– Oui, quand j'avais 15 ans.
– Pourquoi?
– Pour faire adulte … ça me donnait de l'assurance.
– Et quand as-tu décidé d'arrêter?
– Il y a deux ans. J'aime faire du sport et peu à peu, je remarquais que j'avais du mal à courir. J'étais très vite essoufflée. Je me rendais compte que fumer, ça gêne pour le sport. Alors j'ai décidé d'arrêter de fumer. Ça a été dur, mais quand j'ai réussi, je me sentais tellement mieux.

5 – Est-ce que tu fumes?
  – Non.
  – Est-ce que tu n'as jamais fumé?
  – Si, je fumais avant, mais maintenant je ne fume plus.
  – Et quand as-tu commencé?
  – J'ai allumé ma première cigarette quand j'avais 16 ans ... c'était pendant les vacances.
  – Pourquoi est-ce qu'on fume, à ton avis?
  – Il y en a qui pensent que ça fait adulte, que c'est chic. Mais c'est faux ... fumer n'est ni chic ni romantique, c'est une mauvaise habitude qui peut tuer.

SB 186 — **READING**

2 Le tabac en questions

Students find the correct answer to each question.

Solution: **1**F **2**C **3**A **4**B **5**D **6**E

SB 186, — **SPEAKING WRITING**

3 À discuter

The following activities could be done in addition to or instead of those suggested in the book.

1 Brainstorming
Have a brainstorming session, with students giving reasons for smoking or not smoking. Write these on the board. Then see how many they can remember when the list has been rubbed off.

2 Débat – pour ou contre?
Students work in groups or pairs. One student or group gives a reason for smoking, the other gives a reason for not doing so. See who can continue for the longest, e.g.

- ***pour*** *– on veut faire comme les autres, c'est une habitude, ça me calme, ça fait adulte, ça me donne de l'assurance, etc.*
- ***contre*** *– c'est mauvais pour la santé, ça coûte cher, ça gêne pour le sport, ça dérange les autres, etc.*

Au choix SB 235 — **EXTENSION READING**

2 Le portable fait un tabac!

This reading text, which explores the theory that the use of mobile phones has had the side effect of reducing smoking in teenage girls, is followed by questions in English.

Solution:

1 Mobile phones help with preventing young people from smoking.
2 It looks grown-up, shows individuality and rebellion and it reinforces the feeling of belonging to a group.
3 It has decreased.
4 France
5 On mobile phones or cigarettes.

CM 9/6, , 7/28 — **LISTENING READING WRITING**

Comment cesser de fumer?

When students have listened to the recording and/or read the text they can do one or both tasks.

Solution:

1 **1**B *depuis*, **2**L *trois*, **3**K *trente*, **4**C *deux*, **5**E *jour*, **6**H *quelques*, **7**F *médecin*, **8**I *réduit*, **9**A *ans*, **10**D *eau*, **11**G *pomme*, **12**J *sans*

2 Un acrostiche

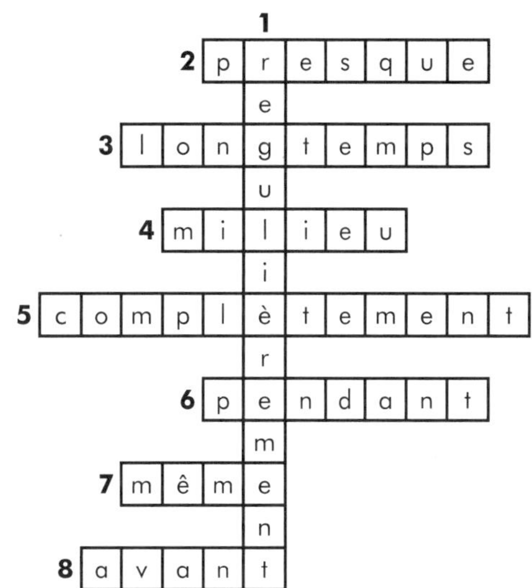

Comment cesser de fumer?

– Monsieur François Clia a arrêté de fumer, il y a trois ans. Il fumait depuis l'adolescence et aujourd'hui il a quarante ans. Ça n'a pas été facile: il avait déjà essayé d'arrêter de fumer trois fois avant de s'arrêter pour de bon.
– Monsieur Clia, racontez-nous votre premier arrêt.
– C'était il y a une dizaine d'années, quand j'avais trente ans. Je travaillais avec deux copains dans le même bureau. Nous fumions chacun deux paquets par jour. Un matin, l'un d'entre nous, Henri, a lancé un pari: qui tiendrait le plus longtemps sans cigarette? C'était en milieu de semaine. On s'est arrêté pendant deux, trois jours, puis après le week-end, tout le monde refumait.
– Alors, vous vous êtes arrêté pendant quelques jours seulement. Et la deuxième fois?
– C'était à la suite d'une bronchite. Mon médecin m'a conseillé d'arrêter. J'ai diminuée 'ma dose' de dix cigarettes par jour à cinq, mais ensuite, c'est devenu plus difficile. Et après, j'ai repris comme avant.
– Puis la troisième fois?
– C'était quand ma femme attendait son second enfant. Elle a arrêté de fumer et je me suis senti un peu obligé de faire comme elle. C'était dur, mais j'ai tenu pendant deux ans.
– Enfin, vous vous êtes arrêté pour de bon. Pouvez-vous nous raconter ça?
– Cette fois-là, je voulais vraiment en finir avec le tabac. Tous les dimanches matin, avec mon fils de douze ans, nous avions pris l'habitude de courir pendant trois quarts d'heure. Et régulièrement, il me distançait: j'arrivais après lui complètement essoufflé. Je me suis décidé d'arrêter. J'ai prévenu mes collègues de bureau, la famille. Tous m'ont donné un coup de main.

– Et comment avez-vous donc réussi, cette fois?
– Il n'existe pas de remède miracle. Cependant, il y a certains petits trucs qui m'ont aidé. Je me suis mis au chewing-gum. J'ai bu un verre d'eau ou j'ai croqué une pomme quand j'avais envie de fumer. J'ai fait aussi des exercices de respiration. Au début, j'étais plus irritable et, à d'autres moments, fatigué et apathique. Puis j'ai réorganisé un peu ma vie. Je me suis mis au sport: le jogging le dimanche matin avec mon fils, et la natation une fois par semaine. Au bout d'un an sans tabac, je me sentais beaucoup mieux et j'ai fait le calcul de ce que j'avais économisé: suffisant pour un beau petit voyage!

Au choix SB 234 **GENERAL GRAMMAR**

7 J'ai changé mon mode de vie

Students complete this letter to a health magazine by writing the verbs in the correct tense.

Solution: **1** *Je mène,* **2** *je fumais,* **3** *je ne faisais pas,* **4** *Je vivais,* **5** *je trouvais,* **6** *je pensais,* **7** *je le trouvais,* **8** *je me suis décidée,* **9** *Je me suis inscrite,* **10** *j'ai décidé,* **11** *je fume,* **12** *je me sens*

Au choix SB 234 **GENERAL WRITING**

8 Charles Martin

In this task, students have to describe how Charles Martin's life has changed. This should be prepared orally first, e.g.

- *Charles, fumait-il autrefois?*
- *Comment mangeait-il?*
- *Est-ce qu'il avait la forme?*

Some of the answers could be written on the board and the task perhaps completed for homework.

SB 186, 7/29 **LISTENING READING**

4 L'alcool

Students note down their answers then check them by listening to the recording.

Solution: **1** (Assuming drinks served in a bar, i.e. not equal quantities of fluid) *Il y a la même quantité d'alcool dans tous les trois.* **2** *Non* **3** *Oui* **4** *Il diminue l'activité mentale.* **5** *Non, mais on en perçoit moins les effets.* **6** *Non*

The solution is also given on SB 240.

L'alcool

– Bonjour et bienvenue à notre émission sur la santé. Aujourd'hui, Docteur Dupré et Docteur Levert vont répondre à des questions sur l'alcool. La première question: si on prend un verre au café, lequel est plus fort?
a) un verre de bière, b) un verre de whisky, c) un verre de vin.
– Ça revient au même. Il y a la même quantité d'alcool dans tous les trois.
– Deuxième question: le vin, est-il moins alcoolisé si on ajoute de l'eau? Docteur Levert?
– Non, le fait d'ajouter de l'eau ne change pas la quantité d'alcool contenue dans le verre, seul le goût change.
– Et pour Docteur Dupré, la question numéro trois: est-ce qu'il vaut mieux boire du vin avec un repas que boire sans manger?
– Oui, la nourriture ralentit le passage de l'alcool dans le sang, donc on ressent moins les effets de l'alcool.
– Et la question numéro quatre: est-ce que l'alcool stimule ou diminue l'activité mentale?
– Voilà une question très importante. L'alcool diminue l'activité mentale et la vigilance; c'est pour cette raison qu'il provoque des accidents de la route. Alors, ne risquez pas votre vie et celle des autres. Si vous buvez de l'alcool, ne conduisez pas.
– Maintenant, la question cinq: est-ce vrai que si on boit régulièrement, on tient mieux l'alcool? Docteur Dupré?
– Non, car quand on boit régulièrement, on en perçoit moins les effets. On croit qu'on résiste mieux, mais en fait, ça ne change pas la quantité d'alcool que l'on a dans le corps.
– Et finalement, voici la question six: est-ce qu'on peut éliminer l'alcool plus vite en prenant un café noir, une douche froide ou de l'air frais?
– Le café, la douche froide et l'air frais peuvent vous réveiller, mais ils n'éliminent pas l'alcool qu'on a dans le sang. Tout ce qu'on peut faire, c'est d'attendre. Il faut compter plusieurs heures avant d'éliminer tout l'alcool consommé.
– Bon, merci, Docteur Levert, merci, Docteur Dupré – et ça, c'est la fin de notre émission pour aujourd'hui. Au revoir, tout le monde!

The remainder of this area is about the dangers of drug abuse and can be omitted if preferred or can be used as extended reading and listening material.

SB 187 **READING**

5 Les drogues, on s'informe

Before students read the magazine article, go through the list of specialised vocabulary. Then students should read the article and find an appropriate title for each paragraph.

Solution: **1**C **2**F **3**E **4**B **5**A **6**D

PRACTICE

Drogue: éviter le piège

This text could be used for text-reconstruction activities in a package such as *Fun with Texts*, although it might have to be split into smaller sections.

SB 187, 7/30 **LISTENING**

6 Il n'y a pas de drogués heureux

Students listen to the two interviews and complete the details in their books.

Solutions:

A **1** *quatorze,* **2** *la vie,* **3** *croyais,* **4** *pu,* **5** *journée,* **6** *prends,* **7** *faire,* **8** *déprimée,* **9** *pensais,* **10** *difficile*

B **1** *dix,* **2** *était,* **3** *seul,* **4** *poudre,* **5** *corps,* **6** *tête,* **7** *faisait,* **8** *perdu,* **9** *centre,* **10** *rencontré,* **11** *long,* **12** *dur*

Il n'y a pas de drogués heureux

Témoignage A: Une toxicomane

– Quand avez-vous commencé à consommer de la drogue?
– J'ai commencé à fumer quand j'avais quatorze ans.
– Pourquoi?
– Je ne sais pas exactement. La première fois, c'était pendant une fête ... avec des copains. Puis je m'ennuyais dans la vie.
– Étiez-vous consciente des risques?
– Oui et non. Je croyais être capable de m'arrêter quand je le voulais. mais je n'ai pas pu.
– Est-ce que vous prenez toujours de la drogue?
– Oui, je fume à longeur de journée et je prends de la coke. J'ai envie de ne plus rien faire d'autre.
– Quand vous n'avez pas de produit, comment vous sentez-vous?
– Quand je n'ai plus de produit, je suis complètement déprimée. Je ne pensais pas qu'il serait si difficile de s'en passer.
– Voulez-vous arrêter?
– Oui, mais je ne me sens pas du tout capable d'arrêter toute seule. J'ai besoin d'aide.

Témoignage B: Un ancien toxicomane

– Vous étiez toxicomane pendant combien de temps?
– Pendant dix ans.
– Qu'est-ce que vous preniez?
– De l'héroïne ... j'étais accro de l'héroïne.
– Et vous viviez comment?
– J'étais seul. Tout ce qui comptait pour moi, c'était de me procurer ma poudre. J'étais malade dans mon corps, dans ma tête. Il n'y avait plus de plaisir, plus rien que le vide et la solitude. Je croyais que j'avais tout perdu – mes copains, ma famille.
– Alors, qu'est-ce qui s'est passé?
– Après un coma pour surdose, on m'a admis au centre de désintoxication. Là, j'ai rencontré un psychiatre qui m'a beaucoup aidé. Il y a eu un déclic. Ça a été long et dur, mais maintenant, je respire.

Area 9
Forme et santé
Discussing and comparing healthy and unhealthy lifestyles
SB 188 1–4
Au choix SB 235 3
CD 7/31

SB 188, 7/31 **LISTENING**

1 Pour avoir la forme

a In this task, students listen to a series of street interviews and note down the responses, according to the categories a–f, listed in their books.

Solution:

	1	2	3	4	5	6
a	✓	✓		✓		✓
b					✓	
c	✓				✓	✓
d		✓				
e				✓		✓
f			✓			

b Then they could write a short summary of the views given.

Pour avoir la forme

– Bonjour, Monsieur. On fait un sondage sur la forme. À votre avis, qu'est-ce qu'il faut faire pour avoir la forme?
– La forme ... bon, bien manger ... c'est-à-dire manger régulièrement et équilibré ... et en plus, il faut faire de l'exercice régulièrement.
– Bon, merci. Et vous, Madame, qu'en pensez-vous?
– Bon alors, suivre un régime équilibré avec toutes les vitamines nécessaires ... eh bien ... éviter le stress, savoir se détendre.
– Merci, Madame. Et vous, Monsieur, à votre avis, qu'est-ce qu'on doit faire pour avoir la forme?
– Bon – il faut avoir une attitude positive, oui, être optimiste – c'est ça surtout.
– Merci. Et vous, Madame, quel est votre avis?
– Pour avoir la forme, on doit ... on ne doit pas fumer ... ça c'est clair ... et pas trop manger non plus ... mais manger régulièrement et équilibré ... voilà.
– Merci. Passons à vous, Monsieur?
– Bon, à mon avis, il faut faire de l'exercice ... faire du sport assez régulièrement ... et bien dormir, ça, c'est important – si on ne dort pas bien on est fatigué, on n'a vraiment pas la forme.
– Et vous, Madame. On fait un sondage sur la forme. À votre avis, qu'est-ce qu'il faut faire pour avoir la forme?
– Alors, je dirais ... bon ... il faut bien manger, ça, c'est important et puis faire du sport, puis ne pas fumer. Ça c'est mon avis.

SB 188 **READING**

2 C'est bon pour la santé?

Students read through the list of actions and classify them accordingly.

Solution: **1** ✓ **2** X **3** X **4** ✓ **5** X **6** ✓ **7** X **8** ✓ **9** X **10** ✓ **11** ✓ **12** X **13** ✓ **14** ✓

SB 188,

3 À vous! **SPEAKING**

Students work in pairs to ask and answer questions about health and general fitness.

SB 188 **WRITING**

4 Êtes-vous en forme?

Students write a few sentences to describe their general fitness.

Au choix SB 235 EXTENSION READING

3 En forme, le jour J

This contains some useful advice about being on good form when taking exams. The text is followed by questions in English.

1 Eat a balanced diet; have regular meals
2 after a week or a fortnight
3 fruit and vegetables
4 before going to bed, when stressed
5 talk about your worries; do breathing exercises; keep things in perspective

Area 10
Notre monde
Understanding information about world organisations/charities like *Médecins sans frontières*

SB 189 1
CD 7/32

SB 189, 7/32 LISTENING READING

1 Médecins Sans Frontières

Students may be interested in the work of this medical aid organisation.

Start by asking if anyone has heard of the organisation *Médecins sans frontières* and in what context. They could be asked what they think the name of the organisation suggests. Students could then read through the text and listen to the recording at the same time.

Encourage students to look up any unfamiliar words. Comprehension can be tested by asking a few *Vrai ou faux?* questions. Students could then close their books and work in pairs to give a series of facts about the organisation *Médecins sans frontières*.

Médecins sans frontières

– **Médecins Sans Frontières**
– L'organisation humanitaire Médecins Sans Frontières a été fondée par un groupe de médecins et de journalistes en 1971. Quelquefois, après un tremblement de terre, une famine ou dans une situation de guerre, on entend parler de cette organisation à la télé et à la radio. Qui sont-ils? Où vont-ils? Qu'est ce qu'ils font?
– **L'organisation**
– Médecins Sans Frontières apporte de l'aide médicale aux victimes de guerre, d'épidémies, de famines ou de catastrophes naturelles, comme des tremblements de terre, la sécheresse, une inondation, etc.
– **Qui sont les Médecins Sans Frontières?**
– Ce sont surtout des volontaires qui s'engagent pour une période minimum de six mois.
– **Est-ce que ce sont uniquement des médecins qui travaillent pour l'organisation?**
– Non. La plupart sont des médecins et des infirmiers, mais on recrute aussi des professionnels non-médicaux, par exemple, des administrateurs. En plus de leurs qualifications professionnelles, les volontaires doivent parler une langue étrangère, comme l'anglais, l'espagnol ou le portugais. En effet, environ 140 volontaires britanniques partent en mission chaque année.
– **Et où vont les MSF?**
– Actuellement, il y a près de 2000 volontaires dans plus de 80 pays du monde – des pays comme l'Afghanistan, la Côte d'Ivoire, le Malawi, la République Démocratique du Congo.
– **Et en quoi consiste votre travail?**
– Le travail est très varié selon les missions. Dans une situation de guerre, on installe des dispensaires et on soigne les blessés. Il y a aussi des programmes de vaccination et de nutrition. Au Niger, par exemple, il y a eu une campagne de vaccination massive contre la méningite et la rougeole. On a vacciné 600 000 enfants de moins de 5 ans contre la méningite.
Puis, il y a le travail sur l'environnement, surtout en ce qui concerne l'eau. Les camps de réfugiés et les hôpitaux ont besoin de grandes quantités d'eau potable.
– **Et vous vous occupez de l'aide médicale à long terme aussi?**
– Oui, en Afrique on a réhabilité des hôpitaux et on forme des infirmiers, du personnel local.

PRACTICE

Médecins Sans Frontières

Students could visit the charity's website http://www.paris.msf.org/ to read about the current work of the charity. Although the level of French will be very high, the students may be sufficiently familiar with the situations described to cope.

Area 11
Further activities and consolidation

CM 9/7–9/19
CD 8/1–8/8
SCD 2/17–2/19

PRACTICE

Presentation

Students could prepare a short oral presentation on one of the themes of the unit. Use *Microsoft® PowerPoint* or a similar presentation package to make some slides to support the talk. Develop simple-to-use criteria for peer assessment of the presentations.

CM 9/7, SCD 2/17–2/19 LISTENING

Tu comprends?

1 Il y a un problème

Solution: **1**G **2**D **3**H **4**A **5**C **6**F **7**E

Il y a un problème

Écoutez les conversations et écrivez la bonne lettre.

Ex: Mon père est tombé dans l'escalier et il s'est fait mal à la jambe.

1 Il y a eu un accident. Il faut appeler les secours.

2 Mon fils a mal à la main. Il s'est fait piquer par une guêpe.

3 Je suis désolée, je ne peux pas sortir ce soir. Ma mère est au lit. Elle est malade.

4 Je dois aller à la pharmacie pour acheter des médicaments.

5 [sounding blocked up] Je suis très enrhumée et j'ai mal à la gorge. [sneeze] Passe-moi un mouchoir, s'il te plaît.

6 Mon frère est allé à l'hôpital. Il s'est cassé le bras.

7 Ma sœur a très mal aux dents. On va téléphoner au dentiste.

2 Chez le médecin

Solution: **1**A **2**C **3**B **4**B **5**B **6**B

Chez le médecin

Un jeune Suisse est en vacances en France. Il va chez le médecin. Écoutez la conversation et cochez les bonnes cases.

– Bonjour, qu'est-ce qui ne va pas?
– J'ai mal à l'estomac. J'ai la diarrhée et j'ai vomi pendant la nuit.
– Quand est-ce que ça a commencé?
– Ça a commencé hier soir. À midi, j'ai mangé au restaurant avec des amis.
– Qu'est-ce que vous avez mangé au restaurant?
– J'ai mangé des crevettes. C'est peut-être ça.
– Oui, c'est possible. Bon, avez-vous pris quelque chose?
– Non, je n'ai rien pris.
– Avez-vous des allergies?
– Non, je n'ai pas d'allergies.
– Bon, aujourd'hui, ne mangez rien, mais buvez beaucoup d'eau. Je vais vous donner une ordonnance aussi. Quand est-ce que vous allez rentrer chez vous?
– Je vais rentrer dans deux jours.
– Si ça ne va pas mieux dans trois jours, allez voir votre médecin, chez vous.

3 On parle de la santé

a L'exercice et la nourriture

Solution: **1**F *natation*, **2**A *bonbons*, **3**H *repas*, **4**B *cyclisme*, **5**D *exercice*, **6**C *danse*, **7**G *ordinateur*

L'exercice et la nourriture

Écoutez la discussion et complétez le texte.

– Marc, qu'est-ce que tu fais pour être en forme?
– Moi, pour garder la forme, je fais du sport … deux, trois fois par semaine, en général.
– Quel genre de sport?
– Alors, du tennis, du badminton, de la natation. Mais le plus souvent, du badminton. Normalement, je joue avec mes amis, le samedi après-midi.
– Et toi, Stéphanie, tu fais du sport aussi?
– Moi, non, je ne suis pas très sportive. Mais je fais attention à ce que je mange. J'essaie de ne pas manger trop de bonbons ni de chocolat. Je mange beaucoup de fruits et de légumes et j'essaie de manger des repas réguliers.
– Et toi, Laurent?
– Moi aussi, je mange comme il faut et je fais un peu de sport – du cyclisme et du jogging surtout – alors, plutôt des sports individuels.
– Julie, est-ce que tu fais de l'exercice régulièrement?
– Oui, je fais de la danse et je marche beaucoup. Je trouve que l'exercice est très important. Aujourd'hui, on a tendance à passer trop de temps assis devant son ordinateur.

b Le tabac et l'alcool

Solution:

1 because he likes doing sport and found that he had difficulty running
2 it's expensive; it's bad for your health
3 they smoked to see what it was like and then found it hard to stop; they smoke to relax
4 she drinks very little herself; she thinks drinking is okay in moderation
5 aggressive behaviour

Le tabac et l'alcool

– Marc, tu fumes?
– Non, je fumais avant, mais il y a six mois, j'ai décidé d'arrêter. J'aime faire du sport et peu à peu, je remarquais que j'avais du mal à courir. J'ai décidé d'en finir avec les cigarettes. Ça a été dur, mais quand j'ai réussi, je me suis senti tellement mieux.
– Et Julie, tu fumes?
– Non, moi, je ne fume pas. Ça coûte cher et c'est mauvais pour la santé. Mais j'ai des amis qui fument.
– Pourquoi fument-ils, à ton avis?
– Ils ont fumé quelques cigarettes pour essayer, puis ils ont trouvé que c'était difficile d'arrêter. J'ai une copine qui fume et elle dit que ça l'aide à se détendre, mais à mon avis, il vaut mieux trouver d'autres moyens de se relaxer.
– Julie, beaucoup de jeunes boivent au week-end ou en soirée. Qu'en penses-tu?
– Moi, personnellement, je bois très peu d'alcool. Je préfère l'Orangina. Mais je connais des garçons qui boivent de la bière. Ça va, si on boit avec modération, mais quelquefois, on voit quelqu'un qui a trop bu et qui commence à être agressif et je n'aime pas ça.

SB 189 **SUMMARY**

Sommaire

This provides a summary of the main structures and vocabulary of the unit.

Épreuve – Unité 9

These worksheets can be used for an informal test of listening, speaking, reading and writing or for extra practice, as required. For general notes on administering the *Épreuves*, see TB 11–12.

CM 9/8–9/9, 🎧 8/1–8/8 **LISTENING**

Épreuve: Écouter

Partie A

1 À la pharmacie F

Students listen to conversations in a chemist's shop and write the correct letter in the grid. Key words are repeated within each dialogue.

Solution: **1**D **2**A **3**F **4**E **5**C **6**H **7**G [7 marks]

🎧 À la pharmacie

Qu'est-ce qu'on achète? Regardez les images. Écrivez la bonne lettre dans la case.

Ex: – Je voudrais de l'aspirine, s'il vous plaît. Un paquet comme ça.
– Voilà, Madame. Voici un petit paquet d'aspirines.

1 – Un tube de dentifrice, s'il vous plaît, comme ça.
– Un grand tube ou un petit?
– Un grand, s'il vous plaît.

2 – Du sirop, s'il vous plaît. Du sirop pour la toux. Qu'est-ce que vous recommandez?
– Celui-ci est très bon, Monsieur.
– Alors, je prends ça.

3 – Je voudrais une trousse de médicaments. C'est pour mettre dans la voiture.
– Une trousse de médicaments pour la voiture, euh… Celle-ci, peut-être?
– Oui, oui, ça va très bien.

4 – Avez-vous des pastilles pour la gorge, s'il vous plaît?
– Oui, il y a un grand choix de pastilles. Regardez!
– Alors, donnez-moi ce tube de pastilles-là. Oui, celui-là. Merci.

5 – Je vais partir en vacances, donc j'ai besoin d'une crème anti-insecte, s'il vous plaît.
– Une crème.
– Oh, en tube, s'il vous plaît.
– Voilà, un grand tube de crème. Les insectes n'aiment pas ça!

6 – Une brosse à dents, s'il vous plaît.
– Une brosse à dents. De quelle couleur?
– Voyons, euh … rouge, je crois, oui, rouge. Celle-là en rouge!

7 – Ouf! Il fait chaud! Avez-vous de la crème contre le soleil?
– De la crème solaire? Oui, en tube ou en bouteille, comme ça?
– Je prends un grand tube, comme ça, s'il vous plaît.

2 Ça fait mal? F/H

Students listen to people complaining about their various aches and pains, and choose the appropriate picture.

Solution: **1**B **2**A **3**B **4**A **5**C **6**B **7**A [7 marks]

🎧 Ça fait mal?

Écoutez ces personnes qui ont mal quelque part et pour chaque personne, cochez la bonne case.

Ex: Regarde ma main gauche! Je l'ai brûlée en faisant la cuisine et ça me fait très mal.

1 J'ai trop mangé à midi et maintenant, j'ai mal au ventre!

2 Quel bruit! Ouf! J'ai mal à la tête.

3 Mon pied me fait très mal – je vais enlever mes chaussures.

4 J'ai travaillé à l'ordinateur toute la journée et maintenant, j'ai très mal au cou.

5 – J'ai mal à l'épaule, je ne sais pas pourquoi.
– Ton épaule? C'est parce que tu as porté cette valise lourde hier.

6 Je suis très enrhumé et mon nez me fait très mal!

7 Ouf! Je mangeais des bonbons et je me suis cassé la dent! Maintenant, il faut aller chez le dentiste.

3 Qu'est-ce qui ne va pas? F/H

Students listen to Cécile's conversation with the doctor and, each time, choose the correct letter.

Solution: **1**A **2**C **3**C **4**A **5**C [5 marks]

🎧 Qu'est-ce qui ne va pas?

Écoutez la conversation entre Cécile et le médecin. Cochez la bonne case.

– Bonjour, Docteur.
– Bonjour. Alors qu'est-ce qui ne va pas?
– J'ai mal à la tête et j'ai de la fièvre.
– Avez-vous passé beaucoup de temps au soleil?
– Oui, hier, j'ai joué au tennis dans le parc pendant tout l'après-midi.
– Il faut faire attention. Le soleil est très fort en ce moment.
Bon. Pour l'instant, je ne vais pas vous donner de médicaments. Il faut surtout rester au lit et boire de l'eau.
– C'est grave? Je dois aller à l'hôpital?
– Non, non, je ne pense pas. Mais si ça ne va pas mieux dans trois jours, revenez me voir.
– Merci, Docteur. Au revoir.

4 Pour avoir la forme F/H

Students listen to the discussion and select the statement that best represents the opinions of each speaker.

Solution: **1**A **2**E **3**B **4**C **5**F **6**D [6 marks]

🎧 Pour avoir la forme

Écoutez. Pour chaque personne qui parle, choisissez la bonne phrase dans la liste.

– Qu'est-ce qu'il faut faire pour avoir la forme? Qu'est-ce que vous en pensez, Madame?
– Pas de stress. Essayez d'éviter le stress. C'est tout ce qu'il faut!
– Très bien.
– Et vous, Madame. Qu'est-ce qu'il faut faire pour avoir la forme?
– Ben, c'est facile! Ne prenez pas trop d'alcool.
– Et vous, Monsieur. À votre avis, qu'est-ce qu'il faut faire pour avoir la forme?
– Euh, il faut faire de l'exercice. Ça, c'est essentiel!
– Mademoiselle, pour avoir la forme, il faut faire quoi, à votre avis?
– La forme? Euh… il faut bien manger, c'est à dire manger beaucoup de fruits et de légumes, des produits riches en vitamines etcetéra et manger régulièrement.
– Monsieur, on discute de la forme. Pour avoir la forme, qu'est-ce qu'il faut faire, à votre avis?
– Eh bien … bien dormir, ça, c'est important. On ne peut pas rester en forme si on ne dort pas bien.

– Merci. Et vous, Madame. À votre avis, pour avoir la forme, qu'est-ce qu'on doit faire?
– Alors, on ne doit pas fumer. Ça, c'est évident!
– Et vous, jeune homme, quel est votre avis?
– Quoi, pour avoir la forme? Ben, il faut s'amuser avec ses amis, être heureux, se relaxer et rire beaucoup!
– Merci.

Partie B

1 Ça s'est passé comment? F/H

Students listen to each patient describing their symptoms and, for each one, pick the correct letter to give the matching reason for their symptoms.

Solution: 1C **2**A **3**E **4**B **5**F [5 marks]

Ça s'est passé comment?

Ces personnes parlent de leurs accidents. Pour finir les phrases, choisissez parmi les expressions A à F.

Ex: Marie
Je me suis cassé la jambe. Hier, je faisais une promenade à cheval lorsqu'une moto s'est arrêtée juste devant moi et je suis tombée de mon cheval.

1 **Charles**
Je me suis fait mal à la main gauche. Je grimpais sur les rochers et j'ai glissé – c'est comme ça que je l'ai fait.

2 **Christophe**
Je me suis coupé le doigt. J'étais en train de préparer le dîner et j'utilisais un nouveau couteau pour préparer les légumes.

3 **Sandrine**
Je me suis fait piquer par une guêpe. Je travaillais dans le jardin et je n'avais pas remarquée qu'il y avait une guêpe sous une feuille.

4 **José**
Je me sens vraiment malade – c'est peut-être un coup de chaleur. Je me suis allongé sur la plage et je me suis endormi.

5 **Lucie**
Je me suis brûlé le bras et ça me fait très mal. Avec mon frère on grillait des saucisses sur notre barbecue et je n'avais pas fait assez attention.

2 Des patients F/H

Students listen to the conversations and match them to the written statements.

Solution: 1A **2**F **3**D **4**H **5**E **6**B **7**G [7 marks]

Des patients

Écoutez ces patients chez le médecin, l'opticien ou le dentiste. Choisissez les bonnes réponses.

Ex: Je crois que je me suis cassé le bras. Je suis tombée sur le trottoir en faisant du jogging et j'ai très mal. Qu'est-ce que vous en pensez?

1 Bon, je fais ... beaucoup de sport en ce moment, depuis un mois, environ quatre fois par semaine, et j'ai de plus en plus mal au genou, surtout quand je fais du tennis. Et puis ... quand je cours aussi et même quand je marche.

2 J'ai beaucoup mal sur le côté droit, donc j'ai vraiment du mal à manger. Je crois que la dent, là, en haut, est un peu cassée. Ça me fait beaucoup souffrir.

3 Donc, avec les deux plombages, il y a quatre dents à traiter? Et ... il va falloir combien de temps pour tout faire?

4 Le problème, c'est que ... je me sens toujours fatigué, mais j'ai du mal à dormir. Ça fait ... oh, ça fait bien trois mois que ça dure. Vous pouvez me faire une ordonnance?

5 J'ai été malade toute la nuit ... je n'ai presque pas dormi. Ce matin, j'ai mangé, mais j'ai encore vomi ... et ... j'ai ... un mal de tête atroce ... et mal à l'estomac. Je ... je crois que j'ai de la fièvre.

6 Je vois bien quand je conduis, mais j'ai des problèmes quand j'écris ... ou bien, devant mon ordinateur. Je travaille beaucoup à mon bureau maintenant. Mes yeux se fatiguent beaucoup.

7 J'ai des problèmes avec mes oreilles. Je n'entends pas très bien et j'ai très mal à l'oreille gauche aussi.

3 Attention sur les routes! H

Students listen to the report of the two accidents and answer the questions in English.

Solution: **1** fallen trees on the road, **2** 3 (driver and 2 passengers) (number only needed for mark), **3** motorcyclist, **4** 2, **5** 2, **6** no, **7** van not going very fast [7 marks]

Attention sur les routes!

Listen to this report about road conditions and answer the questions in English.

Les conditions sur les routes sont particulièrement dangereuses en ce moment à cause du mauvais temps hier soir. Les routes sont très glissantes à cause de la pluie et beaucoup d'arbres sont tombés sur les routes.

Près de Boulogne, une voiture avec trois personnes est rentrée dans un arbre qui était tombé à travers la route. Un motocycliste a trouvé le véhicule et a alerté les secours. On a transporté l'automobiliste et les deux passagers à l'hôpital. L'automobiliste et un des passagers sont dans un état grave, mais stable; l'autre passager souffrait du choc, mais n'a pas d'autres blessures.

Dans un autre accident, aux environs de Calais, un automobiliste a freiné pour éviter un arbre sur la route, mais a perdu le contrôle de son véhicule et est entrée en collision avec une camionnette. Heureusement, la camionnette ne roulait pas vite et les deux conducteurs ne sont pas grièvement blessés.

4 La vie des jeunes H

Students listen to several teenagers talking about their state of mind and morale and select the option that completes each sentence.

Solution: 1B **2**B **3**B **4**C **5**B **6**A [6 marks]

La vie des jeunes

Écoutez ces adolescents qui parlent de leurs joies et de leurs problèmes. Cochez la bonne case. Il y a trois conversations.

Conversation un: Daphné

– Ça va mieux, Daphné?
– Oui, oui, beaucoup mieux! En effet, cette semaine je suis en pleine forme.
– Tant mieux, parce que l'autre jour, tu avais le moral à zéro!
– C'est vrai, j'en avais ras le bol.
Mais dimanche j'ai eu un coup de téléphone d'un ancien ami, Bertrand, et on est sortis ensemble dimanche après-midi et on a beaucoup rigolé – ça m'a fait du bien.

Conversation deux: Mathieu

– Salut, Mathieu, ça va?
– Non, en effet, pour le moment, ça ne va pas très bien.
– Pourquoi?
– Je ne sais pas vraiment. Je ne dors pas bien la nuit et pendant la journée, je suis toujours très fatigué.
– Tu ne dors pas bien? Tu sais pourquoi?
– Je suis très stressé à cause des examens et donc, je travaille très tard la nuit – c'est sans doute ça qui m'empêche de dormir.
– Alors, après les examens, ça ira mieux.
– Tu crois? Après les examens, il y aura les résultats – c'est ça qui me rend vraiment stressé!

Conversation trois: Marie-Claire

– Dis, Marie-Claire, comment va ta sœur, Céline? On a toujours des ennuis avec elle et son petit ami?
– Oui, toujours, c'est vraiment pénible.
– Mais je croyais que tu t'entendais bien avec ta petite sœur.
– Oui, oui, je m'entends bien avec elle, en principe. Mais, je m'entends bien avec mes parents aussi et ma mère et ma sœur se disputent tout le temps.
– À cause de quoi?
– Surtout à cause de son petit ami. Elle se laisse influencer par lui et quand il est là, elle fume et elle boit trop – elle n'a que seize ans, tu sais! Quand même, je sais qu'en principe, Céline trouve, comme moi, que la famille est importante, donc je suis assez optimiste et je crois que tout va se mettre en place.

CM 9/10–9/12 — SPEAKING

Épreuve: Parler

The speaking test contains two elements: two role play tasks (using either CM 9/10 or CM 9/11) and a conversation (CM 9/12). The role play tasks have a suggested script which is given on *Carte B*, so the role play dialogues can be used for practice in pairs, as an alternative to assessment.

Suggested marking scheme:

Each **role play** task is marked on a scale of 1–10 using the following criteria:

Mark	Criteria
9–10	Conveys all information required (including unpredictable elements if applicable) Interacts well No prompting required
7–8	Conveys most information Little or no prompting
5–6	Conveys half the required information Little prompting necessary
3–4	Conveys less than half the required information Some prompting
1–2	Conveys only one piece of relevant information Very hesitant, reliant on prompting
0	No effective communication

The **conversation** is marked on a global basis for communication and content (maximum 10 marks) and quality of language (maximum 10 marks).

A further 10 marks are given for intonation, pronunciation and general accuracy based on **performance** throughout the speaking test.

This gives a total of 50 marks (role play tasks: 10 + 10; conversation: 10 + 10; general performance: 10). This overall mark is then divided by two to give a final mark out of 25 for speaking.

CM 9/10 — SPEAKING

Épreuve: Parler
Role play (1)

A1 En famille F

This task has cues in English and some visuals.

B1 À la pharmacie F/H

This task has cues in English and includes one unpredictable element.

CM 9/11 — SPEAKING

Épreuve: Parler
Role play (2)

B2 On prend un rendez-vous F/H

This task has cues in English and includes one unpredictable element.

C1 Chez le médecin H

This task has cues in French and two unpredictable elements.

CM 9/12 — SPEAKING

Épreuve: Parler
Conversation and discussion

The list of questions could be given to students before the test and they could be asked to select and prepare one topic in advance. The test should include questions on this topic and one other topic chosen at random. Students should be given an opportunity to answer using a range of tenses and to give opinions and reasons.

CM 9/13–17 — READING

Épreuve: Lire
Partie A

1 Le corps humain [F]

Students note the letter for the different parts of the body.

Solution: 1D 2F 3C 4G 5H 6A [6 marks]

2 Attention! [F]

Students choose the correct phrase for each picture.

Solution: 1B 2D 3F 4G 5A 6E [6 marks]

3 Un coup de soleil [F/H]

Students pick the right letter to complete the article.

Solution: 1F 2E 3C 4D 5B 6I 7A 8G [8 marks]

4 Allô parents ici ados [F/H]

Students read the article then decide whether the facts in the following sentences are true, false or not mentioned.

Solution: 1V 2F 3V 4PM 5V [5 marks]

[Total for Part A: 25 marks]

Partie B

1 Êtes-vous bien dans votre assiette? [F/H]

Students read the article then match up two parts of a sentence.

Solution: 1C 2D 3E 4G 5B 6A 7H [7 marks]

2 Le tabagisme [H]

Students read the opinions and then write the name of the appropriate person to complete the sentences that follow.

Solution: **1** *Nita*, **2** *Cécile*, **3** *Sophie*, **4** *Fatima*, **5** *Karim*, **6** *Paul*, **7** *Marc*, **8** *Roland* [8 marks]

3 Médecins sans Frontières [H]

Students read the article and then answer the questions in English. Answers may be in note form but should include all relevant details.

Solution:

1 Medical, logistic and administrative [3 marks]
2 a third [1 marks]
3 Professional training: ability to speak foreign languages/English [2 marks]
4 Any 2 of: living in poor/cramped conditions/several people sharing a room/washing in cold water/working 15 hours a day (all while staying in a good mood) [2 marks]
5 can act quickly; financial independence [2 marks]

[10 marks]

[Total for Part B: 25 marks]

CM 9/18–9/19 — WRITING

Épreuve: Écrire

It is suggested that students do either tasks 1–4 or tasks 4 and 5 to obtain a mark out of 50. This can be divided by two to give a total mark of 25 for writing.

1 Le corps humain [F]

Students label five different parts of the head and neck and five other parts of the body in French. The task should be marked for communication only and inaccurate spelling should not be penalised, so long as the message is clear.

[10 marks]

2 Des phrases [F]

This task tests grammatical knowledge and some vocabulary. It should be marked for communication and accuracy.

Solution: **1** *ai*, **2** *a de la fièvre*, **3** *pharmacie*, **4** *médecin*, **5** *avons soif*, **6** *ont*, *pieds*, **7** *avez*, **8** *as*, **9** *ai faim*

[10 marks]

3 Un message [F/H]

Students write a short message in response to an invitation and covering the details in English.

Marking scheme:
Communication and completion of task requirements 6
Quality of language: 4

[Total: 10 marks]

4 Accidents et problèmes [F/H]

Students write a letter of 70–80 words describing either an accident or problems on holiday and covering the points listed in French. They should use a range of tenses and express opinions.

Marking scheme:
Communication and content: 10
Quality of language: 10 [Total: 20 marks]

5 Rester en forme, c'est important? [H]

Students write an article of 120–140 words, answering the questions in French. They should use a range of tenses and express opinions.

Marking scheme:
Communication and content: 10
Quality of language: 10
Accuracy: 10 [Total: 30 marks]

Encore Tricolore 4
nouvelle édition

unité 10 Projets d'avenir

Area	Topics	Grammar	Vocabulary
10.1 *Comment voyez-vous l'avenir?*	Discussing the future. Talking about exams and discussing your own plans for the future	Revision of the future tense	Exams (SB 191)
10.2 *Spécial examens*	Discussing revision and tips for exam preparation	Expressing intention Two verbs together (verb + infinitive; verb + *à* + infinitive; verb + *de* + infinitive)	
10.3 *Un stage en entreprise*	Exchanging information and opinions about work experience		Work experience (SB 194)
10.4 *Que voulez-vous faire comme métier?*	Discussing your choice of further education and career Tips for finding a job and avoiding unemployment	Asking and advising (Verb + *à* + person + *de* + infinitive)	Jobs (SB 196)
10.5 *Qu'est-ce que c'est comme travail?*	Understanding job advertisements Discussing different aspects of a job		The world of work (SB 199)
10.6 *Au bureau*	Understanding and using the language you need in the workplace Taking messages	The conditional tense (1): formation and practice	In the office (SB 200) On the phone (SB 201)
10.7 *Pour gagner de l'argent*	Discussing pocket money and weekend jobs		
10.8 *Un job pour l'été*	Finding out information about holiday work Preparing a CV Writing a letter of application and preparing for an interview		
10.9 *Faites de beaux rêves*	Using the conditional tense to discuss what you would do	The conditional tense (2): saying what you would do	
10.10 Further activities and consolidation			See also *Vocabulaire par thèmes* (SB 272–273)

Students' Book 190–207, Au choix 236–238
Class CD 8, **Student CD 2**

Examination Grammar in Action
pages 63, 65, 66

Copymasters

10/1	*Deux verbes dans une phrase (1)* [practice] (TB 246)
10/2	*Deux verbes dans une phrase (2)* [practice] (TB 246)
10/3	*Deux verbes dans une phrase (3)* [practice] (TB 246)
10/4	*Mots croisés – les métiers* [writing] (TB 250)
10/5	*Jeux de mots – les métiers* [writing] (TB 250)
10/6	*On cherche des renseignements* [writing] (TB 253)
10/7	*Je peux lui laisser un message?* [listening] (TB 255)
10/8	*Tu comprends?* [independent listening] (TB 261)
10/9–11	*Épreuve: Écouter* (TB 263)
10/12–14	*Épreuve: Parler* (TB 265)
10/15–19	*Épreuve: Lire* (TB 266)
10/20–21	*Épreuve: Écrire* (TB 267)

Au choix (SB 236–238)

Support

1 *Dans l'avenir* (TB 244)
2 *Les examens et moi* (TB 247)
3 *Emily en France* (TB 249)
4 *Mon job* (TB 258)

General

1 *Qu'est-ce que vous faites comme études?* (TB 244)
2 *On cherche du travail* (TB 253)
3 *Un coup de téléphone* (TB 255)
4 *Pour gagner de l'argent* (TB 257)

Extension

1 *Des prédictions* (TB 243)
2 *Des métiers* (TB 251)
3 *Une lettre à écrire* (TB 251)
4 *Les jobs* (TB 258)

Useful websites

Work and careers
The site of the *Centre d'Information de Documentataion Jeunesse* has information about working in France and abroad, careers, travel, leisure, sport, etc.
www.cidj.asso.fr/

This page gives details of careers with a chain of sports shops:
www.supersport.fr/fr_ecole.htm

The website of the magazine *L'Étudiant* gives useful tips about revising for exams and links to other websites:
www.letudiant.fr

For tips on **revising for exams**, etc., see TB 271.

Area 1
Comment voyez-vous l'avenir?
Discussing the future
Talking about exams and discussing your own plans for the future
Expressing intention
Revising the future tense

SB 190–191, 1–7
Au choix SB 236, 1, SB 237, 1, SB 238, 1
CD 8/9–8/11

SB 190 — **READING WRITING**

1 L'avenir, comment sera-t-il?

Students read through the articles about the future, perhaps then working in detail on only one or two of them and pooling information with the rest of the class or group. They go on to answer the questions in note form, in English.

Possible solution:

1 **a** films shown on wall at home; links to cinema, etc.
b oven switched on by remote control; recipes found by technology; fridge that automatically orders food
c robot-hoovering; remote control opens door; heat and light controls; TV switched on by remote control
2 find out about medical facilities; book cinema tickets
3 surveillance cameras; telephone 'bugs'; tagging via chips implanted in criminals

SB 190 — **GRAMMAR**

Dossier-langue
The future tense

Students read this reminder of the formation of the future and find examples of the future tense that occur on this double page.

As the conditional tense will be introduced later in the unit, familiarity with future stems will be important, so students could look up more of these in the verb table (SB 257–261).

SB 190, 8/9 — **LISTENING WRITING**

2 À mon avis

Students listen to young people discussing the predictions in the article and note down the numbers of the ones they think are the most probable and the least likely.

Solution:

	most probable	least likely
1	2	1
2	1	3
3	5	4
4	1	4
5	2	5

À mon avis

1 À mon avis, l'idée la plus possible est la numéro 2. Presque tout le monde a déjà son téléphone portable et ils sont modernisés continuellement. Quant à la prédiction la moins probable ... euh ... il sera très difficile pour un robot de tout mettre en ordre si ce sont mes amis qui viennent à la maison, donc l'idée numéro 1 est la moins possible!

2 Alors moi, je crois que toutes ces prédictions sont possibles. La prédiction la plus probable, c'est la numéro 1, car l'écran plat et les films sur Internet, c'est déjà possible. Je crois que la numéro 3 est la prédiction la moins probable – tout cela est possible, mais tout le monde refusera les caméras de surveillance et les téléphones sur écoute, parce que la liberté est tellement importante.

3 Moi, comme idée possible, je dirais la numéro 5 ... oui, numéro 5. La technologie sera certainement reine chez nous. Mais les frigidaires qui enverront des commandes au supermarché? Non, ça je ne crois pas. Donc, pour moi, la numéro 4 n'est pas probable.

4 Pour moi, la prédiction la plus probable est la numéro 1. Beaucoup de personnes sont déjà branchées sur Internet et les gens aiment bien regarder les films à la maison. Et pour la moins probable ... c'est difficile, mais je crois que c'est la numéro 4. Moi, je n'ai jamais rencontré un réfrigérateur intelligent – et vous?

5 À mon avis, la prédiction 2 est l'idée la plus possible. Tous les jeunes ont déjà un téléphone portable et maintenant, les parents aussi trouvent ça très utile. Et la prédiction la moins probable, je n'en sais rien! Sauf que la numéro 5 est vraiment ridicule! Moi, je préfère ouvrir la porte moi-même et préparer un repas seulement lorsque j'ai faim.

SB 190 — **READING WRITING**

3 Des prédictions

Students look in the article on predictions for examples of things that they think will be good and others that will be a disadvantage.

Au choix SB 238 — **EXTENSION WRITING SPEAKING**

1 Des prédictions

Students now make up four predictions of their own, either basing them on the list of suggestions or inventing them.

An alternative is to run a competition. Each student writes out and 'enters' four predictions. The teacher selects the best ones for the 'final' and the class then votes on these to choose the winner. If possible, do not reveal the authors of the lists in the 'final'.

SB 191 — **REVISION READING WRITING**

4 Point-info: Les examens en France

This item serves both as background information and as revision of some of the vocabulary needed to talk about exams and subjects studied.

Remind students of the pattern of secondary education in France (*l'entrée en 6e* at about 11, *collège – 5e, 4e, 3e* – changing to *lycée – seconde, première, terminale*).

Perhaps have a short brainstorming session to collect as much information as possible about education in France, names of school subjects, differences from the British system, e.g. *redoublement*, holidays, etc.

Further information could be given, e.g. at the end of their course in the *collège*, students take *le brevet (le BEP)*, but this is regarded by many as rather easy and treated mainly as a practice for later exams. *Le brevet* does not cover a wide range of subjects and does not seem to count for much in itself.

Other certificates that could be mentioned are:

- *le BTS (brevet de technicien supérieur)*
- *le DEUG (diplôme d'études universitaires générales, 2 ans après le bac)*

Students then read the information from Adeline and complete the sentences that follow, either orally or in writing.

Solution: **1** *la terminale*, **2** *le baccalauréat*, **3** *le bac de français*, **4** *l'anglais et l'allemand*, **5** *la biologie*

SB 191 **VOCABULARY**

Lexique: Les examens

Students first read through the list with the teacher, then practise and learn the words alone or in pairs as usual.

SB 191 **GRAMMAR**

Dossier-langue Expressing intention

Most of this information has been covered before, but this explanation brings it together. These six ways of expressing intention are practised in the remaining items in this area.

Au choix SB 236 **SUPPORT READING WRITING**

1 Dans l'avenir

Students complete the sentences with expressions of intent, etc., as indicated.

Solution: **1** *quitter*, **2** *résultats*, **3** *travailler*, **4** *Je voudrais*, **5** *matières*, **6** *L'année prochaine*, **7** *j'espère*, **8** *rêve*, **9** *ai l'intention*, **10** *projets*

Au choix SB 237 **GENERAL READING SPEAKING**

1 Qu'est-ce que vous faites comme études?

Students read through the summaries of the courses of study and future plans of five students, consulting the *Lexique* (SB 191) as necessary.

They then match the statements with the correct students, writing the full name or just the initial.

For further oral practice, based on this item, students work in pairs. One assumes the identity of one of the five students. The other partner has to find out which one it is by asking a maximum of four questions to which the answer can only be *oui* or *non*.

Solution: 1B, 2P, 3B, 4N, 5L, 6P, 7N, 8M

SB 191, **WRITING SPEAKING**

5 Que ferez-vous?

Students complete the conversations with the correct part of the verbs. When the verbs have been checked, they could practise the conversations in pairs.

Solution: **1** *ferez*, **2** *viendra*, **3** *pourra*, **4** *arrivera*, **5** *ferons*, **6** *aurez*, **7** *feras*, **8** *sauras*, **9** *partirai*, **10** *reviendrai*, **11** *travaillerai*, **12** *feras*, **13** *quitteras*, **14** *quitterai*

SB 191, 8/10 **LISTENING WRITING**

6 Une interview avec Pierre

Students listen to the interview and complete the text. The answers contain examples of the different ways of expressing intention.

Solution: **1** *espère*, **2** *serai*, **3** *voudrais*, *pense*, **4** *l'intention de*, *voudrais*

Une interview avec Pierre

1 – Pierre, as-tu l'intention de continuer tes études après l'école?
– Oui, oui. J'espère faire des études à l'Université de Paris.

2 – Qu'est-ce que tu aimerais faire plus tard?
– Si j'ai de bonnes notes à l'université, je serai peut-être prof d'histoire-géo.

3 – Et, sinon, qu'est-ce que tu voudrais faire?
– Sinon, je pense travailler comme photographe ou comme journaliste.

4 – As-tu l'intention de voyager?
– Oui, bien sûr, je voudrais voyager, surtout aux États-Unis.
– Merci, Pierre et à bientôt!

8/11 **LISTENING**

On parle des examens et après

Before going on to the productive items about their own future plans, students could listen to two French students talking about the same subject. In each case they could note down in English whether the speakers intend to continue with their studies and what they have chosen as a career. The second one is rather difficult and students could be warned to listen very carefully.

Solution:

Didier: Will continue with studies, wants to be a lawyer (*avocat*).

Marilyn: May continue unless she gets a job. Was intending to teach English, but now thinks she will teach French to foreigners.

On parle des examens et après

1 – Didier, quelle est la prochaine étape dans tes études?
– Eh bien, ce sont les examens en juin, puisque je suis actuellement en deuxième année de droit et il y aura donc une sélection importante.
– Hmm, hmm. Et, supposons que tu sois reçu à tes examens. Euh, est-ce que tu penses continuer?
– Oui. Il me faudrait encore à peu près quatre ans pour faire avocat.
– Donc le projet professionnel que tu as, c'est de devenir avocat, c'est ça?
– Tout à fait. C'est mon but, oui.
– Et quelles sont les possibilités pour toi de devenir avocat?
– Je pense que j'ai les facultés pour arriver à ce niveau-là, mais je sais que c'est difficile, puisqu'en France, vingt-cinq pour cent des jeunes sont au chômage.

2 – Marilyn, quelle est la prochaine étape dans tes études?
– Comme chaque année, les examens, sessions de mai et juin.
– Hmm, hmm. Et après ces examens, est-ce que tu penses continuer?
– Oui et non. En fait, j'ai ... j'ai plusieurs projets ... soit travailler ... ou continuer.
– Hmm, hmm. Donc tu ne sais pas exactement ce que tu vas faire après, pour le moment?
– Pas vraiment, parce que ... enfin, tout dépendra, si je reçois ... si j'ai ... si j'ai été acceptée pour le travail. Sinon, j'ai la possibilité de continuer des études.
– Hmm, hmm. Supposons que tu ... sois reçue à tes examens, est-ce que, à partir de là, tu as un projet professionnel?
– Si, euh, de ... depuis que j'ai commencé, j'ai voulu enseigner l'anglais.
– Hmm, hmm.
– Mais ... finalement, à cause de ... l'expérience que j'ai en ce moment de ... d'être assistante française dans un lycée anglais, j'ai trouvé cela très ... très intéressant finalement de ... d'enseigner le français à des étrangers. Donc, je pense que c'est ce que je ferai.

SB 191, — SPEAKING

7 À vous!

Students work in pairs, asking and answering the questions in the interview with Pierre but this time answering for themselves.

They could also note down some of their answers, but some of this material is also covered in a fuller résumé at the end of the next area.

Area 2
Spécial examens
Discussing revision and tips for exam preparation
Two verbs together (including verbs followed by *de* and *à*)

SB 192–193, 1–3
Au choix SB 236, 2
CM 10/1–10/3
CD 8/12
Examination Grammar in Action, page 63

SB 192–193 — READING

1 Les examens approchent

Students read through the different views on revising for exams. This could be followed by oral work.

The page could be split up with different people's views allocated to different students who could work on them in pairs and then all pool their ideas. Many items contain examples of verbs followed directly by an infinitive or by *à* or *de* and these are explained and used further in subsequent items.

Students then match up each of the opinions listed with the correct writer. They could just use the initials of the Christian names, if preferred, J-P, etc.

Solution: **1** *J-P (Jean-Pierre)*, **2** *É (Éric)*, **3** *P (Philippe)*, **4** *S (Suzanne)*, **5** *M (Mélanie)*, **6** *C (Céline)*, **7** *C (Céline)*, **8** *F (François)*, **9** *M (Mélanie)*, **10** *F (François)*

Reminders

Students could be reminded of other ways of revising, such as using ICT ideas for exam revision (e.g. *Bitesize*) or looking at some useful websites.

SB 193, — SPEAKING WRITING

2 Des 'astuces' pour les révisions

After some oral practice, students write their own list of revision tips. How many they are to include is left up to the teacher, but they could be encouraged to invent or adapt at least some of their own.

This subject could be developed further as a creative activity, with students designing their own poster or leaflet listing *Les dix meilleures astuces*.

More able students could also use the material as a starting point for discussion, e.g.

- *À mon avis, il vaut mieux réviser jusqu'au dernier moment.*
- *Ce n'est pas une bonne idée de réviser en écoutant de la musique.* (etc.)

SB 193

GRAMMAR
WRITING

Dossier-langue
Two verbs together

This *Dossier-langue* includes a writing task in which students find the French for the verbs listed and divide them into three groups according to whether they are followed directly by an infinitive, by *à* or by *de*.

Help might be needed with this and dictionaries could be used, especially for checking and to find the infinitive forms.

Point out that some of the constructions include the word '(to) someone', listed in the French as *qqn* or *à qqn*.

Fuller lists of these three types of verb and explanations are provided in *La grammaire* (SB 241) and there is more detailed practice of each type of sequence on three separate worksheets (see below).

CM 10/1

READING
WRITING

Deux verbes dans une phrase (1)
Verb + infinitive

Students read through the short *Dossier-langue* and do the activities that follow.

1 Complétez le lexique

Students complete the *Lexique* and learn any words they were not sure of.

Solution: **1** (Ex.) to love/to adore, **2** *aimer*, **3** to go, **4** to want/to desire, **5** to hope, **6** *penser*, **7** to be able (I can), **8** *préférer*, **9** to come, **10** to want/to wish

2 Complétez les bulles

Students complete the cartoon captions with the words in the box.

Solution: **1** *envoyer*, **2** *passer*, **3** *faire*, **4** *manquer*, **5** *nager*

3 Trouvez les paires

Students follow the lines to match up the two parts of each sentence.

Solution: **1j, 2b, 3i, 4c, 5f, 6e, 7g, 8h, 9d, 10a**

4 À vous!

This activity is open-ended. In the first part students reply to questions about their future plans and in the second part complete statements about their likes and dislikes.

CM 10/2

READING
WRITING

Deux verbes dans une phrase (2)
Verb + à + infinitive

Students read the short *Dossier-langue* then do the activities that follow.

1 Complétez le lexique

Students complete the *Lexique* and learn any words they were not sure of.

Solution: **1** (Ex.) help, **2** to learn to, **3** *commencer à*, **4** *continuer à*, **5** to encourage someone to (do sth.), **6** to hesitate to, **7** *inviter*, **8** to start to, **9** *passer*, **10** to succeed in

2 Complétez les phrases

Students complete the sentences with the words in the box and translate them into English.

Solution:

1C I helped him (to) change the tyre.
2A Are you learning to drive?
3B What a disaster! I have spent the whole weekend doing my homework.
4G I like cooking and I am interested in trying out new recipes.
5D It's my birthday and I'm inviting you to come to the café after lessons.
6E You have succeeded in finishing the crossword.
7F I have put my mac on because it has started to rain.

3 Une lettre

Students read the letter from a pen-friend and write a reply on a separate sheet. Make sure that they first identify the questions and check that they answer all these in their reply.

CM 10/3

READING
WRITING

Deux verbes dans une phrase (3)
Verb + de + infinitive

Students read through the *Dossier-langue* then do the activities that follow.

1 Complétez le lexique

Solution: **1** (Ex.) to stop (doing something), **2** *cesser de*, **3** *décider de*, **4** to try to, **5** *oublier de*, **6** *refuser de*, **7** to risk

2 Complétez les phrases.

Students complete the sentences with the words in the box and translate them into English.

Solution:

1H It's stopped snowing.
2A This morning, my brother decided to leave earlier.
3G Because of the bad weather, we had to (were obliged to) stay here until morning.
4E My friend phoned this morning, but I didn't have time to talk to him.
5B I must find a job. I need to earn some money.
6F My friend is going by boat. She is afraid of travelling by air.
7D I refuse to do all this homework. I'm fed up with it!
8C Don't forget to send me a message.

3 Des résolutions pour l'année prochaine

Students read the letters about making new resolutions and do the *vrai ou faux?* activity. Then they go on to write about their own resolutions.

Solution: **1V, 2F, 3F, 4F, 5F, 6V, 7V, 8V**

SB 193, 🎧 8/12, 💻 **LISTENING** **WRITING**

3 Les examens et moi

To consolidate the language studied in this area and as a useful practice for the oral exam, students first listen to the presentations by Laura and Daniel, taking notes if this is thought helpful.

As an alternative to note-taking, less able students could do the *Au choix* activity that follows.

All students then write their own personal summary, based on the résumé supplied. This should be stored in their *Dossier personnel* for revision before the exam.

Les examens et moi

1 **Laura – une jeune Française qui habite en Angleterre**
Je prépare le GCSE en neuf matières: anglais (langue et littérature), français, histoire, maths, deux sciences, c'est à dire physique et chimie, musique et informatique. Ma matière préférée est l'informatique, mais j'aime aussi la musique et les maths.
Pour m'aider à réviser, j'ai préparé un très grand emploi du temps que j'ai affiché sur le mur de ma chambre et chaque soir, je coche les choses que j'ai finies.
Tout de suite après les examens, j'espère partir en vacances avec mes trois amis. On va passer deux semaines à faire du camping en Normandie.
L'année prochaine, j'irai au 'Further Education College' pour faire des études commerciales.
Quand j'aurai fini mes études au 'Further Education College', j'ai l'intention de continuer mes études à l'université et plus tard, je voudrais travailler à l'étranger dans une entreprise internationale.

2 **Daniel – un jeune Anglais qui a une mère française**
Moi, je déteste les examens, mais je fais le GCSE en français, anglais, musique, géo, biologie, physique, mathématiques, informatique, technologie et éducation physique – c'est trop!
Je suis sûr que je vais rater l'anglais et la géo, mais j'espère être reçu dans les autres matières.
Pour m'aider à réviser, j'enregistre des notes et je les écoute dans l'autobus sur mon baladeur.
Après les examens, je travaillerai au supermarché, puis j'espère partir en vacances à Ténériffe avec une bande de copains.
L'année prochaine, si je suis reçu aux examens, j'entrerai en première et j'étudierai la musique, la physique et l'informatique.
Quand je quitterai l'école, je pense travailler et voyager pendant une année, puis aller à l'université et plus tard, je voudrais être ingénieur du son.

Au choix SB 236, 🎧 8/12 **SUPPORT** **LISTENING** **READING**

2 Les examens et moi

Students listen to the same recording as above and do the *vrai ou faux?* activity.

Solution:

Laura: **1V, 2F, 3V, 4F, 5F, 6V**
Daniel: **7V, 8F, 9F, 10V**

Examination Grammar in Action, page 63 **GRAMMAR**

Using two verbs together

This provides further practice of using two verbs together, if required.

Area 3
Un stage en entreprise
Exchanging information and opinions about work experience
SB 194–195, 1–4
Au choix SB 236, 3
CD 8/13

SB 194 **READING**

1 Un stage en entreprise

We are grateful to the staff and students in the Modern Languages department at Cullompton Community College, near Exeter, and Reading School, Reading, for supplying us with information about English students doing work experience in France.

Begin by getting students to work out the meaning of *un stage en entreprise*, perhaps explaining it to them in French. This could be followed by some brief oral work, e.g.

Qui a fait un stage en entreprise? Quand? Richard, c'était intéressant, ton stage?

Students can then read through this introductory section and again answer some questions, e.g.

- *Est-ce que les jeunes Français font un stage en entreprise?*
- *À quel âge, d'habitude?*
- *À votre avis, c'est une bonne idée pour des Anglais de faire un stage en France?*
- *Est-ce que ces jeunes Anglais sont contents de leur stage?*

Students now do the *vrai ou faux?* activity, spotting the sentences that are true and writing a corrected version of the others. Several versions of these would be possible, but suggested answers are included in the solution below.

Solution:

1 **V**
2 **V**
3 **F** *(Normalement, ils ont déjà fait un échange scolaire/une visite en France.)*
4 **F** *(Ils sont logés dans une famille française.)*
5 **F** *(Pour les Anglais en France, les stages durent d'habitude cinq ou six jours.)*
6 **F** *(Ils passent une partie de leur temps avec leurs correspondants.)*
7 **V**
8 **V**

SB 194–195 **READING WRITING**

2 On fait son stage en France

Students read the accounts of their work experience, written by the four young people. These could be allocated to different students or groups, who then report back to the others. Plenty of useful oral work could be based on this material.

Students then move on to the follow-up task *C'est qui?*

To complete these sentences, students only need to write the initials, but whole sentences should be read out if the answers are checked orally.

Questions **1–10** test comprehension, but for questions **11** and **12**, students express their own preferences for the descriptions and for the jobs themselves.

This could be followed by a quick class survey to see which jobs seemed the most interesting.

Solution: 1L, 2K, 3I, 4K, 5I, 6K, 7L+H, 8I, 9H, 10I+H

SB 195, CD 8/13 **LISTENING WRITING SPEAKING**

3 Mon stage en entreprise

Students first read through the questions and suggested answers, then listen to the recordings of young French people talking about their work experience.

This item would be ideal for use with individual listening equipment, with students taking notes of what each person says. Students could write their answers in a prepared grid with headings such as these:

	où	*horaire*	*détails*	*opinion*	*plus tard*
e.g. **Alain**	*dans un magasin de photos*				

When checking their answers, they should read them aloud as a complete reply, e.g.

J'ai travaillé dans un magasin de photos.

Solution: See transcript.

Mon stage en entreprise

1 Alain

– Bonjour, Alain. Bien ... ton stage en entreprise, tu l'as fait où?
– J'ai travaillé dans un magasin de photos en ville – il s'appelle Photo-Presse – c'est un grand magasin.
– Et quels étaient tes horaires?
– Tous les jours sauf lundi et dimanche, de neuf heures à cinq heures de l'après-midi et avec une heure pour le déjeuner – de midi à une heure.
– Qu'est-ce que tu as fait comme travail?
– J'ai servi les clients, j'ai utilisé une machine pour imprimer les photos et deux ou trois fois, j'ai aidé un des photographes qui avait pour spécialité de photographier les enfants.
– Ça t'a plu comme travail?
– C'était un peu ennuyeux, mais j'ai beaucoup aimé le travail avec le photographe.
– Tu voudrais faire cette sorte de travail toi-même, plus tard?
– Devenir photographe – oui, j'aimerais beaucoup ça. Mais travailler dans un magasin – absolument pas!

2 Laura

– Dis-moi, Laura, où as-tu fait ton stage en entreprise?
– J'ai travaillé dans le bureau d'un journal régional – L'Info-Midi – c'est un hebdomadaire. J'ai eu de la chance d'y aller. C'est que mon oncle fait partie de la rédaction de ce journal et c'est lui qui m'a trouvé cette place.
– Quels étaient tes horaires?
– J'ai travaillé de huit heures et demie du matin jusqu'à quatre heures de l'après-midi, mais pas tous les jours. Comme le journal paraît le vendredi soir, on ne travaille pas au bureau le samedi, et le lundi aussi, c'est assez calme. Donc, je travaillais de mardi à vendredi seulement.
– Et qu'est-ce que tu as fait?
– Un peu de tout! J'ai surtout travaillé à la réception, avec les clients qui demandent des renseignements ou qui apportent les petites annonces, tout ça. Des fois, j'ai fait du classement et puis ... euh ... en plus j'ai répondu au téléphone quand on était très pressé.
– C'était bien, ton stage? Comment l'as-tu trouvé?
– Ben oui, c'était bien. Le travail était varié et les gens étaient assez gentils ... oui, oui, enfin, c'était intéressant ... la plupart du temps.
– Et plus tard, est-ce que tu voudrais faire un travail comme ça?
– Non, pas vraiment ... surtout pour un petit journal comme ça. Être journaliste et travailler pour un quotidien national, peut-être, mais je ne voudrais pas passer ma vie au bureau.

3 Chantal

– Salut, Chantal! Parle-moi un peu de ton stage en entreprise, s'il te plaît. Tu as fait quoi?
– Comme j'adore les enfants j'ai travaillé dans une crèche – c'est pour les très petits, les bébés de 10 à 18 mois et puis les plus âgés – jusqu'à trois ans.
– Quels étaient tes horaires?
– Ça alors, c'était un des problèmes! J'ai dû commencer à sept heures et demie du matin, mais j'ai terminé à trois heures de l'après-midi et je n'ai pas travaillé le week-end.
– Et qu'est-ce que tu as fait exactement?
– J'ai tout fait. Il fallait accueillir les enfants le matin, jouer avec eux, les faire manger à midi, les laver, leur chanter des comptines, consoler ceux qui pleurent – tout, tout, tout!
– Et comment as-tu trouvé ce travail?
– Très, très intéressant – mais drôlement fatigant quand même!
– Et plus tard, tu voudrais faire un travail pareil?
– Je voudrais travailler avec les enfants, mais avec les plus grands. Les petits comme ça, c'est vraiment épuisant!

SPEAKING WRITING

Follow-up

a Using their notes, students could work in pairs and read out the questions and answers, like an interview. The actual wording of the questions varies in the three interviews, but students could use the ones in Task 3 (*Mon stage en entreprise*), e.g.

1 – *Qu'est-ce que tu as fait comme stage (en entreprise)?*
– *J'ai travaillé dans un magasin de photos.*

b Students could choose just one of the teenagers interviewed and write a short account of what they did and their opinions, e.g.

- *Laura a fait son stage dans le bureau d'un journal régional.*
- *Elle a travaillé de … à …*
- *Comme travail, elle a …, etc.*

Au choix SB 236 — **SUPPORT** **READING** **WRITING**

3 Emily en France

Using the words in the box, students complete this summary of Emily's work experience in a French primary school.

They then answer the questions in English.

Solution:

a **1** *stage*, **2** *école primaire*, **3** *enfants*, **4** *intéressant*, **5** *était*, **6** *vite*, **7** *professeurs*, **8** *l'après-midi*, **9** *lits*, **10** *faisaient*

b **1** 3–5 year olds**,** **2** working with children, **3** understand what the children said, **4** the afternoon nap, **5** good idea

SB 195, — **SPEAKING** **WRITING**

4 À vous!

This task is in two alternative parts:

1 for those who have done their work experience
2 for those still to do it.

In each case they discuss what they have done or wish to do, before writing down details as a list of preferences. Alternatively, students could write these as a letter or as the script for a short presentation. In case students do not wish to describe their own experiences, for any reason, their account could be imaginary.

Varying degrees of help will be needed and, with less able students, you could suggest basing their work closely on the outline for the listening item above and could go through this with them bit by bit.

Able students could be encouraged to refer to the information available, but also to go beyond the basic facts, adding information and details of their own, e.g.

- *Pour vous aider, vous pouvez regarder encore les descriptions des élèves, écouter encore les jeunes Français et utiliser des phrases de l'activité précédente.*
- *En plus, si vous voulez, vous pouvez raconter quelque chose qui est arrivé pendant votre stage ou que vous avez trouvé amusant ou étonnant. Si possible, ajoutez des réflexions, par exemple:*
- *Pour faire cet emploi, il vaut mieux (être patient/aimer les animaux/savoir travailler sur l'ordinateur/avoir un sens de l'humour/ne pas être trop égoïste/s'intéresser à la médecine/etc.)*

If able students choose to do a presentation, they could be encouraged to prepare and work from a 'cue card', e.g.

Où?	*dans une station-service*
Horaires	*8h30 à 16h30, pendant 2 semaines*
Travail	*J'ai servi les clients, j'ai répondu au téléphone.*
Description	*assez dur, un peu ennuyeux*
Réflexions	*Je ne voudrais pas faire ça comme métier.*

Mon stage en entreprise

A writing frame could be produced, based on the prompts in the Students' Book (see TB 15).

Area 4
Que voulez-vous faire comme métier?
Discussing your choice of further education and career
Tips for finding a job and avoiding unemployment

SB 196–197, 1–6
Au choix SB 238, 2–3
CM 10/4, 10/5
CD 8/14–8/16

SB 196, 8/14 — **LISTENING** **READING** **SPEAKING**

1 Douze raisons pour choisir un métier

Start with some oral work about what to consider when choosing a job. Students read through the twelve reasons then, to familiarise themselves with the pronunciation, they listen to the recording and jot down the numbers of the reasons in the order in which they are mentioned.

As a development of this activity, they could suggest a job that matches each of the reasons, referring to the *Lexique* for help.

Solution: 2, 6, 1, 4, 5, 3, 7, 8, 12, 11, 10, 9

Douze raisons pour choisir un métier

- Quelles sont, pour vous, les raisons qui comptent pour choisir un métier?
- Un métier qui est intéressant, c'est très important!
- Et un travail qui donne du contact avec le public.
- Moi, je cherche surtout un métier bien payé.
- Et prestigieux, je voudrais un métier prestigieux.
- Et, si possible, où on aura beaucoup de vacances.
- Oui, beaucoup de vacances, et un métier où on peut voyager à l'étranger …
- Tout ça, c'est très égoïste. Moi, je cherche un métier qui permet d'aider les gens ou d'aider à protéger l'environnement.
- Moi, je voudrais travailler en équipe; j'aime les métiers où on rencontre beaucoup de gens.
- Ah non, pour moi, je choisirais plutôt un travail où on pourra prendre ses propres décisions.
- Et en plus, il faut penser à l'avenir – moi, je voudrais quelque chose qui offre beaucoup de débouchés.
- Alors moi, je cherche un travail qui m'aidera à acquérir de nouvelles compétences.
- Oui, ça aussi, c'est une bonne raison.

PRACTICE

Follow-up

Ask students which reasons they think are important and why. They could discuss this in pairs or groups, hold *sondages* and finally choose and write down the three reasons they think are most important in order of preference. This could be added to their *Dossier personnel* or kept as part of their notes for exam preparation.

SB 196 VOCABULARY

Lexique: Les métiers

This could be introduced before the next activity, or just used in conjunction with it. A fuller list of jobs is also given in *Vocabulaire par thèmes* (SB 272–273).

SB 196 PRACTICE

2 Il y a beaucoup de métiers!

This provides more detailed practice of career and work vocabulary. Students are asked to find an example of any ten of the categories, but could, of course, do more.

CM 10/4 WRITING

Mots croisés – les métiers

For further practice students could do either or both of these worksheets (CM 10/4 and CM 10/5). They provide a selection of word games and other tasks featuring vocabulary linked with jobs.

This copymaster provides a crossword based on jobs and the world of work.

1 f	2 o	n	c	t	i	o	n	n	3 a	i	r	4 e
	u								c			n
	5 v	e	6 n	d	e	z			7 t	o	u	t
	r		o				8 p		r			r
9 s	i		t		10 é	p	i	c	i	è	r	e
	e		a		t		l		c			p
	r		i		u		o		e			r
11 m			r		d		t					i
é			e		i		e				12 a	s
t				13 m	a							e
i			14 m	a	n	n	15 e	q	16 u	i	17 n	
18 e	s	t			t		n		n		19 e	t
r				20 o		21 s						
			22 i	n	f	i	r	m	i	è	r	e

CM 10/5 WRITING

Jeux de mots – les métiers

This worksheet provides further practice of vocabulary linked with jobs.

1 Toutes sortes de métiers

Students find examples from the box, to match the listed categories.

Solution:

a *médecin, pharmacien(ne)*
b *professeur, instituteur*
c *hôtesse de l'air, chauffeur(-euse) de taxi*
d *jardinier, maçon*
e *boulanger, restaurateur*
f *secrétaire, informaticien*
g *banquier, comptable*

2 Quel métier?

Students find a suitable career for each of the people listed, looking at the illustrations for ideas.

Solution:

1 *Marc – représentant*
2 *Hélène – institutrice*
3 *Jean-Pierre – mécanicien*
4 *Noémie – pharmacienne*
5 *Alice – assistante sociale*
6 *Sophie – esthéticienne*
7 *Luc – électricien*
8 *Anne- diététicienne*
9 *Pierre – comptable*
10 *Christine – journaliste*

SB 196, 8/15 LISTENING READING SPEAKING

3 Je voudrais faire ça

Before listening to the recording, students should copy the grid, making it into **five** rows of boxes, and they should add to the first column the names of the other two speakers, Mathieu and Kévin. They then listen to the recording and fill in details. Brief notes in the grid could be made for the reasons for each choice of job, but these could be checked back orally and explained more fully.

Suggested solution:

Élisabeth	*maquilleuse*	*aimerait travailler dans le théâtre*
Antoine	*vétérinaire*	*adore les animaux; métier varié et intéressant*
Klara	*institutrice*	*aime beaucoup les enfants*
Mathieu	*pilote d'avion*	*adore voyager; bien payé*
Kévin	*journaliste*	*métier intéressant; voudrait être indépendant*

Je voudrais faire ça

– Moi, je m'appelle Élisabeth. Comme métier, je voudrais être maquilleuse parce que je suis assez artiste et, en plus, j'aimerais travailler dans le théâtre.
– Je suis Antoine et le métier que je voudrais faire, c'est être vétérinaire. J'aimerais faire ça parce que j'adore les animaux et ce serait un métier très varié et intéressant.
– Je m'appelle Klara et je suis Belge. Comme métier, j'espère devenir institutrice. Je sais que ce n'est pas un métier bien payé, mais j'aime beaucoup les enfants.

– Je suis Mathieu et mon rêve est d'être pilote d'avion. C'est parce que j'adore voyager, surtout en avion, et aussi parce que les pilotes sont très bien payés.
– Je m'appelle Kévin et j'aimerais travailler comme journaliste. Je trouve que c'est un métier très intéressant et aussi, je voudrais être indépendant.

Au choix SB 238 — **EXTENSION READING WRITING**

2 Des métiers

This item provides practice in giving reasons for and against a selection of jobs. Students read through the advantages and disadvantages and choose those that they consider appropriate for each one. This task could simply be used as preparation for the pairwork activity that follows or could be a starting point for class or group oral work or *sondages*.

SB 196, — **SPEAKING WRITING**

4 À vous!

Students take turns to ask each other questions about their future plans and choice of jobs and the reasons for their choice.

After the discussion, they could note down the main points from their own answers.

Au choix SB 238 — **EXTENSION WRITING**

3 Une lettre à écrire

This letter is a bit more difficult than most of the earlier ones but should be within easy reach of most students. The teacher may need to provide some help, e.g. spotting questions to be answered and points to which reference could be made and in helping with 'recycling' phrases from the letter itself.

To avoid any embarrassment, students could be allowed to give real or invented answers regarding their family's jobs.

SB 197 — **READING WRITING**

5 Le chômage – peut-on l'éviter?

This item touches on unemployment, but treats the subject as constructively as possible, linking it with positive suggestions about planning for the future, most of which are relevant to the students now.

Students read the letters and could make notes about the advice given in each one. Finally, they match the titles to the paragraphs.

Solution: **1E, 2D, 3B, 4F, 5A, 6C**

SB 197 — **GRAMMAR**

Dossier-langue
Asking and advising, etc.

Students read through this, then find examples of the patterns in the letters in task 5.

SB 197, 8/16 — **LISTENING**

6 J'ai suivi vos conseils

Students listen to these young people describing how they took the advice recommended in the magazine. They could just match the speakers to the letters, or more able students could go on to explain simply what each speaker did. Easily recognisable names have been chosen deliberately, but, if there are any problems, write these on the board first.

Solution: *Rémi* – **1**, *Pauline* – **3**, *Christophe* – **6**

J'ai suivi vos conseils

Rémi
Je croyais que j'aimerais travailler avec les animaux, donc j'ai fait mon stage en entreprise chez un vétérinaire. Malheureusement, deux chiens m'ont attaqué et j'ai découvert que je suis allergique aux lapins!

Pauline
Je suis allée au CIDJ, c'est-à-dire le centre d'information et de documentation de la jeunesse. Je leur ai demandé des renseignements sur le travail à l'étranger. Ils m'ont beaucoup aidée et au mois de juillet, je vais travailler en Guadeloupe dans un centre pour les enfants handicapés.

Christophe
J'ai beaucoup discuté avec mes copains qui ont déjà trouvé du travail. Il paraît que beaucoup d'entre eux travaillent chez des amis de leurs parents ou chez un oncle, etcétéra. Malheureusement, mes parents, comme moi, sont enfants uniques. Est-ce qu'il y a du travail dans votre magazine?!

Area 5
Qu'est-ce que c'est comme travail?
Understanding job advertisements
Discussing different aspects of a job
SB 198–199, 1–5
Au choix SB 237, 2
CM 10/6
CD 8/17–8/18

SB 199 — **VOCABULARY**

Lexique: Le monde du travail

This *Lexique* contains some basic expressions linked with the world of work, but no attempt has been made to list fully the less common vocabulary of the adverts.

SB 198 — **READING**

1 Petites annonces: Offres d'Emploi

This task provides familiarity with the language of adverts. Students could be allocated different adverts to work on in detail or could read through them all, just getting the gist at first. For understanding of the details of the advertisements, students could consult the *Lexique* (SB 199) and look words up in the *Glossaire* or a dictionary. Make sure that they understand some words likely to be unfamiliar, such as *la formation, le SMIC, animateur/animatrice*, etc.

Some oral work could be based on these adverts before students move on to the linked task which follows (Task 2), e.g.

- *Qui s'intéresse à cet emploi?*
- *À ton avis, es-tu matinal(e)/souriant(e)/dynamique?*
- *Es-tu disponible au mois de juillet?*
- *Veux-tu travailler dans une équipe?* etc.

SB 198 **READING**

2 C'est quelle annonce?

This is the first of several comprehension tasks based on the job adverts. Students read the statements and ascribe each to the correct advert.

Solution: 1D, 2E, 3D, 4D, 5B, 6B, 7D, 8A, 9B, 10B

SB 199 **READING**

3 À vous de choisir

In this second comprehension task, students read the statements of six students seeking jobs and decide on the most suitable advertised job for each one.

Solution: 1B, 2A, 3E, 4D, 5A (**B** also possible)**, 6C**

SB 199, 8/17 **LISTENING**

4 C'est comme ça, le travail

In this item the speakers are four of the young people from the previous activity who have obtained the work they wanted. Students listen to the recording and match the descriptions of the work being done (**a**–**d**, *Case 1*) with the names of the successful candidates.

They also select, from the opinions given (*Case 2*), the ones that represent the attitudes and views of each of the speakers. More able students could also write down other details.

Solution: (other answers are possible)

a	*Kémi*	*mal payé, mais intéressant*
b	*Charlotte*	*dur, ennuyeux*
c	*Jean-Michel*	*très dur, assez bien payé*
d	*Hélène*	*fatigant, intéressant, amusant*

C'est comme ça, le travail

Kémi
Je suis drôlement content parce que j'ai trouvé un travail très satisfaisant. J'organise des activités sportives dans un club de vacances pour les enfants. C'est mal payé, ça va sans dire, mais c'est très, très intéressant!

Charlotte
J'ai trouvé une situation dans la restauration rapide, mais je ne crois pas que je vais rester ici. Je sais qu'il faut travailler dans le restaurant pour apprendre, mais le travail est très dur et très ennuyeux.

Jean-Michel
Je me lève très tôt – vers cinq heures au plus tard! Puis il faut livrer des tas, des tas de journaux dans les kiosques de Paris. Comme travail, il est très, très dur – mais assez bien payé, quand même.

Hélène
J'ai vraiment eu de la chance de trouver ce travail pour l'été. J'adore la musique et ici, je travaille surtout avec des enfants qui jouent d'un instrument. En plus, je parle italien avec une famille qui est ici en visite. C'est fatigant, mais c'est intéressant et quelquefois amusant aussi.

SB 199, 8/18 **LISTENING**

5 Mon ami fait ça

a Students listen to two people, each describing the work of a friend, and note down the details in English according to the headings **1**–**5**.

The first description is easier and follows the order of the five headings. Students might need to hear the second speaker several times since the information is not as clearly matched to the headings.

Solution:

Christophe:
1. in a pharmacy/at the chemist's
2. He serves the customers and helps the chemist.
3. He had to study at university for a long time.
4. He doesn't like the fact that he can't make up prescriptions.
5. He likes being in contact with the public and the job is very varied.

Viviane:
1. in Senegal
2. She works as a teacher in a collège/secondary school.
3. She did special training in Paris.
4. She can't visit the country because there is hardly any public transport.
5. She likes working with children and she gets on well with the other teachers.

b They then choose one of the people described, Christophe or Viviane, and write (in French) three or four sentences about their job.

Mon ami fait ça

1 Marc parle de Christophe
Mon ami Christophe travaille dans une pharmacie et pour ça, il a dû faire de longues études à l'université. Il sert les clients qui achètent des choses dans le magasin et il aide le pharmacien, mais il n'a pas encore le droit de préparer les médicaments pour les ordonnances.
C'est la seule chose qu'il n'aime pas, car il voudrait préparer les ordonnances lui-même, mais il doit passer un autre diplôme avant de faire ça.
À part ça, il aime beaucoup ce travail, parce qu'il est en contact avec le public et c'est très varié.

2 Élise parle de Viviane
Ma correspondante Viviane prend une année sabbatique. Elle passe une année à l'étranger avant de commencer ses cours à l'université.
Elle travaille au Sénégal, en Afrique, comme professeur dans un collège et elle fait un peu de tout – des maths, du français, des sciences et de l'éducation physique.
Avant de commencer, elle a fait un stage spécial à Paris. Elle aime beaucoup travailler avec les enfants et elle s'entend bien avec les autres profs.
Quand même, elle voudrait visiter un peu le pays, mais il n'y a presque pas de transport en commun dans la région où elle travaille.

AU CHOIX SB 237 **GENERAL WRITING**

2 On cherche du travail

This activity and CM 10/6 are both about writing formal letters asking for information about jobs. They could be used now or, if preferred, in Area 8 *Un job pour l'été*.

Students match up pairs of French and English phrases all linked with requesting information or applying for jobs. Some of the phrases could be added to students' vocabulary lists and learnt by heart.

Solution: 1b, 2g, 3j, 4h, 5d, 6f, 7i, 8a, 9c, 10e

CM 10/6, **WRITING READING**

On cherche des renseignements

This item provides students with a standard formula for writing a letter asking for information and application forms.

They first read through the annotated model letter and complete the list (*Un lexique à faire*) which includes some of the core expressions for formal letter writing. This completed list could be added to students' own vocabulary files.

They could then use the model letter as a basis for writing for similar details to one of the jobs advertised on the CM itself or on SB 198.

For further practice, they could write their letter on computer, copy the checked version and work on it in pairs each deleting phrases for the other to fill in. Several of the *Fun with Texts* activities would be appropriate here, too.

Some students could try writing the letter from memory, or just with reference to the completed *Lexique*, rather than the model letter.

Solution:

Un lexique à faire

suite à ...
je vous écris pour vous demander ...
pourriez-vous ...?
auriez-vous l'amabilité de m'envoyer ...?
des renseignements sur ...
En quoi consiste le travail?
poser sa (ma) candidature

PRACTICE

Follow-up

If time is available, the adverts could be exploited further with students ringing up and asking about jobs or being interviewed for them by the teacher.

A possible follow-up for the most able would be to discuss if they would apply or be qualified for these jobs, giving reasons.

Cherche emploi

Students could conduct a web search for job opportunities. There are many sites offering jobs but a lot ask for you to complete a CV and submit it. Looking for jobs on search engine sites may be best, e.g. *Yahoo, Voila, Google*. The *Wanadoo* site had a simple job search page which features a link to *Salons Virtuels de l'Emploi* and various other employment related facilities including a free on-line CV generator (see next activity).

Curriculum vitae

Students could produce a CV using a word-processing package. Note also that there are various on-line CV sites such as the one on www.wanadoo.fr, which is linked from the *Emploi* section.

Area 6
Au bureau
Understanding and using the language you need in the workplace
Taking messages
The conditional tense

SB 200–201, 1–5
Au choix SB 237, 3
CM 10/7
CD 8/19–8/22

READING WRITING

À l'ordinateur

At some point in this area it would be useful to revise students' knowledge of ICT vocabulary. They could look at the list in *Vocabulaire par thèmes* (SB 264) or the more detailed lists on CM G/5 (see TB 270).

Check that they know by heart at least the most commonly used words and expressions.

SPEAKING

Travail pratique

If students have easy access to computers they could practise this language with the following pairwork activity:

Travaillez à deux sur l'ordinateur. Tour à tour, on donne à son partenaire une commande qu'il/elle doit obéir. Par exemple:

- *Allumez l'ordinateur et tapez votre nom.*
- *Montrez-moi la touche 'envoi'.*

On gagne un point pour une commande correcte et un point si on obéit correctement. La personne qui gagne est celle qui a le plus grand nombre de points après cinq minutes.

In any case, students should be encouraged to give each other commands in French at any time when working with computers.

SB 200 **VOCABULARY**

Lexique: Au bureau

Students practise this vocabulary in the usual way and can refer to it while doing the next task.

SB 200 READING WRITING

1 Claire au bureau

This is another account of work experience in France by a student from Cullompton College. Students read it and answer the questions in French.

Solution:

1 *au bureau de poste en France*
2 *oui*
3 *deux machines*
4 *Elle a verdu des timbres.*
5 *oui*

SB 200, 8/19 LISTENING

2 Il y a beaucoup à faire

Students listen to the recording of a busy morning in the post office for Claire and select from the list of possible jobs, the ones she is actually asked to do. The requests and speech bubbles include examples of the conditional tense.

Solution: 5, 6, 9, 3, 7

Il y a beaucoup à faire

1 – Claire, pourriez-vous faire des photocopies de ces lettres, s'il vous plaît?

2 – Claire, je serais très contente de votre aide. Il y a tous ces documents à classer. Vous savez faire du classement, non?
– Bien sûr, Madame. Je vais faire ça.

3 – Pourriez-vous changer la cartouche dans mon imprimante, Claire? Voilà une nouvelle cartouche.

4 – Claire, si vous avez fini le classement, est-ce qu'il vous serait possible d'imprimer ces documents pour moi – vous savez faire marcher l'imprimante, non?

5 – Claire. Pourriez-vous peser ce paquet pour moi?
– Mmm. Bien sûr.

SB 200 GRAMMAR

Dossier-langue
The conditional tense (1)

To provide more routine practice, work through the conditional tense of some of the most common irregular verbs and write some of these on the board or in a computer file. Students could practise by erasing stems or endings and getting others to fill them in.

For oral practice, a 'chain' routine could be followed, in class or groups, i.e. the first person says an infinitive and then a pronoun and the next person has to supply the correct part of the conditional, then set another verb and pronoun for the next person in the chain, e.g.

A: *pouvoir – tu*
B: *tu pourrais; vouloir – nous*
C: *nous voudrions; être – je*
D: *serais*, etc.

There is further practice of the conditional tense in Area 9, which could be covered at this point, if wished.

SB 200 SPEAKING/WRITING

3 Qu'est-ce qu'il faut dire?

This easy item gives practice in using the conditional tense. Students decide how to make some requests that might be of practical use in a work situation in France.

Messages

The next part of this area is about taking and sending messages.

SB 201 VOCABULARY

Lexique: Au téléphone

Students read through the *Lexique* and enter some key phrases into their vocabulary list and learn some by heart.

SB 201, 8/20 LISTENING

4 Le téléphone sonne

Students listen to the phone calls and complete the messages in French.

Solution:

1 *Le rendez-vous pour demain sera à 10h30.*
Son numéro de téléphone est le 04 76 30 41 27.
2 *Il ne peut pas venir au bureau aujourd'hui.*
Il voudrait venir demain.
Son numéro de téléphone est le 04 76 85 33 12.
3 *Pourriez-vous le rappeler?*
Son numéro de téléphone est le 04 76 65 38 05.
4 *Il sera en retard.*
Je lui ai donné un rendez-vous pour quatre heures.

Le téléphone sonne

1 – Allô, bonjour. Société Eurovente.
– Bonjour. Est-ce que je pourrais parler à M. Dupont?
– Je suis désolée, mais il n'est pas là pour le moment. Je peux lui donner un message?
– Je voudrais prendre un rendez-vous avec lui pour demain matin?
– Oui, Madame. À dix heures et demie, ça va?
– Oui, ça va.
– C'est de la part de qui?
– C'est Mme Pascal.
– Et quel est votre numéro de téléphone, s'il vous plaît, Madame?
– C'est le 04 76 30 41 27.
– Merci. Au revoir, Madame.
– Au revoir, Mademoiselle.

2 – Société Eurovente, bonjour.
– Bonjour. Est-ce que je pourrais parler à M. Renault?
– Je regrette, mais il est en réunion en ce moment.
– Est-ce que je peux lui laisser un message?
– Bien sûr, Monsieur.
– Pourriez-vous lui dire que je ne peux pas venir au bureau aujourd'hui, mais je voudrais venir demain.
– Entendu, Monsieur. C'est de la part de qui?
– C'est M. Durand, D–U–R–A–N–D.
– Et quel est votre numéro de téléphone, s'il vous plaît, Monsieur?
– C'est le 04 76 85 33 12.
– Merci. Au revoir, Monsieur.
– Au revoir, Mademoiselle.

3 – Bonjour, ici la Société Eurovente. On peut vous aider?
– Bonjour. Je voudrais parler à M. Lemaître, s'il vous plaît.
– Ah, je regrette, mais son poste est occupé. Voulez-vous patienter, Monsieur, ou est-ce que je peux prendre un message?
– Euh ... pouvez-vous lui demander de me rappeler?
– Oui, Monsieur. C'est Monsieur ...?
– M. Fardeau, F-A-R-D-E-A-U.
– Et quel est votre numéro de téléphone, s'il vous plaît, Monsieur?
– C'est le 04 76 65 38 05.
– Merci. Au revoir, Monsieur.
– Au revoir, Mademoiselle.

4 – Allô, oui. Société Eurovente.
– Bonjour. C'est Charles à l'appareil.
– Ah, bonjour Charles.
– Euh ... J'ai rendez-vous avec Jean-Pierre à deux heures cet après-midi, mais je serai en retard. Est-ce que il pourrait me voir plus tard?
– Attendez ... euh ... il sera libre après quatre heures. Ça va?
– Ça serait idéal.
– Alors, à quatre heures. Au revoir, Charles.
– Au revoir, et merci.

Au choix SB 237, **GENERAL SPEAKING**

3 Un coup de téléphone

In this task, students make similar calls themselves. They first work out what they will say, then practise in pairs, taking it in turns to be the person phoning for information about a holiday job and the person answering.

CM 10/7, 8/21 **LISTENING WRITING**

Je peux lui laisser un message?

This copymaster and the accompanying recorded conversations provide extra practice in phoning and taking messages, this time in a wider social context.

Students listen to the phone conversations and write out the messages in full. They could listen several times and take notes if necessary. The amount to be filled in is graded so less able students could just do the earlier messages. Remind students about changing the person of the verb.

Solution:

1 *(où?) au restaurant*
(quand?)samedi soir
2 *(où?) en boîte*
(quand?) samedi soir
avec Jean-Pierre et Michel
3 *... lui téléphoner ce soir*
4 *... l'adresse de votre cousine, Annette*
5 *... déjeuner chez elle dimanche prochain, vers midi*

Je peux lui laisser un message?

1 – Allô, c'est Mme Berradon?
– Non, elle n'est pas là pour le moment. Est-ce que je peux lui laisser un message?
– Oui, s'il vous plaît. C'est Mme Dauphine à l'appareil. Alors, est-ce qu'elle pourrait travailler dans le restaurant samedi soir. Voulez-vous lui demander de me rappeler pour me dire ça, s'il vous plaît?
– Très bien, Madame, je vais lui donner le message.

2 – Allô, est-ce que Claire est là? C'est Sophie.
– Non, elle est sortie. Est-ce que je peux lui laisser un message?
– Oui, si tu veux. Est-ce qu'elle voudrait aller en boîte, samedi soir, avec Jean-Pierre, Michel et moi?
– Samedi soir, avec Jean-Pierre, Michel et toi – je vais lui demander.

3 – Salut, c'est Nicolas. Jordan est sorti?
– Oui, il est sorti, mais je peux lui laisser un message, si tu veux.
– Euh ... bon ... oui ... ben ... pourrait-il me téléphoner ce soir, s'il te plaît?
– Entendu.

4 – Bonsoir.
– Bonsoir.
– Est-ce que M. Berradon est là?
– Non, tout le monde est sorti, sauf moi. Je suis la correspondante suisse de Claire.
– Ce n'est pas grave. Je suis le frère de M. Berradon.
– Ah bon, est-ce que je peux lui laisser un message?
– Oui, s'il vous plaît. Je voudrais simplement lui demander de me donner l'adresse de notre cousine, Annette.
– Entendu, Monsieur. Je vais lui demander de vous rappeler.

5 – Bonjour.
– Bonjour, Madame.
– C'est Marie Dubois au téléphone, la Tante Marie.
– Ah oui, Madame, je vous reconnais. Ben, tout le monde est sorti, sauf moi. Est-ce que je peux leur laisser un message.
– Ah oui, euh, oui, voilà ... c'est une invitation pour toute la famille à déjeuner chez moi – et vous aussi.
– Vous êtes très gentille. C'est pour quand, Madame?
– Pour dimanche prochain. Venez vers midi.

SB 201, 8/22 **LISTENING**

5 Le télétravail

Students read through the introductory paragraph, then the list of opinions for and against 'distance working' and listen to see which of these are mentioned by each speaker.

Solution

1 *Phrases* **3**, **6**
2 *Phrases* **5**, **2**
3 *Phrases* **4**, **2**, **7**

Eventually, they divide the views into two lists, either just noting down the numbers or writing the sentences out in full.

Solution:

Avantages: **2**, **3**, **4**, **6**, **7**
Inconvénients: **1**, **5**, **8**

This could also be a basis for discussion, with students suggesting further advantages or disadvantages themselves.

Le télétravail

1 Moi, je travaille pour une entreprise qui vend les vêtements par correspondance, donc le télétravail est très pratique. Je réponds au téléphone, vérifie si on a les vêtements commandés et envoie les factures. Je suis chez moi quatre jours par semaine et le jeudi, je vais au bureau à Paris. Alors, les autres jours, j'évite les longs voyages dans le métro et, quand les enfants rentrent de l'école, je suis là.

2 On m'a proposé de faire du télétravail quand mon mari est venu travailler ici, assez loin de la ville, mais je ne l'aime pas beaucoup. Au bureau, je suis avec toutes mes copines et on peut sortir pendant l'heure du déjeuner pour regarder les magasins ou aller au café. Toute seule chez moi, je me sens isolée et j'en ai marre de regarder l'écran de l'ordinateur toute la journée! À mon avis, le seul avantage, c'est qu'on peut varier ses horaires de travail: quelquefois je sors l'après-midi, puis je fais des heures supplémentaires le soir.

3 Moi, je fais partie d'une équipe d'architectes et de dessinateurs. Nous, on fait du télétravail. Les secrétaires sont au bureau, tandis que nous autres travaillons à la maison. C'est très, très pratique! J'habite à la campagne avec ma famille – on a le choix du domicile, en effet. Je choisis chaque jour mes horaires de travail, donc s'il fait très beau, je peux aller au bord de la mer, puis travailler plus le lendemain. Au bureau, on a réussi à économiser de l'espace, car il n'est plus nécessaire d'avoir un atelier pour les architectes. Maintenant, nous faisons les dessins chez nous sur l'ordinateur et nous les envoyons, par modem, directement à l'ordinateur dans notre bureau.

Area 7
Pour gagner de l'argent
Discussing pocket money and weekend jobs

SB 202, 1–3
Au choix SB 237, 4
CD 8/23–8/24

SB 202 **READING WRITING**

1 L'argent de poche

Students read the different information and views about pocket money presented in these extracts from an Internet discussion. They then read through the list of statements and match each one up with the correct writer.

Solution: **1** *Sandrine,* **2** *David+Daniel,* **3** *Daniel,* **4** *Lucie,* **5** *David+Sandrine,* **6** *Jean-François,* **7** *Lucie+Sandrine,* **8** *David,* **9** *Jean-François*

SB 202, 8/23 **LISTENING WRITING SPEAKING**

2 Sondage: des petits emplois

This item is based on a survey of part-time jobs, carried out at a school. Students read through the list of questions, listen to the interviews with two of the young people, Denis and Camille, then complete their replies, writing out the complete sentences.

These answers should be corrected before students go on to discuss and write about their own part-time jobs in task 3 *À vous!*.

Solution:

Denis: **1** *dix-sept,* **2** *dans un café,* **3** *dans une ferme,* **4** *le samedi,* **5** *deux soirs,* **6** *6h,* **7** *9h,* **8** *les verres et les tasses,* **9** *les tables,* **10** *au bar,* **11** *fatigant*

Camille: **1** *dix-huit,* **2** *fais du baby-sitting,* **3** *soir,* **4** *variables,* **5** *je joue avec les enfants, les lave et les mets au lit,* **6** *satisfaisant*

Sondage: des petits emplois

– Quel âge avez-vous, Denis?
– J'ai dix-sept ans.
– Avez-vous un job ou voudriez-vous en avoir un?
– Oui. J'ai un job.
– C'est quoi comme travail?
– Je travaille dans un café, mais j'aimerais mieux travailler dans une ferme, car j'aime le plein air et les animaux.
– Quels jours travaillez-vous et quels sont vos horaires de travail?
– Je travaille le samedi, toute la journée, et deux soirs pendant la semaine de six heures à neuf heures.
– En quoi consiste le travail?
– Je dois ramasser les verres et les tasses et essuyer les tables. Quelquefois, je travaille au bar. Je préfère ça, car on gagne plus et on vous donne des pourboires.
– Lequel de ces mots décrit le mieux votre job? Intéressant, satisfaisant, varié, ennuyeux, amusant, fatigant, dur ou une autre expression.
– Mmm ... je dirais fatigant – le travail est très fatigant, surtout le samedi.
– Merci, Denis ... Et maintenant, Camille. Quel âge avez-vous Camille?
– J'ai dix-huit ans.
– Avez-vous un job ou voudriez-vous en avoir un?
– Oui. J'ai un job.
– C'est quoi comme travail?
– Je fais du baby-sitting.
– Quels jours travaillez-vous et quels sont vos horaires de travail?
– Ça dépend. Je travaille deux ou trois soirs pendant la semaine, mais les heures sont variables.
– En quoi consiste le travail?
– Je dois jouer avec les enfants, les laver et les mettre au lit.
– Lequel de ces mots décrit le mieux votre job? Intéressant, satisfaisant, varié, ennuyeux ... ?
– Oh, c'est très satisfaisant – j'adore les enfants.

Au choix SB 237, 8/24 GENERAL LISTENING

4 Pour gagner de l'argent

Students listen to five young people talking about their part time jobs and write down one positive and one negative opinion for each.

Solution:

Personne	*Positive*	*Négative*
Maxime	*on s'amuse*	*c'est dur*
Camille	*adore les enfants*	*ne gagne pas trop*
Denis	*je m'entends bien avec les autres employés*	*très fatigant*
Manon	*tous les vêtements à la mode*	*il faut travailler le samedi*
Kévin	*quelquefois, il y a des clients difficiles*	*intéressant*

Pour gagner de l'argent

– Je m'appelle Maxime. Pour gagner de l'argent, je travaille le samedi dans une grande surface avec des amis. Nous allons chercher les chariots abandonnés. C'est dur, mais on s'amuse ensemble!
– Moi, je suis Camille et je fais surtout du baby-sitting. Je ne gagne pas trop, mais j'adore les enfants.
– Je suis Denis et je travaille dans un café. Le travail est très fatigant, mais je m'entends bien avec les autres employés.
– Moi, je m'appelle Manon. Pendant les vacances, je travaille dans une boutique en ville. J'aime beaucoup ce travail, car on y vend tous les vêtements à la mode, mais l'inconvénient, c'est qu'il faut travailler le samedi.
– Je suis Kévin et je travaille dans le bureau d'objets trouvés à la gare SNCF. C'est intéressant comme travail, mais quelquefois, il y a des clients difficiles.

SB 202,  SPEAKING WRITING

3 À vous!

a Students work in pairs to ask and answer the questions listed in the *sondage* (Task 2).

b They then write out their own answers and could keep these in their *Dossier personnel*.

Area 8
Un job pour l'été
Finding out information about holiday work
Preparing a CV
Writing a letter of application and preparing for an interview
SB 203–205, 1–8
Au choix SB 236, 4, SB 238, 4
CM 10/8
CD 8/25–8/26

SB 203 READING WRITING

1 Qu'est-ce qu'il y a comme travail?

Students read the information in *Point-info* and the four adverts and then do the activity in which they find out details of the four possible jobs.

This could be done as a written exercise or prepared in writing and the answers then given orally, perhaps with students working in pairs, one asking the questions and the other supplying the information.

Solution:

1 **a** *17 ans,* **b** *18 ans,* **c** *17 ans,* **d** *18 ans (la nuit)*
2 **a** *entre 24 et 30 heures,* **b** *20 heures*
3 **a** b *(animateur),* **b** b *(animateur)* + c *(fast-food),* **c** *(fast-food)*
4 **a** b, **b** d, **c** c, **d** a, **e** *vendre des choses à la criée (voir Point-Info)*

SB 203, SPEAKING

2 C'est quel job?

Students could now work on this guided pairwork activity, based on the adverts, which involves each guessing which job the other has chosen.

SB 204, 8/25 LISTENING READING WRITING

3 Des petits emplois

a Students listen to five young people talking about holiday jobs and write notes in English about each speaker, saying (**1**) what they did, (**2**) whether they liked the job or not and why.

Solution:

1 **1** sold doughnuts, toys and crisps on beach in Cannes
2 didn't earn much, but made lots of friends
2 **1** sold newspapers in kiosk at station
2 had to get up really early, didn't earn much, had to stay in town
3 **1** au-pair in Spain
2 ideal for improving foreign language; get food, accommodation and pocket money
4 **1** grape picking
2 hard work, 10 hours a day, very hot
5 **1** worked in holiday camp for 7–9 year olds in Montreal, cooking and playing
2 fantastic, got food and accommodation (but not air fare), wants to do it again next year

b Students then choose one of the jobs described and, using the outline and table, write. (in French) about whether they would like to do it or not, giving reasons.

They could store their answers in their *Dossier personnel*.

Des petits emplois

Voici des témoignages de quelques membres d'un club des jeunes.

1 Je m'appelle Sébastien. Moi, pendant le mois d'août, j'ai fait la vente 'à la criée' sur la plage à Cannes. J'ai dix-huit ans et j'ai dû obtenir un permis à la mairie. J'ai vendu des beignets, des petits jouets et des chips. Je n'ai pas fait fortune, mais je me suis fait beaucoup d'amis.

2 Je suis Anton et j'ai travaillé comme vendeur de journaux dans un kiosque à la gare. J'ai dû me lever très, très tôt. Je n'ai pas gagné beaucoup d'argent et j'ai dû rester en ville. L'année prochaine, je voudrais travailler à la campagne ou au bord de la mer.

3 Je m'appelle Karine et comme boulot, j'ai travaillé comme jeune fille au pair en Espagne. Pour ça, il faut être célibataire et âgée de18 ans, au moins, et naturellement, j'ai dû parler espagnol. À mon avis, c'est un job idéal si on veut se perfectionner dans une langue étrangère – on est logée et nourrie et on reçoit de l'argent de poche.

4 Je m'appelle Jean-François et l'an dernier, j'ai fait les vendanges au mois de septembre. C'était très dur comme travail. J'ai fait dix heures par jour et il faisait très chaud!

5 Je suis Alexandra et j'ai dix-sept ans. Comme boulot de vacances, j'ai travaillé à Montréal, dans un camp pour les enfants de sept à neuf ans. J'étais nourrie et logée, mais j'ai dû payer le voyage moi-même. J'ai des amis qui habitent à Montréal et ils m'ont trouvé ce job. C'était fantastique! J'ai fait la cuisine et j'ai joué avec les enfants. On s'est déguisé et on a inventé toutes sortes de jeux. Je voudrais le faire encore une fois l'année prochaine

Further practice

For further work on holiday jobs, students could do the following *Au choix* activities.

AU CHOIX SB 236 — **SUPPORT READING**

4 Mon job

Students match some core questions with possible answers.

Solution: 1b, 2f, 3a, 4c, 5d, 6e

AU CHOIX SB 238 — **EXTENSION WRITING/SPEAKING**

4 Les jobs

This activity is based on an interview about a holiday job. Students first answer according to the cues, then, if they have had a job, they answer for themselves.

SB 204 — **READING WRITING**

4 Ce job m'intéresse

This item deals with applying for a holiday job and includes a CV and a letter of application for a job.

a Students read Joseph's CV and then discuss it in class, using the third person, e.g.
Joseph habite où? Qu'est-ce qu'il a comme diplômes? etc.

They then go on to plan and write their own CV based on the model and this should be filed in their *Dossier personnel*.

b Students first study the letter of application written by Joseph for the job of *animateur*. This provides a model for students' own letters. They can apply for the same or a different job, but the main emphasis should be on the details about themselves.

Some students will be able to write this letter unaided but, for many, detailed preparation will be needed, such as 'analysing and annotating' the letter so that the writers include each part, e.g.

- introduction stating the purpose of the letter and the job applied for
- reason for interest in this job
- personal details: age, future plans
- leisure interests
- work experience
- dates when available
- formula for signing off.

If an overhead projector is available, this annotated version could be put onto a transparency.

SB 205, 8/26 — **LISTENING**

5 Une interview!

This item is an interview with a French girl also wanting to work as an *animatrice*. Students read through the questions listed, then listen to the interview, noting down her answers and finding out whether she gets the job.

Solution: She does get the job.

1 *J'aime les enfants.*
2 *Oui. L'année dernière, j'ai travaillé dans un supermarché à Sheffield.*
3 *Oui, je travaille dans un supermarché le samedi. C'est fatigant.*
4 *L'anglais et l'italien*
5 *L'Angleterre, Montréal (le Québec) et l'Italie*
6 *J'aime le cinéma et je m'interesse à l'informatique.*
7 *Oui, je fais de la natation, de la voile en été et du ski en hiver.*
8 *Oui, l'année dernière. J'ai travaillé dans une école primaire. C'était très intéressant.*
9 *17 juin 1985*
10 *28 juin*

Une interview!

– Bonjour, Nathalie.
– Bonjour, Madame.
– Alors, Nathalie. Pourquoi voudriez-vous faire ce travail?
– Ben, surtout parce que j'aime les enfants.
– Mmm ... très bien. Et avez-vous déjà travaillé pendant les vacances?
– Oui, Madame.

- Parlez-moi un peu de ce que vous avez fait.
- L'année dernière, j'ai travaillé dans un supermarché à Sheffield, en Angleterre, parce que je voulais perfectionner mon anglais.
- C'était sans doute intéressant de travailler à l'étranger.
- Ah oui, très intéressant. J'ai beaucoup appris.
- Est-ce que vous avez un petit job le soir ou le week-end?
- Oui, le samedi, je travaille dans un supermarché, près de chez moi.
- Ça vous plaît?
- C'est un peu fatigant, mais j'ai des amis qui travaillent avec moi et on se débrouille.
- Quelles langues vivantes avez-vous étudiées à l'école?
- L'anglais, bien sûr, et puis l'italien aussi, mais je préfère l'anglais.
- Et quels pays étrangers avez-vous visités?
- L'Angleterre, naturellement, puis je suis allée à Montréal, au Québec, et en plus, en Italie, en voyage scolaire.
- Alors, vous avez beaucoup voyagé ... euh ... attendez ... Ah oui, que faites-vous pendant votre temps libre?
- J'aime le cinéma et je m'intéresse à l'informatique.
- Faites-vous du sport?
- Oui, je fais de la natation, puis de la voile en été et du ski en hiver.
- Avez-vous fait un stage en entreprise?
- Ah, oui. L'année dernière.
- Parlez-moi un peu de ce stage.
- J'ai travaillé dans une école primaire. C'était très intéressant.
- C'est très bien, Nathalie. Alors, je dois vérifier quelques détails. Voyons. Dites-moi, quelle est votre date de naissance?
- C'est le dix-sept juin, 1985.
- Si on vous offre ce job, est-ce que vous pourrez commencer le vingt-huit juin? C'est le stage de formation.
- Oui, oui, Madame. Ça serait idéal!
- Bon. Alors Nathalie, je suis heureuse de vous dire qu'on va vous donner un job comme animatrice cet été.
- Ah merci, Madame, je suis très contente.

SB 205, **SPEAKING**

6 À vous!

Students now work in pairs, using a selection of the questions and interviewing each other for a job of their choice. Fewer than the ten questions could be used, as appropriate. Some of the interviews may need written preparation by less able students and they could also listen again to the recorded interview for extra help.

SB 205 **READING**

7 Le piston: c'est quand même utile!

This is a light-hearted item to finish off the area but is actually based on a true account of a holiday job in a Safari park. Students read it through and then do the *vrai ou faux?* activity.

Solution: **1F, 2F, 3V, 4F, 5V, 6F**

SB 205 **WRITING/SPEAKING**

8 À écrire

The suggested follow-up, in which students describe their own true or imaginary holiday job experiences, could be done by able students. It could be a written account, perhaps illustrated, or an oral presentation.

Area 9
Faites de beaux rêves
Using the conditional tense to discuss what you would do

SB 206–207, 1–5
CD 8/27
Examination Grammar in Action, pages 65–66

SB 206, 8/27 **LISTENING**

1 Si c'était possible ...

This recording is in three sections. Students read through the introduction and the questions and look at the possible answers, the first of which are given in the form of five options printed in full. Pictorial clues are provided for the other two sets of answers.

In section 2, students will need to be reminded about which prepositions to use with names of countries.

In section 3, students write down the number of the famous person each speaker would like to meet. They could, if they wish, make a guess at the choices beforehand and check their answers against the recording. The teacher might need to explain who some of the people are in section 3, e.g. Francis Cabrel (singer), Emmanuelle Béart (film star).

Solution:

1 *Pierre* **a**, *Vivienne* **c**, *Michel* **d**, *Camille* **e**, *Ludovic* **b**
2 **a** *Michel* **2**, **b** *Ludovic* **6** *ou* **4**, **c** *Pierre* **1**, **d** *Camille* **3**, **e** *Vivienne* **5**
3 **a** *Vivienne* **2**, **b** *Ludovic* **3**, **c** *Pierre* **5**, **d** *Michel* **6**, **e** *Camille* **7**

Si c'était possible ...

Première partie

- Bon. On continue ... on discute des métiers. Pierre, si tu pouvais faire n'importe quel métier, lequel choisirais-tu?
- Je serais réalisateur de films – j'aime bien le cinéma.
- Et toi, Vivienne, tu ferais quoi?
- Moi, je ferais la médecine ... je voudrais devenir médecin, mais c'est difficile, la formation, et c'est très long en plus!
- Très bien. Et toi, Michel?
- Moi, si je pouvais faire n'importe quel métier ... ben, je serais astronaute.
- Astronaute! Mon Dieu! Tu voudrais être astronaute, toi aussi, Camille?
- Moi, jamais de la vie! Moi, je serais couturière – la mode, ça m'intéresse beaucoup.
- Et puis toi, Ludovic. Quel métier choisirais-tu?
- Pilote ... je serais pilote de Canadair, voilà mon rêve!

Deuxième partie

- Maintenant, on va parler des endroits où on voudrait habiter. Toi, Pierre, si tu pouvais vivre n'importe où dans le monde, où vivrais-tu?
- Ça dépend. Je voudrais visiter beaucoup de pays ... voyager beaucoup c'est mon rêve! J'irais certainement aux États-Unis et j'ai déjà visité l'Angleterre. Mais j'aime beaucoup la France, donc, finalement, si je pouvais choisir, j'ai l'impression que je vivrais dans le Midi de la France.
- Très bien, moi aussi, j'adore le Midi. Et toi Vivienne? Toi aussi tu préfères la France, non?
- La France, oui, et pour les vacances, j'aime bien le Midi, et la Bretagne aussi. Mais pour vivre, c'est différent. Pour vivre, si j'avais le choix, je choisirais toujours de rester à Paris!
- Donc, deux personnes qui préfèrent vivre en France. Et toi, Michel, quel pays choisirais-tu?
- Pour moi, je n'hésite pas. J'ai déjà passé un an au Canada et j'ai visité plusieurs pays de l'Europe, mais pour vivre je choisirais toujours les États-Unis. Si on veut devenir astronaute, c'est essentiel!
- Et toi, Camille. Ça t'attire ... euh ... New York?
- Pas trop! Moi j'ai toujours aimé les pays chauds, l'Espagne, l'Afrique, la Tunisie. Mais comme j'ai toujours voulu habiter dans une île, si je pouvais vivre n'importe où, je crois que je vivrais à la Martinique.
- Quelle bonne idée! Je passerai mes vacances chez toi! Puis toi, Ludovic, c'est toi qui voudrais habiter en Australie, non?
- En Australie? Ah non, pas moi! C'est au Canada que je voudrais vivre.
- Ah bon, au Canada ... c'est décidé, alors?
- Euh ... oui ... euh ... presque! Au Canada, ou bien peut-être en Irlande – c'est un autre pays que j'aime et beaucoup de mes cousins y habitent. Je ne suis pas certain – j'irais peut-être au Canada, ou peut-être en Irlande.

Troisième partie

- Bon. Maintenant, on va discuter des personnes qu'on voudrait rencontrer. Il ne reste pas beaucoup de temps, il faut faire vite! Pierre, toi d'abord. Si tu pouvais faire la connaissance de n'importe quelle personne célèbre, qui aimerais-tu rencontrer?
- Moi? Astérix et ses amis ... non, non, ce n'est pas vrai ... les Rolling Stones.
- Les Rolling Stones ... ah bon! Et toi, Vivienne?
- Pour moi, un sculpteur, le grand sculpteur français, Auguste Rodin.
- Bon, des chanteurs et un sculpteur ... et toi, Michel?
- Ben, moi, si je pouvais choisir, je rencontrerais ... attends ... Emmanuelle Béart, peut-être. Ah non ... elle est très belle, mais j'aurais trop peur de parler avec elle. Enfin, je crois que je choisirais mon auteur préféré. C'est une femme anglaise – Agatha Christie.
- Très bien. Et toi, Camille?
- Pas de problème! Je choisirais le chanteur Francis Cabrel. J'ai toujours voulu faire sa connaissance.
- Francis Cabrel, c'est bien. Et toi, Ludovic, tu t'intéresses à l'histoire, non? C'est le Général de Gaulle que tu choisirais, peut-être?
- Certainement pas! Je m'intéresse un peu à l'histoire, mais surtout au sport. Si je pouvais faire la connaissance de n'importe quelle personne célèbre, j'aimerais rencontrer André Agassi – il est tellement amusant!

SB 206 — **GRAMMAR**

Dossier-langue The conditional tense (2)

This explains the pattern for 'if' clauses – *si* + imperfect, + conditional.

SPEAKING
WRITING

Follow-up

Students could now work in pairs and answer the three questions from Task 1 for themselves and this could be followed by class oral work, e.g.

Quel métier choisirais-tu? Est-ce que quelqu'un d'autre a choisi cela? Qui voudrait être astronaute? Pourquoi pas?

Eventually students could write their answers and keep them in their *Dossier personnel*.

SB 206 — **SPEAKING/WRITING**

2 Que feriez-vous?

Students read through the questions and answers given by Pierre and Vivienne. These should then act as a prompt for their own views.

SB 206 — **WRITING**

3 Inventez des phrases

This activity gives practice of the construction *si* + imperfect, + conditional. Some students will need help from the teacher to complete the sentences.

Sentences in part **a** require a verb in the imperfect tense, those in part **b** require a verb in the conditional.

SB 207 — **READING**

4 Un métier de rêve

Students read through the two projects, one serious and one not.

They could perhaps work in pairs using a dictionary to look up any words they do not know. Some students could look on the Internet to find information about Togo and other *pays francophones* and about *les Restos du Cœur*, the French charity that provides meals for the homeless.

SB 207 — **WRITING**
SPEAKING

5 À vous!

a Students choose one of the presentations and write four sentences about what the writer would do.

b As an optional task, students now prepare a similar presentation of their own, serious or light-hearted.

EXAMINATION GRAMMAR IN ACTION, PAGES 65–66
GRAMMAR

Using the conditional tense

These pages provide further practice of the conditional if required.

Area 10
Further activities and consolidation

SB 207
CM 10/8–10/21
CD 8/28–8/36
SCD 2/20–2/23

SB 207

Sommaire

A summary of the main grammar and vocabulary of the unit.

 **8/28** **LISTENING**

On parle de l'avenir

For further practice on this subject, more able students could listen to these young French people talking about their dreams for the future.

They could make notes, probably in English, under the following headings:

1 *un métier de rêve* – a job I would like
2 *situation familiale* – family life
3 *cauchemar* – nightmare

Solution:

Sophie

1 A job involving travel (and enough money to do so)
2 Married with children
3 Being unemployed

Gaël

1 Work in the theatre, music or singing/being able to work when he wants to
2 Married with family (living in France)
3 Being unemployed or having to do a job he doesn't like

Aude

1 English teacher
2 Married with children (or certainly not living alone), preferably in big house with dogs
3 Being unemployed or having to do a job she doesn't like, just to earn money

On parle de l'avenir

1 – Sophie, est-ce que tu pourrais décrire la vie de rêve que tu voudrais avoir dans dix ans?
– La vie de rêve dans dix ans serait d'avoir un métier ou … je puisse voyager, continuer à voyager, gagner suffisamment d'argent, euh … oui, c'est ça…
– Est-ce que tu penses que tu seras mariée, célibataire?
– Euh, j'aimerais bien être mariée, avoir des enfants, fonder une famille, une famille, quoi.
– Et, en contraste, euh, quel genre de vie est-ce que tu voudrais ne pas du tout vivre?
– Alors … euh … je n'aimerais … je n'aimerais pas être … être au chômage, ne pas trouver de … de travail. Ce serait vraiment un … un vrai cauchemar, parce que … en n'ayant pas de travail, on ne peut pas réellement fonder de … de famille. Ce serait plus difficile.

2 – Gaël, est-ce que tu pourrais me décrire la vie de rêve que tu voudrais avoir dans dix ans?
– Dans dix ans. Euh, la vie de rêve, ce serait de … de travailler que quand j'en ai envie, et … un travail qui m'intéresse … je sais pas je … je suis très intéressé par le théâtre, euh, par euh, la musique aussi, ou le chant, ça, j'aime bien. Donc, peut-être un métier dans ce domaine-là, ça serait … ça serait vraiment très bien. Et puis sinon … ça, ça serait au niveau travail. Au niveau de … de ma vie personnelle, j'aimerais bien être marié, euh … et puis fonder un foyer, avoir une famille. Ouais, je pense que … et je pense que je vivrai … en France aussi, parce que j'aime bien … j'aime bien ce pays.
– Hmm, hmm. Et … en, en opposition, en contraste, quel genre de vie est-ce que tu voudrais ne pas vivre?
– Une vie que je n'aimerais pas vivre …
– Que tu voudrais éviter absolument.
– Humm … Non, être au chômage, je crois que … ouais, ça serait … ça serait vraiment pas bien du tout, ça, être au chômage, parce que je … je ne pourrais pas être indépendant … euh … être seul aussi. Je n'ai pas envie de rester célibataire toute ma vie. Euh … ou alors, si je ne suis pas au chômage, c'est être … euh … avoir un travail qui ne m'intéresse pas du tout, et … qui soit horrible … auquel j'aille tous les jours en me disant … ohh, j'ai pas envie d'y aller.
– Hmm, hmm. Donc, ce que tu as envie de faire plus ou moins, c'est d'avoir une famille, et surtout pouvoir faire ce que tu veux, quand tu veux. C'est ça?
– Ouais, c'est ça, ouais. Ça serait l'idéal.

3 – Aude, peux-tu décrire la vie de rêve que tu voudrais avoir dans dix ans?
– Alors, dans dix ans, j'espère … j'espérerais être mariée, avoir des enfants, habiter dans une grande maison avec des chiens, voilà, en fait, l'idéal, et avoir un métier que j'aime … énormément.
– Par exemple?
– Ben, en ce moment, je fais des études d'anglais pour être professeur d'anglais, donc euh …
– Tu veux être dans l'enseignement?
– Voilà.
– Et d'ici dix ans, euh … quel genre de vie est-ce que tu voudrais absolument éviter?
– Une vie à éviter? Ce serait en premier lieu être au chômage, parce que c'est le problème pour tout le monde en ce moment et … aussi être seule, je ne voudrais pas être seule. Pas forcément mariée avec des enfants, mais pas seule.
– Hmm, hmm. Et quel genre de travail est-ce que tu ne voudrais pas faire?
– Un travail, euh … où je me sentirais vraiment obligée d'y aller pour gagner de l'argent … pas un travail que j'aimerais … que je ferais avec plaisir.
– Donc, tu veux absolument avoir une famille et un travail qui te plaise?
– Voilà!

CM 10/8, SCD 2/20–2/23

INDEPENDENT LISTENING

Tu comprends?

Students could do any or all of the four items on this worksheet – now, or later as revision.

1 C'est quel métier?

Students write the correct letter for each statement.

Solution: 1F, 2G, 3A, 4B, 5E, 6H, 7C

C'est quel métier?

Écoutez et écrivez les bonnes lettres.

Exemple:
- Que faites-vous dans la vie, Monsieur?
- Je suis vétérinaire.

1 – Que faites-vous dans la vie?
– Je suis garçon de café.
– Ah, oui.Vous travaillez au Restaurant du Parc, non?
– Oui, ç'est ça.

2 – Que faites-vous dans la vie?
– Je travaille dans un bureau. Je suis employée de bureau.

3 – Et vous, Monsieur, que faites-vous dans la vie?
– Moi, je suis coiffeur.
– Ah, bon. Je vois que vous êtes bien coiffé!

4 – Et vous, Monsieur, que faites-vous dans la vie?
– Je suis maçon. Je travaille dans la construction.
– Maçon – c'est un travail difficile!

5 – Et vous, Mademoiselle, vous avez un métier très intéressant, non?
– C'est vrai. Je suis hôtesse de l'air, donc je voyage beaucoup.

6 – Bonjour, Madame. Vous êtes médecin dans cet hôpital, non?
– Oui, je suis médecin.

7 – Et vous, Mademoiselle. Vous travaillez à l'hôpital aussi. Que faites-vous?
– Je suis pharmacienne. Je travaille dans la pharmacie à l'hôpital.

2 Mon emploi pour les vacances

Students listen to the young people talking about their holiday jobs and write V, F or PM.

Solution:

1 aV, bV, cPM, dV
2 aV, bV, cF, dPM
3 aV, bV, cF, dV
4 aF, bF, cV, dPM, eV

Mon emploi pour les vacances

Écoutez et écrivez ***V*** *(vrai),* ***F*** *(faux) ou* ***PM*** *(pas mentionné).*

1 Anaïs
Pendant les vacances, j'ai travaillé comme vendeuse dans un magasin de musique. C'était assez amusant et j'aimais beaucoup écouter les CDs. Mais on n'avait pas le droit de s'asseoir et à la fin de la journée, j'étais très fatiguée.

2 Marc
Moi, j'ai fait les vendanges l'année dernière, au mois de septembre – c'est le mois où on cueille les raisins. On faisait environ dix heures par jour et c'était dur comme travail, surtout quand il y avait du soleil. Quand même, on était nourri et logé et assez bien payé.

3 Francine
Mon frère travaille dans un supermarché et il m'a trouvé un poste là aussi, pour les vacances. C'était bien. Je faisais un peu de tout – je rangeais les rayons, j'aidais les clients et vers la fin, j'ai travaillé quelques heures par jour à la caisse. C'est ça que j'ai trouvé le plus intéressant.

4 Nicolas
Moi, j'ai cherché partout. Je voulais travailler dans un magasin, dans un bureau ou à la SNCF, mais je n'ai rien trouvé. Finalement, j'ai trouvé du travail dans un restaurant où je faisais la vaisselle. C'était absolument pénible comme travail, et je faisais huit ou neuf heures par jour. Le seul avantage, c'est que j'ai gagné assez d'argent pour me payer des vacances en Italie avec mes copains!

3 Sondage: Ton argent de poche – tu en fais quoi?

Students listen to young people talking about their pocket money and tick the grid as appropriate.

Solution:

nom	vêtmt	CDs	jeux vidéo	bonbons et snacks	sorties	magazines	tél. port.
1 *Laure*	Ex. ✓					✓	
2 *Alex*			✓	✓			✓
3 *Jessica*		✓			✓		✓
4 *Nassim*		✓				✓	
5 *Stéphanie*	✓			✓			✓

Sondage: Ton argent de poche – tu en fais quoi?

Écoutez et cochez les bonnes cases.

– Laure, ton argent de poche, tu en fais quoi?
– Ben, j'achète quelquefois des vêtements, un pull, par exemple, ou un T-shirt. Et puis des magazines.
– Et toi, Alex. Tu achètes quoi?
– Des bonbons et des chips pour la récré, et puis je dois payer les frais de mon téléphone portable et j'essaie de faire des économies pour acheter des jeux vidéo.
– Jessica maintenant. Qu'est-ce que tu fais avec ton argent de poche?
– J'aime bien sortir, alors je me paie mes sorties, mais s'il me reste de l'argent, j'achète des CDs.
– Tu n'as pas de téléphone portable, toi?
– Oh, si. C'est vrai, je dois payer ça aussi.
– Et toi, Nassim. Qu'est-ce que tu achètes avec ton argent de poche?
– Moi, pas beaucoup. Je fais des économies. Mais quelquefois, je m'achète un CD et même un magazine sur l'informatique.
– Puis Stéphanie, tu dépenses ton argent ou tu le gardes?
– Les deux. Je m'achète des vêtements et aussi des bonbons, mais j'essaie de mettre la moitié à la banque pour mes vacances. Le seul problème, c'est que maintenant, j'ai un téléphone portable et ça coûte cher!

4 Des conversations – projets pour l'avenir

The questions and answers in these two conversations provide good practice for the listening and speaking tests for this unit. Students listen to them and ring the correct answers. They could use the corrected versions later as scripts to practise conversations in pairs. It will probably be best to concentrate on just one of the two conversation topics at a time.

Solution:

1 Ex. 1C, 2B, 3A, 4C
2 1B, 2C, 3A
3 1B, 2B, 3A

Des conversations – projets pour l'avenir

Écoutez les conversations et cochez les bonnes cases. Il y a trois conversations.

1 Après les examens
– Lucie, qu'est-ce que tu vas faire après les examens?
– Je vais essayer de trouver un job.
– Qu'est-ce que tu as l'intention de faire après l'école?
– Je voudrais voyager un peu d'abord.
– Qu'est-ce que tu voudrais faire comme métier?
– Franchement, je ne sais pas encore.

2 Les petits emplois
– Daniel, est-ce que tu as un petit job?
– Oui, je travaille pendant les vacances.
– Qu'est-ce que tu fais avec ton argent de poche ou avec l'argent que tu gagnes?
– Normalement, je me paie des sorties. J'aime sortir le week-end avec mes copains.
– Est-ce que tes amis travaillent?
– Mon meilleur ami travaille au supermarché.

3 Un stage en entreprise
– Dis-moi, Rebecca, où as-tu fait ton stage en entreprise?
– Je l'ai fait en France.
– Qu'est-ce que tu as fait?
– J'ai travaillé dans un bureau.
– Comment as-tu trouvé le stage?
– Je l'ai trouvé excellent et c'était très utile pour mon français.

Épreuve – Unité 10

These worksheets can be used for an informal test of listening, speaking, reading and writing or for extra practice, as required. For general notes on administering the *Épreuves*, see TB 11–12.

CM 10/9–10/11, 8/29–8/36 LISTENING

Épreuve: Écouter

Partie A

1 C'est quel métier? F

Students identify the jobs by entering the letters in the appropriate box.

Solution: **1E, 2H, 3C, 4A, 5G, 6D, 7F** [7 marks]

C'est quel métier?

Écoutez et écrivez la bonne lettre dans la case.

Exemple:
– Que faites-vous dans la vie?
– Je suis agent de police.

1 – Que faites-vous dans la vie?
– Je suis mécanicien.
– Ah oui, vous êtes mécanicien.

2 – Que faites-vous dans la vie?
– Je travaille dans une banque. Alors, je suis employée de banque.

3 – Que faites-vous dans la vie, Madame?
– Moi, je suis coiffeuse.
– Coiffeuse, c'est bien.

4 – Et vous, Monsieur, vous êtes pompier, non?
– Oui, c'est ça. Je suis pompier.

5 – Alors, Monsieur, vous êtes facteur?
– Oui, c'est ça. Je travaille pour la poste. Je suis facteur.

6 – Et vous, Monsieur, que faites-vous dans la vie?
– Je suis chauffeur de camion.
– Vous êtes chauffeur de camion. Alors vous voyagez beaucoup.

7 – Et vous, Mademoiselle, vous avez un métier essentiel. Vous êtes infirmière, non?
– Oui. Je travaille à l'hôpital. Je suis infirmière.

2 Sondage: votre argent de poche 

Students listen to some young people talking about their pocket money. They then complete the grid by ticking the appropriate columns.

Solution: (No marks should be given if every column is ticked)

		sorties	*snacks*	*vêtements*	*musique etc.*	*autre*
Ex:	*Eric*	✓			✓	✓
1	*Pauline*		✓	✓		✓
2	*Sébastien*	✓				
3	*Caroline*	✓	✓	✓		✓

[8 marks]

Sondage: votre argent de poche

Écoutez et complétez la grille.

– Éric, qu'est-ce que tu as fait avec ton argent de poche, cette semaine?
– Euh, d'abord je suis allé au cinéma. Puis, j'ai acheté un CD et j'ai acheté un petit cadeau … un cadeau d'anniversaire pour ma petite amie.
– Merci, Éric.
– Et toi, Pauline. Est-ce que tu as dépensé ton argent de poche cette semaine?
– Bien sûr. J'ai acheté quelques vêtements … euh, des chaussettes, puis des snacks – j'adore le chocolat, donc j'achète une tablette de chocolat presque tous les jours.
– C'est tout?
– Non, j'ai acheté des magazines aussi – j'aime bien lire des magazines le samedi soir.
– Merci, Pauline.
– Et toi, Sébastien?
– Alors, moi, j'ai dépensé tout mon argent de poche en sorties. Je suis sorti trois fois cette semaine.
– Ah, bon.

- Et toi, Caroline, tu as reçu de l'argent de poche cette semaine?
- Oui, mais pas beaucoup.
- Et qu'est-ce que tu as acheté avec ça?
- Voyons ... quelques petits vêtements – un collant et une paire de gants. Puis des chips – j'achète trop de snacks. Et en plus, une sortie – je suis sortie en discothèque avec des amis ... Oh, et une carte d'anniversaire aussi, pour mon amie. Pas mal non?

3 On cherche des employés F/H

Students listen to the advertisement for summer staff at a holiday centre and write down the details.

Solution: **1** *dans un centre de vacances,* **2** *2 juillet/1 septembre,* **3** *36,* **4** *anglais ou français,* **5** *peut rester 2 mois*

[5 marks]

On cherche des employés

Vous cherchez un emploi en France pour l'été et vous entendez cette annonce à la radio. Notez les détails ***en français****.*

- Nous cherchons des jeunes de dix-huit à vingt-cinq ans, parlant anglais ou français, pour travailler dans notre centre de vacances à La Rochelle.

Vous allez travailler trente-six heures par semaine pendant la période du deux juillet au premier septembre.

Vous serez nourri et logé et on vous payera cent soixante euros par semaine.

Si ça vous intéresse, écrivez-nous au centre de vacances ou envoyez un e-mail. Nous donnerons préférence aux personnes qui pourront rester pour les deux mois.

4 Je fais mon stage en entreprise F/H

Students listen to some young people discussing their work experience and, for each one, note down a positive opinion and a less favourable one.

	Nom	Stage	Positive	Négative
1	*Marie-Thérèse*	*école maternelle*	*adore les enfants*	*fatiguée*
2	*Fabien*	*un bureau*	*aime l'ordinateur*	*ennuyeux*
3	*Isabelle*	*une boulangerie*	*intéressant/ pain sent bon*	*ne comprend pas facilement* (or similar)

[5 marks]
[Total for Part A: 25 marks]

Je fais mon stage en entreprise

On parle de son stage en entreprise. Pour chaque stage, donnez une opinion ***positive*** *et une opinion* ***négative****. Remplissez la grille* ***en français****.*

1 Marie-Thérèse

- Je fais mon stage dans une école maternelle et c'est vraiment bien. J'adore les enfants et c'est très amusant de jouer avec eux.
- Est-ce que qu'il y a quelque chose que tu n'aimes pas?
- Pas vraiment. Le seul inconvénient, c'est que je suis souvent très fatiguée à la fin de la journée.

2 Fabien

- Moi, je travaille dans un bureau et je le trouve un peu ennuyeux, surtout quand je dois faire du classement.
- Tu ne l'aimes pas du tout, enfin?
- Si, si. J'aime beaucoup utiliser l'ordinateur. Quand je fais ça, le temps passe vite!

3 Isabelle

- Je fais mon stage dans une boulangerie.
- Ah bon, Isabelle. Comment trouves-tu cela?
- J'aime bien travailler au rayon boulangerie. C'est intéressant de voir tous les pains différents et ça sent bon, le pain!
- Et est-ce que tu travailles aussi à la caisse?
- Oui, mais ça, je n'aime pas tellement. C'est parce que, quand on me parle en français, je ne comprends pas toujours.

Partie B

1 Claire Dunoir parle de son métier F/H

Students listen to the interview with Claire Dunoir and write the answers in French.

Solution:

1 *sept heures/cinq heures (dix-sept heures)* [1 mark]
2 any two of: *beaucoup de variété/aime parler avec les clients/peut lire les livres et les magazines* [2 marks]
3 *Il faut se lever très tôt./Il faut travailler le samedi.* [2 marks]

[5 marks]

Claire Dunoir parle de son métier

Que fait Claire Dunoir dans la vie? Répondez aux questions ***en français****.*

- Dites-moi, Claire, vous travaillez comme vendeuse, non?
- Oui, c'est ça. Je suis vendeuse dans une librairie-papeterie au centre ville.
- Et quels sont vos horaires?
- Je commence mon travail très tôt, à sept heures du matin – il faut préparer les journaux et les magazines, etc. Mais je rentre chez moi à cinq heures, le soir.
- Ça vous plaît, ce travail? Quels sont les avantages?
- Il y a beaucoup de variété, j'aime parler aux clients. Et en plus, si je veux, je peux lire tous les magazines.
- Il y a quand même des inconvénients, non?
- Bien sûr! D'abord, il faut se lever de très bonne heure et il faut travailler le samedi – je n'aime pas ça.

2 On parle de l'avenir F/H

Students listen to several young people talking about their future plans and write down what they would like to do and why.

Solution:

	voudrait faire	*raison*
Céline	*devenir actrice*	*aime les pièces classiques*
Marc	*étudier les langues vivantes à l'université*	*voudrait voyager/ langues sont utiles pour trouver du travail*
Alice	*travailler/gagner de l'argent*	*visiter beaucoup de pays*
Guillaume	*faire du sport/faire de la natation*	*nager dans les Jeux Olympiques*

[7 marks]

On parle de l'avenir

*On parle de l'avenir. Qu'est-ce que ces jeunes voudraient faire? Pourquoi? Remplissez la grille **en français**.*

– Bonjour. Je m'appelle Céline et j'ai toujours voulu devenir actrice et travailler dans le théâtre. J'aime surtout les pièces classiques.
– Je suis Marc. J'espère étudier les langues vivantes à l'université. J'aime beaucoup voyager à l'étranger et puis les langues, c'est utile pour trouver un emploi.
– Bonjour. Je suis Alice. Après les examens, j'ai l'intention de travailler tout de suite pour gagner de l'argent, parce que mon rêve est surtout de visiter beaucoup de pays différents.
– Salut! Je suis Guillaume et je suis fana du sport. À l'avenir, le sport, c'est ce que je voudrais faire, et surtout la natation – j'adore ça! Mon rêve est de nager dans les Jeux Olympiques.

3 Des problèmes H

Students listen to someone talking about his problems in finding a job, etc. and answer the questions in French or tick the correct box.

Solution: **1** *Dans une agence de voyages,* **2** *On a fermé l'agence,* **3** *cherche du travail/est au chômage,* **4** *B,* **5** *Ils se disputent*

[5 marks]

Des problèmes

Vous allez entendre quelqu'un qui parle de ses problèmes. Répondez aux questions en français ou cochez la bonne case.

– Pour moi, la vie est difficile en ce moment ... très difficile. Récemment, j'ai eu pas mal de problèmes. Pour commencer, j'ai perdu mon emploi à l'agence de voyages parce qu'on l'a fermée et ... euh ... depuis ce temps-là, comme je n'ai pas pu trouver du travail ... eh ben ... donc, je suis au chômage.
Ma femme ne peut pas comprendre pourquoi je ne trouve pas de travail. Mais ce n'est vraiment pas de ma faute. Et alors, comme ça, je deviens de plus en plus énervé et ... ma femme et moi ... on se dispute de plus en plus.
Alors, ben, en effet, je ne sais pas quoi faire.

4 Que feriez-vous si ... ? H

Students listen to teenagers talking about imaginary situations and answer questions in English.

Solution:

1 would earn a lot of money
2 an old house with a garden
3 a cats' home
4 the exam system
5 the *bac*.
6 ongoing tests
7 any one of: loves sun and beach/had a nice holiday there/wants to do more sport
8 under-water diving

[8 marks]
[Total for Part B: 25 marks]

Que feriez-vous si ... ?

*You are with some French friends who are discussing what they would do in certain situations. Your sister wants to know what they are saying. Reply to the questions **in English**.*

Alex
Si je pouvais choisir n'importe quel métier, je serais chanteur dans un groupe de musique pop. J'adore chanter et danser et j'aimerais rencontrer toutes les autres stars. En plus, bien sûr, je voudrais gagner de grosses sommes d'argent.

Khéna
Moi, j'adore les chats, donc, si je gagnais au loto, j'achèterais une vieille maison avec un grand jardin sauvage et j'adopterais beaucoup de chats abandonnés. Comme ça, ils pourraient vivre en grand confort dans la maison ou aller à la chasse aux souris dans le jardin.

Laurent
Si j'étais président de la France, je changerais complètement le système des examens et surtout, j'abolirais le bac. À mon avis, c'est ridicule d'avoir un seul examen qui est si important – ça donne trop de stress et si on n'est pas en forme le jour de l'examen, c'est un vrai désastre! Ça serait mieux d'attacher plus d'importance aux épreuves ou aux contrôles qu'on fait au cours de l'année et moins d'importance à l'examen terminal.

Mélanie
Si je pouvais vivre n'importe où dans le monde, je choisirais la Guadeloupe parce que j'aime le soleil et la plage et aussi parce que j'y ai passé des vacances absolument fantastiques l'année dernière. En plus, je pourrais pratiquer beaucoup de sports nautiques et apprendre à faire de la plongée sous-marine.

CM 10/12–10/14 **SPEAKING**

Épreuve: Parler

The speaking test contains two elements: two role play tasks (using either CM 10/12 or CM 10/13) and a conversation (CM 10/14).

The role play tasks have a suggested script which is given on *Carte B* so the role play dialogues can be used for practice in pairs, as an alternative to assessment.

Suggested marking scheme:

9–10	Conveys all information required (including unpredictable elements if applicable) Interacts well No prompting required
7–8	Conveys most information Little or no prompting
5–6	Conveys half the required information Little prompting necessary
3–4	Conveys less than half the required information Some prompting
1–2	Conveys only one piece of relevant information Very hesitant, reliant on prompting
0	No effective communication

The **conversation** is marked on a global basis for communication and content (maximum 10 marks) and quality of language (maximum 10 marks).

A further 10 marks are given for intonation, pronunciation and general accuracy based on **performance** throughout the speaking test.

This gives a total of 50 marks (role play tasks: 10 + 10; conversation: 10 + 10; general performance: 10). This overall mark is then divided by two to give a final mark out of 25 for speaking.

CM 10/12 **SPEAKING**

Épreuve: Parler

Role play (1)

A1 Un petit job F

This task has cues in English.

B1 Un stage en entreprise F/H

This task has cues in English and includes one unpredictable element.

CM 10/13 **SPEAKING**

Épreuve: Parler

Role play (2)

B2 Un petit emploi F/H

This task has cues in English and includes one unpredictable element.

C1 On cherche un emploi H

This task is based on an advert for work in a hotel. It has cues in French and two unpredictable elements.

CM10/14 **SPEAKING**

Épreuve: Parler

Conversation and discussion

The list of questions could be given to students before the test and they could be asked to select and prepare one topic in advance. The test should include questions on this topic and one other topic chosen at random. Students should be given an opportunity to answer using a range of tenses and to give opinions and reasons.

CM 10/15–10/19 **READING**

Épreuve: Lire

Partie A

1 C'est quel métier? F

Students match the pictures to the names of common jobs.

Solution: **1D, 2C, 3F, 4E, 5A** [5 marks]

2 Projets d'avenir F

Students pick the right letter to complete the letter.

Solution: **1F, 2B, 3A, 4H, 5I, 6C, 7E, 8D** [8 marks]

3 Offres d'emploi F/H

Students match the job descriptions or adverts to the questions.

Solution: **1F, 2C, 3E, 4B, 5A, 6D** [6 marks]

4 Le succès à vingt ans F/H

Students read the article and complete the summary with the words in the box.

Solution: **1D** *d'emploi,* **2G** *le chômage,* **3A** *vendre,* **4E** *difficile,* **5C** *acheter,* **6B** *entreprise* [6 marks]

[Total for Part A: 25 marks]

Partie B

1 Une lettre à Nathalie F/H

Students read the article and choose the correct options.

Solution: **1B, 2C, 3B, 4C, 5A, 6A, 7B, 8C** [8 marks]

2 Des conseils pour trouver un emploi H

Students read the advice for finding a job and match up the two parts of each sentence.

Solution: **1B, 2C, 3I, 4H, 5D, 6G, 7A, 8E** [8 marks]

3 Trouver un job pour les vacances H

Students read the article and answer the questions in English.

Solution:

1 increased
2 two thirds
3 any two of: helping with holiday centres, etc./ fruit picking/selling ices, etc./on the beach [2 marks]
4 unemployed people competing for work

5 get State aid for employing them
6 helps with their career/looks good on CV
7 their parents
8 firms prefer to employ relations of existing staff that they know (*le piston*) [9 marks]

[Total for Part B: 25 marks]

CM 10/20–10/21 **WRITING**

Épreuve: Écrire

It is suggested that students do either tasks 1–4 or tasks 4 and 5 to obtain a mark out of 50. This can be divided by two to give a total mark of 25 for writing.

1 Des listes F

Students complete the lists with jobs/school subjects. The task should be marked for communication only and inaccurate spelling should not be penalised, so long as the message is clear.

[10 marks]

2 Des phrases F

This task tests grammatical knowledge and some vocabulary. It should be marked for communication and accuracy.

Solution: **1** *ingénieur*, **2** *infirmière*, **3** *j'espère*, **4** *supermarché*, **5** *(j')achète*, **6** *(j')ai fait*, **7** *(j')ai travaillé*, **8** *(j')ai trouvé*, **9** *(je) vais*, **10** *(je) voudrais*

[10 marks]

3 Au bureau F/H

Students write a short email choosing either **a** or **b**.

a Un stage en entreprise
They reply to questions in French.

b Un message
They write a note following cues in English.

Marking scheme:
Communication and completion of task requirements: 6
Quality of language: 4

[Total: 10 marks]

4 Un emploi d'été F/H

Students write a letter of about 90–100 words to the manager of a theme park, in response to an advert and cues in French. They should use a range of tenses and express opinions.

Marking scheme:
Communication and content: 10
Quality of language: 10 [Total: 20 marks]

5 Les examens et après H

Students write a letter of about 120–140 words in response to a short letter and cues in French. They should use a range of tenses and express opinions.

Marking scheme:
Communication and content: 10
Quality of language: 10
Accuracy: 10 [Total: 30 marks]

General language-learning skills

Copymasters

G/1–G/3	*Comment ça se dit?* [listening, pronunciation] (TB 268)
G/4	Rubrics and instructions [reference] (TB 270)
G/5	*Lexique informatique* [reference] (TB 270)
G/6	*Trois acrostiches* [vocabulary practice] (TB 270)
G/7	Prefixes and suffixes, [information, practice] (TB 270)
G/8–G/9	English and French spelling patterns [reference, vocabulary practice] (TB 271)
G/10	*C'est masculin ou féminin?* [recognising gender] (TB 271)
G/11	Tips for tests (1) Reading and vocabulary [information] (TB 271)
G/12	Tips for tests (2) Writing [information] (TB 271)

Student CD 1

CM G/1–G/3, SCD 1/1–10

INDEPENDENT LISTENING

Comment ça se dit?

There are three copymasters and accompanying recordings on a Student CD duplicating master to provide practice in French pronunciation and in understanding the relationship between sounds and writing. The three sections can be used on different occasions and at any appropriate point in the course. The material is designed for use by students working individually, but could also be used in a multi-media or language laboratory. The recording should be paused by the teacher or student, as required.

L'alphabet, les accents et la prononciation

This provides practice in pronouncing and recognising the French alphabet and accents. There are also short notes about stress, liaison and intonation with recorded examples.

1 L'alphabet

L'alphabet

– Écoutez.
A B C D
E F G H
I J K L M
N O P Q
R S T U
V W X Y Z

2 Les accents

Les accents

– Écoutez.
a accent grave
e accent aigu
e accent grave
e accent circonflexe
i accent circonflexe
o accent circonflexe
u accent grave
c cédille

3 Et après?

Solution: 1b, 2e, 3h, 4k, 5s, 6i, 7x, 8z

Et après?

– Écrivez 1–8. Écoutez la lettre, puis dites et écrivez la lettre qui suit dans l'alphabet.

1 a
2 d
3 g
4 j
5 r
6 h
7 w
8 y

4 Les sites Internet

Students complete the details of the websites.

Les sites Internet

– Écoutez et complétez les détails.

1 www.edf.fr
2 www.tf1.fr
3 www.rtl.fr
4 www.sncf.fr
5 www.fnac.fr
6 www.ugc.fr
7 www.ratp.fr

5 Un peu de géographie

Students write down the spellings of each place then categorise each one accordingly.

Solution: 1p, 2m, 3p, 4f, 5v, 6v

Un peu de géographie

– Écoutez et écrivez les six noms. Décidez si c'est une ville (v), un fleuve (f), des montagnes (m) ou un pays (p).

1 L'ALLEMAGNE
2 LES PYRÉNÉES
3 LA GRÈCE
4 LE RHÔNE
5 ÉDIMBOURG
6 LONDRES

6 La liaison

This explains the use of liaison in spoken French.

Solution: 1a✓ b✗, 2a✗ b✓, 3a✓ b✗, 4a✓ b✗, 5a✓ b✗, 6a✗ b✓

La liaison

– *You rarely hear a consonant if it is the last letter of a French word, for example*
– petit, très, grand, deux.
– *But if the following word begins with a vowel or a silent h, the consonant is often pronounced with the vowel of the next word, for example:*
– un petit accident, très important, un grand événement, deux oranges.
– *This is called a liaison. The two words are pronounced together without a break, like a single word.*

– Écoutez les paires de phrases. Cochez la case si on fait la liaison, faites une croix si on ne la fait pas.

1 **a** trois heures
b trois livres
2 **a** deux pommes
b deux oranges
3 **a** un petit éléphant
b un petit chien
4 **a** un grand immeuble
b un grand bâtiment
5 **a** très intéressant
b très sympa
6 **a** les profs
b les élèves

7 Stress

This explains the way in which different syllables of a word are stressed in English and in French.

Solution: 1aF, 1bA, 2aA, 2bF, 3aF, 3bA 4aA, 4bF 5aA, 5bF 6aF, 6bA

Stress

– *There are many words which look the same (or almost the same) in English and in French and have the same meaning:*
– *accident, impossible, gymnastique.*
– *However, in French, each syllable of a word is normally stressed equally, whereas in English, there is often a stronger emphasis on one syllable.*
– Écoutez les paires de mots. Décidez si le mot est prononcé en anglais (A) ou en français (F).

1
a animal
b *animal*
2
a *catastrophe*
b catastrophe
3
a direction
b *direction*
4
a *important*
b important
5
a destination
b *destination*
6
a *illustration*
b illustration

Les voyelles

This gives practice in understanding and pronouncing the different vowel sounds in French, including semi-vowels and nasal vowels.

In each case, students first listen and repeat the sound and the examples. Then they listen to a *phrase ridicule*, repeat it and write down the missing words.

Solution:

Les voyelles: 1 *chat*, **2** *gâteau*, **3** *clef*, **4** *secret*, **5** *frère*, **6** *dîner*, **7** *yeux*, **8** *dos*, **9** *objet*, **10** *boules*, **11** *trois*, **12** *rue*, **13** *jeu*, **14** *sœur*, **15** *nuit*

Les voyelles

– Écoutez et répétez les exemples. Puis écoutez, répétez et complétez les phrases.

1 *The sound 'a'*
ami, avoir, femme, cheval
Ma femme, son chat et son lapin adorent la salade au jardin.
2 *The sound 'ɑ'*
âge, gâteau, pâté, château
On vend des pâtes, du pâté et du gâteau au château.
3 *The sound 'e'*
été, employée, allez, jouer, pied, clef, les, et
Mémé a fermé le café à clef et est allée à pied chez le boulanger.
4 *The sound 'ə'*
je, me, le, premier
Si je te le dis, ce ne sera pas un secret.
5 *The sound 'ɛ'*
frère, être, chaîne, palais
La reine et son frère préfèrent les desserts de mon père.
6 *The sound 'i'*
image, riche, île, il y a
Qui dit qu'ici il y a un cybercafé où il est possible de dîner?
7 *The sound 'j'*
piano, yeux, lieu, fille
La gentille fille aux yeux qui brillent travaille avec Gilles au piano.
8 *The sound 'o'*
euro, chose, côté, au, eau
Le héros avec beaucoup d'émotion tourne le dos et regarde l'océan.
9 *The sound 'ɔ'*
porte, robe, comme, poste
En octobre, un octopus a porté un objet orange dans le dortoir.
10 *The sound 'u'*
vous, rouge, touriste, toujours
En août, tout le groupe joue aux boules sur la pelouse à Toulouse.
11 *The sound 'w'*
oui, oiseau, Louis, voilà
Oui, les trois oiseaux boivent de l'eau.
12 *The sound 'y'*
nature, bureau, rue, sur
Dans la rue, Hercule a vu la statue d'une tortue.
13 *The sound 'ø'*
feu, peu, curieux, généreux
Mathieu, très heureux, a fait la queue pour le jeu des œufs.
14 *The sound 'œ'*
leur, cœur, neuf, pleurer
Leur sœur pleure pendant des heures.
15 *The sound 'ɥ'*
lui, huit, cuisine, huile
Une nuit, huit cuisiniers comptent les cuillères.

Solution:

Nasal vowels: 1 *enfants*, **2** *melon*, **3** *vin*, **4** *brun*

Nasal vowels

– *When a vowel (a, e, i, o, u) is followed by 'm' or 'n', the vowel is often pronounced slightly differently. These are called 'nasal vowels' and there are four of them.*
– Écoutez et répétez les exemples. Puis écoutez, répétez et complétez les phrases.

1 *The sound 'ɑ̃'*
camping, blanc, emploi, enfant
Cent enfants chantent en même temps.
2 *The sound 'ɔ̃'*
melon, montre, long, cochon
Le cochon de mon oncle Léon adore le melon.
3 *The sound 'ɛ̃'*
imper, ingénieur, faim, main
Cinq trains américains apportent du vin au magasin.
4 *The sound 'œ̃'*
un, brun, parfum, lundi
J'adore le parfum brun de Verdun.

Les consonnes

This gives practice in understanding and pronouncing different consonants in French. In each case, students first listen and repeat the sound and the examples. Then they listen to a *phrase ridicule*, repeat it and write down the missing words.

Solution: **1** *cartes*, **2** *chien*, **3** *gare*, **4** *jour*, **5** *oignons*, **6** *hôpital*, **7** *rose*, **8** *poissons*, **9** *thé*, **10** *examen*, **11** *zone*

Les consonnes

– *You rarely hear a consonant if it is the last letter of a French word:*
– l'art, un camp, content, le riz, le sport.
– *If you do hear a consonant, then it is probably followed by the letter e:*
– la classe, une liste, la salade, la tente.
– *You rarely hear the final 's' in a plural word:*
– des melons, des sandwichs, des tables, des trains.
– *But if the following word begins with a vowel, there may be a 'z' sound. This is called a liaison.*
– mes amis, les enfants, des oiseaux, ses insectes.

Écoutez et répétez les exemples. Puis écoutez, répétez et complétez les phrases.

1 *The sound 'k'*
école, car, quatorze, kilo
Quinze curés quittent le quartier et comptent les cartes dans un coin.
2 *The sound 'ʃ'*
château, chocolat, cheval, chat
Charles cherche le chien dans la chambre du château.
3 *The sound 'g'*
garage, gorge, guichet, vague
Le garçon du guichet gagne un gâteau à la gare pour le goûter.
4 *The sound 'ʒ'*
genou, girafe, jambe, page
Un jour génial, le général a fait de la gymnastique dans le gîte.
5 *The sound 'ɲ'*
baigner, oignon, montagne, agneau
Un espagnol gagne cinquante oignons et un agneau en Espagne.
6 *Silent 'h'*
homme, hockey, heureux, hôtel
Henri, le héros heureux, arrive à l'hôpital à huit heures.
7 *The sound 'r'*
raisin, règle, route, ouvrir
Roland le rat refuse de rendre la rose rouge.
8 *The sound 's'*
souris, boisson, citron, ça, sciences, solution
Sous un ciel sensationnel, cent poissons dansent dans l'océan.
9 *The sound 't'*
tante, théâtre, tourner, télé
Thierry prend du thé et parle au théâtre de ses théories.
10 *The sounds 'gz' and 'ks'*
examen, exemple
excuser, expliquer
Il écrit des exercices dans l'examen, puis s'excuse et s'en va en excursion.
11 *The sound 'z'*
gaz, chaise, chose, raison
Il y a zéro choses dans la zone piétonne.

CM G/4 **REFERENCE**

Rubrics and instructions

This gives a list of the main rubrics used in examinations.

CM G/5 **VOCABULARY**

Lexique informatique

This lists vocabulary linked with using a computer.

CM G/6 **VOCABULARY**

Trois acrostiches

The three acrostics give practice in some general vocabulary (questions, expressions of time, linking phrases, etc.)

Solutions:

1 Sept questions et deux réponses
Vert.: **1** *pourquoi*
Hor.: **1** *peut-être*, **2** *comment*, **3** *quand*, **4** *parce que*, **5** *qui*, **6** *lequel*, **7** *où*, **8** *combien*

2 Quand?
Vert.: **1** *l'année prochaine*
Hor.: **1** *l'avenir*, **2** *autrefois*, **3** *demain*, **4** *dernier*, **5** *récemment*, **6** *hier*, **7** *plus tard*, **8** *après-demain*, **9** *une fois*, **10** *en ce moment*, **11** *avant-hier*, **12** *ce matin*, **13** *bientôt*, **14** *le lendemain*, **15** *maintenant*

3 Des mots utiles
Vert: **1** *malheureusement*
Hor: **1** *mais*, **2** *d'abord*, **3** *quelquefois*, **4** *d'habitude*, **5** *cependant*, **6** *toujours*, **7** *après*, **8** *enfin*, **9** *soudain*, **10** *ensuite*, **11** *avec*, **12** *seulement*, **13** *souvent*, **14** *pendant*, **15** *partout*

CM G/7 **VOCABULARY**

Prefixes and suffixes

This gives suggestions for working out the meaning of unfamiliar vocabulary and is followed by some practice tasks.

Solutions:

1 Beginnings
to redo, impolite, useful, *inutile*, *inoubliable*, disagreement, to see, *prévoir*

2 **Endings**
twenty, about fifty, to play, player, grocer, to eat, unbreakable, goodness, *continuation*

CM G/8 — VOCABULARY

English and French spelling patterns (1) – Reference

This refers to cognates, false friends and common patterns that occur when comparing English and French spelling.

CM G/9 — VOCABULARY

English and French spelling patterns (2) – Practice tasks

Students should refer to the reference list to complete the lists.

Solutions:

1 **C'est pareil en français**

a **1** *une rose,* **2** *un lion,* **3** *une omelette,* **4** *le champagne,* **5** *un piano,* **6** *un crocodile*

b Any two in each category:
- **1 Des sports:** *le ski, le football, le rugby, le golf, le tennis, etc.*
- **2 Des moyens de transports:** *le bus, le train, le taxi*
- **3 Des fruits:** *une orange, un kiwi, le melon*

2 **False friends**
1b, 2f, 3e, 4g, 5h, 6i, 7d, 8c, 9j, 10a

3 **Comment ça s'écrit, en français?**
un drame, l'orchestre, officiel, décorer, hésiter, l'anniversaire, un documentaire, la musique, fantastique, une aventure, dégoûtant

4 **Complétez les listes**
blonde, *chocolat, uniforme,* dentist, *liste, ordre, amusant, travaillant*

5 **C'est quoi en anglais?**
he announces, error, actor, precious, movement, forest, sponge, strange, pronunciation

6 **Complétez les listes**
actif, exactly, *rapidement,* army, *ualité,* economy, *géographie, Italie,* reserve, *inviter*

CM G/10 — GRAMMAR VOCABULARY

C'est masculin ou féminin?

This lists the main endings and other criteria which indicate whether a noun is likely to be masculine or feminine. This is useful, although there are some exceptions.

Solutions:

1 **À vous de décider**
1 *un,* **2** *la,* **3** *prochaine,* **4** *du,* **5** *dernier,* **6** *bonnes,* **7** *ma,* **8** *Le,* **9** *du,* **10** *sa,* **11** *le,* **12** *de la*

2 **Trouvez le mot féminin**
1 *chaussure,* **2** *circulation,* **3** *tomate,* **4** *oreille,* **5** *raison,* **6** *nourriture*

3 **Trouvez le mot masculin**
1 *bureau,* **2** *château,* **3** *trottoir,* **4** *stylo,* **5** *chauffage,* **6** *raisin*

CM G/11 — INFORMATION

Tips for tests (1) Reading and vocabulary

This gives some suggestions for revising vocabulary and verbs, reading French (skimming and scanning, reading for detail).

CM G/12 — INFORMATION

Tips for tests (2) Writing

This gives some advice about writing French in tests and exams.